법 학 총 서

저 작 권 법

中山信弘 著
尹 宣 熙 編譯

法 文 社

はしがき

一昔前の著作権法は地味な法律であり、社会の注目を浴びることも少ないマイナーな法律であった。その頃の著作権法におけるプレーヤーは、作家・芸術家・作曲家等の創作者（クリエーター）、それに出版社・放送事業者・レコード会社等の情報の伝達者等（マスメディア）が中心であり、著作権法はいわば《ローカル》な法と見られ、六法や判例集においては《諸法》として扱われていた。しかし情報化の波が怒濤の如く世界を飲み込みつつある現在、特許法と並んで財産的情報の保護法の中心的存在である著作権法は情報化社会の法的なインフラとして一躍注目を浴びるに至っている。

従来の著作権法と現代の著作権法の最大の相違点は、技術の発展により著作物の範囲が急激に膨張したという点と、それに伴い著作権の世界におけるプレーヤー劇的に増加したという点にある。今日では、コンピュータ産業を始めとするあらゆる産業から、個々の大衆に至るまで、著作権法に関係を有するようになった。守備範囲が拡大し、プレーヤーが変化すれば、自ずと著作権の本質も変化する運命にあり、そのことはルールの変更への要求となって現れてくる。

この変化の根源にはデジタル技術の発展とそれに伴う通信技術の発展があり、それにより著作物は経済財としての重要性を著しく高め、またそれらの技術の発展により《一億総クリエーター》と呼ばれるように、著作権法におけるプレーヤーが質量ともに大きく変化した。このようにデジタル技術が社会に与えた影響は大きいが、現在はまさにアナログ時代からデジタル時代への移行期にあり、情報化社会が今後どのような方向に向かうのか、必ずしも読めない中二階の段階にあると言え、著作権法もデジタルの大波に揉まれている状況と言ってもよいであろう。そして従来の著作権法改正は権利者の声が中心であり、法改正は権利の強化へのモメントしか働かなかったが、これからは声なき声であったユーザや産業界の声も重要なファクターとなろう。

情報化の進展により、情報の流れが従来とは大きく異なってきている。従来は出版社・放送局・映画会社・レコード会社等のマスメディアからユーザに対して一方的に情報が流れ、ユーザは単なる情報の消費者としての位置づけであった。

インターネットの発展により、情報の送り手と受け手の境界が低くなり、双方化が進みつつあり、ユーザがある情報を受け、それを加工し、更に発信するということが日常的に行われるようになってきた。これにより個人レベルの情報の創作・発信が増え、情報の流れが複雑化し、従来型の権利処理方法を踏襲すると権利者の捜索と交渉のための処理コストが激増し、その結果、一方では使われないまま眠っている著作物が増え、他方では権利処理をしない違法なケースの増大を招いている。また個々のユーザが情報の創作者となることにより、既存の著作物を利用した二次的著作物や共同著作物が増加し、これも従来型の権利処理を難しくしている。現行法は、出版や放送のようにマスマーケットを前提にした著作物の取引には適しているかもしれないが、小規模利用を前提とした著作物の利用については権利処理のコスト倒れになりかねず、法律上あるいは技術上の、何らかの新しい権利処理スキームも必要となろう。

また情報化の進展と共に、いわゆる《素人》によるマーケット指向ではない著作物、すなわち自己満足的なもの、あるいはビジネスにはならないが社会に貢献するためのもの等が多数出現し、それがインターネットを通じて流通するようになってきた。それらの『実態』はプロパティとは言えないようなものかも知れないが、著作権法が創作主義を採用しているがために、それらについても現行法では《立派な》著作権が発生してしまい、権利処理の対象となってしまう。特許権の場合は、権利取得・維持コストの関係で、マーケット指向ではない権利は極めて少ないため、これは特許法とは異なった著作権法特有の問題とも言える。このような時代的背景に、財産的情報保護法の中核に位する著作権法は如何にあるべきか、という難しい問題を我々は突きつけられている。

このような情報化という難しい時代を背景に本書は執筆されている。本書は体系書の性格上、未来学を述べるものものではなく、現行法の解釈論が中心とならざるを得ないが、その制約の中で常にこのような時代的背景を意識し、少しでもあるべき姿を追求したつもりである。

また、著作権法の本質を探る上で、同じ知的財産法でありながらかなり性格を異にする特許法と比較することは有益であり、本書においては、随所で両法を比較検討し、著作権の特色を浮かび上がらせるという手法を採用しており、中山信弘『工業所有権法［第２版増補版］』を参照して欲しい。

法システムという観点から、特許権と対比した著作権の最大の特色は、審査・登録・公開・クレームという制度をもたない点にある。特許権は私権ではあるが、特許庁の行政処分により発生するのに対して、著作権の場合は条約上の要請から（ベルヌ条約５条（2））、無方式主義が採用されている。つまり、登録や寄託等の形式的行為を要件とせずに、創作により直ちに著作権が発生する。特許権の場合には、権利の主体・客体については、まずは特許庁の審査段階で問題となるが、著作権の場合には侵害の場において問題となる。その意味から、著作権法の体系書としては、侵害に関しては、主張とそれに対する防御という形で述べることが訴訟の実体に合致し、このようなスタイルで体系書を書けばダイナミックな記載となろう。田村善之『著作権法概説（２版）』は、そのような構成をしている体系書の好例である。

それに対して、わが国著作権法の構成は、権利の客体、主体、内容、侵害という順に規定を置くという体系になっており、わが国の体系書の大半はそのような構成が採用されている。そのような伝統的なスタイルはスタティクな記載にならざるを得ないが、反面体系的な記述が可能となり、読者にとっても馴染みが深いと言えよう。いずれのスタイルにも長短あるが、利用者の利便性を考えて、本書では従来通りのスタイルを踏襲することにした。

本書は著作権法の教科書であり、教科書においては知識を植え込むことよりも、体系的な思考のほうが重要である。そこで本書においては、単に条文の解釈だけではなく、デジタル時代における著作権法はいかにあるべきか、ということを常に念頭に置きながら、著作権法の基本的な考え方を示した積りである。本書の主たる目的は大学で教材として用いられることにあり、初学者にとっては注を飛ばして読んでも、著作権法の一応の理解が得られるような構成になっている。しかし著作権法の分野は、今日ではビジネスローとして非常に重要になりつつあり、実務家からの要請も強いため、注において判例を網羅的に掲げ、学説も可能な限り渉猟しており、注において更に深い研究の手がかりを得ることができるように執筆した。

また判例評釈については、現在では判例データベースを検索すれば極めて容易に見つけ出すことができるので、本書で掲げていない。しかし評釈は判例の理解の上で重要なので、個々の判例の研究をする際には、データベースで、本書に掲載されている判例から評釈を検索して欲しい。

なお、本書において、条文だけを掲げ、法律名を挙げていないものについては、著作権法の条文を指す。また、引用判例は、公刊されたものを中心にしているが、中には未登載のものもあり、それらについては最高裁のデータベースあるいは判例体系データベースを参照して欲しい。近年著作権法の改正が頻繁であり、毎年のように法改正が行われており、今後も法改正は毎年のように行われるであろう。本書は、平成１９年５月末に脱稿しており、それまでの法改正や判例・文献は採録しているが、著作権法の分野は実務の進展も早く、次々と新たな重要判例も出現しているので、直近の情報は関連の雑誌・データベース等でフォローして欲しい。

なお、本書は構想段階から既に10年有余が経過し、その間、有斐閣編集部には根気強く持っていただき、また色々と励ましての言葉も頂戴した。ここに感謝の言葉を申し上げたい。また東京大学院博士課程の金子敏哉君には全般にわたって貴重なアドバイスを頂き、秘書の武内宏美さんに校正を手伝っていただいた。ここにお礼を申し上げたい。

2007年 8月

中山信弘

머 리 말

예전의 저작권법은 사회생활과는 약간 동떨어진 법률로, 사회의 주목을 받는 일이 많지 않은 마이너한 법률이었다. 그 무렵 저작권법의 주인공은 작가・예술가・작곡가 등의 창작자와 출판사・방송사업자・음반회사 등의 정보전달자(매스미디어) 중심이었고, 저작권법은 소위 《로컬(local)》한 법으로서, 육법전서나 판례집에서 《제법(諸法)》으로 취급되고 있었다. 그러나 정보화의 물결이 질풍노도와 같이 세상을 집어삼키고 있는 지금, 특허법과 함께 재산적 정보 보호법의 중심적 존재인 저작권법은 정보화 사회의 법적 인프라로서 일약 주목을 받기에 이르렀다.

종래의 저작권법과 현대 저작권법의 큰 차이점은 기술 발전으로 인하여 저작물의 범위가 급격하게 팽창하였다는 점과, 이에 따라 저작권 세계의 플레이어(player)들이 많이 증가했다는 데 있다. 즉, 오늘날 컴퓨터 산업을 비롯한 모든 산업부터 일반대중에 이르기까지 저작권법과 관계를 갖게 된 것이다. 저작권의 범위가 확대되고 플레이어가 바뀌면 자연히 저작권의 본질도 변화하는 운명에 놓여진 것이며, 그것은 룰(rule)의 변경에 대한 요구로 나타난다.

이 같은 변화의 근원에는 디지털 기술의 발전과 이에 수반되는 통신기술의 발전이 있으며, 그에 따라 저작물은 경제재로서의 중요성을 현저하게 높이게 되고, 또 그러한 기술의 발전에 의해 《1억 모두 크리에이터(역주 : 1억은 일본의 총인구를 나타내는 것으로 전 국민 창작자 시대를 의미하는 말)》라는 말이 보여주듯이 저작권법에 있어서의 플레이어는 질과 양 모두 크게 변화했다. 이와 같이 디지털 기술이 사회에 준 영향은 크다. 지금은 실로 아날로그 시대에서 디지털 시대로의 이행기라 할 것이며 정보화 사회가 향후 어떠한 방향으로 향할지 확실히 읽을 수 없는 중간층 단계에 와 있다고 말할 수 있으며, 저작권법도 디지털의 큰 파도에 시달리고 있는 상황이라 하겠다. 그리고 종전의 저작권법 개정은 권리자의 목소리 위주였던지라, 권리 강화의 동기로밖에 작용하지 못했으나, 앞으로는 소리 없는 아우성이었던 유저(user)나 산업계의 의견도 중요한 팩터(factor)가 될 것이다.

정보화의 진전에 따라, 정보의 흐름이 종전과는 크게 달라지고 있다. 종전에는 출판사・방송국・영화 회사・레코드 회사 등의 매스미디어로부터 유저에로 일방적으로 정보가 흘러, 유저는 단순한 정보의 소비자로서의 위상에 머물렀었다. 인터넷의 발전으로 정보를 보내는 사람과 받는 사람의 경계가 없어지고 쌍방향화가 진전되면서, 유저가 어떤 정보를 받아 이를 가공하고 다시 발신하는 일이 일상적으로 이루어지게 되었다. 이로써 개인 차원의 정보의 창작・발신이 증가하고 정보의 흐름이 복잡하게 되어 종전과 같은 권리 처리 방법을 답습하면 권리자를 찾아 교섭하기 위한 처리 비용이 급증하게 되고, 결과적으로는 한편에서는 사용되지 않은 채 잠자는 저작물이 증가하고, 다른 한편에서는 권리 처리가 이루어지지 않은 위법한 케이스의 증가를 초래하게 된다. 또한, 개개의 유저가 정보의 창작자가 됨으로써, 기존의 저작물을 이용한 이차적저작물이나 공동저작물이 증가하는데, 이 역시 종래형 권리 처리를 어렵게 하고 있다. 현행법은 출판이나 방송과 같이 매스 마켓(mass-market)을 전제로 한 저작물의 거래에는 적합할지 모르나, 소규모 이용을 전제로 한 저작물의 이용은 권리 처리 비용이 발목을 잡기 쉬워져 법률상 혹은 기술상, 새로운 권리처리 스킴(scheme)도 필요하게 될 것이다.

또한, 정보화의 진전과 함께, 소위《비전문가》에 의한 마켓지향이 아닌 저작물, 즉 자기만족적인 것, 혹은 비즈니스까지는 안 되겠지만 사회에 공헌하기 위한 것 등이 다수 출현하고, 그것이 인터넷을 통하여 유통되게 되었다. 이러한 『실태(實態)』는 프로퍼티(property)라 할 수 없는 것일지는 모르나, 저작권법이 창작주의를 채택하고 있기 때문에 이들에 대해서도 현행법 하에서는《그럴싸한》저작권이 발생하게 되고 권리 처리의 대상이 되어 버린다. 특허권의 경우는 권리 취득・유지비용 관계에서 마켓지향이 아닌 권리는 지극히 적기 때문에, 이것은 특허법과는 다른 저작권법 특유의 문제라고도 할 수 있다. 이러한 시대적 배경에, 재산적 정보보호법의 핵심에 있는 저작권법의 바람직한 모습은 어떤 것인가, 라는 곤란한 문제를 우리는 직면하고 있다.

이와 같은 정보화라는 어려운 시대를 배경으로 본서가 집필되었다. 본서는 체계서라는 성격상 미래학을 논한 것이 아니라, 현행법의 해석론이 중심이 될 수밖에 없겠지만, 그 제약 속에서도 항상 이 같은 시대적 배경을 의식하여 조금이라도 미래상을 추구하고자 하였다.

저작권법의 본질을 찾는 데 있어, 같은 지적재산법이면서 그 성격을 상당히 달리하는 특허법과 비교하는 것은 유익하며, 본서에서도 여러 군데 두 법을 비교

검토하여 저작권의 특색을 부각시키는 방법을 채용하고 있으며, 나카야마노부히로(中山信弘)의 『工業所有權法[第2版增補版]』을 참조하여 주시기 바란다.

법시스템이라는 관점에서 특허권과 대비한 저작권의 가장 큰 특색은 심사・등록・공개・클레임 같은 제도를 갖지 않는다는 점에 있다. 특허권은 사권(私權)이지만 특허청의 행정 처분에 의해 발생하는데 비하여, 저작권의 경우는 조약상의 요청으로(베른협약 5조(2)), 무방식주의가 채택되었다. 즉, 등록이나 기탁 등의 형식적 행위를 요건으로 하지 않고, 창작에 의해 즉시 저작권이 발생한다. 특허권의 경우, 권리의 주체・객체에 대해서는, 우선 특허청의 심사 단계에서 문제가 되지만, 저작권의 경우에는 침해의 장소가 문제된다. 그런 의미에서, 저작권법의 체계서로서 침해에 관해서는, 주장(主張)과 그에 대한 방어의 형태로 서술하는 것이 소송의 실체에 합치하며, 이러한 스타일로 체계서를 쓴다면 다이나믹한 기재(記載)가 될 것이다. 타무라요시유키(田村善之) 『著作權法概說[第2版]』은 그러한 구성을 갖는 체계서의 좋은 예이다.

그에 비하여, 일본 저작권법의 구성은, 권리의 객체, 주체, 내용, 침해 순으로 규정을 두는 체계로 되어 있는데, 일본 체계서의 대부분은 그와 같은 구성을 채택하고 있다. 이와 같은 전통적인 스타일은 스태틱(static)한 기재가 될 수밖에 없지만, 반면에 체계적인 기술이 가능해지며, 독자에게도 친숙하다고 할 수 있다. 어떤 스타일이든 장단점이 있겠으나, 이용자의 편리성을 생각하여 본서에서는 종전의 스타일을 답습하기로 하였다.

본서는 저작권법의 교과서이며, 교과서는 지식을 심어주기보다는 체계적인 사고를 함양하는 것이 중요하다. 그러므로 본서에서는, 단순한 조문의 해석뿐만 아니라, 디지털 시대의 저작권법은 어떠해야 하는지를 항상 염두에 두고 저작권법의 기본적인 입장을 나타내고자 하였다. 본서의 주된 목적은 대학에서 교재로 이용하는 것이며, 초심자라면 각주를 건너뛰고 읽더라도 저작권법을 이해정도는 가능하도록 구성하였다. 그러나 저작권법 분야는 오늘날 비즈니스 법으로서 매우 중요해지고 있고, 실무자들로부터의 요청도 강하기 때문에, 각주에서 판례를 망라적으로 게재하고 학설도 가능한 한 섭렵하고 있어, 각주에서 더욱 깊은 연구의 단서를 얻을 수 있도록 집필하였다.

또, 판례평석에 대해서는, 지금은 판례 데이터베이스를 검색하면 상당히 용이하게 찾아낼 수 있으므로 본서에는 게재하지 않았다. 그러나 평석은 판례를 이해하는 데 중요하므로, 개개의 판례를 연구하기 위해서는, 데이터베이스에서 본서에 게재되어 있는 판례로 평석을 검색하기를 바란다.

그리고, 본서에서 조문만을 게재하고 법률명을 들지 않은 것은 저작권법 조문을 가리킨다. 또, 인용 판례는 간행된 것을 중심으로 하고 있는데, 그 중에는 미등재(未登載)인 것도 있으니, 이들에 대해서는 최고재판소의 데이터베이스 혹은 판례체계 데이터베이스를 참조하기 바란다. 최근 몇 년 저작권법의 개정이 빈번하여, 거의 매년 법개정이 이루어지고 있는데, 향후에도 이 같은 경향이 계속될 것이다. 본서는, 2007년 5월말에 탈고하여 지금까지의 법개정이나 판례·문헌을 수록하고 있지만, 저작권법 분야는 실무의 진전도 빠르고 점차 새로운 중요판례도 출현하고 있으므로, 최근 정보는 관련 잡지·데이터베이스 등으로 보충하기를 바란다.

또, 본서는 구상단계부터 이미 10여년이 경과하였고, 그동안 유우히카쿠(有斐閣) 편집부에서 끈기있게 기다려 주시고, 또 여러 가지로 격려의 말씀도 해주셨다. 여기서 감사 말씀을 드린다. 또 동경대대학원 박사과정의 카네코토시야(金子敏哉)군에게는 책 전반에 걸쳐 귀중한 어드바이스를 받았고, 비서인 타케우치히로미(武内宏美)씨는 교정을 도와주셨다. 이에 감사의 인사를 드린다.

2007년 8월
中山信弘

「著作権法」の韓国語訳出版に際し

私が本書を執筆している時に、私の尊敬する漢陽大学校法科大学尹宣熙教授が東京大学法学部の私のところに客員教授として留学されていた。そして本書が完成される前に、尹教授から翻訳の話があり、私は快く翻訳をお願いすることにした。私の本が、このようにして韓国でも出版されるということは、私にとっても大変な喜びであり、かつ光栄なことでもある。

従来の著作権法におけるプレイヤーは、一部の創作者（画家や作曲家等）とその伝達者（出版社や放送事業者等）であったが、現在では万人が情報の創作者となり、発信者となりうる時代となりつつあり、著作権法におけるプレイヤーは国民全体ということができる。しかも音楽配信事業が典型的であるが、個々のユーザの利用をコントロールし、しかも小額課金（マイクロペイメント）が技術的に可能となりつつある。このような時代の流れを背景に、現在の著作権法は大きな波に洗われている。そのような潮流の中で、この本を通して私が述べたいことは、１９世紀的な著作物を念頭において制度設計されている著作権法の体系を、解釈論として、どこまでデジタル時代・インターネット時代に適応させることができるか、という問題である。

また、本書は著作権法の教科書であるために敢えて触れてはいないが、著作権の世界においは、スタンフォード大学のレッシグ教授の提唱にかかるCC＝クリエーティヴ・コモンズ）やOSS＝オープン・ソース・ソフトウエアのように、情報の独占を認めるのではなく、むしろ情報を共有して社会全体の厚生の増大化を図ろうとする動きが出現している。従来の知的財産権の発想は、創作者に独占権という餌を与えることにより開発へのインセンティヴを与え、その結果社会全体の厚生の最大化を図るというものである。それに対してコモンズは逆の発想であり、このプロ・パテント時代において、コモンズのような考え方は全くの逆転の発想であり、著作権の世界を大きく変える契機ともなりうることには注目する必要があろう。

韓国も日本も、急速にデジタル化が進んでおり、デジタル・コンテンツが極めて重要な経済財となっており、その多くが著作物である。インターネットに関しては、日本より韓国のほうが進んでいると思われるが、私のこの「著作権法」が、韓国においてどのように受け入れられるのか、心配もあるが、多くの方に読まれ、韓国と日本との交流がより一層進むことを期待している。

2007年 12月 27日
東京大学法学部教授
中山信弘

「著作權法」 한국어번역서 출판에 즈음하여

내가 이 책을 집필하고 있을 때, 존경하는 한양대학교 법과대학의 윤선희 교수님께서 내가 있는 동경대학 법학부에 객원교수로 와 계셨다. 그리고 이 책이 완성되기 전에, 윤교수님으로부터 번역서 출판에 대한 이야기가 있었고 나도 흔쾌히 번역을 부탁드리기로 하였다. 나의 책이 이같이 한국에서도 출판된다는 것은 나로서도 대단히 기쁜 일이고, 또한 영광스러운 일이기도 하다.

종래의 저작권법 상의 플레이어는, 일부 창작자(화가나 작곡가 등)와 그 전달자(출판사나 방송사업자 등)였으나, 지금은 만인이 정보의 창작자가 되기도 하고 발신자가 될 수도 있는 시대가 되어, 저작권법 상의 플레이어는 국민 전체라고 할 수 있다. 음악배급 사업이 전형적이라고 할 수 있는데, 개개의 유저 이용을 컨트롤하고, 거기다 소액과금(마이크로페이먼트)이 기술적으로 가능해지고 있다. 이와 같은 시대의 흐름을 배경으로, 현재의 저작권법은 세파에 시달리고 있다. 그러한 조류 속에서, 이 책을 통하여 내가 말하고자 하는 것은, 19세기적 저작물을 염두에 두고 제도설계 되어 있는 저작권법 체계를, 해석론으로써 어디까지 디지털시대・인터넷시대에 적용시킬 것인가 하는 문제이다.

또, 본서는 저작권법 교과서이기 때문에 감히 언급하고 있지는 않으나, 저작권 세계에서는, 스탠포드 대학의 레식 교수가 제창한 CC=Creative Commons라든가 OSS=Open Source Software와 같이 정보의 독점을 인정하지 않고 오히려 정보를 공유하여 사회 전체의 후생의 증대를 도모하고자 하는 움직임이 출현하고 있다. 종래의 지적재산권 발상은, 창작자에게 독점권이라는 먹이를 줌으로써 개발에 인센티브를 부여하고, 그 결과 사회 전체의 후생을 극대화하는 것이다. 그에 비하여 Commons와 같은 태도는 완전한 역발상이며, 저작권 세계를 크게 바꾸는 계기가 될 수도 있음에 주목할 필요가 있을 것이다.

한국과 일본 모두 급속히 디지털화가 진행되고 있고, 디지털콘텐츠가 대단히 중요한 경제재가 되었으며, 그 대부분이 저작물이다. 인터넷 분야는 일본보다 한

국이 발전하고 있는 것으로 알고 있는데, 나의 이 「著作權法」이 한국에서 어떻게 받아들여질지 걱정이 되기도 하나, 많은 분들께 읽혀져 한국과 일본의 교류가 더욱 활발해지기를 기대하는 바이다.

2007년 12월 27일
동경대학법학부 교수
나카야마 노부히로

역자서문

본서는 中山信弘 교수가 10년간의 구상 끝에 집필한 著作権法을 번역한 것으로 그간 일본 저작권법계에서 축적된 논점 및 판례를 일목요연하게 정리한 가운데 中山信弘 교수만의 관점과 주장을 알 수 있다.

다만, 일본 저작권법의 교과서의 번역서를 출간하면서 약간의 변명과 고민이 있었다.

그 변명으로서 우리에게 일본어 서적은 언어적, 지리적 이유로 직접 접할 수 있는 가능성이 높다고는 하지만, 그래도 우리말 번역서를 출간하면 일본의 유사한 법제도나 사례를 보다 용이하게 파악하여 시간과 노력을 절약할 수 있으며, 이를 통해 우리나라 저작권법을 연구하는 학자들이나 실무가들에게도 많은 시사점을 주는 바가 있다는 것이다.

이러한 견지에서 다음으로 당면하는 고민은 번역의 방향성이었다.

즉, 직역에 가깝게 하여 원문의 느낌을 충실히 살릴 것인지, 의역을 하여 독자로 하여금 텍스트에 대한 부담감을 덜게 할 것인지에 대한 것이다. 이에 대한 기본적인 방향은 中山信弘 교수의 표현을 그대로 옮겨 원저자의 호흡을 그대로 느낄 수 있도록 하였으며, 참고문헌과 판례번호, 사건명들을 원문 그대로 옮겨 독자들의 문헌확인에 오해가 없도록 하였다. 이와 더불어, 역자주의 삽입과 윤문을 통해 독자들에 대한 의미전달에 최선을 다하였다.

다만, 역자들이 아직 저작권법을 연구하는 입장에서 한 작업이기 때문에 오역이나 실수가 있을 수 있지만, 넓은 혜량과 함께 아낌없는 질정을 부탁드린다.

끝으로 본서의 한국어 출판을 허락해주신 中山信弘 교수님에게 감사의 마음과 함께 건강을 기원한다. 아울러 본서의 출간에 물심양면으로 도움을 주신 법무법인 다래의 박승문, 조용식 대표변호사와 有斐閣의 관계자분들에게도 감사의 인사를 전달하며, 어려운 국내의 출판환경 속에서도 흔쾌히 출간을 허락해 주신 법문사의 배효선 사장과 영업부 유지훈 차장, 편집부 김용석 과장, 마지막으로 한양대학교 법과대학 박성호 교수, 김병일 교수 그리고, 지적재산권법 연구자들에게 형언할 수 없는 감사를 드린다.

2008. 3. 21.
한양대학교 법과대학
윤 선 희

대 목 차

세부 목차

범례약어표

相澤英孝＝西村ときわ法律事務所編著『知的財産法概説[第2版]』(弘文堂, 2006)
秋吉稔弘『著作権関係事件の研究』(判例時報社, 1987)
梅谷眞人『データベースの法的保護』(知的財産研究所叢書4) (信山社, 1999)
尾島明『逐条解説TRIPS協定－WTO知的財産権協定のコメンタール－』(日本機械輸出組合, 1999)
勝本正晃『日本著作権法』(巖松堂出版, 1940)
加戸守行『著作権法逐条講義[5訂新版]』(著作権情報センター, 2006)
金井重彦=小倉秀夫『著作権法コンメンタール上巻』(東京布井出版, 2000)
金井重彦=小倉秀夫『著作権法コンメンタール下巻』(東京布井出版, 2002)
北村行夫『判例から学ぶ著作権』(太田出版, 1996)
城戸芳彦『著作権法研究』(新興音楽出版社, 1943)
清永利亮=設楽隆一『現代裁判法大系26知的財産権』(新日本法規, 1999)
小林尋次『現行著作権法の立法理由と解釈』(文部省, 1958)
斉藤博『著作権法[第3版]』(有斐閣, 2007)
斉藤博=半田正夫編『著作権判例百選』(有斐閣, 2001)
斉藤博=牧野利秋『裁判実務大系27知的財産関係訴訟法』(青林書院, 1997)
椙山敬士『ソフトウェアの著作権·特許権』(日本評論社, 1999)
作花文雄『詳解著作権法[第2版]』(ぎょうせい, 2002)
作花文雄『著作権法(基礎と応用)』(発明協会, 2003)
潮海久雄『職務著作制度の基礎理論』(東京大学出版会, 2005)
渋谷達紀『知的財産法講義II[第2版](著作権法·意匠法)』(有斐閣, 2007)
棒村専一『著作権法概論改訂版』(巖松堂書店, 1936)
田村善之『著作権法概説[第2版]』(有斐閣, 2001)
田村善之『知的財産法[第4版]』(有斐閣, 2006)
著作権法令研究会『著作権関係法令実務提要』(第一法規, 加除式)
著作権法令研究会『実務者のための著作権ハンドブック[第6版]』((社)著作権情報センター, 2005)

土肥一史『知的財産法入門(第6版)』(中央経済社, 2003)
中川善之助＝阿部浩二編『改訂著作権』(第一法規, 1980)
中山信弘『ソフトウェアの法的保護[新版]』(有斐閣, 1988)
中山信弘『マルチメディアと著作権 』(岩波書店, 1996)
中山信弘『工業所有権法(上)特許法[第2版増補版]』(弘文堂, 2000)
半田正夫『著作権法概説[第13版]』(法学書院, 2007)
文化庁『著作権法百年史(資料編)』(著作権情報センター , 2000)
牧野利秋判事退官記念『知的財産法と現代社会』(信山社, 1999)
牧野利秋=飯村敏明編『新裁判実務大系22著作権関係訴訟法』(青林書院, 2004)
松田政行『同一性保持権の研究』(有斐閣, 2006)
水野錬太郎『著作権法』(水野錬太郎著作権論文刊行会·黎文社, 1974)
三山裕三『著作権法詳説判例で読む16章(新版改訂版)』(レクシスネクシス·ジャパン, 2005)
山本桂一『著作権法』(有斐閣, 1969)

Copyright Law

著作權法

서 장 저작권법의 의의

제 1 절 들어가며

1. 저작권법의 우울(憂鬱)

저작권법의 역사는 문자의 저작물(저작권의 보호 객체) 보호에서 시작되었고, 전형적인 저작물이라고 하면 누구나 먼저 문학을 상상할 것이다. 그렇지만 현재 저작권법의 보호 범위는 소설·음악·회화 등과 같은 전형적이고 고전적인 작품부터 설계도·컴퓨터 프로그램·데이터베이스 등과 같은 기능적·사실적인 작품까지 다종다양하게 이르고 있다. 오늘날 우리는 생활 구석구석 온갖 종류의 저작물에 둘러싸여 있으며, 특히 정교한 복제기기나 인터넷 등의 보급에 의해, 어떠한 행동을 하고자 하면, 즉시 저작권 문제에 부딪히게 된다.

저작권법은 모두 사람에게 적용되므로, 특정 업계에만 관계하는 「업법(業法)」이라 말할 수 없고, 또 작가·화가·작곡가 등을 업자라고 부르는데 대해 저항이 있기는 하나, 이전 사람들의 감각으로는, 저작권법은 출판업이나 방송업 등의 특정 업계에 관계하는 법으로, 일반인에게는 친숙하지 않은 법이라는 의식이 강했다. 그러나 현재는 모든 업종의 기업 활동뿐만 아니라 개인 생활에서도 저작권법을 빼고 생각할 수 없는 시대가 되었으며, 저작권법은 『업법적(業法的)』인 것에서 보다 보편적인 법으로 탈바꿈하고 있다. 종래에는 복제나 방송 등을 만들어 내는 것은 극히 일부 업자의 일이었지만, 디지털 기기나 인터넷의 급속한 발전에 의해, 개인 차원에서도 지극히 값싸고 정교한 복제가 가능해졌고, 그리고 그것을 불특정 다수의 사람에게 발신하는 일도 용이해졌다. 종래의 저작권법은 주로 고액의 자금을 필요로 하는 출판사나 방송사업자나 음반회사 등을 대상으로 하고 있었지만, 앞으로는 개인까지 대상으로 해야 할 필요가 생겼으며, 이는 교섭 형태, 과금 형태, 침해 발견 형태 등에 이르기까지 큰 변화를 가져오게 되었다.[1) 이는 저

1) 디지털화에 따른 변화에 대해서 서술한 것으로서는, 中山信弘「情報の流通と著作権」本間崇還暦記念『知的財産権の現代的課題』信山社, 1995), 中山信弘『マルチメディアと著作権』, 中山信弘「マ

작권 제도의 변혁에 대한 원동력이 되고, 또 저작권에 관한 국민의식에도 큰 변화를 주게 될 것이다.

종래의 저작권법은 주로 소설·음악·회화라고 하는 고전적·목가적인 저작물을 대상으로 하고 있어, 특허법과 비교하면 비즈니스 법(Business Law)으로서의 색채가 옅었다. 그런데 현재는 저작권이 경제재로서의 기능을 향상시켜, 특히 소프트웨어 관련 기업을 중심으로 저작권은 특허권과 함께 기업 전략의 한 중추가 되고 있으며, 저작권법은 더욱 더 비즈니스 법으로서의 성격이 짙어지고 있다.[2] 이에 따라 조약 개정 등 국제 교섭의 장에서도 저작권법은, 본래 갖고 있는 문화의 발전이라고 하는 이념을 추구하기보다는, 각국의 경제적 이해 대립의 장으로 변모하고 있다.[3] 저작권이 완전하게 경제재화되고, 저작권법이 완전하게 비즈니스 법화되고 있다면, 그것 나름대로의 방향이 있다 할 수도 있지만, 고민스러운 것은 종래형의 고전적·목가적인 저작물도 건재하기 때문에 저작권법을 비지니스라는 관점에서만 결론지을 수도 없다는 것이다.

이와 같이 시대적 배경이 변화하고 있음에도 불구하고, 법의 기본적인 원칙이라는 것은 용이하게 바뀌는 것은 아니다. 최근에는 거의 매년 저작권법을 개정하고는 있지만, 인격권을 중시하는 한편 재산권에 관해서는 물권적 구성에 갇혀 있는 19세기적 기본 패러다임은 달라지지 않았다. 그러나 저작권법을 둘러싼 사회환경의 변화는 너무 혁명적이어서 현행 시스템이 사회의 요청에 응할 수 있는 것인지 하는 점에 대해서 되물어볼 필요가 있다.[4] 이 문제는 단순한 국내법의 문제뿐 아니라 실체 규정을 많이 포함한 베른 조약의 문제이기도 하여 그 변혁은 어려운 문제이다.

먼저 감안해야 할 것은 저작물의 다양화 경향이다. 저작권법과 마찬가지로 지적재산법의 중심에 위치하는 특허법의 보호 객체는 「자연법칙을 이용한 기술적 사상」에 한정되어 있기 때문에(특허법2조1항) 비교적 균질하다.[5] 반면에, 저작권법

ルチメディアを巡る著作権問題」F.Kバイヤー古稀記念 『知的財産と競争法の理論』(第一法規, 1996)참조. 향후 과제에 대해서는 吉田大輔 「著作権制度における今日的課題」ジュリスト 1333호 102면(2007) 참조.

2) 저작권법의 비즈니스 법으로서의 성격을 강조하고 있는 것으로서, 相澤英孝 「著作権法のパラダイムへの小論」中山信弘還暦記念 『知的財産法の理論と現代的課題』(弘文堂, 2005).

3) 渡邊晴美 「著作権等をめぐる国際的な動き-WIPO新条約等」ジュリスト 1132호 58면(1998).

4) 같은 문제의식을 제기하는 것으로서 田村善之 「インターネットと著作権－－著作権法の第三の波－－」アメリカ法 1999년 2호(日米法学会) 202면, 井上由里子 「電子化時代の著作権制度の課題－－新たなパラダイムの模索」(ジュリスト 1215호 46면, 2002).

의 보호 객체는 사상·감정의 창작적인 표현으로 문예·학술·미술·음악의 범주에 속하는 것이 모두 포함되므로(2조1항1호), 저작물을 어느 하나의 성질을 가진 것으로 통일적으로 파악하기는 곤란하다. 특히, 최근 보호 객체의 다양화가 극단적으로 진행되어, 여러 가지 성질을 가지는 것이 저작권법 세계에 받아들여져 왔다. 이 현상이 저작권법 체계에 어떠한 영향을 주는지가 큰 문제이다.

단지 저작물이 다양화되었다는 것만으로는, 저작권법의 패러다임에 큰 변혁을 재촉할 정도의 충격이 될 수 없다. 저작권법의 역사는 그 보호 객체 확장의 역사였지만, 그 확장에 대해서는 패러다임의 약간의 수정으로 대처해 왔다. 그러나 이 정황에 결정적인 변화를 준 것은 디지털 기술이다. 디지털 기술이 저작권 세계로 난입함에 따라, 종래의 저작권법이 예정하고 있던 세계와는 이질적인 세계가 출현하고 있고, 향후에는 저작권법의 패러다임을 변혁할 내재적 요구가 더욱 강해질 것이다.

디지털화된 정보는 복제가 용이하고 염가이면서도 열화(劣化)가 거의 없으며, 게다가 개변도 매우 용이하다는 특성을 가지고 있다. 또 디지털 기술의 발전은 통신기술의 혁신을 촉진하여 디지털 정보는 유체물인 매체와 분리하여 유통되게 되고, 실제로 음악이나 게임 소프트나 영화 등의 인터넷 전달 비지니스가 급속히 발달하고 있다. 또, 「WEB2.0」이라 불리는 시대에 돌입하여 1억 모두 출판자라는 상황이 되고 보니, 정보 유통에 혁명적인 변화가 일어나고 있다. 이러한 기술 정황의 변화는 저작권법 시스템 그 자체에 큰 영향을 주어 WIPO[6]나 WTO[7] 등에 있어서의 저작권에 관한 국제 조약도 이 흐름에 대응하기 위하여 노력하고 있다. 개정이 빈번한 특허법과는 대조적으로 종래의 저작권법은 개정이 적은 법이었지만, 오늘날에는 기술을 따라가는 것만으로도 대단한 작업이라, 일본 저작권법도 최근에는 거의 매년 법개정이 이루어지고 있다. 계속된 법개정 결과, 저작권법은 문어발식 배선 상태에 있으며, 전문가들도 그 조문을 일독(一讀)해서만은 이해할 수 없을 정도로 복잡해지고 있어, 이것을 단순·명확히 하고 나아가 디지털 사회에도 대응할 수 있는 저작권법으로 구축할 필요가 있다.

5) 근래에는 컴퓨터·소프트웨어나 바이오 테크놀러지의 발달에 의해, 비지니스 방법이나 유전자가 특허의 대상이 되어 특허법의 보호 대상도 애매하게 되고 있지만, 저작물과 비교한다면 그 범위는 한정적이다.

6) World Intellectual Property Organization(세계지적재산권기구, 유엔의 전문기구이다).

7) World Trade Organization(세계무역기구, GATT의 후신이다).

1985년 개정에서 컴퓨터 프로그램이 저작물로서 규정된 이후 디지털 기술의 발달에 대응한 법개정이 계속되어 저작권법도 일단 현대적으로 단장하고 있다. 그리고 인격권에 대해서도 약간의 수정이 가하여지고 있지만(20조2항3호), 여전히 저작권법은 개성의 표현이라고 생각되고 있는 창작성을 중심 개념으로 하여 구축되어, 인격권을 중요시하는 기본적인 원리에는 변함이 없다. 근래의 빈번한 법개정도 이 기본적인 구조에 수정을 가하는 변혁에 지나지 않는다. 인격권을 저작권 체계 안에서 어떻게 자리매김 시켜야 하느냐 하는 어려운 문제는 당분간 계속될 것이다.

디지털 기술을 핵심으로 한 정보 혁명의 물결은 가차 없이 우리를 덮치고 있으며, 정보 보호법의 중심적 존재의 하나인 저작권법은, 정보 혁명의 물결에 필연적으로 직접 휩쓸리게 된다. 종래는 재산으로서의 가치를 갖지 못했거나 가치가 낮았던 정보도, 디지털 기술의 발달에 의해, 저작권과는 관계없이 재산으로서의 가치를 갖거나 혹은 가치가 증가하게 되었다. 예를 들면 저작권법에서는 보호되지 않는 단순한 사실 정보(주소나 전화번호 등)도, 데이터베이스화함으로써 거래의 대상이 될 수 있다. 그리고 정보 보호를 위한 기술적 수단이 발달함에 따라 정보에 자물쇠를 걸 수 있게 되었다.[8] 자물쇠를 걸 수 있는 정보는 사실상 저장된 정보로서 거래의 대상이 되며, 계약에 의해 유통된다. 이렇게 되면, 보호 기술과 계약에 의해 저작권법으로 보호되지 않더라도 많은 정보가 재(財)로서의 성질을 띨 가능성이 생기고, 기술과 계약에 의해 「의사(擬似)저작권 quasi-copyright」이라고도 할 수 있는 재산이 파생하고 있다. 저작권법을 떠나 계약과 기술에 의해 보호되는 정보가 거래되게 되면 저작권법의 역할은 어떻게 되는지, 또 저작권법이 예정하고 있는 법질서가 파괴되는 것은 아닌지 등의 심각한 문제가 발생한다. 향후, 저작권법과 계약법과의 긴장 관계는 당분간 계속될 것이다.

현행 저작권법은 사람의 사상・감정의 창작적 표현을 보호하는 체계로 구축되어 있으며, 저작물은 인격의 유출물로서 인격권적 요소를 중시한 것으로 되어 있다. 이 저작자 인격권의 중요성은 부정할 수 없으며 향후에도 저작권법 체계 속에서 중요한 지위를 차지하겠지만, 문제는 이 강력한 인격권과 재산권의 관계이다. 정보화 사회의 도래와 함께 저작물의 재산적 측면이 더욱 더 증대하여 저작물은 중요한 경제재가 되었으며, 이른바 컨텐츠・비지니스가 중요한 산업이 되어

8) 구체적으로는, 암호화, 매크로비젼, 디지털 워터마킹 등.

가고 있다. 경제재는 경제의 논리로 움직이는데 비해, 인격권은 완전히 다른 논리로 움직이기 때문에, 아무리 경제재로서 합리적인 제도를 구축해도, 인격권에 의해 그 제도가 기능부전에 빠질 가능성도 있다. 물론 이러한 재산권과 인격권과의 상극이라는 문제는 이전부터 존재했지만, 디지털 기술의 출현에 의해 두 가지 논리가 충돌하는 경우가 급증하게 되었다. 디지털 기술은 개변이 용이하다는 점에 특색이 있으며, 실제로 그 결과 저작자 인격권의 침해 형태로 다투는 케이스가 증가하고 있다.[9)]

또 저작권법은 단지 인격권과 재산권만을 정한 법이 아니고, 그 배후에는 표현의 자유 문제, 경쟁・산업 정책의 문제, 예술 정책의 문제 등의 광범위한 분야와 관련을 갖고 있다.[10)] 이것들은 조문상 직접적으로 나타나는 것은 아니지만, 저작권법을 생각할 때는 항상 염두에 둘 필요가 있다.

이상과 같이, 현재의 저작권법이 놓여 있는 상황을 한마디로 나타내면, ≪혼돈≫이라고 하는 용어가 가장 적당할 것이다. 그러나 그 혼돈 상황 속에서 컨텐츠・비지니스는 더욱 중요해지고 있으며, 안정된 산업을 위해서는 일정한 질서가 필요하다. 혼돈이라는 상황에서의 안정이라는 요구가 커지게 될 사태를 앞에 두고, 저작권법은 우울한 시대에 들어서고 있다고 할 수 있을 것이다.

2. 본서의 기본적 관점

현재의 저작권 제도는 혼미의 시기에 있다. 이는 특허법과는 달리 다종다양한 성격의 것들을 포함할 수 있는 저작권법 내부의 깊이에 기인한다. 꽤 이전부터 저작권법은 직업별 전화번호부와 같은 사실적 저작물이나 설계도와 같은 기술적 저작물을 포함하고 있는데, 그것은 나름대로 문제를 제기하고 있었다. 그러나 최근의 혼미의 최대 원인은 디지털 기술의 발달에 의한 변화이며, 그 단서가 된 것이 프로그램의 저작물성을 인정한 1985년 개정과 데이터베이스의 저작물성을 인정한 1986년 개정이다. 물론 그 이전부터 프로그램에 대해서는 약간의 판례에서 저작물성이 인정되고 있었으나,[11)] 명문의 규정으로 프로그램・데이터베이스가

9) 東京地判平7・7・14 判時1538호203면(三国志Ⅲ事件), 그 항소심인 東京高判平11・3・18 判時1684호112면, 大阪地判平9・7・17 判タ973・203(ネオジオ事件), 그 항소심인 大阪高判平10・12・21 知的裁集 30권4호981면, 大阪地判平9・11・27 判タ965호253면(ときめきメモリアル事件), 그 항소심인 大阪高判平11・4・27 判時1700호129면, 그 상고심인 最判平13・2・13 判時1740호78면.

10) 이 문제를 논한 것으로는, 野口裕子「デジタル時代の著作権制度と表現の自由 ― 今後の知的財産戦略に当たって考慮すべきバランス (上)(下)」NBL777호19면, 778호32면.

저작권법 세계에 난입해 온 것은 의미가 크다. 본서에서도 해석론으로서 이 디지털화라고 하는 현상과 구태의연한 현행 저작권법과의 조화를 어떻게 취할 것인가 하는 점에 고심하고 있다.

프로그램을 저작권법에 포함시킴으로써, 저작권의 영역은 크게 확대되었다. 이 확대는 종래 저작물의 확대와는 사정이 크게 다르며, 양의 확대가 질의 변화를 가져왔다고 말할 수 있을 것이다. 이에 따라 좋든 싫든 간에 저작권법은 디지털과 정면으로 마주보게 되었으며, 창작성이나 저작자 인격권 등을 중심으로 구축되어 온 저작권법의 패러다임은 크게 변혁하지 않을 수 없는 것인지, 그렇지 않으면 기본은 유지하면서 수정으로 끝나는지라는 판단을 강요당하게 될 것이다. 한편, 프로그램 등의 새로운 저작물이 출현해, 그들이 융성해지기는 했지만, 다른 한편 소설・회화・음악 등 종래의 저작물도 건재하고 있어 이들을 무시할 수도 없다.

또 디지털 기술의 뒷받침으로 계약법이 저작권법 세계를 침식하고 있는데, 이 정황을 어떻게 생각할 것인가? 지금까지 저작권법의 세계는 다른 법 분야와 비교적 동떨어진 것으로써 자기 완결적이었던 것처럼 생각되었다. 그러나 앞으로는 민법이나 독점금지법을 중심으로 한 다른 법 분야와의 관계가 중요한 문제가 될 것이다. 이전에는 저작권법 규정이 강행법규냐 아니냐 하는 점에 대해서는 거의 의식되지 않았다.[12] 그 결과 저작권법이 상정하고 있는 가치가 다른 법체계와의 관계에서 어떻게 자리매김 되는가 하는 인식도 적었다. 본서에서는 그러한 점에 유의하면서 해석론으로서 어디까지 가능한가 하는 점을 추구하였다고 할 수 있다.

저작권 분야에서 향후 주목받게 될 부분은 정보의 유통이라는 측면이다. 종래의 저작권법학의 중심은 저작권 그 자체의 해명에 관한 것이었다. 구체적으로는 저작물성, 권리 발생의 요건, 침해 등이 중심이었지만, 앞으로 저작물의 유통이 더욱 중요해지고 그 측면의 연구가 필요하게 될 것이다. 정보화 시대의 도래와 함께 저작물의 유통은 혁명적으로 증대해(「정보의 유통혁명」) 정보의 유통이라는 측면이 중요해지고 있지만, 저작권법도 그 범위 밖에는 있을 수 없다. 물건과 마찬가지로 유통이 기능하지 않으면 경제재로서의 정보의 가치는 감소한다. 저작물을 창작한다 하더라도 유통이 충분히 기능하지 않으면 개인적인 일기 등과 같은

11) 전부 텔레비전 게임용 소프트의 사건이다. 東京地判昭57・12・6判時1060호18면, 横浜地判昭58・3・30判時1081호125면, 大阪地判昭59・1・26判時1106호114면.

12) 좌담회 『著作権法制100年と今後の課題』[加戸発言] ジュリスト 1160호 27면(1999).

예외적인 것을 제외하고, 이용되지 않는다는 프러스트레이션(frustration)이 쌓일 뿐이며, 저작자로서의 만족감도 얻지 못하고 또한 경제재로서의 가치도 없어진다. 향후에는 저작물의 유통에 대해서도 관심을 기울여야 한다. 이 문제는 저작인접권이나 저작물의 중개업 등의 문제뿐만이 아니라 각 저작물 분야에서의 계약이나 상관행이 지극히 중요한 의미를 가지므로 폭넓은 연구가 필요하겠으나, 본서에서는 저작권법에 관계된 범위내에서, 유통이라는 관점도 배려하였다.

종래의 저작권은 저작자의 개성의 유출물을 보호한다고 하는 저작자의 권리(author's right)라는 측면이 강했다. 그것은 그 나름대로 의미가 있는 것이나, 정보재로써의 지위 향상이라는 조류를 무시할 수 없다. 예를 들면 너무 강한 인격권의 존재에 의해 저작물의 이용·유통이 저해된다면, 결국 저작물의 경제적 가치를 손상시키고, 그것은 저작자의 경제적 이익을 손상시킬 뿐만 아니라, 사회 일반이 저작물의 이용으로부터 얻을 수 있는 이익도 저해하게 될지 모른다. 특허법과는 달리, 저작권법의 기본적 구조는 경제재 보호법으로서의 체제를 이루지는 않지만, 저작권법의 구조와 현실 사회의 괴리를 어떻게 해석으로 보완할 것인지가 향후의 중요한 문제가 되고 있다. 본서는 현행법의 범위 내에서 어떻게 저작물의 재(財)로써의 지위를 높여 갈 것인가 하는 기본적 입장에서 집필되었다.

저작권은 일종의 독점권으로, 재(財)로서의 성격을 강하게 하면 경쟁법적 요소를 포함하지 않을 수 없게 될 것이다. 독점에 의한 폐해의 제거는, 독점금지법에만 의지할 것이 아니라, 저작권 제도에도 편성할 수 있을 것이고, 또 해석론으로써도 경쟁법적 요소를 집어넣을 수도 있을 것이다. 종래의 저작권법학에서는 이 경쟁법적 측면은 그다지 중시되지 않았지만, 향후의 저작권법제의 패러다임을 생각하면 지극히 중요한 요소라 생각되며, 본서에서도 경쟁법적 관점은 중요한 지위를 차지하고 있다.

디지털화의 물결은 저작권 법제에 매우 큰 영향을 주고 있는 것으로 생각된다. 저작권법을 소유권 법제의 범위 내에서 다루고, 그 약간의 수정으로 얼버무리고 있는 현상은 크게 변경되어야 할지도 모른다. 만인이 저작물의 복제·개변을 하고 발신을 하는 시대에, 저작권법 시스템이 종래와 같이 소유권법의 도그마(dogma)에 얽매여 있어서는 정보를 이용하는데 마이너스가 되지는 않을까?[13] 소

13) 吉田邦彦「情報の利用・流通の民事的規制 ― 情報法学の基礎理論序説」ジュリスト 1126호 188면(1998) 참조.

유권 법제로부터 벗어나, 정보의 이용에는 넓고 얕게 과금하는 시스템을 모색해야 할 필요성은 없는 것일까? 이 정도로까지 정보가 넓게 이용되는 사회에서 저작자 인격권을 현재와 같이 강한 상태로 유지해야만 하는 것일까? 이러한 다방면에 걸친 문제가 많은 사람에게 인식은 되고 있지만, 현실적인 문제로 베른협약의 구속도 있기에 국제적으로는 현행 시스템을 유지하면서 약간의 수정을 꾀하는 방향에 있다(예를 들면 WIPO신조약). 또 국내적으로도 즉시 저작권의 패러다임 전환을 시도하는 분위기는 아니다. 본서는, 저작권법의 체계서이므로, 이상과 같은 문제의식을 가지면서, 기본적으로는 현행법의 해석을 중심으로 하되 입법론은 가능한 한 자제하도록 노력했다.

또 특허권과 비교하면, 저작권법의 수비 범위는 현저하게 넓고 관련된 플레이어의 종류도 다양하기 때문에, 저작권법을 너무 엄격하게 적용하면 실로 살기 팍팍한 세상이 되어 버린다. 예를 들면, 노안이 온 사장을 위해서 회사에서 신문을 확대 카피하면, 복제권 침해로 범죄가 된다. 마찬가지 사례는, 우리의 주위에 무수히 존재하지만, 현실에서는 그러한 사소한 일을 문제로 삼는 권리자가 거의 존재하지 않는다는 것으로 구제되는 것에 불과하다. 저작권법이 보편적인 법으로 변신하고 있는 것을 감안하여, 본서에서는 가능한 한 저작권법에 일반 상식을 적용하여 타당한 해결을 시도하고자 노력하고 있다. 요컨대, 저작권법은 특수한 법이 아니라 보통법이라는 것을 강조하고 싶다.

3. 저작권법의 법원

실질적 의미에서의 저작권법의 법원으로서는 성문법원과 불문법원이 있지만, 불문법원은 현실 문제로서 판례 이외에는 적다.

그 이유로는, 우선, 저작권은 금지청구권을 갖는 물권과 유사한 권리이며, 물권법정주의의 요청과 마찬가지의 이유로, 관습법으로서는 성립하기 어렵다고 하는 점을 들 수가 있다. 또 정보는 원래가 자유롭게 사용되고 있던 것이며, 저작권법 등의 법에 의해 처음으로 독점적 이용권이 인정되는 성질의 것이기 때문에 관습법으로 성립하기 어려운 면도 있다. 따라서 저작권법의 법원으로, 이하에 게재한 법률, 정・성령(政・省令), 조약 등을 생각하면 당장은 충분할 것이다.

[법률 등]
저작권법
저작권법 시행령
저작권법 시행규칙
프로그램 저작물의 특례에 관한 법률
프로그램 저작물의 특례에 관한 법률 시행령
프로그램 저작물의 특례에 관한 법률 시행규칙
저작권등 관리사업법
저작권등 관리사업법 시행규칙
저작권 관계 문화청 고시

[조약 관련]
문학적 및 미술적 저작물의 보호에 관한 베른협약 파리 개정 조약
세계저작권조약 파리 개정 조약
세계저작권조약의 실시에 수반하는 저작권법의 특례에 관한 법률
세계저작권조약의 실시에 수반하는 저작권법의 특례에 관한 법률 시행령
연합국 및 연합국민의 저작권의 특례에 관한 법률
실연가, 음반제작자 및 방송기관의 보호에 관한 국제조약
허락을 얻지 않은 음반의 복제로부터의 음반제작자의 보호에 관한 법률(WCTP)
실연 및 음반에 관한 세계지적재산권기구 조약(WPPT)
세계무역기구를 설립하는 협정 부속-C지적재산권의 무역관련 측면에 관한 협정 (TRIPS협정)

(그 외)
지적재산기본법
컨텐츠의 창조, 보호 및 활용의 촉진에 관한 법률
특정전기통신 서비스제공자의 손해배상 책임의 제한 및 발신자 정보의 개시에 관한 법률
행정기관이 보유하는 정보의 공개에 관한 법률
독립행정법인 등이 보유하는 정보의 공개에 관한 법률
관세법(2005년까지는 관세정률법)

제 2 절 저작권법의 기본적 구조

1. 현행저작권법의 구조

(1) 저작권법에 대한 관점

저작권법은 사람의 정신적 창작활동의 성과를 보호하는 법(창작법)의 일환이고, 사람의 사상·감정을 표현한 것(저작물)을 보호 객체로 하고 있다. 사람의 사상·감정의 표현은 책·레코드·필름·캔버스 등의 물체(민법85조의 유체물) 위에 고정되어 있는 것이 많고, 서적이나 음반 그 자체가 사상·감정을 표현하고 있는 저작물과 같이 생각되기 쉽다.[1] 그리고 회화나 조각의 원작품은 그 자체가 저작물인 것 같은 이미지도 있는데, 원작품은 정보로서의 저작물이 구현된 모습에 지나지 않고, 그런 의미에서, 원작품도 저작물의 매체의 일종이라고 말할 수 있을 것이다. 서적이나 회화 등은 저작물을 고정하고 있는 매체물인 것에 불과하고 저작물 그 자체는 당해 매체물과는 다른 관념적인 존재로 정보의 일종이다. 저작물이 정보임은 매체물이 존재하지 않아도 저작물은 발생할 수 있고,[2] 매체물이 소멸하여도 저작물이 소멸하는 일은 없고, 또한 매체물과 분리하여 유통할 수 있다고 하는 것을 의미하고 있다. 연주와 함께 사라져 버리는 즉흥곡도 저작물로서 성립되는데, 매체물이 존재하지 않기 때문에 후일 분쟁에 있어서 저작물의 존재나 내용의 입증이 어렵다고 할 뿐이다.

저작물을 정보라고 받아들임으로써, 저작권법 세계가 명확하게 보이게 된다.[3] 저작권법의 이해는 물체를 대상으로 하고 있는 소유권과 정보를 대상으로 하고 있는 저작권과는 법적으로 다른 성질을 가진 별개의 존재라고 하는 인식에서 출발한다. 물체의 소유권을 취득하여도 그것은 저작권의 귀추나 효력에 영향을 미치는 것이 아니다. 다만 특수한 경우에 저작권의 효력과 소유권의 효력과의 조정이 필요하게 되는 일도 있을 수 있는데(45조), 그것은 어디까지나 조정의 문제이

---

1) 山本·36면은 저작물을 유형물적으로 생각하고 있는 것 같지만, 그 출판시인 1969(昭和44)년 당시는 매체로 분리하여 저작물만이 유통된다고 하는 일은 적어, 현재와는 환경이 크게 다르다.

2) 참고로, 미국에서는 고정(fixation)이 보호요건으로 되어 있는데(102조(a)), 일단 고정되면 저작물이 되며, 그 후에는 물(物)로부터 분리하여 이전하는 것은 가능하다.

3) 中山信弘 「財産的情報における保護制度の現状と将来」(岩波講座現代の法10 『情報と法』 1997) 270면 참조.

고, 저작물과 물체와는 다른 존재임을 전제로 하는 규정인 것이다.[4)]

(2) 저작권법의 존재 이유

가. 창작에의 인센티브

우선 저작권법의 필요성이 문제가 된다. 지적재산법이 없는 시대에는, 모럴(moral) 문제는 별개로 하고, 모방은 법적으로는 자유였다. 타인으로부터 모방당하고 싶지 않은 정보는 비닉(秘匿)이라고 하는 사실상의 방위수단을 강구하는 것 이외에 방법이 없었다. 정보유통이 적은 시대에 있어서는 그러한 법적 상태에서 큰 불합리한 점은 없었을 것이다. 그러나 사회가 변화하여 정보의 유통이 격증하고, 정보의 창작 혹은 전달 등으로 생계를 유지하는 자가 증가하자, 비닉에 의한 사실상의 보호만으로는 정보보호시스템으로서는 불충분하게 되었다. 정보의 유통이 증대함과 동시에, 여러 가지의 정보가 공지상태가 되어 버려 모방될 위험성이 증가하기 때문이다. 예컨대, 책을 두루마리로 한 집에 대대로 내려오게 하면 비밀은 지킬 수 있겠지만, 출판하면 그 내용은 공지되어 버리고 모방이 횡행하여 정보창작에의 의욕은 감퇴하므로, 정보의 과소생산이 우려된다. 그래서 사회가 일종의 정보의 풍부화를 필요로 한다면 비닉이라는 사실상의 보호 이상의 법적 보호가 필요하게 된다.

정보의 보호가 필요하게 된다 하더라도, 모든 정보를 보호하는 것은 과도한 일이며, '사회가 보호를 필요로 하고 있는 정보라고 하는 것은 무엇인가'라는 것이 문제가 된다. 역사적으로 보면, 기술적 정보와 사상 · 감정을 표현한 정보의 2종류가 중요하였다. 이 2종류의 정보는 그 성격을 달리 하고 있기 때문에, 각각 다른 별개의 법률로 규율되며, 한쪽이 특허법, 다른 쪽이 저작권법이다. 정보라고 하는 것은 종래에는 자유이용이 원칙이었으며, 또한 정보의 자유이용은 사회전체의 후생의 증대를 가져오는 면도 있었고, 표현의 자유 등의 이념에도 합치하는 면도 있기 때문에, 정보를 특정자(→특정인)에게 독점적으로 이용하게 하는 입법정책은 되도록이면 억제될 수밖에 없다.

기술적 정보와 사상 · 감정을 표현한 정보 이외에도 보호를 필요로 하는 정보는 있을 수 있는데, 일단 요구가 강한 것을 입법화한 것에 지나지 않으며, 창작법

4) 물의 소유권과 저작물과의 관계에 대해서 설명한 판결로서는, 最判昭59 · 1 · 20判時1107호127면(顔真卿自書建中告身帖事件)이 유명하다. 中山信弘 · 法協102권5호1045면 참조.

에 속하는 지적재산권은 상술한 2종류로 한정되는 것이 아니다. 사회의 변화에 따라 최근에는 보호의 요구가 강한 정보가 증가하고, 종묘법이나 반도체칩법과 같은 새로운 입법도 이루어지고 있다. 지적재산법은 많은 정보 중에서 시대의 요구에 맞추어 필요에 따라 보호의 대상을 증가시키고 있고, 필연적으로 잡동사니처럼 될 수밖에 없다.

나. 자연권적 어프로치

이상은 저작권법을 창작 또는 전달에의 인센티브라고 하는 관점에서 해석한 설명인데, 그러한 관점만으로는 저작권법을 이해하기 어렵다는 비판도 있다. 사상·감정의 표현이라고 하는 저작물을 창작한 자는 그 창작물에 대하여 자연권적인 권리를 가진다는 생각도 있을 수 있다.[5] 이러한 발상은 특허권에 대해서도 존재하고, 프랑스 혁명기의 특허법의 정당화 이유로서, 각 사람의 두뇌에 발생한 사상은 각 사람의 정원에 생긴 초목과 마찬가지로, 당연히 그 사람에게 원시적으로 귀속된다는 생각이다. 저작권의 경우는, 사람의 사상·감정의 표현이 대상이므로, 특허권 이상으로 이러한 생각에 익숙하다고 말할 수 있을 것이다.

저작권 제도의 존재 이유에는 이상과 같은 논의가 있기는 하지만, 구체적인 저작권 제도 자체는 그 시대의 산물이다. 즉 저작물의 구체적 규정(規整) 방법은 주로 정보의 복제나 전달의 기술적 수단에 규제되어 있는 것이고, 저작권 제도의 존재 이유를 실현하는 수단은 하나가 아니라, 그 시대가 놓여 있는 상황에 따라 달라질 수 있다. 어떤 시대의 저작권 제도는 그 시대의 산물이고, 아날로그시대에 적합했던 제도가 반드시 디지털 시대에 적합하다고 말할 수 없다. 아날로그시대의 시스템을 금과옥조와 같이 유지하는 것이 타당하지 않은 경우도 있을 수 있기 때문에, 디지털 시대에는 다시 제도의 적합성에 대하여 재검토할 필요가 있을 것이다.

(3) 저작권법으로 보호되는 정보

가. 『문화』의 저작권법적 의미

정보라고 일컬어지는 것의 범위는 극히 넓고, 저작권법으로 보호를 받는 것은

---

5) 이 문제에 관하여 미국의 정황에 대해 설명한 것으로서는, 小泉直樹『アメリカ著作権制度』(弘文堂, 1997) 13면 이하 참조. 동 15면은「공리주의적(귀결주의적) 정당화는, 사회에 바람직한 성과가 생기는지만을 문제로 삼은 결과, 권리가 원시적으로 누구에게 귀속하는가에 관한 규범 이론을 제공할 수 없다」고 한다.

그 중의 일부에 지나지 않는다. 그래서 저작권법이 다종다양한 정보 속에서 어떠한 이유로 저작물이 되는 정보를 꺼내어, 어떠한 방법으로 법적인 보호를 하고 있는지가 문제 된다. 이것들은 각론에서 상세하게 검토해야 할 사항인데, 여기에서는 총론적인 검토를 부가한다.

저작권법에서 보호를 받는 정보를「저작물」이라고 부르고, 저작물이란「사상 또는 감정을 창작적으로 표현한 것으로서, 문예, 학술, 미술 또는 음악의 범위에 속하는 것」이라고 정의되어 있으며(2조1항1호), 그 구체적 내용이 예시되어 있다(10조1항). 저작물의 구체적 내용에 대해서는 후술하겠지만, 여기에서는 왜 이러한 조문이 마련돼 있는 것인가라는 점에 대해서 고찰한다.

저작권법이 다종다양한 정보 중에서, 상술한 바와 같이 정의된 저작물만을 보호하는 이유는 어디에 있는 것일까? 그 키워드는 저작권법의 목적인「문화의 발전」(1조)이라고 하는 문언 속에 있다. 즉 저작권법은 다종다양한 정보 중에서 문화의 발전에 기여하는 정보만을 추출하여 보호하고 있는 것이다.

그러면 문화라고 하는 것은 대체 무엇을 의미하고 있는 것인가. 어떤 국어사전에 의하면, 문화란「인간이 자연에게 손을 대서 형성하여 온 물심양면의 성과」(広辞苑 제4판)라고 하고 있고, 요컨대 사람의 영위의 총체가 문화라고 하는 것이 된다. 국어적으로는 그 의미대로이지만, 법률의 문언이 의미하는 바가 반드시 국어적인 의미와 합치되는 것은 아니다. 법률이라고 하는 것은 목적적인 존재이고, 조문의 문언은 목적적으로 해석하지 않으면 안 되는 경우가 많다. 만일 문화의 의미를 사람의 영위의 총체라고 해석한다면,[6] 저작권법은 사람의 모든 영위를 규정하는 법이라고 하는 것이 되어, 세상은 저작권법만 있으면 충분한 것이거나, 또는 실질적으로는 아무것도 언급하고 있지 않은 것과 다름없는 것이 될 것이다. 저작권법은 일정한 사상을 가지고 저작물을 보호하고 있는 것이고, 그 보호의 대상을 지칭하는 문화개념은 반드시 국어적인 의미에 구애되지 않고 저작권법의 사상으로부터 유도되어야 하고, 구체적으로는 저작권법이 저작물을 어떠한 방법으로 규정을 하고 있는 것인가라고 하는 관점으로부터 귀납적으로 찾아내게 되는 것이다.

6) 紋谷暢男「著作権法からのソフトウェア保護法とコンピューター」2호 37면(1984)는「저작권법의 문화적 소산은 넓게는 문화적 현상 즉 생활형식의 총체를 의미하고, 산업적 소산과 대립하는 개념이 아닌, 그것을 포함하는 개념이다」라고 하고 있다. 紋谷暢男「コンピューター・プログラムの著作物性・保護」NBL275호 10면(1983), 紋谷暢男「著作権と意匠権」コピライト 363호 3면(1991)도 같은 취지.

나. 특허법과의 대비

그래서 저작권법은 어떠한 기본적 이념으로부터 형성되어 있는 것인가라는 점을 검토해야 하는데, 저작권법만을 보는 것만으로는 저작권법의 세계는 보이지 않는다. 어떤 것의 본질을 고찰할 때에는, 그것에 대치하는 적당한 대상을 선택하고, 그것과의 비교검토를 통하여 그 본질을 끄집어내는 것이 유력한 방법이 될 수 있다. 저작권법의 비교대상으로는 동일한 정보 보호법에 속하면서도 그 성격을 달리 하는 특허법이 유효하다고 생각된다.

저작권법과 특허법은 모두 지적재산권법에 있어서의 창작법이라고 불리는 장르에 속하며, 모두 지적재산권의 중심적 존재인데, 저작권법은 「문화의 발전」(1조)을 목적을 하고 있는 반면, 특허법은 「산업의 발달」(특허법1조)을 목적으로 하고 있다. 동일한 정보 보호법이면서 법은 「문화」와 「산업」을 명확하게 구별하여 규율하고 있는 것이고, 저작권법에 있어서의 「문화」란 특허법에 있어서의 「산업」과의 대비로 파악되어야 할 개념이다. 즉, 산업도 사람에 의한 영위이지만, 저작권법에 말하는 문화라고 하는 개념은 특허법에 있어서의 산업이라고 하는 개념과 명확히 구별되어 있다고 생각된다.[7)]

그래서 저작권법과 특허법에 있어서의 구체적인 제도의 차이를 통하여, 그 보호대상의 차이를 검토하고, 그것으로부터 저작권법의 보호대상의 성질을 고찰하는 것이 유익할 것이다. 특허권과는 다른 저작권의 주요한 특징을 구체적으로 열거하면 다음과 같다.

(ⅰ) 장기의 보호기간
(ⅱ) 권리의 발생기준의 애매함
(ⅲ) 침해기준의 애매함
(ⅳ) 강력한 인격권의 보호

이들의 차이로부터 우선 알 수 있는 것은 특허법과 비교하면, 저작권법은 산업정책적으로는 유연성이 결여되어 있다는 점이다. 권리의 발생・침해의 기준이 애매하다고 하는 것은 경제재로서는 이용하기 어렵고, 또한 너무 긴 보호기간은 정보 이용의 장기에 걸친 독점을 의미하여, 산업 정책적으로는 바람직하지 않다. 게

---

7) 이 문제에 대해서는 中山信弘「知的財産の動向」思想805호 64면(1991), 中山・マルチメディア 40면, 中山信弘「著作権法の世界と特許法の世界」特技懇208호 40면(1999) 참조.

다가, 강력한 인격권은 재산권과는 다른 원리에 입각하여 있고, 경제 합리성과는 양립할 수 없다.

그러면 저작권법의 이 원칙들은, 어떠한 목적에서 설치되었는지, 그 목적에 합치하는 정보는 어떠한 종류의 정보인가라고 하는 점이 검토되지 않으면 안 된다. 이상의 차이점으로부터, 특허권은 법적 안정성을 중시하는 경제재로서의 요청에 강하게 규제되어 있음을 알 수 있다. 반대로 저작권법에 있어서는 경제재로서의 요청이 약한 것을 보호대상으로 하고 있는, 즉 경제재적 측면의 요소가 상대적으로 작은 사람의 정신적인 측면을 중심으로 한 저작물 개념이 정립되어 있다는 것을 알 수 있다.

특허권은 아이디어(사상)를 보호하고 있고(특허법2조1항에 있어서의 발명의 정의), 그것을 위해 필요한 심사・등록・클레임제도 등을 구비하고 있다. 그것에 대하여 그러한 제도를 구비하고 있지 않은 저작권은 구체적인 표현의 보호가 요청되고 있다. 만일 저작권이 특허권과 마찬가지로 아이디어까지도 보호하면, 너무나 강력하게 되고, 사상・표현의 자유 등의 현대사회에 있어서의 기본적인 가치까지 침범할지도 모른다. 이상, 저작권법의 기본적 구조로 본다면, 저작권법은 사람의 정적(情的) 내지는 정신적인 측면을 중심으로 한 표현을 저작물로 정하고 있음을 알 수 있다. 이러한 저작물이 풍부화되는 것을 저작권법은 「문화의 발전」이라고 칭하고 있는 것이다. 이 점은 뒤집어서 보면, 사람의 정적 측면과는 관련이 약한 것, 즉 실용성이 강한 것일수록 저작권법으로부터 멀어진다고 하는 경향을 알 수 있다. 그것이 상술한 바와 같은 저작물의 정의가 되었다고 생각된다. 저작물의 경제재로서의 지위가 향상되고 있는 현재, 이러한 상황은 계속 변화하고 있지만 현행 저작권법의 틀은 상술한 바와 같다.

(4) 저작권법에 있어서의 보호의 구조

저작권의 침해에 대해서는 금지청구권이 인정되고 있고(112조), 양도・상속이나 담보권의 설정 등에서 소유권과 유사하기 때문에, 저작권은 물권적 권리라고 일컬어지고 있다. 그러나 저작권은 소유권적 구성을 차용하고 있기는 하지만, 저작권의 보호 객체는 정보이고, 소유권의 객체인 물체(민법85조)와는 그 성격을 달리 하고 있기 때문에, 저작권과 소유권은 그 보호의 방법도 다른 측면을 가진다.

저작권과 소유권의 최대의 차이는 반환청구권(점유회수청구권)의 유무이다. 물건의 사용에는 점유[8]가 필요하고, 어떤 자가 당해 물건을 사용하고 있으면 다른 자는 가장 먼저 사용하는 것이 불가능하다. 그 점유를 탈취당하면, 사용을 회복하기 위하여 점유를 되찾을 필요가 있고, 그것을 위하여 점유소권이 있다. 즉, 물체의 경우는 점유의 회수에 의해 사용의 독점성, 권리의 원만성이 확보된다.

그에 비하여 정보는 공공재적 성격을 가지고 있고,[9] 그 최대의 특색은 소비의 배타성이 없다고 하는 점에 있다(소비의 비배타성, 비경합성). 즉 동일한 정보를 복수의 자가 동시에 사용할 수 있다(중첩적 사용가능성). 그러한 정보가 원래 가지고 있던 성격으로부터, 정보는 일단 한번 공개되어 버리면 제3자는 언제라도, 어디에서라도, 양적으로 제한 없이 사용할 수 있게 된다. 뒤집어서 보면, 정보에 대해서는 그 사용의 독점성은 다른 자의 사용을 금지하면 유지되게 되고, 점유회수라고 하는 법적 조치를 필요로 하지 않는다. 그런 이유로, 저작권법이나 특허법은 소유권적 구성을 채용하고는 있지만, 점유회수의 소(訴)는 규정되어 있지 않다.

그러한 성질을 가지고 있는 정보 중에서, 특히 저작물이라고 하는 특별한 장르의 정보에 대해서 독점적인 이용권을 인정한 것이 저작권법이다. 정보 침해의 특질로부터, 저작권을 침해당한 경우에는, 침해자의 행위를 중지시킬 수 있다면 권리의 원만성은 확보되기 때문에, 저작권의 중심은 금지청구권에 있다고 할 것이다. 저작권은 인공적인 권리이어서, 물권법적인 속박으로부터 멀리 벗어나 대가청구권적인 제도설계를 하는 것도 가능하지만, 현행법은 물권적인 권리로서 구성되어 있다. 그러나 현행법이 물권적 구성을 취하고 있는 이상, 기본적으로는 물권법을 따른 해석이 필요하게 되겠지만, 개별적인 문제의 해석에 있어서는 저작물의 정보로서의 성격을 고려할 필요가 있다.

지적재산권은 일반적으로 어떤 종류의 정보의 독점적 이용을 확보시키기 위한 법제이고, 금지청구권을 중심으로 규정되어 있다. 그러나 특허권과 비교할 경우 저작권의 두드러진 특색은 차단효가 없다고 하는 점과 강한 인격권이 있다고 하는 점이다. 특허권의 경우는 독자창작의 유무에 관계없이, 권리범위에 들어가는

8) 여기서는 물건과 정보와의 성질의 차이를 명백히 하는 것이 목적이기 때문에, 점유를 물리적인 유지라고 하는 의미로 해석하고, 점유개정(占有改定)이나 대리점유(代理占有)라고 하는 법적인 개념에 대해서는 일단 고려 밖에 두기로 한다.

9) 정보의 경제학적 정의에 대해서는 여러 가지 설이 있는데, 여기에서는 일단, 어떤 자의 이용에 의해 다른 자의 이용을 감소시키지 않는 재(財)라고 생각하면 충분할 것이다. 국방이나 경찰이 전형적 사례일 텐데, 법으로 보호되어 있지 않은 정보도 여기에서 말하는 공공재라고 생각할 수 있을 것이다.

것(클레임과 동일 · 균등한 것)은 침해가 되는데, 저작권의 경우는 가령 동일하더라도 독립되어 창작된 것에 대해서는 효력이 미치지 않는다. 이것은 저작권법은 특허법과 같은 등록 · 공시제도를 가지지 않는다고 하는 것과 관련되어 있다. 하지만 보다 근본적으로는, 가령 타인의 창작물과 동일하다고 하더라도 스스로가 독자적으로 창작한 것이라면, 그 자의 인격은 유출되어 있는 것이고 보호되어야 할 것이라는 생각에 기초하고 있다. 경제재라고 하는 관점으로부터 나중에 창작된 동일한 것에 대하여 효력이 미치지 않는다고 하는 것은 그 재의 가치가 불안정하게 되는 것을 의미하고 있고, 원칙으로는 바람직하지 않다.[10] 저작권의 경제재적 색채가 강해지고 있는 현재, 저작권 제도는 큰 문제를 안고 있다고 말할 수 있을 것이다.

인격의 유출물을 보호한다고 하는 관점에서 보면, 경제재로서의 귀결과는 다른 것이 되고, 저작권법은 강한 인격권을 인정하고 있다. 그것은 저작권의 객체로서 원래는 인격적 요소가 강한 것을 예정하고 있었기 때문이고, 저작권을 경제합리성이라고 하는 관점에서만 규정할 수는 없다고 하는 것을 의미하고 있다. 그러나 현실의 저작물에는, 인격적 요소가 낮은 것 혹은 결여된 것도 포함되어 있고 또한 이러한 저작물이 증가추세에 있다. 이것이 향후의 저작권법제도를 생각하는데 중요한 과제일 것이다.

이상으로부터 결론적으로 말하면, 인격권의 강한 보호와 함께 재산권에 관해서는 물권법의 차용, 차단효의 결여가 현재의 저작권법에 있어서의 보호의 특색이라고 말할 수 있을 것이다.

2. 저작권법의 체계적 지위

(1) 사법(私法)으로서의 저작권법

저작권의 발생에는 무방식주의가 채용되어 있기 때문에(17조2항, 베른협약5조2항), 권리의 발생에 행정처분이 끼어들 여지는 없고, 저작권법은 순수한 사법이라고 생각할 수 있으며 기본적으로는 재산법이다.[11] 물론 저작권법에서는 인격권도

10) 경제재라면, 반드시 차단효가 필요한 것이 아니라, 예컨대 반도체 집적회로의 회로배치권에 차단효는 없지만, 이것은 심사제도가 없다는 것과 관계하고 있다.

11) 구 저작권법의 체계서인 山本 · 53면은 이미 「저작자의 인격권은 그 자체 저작자의 기본권으로서, 그리고 그 정신적 문화적 의의에 있어서 극히 중요하지만, 현재에 있어서 저작권의 기본은 어디까지나 저작물의 경제적 이용에 있고, 따라서 그 인격적 측면을 중시 강조한 나머지 그 재산권으로서의 본질을 놓쳐서는 안 된다」라고 설명하고 있다.

중요한 요소이지만, 그 중심은 재산적 측면으로 이행하는 추세에 있다고 생각해야 할 것이다. 특히 최근 저작물은 비즈니스상 중요한 재(財)로서의 지위를 확고히 하고 있고, 그 결과, 저작권법은 비즈니스 법(Business Law)로서의 성격을 강하게 하고 있다. 즉 저작권의 독점적 효력을 이용한 비즈니스가 증가하고 있고, 입법이나 해석에 있어서, 재산법상의 문제인 경쟁법적인 발상을 받아들이는 일도 필요하게 될 것이다.[12)]

실정법상 저작자 인격권은 중요한 권리로서 규정되어 있고, 특히 일본 저작권법의 특색의 하나는 인격권 중시에 있다. 그러나 경제재로서의 합리성 추구의 요청과 인격권 존중의 요청은 다른 논리로 일관되어 있고, 저작물의 거래에 있어서 때로는 양자의 요청 사이에 충돌이 일어난다. 특히 개변이 자유자재로 가능한 디지털 저작물에 대해서는 문제가 현저하게 나타나고, 지금 게임 소프트의 개변이 동일성유지권의 문제로서 현재화(顯在化)하는 일도 많다. 이 상극을 어떠한 식으로 극복할 것인가라고 하는 것이 향후의 저작권법에 맡겨진 큰 문제이다. 현재에 있어서는 저작자 인격권을 절대시하는 것은 타당하지 않고, 저작권법의 입법 혹은 해석에 있어서, 경제재로서의 성격이 짙게 나타나는 것은 부득이한 것이라고 하는 것이 본서의 기본적인 관점이다.

(2) 정보 보호의 방법

모든 정보를 자유사용으로 하면, 새로운 정보의 창작에의 인센티브가 솟구치지 않는다. 예술・학문적 정열만으로 창작을 하는 경우나 공적 자금을 이용하여 창작하는 경우를 별개로 하면, 산업으로서 정보의 창작을 자극하기 위해서는 투하 자본의 회수가 필수적이다. 즉 정보의 풍부화를 가져오기 위해서는 어떤 종류의 정보에 대하여 공공재이기 때문에 외부불경제를 내부화할 필요가 있고, 그것을 위한 법적 방법이 지적재산제도이다.[13)] 지적재산법은 일종의 정보의 사재화(私財化)를 인정함으로써 정보창작에 인센티브를 주고 있는데, 정보가 사재(私財)로서 재산적 가치를 갖고 거래의 대상이 되기 위해서는 어떤 의미에서 정보의 비공유를 인정할 필요가 있다.[14)]

---

12) 中山信弘「著作権法の動向」鴻常夫古稀記念『現代企業立法の軌跡と展望』(상사법무연구회, 1995) 890면 참조.

13) 이 문제에 대해서는 中山信弘「デジタル時代の知的財産権-覚書」知財研 10주년 기념『21世紀における知的財産の展望』(雄松堂書店, 2000) 335면의「財産的情報の保護の手法」참조.

정보의 비공유에는 당해 정보에의 액세스를 차단한다는 의미에서의 비공유와, 정보 그 자체에의 액세스는 차단하지 않지만 정보의 사용을 차단한다고 하는 의미에서의 비공유 2종류가 있다.

액세스의 차단에 의한 비공유의 전형적인 예는 비닉이라고 하는 사실상의 비공유이다. 제3자는 비닉되어 있는 정보를 이용할 수 없기 때문에, 그 공유되지 않는 정보로부터 독점적 이윤을 발생시키는 것도 가능하게 되고, 그리고 수비(守秘)계약을 체결하여 상대방에게 정보의 개시를 함으로써 사실상 라이선스를 하는 것도 가능하게 되기 때문에 비닉정보는 그 나름대로 재(財)로서의 가치를 가진다. 다만 사실상의 비닉행위만으로는 취약하기 때문에, 부정경쟁방지법의 1990(平成2)년 개정에 의해 영업비밀보호의 규정이 신설되어(동 2조1항4호부터 9호), 비공유를 깨는 행위가 부정경쟁행위로 되었고, 나아가 1999(平成11)년 개정에서 기술적 보호수단의 효과를 방해하는 기기 등의 규제가 이루어졌다(동 2조1항10호 · 11호). 다만, 부정경쟁방지법의 이 규정은 비닉되어 있는 정보를 불법적 수단으로 취득 · 이용 · 개시하는 행위에 대하여 금지와 손해배상청구를 인정할 뿐이고, 한 번 공지로 되어 버린 정보에 대해서는 가장 먼저 보호가 미치지 않는다.

다음으로 정보사용의 차단에 대해서 검토한다. 저작권법이나 특허법에서 보호되고 있는 정보에 대해서는 공지로 되어 있는 것이라고 하더라도 제3자는 사용할 수 없다. 특허법의 경우는 명세서의 공개가 의무사항이기 때문에 제3자의 액세스는 법적으로 보증되어 있지만, 저작권법의 경우는 액세스가 법적으로 보증되어 있지 않다. 그러나 출판물과 같이 많은 저작물은 유통함으로써 공지되어 있다. 정보에의 액세스가 가능한 이상, 어떤 법규정이 없으면 그 정보는 자유롭게 사용되어 버리기 때문에 정보의 사용을 컨트롤할 필요가 있고, 그것을 위한 법제가 저작권법 · 특허법 등이다. 이 규정방법이라면, 제3자는 그 정보의 사용이 제한되기는 하지만, 정보 자체에의 액세스는 방해받지 않기 때문에 정보의 내용을 알 수 있다. 즉 권리자는 정보 자체의 독점은 불가능하지만, 주로 그것으로부터 발생하는 경제적 이익을 독점할 수 있고, 다른 한편 제3자는 정보를 앎으로써 거듭되는 발전의 초석으로 삼을 수 있다고 하는 이익을 얻게 된다. 이러한 제도에 의해 창작자에게는 정보창작에의 인센티브가 되고, 사회는 정보의 풍부화라고 하는 이익을 얻는다.

---

14) 北川善太郎「情報と製造物責任」企業法研究(名古屋経済大学企業法研究所, 1995) 4면, 北川善太郎「インターネットにおける情報·著作権·契約：知的財産権と契約との交錯」林良平献呈『現代における物権法と契約法の交錯』(有斐閣,1998) 102면.

이상 2가지 비공유 방법에 의해 지적재산제도는 성립하고 있다. 다만 이 양자는 대립하는 개념이 아니라, 예를 들면 캐릭터 상품에 붙여져 있는 만화의 그림은 저작권법에 의해 보호를 받을 수 있고, 또한 상품 등 표시로서 부정경쟁방지법의 보호를 받을 가능성도 있다. 그리고 서비스표와 같이, 예전부터 부정경쟁방지법에 의한 보호를 받고 있었던 것이 상표법에 의해 상표로서의 보호로 격상된 예도 있다.

제 3 절 앞으로의 전망

1. 저작권법이 처한 상황

현재의 저작권제도에 최대한 영향을 미친 것은 디지털기술이다. 종래의 정보는 문자라면 서적, 소리라면 음반, 회화라면 캔버스라고 하는 방식으로 그 매체의 종류에 따라 다른 이용방법이나 유통형태가 있고, 그 각각에 대해 독자적인 업계가 성립하고 있었다. 그에 비하여 디지털기술은 모든 정보(정지화 · 동화 · 소리 · 텍스트)를 0과 1의 바이너리(binary)로 표현하는 것이며, 모든 정보가 같은 형식으로 표현되어 있기 때문에 같은 매체에 저장할 수 있다. 이에 따라 종래 매체라는 울타리로 분단되어 있던 정보산업계(출판업, 음반업, 방송업, 통신업 등)에 있어서 융합이라는 현상이 일어나고 있고, 이것이 저작권의 세계에서도 큰 변화를 초래하는 것은 필연적이다.

디지털기술의 발전에 의하여 정보는 극히 용이하고 저렴하게 복제 · 개변할 수 있도록 되었고, 그 결과 모든 사람이 저작자가 되고, 게다가 통신기술의 발전에 의하여 정보의 유통형태가 변화하고, 모든 사람이 출판자가 될 수 있는 시대가 되었다. 그리고 정보의 개별적 관리나 과금이 용이하게 되면서, 저작권의 유통형태도 혁명적 변화의 시대에 들어가고 있다. 종래의 저작권법은 복제는 기본적으로는 업자가 행하는 것이고, 비전문가가 행하는 복제는 양적으로나 질적으로도 하찮은 정도의 것이었다. 물론, 아날로그시대에 있어서도 매우 정교한 복사 · 녹음기기가 출현되어 있었지만, 디지털기술의 발전은 저작권법이 전제로 해 온 여러 상황을 일변시킬 정도의 획기적인 것이다.

현행 저작권법은 사적 영역에는 관여하지 않는다고 하는 것이 원칙이고, 예를 들면 사적 사용목적의 복제에 대해 복제권은 미치지 않고(30조), 무형적인 이용에 대해서는 공적으로 행하는 것이 요건으로 되어 있다(예를 들면 26조의 상영). 그러나 디지털기술의 발전에 의하여 이 원칙에도 변화가 생기고 있다. 가령 개별적으로는 사적 사용목적이라도 대량으로 그리고 정교하게 복제되면 총체적으로는 복제가 격증하여 권리자의 이익을 해치게 될 우려도 있다. 특히 인터넷을 통한 저작물의 송수신이 격증하면, 가령 사적인 송수신이라고 하더라도 저작권자의 이익을 해하는 일이 많아진다. 그리고 디지털대응은 아니지만, 1984(昭和59)년개정에 있어서 사적 사용목적의 복제라도 공중이 사용하도록 제공하는 자동복제기기에 대해서는 예외로 취급된다(30조1항1호). 다음 1992(平成4)년개정에 의하여 디지털 녹음·녹화기기를 이용한 복제에 대해서는 보상금의 지불을 의무로 하고(30조2항), 1999(平成11)년개정에 의하여 사적 사용목적의 복제라도 기술적 보호수단의 회피로 가능하게 된 복제는 30조로부터 제외하고 있다. 이들은 사적 사용목적이라고는 하더라도 대량의 복제가 이루어지는 것에 의한 폐해를 회피하기 위한 것이고, 이들의 개정은 문자 그대로 디지털대응이다.

종래, 사적 사용목적의 복제가 자유롭게 되어 있던 이유 중의 하나는 가정 내의 프라이버시에는 법이 관여하지 않는다는 것 이외에 그와 같은 소규모인 복제를 파악하는 것이 어렵고, 가령 파악할 수 있었다고 하더라도 소액의 유효한 과금시스템이 없어서 교섭비용이 늘고 과금의 의미가 없었던 데에 있다. 따라서 그와 같은 복제의 파악과 소액 과금 시스템이 기술적으로 가능하게 되면, 저작권법이 들어가지 않는 사적 영역은 좁아질 가능성이 있다. 그리고 인터넷의 발달에 의하여 모든 사람이 출판자가 될 수 있는 시대가 도래하고, 어디까지가 사적 영역인지, 확연하게 구별하기가 어려워지고 있다. 이와 같은 경향은 더욱 진행할 것이라고 예측되고, 기술의 동향에 따라서는 사적 목적의 복제라도 얇고 넓게 과금하는 제도가 필요하게 될지도 모른다.

2. 저작권의 본질의 변화[1)]

(1) 보호 객체의 팽창

저작권법의 역사는 보호범위의 확장의 역사였는데, 종래의 저작물은 소설·회

1) 中山信弘「著作権法の動向」鴻常夫古稀記念『現代企業立法の軌跡と展望』(商事法務研究会, 1995) 879면 이하 참조.

화·음악 등의 고전적인 저작물에서 전형적으로 볼 수 있는 바와 같이 창작자의 개성의 유출물이고, 저작권법은 그와 같은 개성의 표현을 보호한다는 방침이어서, 저작권법의 시스템은 그와 같은 고전적인 저작물에 있어서는 적합하다. 그러나 최근, 이와 같은 고전적인 저작물에 덧붙여 프로그램이나 데이터베이스 등과 같이 경제재로서의 성격이 강한 저작물을 보호범위에 더하게 되었는데, 저작권법은 고전적인 저작물을 염두에 두고 입법되어 있고, 최근의 빈번한 개정에 있어서도 이 기본적인 원리는 크게 변화하고 있지 않다. 그래서 특허법과 비교한다면, 경제재라는 관점에서는 저작권법은 이용하기 어려운 시스템이 되었다. 다만, 이 점은 저작권법의 결함이라고 하기보다는 저작권법의 내부가 매우 깊기 때문에 최근 급증하는 산업적인 저작물을 집어삼켜 그 이물(異物)이 이상증식하고, 제도 자체가 몸부림치고 있는 실태로 설명될 수 있다. 저작권법은 하나의 법이며, 기본적으로 하나의 체계로서 존재하고 있지만, 그 중에는 성격이 다른 2종류의 저작물이 존재한다는 인식이 필요하다. 다만, 주의해야 하는 것은 모든 저작물이 이 2종류로 2극화할 수 있는 것이 아니라 2개의 큰 흐름이 있다고 생각해야 하고, 중간 영역에도 많은 저작물이 존재한다. 이와 같이 저작물의 팽창은 저작권법 체계에 큰 변화를 초래할 것이지만 그 종착지는 아직 보이지 않는다.

(2) 경제재로서의 저작물

저작권의 보호 객체가 팽창하고, 경제재적 가치가 있는 정보가 받아들여짐으로써 저작권이 가지는 의미도 변화하지 않을 수 없다. 종래의 저작권법은 저작물에는 창작자의 개성이 유출되어 있고 그것을 중시한다는 사고방식을 기본으로 하여 제도설계되어 있다. 하지만 그것만으로는 경제재의 규정으로서는 불충분하다.

그러기 위해서는 우선 현행 저작권법의 원칙인 자연인인 창작자만이 저작권을 원시적으로 취득한다는 생각을 어떤 종류의 저작물에 대해서는 바꿀 필요가 있을 것이다. 즉, 투자를 행한 자가 아니라, 현실적으로 창작을 행한 자연인(예를 들면 종업원)이 창작자가 되고, 저작자 인격권을 포함해서 모든 권리를 원시적으로 취득한다고 보면 저작물은 경제재로서 기능하기 어렵다. 순경제적으로 생각한다면, 어떤 재(財)가 누구에게 원시적으로 귀속하더라도 최종적으로는 계약에 의하여 가장 합리적인 곳으로 이전될 것이다. 하지만 다수의 권리를 계약에 의해서 처리하는 비용은 막대한 것이 되고, 그리고 이전할 수 없는 인격권이 창작자인 자연인에게 귀속되기 때문에 저작권법이 경제적으로는 극히 이용하기 어렵게 되는 경우도 있다. 그래서 창작자 개념에 대해서도 재구성이 필요하게 되는데 현행법에 있어서도 그 상당한 정도의 준비는 이루어져 있다. 예를 들면 직무상 작성된 저작물(15조)이나 영화저작물의 귀속(29조)에 대해서는 특별한 규정이 설치되어 있고, 반드시 현실적으로 창작행위를 한 자연인만이 창작자가 되고 있는 것은 아니다. 그러나 컴퓨터창작물이나 조직 내에서 창작되는 몰개성적 문서 등에 대한 규정이 없어, 입법상·해석상 어떠한 연구가 필요하다.[2)]

다음에, 창작성 개념에 대해서도 변용이 촉구되고 있다. 개성이 강하게 나타나 있는 저작물에 대해서는 종래대로 타인의 모방이 아니면 창작성이 있다고 인정되는 것에 문제는 없을 것이지만, 그것만으로는 경제재로서는 불충분하다. 앞으로는 창작성 개념도 재구성이 요구되고 있다. 이 점에 대해서는 **「제1장 저작물 제2절 저작물의 정의 2. 창작성」**에서 상세히 설명한다.

저작권법도 특허법과 마찬가지로 타인의 어느 종류의 경제행위를 금지하는 강력한 힘을 가지고 있고, 저작물의 경제재로서의 중요성이 증가하면 독점에 의한 폐해도 증가하고, 저작권법에도 경업법적 고려를 해야 할 것이다. 그러나 특허의 경우와는 달리 모든 저작물이 경업법적 요소가 강한 것이 아니어서, 저작물의 종류, 혹은 저작물의 이용 방법에 따라 다른 고려가 필요하게 될 것이다. 특히 침해단계에 있어서의 저작권의 보호범위 판단에서 저작물에 따라 다른 기준을 적용하는 것은 가능할 것이다.

이상과 같은 변화는 저작권법 중에는 성격이 다른 것이 혼재하고 있어, 저작권법이 하이브리드적인 것이 된데 기인한다. 저작권을 둘러싼 세계가 일변(一變)한 것도 아니고 저작물의 성격이 구시대와 신시대 사이에 완전히 다른 것이 된 것도 아니다. 이질적인 것이 혼재하기 때문에 저작권법이 하나의 원리로 관철될 수 없게 되는 것이 혼미의 최대 원인이다. 저작자의 개성을 무시할 수도 없고, 그렇다고 해서 투자 보호적 요소를 무시한 해석을 하는 것도 현실과 거리가 있다. 저작권제도는 당분간 이 혼미 속을 헤매게 될 것이다.

(3) 사권적 구성의 변화

현재의 저작권법은 사권으로서 구성되어 있다. 그리고 타인의 저작물을 이용

2) *潮海*는 이 문제에 관하여 가장 상세한 문헌이다.

하고 싶은 자는 부동산의 경우와 마찬가지로 권리자와 교섭을 하여 권리의 양도나 이용허락을 받게 된다. 레코드나 서적과 같은 매체에 고정되어 있는 저작물은 출판사나 레코드회사가 저작권자와 개별 교섭을 하여 복제 등을 하고 있고, 일반 사용자는 단순히 그것을 읽고, 들을 뿐이기 때문에 저작권법상의 처리에 큰 지장을 초래하는 일은 적었다.

거래단가가 높은 것에 대해서는 부동산과 유사하게 취급하더라도 기본적으로는 문제가 적을 것이다. 하지만 권리자의 수가 많은 저작물, 거래단가가 저렴한 저작물, 혹은 이용형태가 다양화·복잡화되어 있는 저작물도 유통량이 증대되고 권리자의 탐색이나 개별 계약절차의 비용 면에서 개별적인 권리처리가 어렵게 되어 있다. 음악과 같이 아날로그적 이용이 이루어지던 시대부터 대량으로 유통되고 있는 저작물도 있는데, 디지털시대에 있어서의 정보는 매체와 떨어져 정보단독으로 거래가 가능하게 되고, 정보의 유통량이 폭발적으로 증가하게 되어, 개별적인 거래는 비용 면에서 비즈니스로서는 성립하지 않게 된다.

그래서 실제로 JASRAC[3]에서 전형적으로 보이는 바와 같이 권리의 집중처리가 행해지게 되었다. 집중처리가 진행되면, 현실적으로는 권리자가 허락하는지 여부, 아니면 대가를 어느 정도로 요구하는지 등의 결정권은 사실상 없어지고, 미리 약관에서 정해진 조건으로 제3자의 이용을 인정하게 된다. 허락하는지의 여부, 아니면 대가 금액의 결정권이 없어지면 그것은 사실상은 소유권적인 것이 아니게 되고 대가징수권적인 권리로서 기능하게 된다. 저작물의 개별적인 관리가 불가능한 채 집중처리가 많은 저작물의 분야로 진행되면, 이용자가 지불하는 대가의 계산도 대가를 받는 권리자의 금액의 계산도 어림짐작적인 것이 되지 않을 수 없다. 그리고 지불과 수취와의 사이에서 정확하게 청산하는 것이 불가능하게 되면, 집중처리기관이 징수한 금액의 일부를 전체를 위해 사용하는 경향도 나온다. 실제로 저작권법은 사적 녹음·녹화 보상금의 2할 이내로 정령(政令)으로 정하는 비율에 상당하는 금액을 저작권으로 완성되는 공공적인 사업을 위해서 지출하는 것으로 하고 있다(104조의8). 이 경향이 더 진행되면, 저작권특별세라는 발상으로도 이어질 가능성도 있다. 이와 같이 되면, 저작권법에는 창작에의 인센티브라는 요소가 감소하고, 저작권법의 성격은 변화한다. 이 경향을 저작권법의 공법화라

---

3) JASRAC(일본음악저작권협회)란, 저작권 등 관리사업법에 근거를 두는, 음악저작물의 관리사업을 행하는 사단법인이다.

고 부르는 사람도 있지만 과연 그와 같은 경향이 진행될지의 여부는 앞으로의 동향을 보지 않으면 알 수 없는데, 아마 관리기술의 발전함에 따라 공법화는 진행되지 않을 것으로 추측된다.

디지털기술의 발전에 의하여 집중관리와는 반대의 경향도 볼 수 있다. 저작물의 대량 유통에 의하여 개별적 관리가 어렵게 된 것이 권리의 집중처리의 최대의 요인이다. 그러나 디지털기술의 진보에 의하여 아무리 대량의 정보라도 개별적인 관리가 가능하게 된다. 예를 들면 JASRAC의 음악연주료는 카바레 등에서의 플로어의 크기 등에 의하여 산정되었는데, 최근의 통신 노래방에서는 어느 악곡이 몇 곡 연주되었는지 용이하게 알 수 있고, 과금도 정확히 할 수 있게 되었다. 모든 저작물에 대해서 이와 같은 관리를 하는 것은 당분간은 어렵지만, 저작물의 관리기술과 소액 과금의 기술의 발전에 의하여 어떤 것에 대해서는 개별적 관리가 진행될 것이고, 거기에는 공법적인 요소가 들어갈 여지는 적다. 그리고 관리기술이 진행되면, 저작권법에 의하지 않아도 관리기술과 계약으로도 지킬 수 있는 저작물도 출현하게 되어 집중처리의 필요성도 낮아질 수도 있고, 저작권의 사권으로서의 성격을 관철하는 것도 가능하게 될 것이다.

3. 저작물의 유통의 변화[4)]

디지털기술에 의하여 정보의 유통이 폭발적으로 증대하고 정보의 유통혁명이 일어나고 있다. 일반적으로는 대량의 상품을 유통시키기 위해서는 중개업이 중요하고, 정보에 관해서도 어떤 형태로든 중개업이 중요하게 될 것이다. 저작권과 관련해서는 저작인접업과 저작권 등 관리사업이 법정되어 있는데, 앞으로는 인터넷·프로바이더 등의 새로운 중개업의 발전이 기대된다.

한편, 인터넷을 통한 개인적인 정보의 송수신(흔히 P2P, peer to peer)의 증가가 예상된다. 종래의 저작권법은 이와 같은 정보의 개인적인 송수신에는 관여하지 않는 것으로 되어 있었는데, 앞으로 개인이 보내는 정보의 대량사용 상황이 점점 더 증가되면, 저작권법은 이에 무관심하게 있을 수 없다. 송신가능화권(23조1항)의 신설은 그 결과 중 하나이다. 이와 같은 상황 하에 저작권 라이선스계약의 성립

4) 中山信弘「著作者保護と利用・流通促進の基本的視点」ジュリスト 1057호 49면(1994), 中山信弘「情報の流通と著作権」本間崇還暦記念『知的財産権の現代的課題』(信山社, 1995) 210면, 中山・マルチメディア 60면(1996), 中山信弘「財産的情報における保護制度の現状と将来」岩波講座現代の法10『情報と法』(1997) 282면 참조.

성, 유효성에 대해서 여러 가지 논의를 불러일으키고 있다. 그리고 이와 같은 계약은 일반 소비자를 상대로 이루어지는 것도 많고 그 계약에는 소비자 보호적인 요소도 들어오게 될 것이다.

앞으로는 전자상거래가 현격하게 진전할 것이고, 전자상거래는 미래의 비즈니스의 형태를 일변시킬 수 있는 큰 임팩트를 가지는 기술이다. 전자상거래 하에서 거래되는 것의 중심은 정보이고, 그 중에서도 주요한 것은 저작물이다. 그 의미에서 저작권제도는 단순히 문화 문제로 그치지 않고 널리 경제·무역 문제가 되고, 그러한 점에서 특허제도와 공통점이 있다. 따라서 거래의 대상인 저작물의 무단이용 또는 해적행위를 효과적으로 제압하는 법적절차를 제공해야 하고, 다른 한편으로는 정보의 편재를 방지하고, 정보가 널리 이용되는 법제도를 구축해야 할 것이다. 이 이용과 제압이라는 2개의 다른 요청을 조화시키는 것이 앞으로의 과제가 될 것이다. 과연 현행 저작권법이 이와 같은 상황의 변화에 견딜 수 있는지에 관한 검증도 필요하게 될 것이다.

제 1 장 저작물(저작권의 객체)

제 1 절 총 설

저작권의 대상이 되는 저작물은 저작권법의 핵심 개념으로서 극히 중요하지만, 구법에는 정의 규정이 없었고, 현행법에서 「사상 또는 감정을 창작적으로 표현한 것으로 문예, 학술, 미술 또는 음악의 범위에 속하는 것」으로 정의되었다(2조1항1호).[1] 이 정의 규정은 구법 시대의 사고방식을 변경한 것은 아니고, 대체로 종래의 판례의 사고방식을 답습한 것으로[2], 구법시의 판례도 현행법 하에서도 대략 통용된다 할 수 있다. 저작물의 요건에 관해서는 후술할 것이지만, 여기서는 저작물을 정의하는 의미에 대하여 고찰한다.

소유권의 대상이 되는 물(物)의 개념(민법85조)에 대해서는, 예컨대 「전기(電気)」와 「별(星)」을 물(物)이라 할 수 있는가라는 경계(境界)적 사례는 있지만, 일반적으로는 권리의 대상은 경험적으로 명확하다. 이와 달리 저작물이라는 것은 무수히 존재하는 정보 중에서 일정한 요건에 따라 인공적으로 분리한 정보군이며, 그 외연을 경험적으로 구분하기란 어렵다. 그래서 저작권법에서 무엇이 저작물인가, 즉 저작권이 미치는 대상, 반대로 말하면 제3자의 정보이용의 자유가 제한되는 대상을 명확히 할 필요가 있다.

한편, 저작권법의 역사는 저작물의 확장의 역사이며, 새로운 기술이 출현할 때마다 새로운 저작물을 규정하는 일의 반복이었다. 예를 들어, 사진과 영화가 출현하게 되면, 사진저작물, 영화저작물을 인지해 주었으면 하는 요구가 강해져 이윽고 그것들이 입법적으로 인지되었다. 오늘날 저작물의 범위는 극히 광대해져 있지만, 그 결과 어떤 정보를 저작권법으로 보호하고, 어떤 것을 제외하는가 하는 것은 저작물의 정의로부터 일의적으로 도출하기 곤란하게 되었고, 그 범위는 정

1) 베른협약1조(1)에서는 저작물을 예시한 후 「문예, 학술 및 미술의 범위에 속하는 일체의 제작물(production)을 포함한다」고 규정되어 있다.

2) 吉田大輔 「『著作物』の射程距離」 知財管理 51券 3호358면(2001).

책론적으로 결정되는 경우가 많다. 예를 들면, 컴퓨터프로그램이 저작물인지 여부는, 저작물의 정의규정을 읽는 것만으로는 반드시 판명되는 것은 아니지만, 먼저 프로그램을 저작물로 인정한 판결이 몇 개 출현하고,[3] 이어 1985(昭和60)년개정에서 저작물의 예시에 추가되었다. 결국 무엇이 저작물인가라고 하는 문제는 정의규정으로부터 일의적으로 확정할 수 있는 것은 아니고, 그 때문에 저작물 개념의 검토는 지극히 중요한 문제가 된다. 특히 디지털시대에 있어서는 그 중요성이 점점 더 증대할 것이다.

더구나 저작물성의 요건에 대한 입증책임은 원고가 부담한다.

참고로 특허권의 대상도 정보이며, 그 범위는 물(物)과 비교하여 명확하지 않다. 그러나 특허의 경우는 대상이 기술적 정보로 한정되어 있고, 또 심사·등록·청구범위·공시제도가 있기 때문에, 저작권과 비교하면 적어도 제3자에게 있어서 무엇이 권리의 대상인지 여부는 비교적 명확하다.

제 2 절 저작물의 정의

1. 「사상 또는 감정」의 표현

(1) 들어가며

저작물이란 「사상 또는 감정을 표현한 것」이다(2조1항1호). 저작물의 표현대상은 사상·감정이라 말할 수 있는 것도 있지만, 저작물의 표현대상은 특별히 사상·감정에 한정할 필요는 없고, 사실도 포함한 모든 것이 표현대상이 될 수 있다. 예를 들면, 어떤 그림(회화)의 대상은 후지산이라는 사실이며, 사상·감정 그 자체는 아니다.

저작물이란 「사상 또는 감정을 표현한 것」이라 할 경우의 사상·감정이란 저작물의 표현의 대상인 그것은 아니며, 표현대상을 구체적으로 표현하는 과정에 있어서 어떠한 사상·감정이 이입되고, 그 결과로서 구체적으로 표현된 것에 나타나 있는 사상·감정을 의미한다고 새겨야 할 것이다. 이 경우 사상·감정이란,

---

3) 東京地判昭57・12・6判時1060호18면(スペース・インベダー・ペート2事件), 横浜地判昭58・3・30判時1081호125면(スペース・インベーダー事件), 大阪地判昭59・1・26・判時1106호134면(万年カレンダー事件). 東京地判昭60・3・8判タ561호169면(ディグダグ사건, 東京地判昭60・6・10判タ567호273면(ポール・ポジション事件).

판례 · 통설에서는 특히 고도한 학문적 내용 · 철학적 사색 · 문학적 향기 등이 요구되는 것은 아니며, 인간의 생각이나 느낌(심정)이 표현된 것이면 족하다고 이해되고 있다.[1] 즉, 어떤 심정도 표현되어 있지 않은 것은 저작물이 아닌 것이 된다. 이 경우 「사상 · 감정」 = 「인간의 생각이나 느낌」이란 무엇을 의미하는 것인가 하는 점에 대해서는 후술한다.

더욱이 사상 · 표현 이분법(idea-expression dichotomy)에서 말하는 사상(여기에는 감정도 포함된다)이란 표현된 것(저작물)의 보호범위를 획정하기 위한 도구개념이다. 어디까지 추상화되면 저작권 보호를 받을 수 없게 되는가 하는 문제에 있어, 보호를 받을 수 없게 되는 정도까지 추상화된 것을 「사상」이라 칭하고, 보호를 받는 것을 「표현」이라고 칭하고 있다. 사상과 표현의 경계 획정이란 보호하여야 할 것과 보호해야 하는 것이 아닌 것을 구분하는 작업이며, 표층(表層)적인 표현은 다르게 되어 있지만 내용의 유사한 경우에 어디까지 침해로 인정하여야 하는가의 문제이다.

(2) 2조1항1호에서의 「사상 · 감정」

저작물이 되기 위해서는 사상 · 감정을 표현한 것일 필요가 있고, 그것은 표현된 것의 핵심에 사상 · 감정의 존재가 필요하다는 것을 의미한다.[2] 예컨대, 후지산에 관한 그림을 그린 경우, 그림의 대상은 후지산이지만, 후지산은 사실 그 자체로서 사상 · 감정은 아니다. 사상 · 감정이 나타나 있어야 하는 것은 그림의 대상인 후지산이 아니라 구체적인 표현 그 자체, 바꿔 말하면, 후지산을 그리는 과정에 있어서 붓의 사용법 등을 통하여 그림에 작가의 느낌이 나타나 있으면 그 그림은 사상 · 감정을 표현한 것이라고 말할 수 있다.

그러면 왜 저작권법에서는 사상 · 감정의 표현을 보호하지 않으면 안 되는 것인가 하는 점의 검토가 필요할 것이다. 저작권법은 특허법 등과 함께 인간의 정신적 활동의 성과를 보호하는 법(창작법)의 양대 축을 이루고 있다. 그러나 두 법은 상당한 정도로 다른 구성을 갖고 있고, 그 나름의 이유를 갖고 나뉘어져 있다. 인접하는 영역이면서 서로 다른 성격을 갖는 양자를 비교대조하여 그 차이를 인식함으로써, 저작권법의 보호대상의 성격이 명확하게 된다고 생각된다.

---

1) 半田 73면, 金井 = 小倉 · 上11면(金井重彦). 이 문제를 창작성의 영역에서 논하고 있는 것도 있다(예컨대, 田村 12면).

2) 加戸 19면.

특허권의 대상인 발명(기술적 사상)도 인간의 지적활동의 성과이지만, 발명은 자연법칙을 이용한 객관적 존재인 것에 반하여, 저작물은 사상·감정이라는 인간의 정신적인 측면을 중시한 주관적 존재이다. 발명이란 창작자와는 분리된 객관적인 존재이기 때문에 발명과 창작자와의 관계는 비교적 약하고,[3] 동일발명은 조만간 제3자에 의해서도 개발될 가능성이 강하기 때문에 특허권을 취득할 수 있는 것은 타인에게 앞서서 최초로 발명을 하여 공개한 것에 기인하고 있다.[4] 이에 반하여 저작물은 타인의 정신적 측면을 취급하고 있어, 그 저작물은 그 사람밖에 가능하지 않는다는 성질이 선명하여, 창작자와 저작물과의 관계는 강하다. 예를 들면, 증기기관은 와트(Watt)가 없어도 조만간 발명되었을 것이지만, 교향곡 제9번은 베토벤이 없었다면 영원히 들을 수 없었을 것이다. 그 때문에 저작물에는 창작자의 인격이 화체되어 있고, 강력한 저작인격권이 인정되고 있다. 최근의 저작권을 둘러싼 상황은 이와 다른 면도 존재하지만, 적어도 저작권법은 이러한 전제 하에 제도설계되어 있다고 말할 수 있다.

(3) 사상·감정의 구체적 의미

이상을 전제로, 사상·감정의 구체적 의미내용을 탐구하는 것이 될텐데, 이 검토는 저작권법상 보호해야 하는 것과 보호해야 하는 것이 아닌 것을 구분하는 작업의 일환이다. 따라서 사상·감정이란 단순히 「인간의 생각이나 느낌」이 나타나 있는지 여부의 사실판단의 문제로 족한 것은 아니며, 토지의 경계획정 작업과는 달리, 저작권법의 체계에서부터 규범적 판단을 총괄하는 문제로서 이해해야만 하는 것이다.

특허권의 보호대상인 기술적 사상(발명)이란 객관적 존재이며, 비교적 파악하기 쉽다.[5] 그에 반해 저작권의 보호대상에 나타나 있는 사상·감정이란 인간의 정적인 측면을 지향하기 때문에 일의적으로 확정하는 것은 곤란하고, 굳이 말하자면 「인간의 생각과 느낌」이라는 정도의 막연한 정의가 될 수밖에 없다. 이 때

---

3) 비교적이라는 의미는 발명자에게도 발명자명예권이 존재하지만(발명자로서 성명이 표시될 권리, 특허법36조1항2호), 그 효력은 저작권법에 비해서 현저하게 약하다는 것이다. 발명자명예권에 대해서는, 中山 167면 참조.

4) 이전에는 일본을 포함한 대부분의 국가에 있어서 선발명주의가 채용되었으나, 현재는 미국을 제외한 모든 국가에서 선출원주의를 채용하고 있어, 반드시 최초로 발명한 자에게 특허권이 부여되는 것은 아니지만, 저작권법과의 비교 측면에서는 그러한 성질이 강하다고 할 수 있다.

5) 물론, 발명의 정의에 대해서는 비즈니스 방법특허와 같은 논의해야할 문제도 있지만, 저작물과 비교한다면 현격히 파악하기 쉽다.

문에 사상·감정을 정면에서 구체적·적극적으로 정의하는 것은 곤란한 작업이며, 사상·감정의 범위에서부터 벗어난 것을 검토하는 편이 이해하기 용이하므로,[6] 이하에서도 그러한 방법으로 검토한다.

가. 사실 그 자체

사실 그 자체란 주어진 객관적 존재이며, 인간의 정신적인 활동의 소산은 아니기 때문에 「사상·감정」이라고 말할 수 없다.[7] 예를 들면, 문장·기호·그림 등으로 표현되어 있다 하여도, 그것만으로는 저작물이라 할 수 없다.[8] 아무리 대량의 자금·노력을 투입해서 발견했다 하여도, 사실이란 기존에 존재하고 있는 것 내지는 존재하고 있다고 생각되는 것이다. 편집저작물은 별론으로 하고, 사실을 집적한 것만으로는 저작물이 될 수 없다.[9] 사실 자체에 독점을 인정한다면, 표현의 자유나 학문의 자유에 대한 중대한 폐해가 될 수 있으므로 독점을 인정해서는 아니되기 때문이다.

사실 그 자체라도, 그것을 구체적으로 표현한 것과는 다르다는 점에는 주의가 필요하다. 예를 들면 후지산 자체는 사실이며, 어떤 사람도 후지산을 표현하는 것에 대한 독점은 할 수가 없지만, 후지산을 묘사한 그림은 사실 그 자체는 아니고, 사실인 후지산의 묘사방법에 화가의 사상·감정이 주입되어, 그 결과 구체적인 그림이라는 표현물에 사상·감정이 나타나 있기 때문에 저작물이라 할 수 있다. 문장 등에 관해서도 마찬가지이며, 그것에 쓰여 있는 사실 자체(예를 들면 역사적 사실)는 보호대상이 될 수 없지만,[10] 사실에 대하여 기술한 문장이라 하여도 표현

6) 加戸 19면도 같은 수법을 채용하여 사상·감정을 설명하고 있다.

7) 창작성 개념을 어떻게 파악하는가 하는 것에도 관계되지만, 사실 그 자체의 저작물성을 부정하기 위해서는 창작성이 없다고 설명하는 것도 가능할 것이다.

8) 大阪地判昭54·9·25判タ397호152면(발광 다이오드 논문사건(発光ダイオード論文事件)은 자연과학상의 법칙이나 그 발견 및 법칙을 이용한 기술적 사상의 창작인 발명 등은 만인에게 있어 공통된 진리로서 저작권법의 보호 대상은 될 수 없다고 함으로써 「MgTe가 wurtaite구조를 가지고 있다」 등은 단순히 물질의 성질을 나타낸 것으로 사상·감정을 표현한 것으로는 이해하기 어렵다고 설시하고 있다. 知財高判平17·5·25(未登載)(京都大学博士論文事件)은 「실험 결과 등의 데이터 자체는 사실 또는 아이디어로써 저작물은 아닌 이상, 그러한 데이터를 일반적인 수법에 기해 표현할 뿐인 그래프는 다소 표현의 폭은 있을 수 있는 것일지라도 역시 저작물로서의 창작성을 갖지 않는다」고 설시하고 있다.

9) 名古屋地判平12·10·18判タ1107호293면(자동차부품 데이터 사건)에서는 자동차부품 제조사 등의 회사명, 납입처(納入先)의 제조사별 자동차 부품의 조달량 및 납입량, 점유율 등의 조달 상황이나 상호관계의 데이터를 집계한 것은 객관적인 사실 내지는 사상(事象) 그 자체이며, 사상(思想) 또는 감정이 표현된 것이 아니라고 설시하고 있다.

10) 名古屋地判平6·7·29判時1540호94면(春の波濤事件), 그 항소심인 名古屋高判平5·5·15判タ971호229면, 大阪地判平13·8·28(未登載)(コルチャック先生事件).

되어 있는 것은 사상·감정의 표현이 될 수 있다.[11] 그러나 그림이나 문장으로 표현되어 있다고 해도 사실 그 자체라고 볼 경우도 있을 수 있다. 예를 들면 수식과 같이 엄밀히 개념 규정되어 있는 것이 있으면 있을수록, 표현되어 있어도 사실 그 자체인 경우가 많고, 그와 같은 것은 인간의 사상·감정을 표현한 것은 아니라는 이유로 저작물성은 부정된다.[12] 결국 저작권법의 보호를 받기 위해서는 표현 대상 내지 소재는 문제가 아니고, 이로부터 구체적인 표현물에 이를 때 무언가 사상·감정이 이입되어 그 결과 표현물에 사상·감정이 나타나 있는가 하는 점이 문제가 된다.

이상으로부터 주가(株價)나 기온 등의 테마, 자연계에 존재하는 사실(예를 들면, 「지구는 회전하고 있다」라는 자연법칙 그 자체), 역사적 사실(예를 들면, 「1600년에 세키가하라 전투가 있었다」라는 사실)은, 인간이 아무리 고생하고 노력하여(刻苦勉勵) 발견한 것이며, 또 표현한 것이라 하더라도 저작물이라 할 수 없다. 하지만 실제 문제로서, 무엇을 가지고 사실이라고 할 것인가 하는 점은 반드시 명확하지는 않다. 특히 역사적 사실에 관해서는 어느 시대에는 사실이라 생각되어도, 후 세대에는 그것이 사실이 아니라고 판명되는 것도 적지 않다. 자연법칙에 관해서도 마찬가지이며, 예를 들면 어느 시대에는 「태양이 회전하고 있다」는 것이 사실로서 받아들여졌지만 현재는 그 반대이다.

저작권법에서 말하는 사실이란 절대적 진리로서의 사실이 아니라, 창작자에 의해 사실로서 제시되고 있다고 객관적으로 판명될 수 있는 것이라 새겨야 한다. 객관적으로 사실이 아니라도 만인에게 표현으로서 이용될 필요가 있는 것에 대해서는, 저작권법상 사실로서 취급하여 저작권을 인정하여서는 아니된다. 예를 들면 어느 학자가 구석기 시대의 석기를 날조하여 이것을 역사적 사실로서 발표한 경우, 그것은 사실이 아니고 날조자 본인도 그것이 사실이 아닌 것을 인식하고 있지만, 역사적 사실로서 제시되어 있기 때문에 「60만년전의 일본에는 구석기인이 존재했다」라는 문장은 허구(픽션)이지만, 저작권법상 사실로서 취급하여야

11) 東京地判平10·11·27判時1675호119면(壁の世紀事件)에서는 「역사적 사실에 관한 기술일지라도 다수 존재하는 기초자료로부터 어떤 사실을 취사선택 하는가 또는, 어떤 관점에서 어떻게 표현하는가에 대해서는 다양한 방법이 있을 수 있기 때문에 역사적 사실에 관하여 서술한 작품이 사상 또는 감정이 창작적으로 표현된 것은 아니라고 말할 수 없다」고 설시하고 있다. 横浜地小田原支部判平14·8·27判時1824호119면(すて犬シェパードの涙事件)도 같은 취지.

12) 大阪高判平6·2·25判時1500호180면(数学論文野川グループ事件 항소심)은 「수학에 관한 저작물의 저작권자는, 거기서 제시한 명제의 해명과정 및 이것을 설명하기 위하여 사용한 방정식에 대해서는 저작권법상의 보호를 받을 수 없다」고 설시하고 있다.

한다. 마찬가지로 「태양이 돌고 있다」라는 생각은 어느 시대에 있어서는 사실로서 제시되고 있었다고 객관적으로 판단되기 때문에 저작권법상 사실로서 취급해야 한다. 저작권법에서 사실을 보호하지 않는 이유는 사실을 보호하는 것에 의한 폐해, 구체적으로는 학문의 자유, 표현의 자유 등이 침해되는 것을 방지하기 위함에 있다.

나. 잡보(雜報) · 시사보도(10조2항)

사실의 전달에 지나지 않는 잡보 및 시사보도는 저작물에 해당하지 않는다고 규정되어 있고,[13] 이 규정을 확장해석하면 사실을 중심으로 보도되는 많은 신문기사에 저작권이 발생하지 않는다고 여겨지게 될 우려가 있다. 그러나 신문기사의 상당수는 선택, 정세분석, 평가, 문장상의 고안 등이 더해져있기 때문에 사상 · 감정이 표현되어 있으며, 저작물성을 인정하여야 한다.[14] 그러므로 사망공고(사망일, 사인(死因), 향년(享年), 장의장소(葬儀場所) · 시간 등)나 인사이동과 같은 단순한 사실만을 기술한 기사, 또는 표현의 선택 폭이 협소한 뉴스 기사의 표제 그 자체는[15] 사실 · 흔히 있는 표현 · 아이디어의 영역을 벗어나지 않은 것으로서 저작물성이 부정되나, 기사 일반에는 저작물성을 인정하여야 한다. 조문의 규정방법에 있어서도 가령 시사보도에 관해서 저작권을 제한해야 한다는 취지라면, 13조와 같은 규정이 되었을 것이다.

이상으로부터 10조2항은, 사실상 저작권은 성립하지 않는다고 하는 당연한 것을 규정한 주의규정으로 보아야 한다.[16] 잡보 · 시사보도에 관한 것은 누가 써도 동일한 것이 되지 않을 수 없고, 선택의 폭이 좁다는 관점에서 창작성이 부정되

13) 同旨의 규정은 베른협약 2조(8)에도 존재한다.

14) 東京地判昭47 · 10 · 11判タ289호377면(民青の告白事件)에서는 「사실의 전달에 지나지 않는 잡보 및 시사보도」란 단순한 하루하루의 사회현상 그대로의 보도기사를 말한다고 하고 있으며, 福岡地大牟田支判昭59 · 9 · 28無体裁集16권3호705면(日刊情報事件)에서는 미이케쟁의(三池爭議) 중 노동조합에 의해 발행된 기관지의 호외(號外)로서의 성격을 갖는 「일간정보」가 노동조합으로서의 투쟁을 전진시키기 위한 정세분석, 투쟁방침이나 요구를 기사에 포함시킨 것으로, 사실의 전달에 지나지 않은 잡보 및 시사보도에 해당하는 것으로는 인정되지 않으며, 사상 또는 감정을 창작적으로 표현한 것으로 학술의 범위에 속하는 것에 준하는 것으로 인정된다고 보았다.

15) 東京地判平16 · 3 · 24判示1857호108면(YOL 事件)은, 표제는 간소한 표현으로 표현의 선택의 폭이 넓다고는 말할 수 없다는 점, 많게는 20자 미만으로 선택의 폭이 넓다고 할 수 없다는 점, 기사 중의 단어를 그대로 이용하거나 이것을 단축한 표현이나 극히 짧은 수사어를 부가한 것에 지나지 않는 점을 이유로, 「사실의 전달에 지나지 않은 잡보 및 시사보도」라고 설시하고 있다. 그 항소심인 知財高判平17 · 10 · 6(未登載)에서는 표제의 저작물성은 부정했지만, 매우 많은 노력, 비용을 들여 작성된 표제는 법적으로 보호할 만한 이익이 될 수 있다고 하여 불법행위의 성립을 인정하였다.

16) 加戸 126면.

는 결과, 저작물성이 부정된다고 생각하는 것도 가능하다.

저작물성이 인정되고 있는 신문기사 중에서 사실만을 이용하여 자신의 문장으로 쓴 경우에는 당해 사실은 저작권법으로 보호되는 것은 아니며, 저작권 침해는 되지 않는다.[17] 신문기사는 사실을 중심으로 쓰인 경우가 많기 때문에, 그 보호범위는 소설의 경우와 비교한다면, 상당히 협소하게 되는 경향이 있다고 생각된다.[18]

참고로, 구법의 규정은 저작권의 목적이 되지 않는 것으로서 법률·명령 등과 동렬에 「신문지 또는 잡지에 게재된 잡보 및 시사를 보도하는 기사」를 열거하였고[19] (구법 11조2호), 규정의 형식으로서는 현행법 13조와 같다. 다만 구법에서 저작물로 되지 않는 것과 저작물일 수 있으나 권리의 대상으로는 하지 않는 것을 어느 정도 구별해 고려한 것인지 반드시 명확하지는 않다.

다. 계약서안 등

계약서안 등의 사례로서는 선하증권,[20] 계약서안,[21] 공란 서식(blank format),[22] 일지(日誌)[23] 등이며, 저작물성이 부정되는 것도 많다. 이것들은 자연적 사실이나 역사적 사실과는 성질에 있어서 차이가 있고, 인위적으로 작성된 것이기 때문에, 어떤 「인간의 생각이나 기분」이 표현되어 있다고도 말할 수 있다. 다만, 인위적이

---

17) 예컨대, 특파원이 목숨을 걸고 전장을 돌아다니며 쓴 기사라 하여도 전사자 수와 같이 사실에 해당하는 부분은 저작권법에서는 보호되지 않는다. 그러한 사실을 절취하는 것을 방지하고자 한다면, 저작권법 이외의 법리, 예컨대 불법행위법이나 현행법으로는 곤란하지만 부정경쟁방지법 등에 의해야 할 것이다. 미국의 예이지만, International News Service v. Associated Press, 248 U.S.215(1918)은 기사 자료 News Material에 대하여 저작권법이 아닌 Misappropriation의 법리를 적용한 사례로써 유명하다.

18) 東京地判平12·12·26判時1753·134(井深大葬儀 事件)은 井深大씨의 장의(葬儀) 기사에 대해 동일한 역사적 사실을 대상으로 하여 서술한 것으로, 이것을 객관적으로 기술하는 경우에는 사실의 내용이 동일할 뿐만 아니라, 구체적인 표현도 부분적으로는 동일 또는 유사하게 될 수 있다고 하여 침해를 부정하고 있다.

19) 구법에서는 昭和6年 개정까지는 「시사보도」라고 씌어 있던 것을 「시사를 보도하는 기사」로 바꾸어, 저작권법이 미치지 않는 것은 사실 그 자체의 보도에 한정된다는 점이 보다 명확해졌다.

20) 東京地判昭40·8·31判時424호40면(船荷証券事件)에서는 BL에 표시되어 있는 것은 거래상대방의 장래 해야 할 계약의 의사표시에 지나지 않고, 사상은 표현되어 있지 않기 때문에 저작권이 발생할 여지는 없다고 보았다.

21) 東京地判昭62·5·14判時1273호76면(契約書案事件)에서는 계약서안은 사상 또는 감정을 표현한 것이 아니라고 하였다(본건은 상대방에게 교부한 계약서안을 기재한 문서를 소유권 또는 저작권을 근거로 반환청구했던 특이한 사건이다).

22) 東京地判平10·5·29判時1673호130면(知恵蔵事件)에서는 본건 레이아웃·포맷 용지는 한정된 표현의 하나에 지나지 않고, 이러한 용지를 저작물로서 보호하는 것은 본건 레이아웃·포맷과 밀접 불가분의 지면구성에 대한 아이디어를 특정한 자에게 장기간 독점시키는 것으로 저작권법이 예정하는 표현의 보호를 넘은 것으로 보았다.

23) 大判昭12·11·20·新聞4204호3면(訟延日誌事件).

라 하여도 업무에 있어 통상 사용되는 것을 통상의 표현으로 사용한 것에 지나지 않는 경우가 많고, 그 기재사항은 법령이나 관행으로 규제되고 있는 것, 편리성이라는 관점에서 업무를 수행함에 통상 사용되는 것, 또는 사용하지 않을 수 없는 것도 많다. 그 때문에, 그러한 증권, 계약서안, 공란 서식 등은 대동소이한 것이 될 수밖에 없는 것도 많아, 간혹 최초로 작성한 자에게 장기간의 독점을 인정하는 폐해가 크며, 저작물성을 부정해야 할 경우도 많다. 그 이론 구성으로서, 그와 같은 것에는 규범적 의미로의「사상・감정」이 표현되어 있지 않다고 해석하는 것도 가능할 것이며, 또는 선택의 폭이 좁다는 이유로 창작성의 문제로 처리하는 것도 가능하다(창작성에 관해서는 후술).

계약서안 등을 보호하지 않는 실질적인 이유는, 어느 누가 해도 대동소이하게 되지 않을 수 없고, 후발자의 선택의 폭을 극단적으로 협소하게 하며, 더구나 실무적인 것이며 동시에 계약 등에 있어서 필수품이기 때문에 독점에 의한 부당한 폐해를 방지하는데 있다. 결국 계약서안 등의 저작물성은 일률적으로 부정되는 것은 아니고, 상당한 정도로 독창적인 표현을 사용하여 창작한 것도 있으며,[24] 독점에 의한 폐해가 적은 경우에는 저작물성이 인정되는 것도 있을 수 있다.[25] 이는 자연법칙을 설명한 문장도 그 표현 자체에 개성이 나타나 있다면, 바꿔 말해, 타인이 동일한 자연법칙을 다른 문장으로 표현할 수 있는 선택의 여지를 남겨두고 있다면 저작물일 수 있는 것과 마찬가지이다.[26] 그것들에 대해 저작물성을 인정한 후 만약 상황이 적합하지 못한 경우에는 보호범위의 문제로서 처리하게 될 것이다. 계약서안 등은 기본적으로는 저작권법의 시스템에서는 친숙해지기 어려울 뿐이며, 만약 그와 같은 것에 독점을 인정할 필요가 있다면, 산업정책적 색채가 강한 법 시스템으로 대응하여야 할 것이다.

라. 스포츠나 게임의 룰

스포츠나 게임의 룰 자체는 인위적인 약속이지만, 인간의 사상・감정이 이입되어 있고, 정신적인 창작물이라 할 수 있다. 그러나 룰 그 자체는 아이디어로 저작물이라 할 수 없으나,[27] 그 룰을 구체적으로 표현한 것이 있다면 저작물일 수

---

24) 中山信弘 ・ジュリスト989호106면(1991) 참조.

25) 半田 73면은 船荷証券 事件(앞의 주20)의 취지에서「각종 계약 기타 서식은 모두 저작물이 될 수 없는 것으로 해석해야 할 것이다」라고 하고 있지만, 이 판결의 사정(射程)을 거기까지 확장하는 것에는 의문이 있다.

26) 사상에 대해서 같은 취지로 기술하고 있는 것으로서, 東京地判昭53・6・21判タ336호343면(日照権事件).

있다.[28] 그러나 룰을 표현한 저작물(예를 들면, Rule-book)은 아이디어인 룰을 내용으로 하게 되어, 그 결과 대동소이한 것이 될 수밖에 없으며, 그 보호범위는 협소한 것이 되는 경우가 많을 것이다. 참고로, 그 룰을 구체적으로 표현함에 있어 선택의 여지가 없다면 소위 머지(merge)되어, 창작성이 부정된다.

마. 기술적 사상의 구현

기술적 사상 그 자체는 표현이 아니기 때문에, 아무리 우수한 발명이어도 저작권법에 의한 보호는 주어지지 않으며,[29] 또 물리적 이론, 예를 들면 만유인력의 학설 자체에 저작권이 발생하는 것은 아니며, 동일 학설을 논문으로 하더라도 뉴턴의 저작권을 침해하는 것은 아니다.[30] 이에 반해 기술적 사상을 구체화한 표현물인 논문은 저작물이라 할 수 있다.[31] 다만 기술적 사상을 표현하고자 한다면 저절로 비슷한 것이 되는 경우가 많아 이러한 경우 보호범위는 좁아질 수밖에 없을 것이다.

구체적으로는 특허명세서의 저작물성이 문제가 된다. 특허명세서에는 사상・감정이 표현되어 있으면서 학술분야에 속해 있기 때문에 이론적으로는 그 저작물성을 부정하는 것은 곤란하고, 특허명세서를 특허출원하지 않고 학술논문으로 출판한 경우에는 그 저작물성을 부정하는 자는 없을 것이다. 저작권은 창작 시에

---

27) 東京地判平13・12・18(未登載)은 「슈퍼 드림볼(スーパードリームボール)」이라는 스포츠에 대한 아이디어는 아무리 독창적이라 하여도 아이디어에 지나지 않는 이상 저작물일 수 없다고 설시하고 있다.

28) 東京地判八王子支部判昭59・2・10判時1111호134면(ゲートボール事件)에서는 게이트볼 경기에 관한 규칙서가 게이트 볼 경기의 내력, 레크리에이션 스포츠로서의 의의, 경기 방식, 경기규칙 등의 전부 내지 일부를 고유의 정신작업에 기초하여 언어에 의해 표현한 것일 경우 그 각 표현은 스포츠라는 문화적 범주에 속하는 창작물로서 저작물성을 갖는다고 설시되고 있다. 東京地判平元・10・6判時1331호120면=判タ717・205(タロットカード事件)도 게임의 해설서에 저작물성을 인정한 예이다.

29) 東京高判昭58・6・30無体裁集15권2호586면(光學的縮小投影露光裝置論文事件)은 자연과학적 분야 내지 기술적 분야에 있어 사상의 창작이더라도 사상 그 자체, 예컨대, 특허법에서 말하는 「발명」 그 자체는 저작권법으로 보호되는 저작물에는 해당하지 않는다고 설시하고 있다. 大阪地判平10・3・26(未登載)(コンベアベルトカバー事件)에서는 창작적인 사상 또는 감정 자체는, 그것이 기술적 사상인 경우에는 특허권 또는 실용신안권에 의한 보호대상이 되고, 디자인 사상인 경우에는 디자인권에 의한 보호대상이 되는 것으로써, 이들 공업소유권과는 별개로 저작권법에 의한 보호대상으로는 되지 않는다고 설시하고 있다.

30) 大阪地判平16・11・4判時1898・117면(インド人参論文事件)에서는 자연과학상의 지견 그 자체는 표현이 아니기 때문에 동일한 지견(知見)이 기재되어 있다고 하여 저작권의 침해라고는 할 수 없다고 설시하고 있다. 東京地判平17・11・17判示1949호95면(ドレン滞留ポイント事件)도 같은 취지.

31) 大阪地判平16・11・4判時1898호117면(インド人参論文事)에서는 자연과학상의 논문에 일체 창작성이 없다는 것은 아니라, 개개의 문장에서의 표현에 더하여 논술의 구성이나 문장의 배열까지 맞추어 보았을 때에 작성자의 개성이 표현되어 있는 경우에는 전체로서 저작물성을 인정하는 것이 가능하다고 설시하고 있다.

발생하는 것이며, 사후적으로 논문으로 발표한다면 저작권이 발생하고, 특허출원하면 없어진다는 해석은 곤란하다. 특허명세서에 관해서 저작권의 목적이 되지 않는 저작물(13조)에는 열거되어 있지 않지만, 특허청은 특허명세서를 특허공보에 게재하여 공개해야 할 법적 의무가 있고(특허법64조, 66조), 특허법의 당해 규정은 저작권법의 특별법적 성격을 가지고 있어 특허청은 일종의 법정이용권을 가지고 있다고 생각되며, 특허청이 무단복제의 책임을 부담하는 것은 아니다. 그러나 제3자에 대해서는 규정이 없어 무단으로 특허명세서를 복제하면 형식적으로는 저작권침해로 될 가능성이 있다. 현실적 문제로서 특허명세서는 데이터베이스로서 출원인의 허락 없이 출판되고 있으며, 또한 기업 내에서 통상적으로 복제되고 있다. 특허제도의 취지에서는 되도록 많은 사람이 자유롭게 특허명세서에 접근하여, 연구하고, 사회의 기술 수준을 높이는 것이 바람직하지만, 현행법에서는 그와 같은 예외는 인정되고 있지 않다. 출원인이 그 저작권을 방치(放棄)하고 있거나 복제의 묵시적 허락을 하고 있다고 의제한다고도 생각되지만, 어려운 문제이며, 최종적으로는 입법으로 해결되어야 할 것이다.

다음으로 저작물인 특허명세서와 그 기술적 사상을 실시한 결과로 얻어지는 것의 저작물성이 문제가 된다. 명세서의 구체적인 표현물인 실시품에 대해서는 사상·감정이 표현되어 있는 것도 있을 수 있지만,[32] 실시품 자체는 실용품인 경우가 많고, 「문예, 학술, 미술, 음악」의 범위에 속하지 않기 때문에 저작물성이 부정될 것이다.[33] 이들은 설계도에 근거한 기계 등을 제작한 경우도 마찬가지이며, **「제3절 저작물의 예시 7. 도형저작물 (2) 도형저작물의 한계」** 참조.

(4) 표현한 것

저작물이란 「표현한 것」이어야 하지만, 이것은 단순히 머릿속에 있는 것만으로는 부족하고, 인간의 오감으로 감지될 정도로 구체적인 것으로 되어 있을 필요가 있다는 것을 의미한다. 즉 사상·감정 그 자체가 저작물은 아니고, 사상·감정이 핵심이 되어 그것이 구체적으로 표현되기 시작하면서 저작물이 된다.[34] 이것

32) 東京地判平元·3·27判時1305호114면(ペンタ君事件)에서는 지육완구(知育玩具) 자체는 2조1항1호에서 말하는 「표현」이라 할 수 없으나, 5각 기둥의 블록에 동물이나 미로 그림의 각 부분을 그려, 숫자나 동물의 그림 등으로 수를 표시하고, 그것들을 하나의 세트로 한 점은 「사상 또는 감정을 창작적으로 표현한 것」으로 볼 여지가 있다고 설시하고 있다.

33) 大阪地判昭59·1·26判時1102호132면(万年カレンダ事件).

34) 渋谷 12면은, 미술이나 음악에 대해서는 표현이 저작물이지만, 언어 저작물에 있어서는 「표현

은 다음에 기술할 사상·표현 이분법과 관계된다.

일본 저작권법에서는 표현이 어떤 물(物, 매체)에 고정되어 있을 것이 요구되지 않는다.[35] 따라서 예를 들면 즉흥곡은 고정(녹음이나 채보)되지 않았다 하여도 저작물이라 할 수 있다. 고정되지 않은 저작물에 대해서는 침해대상의 입증이 곤란한 경우가 많다는 거증상의 문제가 있을 뿐이다. 다만, 영화만은 예외이며, 영화저작물로서 보호받기 위해서는 물(物)에의 고정이 필요하다고 해석되고 있지만(2조3항), 이 점에 대해서는 「제3절 저작물의 예시 8. 영화저작물 (1) 영화의 정의」 참조.

저작물이 되기 위해서는 반드시 완성되어 있을 필요는 없고, 그 자체로 사상·감정의 표현물이라면 미완성이라도 저작물이 된다. 슈베르트의 미완성 교향곡의 저작물성을 부정하는 자는 없다. 스케치, 초고 같은 종류도 저작물이 될 수 있고, 또한 저작물의 일부라도 그것만으로 저작물성의 요건을 구비하고 있으면 저작물이 된다.

(5) 사상(감정도 포함한다)·표현이분법(idea-expression dichotomy)[36]

가. 이론적 근거

저작물이 되기 위해서는 「표현된 것」이어야만 한다. 이것을 반대로 생각해 보면, 사상 그 자체는 저작권법으로는 보호되지 않고, 저작물로서 보호를 받기 위해서는 사상이 구체적으로 표현된 것일 필요가 있다.[37] 이를 사상·표현이분법이라 칭하며, 전통적이며 보편적인 사고방식으로 되어 있다.[38] 다만, 사상과 표현의 경계는 토지의 경계와 같이 명확한 것은 아니며, 양자를 분리하는 이론적 근거와 구체적 기준이 필요하다.

상의 사상 감정」으로써 저작물이라 하고 있어, 저작물의 종류에 따라 다르게 해석하고 있으나, 의문이다.

35) 베른협약 2조(2)에서 고정 요건을 부과할 것인지 여부는 각국의 입법에 유보되어 있다. 미국연방저작권법은 물(物)에의 고정(fixation)을 요구하고 있다(102(a)조, 추가로 보통법(common law)상의 보호 또는 주법(州法)상의 보호는 별론으로 한다).

36) 이 점에 대해서는 半田 74면 이하에 상세하다.

37) 東京地判昭53·6·21判タ336호343면(日照権事件)에서는 침해의 성립여부는 사상 그것이 아니라 구체적 표현이 무단으로 이용되고 있는지 여부에 의한다고 설시되어 있다.

38) WTO TRIPS협정 9조2항에 있어서는 「저작권의 보호는 표현된 것에 미치는 것으로, 사상, 절차, 운용방법 또는 수학적 개념 자체에는 미치지 않는다」고 규정되어 있다. 이 규정은 일본의 제안에 의해 채택된 것이며, 특별한 반대는 없었다. WIPO-저작권 조약(저작권에 관한 세계지적소유권기관 조약) 2조에도 동일한 규정을 두고 있다.

사상과 표현을 이분하여 저작권법에서 표현만을 보호하는 이유로서, 첫째, 이 분론은 표현의 자유나 학문의 자유 등 근대사회가 지니고 있는 기본적인 가치를 보호한다는 점을 들 수 있다. 구체적으로는 학설, 화풍(画風), 서풍(書風) 내지는 수법(手法)이나 착상 등도 보호해 준다면, 예를 들면 어떤 학설이 발표되면 그 이후의 자(者)는 동일 또는 유사 학설을 발표할 수 없게 될 우려도 있고, 표현의 자유나 학문의 자유 등과 저촉될 수도 있다.[39] 저작권법은 표현이나 보도의 자유를 침해할 수 있는 위험성을 내포하고 있지만, 저작권 제한 규정, 유한적인 보호기간과 함께 사상·표현 이분론에 의해 사상까지는 보호하지 않는다는 점에서 겨우 저작권법의 존재를 합리화할 수 있는 것이다.

둘째, 사상 그 자체를 보호하지 않고, 사상을 누구라도 이용 가능한 영역(퍼블릭 도메인)으로 두는 것이 정보의 풍부화에 도움이 되고, 문화발전이라는 저작권법의 취지에 합치한다는 점을 들 수 있다. 즉, 사상 그 자체를 보호한다는 것은 새로운 사상을 창출함에 있어 인센티브가 될 수 있지만, 사상을 퍼블릭 도메인으로 하는 것에 의해 타인이 그 사상을 이용하여 새로운 표현을 창작하도록 인센티브를 부여하는 편이 문화발달에 이바지한다고 하는 판단에 기초하고 있다.[40] 도식적으로 말하면, 정보의 풍부화에 있어 피카소의 화풍을 보호하는 것에 의해 피카소에 필적(匹敵)하는 새로운 화풍을 창출하는 인센티브로 하는 편이 바람직한가, 피카소의 화풍과 비슷할지는 모르지만 피카소에 자극을 받은 많은 회화를 창출하는 편이 바람직한가하는 문제이다.

그렇다면, 특허법에 있어서는 기술적 「사상」을 보호하는 것이 산업발전에 이바지한다고 판단되는데 반하여, 왜 저작권법의 경우는 사상을 보호하지 않는 것이 문화발전에 이바지한다고 생각되는 것인가. 그것은 양자의 보호대상과 보호방

39) 東京高判平13·1·23判時1751호122면(カエル擬人化事件)에서는 사상·감정을 창작적으로 표현하기 위해 채용된 수법이나 착상은 보호대상이 될 수 없다고 설시되어 있다.

40) 大阪高判平6·2·25判時1500호180면=判タ(数学論文野川グループ事件 항소심)에서는, 「과학에 대한 출판의 목적은 그것에 포함되는 실용적 지견(知見)을 일반적으로 전달하고, 다른 학자들 등으로 하여금 그것을 다시 전개할 기회를 주는 것에 있지만, 그 전개가 저작권침해로 된다고 한다면, 위의 목적은 달성되지 못하게 되고, 과학에 속하는 학문분야인 수학에 관해서도 그 저작물에 표현된 방정식의 전개를 포함한 명제의 해명과정 등을 전제로 하여 다시 그것을 발전시키는 것이 가능하지 않게 된다」고 설시되어 있다.
또, 저작권법에 있어서 사상까지 보호하지 않는 편이 경제후생 전체로 볼 때 플러스가 된다는 점을 주장하는 것으로서는, Landes & Posner "An Economic Analysis of Copyright Law" The Journal of Legal Studies vol xviii, 325(June, 1989)가 있다. 나에게는 이 점에 대한 논평능력은 없지만, 직감적으로는 정곡을 찌르고 있는 것처럼 생각된다. Law & Economic적 수법으로 법률의 모든 측면을 증명할 수 있는 것은 아니지만, 분야에 따라서는 유효한 논거의 하나가 될 수는 있을 것이다.

법의 상위에서 유래한다고 생각된다. 특허권의 보호대상은 「자연법칙을 이용한 기술적 사상」이라는 객관적 존재이며, 유전자를 이용한 발명 등에 대해서는 예외도 있지만, 대부분의 기술에는 대체기술이 존재한다. 게다가 권리화하기 위해서는 신규성·진보성이라는 요건이 더해져야 하고, 심사·등록·공시나 청구범위(클레임)제도가 있으며, 보호기간도 저작권의 경우와 비교해서 현저하게 짧고, 보호범위도 업으로서의 실시에 한정되기 때문에 아이디어를 보호해도 폐해는 적다고 생각된다. 반대로 기술적 사상에까지 권리가 미치지 않으면 용이하게 우회되어 버려, 경제재로서의 가치가 낮아지게 되기 때문에 특허권에는 차단효를 인정할 필요가 있다. 즉 특허법을 사상보호법으로 구성하여도 폐해는 적고, 오히려 사상보호가 산업발전에 이바지 한다고 생각된다.

이에 반해 저작권법은 사상·감정이라는 인간의 주관적·정적 측면을 다루는 것이며, 그 수비범위(守備範囲)는 소설에서부터 프로그램에 이르기까지 극히 넓어 인간의 정신적 활동의 대부분의 영역을 포괄하고 있다. 이처럼 넓은 범위를 차지하는 저작권법에 있어 사상까지 보호한다면, 새로운 사상의 창작에 인센티브를 부여한다고 하는 이점보다는 그 사상에서 파생하는 새로운 창작을 가로막는 폐해가 더 크다고 생각된다.

셋째, 재판에 있어 인간의 사상의 동일성·유사성을 판단하는 것이 가능한가, 또는 판단하도록 하는 것이 타당한가라는 문제도 있다. 기술적 사상이라면 그 동일성을 판단하는 것이 가능한데 반해서, 저작권법에서 말하는 사상의 동일성·유사성의 판단은 경우에 따라서는 학문의 자유 등에까지 영향을 미치는 판단이 될 수도 있다.[41] 또한 사상까지도 보호하고 있는 특허법은 권리범위의 명확화를 위하여 청구범위(클레임)제도를 두고 있지만, 그럼에도 여전히 동일성 또는 균등을 둘러싼 논쟁이 많다는 점을 감안하면, 만약 법원이 저작물에 표현된 사상의 동일성·유사성을 판단한다 하여도, 이는 곤란한 작업이 되리라 예상되며, 소송경제나 심리기간 등 실무적인 관점에서도 바람직하지 않다.

---

41) 東京地判平4·12·16判時1472호130면(塩政史 事件)은, 2개의 학술논문에 관한 다툼에 있어, 「2개 이상의 연구의 선후(先後)의 평가 내지 판정은 당해 대비되어야 할 연구에 있어서 시간적 선후라는 한 사건뿐만 아니라 해당 각 연구의 내용, 정도, 방법, 결과의 발표형태, 학설 혹은 견해의 당부 혹은 우열 등 각종의 요소를 종합하지 않으면 용이하게 할 수 없는 것이고, 이러한 학문상의 평가 내지 판정은 그 연구분야에 속하는 학자·연구자 등에 위임되어야 할 것이며, 법원에서 심사하고 법령을 적용하여 해결할 수 있는 법률상 쟁송은 아니다」고 설시하고 있다. 역시 학설이나 사상 그 자체는 저작권법의 보호 범주에 속하지 않는다고 판시한 판례로서 東京地判昭59·4·23判タ536호440면(三浦梅園事件)이 있다.

이상으로부터 저작권법에 있어 사상・표현 이분론이 국제적으로도 통상적인 견해로 되어 있는 이유는 표현의 자유나 학문의 자유 등을 확보하고, 동시에 후발자에게 창작의 여지를 남김으로써 정보의 풍부화 즉 문화의 다양성을 꾀한다는 점에 있다고 할 수 있다. 다만, 사상과 표현의 사이에 명확한 구분을 할 수 없고, 그 판단에는 종종 가치적 요소・규범적 요소가 개입되지 않을 수 없다. 극단적으로 말하면, 이 같은 가치적 요소・규범적 요소로 판단하여 보호해서는 아니 되는 영역을 사상이라고 하고, 보호하여야만 하는 영역을 표현으로 하고 있다고 결론지어 말할 수도 있지만, 그렇다면 판단기준으로서는 너무나도 망막해져 있다.

나. 이분론의 판단기준

보호되는 부분(즉, 표현)을 문자・색・음 등을 통해 저작자의 사상・감정이 외부에 객관적으로 표현된 것만으로, 즉 표층적인 표현만으로 한다면, 사상과 표현을 이분하는 것은 용이하다. 그러나 그렇다면 보호범위는 극단적으로 좁아져 저작권은 용이하게 우회되어 버리고, 또한 2차적저작물은 보호범위에서 누락되어 저작물의 보호로서 불충분하게 된다.

이에 많은 학설은 표현을「외면적 형식」과「내면적 형식」으로 나누어, 전자는 외부에 표현된 객관적 구성을 가리키고, 후자는 저작권의 사상・감정의 체계라 생각하며, 다시 그 내부에 있는 내용이 저작권법에서 보호되지 않는 사상・감정이라 하고 있다. 그리고「외면적 형식」과「내면적 형식」 양자 모두 표현으로서 보호되며, 내면적 표현을 유지하면서 외면적 표현만을 변경한 경우가 이차적 저작(번안)이라 생각한다.

이 같은 구분은 일견 괜찮은 분류 같이 보이지만, 결국은 언어의 유희에 지나지 않고, 사상과 표현을 구분하는 판단기준으로는 거의 기능하지 않는다. 요컨대, 사상과 표현의 구별은 보호해야 하는 것과 보호해서는 아니 되는 것의 경계를 획정하는『규범적인 작업』이다. 그렇다면 저작권법의 전 체계를 고찰하여 저작권법은 도대체 무엇을 보호하려고 하는 것인가라는 관점에서 저작권법은 사상과 감정의 경계로서 어떠한 것을 지정하고 있는가 하는 판단을 하여야 한다. 다종다양(多種多樣)한 것이 저작물이 되고 있는 현재, 이분론에 있어서도, 모든 저작물에 걸치는 공통기준을 정립한다는 것은 곤란하며, 사상과 표현의 경계획정은 저작물의 종류에 따라서도 차이가 나는 판단이 될 것이다. 현재로서는 확고한 통일적인 기준이 확립되어 있는 것도 아니며, 사례마다 판단하고 그 사례의 축적을 기다려야 할 것이다.

일반적으로는 표현의 범위를 추상화하면 할수록 저작권의 보호범위는 넓어지고, 역으로 구체화시키면 시킬수록 보호범위는 좁아진다. 이러한 판단을 함에 있어서는 두 입장이 고려된다. 저작물은 인격의 유출물이라는 점을 중시하는 입장, 즉 저작권법에 있어 인격적 측면을 중시하는 입장에서는 개성이 나타나 있는 한 가급적 표현의 폭을 넓게 해석하는 경향으로 될 것이다. 이에 반하여 재산적 측면을 중시하는 입장에서는 적당한 경쟁관계를 유지하여 정보의 풍부화에 가장 이바지하는 보호범위를 모색하고, 이로부터 사상·표현의 경계를 이끌어 내는 경향이 될 것이다. 저작물에는 인격의 유출도(流出度)가 극히 높은 문자·회화 등에서, (인격의 유출도가) 낮은 프로그램 등에 이르기까지 다종다양의 저작물이 존재하고, 조문상은 모두 동일하게 취급되어 있지만, 일반적으로는 전자에 대해서는 표현의 폭을 넓게, 후자에 대해서는 좁게 해석해야 할 것이다.

창작성을 통설과 같이 사상·감정의 유출물로서의 개성이라 생각한다면 다른 논의이지만, 창작성 요건은 표현할 수 있는 선택의 폭의 문제라 생각한다면 창작성과 사상·감정 이분론은 밀접한 상관성이 있게 된다. 결국 양자 모두 보호범위를 적정범위로 한정하고, 정보의 풍부화를 도모하는 것을 목적으로 하고 있는 것이라 할 수 있다.

2. 창 작 성[42)]

(1) 종래의 창작성 개념

가. 개성을 핵심으로 한 창작성 개념

저작물이 되기 위해서는 인간의 사상·감정이 표현된 것만으로는 족하지 아니하고, 그것이 『창작적』으로 표현된 것이어야 한다.[43)] 저작권법은 창작성을 정의하고 있지 않지만, 일반적으로는 저작물이란 인간에 의한 독자적인 정신적 작업의 성과이기 때문에 거기에는 창작자의 개성이 표현되어 나타나 있을 것이며, 그것이야말로 창작성의 중심적 요소라고 생각된다.[44)] 그래서 모든 창작은, 선인의

42) 中山信弘「創作性についての基本的な考方」著作権研究28호2면(2003), 横山久芳「編集著作物概念の現代的 意味—『創作性』の判断構造の検討を中心として—」著作権研究30호139면(2004) 참조.

43) 판화를 충실하게 사진으로 촬영해도 창작성은 없지만(東京地判平10·11·30 判時1679·153(版画写真事件)), 기계적인 모사가 아니라면 창작성이 있을 수 있다(東京地判平11·9·28判時1695호115면(煮豆売り事件)).

44) 渋谷 17면은, 개성적이란「창작자 본인이 표현상의 사상·감정을 개성적이라고 생각하는 것만

업적에 더하여 성립되는 것이고, 이러한 관점에서 본다면, 일반적으로는 창작성이란 완전한 독창성까지는 요구되는 것은 아니며, 또한 학술성이나 예술성의 높음도 문제되지 않고, 무언가 개성이 나타나 있으면 된다고 해석된다.[45] 이 같은 인격의 발로(發露)를 중시하는 창작성 개념은 적어도 창작자의 사상・감정이 강하게 나타나 있는 문학・회화・음악 등 전형적 내지 고전적 저작물[46]에 대해서는 적합하다고 할 수 있지만, 저작물이 다양화되고 있는 현재 모든 저작물에 합당한가 하는 점에는 의문이 있다.

또한 창작성이란 타인 저작물의 모방이 아니라는 것과 같은 의미로 여겨지는 경우도 많다.[47] 오늘날 창작자의 사상・감정이 강하게 유출되고 있는 저작물에서는 타인 저작물의 모방이 아니면 개성이 나타나 있을 것이고, 모방이 아닌 것과 창작성과는 사실상 일치하는 경우가 많을 것이다. 예를 들어 소설의 경우, 모방하지 않고 독자적으로 집필한 것이 창작성이 없는 경우는 상정하기 어렵다. 굳이 말하면, 매우 짧은 글이나 표현이 평범하고 흔히 있는 것일 경우에는 필자의 개성이 나타나 있지 않은 것으로서 창작성이 부정되는 것이 어느 정도 있다.[48]

나. 문제점

종래의 창작성 개념은 음악・문자・미술 등과 같은 저작물에는 합당하지만, 최근 재(財)로서의 중요성이 증대되고 있는 기능적・사실적 저작물에 대해서는

으로는 부족하다」「객관적으로 봐서 작품의 솜씨가 개성적인 것을 보호하는 것으로 하지 않으면, 그 법목적은 달성될 수 없다」고 기술하고 있다.『객관적 개성』이라는 의미는 반드시 명확한 것은 아니지만, 후술하는「표현의 선택의 폭」이라는 개념과 유사한 것은 아닐까 추측된다.

45) 田村 12면, 作花・詳解 88면, 半田 73면, 三山 31면, 斉藤 77면, 相澤＝西村 149면, 加戸 20면, 吉田大輔「著作物認定についての基本的考え方」斉藤=牧野60면. 이 취지를 언급한 판결은 다수 있으며, 예컨대, 東京高判昭62・2・19判時1225호111면(当落予想表事件), 東京地判平6・7・25 知的裁集26권2호756면(出る順宅建事件), 그 항소심인 東京高判平7・5・16 知的裁集27권2호285면, 東京地判平11・1・29 判時1680호119면(古文単語語呂合わせ事件).

46) 사상・감정의 유출이 그만큼 고도하지 않다고 생각되는 지도나 해도(海圖) 등과 같은 사실적 저작물도 옛날부터 존재하고 있고, 전형적 내지는 고전적 저작물이라는 표현은 반드시 정확한 것은 아니지만, 여기서는 창작자의 사상・감정이 강하게 유출되어 있는 저작물이라는 정도의 의미로 사용한다.

47) 斉藤 75면, 田村 12면, 著作権法令研究会・ハンドブック6면. 東京地判平47・10・11 判タ289호377면(民青の告白事件)에서도「『창작』이란『모방』이 아닌 것을 의미하는 것으로 해석해야 한다」고 판시되어 있다.

48) 東京地判平11・1・29 判時1680호119면(古文単語語呂合わせ事件), 東京地判平7・12・18 判時1567호126면(ラストメッセジ in 最終号事件), 東京地判平16・3・24 判時1857호108면(YOL 事件)에서는, 언어로 구성되는 작품에서 극히 짧은 것이거나 표현형식에 제약이 있기 때문에 다른 표현을 상정할 수 없는 경우나, 표현이 평범하면서 흔히 있는 것일 경우에는 필자의 개성이 나타나 있지 않은 것으로서 창작적인 표현이 아니라고 보았다.

반드시 타당한 것은 아니다.[49] 예를 들면, 기능적 저작물의 전형적인 예인 컴퓨터 프로그램에 있어 개성이란 구체적으로는 도대체 어떠한 것을 상정하고 있는 것인지. 프로그램에서 사상・감정의 유출(流出)인 개성이라는 것을 관념할 수 있는 것인지. 프로그램에도 여러 종류가 있지만, 전형적인 프로그램은 기능을 추구하는 기술이기 때문에 특허의 대상으로도 할 수 있을 것이고, 소설에서 볼 수 있는 사상・감정의 유출물인 개성이라는 것은 생각하기 어렵다. 그러나 판례와 학설에서는 프로그램에 대해서도 개성이라는 용어가 사용되는 경우도 많다. 의식적인지 또는 무의적인지는 별개로, 프로그램의 창작성에 있어 개성이란 사상・감정의 유출물로서의 개성은 아니며, 실제로는 어느 프로그램에 독점권을 부여해도 타인에게 선택의 여지가 남아 있는 것, 즉 타인에게 동일한 『기능』을 가지는 프로그램을 창작할 여지가 있다는 것을 가지고 창작성이 있다고 생각하고 있는 것은 아닐까.[50] 동일한 개성이라는 용어를 사용하면서 소설의 경우와 프로그램의 경우에는 다른 개념으로서 사용되고 있는 것처럼 생각된다.[51] 그렇다면, 실태에 입각하고, 또 향후 저작권법 체계를 예의주시하면서, 모든 저작물을 포함하는 새로운 통일적인 창작성 개념을 정립하여야 할 것이다.

나를 포함하여 종래의 학설 중에는 창작성을 개성의 발로(發露)로 보면서 특별한 저작물에 대해서는 높은 수준의 창작성을 요구하여 구체적 타당성을 꾀하는, 요컨대 특허법에 있어 진보성에 가까운 사고방식을 도입하여 타당한 해결을 꾀하는 이중 기준(double standard)을 정면으로 인정하는 학설도 있었다.[52] 이 같은

49) 小笠原昭夫『 コンピュータ・プログラムの法的保護』判タ1097호54면(2002)는『안이(安易)하게 작자 자신으로부터 나온 것이라면 흔히 있는 것이 아닌 이상『창작성』은 인정된다는 등과 같은 것은 피해야 한다』고 판시하고 있다.

50) 東京地判平15・1・31 判時1820호127면(電車線設計用プログラム事件)은, 저작물이기 위해서는 무언가 개성이 발휘된 것일 필요가 있다고 하고, 프로그램은 그 성질상 표현할 기호가 제약되고, 언어 체계가 엄격하며, 또한 전자계산기를 조금이라도 경제적, 효율적으로 기능하게 하고자 한다면 지령의 조합의 선택이 한정되기 때문에, 프로그램에 있어서의 구체적 기술이 상호 유사한 것이 적지 않고, 실질적으로 선택의 폭이 적은 프로그램에 대해서는 개성이 발휘되어 있지 않다고 하여, 창작성을 부정하고 있다.

51) 横山・앞의 주42) 155면은, 기능적, 사실적 성격이 강한 작품에 나타난 창작성을「객관적 창작성」이라 부르고,「창작성」=「개성」이라고 파악하는 한,「객관적 창작성」은 애당초 저작권법상의「창작성」으로는 평가할 수 없게 된다고 서술하고 있다.

52) 中山・ソフトウェア104면. 그러나 학설의 대부분은 이와 같은 더블 스탠다드 견해에 반대한다. 예컨대, 斉藤 75면. 판례로서는 名古屋地判平7・3・10 判時 1554호136면(ファンシーツダ事件)에서는, 프로그램에 대한 창작성을 한정적으로 해석해야 할 합리적인 근거는 없기 때문에, 본건 프로그램이 평균적 프로그래머라면 용이하게 작성할 수 있다고 하더라도 창작성을 결여한다고 할 수는 없다고 보았다.

이중 기준을 채용함으로써 프로그램과 같은 기능적 저작물에 대해서는 타당한 해결을 도모할 수 있을 것이다.[53] 이러한 학설은 저작물의 다양화가 진행되는 현재, 모든 저작물에 관하여, 종래의 창작성 개념을 모든 저작물에 일률적으로 적용하는 것도 이미 곤란해졌기 때문에, 일률성을 포기(放棄)하고, 저작물의 성질에 맞는 상대적 창작성 개념을 채용하고자 하는 것이다.[54] 그러나 그렇게 되면 창작성의 수준을 둘러싼 논쟁의 증가도 예상되지만, 다른 성질의 저작물을 동일하게 취급하는 것의 폐해에 비하면, 그것은 불가피한 일인지 모른다. 이러한 문제는 창작성에 대해서만 발생하는 것은 아니고, 저작권법의 대부분의 측면에서 발생하고 있다. 그 근본원인은 고전적인 저작물을 상정한 시스템 안에서 성격이 다른 것을 혼재시켰기 때문이며, 해결하기 곤란한 문제이다.

그렇지만 창작성을 개성의 발로로서 파악하여 모든 저작물에 개성이 표현되어 있을 것을 요건으로 하면서, 프로그램 등 일부의 저작물에 대해서만 창작성의 수준을 끌어 올리는 이중 기준(더블 스탠다드)은 이론적 설명이 어려운 데다가 개성의 수준을 판단하는 것도 곤란성을 가진다. 역으로, 창작성의 수준을 판단하는 것이 가능하다는 것은 창작성의 본질을 인격의 발로로서의 개성으로는 파악하지 않는다는 것과 일맥상통한다. 종래 대수롭지 않게 사용해 온 개성이라는 용어의 의미를 재음미할 필요가 있을 것이다. 이중 기준(더블 스탠다드)은 체계적으로 문제가 있다는 점을 별론으로 한다 해도, 기능적·사실적 저작물과 그 외 저작물과의 경계는 더욱더 불명확해져 가고 있고, 그것에 대한 하나의 대처방안이었다. 지도 등의 예에서와 같이 양자의 명확한 구분은 종래부터 곤란하였지만, 최근 디지털화의 진행에 의해 그 구분이 더욱 더 곤란해지고 있다. 그러한 관점에서도 통일적 창작성 개념이 필요하다고 생각되고, 또한 이것은 복잡화되어 외관상 어렵게 되고 있는 현재의 저작권법의 체계적 파악에 유익하다고 생각된다.

---

53) 독일연방 통상법원의 Inkassoprogramm사건(BGH 9.Mai 1985 BGHZ94, 279; GRUR1985, 1041)은, 프로그램 저작물의 창작성 안에 사실상 특허법과 유사한 요건을 부여하고 있지만, 현재로서는 EU 통합의 관계로 다른 국가와의 형평을 맞춰야 할 필요상, 그 기준은 포기되고 있다.

54) 같은 취지, 梅谷 14면. 반대 견해로, 北村 29면은 반대의 이유로 조문상의 근거가 없다는 점, 저작권법의 체계가 무너진다는 점, 저작물성의 성립 유무가 자의적으로 되는 점, 세 가지를 들고 있다.

(2) 새로운 창작성 개념

가. 새로운 개념의 필요성

새롭게 통일적 창작성 개념을 확립한다고 한다면, 그것은 저작권법 취지에서 이끌어 낼 수밖에 없다. 저작권법의 목적은 문화발전에 있지만(제1조), 이미 상세히 설명한 바와 같이, 저작권법의 구조에서 문화발전이란 사상·감정의 표현인 정보의 풍부화에 있다고 생각하여야 한다. 정보의 풍부화가 저작권법의 목적이라 한다면, 그 취지에 따라 창작성 개념을 사상·감정의 유출물로서의 개성이 아니라, 「표현의 선택의 폭」으로 파악해야 할 것이다. 이를테면, 어느 작품에 저작권을 부여하여도 여전히 타인에게는 창작을 행할 여지가 남아 있는 경우에 창작성이 있다고 생각하여야 한다. 이러한 사고방식은 단순히 표현의 풍부화에 이바지한다는 저작권법의 이념에 합치할 뿐만 아니라, 표현의 자유라고 하는 헌법의 이념에도 합치하는 것이다. 저작권법에 있어서는 종래 저작자의 권리를 중시하는 경향이 있었지만, 저작권이란 타인의 저작물 이용을 제한하는 기능도 함께 가지고 있다는 점이 간과되어 왔다. 중요한 것은 권리자에게의 인센티브와 타인의 정보이용의 자유와의 조화점을 찾는 것이고, 일방에게 편중되는 것은 바람직하지 않다. 이러한 관점에서도 창작성을 「표현의 선택의 폭」으로 파악하는 것이 의미있다.[55)]

이러한 정의는 입법자가 의도했던 것과는 다를 수 있고, 반드시 조문에 근거를 두는 것도 아니며, 게다가 전통적인 저작물에 이러한 정의를 적용하여야만 할 필연성도 없다. 그렇지만 오늘날과 같이 다종다양한 것이 저작권법의 세계에 포섭되는 현상을 감안하면, 종래의 통설적인 저작물성 개념으로 모든 저작물을 파악하는 것은 불가능하므로, 모든 종류의 저작물에 공통하는 창작성 개념으로는 이러한 정의를 채용하여야 한다고 생각된다.

나. 기능적·사실적 저작물의 경우

소설과 같은 개성의 유출도가 높은 전형적인 저작물에 대하여 말하면, 저작물이란 개성의 표현이며, 개성 자체가 저작물의 중심적 개념이라 하는 것에 위화감

55) 横山·앞의 주42) 161면 참조. 同 162면은 저작권법은 무단 편승(free-ride)을 방지함으로써 표현물의 과소 생산을 방지하고, 자유롭고 다양한 표현공간을 실현하기 위하여 국가가 취한 적극적인 제도조치이며, 그 때문에 저작권이 개인의 기본권으로서의 표현의 자유를 제약하는 측면을 가지고 있음에도 불구하고 헌법상 그것이 정당화된다 하면서, 그러한 관점에서 창작성이란 저작권법상의 하나의 요건이긴 하지만, 헌법상 표현의 자유의 저작권법적 표현으로써 파악할 수 있다고 설명하고 있다.

이 없다. 그리고 개성에 대해서는 우열(優劣) 또는 가치의 상하를 정할 수 없고, 다종다양한 정보가 세상에 나오도록 하는 것이 바람직하다. 그러한 전형적인 저작물에 있어서는 표현에 무수한 선택이 가능하기 때문에, 모방이 아니라면 개성이 표현되어 있으므로 창작성이 인정되고, 그 결과 소설의 경우 모방이 아니면 대부분 예외없이 창작성이 있게 된다. 즉, 소설 등의 경우에 있어서는 창작성을 개성이라 생각하여도, 표현의 선택의 폭이라 생각하여도 결론적으로는 다르지 않게 되고, 그 한도에 있어서 창작성 개념은 거의 기능하지 않게 된다.

실제로 소설 등의 창작성이 문제가 되는 것은 적고, 문제가 되는 대부분은 프로그램이나 설계도 등의 기술적·기능적 저작물이다. 그들에 있어서는 사상·감정의 유출물이라는 의미로서의 개성은 거의 문제시 되지 않고, 판례에 있어서도 표현의 선택의 폭이라는 취지로 말하고 있는 것도 많다.[56] 이러한 판결에 있어서, 정면으로 창작성이란 표현의 선택의 폭이라고 언급되어 있는 것은 아니지만, 실질적으로는 동일한 고려가 작용하고 있는 것이라 추측된다. 표현의 선택의 폭이 큰 경우에는 제3자에의 잔여부분도 크고, 당해 작품에 창작성을 인정하여 저작권을 부여하여도 큰 잔여부분이 있어 제3자에게는 그 잔여부분에 있는 창작에의 인센티브를 주는 것을 의미하고, 그것은 정보의 풍부화에 이바지한다. 역으로 표현

56) 大阪地判昭54・2・23 判タ 387호145면(冷蔵倉庫設計図事件)에서는 일반론으로서 설계도의 저작물성을 인정하면서 본건에서는 표현방법의 선택의 여지가 그다지 많다고는 생각되지 않는다는 점에도 유의하여 침해를 부정하였다. 東京高判昭60・11・14 無体裁集 17권3호544면(アメリカ語用語集事件)에서는, 사전에서 표제어에 대한 문장예가 다수 있을 수 있는 것으로, 선택이 폭이 넓고, 당해 소재의 성질상 편집자의 편집기준에 기해 독자적인 선택을 받아 수용될 수 있는 것이며, 그 선택에 따라 편집물에 창작성을 인정할 수 있다고 하였다. 東京高決平元・6・20 判時 1332호138면(システムサイエンス事件)에서는 프로그램에 대해 하드웨어에서 규제되어 본래적으로 같은 조합이 될 수 밖에 없는 것이라 하여 창작성을 부정하였다. 大阪高判平6・2・25 判時1500호180면(数学論文野川グループ事件 항소심)에서는 저작물에 표현된 방정식의 전개를 포함한 명제의 해명과정 등을 전제로 하여, 나아가 그것을 발전시킬 수 없게 하게 되는 이러한 해명과정은 그 저작물의 사상(아이디어) 그 자체라고 하였다. 東京地判平10・5・29 判時 1673호130면(知恵蔵事件)에서는 용어사전 「知恵蔵」의 레이아웃을 위하여 북 디자이너가 작성한 레이아웃・포맷 용지에 대해 일정한 아이디어를 표현한다면, 누가 작성해도 동일한 표현이 되는 것에 창작성을 인정할 수는 없다고 하였다. 東京地決平13・6・13 判時1761・131(サイボウズ事件)에서는 비즈니스 소프트웨어 화면표시의 창작성에 대해, 일정한 제약 속에서도, 누가 행해도 거의 동일하게 될 수 밖에 없다고는 할 수 없는 정도의 개성을 가지고 표현되어 있다면, 창작성을 긍정할 수 있다고 하였다. 東京地判平15・1・31 判時1820・127(電車線設計用プログラム 事件)에서는 프로그램의 구체적 기술이 누가 작성하더라도 거의 동일하게 되는 것, 간단한 내용을 극히 짧은 표기법에 의해 기술한 것 또는 지극히 흔한 것일 경우에 있어서, 이것을 저작권법상 보호대상이 된다고 하면, 전자계산기의 광범한 이용 등을 방해하여, 사회생활이나 경제활동에 막대한 지장을 초래하는 결과로 되며, 또한 특정 기능을 부과한 프로그램의 구체적 기술이 지극히 흔한 것인 경우에 이것을 보호대상으로 한다면, 결과적으로는 기능이나 아이디어 그 자체를 보호, 독점시키는 것이 되어, 프로그램의 구체적 표기가, 이와 같은 기술로 이루어지는 경우는 작성자의 개성이 발휘되어 있지 않다고 하여, 창작성이 없다고 하였다.

의 선택의 폭이 없거나, 또는 매우 좁은 경우에는 잔여부분은 거의 없고, 해당 작품에 창작성을 인정하게 되면 독점에 의한 폐해가 크다는 것을 의미한다. 그러한 이유로 기능적・사실적 저작물에 있어서 창작성을 표현의 선택의 폭으로 생각하는 것은 경쟁을 촉진하고 정보의 풍부화에 이바지하게 된다.[57)]

표현의 선택의 폭을 창작성이라 생각하면, 정보의 질을 묻지 않고 모든 방향으로의 정보의 풍부화에 인센티브를 주는 것이 되어, 기술적・사실적 저작물의 경우에는 기능・성능 또는 편리성이 부족한 것도 보호되는 것이 되지만, 이러한 뒤떨어지는 것에 대해서는 일반론으로서는 적극적으로 보호해야 할 이유는 없다. 그러나 이러한 것을 배제하기 위해서는 특허법과 같은 산업상 이용가능성이나 고도성이라는 요건의 채용이 필요하지만, 저작권법은 저작물의 가치의 고저를 판단할 수 없다는 전제로 제도설계되어 있고, 모든 방향의 정보의 풍부화를 목표로 하는 제도인 이상, 기능・성능 또는 편리성이 낮은 것이라도 저작권이 발생하는 것은 어쩔 수 없을 것이다. 다만, 그러한 뒤떨어지는 것에 저작권이 발행한다고 하여도 그것은 이론상의 문제이며, 유치원생의 그림에 권리가 발생하는 것과 마찬가지로 현실적으로는 거의 폐해가 없다. 이러한 문제는 기술적・사실적 창작물을 저작권법의 보호영역으로 포섭함에 따른 필연적 결과이며, 그 결과의 불합리함을 회피하기 위해서는 창작성 개념에 대해 이중 기준(더블 스탠다드)을 채용하고, 프로그램 저작물 등에 대해서는 특허법상 진보성 개념과 유사한 창작성 개념의 채용도 고려될 수 있지만, 그것이 적당하지 않음은 전술한 바와 같다.

다. 특허법과의 비교

특허법의 대상인 발명은 어떤 합리적인 해결에 수렴하는 성질을 갖고 있지만, 그럼에도 발명의 경우에는 목적인 기능을 달성하는 우회(迂回)발명이 있는 경우가 많지만 우회발명이 출현할 때까지는 당해 기술 분야에서 독점이 가능하고, 또한 바이오 관련 발명과 같이 대체기술이 없는 것도 있으며, 그러한 발명은 경제적 가치가 높다. 요컨대 특허법에 있어서는 선택의 폭이 작은 기술적 정보에 대해서도 독점을 인정하고 있고, 그러한 발명이야말로 가치 있는 특허가 된다. 그럼에도 불구하고 특허법은 새로운 발명으로의(새로운 발명을 창작할 수 있도록) 인센티브를 부여하고, 또 투하자본을 회수하여 적당한 이윤을 얻도록 하기 위해서 20

57) 橫山・앞의 주42) 157면은, 「창작의 폭」이 있는 독자적 창작행위를 장려하는 것은 창작자간의 창작경쟁을 통하여 다종다양한 표현물이 산출되는 기반을 구축하는 것이 된다고 설명하고 있다.

년간의 독점을 인정하고 있다. 특허법의 경우는 투하자본회수를 위한 수단으로서의 제도라는 명확한 목적이 있고, 대상을 신규한 기술적 사상으로 한정하고 있을 뿐만 아니라 단기간의 보호기간, 재정실시권제도, 청구범위(클레임)에 의한 권리범위의 명확화 등의 조치를 강구하고 있기 때문에 선택의 폭이 작은 기술적 정보에 권리를 부여해도 비교적 폐해는 적다.[58] 이에 반해 저작권법은 특허법과 같은 조치를 강구하고 있지는 않으며, 게다가 저작권법의 보호기간은 길고 손자의 세대까지 보호를 부여하고 있어, 그것은 투하자본을 회수하고, 적당한 이윤을 얻기 위하여 필요한 기간을 훨씬 넘고 있다.

저작권법은 과학기술과 같이 하나의 해법으로 수렴하는 성질을 가지고 있는 것을 보호하는 법제는 아니고, 원래는 다양성 있는 사상·감정의 유출물을 보호하는 것이다. 그리고 그 다양한 것 중의 하나에 보호를 부여하는 것은 제3자에 대하여 다른 선택의 여지의 창작을 하도록 하여, 그것은 긴 안목으로 볼 때 정보의 풍부화를 가져온다. 다른 선택의 가능성이 많은 것에 대하여 장기간에 걸치는 보호를 부여하여도, 일반적으로는 문제는 적다. 그렇지만 기술적·사실적 저작물 중에는 선택의 폭이 적은 것도 있고, 그것들에게 저작권법의 테두리 안에서 보호를 부여한다면 사회적 비효율성을 초래하는 것이 된다.

이상과 같은 사고방식에 대하여, 특허권과는 달리 저작권에는 차단효가 없고,[59] 기존의 저작물에 액세스하지 않고 독자적으로 창작한다면 침해로 되지 않기 때문에 폐해는 없다고 하는 반론도 있을 수 있다. 그러나 저작물의 대부분은 공개되어 있고, 특히 축적의 성격이 강한 기능적·사실적 저작물에 대해서는, 기존의 저작물에 액세스해 버릴 개연성이 높은 것, 액세스하는 것이 통상인 것, 심지어는 액세스 하지 않을 수 없는 것도 적지 않다. 따라서 저작권에는 차단효가 없으므로 독점의 폐해가 없다고 하는 것은 잘못이다. 표현의 선택의 폭이 좁은 것에 창작성을 인정한다면 독점권이 지나쳐, 오히려 저작물의 풍부화에 방해가 되므로, 이러한 것에 대해서는 창작성을 부정하여야 한다.[60] 이렇게 생각하면, 기능적·사실적 저작물에 관해서는 이론적으로는 다른 선택의 가능성이 있을지라

58) 특허가 시장의 독점을 가져오는 경우도 있을 수 있지만, 그 경우에는 재정실시권제도, 경쟁법적 조치 등으로 대처하게 된다.

59) 저작권에 차단효, 즉 독자적 창작의 항변을 인정하지 않는 소수설로서는, 椙山敬士『マルチメディアの法的枠組』司法研修所論集創立五50周年記念特集号第一券民事編 I (1997) 289면.

60) 中山信弘「知的財産の動向—著作権を中心として—」思想805호 75면(1991), 梅谷 15면.

도 사업상 또는 사실상 선택의 여지가 없는 경우에는, 그것도 선택의 여지의 폭을 고려할 때의 중요한 요소가 될 것이다.[61)]

라. 새로운 창작성 개념의 체계적 의미

창작성이란 인격적 의미에 있어서 개성의 표현은 아니고, 다른 표현의 선택 가능성이 어느 정도 존재하고 있는지의 문제로 생각해야 한다. 특히 기술적 · 사실적 저작물에 대해서는 이상과 같은 해석에 친화적이지만, 이 사고방식을 모든 저작물에 적극적으로 추진하여야 한다. 이것은 저작권이 가지는 축의 비중을 인격권 중시로부터 경제재의 중시로 옮기는 것을 의미한다.[62)]

이 새로운 창작성 개념은 저작권의 성격을 고찰할 때 의미를 가진다. 특허권의 대상(기술적 사상)의 주된 요건은 신규성 · 진보성이며, 그것은 창작자의 주관에서 분리되어 객관적으로 판단된다. 그에 반해서 저작권의 대상(저작물)의 주된 요건은 창작성이며, 종래는 개성이라는 주관적인 것을 판단하였다. 이에 반하여 표현의 선택의 폭이라는 새로운 요건을 정립한다면, 그것은 창작자의 주관을 분리하여, 시장 또는 사회에 있어서 객관적인 판단이 된다. 표현의 선택의 폭을 판단한다는 것은 객관적인 판단이지만, 어느 정도의 폭이 있으면 창작성을 인정할 것인가라는 문제는 그것이 보호할 만한가 그렇지 않은가라는 규범적인 판단이 된다. 다만, 종래의 개성을 중심으로 한 창작성 판단에 있어서도 무엇을 가지고 흔히 있던 표현으로 할 것인가라는 점에 있어서도 규범적인 판단을 하고 있어, 어쨌든 규범적인 판단은 어딘가에 있을 수밖에 없다. 그 판단에는 여러 가지 요소가 들어올 것이지만, 동일 또는 유사의 작품이 기존에 존재하고 있는가라는 점도 고려요소의 하나가 될 것이다.[63)] 특허법에 있어서 신규성 · 진보성의 판단과는 달리, 동일 또는 유사한 작품이 있더라도 바로 창작성을 상실하는 것은 아니며, 독점을 인정할 것인지 여부의 하나의 요소로서 고려되는 것에 지나지 않는다.[64)]

---

61) 일반론으로서는 실무상 다른 선택을 할 수 없는 경우도 선택의 여지가 없다고 말할 수 있겠으나, 예컨대 표준화된 표현에 독점을 인정할 필요가 있는 경우도 있어 어려운 문제를 제기하는 것이 될 것이다.

62) 이 문제에 대해서는, 中山信弘 「知的財産の動向」鴻先生古稀記念 『現代企業立法の軌跡と展望』 873면(商事法務研究会, 1995) 참조.

63) 横山 · 앞의 주42) 158면은, 시장에서 동일 또는 유사한 표현물이 나돌고 있다는 사정이 있다면, 향후에라도 또 누군가가 독자적으로 동일한 표현에 다다를 개연성이 높다고 할 수 있다, 고 언급하고 있다.

64) 東京地判平10 · 7 · 24(未登載) (アサバン電話帳事件), 東京地判平11 · 2 · 25 判時 1677호130면(松本清張映画化リスト事件), 東京地判平12 · 3 · 17 判時1714호128면(NTTタウンページ事件)에서는 유사한 설시가 이루어져 있다.

이상과 같이 생각하면, 창작성 개념의 역할은 보호하여야 하는 것과 보호를 해서는 안 되는 것과의 경계를 획정하는 점에 있고, 그 의미로부터 사상 · 표현이분법 유사한 기능을 영위하는 것이 된다. 그리고 그것은 저작권을 창작자의 인격을 중심으로 한 구조로부터 경제재를 중심으로 한 경쟁법적, 경제법적 요소를 중심으로 한 구조로 재구성하는 것을 의미한다. 그리고 창작성의 존재이유도 저작자 개성의 보호로부터 창작에의 인센티브로 중심을 옮기는 것이 될 것이다. 이것에 의해 저작권은 종래와 비교하면 재화로서의 성격을 보다 강하게 띠게 되고, 이것은 저작인격권의 성격 결정에도 영향을 미쳐 결과적으로 저작권을 디지털시대의 중요한 재화로서 파악하는데 용이하게 될 것이다.

저작물은 인격의 유출물이라는 점은 부정할 수 없으나, 그 요건은 「창작성」안에서 판단하는 것이 아니라, 「사상 · 감정」이라는 요건 안에서 판단해야 하는 문제가 있다. 또한, 「모방」이라는 요건도 「창작성」 요건 안에서 판단하는 것이 아니라, 「저작자」 요건 안에서 판단하는 것이 된다. 즉, 저작권법은 「저작물을 제작한 자」가 「저작자」라 하고(2조1항2호), 저작자가 17조 이하의 저작권을 가진다고 규정하고 있으며, 모방자는 창작자가 아니기 때문에 도대체 권리가 모방자에게 원시적으로 귀속하는 것은 있을 수 없는 것이 된다.

(3) 사상과 감정의 혼동(merger) · 흔한 표현

어떤 사상의 표현방법이 하나 또는 극히 한정되어 있는 경우에는 저작물성을 인정해서는 아니된다는 결론에는 판례[65] · 학설상의 합의가 있고, 혼동(merger)이

---

65) 東京高決平元 · 6 · 20 判時 1322호138면(システムサイエンス事件)에서는 프로그램은 하드웨어로 규제되어 본래 동일한 조합이 될 수밖에 없다고 하여, 창작성이 부정되었다. 東京地判平6 · 4 · 25 判時1509호130면(城の定義事件)에서는 「城」의 정의가 학문적인 사상 그 자체이며, 동일한 학문적 사상에 입각하는 한, 동일 또는 유사한 단어를 채용할 수밖에 없어 그 표현형식에 창작성이 인정되지 않는다고 하였다. 大阪高判平6 · 2 · 25 判時1500호180면(数学論文野川グループ事件 항소심)에서는 그 저작물에 표현된, 방정식의 전개를 포함하는 명제의 해명과정 등을 전제로 하여, 나아가 그것을 발전시킬 수 없게 되는 이러한 해명과정은 그 저작물의 사상(아이디어) 그 자체라고 하였지만, 실질적 근거는 혼동(merger)이론과 동일하다고 보아도 될 것이다. 東京地判平10 · 5 · 29 判時 1673호130면(知惠蔵事件)에서는, 용어사전 『知惠蔵』의 레이아웃을 위해 북 디자이너가 작성한 레이아웃 · 포멧 용지에 대해, 일정한 아이디어를 표현하면, 누가 저작하더라도 동일한 표현이 되는 것에 창작성을 인정할 수 없다고 하였다. 知財高判平17 · 5 · 25(未登載) (京都大学工学博士論文事件)에서는, 방론(傍論)이지만, 실험결과 등의 데이터 자체는 사실 또는 아이디어로서 저작물이 아닌 이상, 그러한 데이터를 일반적인 수법에 기초하여 표현한 것만으로 된 그래프는 다소 표현의 폭이 있을 수 있어도, 역시 저작물로서의 창작성을 가지지 않는다고 하였다. 東京地判平13 · 1 · 23 判時1756호139면(ふぃーるどわーく多摩事件)에서는 누가 기재하여도 다른 기술(記述)이 될 수밖에 없는 것은, 이것을 선택한 것에 대해서도, 표현형식에 있어서도 창작성이 있는 것이라고 할 수 없다고 설시하였다(결론은 창작성을 인

론이라 칭하고 있다. 혼동하는 경우는 표현의 선택의 폭이 없기 때문에 창작성 결여에 의해 저작물이 되지 않는 것으로 이론 구성하는 것이 가능할 것이다. 혼동이론의 실질적 근거로서는 사상과 표현이 혼동하고 있는 경우 그 표현에 저작권을 인정하면, 저작권법은 표현을 보호하는 것임에도 불구하고 사실상은 사상의 보호와 동일한 것이 되기 때문이다.

흔히 있는 문장과 극히 짧은 문장 등[66]은 누가 써도 동일 또는 유사한 표현이 될 수밖에 없기 때문에 혼동이론에 의해 창작성이 인정되지 않게 된다.[67] 그 이론적 근거로서는 흔히 있는 표현은 저작권법상 사상·감정을 표현한 것이 아니라고 생각하는 것도 가능할지 모른다.[68] 그렇지만 단순 사실과는 달리, 흔한 문장이나 극히 짧은 문장 등이라 하더라도 사상·감정을 표현하고 있는 것도 있을 수 있다.[69] 그것들에 대해서는, 만약 독자적으로 창작하였다하여도 표현의 선택 가능성이 현저하게 협소하기 때문에 창작성이 없다고 생각하여야 할 것이다.[70] 그 실질적 근거로서는 그와 같은 것에 독점권을 인정한다면, 후발자의 선택의 가능성을 현저하게 좁히고, 오히려 문화발달의 저해요인이 될 수 있다는 점에 있다.[71]

정하고 있다).

66) 문장일 필요는 없고, 모든 저작물에 공통해서 말할 수 있는 것이다. 예를 들면 컴파스로 「원」을 하나 그려도 그것만으로는 저작물이라고 할 수 없지만, 예를 들면 선종(禅宗)의 고승(高僧)이 원을 묵서(墨書)한 경우 붓놀림 등에 창작성이 인정된다면 저작물일 수 있다.

67) 東京地判平17·5·17 判時1950호146면(図解でわかる債権回収の実際事件)에서는 법령에 따라 정리한 것에 지나지 않은 도표에 대해서는 누가 작성하더라도 동일한 표현이 될 수밖에 없기 때문에 사상 또는 감정을 창작적으로 표현한 것이라고 말할 수 없다고 설시하였다.

68) 東京地判平14·11·15(未登載) (Q シート事件)에서는, 측정 테스트로 이용된 본건 50문의 하나하나 질문문(質問文)은 모두 단문으로 되어 있고, 일반적이면서 일상적으로 흔히 있는 표현이 사용되어 있어 특징적인 표현이 있다고도 인정되지 않아 창작성이 부정되었다.

69) 東京地判平13·5·30 判時1752호141면(交通標語事件)에서는 「ボク安心, ママの膝より チャイドシート(엄마 무릎보다 유아용 카시트)」라는 교통표어에 저작물성을 인정하였지만, 「ママの胸より チャイドシート(엄마 가슴보다 유아용 카시트)」라는 표어는 공통점이 있어도 실질적으로 동일한 것은 아니라고 하였다. 항소심인 東京高判平13·10·30 判時1773호127면은, 이러한 교통표어에는 저작물성이 인정되지 않는 경우가 많고, 그것이 인정된다고 해도 그 동일성·유사성의 범위는 좁아 본건에서는 원고 슬로건의 창작성의 범위내의 것으로 할 수는 없다고 설시하고 있다.

70) 大阪高判昭54·2·23 判タ387호145면(冷蔵倉庫設計図事件)에서는 건축설계도의 경우 극히 기술적 기능적 성격이기 때문에 그 표현방법의 선택의 여지는 그다지 많다고는 생각되지 않으며, 동종의 건물에 동종의 공법 기술을 채용하고자 한다면, 결과로서 저절로 유사한 표현을 채용할 수 밖에 없다는 점에 유의해야 한다고 설시하고 있다. 東京地判平7·12·18 判時1567호126면(ラストメッセージ in 最終号事件)에서는 누가 저작하더라도 동종의 표현이 되는 흔한 표현인 것은 창작성을 흠결하여 저작물로 인정될 수 없다고 설시하고 있다.

71) 大阪高判昭38·3·29 判タ189호98면(簿記仕訳盤事件)에서는 보통 전문용어로서 사용되는 상투어에 저작권을 인정한다면, 사회 진보를 저해할 우려가 있다고 설시하고 있다. 東京地判平10·5·29 判時1673·130(知恵蔵事件)에서는 그러한 아이디어에 기초하여 레이아웃·포맷 용지를 작성하고자 한다면, 작은 사각형의 배열은 본건 레이아웃·포맷 용지의 그것과 대동소이할 수 밖에 없고, 그

또한 그러한 흔히 있는 표현은 특별히 창작에의 인센티브를 주지 않아도 자연적으로 발생하는 것이며, 저작권법에 의한 보호는 필요가 없다. 현실에서는 무엇을 가지고 흔한 표현이라 할 것인가라는 판단은 어렵고, 창작성을 인정한 후에 보호범위를 한정함으로써 결론의 타당성을 꾀하는 것도 있을 수 있다.[72] 그렇지만 저작권은 상대적인 권리라 해도 후발자는 한 번 그 작품에 접해 버리면 그러한 표현을 이용할 수 없게 되어 버릴 우려도 높고, 다양한 문화발전을 위해서는 가능한 한 흔한 표현의 창작성을 인정해서는 안 될 것이다.[73]

흔한 표현에 계층(階層)이 있는 경우도 있을 수 있다. 예를 들면 「의인화된 개구리 얼굴의 윤곽을 가로 방향으로 늘려 타원형으로 하는 것, 그 몸통부분을 짧게 하고, 이것에 팔 다리를 붙이는 것」은 통상 예상되는 범위내의 흔한 표현일 것이지만, 그 이상의 세부에 대해서는 흔한 것이 아닐 수도 있다.[74] 이러한 의미에 있어서 흔한 표현은 아이디어이기 때문에 보호되지 않는다고 볼 수도 있을 것이다.

(4) 창작성 판단대상

창작성이 필요한 것은 저작물의 어느 부분일까. 일반적으로는 그 구체적인 표현에 창작성이 있으면 무방하고,[75] 사상·감정 그 자체가 창작적인 것일 필요는 없다고 말한다.

그렇다면 창작성 판단의 대상인 표현이란 무엇을 가리키는 것일까. 구체적으로 표면에 나타난 것만을 가리키는 것일까. 그렇지 않으면 표층부분만이 아니라

이외의 표현의 여지는 많지 않기 때문에 창작적인 표현이 될 수 없다고 설시하고 있다. 東京地判平15·1·31 判時1820호127면(電車線設計用プログラム事件)에서는 프로그램의 구체적 기술(記述)이 누가 작성하더라도 거의 동일하게 되는 것, 단순한 내용을 매우 짧은 표기법에 의해 기술한 것 또는 극히 흔한 것일 경우에도 이것을 저작권법상 보호대상으로 한다면, 전자계산기의 광범위한 이용 등을 방해하여 사회생활이나 경제활동에 막대한 지장을 초래하는 결과가 될 것이라고 설시하고 있다.

72) 作花·詳解 89면은 「저작권은 상대적인 권리이며, 「흔한 표현」의 한계적 사례에 대해서는 폭넓게 저작물성을 인정하여도 지장이 없다」고 설명하고 있다.

73) 山本隆『複製権侵害の成否』牧野=飯村 328면.

74) 東京高判平13·1·23 判時1751호122면(カエル擬人化事件).

75) 東京地判昭53·6·21 判タ366·343(日照権事件)에서는 창작성은 표현의 내용인 사상에 대하여 요구되는 것은 아니라고 설시하고 있다. 東京地判平6·4·25 判時1509호130면(城の定義事件)에서는 사상 또는 감정 그 자체가 저작물이 아니고, 그 창작적 표현형식이 저작물로 보호대상이 된다고 설시하고 있다. 東京地判平10·10·29 判時1658호166면(SMAPインタビュー記事事件)에서는 창작적이란 표현의 내용에 대하여 독창성이나 신규성이 있을 것을 요구하는 것은 아니라 사상 또는 감정을 표현한 구체적 형식에 작성자의 개성이 표현되어 있으면 충분하다고 설시하고 있다.

보다 내면적인 것까지 포함하고 있는 것일까[76]라는 점이 문제된다. 사상·감정 자체가 창작적인지 여부의 판단은 경우에 따라서는 학문이나 예술 등에 있어서의 가치판단을 할 우려가 있고, 사법(司法)판단에 친숙해지기 어려운 면이 있다.[77] 그래서 저작권법에서는 보호대상을 사상·감정 자체는 아니라 「사상 또는 감정을 창작적으로 표현한 것」이라 하고 있다.[78]

그래서 저작권법의 일반적인 해석으로는 사상·감정 그 자체에 창작성을 요구하지 않고, 그것을 표현하는 과정에서 창작성이 있으면 좋다고 여기지고 있지만, 일반적으로는 사상·감정에 독창성이 있으면 표현에도 창작성이 인정되는 경우가 많을 것이기 때문에, 양자에는 상관성이 인정될 것이다. 그러나 기술적·사실적 색채가 강한 저작물의 경우에는 대상인 표현(예를 들면 설계도)에 대해서는 사상에는 독창성이 있어도 그 표현과정에 창작성이 인정되지 않는 것도 있을 수 있다.

이 점과 관련하여 근래 스모킹 스탠드(smoking stand: 스탠드식 재떨이)사건[79]을

---

76) 斉藤 76면은, 「표현이란 묘사의 표층부분만을 가리키는 것은 아니라 생각한 대로 느낌이 스며나는 것이다.

77) 東京地判昭59·4·23 判タ536호440면(三浦梅園事件)에서는 학설 내지 사상의 독자성 그 자체는 저작권법상 보호 범주에 속하지 않는 것으로 보았다. 東京地判平4·12·16 判時1472호130면(塩政史事件)에서는 두 개 이상의 연구의 평가·판정은 그 연구에 속하는 분야의 학자·연구자 등에게 위임되어야 하는 것이며, 법률상 쟁송은 아니라고 보았다.

78) 大阪地判平10·3·26(未登載) (コンベアベルトカバー事件)에서는 창작적인 사상 또는 감정 그 자체가 저작물로서 보호대상이 되는 것이 아니라 사상 또는 감정의 창작적 표현(구체적 표현형식)이 보호대상이 된다고 설시하였다. 東京地判平17·12·12 判時1949호113면(우주사업 개발단 프로그램 사건)에서는 「법은 프로그램의 구체적 표현을 보호하는 것으로 그 기능이나 아이디어를 보호하는 것이 아니며, 또 프로그램에 있어 「알고리즘」은 법10조 3항 3호의 「해법」에 해당하여 프로그램저작권의 대상으로서 보호되는 것은 아니다. 그래서 프로그램을 창작한 자인지 여부를 판단함에 있어서는 프로그램의 구체적 기술(記述)에 관하여 자기의 사상 또는 감정을 창작적으로 표현한 자인지 여부의 관점에서 검토할 필요가 있다.」고 하였다.

79) 東京地判平9·4·25 判時1605호136면에서는 공업적으로 양산되는 스모킹 스탠드의 설계도에 대해 표현방법 그 자체에 독창성을 찾아낼 여지는 없으며 창작성은 인정되지 않는다고 하여 저작물성이 부정되었다. 그 후 같은 취지의 판례가 계속되어, 東京地判平9·6·30(未登載) (チョコレート製造用機械設計図事件)에서는 공업제품의 설계도는 그 표현방법에 독창성, 창작성은 인정되지 않고, 설계도로부터 읽어들일 수 있는 기계의 구체적 구조는, 설계도와의 관계에서 말하자면, 표현대상인 기술사상이며, 그 구체적인 기술사상을 설계도로서 통상의 방법으로 나타내려고 하면, 각 설계도상에 실제로 표현되어 있는 직선, 곡선 등으로 이루어진 도형, 보조선, 치수, 수치, 재질 등의 주기(注記)와 대동소이한 것이 될 수밖에 없는 것으로, 그것들은 표현대상의 기술사상인 기계의 구체적 구조와 불가분한 것으로, 설계도를 저작물로 인정할 수 없다고 설시하고 있다. 大阪地判平10·3·26(未登載) (コンベアベルトカバー事件)에서는 본건 설계도는 실용적 공업제품을 대량생산하는 것을 목적으로 설계업무담당자가 의도한 대로의 형상, 척도 등의 제품을 제조할 수 있도록 그 형상, 치수 등을 충실히 표현한 것이며, 설계도에 관한 일반적인 지식을 가진 자라면 누구라도 이해할 수 있는 일반적인 제도법의 룰에 따라 작성되는 것이 통상적이며, 그 표현방법에 창작성을 발견할 수 있는 경우는 적다고 설시하고 있다. 東京地判平18·10·24 判時1959호116면(放電焼結装置設計図事件)에서는 방론(傍

기해 설계도에 관련한 논쟁이 발생하고 있다. 설계 사상을 무시하고, 표면적인 표현만으로 창작성을 판단한다면, 기계 등의 설계도의 대부분은 창작성이 부정될 것이다. 설계도에서 설계 내용을 제외하면, 나머지는 진부한 작도법에 따라 쓰여진 선이나 점만이 되며, 그것들에 창작성이 있다고는 생각되지 않는다. 기계의 설계도란 설계내용을 정확히 기술자에게 전달하는 수단이며, 확립된 작도법으로 그리는 것이 바람직하다. 작도법에 있어서 독자성이 발휘된다면 설계도의 전달기능은 상실되어 설계도로서는 의미를 잃게 된다. 따라서 만약 기계의 설계도를 저작권법으로 보호한다면, 기계의 설계 사상까지 포함하여 창작성을 판단하는 것이 되지 않을 수 없지만, 그러면 기계의 설계 사상까지도 저작권법으로 보호하는 것이 될 수도 있다는 염려와 두려움(危惧)이 생긴다.

하나의 사고방식으로서는 그러한 설계도에 대해서는 저작물성을 부정하고, 보호는 오로지 산업재산권법(의장법, 실용신안법, 특허법), 부정경쟁방지법 또는 불법행위법에 맡기는 것이며, 그 근거는 이하와 같다. 어느 기계를 진부한 또는 확립된 작도법에 따라 설계도를 작성한다면 누가 그려도 당연히 동일한 결과가 될 것이며, 그 기계와 설계도는 기본적으로는 동일한 것이기 때문에 기계에 저작물성이 인정되지 않는 이상 그 설계도를 저작물이라 하는 것은 부당하다. 또한 실질적으로 보아도 만약 타인이 그 설계도를 기초하여 제품을 생산한다면, 특허권・의장권 등으로 대응할 수 있는 경우가 많고, 이러한 보호를 받을 수 없는 것에 대해서는 오히려 자유이용에 맡겨야만 한다. 만약 설계도에 저작권의 성립을 인정한다 하여도 그 효력은 그 설계도의 복제 등뿐이며, 그 설계도로부터 작성한 제품에까지는 미치지 않기 때문에[80] 그러한 설계도 자체를 저작권법으로 보호할 실익이 부족하다.[81]

이에 대해서 다른 사고방식으로는 이러한 설계도에도 저작물성을 인정해야 한다는 것도 있고, 그 근거는 이하와 같다. 설계도에 있어서 저작권법으로 보호해야 하는 것은 작도법은 아니고, 설령 흔히 있는 작도법을 사용한 것이라도, 구체적으로 표현된 형상이나 치수를 포함한 표현이야말로 창작자의 설계 사상의 구체적

論)이지만, 기계 설계도라는 점에서 그 성질상 선을 사용하고, 당업자에게 공통으로 사용되고 있는 기호나 수치를 부가하여 2차원적으로 표현한 것으로, 그 표현 형식의 선택의 여지는 많지 않다고 하여 창작성을 부정하고 있다.

80) 大阪地判平4・4・30 判時1436호104면(丸棒矯正機設計図事件).

81) 田村 93면은 작도(作図)상의 제 궁리[工夫]에 창작성을 요구하고 있다.

표현이며, 그것이 창작성의 판단대상이라 생각하여야 한다. 만약 이러한 설계도의 저작물성을 부정하면, 그 데드카피조차 자유롭게 되어 적합하지 않게 된다. 다만 그 경우 가장 염려되는 것은 설계 사상까지 보호되어 버릴 우려는 없는가 하는 점일 것이다.

이 문제는 다음과 같이 생각하여야 한다. 창작성 판단은 사상·감정 그 자체의 창작성이 아니라 창작과정의 창작성에 주목해야 하는 것이 원칙이며, 대부분의 경우 그것으로 문제가 해결된다. 그러나 기술적·사실적 색채가 농후한 저작물에 관해서는 표현방법이 확립되어 있는 것도 있으며, 그러한 것에 대하여 표현과정의 창작성만을 문제로 삼는다면, 저작권법은 표현방법에 있어서 기발한데 실용가치는 낮은 것, 예를 들면 신규한 작도법을 사용한 해독이 불가능한 또는 잘못 해독할 것 같은 기발한 설계도의 창작을 장려하는 ≪한심한 법≫이 될 수도 있다. 설계도 등의 경우 구체적인 표현이란 사상·감정을 무시한 있는 그대로의 표현이라 생각해야 하는 것은 아니고, 형상이나 척도나 색채 등을 수반한 구체적 표현이라 생각하지 않으면 설계도를 저작물이라 하는 의미가 없어진다. 표현수법인 제도법을 다양화하는 것보다도 설계 대상물의 형상이나 척도나 색채를 가진 구체적 표현을 다양화하는 편이 바람직할 것이다.[82] 어떤 사상·감정으로부터 표현이 일의적으로 결정되는 경우에는 창작성을 인정해서는 안 되지만, 그 사상·감정으로부터 다양한 구체적 표현 가능성이 있다면, 그 다수의 선택의 여지의 하나로 창작성을 인정하여도 문제는 적다. 설령 흔히 있는 「표현방법」을 이용하여 표현되어 있다 하여도, 어떤 사상·감정으로부터 파생된 구체적인 표현에 다양성이 있는 것이라면 그 중 하나에 대하여 창작성을 인정하는 것은 정보의 다양화에 이바지 하는 것이 된다.

학문적 사상인 설계사상으로부터 파생된 구체적 설계도를 보호함으로써 창작에의 인센티브를 부여하는 한편, 타인에 대하여 그것과 동일한 설계사상이라도 다른 표현을 가진 설계도를 창작하도록 동기를 부여하는 것으로 그러한 설계도

---

82) 지도의 저작권침해 형사사건이나, 東京地判昭44·5·31 判時590·92(ビニール製地球儀事件)에서는 지도 자체의 특이성을 감안하여 일반적인 문학, 도화 등의 저작물에 요구되는 것과 같은 의미에서의 독창성을 그대로 적용시키는 것은 반드시 합당한 것이라 할 수 없고, 그 독창성의 유무를 판단하는 기준은 소재 각각(예를 들면 해류(海流)라든가 철도노선과 같은)에 대하여 종래와 다른 새로운 표현으로 되어 있는지를 고찰하고, 거기에 표현되어 있는 각종 소재의 취사선택 내용과 그 주기(注記)의 표현방법을 종합적으로 관찰하여 독자적인 창작성이 인정되는지 여부에 중점을 두고 요구해야 하는 것으로 해석한다고 설시하고 있다.

의 풍부화를 초래하게 되고, 저작권법의 취지에도 합치한다. 또한, 창작성의 판단 대상을 형상이나 치수나 색채 등까지도 포함한 구체적 표현이라 생각한다면, 권리자가 독점할 수 있는 것은 그 형상이나 척도 등을 지닌 구체적 표현만이 되며, 아이디어 보호의 위험성은 낮아진다. 다만, 언어표현이 극히 다양성이 풍부한 것과 비교하면, 기술적 창작물에 대하여 당해 분야에 있어서 표준이라 할 수 있는 방법으로 표현한 경우 구체적 표현에 대해서도 선택의 여지가 없거나 적게 되기 십상이며, 결과적으로 권리범위도 극히 한정되는 것도 많다고 생각된다.[83)]

종래의 판례나 학설은 후설(後說)을 암묵적으로 전제하고 있었던 것 같고, 설계도에 대해서는 저작물성을 긍정한 예(例)가 다수이다.[84)] 이에 반하여 전술한 스모킹 스탠드(smoking stand) 사건(앞의 주79))은 반대의 견해를 제시하고 있지만, 동 사건은 스모킹 스탠드의 최초 설계자로부터 그 설계도를 공급받은 업자가 제조한 상품을 구입하여 그것으로부터 치수를 재서 그린 설계도에 대해 최초 설계도의 저작권자가 복제권 침해로 소송을 제기한 특수한 사례이며, 이 판결을 일반화하는 것은 위험할지도 모른다. 이러한 종류의 상품의 설계사상을 표현하는 설계도로서는 다수의 구체적 표현이 있을 수 있을지도 모르지만, 판매되고 있는 당해 구체적 상품(스모킹 스탠드)으로부터 치수를 잰 경우에는 통상의 작도법으로 그린 한 같은 것이 될 수밖에 없고, 이러한 관점에서는 침해를 부정한 결론도 지지할 수 있다. 즉, 비저작물인 스모킹 스탠드의 치수를 재어 그린 설계도가 사실상 한 가지밖에 없다고 한다면, 그러한 설계도를 그린 것은 타인의 저작권을 침해하는 것은 아니라고 생각해야 할 것이다. 그러한 의미에서는 합체이론의 변형 내지는 응용사례로도 생각되지만, 판례의 취지는 원고(창작자) 설계도의 저작물성의 문제로서 논하고 있다.[85)]

---

83) 大阪地判昭54・2・23 判タ387호145면(冷蔵倉庫設計図事件)은, 일반론으로서 설계도의 저작물성을 인정하면서, 본건에서는 표현방법의 선택의 여지는 그다지 많다고는 생각되지 않다는 점에도 유의하여 침해를 부정하였다. 大阪地判平4・4・30判時1436호104면(丸棒矯正機設計図事件). 大阪地判平12・8・24(未登載) (スーパーマーケット設計図事件)도 같은 취지.

84) 설계도의 저작물성을 긍정한 예로는 大阪地判昭54・2・23 判タ387호145면(冷蔵倉庫設計図事件)은, 東京地判昭54・6・20 無体裁集11권1호322면(ビル設計図事件), 横浜地判平元・5・23 判時1319호67면(神奈川県情報公開条例事件)과 그 항소심인 東京高判平3・5・31 判時1388호22면, 福島地決平3・4・9知的裁集23권1호228면(シノブ設計事件), 大阪地判平4・4・30 判時1436호104면(丸棒矯正機設計図事件)이 있다. 한편, 부정한 예로서 東京地判平4・1・24(未登載, 特許管理別冊判例集平成4年)(装飾用格子フェンス門扉事件)에서는 본건 도면은 건축물의 외장용 자재로서 사용되는 제품의 설계도로서 대량생산에 적합하도록 하기 위한 고려도 기울여 제작된 것이라 하여 저작권의 보호를 부정하고 있다(본건은 격자 등의 도면의 저작권을 이유로 하여 그 제조나 양도 등의 금지를 구한 것이며, 판결은 창작성이 아니라 문예・학술・미술・음악의 범위에 속하지 않는다는 이유로 부정하고 있다).

3. 문예・학술・미술・음악의 범위

구법에서는 저작권의 내용으로서 「문예, 학술 또는 미술(음악을 포함한다)의 범위에 속하는 저작물」이라는 규정을 두고 있어(구법1조1항), 기본적으로는 현행법의 정의와 다름없다고 생각된다.[86] 현행법은 문예・학술・미술・음악의 장르에 들어가는 것을 저작물로 하고 있다. 그러나 이 4개의 장르는 명확하게 구별할 수 있는 것은 아니고, 예를 들면, 문예와 학술의 경계는 명확하지 않다. 또한 어느 장르에 속하는 것인가에 따라 원칙으로서 법적 효과가 다른 것도 아니기 때문에 어느 장르에 속하느냐는 중요하지 않다. 판례・학설은 이 4개 장르에 의해 대표되는 지적・문화적 포괄개념에 속하는지 아닌지로 판단하고 있다.[87]

저작물인지 여부는 실제로는 10조에 예시되어 있는 저작물에 해당하는지 여부의 문제로 되는 것도 있지만, 이론상으로는 10조는 어디까지나 예시이며, 저작물이기 위해서는 10조에 규정되어 있는 예시에 해당한다는 점을 입증하는 것은 아니고, 2조1항1호의 저작물이라는 것의 입증이 필요하다. 예를 들면, 건축물은 10조1항5호에 열거되어 있지만, 그것이 건축물이라고 하는 것만으로는 저작물성의 입증으로서 불충분하고, 2조1항1호의 저작물이라는 것의 입증이 필요하다. 다만 현실에서는 법원이 10조의 예시 이외의 저작물을 인정하는 일은 거의 없다. 1985(昭和60)년 개정으로 프로그램이 저작물로 예시되기 이전부터 판례는 프로그램을 저작물로 인정하고 있었지만,[88] 그것은 예시 외의 저작물을 인정한 것은 아니고, 프로그램을 언어 저작물의 일종으로 인정한 것이다. 그러나 예시 중 어느 것에 들어가도록 해석하든지, 10조에는 없는 새로운 장르의 저작물로 해석하든지 간에 결론은 같으며, 어느 쪽이 설득력이 있느냐 하는 문제에 지나지 않는다.

서장에서 서술한 바와 같이, 산업재산권법과 저작권법은 각각 다른 존재이유

85) 사안의 해결이라는 점에서만 보면, 접근(access)의 문제로 처리할 수 있었던 사안일 수도 있다.

86) 大阪控判昭11・5・19 新聞4006호12면(謡廷日誌事件)은 「저작권의 목적인 저작물이란 정신적 노작(勞作)의 산물인 사상 감정을 독창적으로 표현한 객관적 존재를 갖고 문예 학술 혹은 미술의 범위에 속하는 것」이라 설시하고 있다.

87) 加戸 22면, 作花・詳解 90면, 田村 30면. 또한, 東京地判昭59・9・28 判時1129호120면(パックマン 事件)에서도 문예・학술・미술・음악이라는 것도 엄격히 구분하여 사용되고 있는 것은 아니라, 지적, 정신적 활동의 소산 전반을 가리킨다고 설시하고 있다. 東京地判昭61・3・3 判時1183호148면(当落予想表事件)과 그 항소심인 東京高判昭62・2・19 判時1225호111면도 같은 취지.

88) 東京地判昭57・12・6 判時1060호18면(スペース・インベーダー・パートII事件). 横浜地判昭58・3・30 判時1081호125면(スポース・インベーダー事件), 大阪地判昭59・1・26 判時1106호134면(万年カレンダー事件).

와 보호방법을 가지고 있고, 양자가 실체적인 시스템으로서 병존하고 있는 이상 합리적으로 그 영역을 분리를 할 필요가 있다.[89] 결국, 이 저작물의 정의 규정은 특허법나 의장법 등의 산업재산권법과 저작권법을 나누는 지표(Merkmal)로서 존재이유가 있다고 생각해야 한다.[90] 그렇지만 「문예 · 학술 · 미술 · 음악의 범위」의 4개 장르에 의해 대표되는 지적 · 문화적 포괄개념만으로는 저작물의 경계를 정하는 지표로서는 충분하지 않다. 일견하면, 2조1항1호의 정의규정은 쓸모없는 것처럼도 보이지만, 이 규정의 의의는 오히려 그 내면의 의미를 파악하여 실용품 또는 공업제품을 배제하는 취지로 해석해야할 것이다.[91] 이 규정이 없다면, 예를 들면 기술적 사상이 구체적으로 표현된 기계 등이나 공업 디자인도 저작권법으로 보호되게 될 수도 있다.

저작물로부터 실용품을 배제한다고 하여도, 그러면 실용품이란 무엇인가. 책상이나 의상 등과 같이 그 창작에 실용목적에 의한 제약을 받고 있는 것으로 이해할 수도 있으나, 예를 들면, 다기(茶器)는 차를 마시는 도구라는 실용목적에 의해 제약을 받고 있지만 그 저작물성을 부정할 수 없을 것이다. 또한 대량생산품에 대해서는 저작권법에서 배제하는 취지로 해석한다면, 그러면 일품제작의 기계도 저작물이 되고, 또한 대량으로 제작하는 판화 등이 저작물로부터 누락되어 버릴 우려도 있다.

문예 · 학술 · 미술 · 음악의 범위라고 하는 지적 · 문화적 포괄개념은 전형적인 저작물과 전형적인 실용품의 경우에 대해서는 대처할 수 있지만, 현실에서는 대부분 교차영역이 존재하고 있다. 더구나 근래에는 이 지표로는 판단할 수 없을 듯한 것이 다수 발생하고 있다. 예를 들면, 컴퓨터프로그램이 저작물인 것은 입법에 의해 이미 확정한 것이지만, 실용품이라는 관점에서 판단한다면 저작물성에 의문이 없다고 할 수 없다. 또한 어떤 종류의 편집저작물, 데이터베이스, 타이프페이스, 설계도 등에 대해서도 반드시 명확하다고 말하기는 곤란하다. 특히 응용미술에 관해서는 의장법과의 영역분리라고 하는 관점에서 특수한 고려가 요구되고, 양법의 경계를 둘러싼 문제도 많다(이 문제에 대해서는 **「제7절 특수한 문제 2. 응**

89) 구법의 사건이지만, 東京地判昭33 · 8 · 16 新聞114호15면(編目段数早見表事件)에서는 저작권은 인간의 독창적인 정신적 노작(勞作)의 소산인 무형의 지능적 산물을 객체로 하고 있고, 동시에 그 객체의 범위는 문예 · 학술 · 음악의 범위에 속하는 것에 한정하고, 그 밖의 것에 대해서는 특허권, 상표권 등의 대상물로서 저작물의 범위로부터 배제하고 있는 것으로 해석해야 한다고 설시하고 있다.

90) 田村 30면, 作花 · 詳解 90면, 金井 = 小倉 · 上 23면(金井重彦).

91) 加戸 22면.

용미술」에서 상세히 논함).

이것은, 저작권법은 문화 발전을 위한 법이지만(1조), 문화 개념이 애매한 것으로 되어 있다는 것을 드러내고 있고, 문화라는 단어 그 자체에서 보호대상을 확정하는 것은 곤란해지고 있다. 저작권법의 구조로부터 보호해야하는 것과 해서는 안 되는 것을 구분하고, 이로부터 역으로 저작권법에 있어서 문화개념을 도출하는 작업이 요청될 것이다. 이 점에 대해서는 「**서장 제2절 저작권법의 기본적 구조 1. 현행 저작권법의 구조 (3) 저작권법으로 보호되는 정보**」 참조.

제 3 절　저작권의 예시(저작물의 종류)

1. 총　설

저작권법은 저작물의 정의규정을 두고 있지만(2조1항1호), 그것만으로는 무엇이 저작물인지 판단하기 어렵기 때문에, 10조에 저작물을 예시하고 있다. 10조에는 「저작물을 예시하면, 대체로 다음과 같다」라고 규정되어 있고, 이것 이외의 저작물도 존재할 수 있다. 다만 입법 시에 상정되었던 것은 거의 망라되었을 터이고, 이것 이외의 저작물이 인정될 가능성은 사실상 낮다.[1] 그러나 현재와 같이 기술진보가 빠른 시대에는, 10조에 예시되지 않은 저작물이 출현할 가능성이 있을지도 모르지만, 10조 예시규정을 탄력적으로 해석하면, 새로운 저작물이 출현해도, 사실상 10조에 의해 해결되는 경우가 많을 것이다.

저작물의 종류에 따라서 법적효과에 차이가 있는 경우가 있어, 그 한도에서, 10조에 예시된 저작물 중 어떤 종류의 저작물에 해당하는 것인가라는 결정은 의미를 갖는다. 예를 들면 반포권은 영화저작물에만 인정되기 때문에(26조), 영화에 해당하는가 아닌가하는 판단이 필요하다. 다만, 설사 영화저작물에 해당하지 않는다고 해도, 2조1항1호의 저작물 정의규정에 해당한다면, 반포권이 없는 일반 저작물로 인정할 수 있다.

이상에서, 일반 저작물로서 보호받기 위해서는, 청구원인으로 2조1항1호에서

1) 10조에서 예시되어 있지 않은 저작물의 예로서, 加戸 118면은, 기보(棋譜) 혹은 어떤 종류의 수학 문제를 들고 있고, 渋谷 22면은 방송프로그램, 악보, 즉흥연극, 컴퓨터프로그램의 디스플레이상의 표시를 들고 있다.

요구하고 있는 저작물의 요건을 주장입증하면 족하며, 10조에 예시되어 있는 저작물 중의 하나라는 것까지 주장입증할 필요는 없다. 그러나 영화나 미술저작물과 같이, 일반 저작물과는 다른 특별효과가 인정되는 저작물에 대해서는, 영화 혹은 미술저작물에 해당함을 입증할 필요가 있다.[2)]

10조에 예시된 여러 저작물에 동시에 해당하는 복합적 성격을 가지고 있는 저작물도 존재한다.[3)] 이와 같은 복합적 성격을 갖는 저작물은, 기술의 발전과 함께 점점 증가할 것이다.

2. 언어저작물(1호)[4)]

언어저작물이란, 소설・논문・시・강연 등과 같이, 언어 혹은 그것에 유사한 표현수단(기호, 암호, 점자, 수화 등)에 의해 사상・감정이 표현된 저작물, 요컨대 언어체계에 속한 저작물을 가리킨다. 저작권제도는 원래 언어저작물로부터 생긴 것이고, 언어저작물은 저작물의 전형적 예라 할 수 있다. 언어저작물이기 위해서는, 문서의 모양을 가질 필요는 없어, 구술, 탁상연설, 강의 등도 저작물로 족할 것이다. 언어저작물의 범위는 비상하게 넓어, 여기에는 다종다양한 것이 포함된다. 그 중에서, 특수한 예에 관해서 검토를 더한다.

캐치프레이즈・표어・슬로건 등과 같이 간략하고 짧은 문구는 보호되지 않는다는 것이 통설적 견해인데,[5)] 예를 들어 간략하거나 혹은 짧더라도, 하이쿠(俳句)와 같이 저작물성이 인정되는 것도 있다. 이 문제의 본질은, 짧은가 아닌가가 아니라, 사상・감정의 창작적 표현인가 아닌가라는 문제로 귀착한다. 간략하게 짧은 캐치프레이즈 등에는 사상・감정의 표현이 아닌 것과 같이 짧은 것이라도, 저작물성이 인정되는 것도, 인정되지 않는 것도 있을 수 있다.[6)]

편지・서한・일기는, 다른 통상의 문장과 다른 것이 없어, 저작물의 요건을 충

2) 青吟柳子「著作物性の認定」西田美昭＝熊倉禎男＝青柳柳子編『民事弁護と裁判実務8 知的財産権』(ぎょうせい, 1998) 566면.

3) 예컨대, 비디오게임은 프로그램저작물이기도 하고, 영상에 주목하면 영화저작물이라고도 할 수 있고, 대사가 있는 만화는 언어저작물과 미술저작물의 복합적 성격을 가지고 있다.

4) 베른협약의 literary work의 공정역(公定譯)으로서「문학적 저작물(文学的著作物)」이라는 표현이 이용되고 있는데, 문학적일 필요는 없고, 언어체계로 표현된 것은 전부 포함하기 때문에, 언어저작물로 번역해야 할 것이다.

5) 加戸 21면, 著作権法令研究会・ハンドブック 10면・157면, 金井=小倉・上 191면[小倉秀夫].

6) 東京地判平11・1・29判時1680호119면(古文単語語呂合わせ事件), 그 控訴審인 東京高判平11・9・30判タ1018호259면.

족하면 저작물이 될 수 있다.[7] 편지는, 통상은 타인에게 보내는 것이고, 그 송부 행위는 편지라는 종이의 소유권의 양도로 추측되지만, 그 경우에도 특약이 없는 한, 편지의 저작물은 저작자에게 남아 있다. 따라서 수취인은 그 편지를 소각할 수는 있지만, 저작물로서 이용할 수는 없다.

서적의 제호는, 단순히 서적의 내용을 나타내는 것이거나, 극히 짧아 흔한 것이 많기 때문에, 통상은 저작물이 아니라고 해석된다.[8] 그렇지만 서적의 제호이기 때문에 저작물성이 부정되는 것은 아니고, 제호 그 자체가 저작물성의 요건을 충족시키지 않는 경우가 압도적으로 많다는 것에 지나지 않는다. 따라서 가령 하이쿠(俳句)를 제호로 한 책이 있다면 저작물성은 인정된다.[9] 또, 제호에 저작물성이 인정된다면, 저작물을 특정하기 위하여 제호를 이용하는 때에 저작권침해가 발생하기 때문에, 정보의 자유로운 유통의 확보라는 관점에서 저작물성을 부정하는 견해도 있다.[10] 그러나 이 문제는 인용, 혹은 권리남용의 문제로 해결해야 하고, 제호이기 때문에 일률적으로 저작물성을 부정할 이유는 없다. 이 문제에 관해, 많은 학설은 제호에 한정하여 생각하고 있는데, 유통이라는 관점에서는 제호뿐만 아니라, 하이쿠(俳句) 등의 짧은 저작물을 나타내는 때에도 동일한 문제가 생긴다. 예를 들면, 어느 하이쿠(俳句)를 특정하기 위해서는, 그 하이쿠(俳句)의 전

---

7) 저작물성을 긍정한 예로서, 東京地判平11・10・18判時1679호114면(剣と寒紅事件)이 있고, 역으로 부정한 예로써, 高松高判平8・4・26判タ926호207면(少林寺拳法事件)이 있다.

8) 半田 84면, 渋谷 7면. 著作権制度審議会答申説明書(文化庁・資料編52면)은, 제호에 보호의 필요는 인정하면서도, 그것은 부정경쟁방지법적 관점에서, 혼동의 우려가 있는 저작물에 이용하는 것을 금지할 수 있는 것에 그쳐야 하며, 저작권법에서 조치하는 것은 적절치 않다고 서술하고 있다. 文芸家協会ニュース 392호2면(1984)은 동일 제호를 사용한 경우에는, 저작자의 인격권적 이익이 침해되어, 불법행위가 되는 경우가 있다고 지적하고 있다. 또, 화해로 종료하였기 때문에 선례적 가치는 낮지만, 東京地裁和解平9・1・22 判時1595・134(父よ母よ!事件) 에서는 「父よ母よ(아버지여! 어머니여!)」라는 「제호는, 그 서적의 내용과 떨어져서 제호만을 객관적으로 검토하면, 『父よ』『母よ』라는 사용빈도가 높은 심플하고 중요한 단어를 조합한 것으로, 그런 의미에서 제호 그 자체로 본 경우, 고도의 독창성이 있다고는 할 수 없으며, 이와 같은 심플하고 중요한 단어의 조합으로 이루어지는 제호를 특정인에게만 독점시키는 결과가 되는 일은, 부정한 목적이 인정되는 등의 특단의 사정이 없는 한, 표현의 자유라는 관점에서 보아 상당하지 않다」고 하며, 본건에서는 부정한 목적은 없었다고 하고 있다.

9) 加戸 21면.

10) 金井=小倉 192면・上[小倉秀夫]. 渡邉修「キャラクター(文学的キャラクター)の侵害」斉藤=牧野 152면은, 제호에 저작물성을 인정하지 않는 것은, 창작성에 흠이 있기 때문이 아니고, 정보의 자유로운 유통의 확보라는 점에 있으며, 비록 하이쿠(俳句)와 같이 긴 제호라 해도 저작물성을 인정하는 것은 불합리하므로, 제호에 창작성이 있는 경우라도 「문예, 학술, 미술 또는 음악의 범위」에 속하지 않는다고 해석해야 한다고 하고 있다. 그러나 만일 제호인 하이쿠(俳句)를 제3자가 무단으로 자기의 구집(句集)에 게재한다면 결국 어떻게 될까? 아마 제호를 제호로서 사용하는 경우에만 침해가 되지 않는다는 취지일 것이나, 저작물성을 부정하면 모든 이용이 저작권침해가 되지 않게 되어 버린다.

문을 이용하는 일도 있는데, 그 경우도 제호와 동일한 문제가 생기기 마련이다.

계약서·서식 등에 관해서도, 기본적으로는 저작권의 요건 일반의 문제로서 처리해야 한다. 이러한 종류의 실용적인 것에 관한 창작성판단에 있어서는, 다른 표현가능성 즉 당해 표현을 독점하는 것에 의해 제3자의 행동의 자유를 어느 정도 구속하는지의 요소가 중요하다.

특허명세서는 학술적인 문서이고, 저작물일수 있기 때문에, 여러 가지 문제가 생기지만, **「제2절 저작물의 정의 1. 「사상 또는 감정의 표현」(3) 사상·감정의 구체적 의미 (마)기술적 사상의 구현」** 참조.

3. 음악저작물(2호)

음악저작물이란, 음을 표현수단으로 이용한 사상·감정의 표현물을 가리킨다. 음악의 장르는 묻지 않고, 단패(端唄)·속곡(俗曲) 혹은 낭곡(浪曲)[11]도 음악에 들어간다. 음악저작물이기 위해서는 고정을 요건으로 하지 않기 때문에, 즉흥에서 연주된 곡도 음악이 된다.

음악은, 통상, 선율·화성·절주(리듬)·형식의 4요소로 구성된다고 하는데,[12] 낭곡과 같이 선율만이 주요한 요소라도 괜찮다. 따라서 침해를 따질 때 유사성의 판단에서는, 문제가 된 음악저작물의 성질을 감안하여, 어떠한 요소를 중시해야 하는가라는 점을 고려하게 될 것이다.

가사를 수반하는 곡에 관해서는, 가사도 음악에 포함된다. 음악 저작물이라는 단어는 69조(상업용 레코드의 녹음 등)에도 규정되어 있지만, 이 조문에서 말하는 음악은 가사를 포함하지 않는다는 의미가 없기 때문에,[13] 그것과의 균형이라는 의미에서도 음악에는 가사가 포함된다고 하는 것이 입법의 취지일 것이다.[14] 가사만을 끄집어낸다면 언어저작물이지만, 음악저작물과 언어저작물은 법적효과에 있어서 차이가 없기 때문에, 특히 논의할 실익도 없다.

---

11) 大判大3·7·4 刑録20집1360면(桃中軒雲右衛門事件)은, 낭곡(浪曲)에 저작권이 발생하지 않는다고 한 판례로 유명한데, 본건은 연주가창이 저작물로 되기 이전의 구법 하의 사건으로, 오늘날 선례적 가치는 없다.

12) 東京地判昭43·5·13 判タ222호227면(ワン・レーニィ・ナイト・イン・トーキョー事件).

13) 1999(平成11)년 개정에서 삭제된 부칙 14조의 음악저작물도 똑같다.

14) 加戸 119면.

4. 무용저작물(3호)

몸짓 · 손짓 등의 몸의 움직임을 통하여, 놀림에 따라서 사상 · 감정을 표현한 저작물을 무용저작물이라 한다. 무언극(판토마임)도 포함된다. 놀림 자체가 저작물이고, 무용행위(댄스를 추는 행위) 그 자체는 저작물은 아니고, 실연에 해당하며, 저작인접권의 대상이 된다.

신체조(新体操)나 피겨댄스 등과 같은 스포츠는 저작물은 아니라고 일반적으로 이해되고 있다. 스포츠에 저작권이 발생하고, 다른 선수는 라이선스를 받지 않는 한 동일한 기술을 이용할 수 없도록 하는 것은, 상식적으로 생각할 수 없다. 그러나 피겨댄스나 신체조 등은, 실질적으로 무용과 거의 다르지 않으며, 놀림을 하는 자가 있어, 그 미적 감각에 의해 생겨나는 것이므로, 이론적으로는 그 저작물성을 부정하는 것은 어려울지도 모른다.[15] 스포츠로서가 아니고, 영업으로서 행해지는 것에 관해서는 무용으로서의 성격이 보다 강하지만, 실질적으로는 양자의 구별은 늘 어렵다. 가령 그것들에 저작물성을 인정하면 폐해도 크지만, 불합리가 발생하면 권리남용 등의 일반법리에 의해 해결될 것이다.

문자저작물과 비교하면, 무용저작물은, 안무가 어떤 매체에 고정되지 않는 한, 자기의 저작물이라는 사실을 입증하기 어렵고, 또한 침해자의 행위태양의 입증도 곤란하기 때문에, 사건도 적다.[16]

5. 미술저작물(4호)

미술저작물이란, 형상 · 색채 · 선 · 명암으로 사상 · 감정을 표현한 저작물을 가리킨다. 전형례로서는, 회화 · 판화 · 조각을 들 수 있는데, 미술저작물의 범위는 극히 넓고, 만화 · 극화 · 꽃꽂이 · 무대장치[17] · 서예[18] 등도 포함된다. 상표나 심볼마크[19] 등도 저작물성의 요건을 충족하면 미술저작물이 될 수 있다. 그 표현의

---

15) 斉藤 82면은, 경기를 목적으로 한다는 것만으로 저작물성을 부정할 수는 없다고 서술하고 있다.

16) 무답(舞踏)저작물의 상연권침해와 성명표시권의 침해를 인정한 유일한 예로서는, 東京地判平10 · 11 · 20 知的裁集30권4호841면(ベジャール事件).

17) 東京地判平11 · 3 · 29 判時1689호138면(舞台装置事件)(결론은 저작권침해를 부정한 사례이다).

18) 사상 · 감정을 표현한 「書」에 미술저작성을 인정한 판례로서는, 東京地判平60 · 10 · 30 判時1168호145면(動書第一事件), 東京地判平元 · 11 · 10 判時1330호118면(動書第二事件, 글에 저작물성을 인정하였으나, 결론은 비침해로 한 사례이다. 1985(昭和60)년 사건과 동일 원고이나 피고는 다름).

19) 東京地決昭39 · 9 · 25 判時 384호6면(オリンピック標章事件)은, 복잡한 사건이지만, 오륜마크는 올림픽 표장으로서 일반에게 널리 인식되고, 국제적으로 존중되고 있지만, 비교적 간단한 도안 모양에 지나지 않기 때문에, 미술의 범위에 속하는 저작물에 해당하지 않는다고 서술하고 있다.

소재는 묻지 않으며, 평면인지 입체인지도 관계없다.

미술인지의 여부는 주관적 요소가 강하여, 무엇이 미술에 해당하는가 하는 판단은 근본적으로 곤란을 수반한다. 회화처럼 순수한 미술감상의 대상이 되는 것에 대해서는 문제가 적지만,[20] 실용적 성격을 띠는 것에 관해서는 문제가 있다. 기록용자기테이프나 반도체칩 모양과 같이 기술적인 이유에 기한 것은, 설사 외관은 아름답다 하더라도 미술저작물은 아닌 것에 이론은 없을 것이다.[21] 이와 같은 것에 저작권을 인정하면, 특허권의 존속기간만료 후에도 장기에 걸쳐 권리행사가 가능하게 되어, 불합리가 생긴다. 구체적으로는 응용미술이 가장 문제로 되지만, 그것 이외에도 캐릭터, 퍼블리시티, 타이프페이스(문자 폰트) 등에 관해서 검토가 필요하게 된다. 실제 사건은 이것들의 경계영역에서 다수 발생하지만, 그것들에 관해서는 「**제7절 특수한 문제**」에서 상술한다.

미술저작물에 관해서는, 원작품의 소유자에 의한 전시(45조)와 공개된 미술저작물의 이용(46조)에 관해서 특별한 효과가 있기 때문에, 미술저작물인가 아닌가라는 판단은 의미를 가진다. 그것 이외에 쟁점이 되는 사건에서는, 미술저작물과 다른 일반 저작물을 구별할 이유가 없고, 단지 저작물의 요건(2조1항1호)을 충족하는가 아닌가라는 점만이 문제된다.

또 미술의 원작품에 관해서는 「**제3장 저작권의 내용 제3절 지분권 6. 전시권**」을 참조.

6. 건축저작물(5호)

(1) 경 위

구 저작권법(1899(明治32)년 법률 제39호) 52조에서는 「본법은 건축물에 적용한다」라고 규정하였지만, 1910(明治43)년개정(법률 제63호)에서 이 규정이 삭제되고, 1조 「저작권의 내용」에 「건축」이 추가되어, 이것이 현행법 10조의 예시로서 이어지고 있다. 그러나 구 법률시대부터 전체 건축물에 저작물성이 인정된 것은 아니다.[22] 건축물은, 통상은 실용목적으로 만들어지지만, 건축물 중에는 미술적인 것

20) 그럼에도 불구하고 현대미술에 관해서는 문제가 있을 수 있다. 예를 들면, 하얀 캔버스에 일체 손대지 않고, 본래 그대로 전시하고 있는 《그림(絵)》을 저작물이라 할 수 있을까?

21) 東京地判平12・3・31 判時 1715면71호(テレホンカード磁気テープ 事件)에서는, 미술이란 「공간이나 物의 형상, 모양 또는 색채의 전부 또는 일부를 창출하거나 또는 이용함으로써, 사람의 시각을 통하여, 미술적가치를 표현하는 기술 또는 활동」을 가리키고, 전화카드에 이용하는 기록용자기테이프는 미술저작물에 해당하지 않는다고 하였다.

이 다수 존재하는 것도 사실이고, 많은 역사적 건조물은 미술의 범주에 들어간다고 널리 인식되고 있다. 그렇기 때문에, 미술성 있는 건축물에 관해서 구법에서도 저작물성이 인정되었고, 이는 현행법에서도 같다.[23] 따라서 현행법의 해석에서도 통설적 견해는, 저작물성 있는 건축물은 건축물의 일부로 생각되고 있다.[24]

(2) 건축저작물의 의미

건축저작물이란, 건조물에 의해 사상·감정을 표현한 것 중, 저작물성의 요건을 충족한 것을 가리킨다.[25] 그 범위는 구축물 일반에 미치고, 주택·빌딩·교회·신사불각 등 이외에도, 교량·기념비[26]·탑·분묘 등의 건조물도 포함한다고 해석된다. 정원이나 골프장 등은 해석이 나누어진다.[27] 이들은, 가령 건축저작물이 아니라고 해도 미술저작물이 될 수 있지만, 양자는 동일성유지권(20조2항3호), 전시권(25조, 45조)과 이용권(46조)에 관해서 법적효과가 다르기 때문에, 구별할 실익이 있다. 이를 내용 면에서 본다면, 거주 등의 실용목적으로부터 용이하게 개변을 인정함이 타당한 것이 건축물이고, 실용목적으로부터 동떨어진 것이 미술이라고 말할 수 있다.

계단·응접실 등과 같이 건축저작물의 일부도 건축저작물로서 보호된다.[28] 다만, 건축물에 부수된 미술저작물과의 경계가 반드시 명확한 것은 아니지만, 건축물과 일체인 것은 건축저작물로 볼 수 있다. 예를 들면, 정원이 파티오와 같이 건축물과 일체로 되어 있다면, 건축물로 간주할 수 있다.[29] 조각에 관해서도 건축물의 일부로서 구성되어 있는 경우에는 건축저작물로 보는 것도 가능하고, 건물을

---

22) 山本 198면, 榛村 73면.

23) 著作権制度審議会答申説明書(文化庁·資料編』 49면)은, 사회통념상 미술저작물에 속한다고 인정되면, 특히 요건을 가중하지 않고, 저작물로서 보호된다고 한다.

24) 中川=阿部 50면(野村義男), 加戸 121면, 北村 78면, 作花·詳解 101면, 田村 122면. 福島地決平3·4·9 知的裁集23권1호228면(シノブ設計事件)은, 건축예술로 인정되는 것이어야 하며, 콘크리트조 주택에 대해서 저작물성을 부정하였다. 大阪地判平15·10·30 判時1861·110(グルニエ·ダイン事件)도 같은 취지.

25) 건축물의 개념은 건축기준법에 맞출 필요는 없고, 저작권법상의 건물은 저작권법의 이념으로부터 판단해야 한다.

26) 阿部浩二「建築の著作物をめぐる諸問題について」コピライト467호 16면은, 오사카 센리(千里) 만국박람회의 태양의 탑과 같은 것은, 중요한 미술저작물이고, 건축저작물의 범위 외에 있는 조각이라고 서술하고 있다.

27) 半田 89면은, 조원(造園)의 저작물성에 관해서는, 의문의 여지는 있다고 하면서도, 적극적으로 해석하고 있다.

28) 斉藤 88면, 金井=小倉·上 217면(牧野次郎).

29) 加戸 121면.

훼손하지 않고 건물로부터 그 조각만을 분리할 수 있다면 미술저작물로 볼 수 있다.[30)]

건축저작물에서 보호되는 것은 외관이지만, 외벽에 한정된다는 의미는 아니고, 방의 배치 혹은 계단 등의 외관도 포함된다. 보호되는 것은 기능적 측면은 아니기 때문에, 동일 저작물을 다른 재질로, 혹은 기능적 · 실용적으로는 다른 것을 만들어도, 외관이 동일하다면 침해가 된다.

건축저작물을 토지 위의 건조물에 한정하는 견해도 있지만,[31)] 반드시 토지에의 고정을 요건으로 해야 하는 것은 아니어서, 해상도시와 같이 바다에 떠 있다해도 좋고, 장래에는 우주공간에 부유(浮游)하고 있는 건조물에 관해서도 문제가 생길지 모른다. 다만 건축이라고 한 이상은, 통상의 배, 비행기 등은 포함되지 않는다.

건축물에 관한 저작물성 유무의 판단기준은, 추상적으로는, 「문예, 학술, 미술 또는 음악의 범위에 속하는」(2조1항1호)가의 문제가 되는데, 무엇이 건축미술인가 하는 구체적 판단기준을 명확히 하는 것은 곤란한 작업이다.[32)] 실용적인 건축물이더라도, 건축가라면 다소라도 예술성을 추구할 것이나, 약간이라도 예술성이 존재하기만 하면 저작물성을 인정한다면, 대부분 건축물에 저작물성이 인정되고 말아, 그것으로 실용품과 구분할 수 없게 된다. 그 구분을 판단한다는 목적에서, 예술성을 판단하게 된다.

다만 예술성의 수준은 법원에서 판단되어야 할 문제가 아니고, 또한 법원에서 판단할 문제도 아니다. 여기서 말하는 예술성 수준의 판단이란, 객관적으로 보아 기능성 · 실용성을 추구한 것인가 아닌가라는 판단이고, 실용본위의 건축물은 건축미술이 아니라는 것을 의미하는데 지나지 않는다.[33)] 그것은 예를 들면 자동차

30) 東京地決平15 · 6 · 11 判時1840호106면(ノグチ · ルーム移築事件)도 똑같은 사고방법을 채용하고 있다.

31) 특히, 구법 하의 학설에 많이 보이지만, 현행법 하에서는, 半田 89면, 金井=小倉 · 上 217면(牧野二郎), 阿部 앞의 주26)12면.

32) 渋谷 37면은, 통상 디자인의 일반주택 혹은 빌딩은 건축주의 의향에 의해서 다양한 제약 하에, 평범한 디자인의 지붕, 벽면, 창, 현관 등을 조합시켜 건설하기 때문에, 창작성이 부족하여 저작물이 아니라고 하지만, 창작성이 부족한 것을 이유로 저작물성을 안이하게 부정해도 좋다는 것은 아니고, 그것은 그렇다 치더라도, 가능한 한 저작물성을 완화 긍정하여, 주택전시장의 모델하우스는 제약을 받지 않기 때문에 저작물성을 안이하게 부정해야 하는 것은 아니어서, 통설적 견해보다 넓게 건축물의 저작물성을 인정하고 있지만 의문이다.

33) 東京地判昭61 · 11 · 28(未登載)(擁壁事件)에서는, 옹벽이 내진성을 갖추고 있는 것 등을 특징으로 하는 전체 실용본위의 건축물의 저작물성이 부정되었다. 大阪地判平15 · 10 · 30 判時1861호110면(グルニエ · ダイン事件)에서는, 건축저작물이란 소위 건축예술이라 할 수 있는 창작성을 갖춘 경우

의 제작자는 그 디자인에 미적요소를 추구하지만, 자동차는 실용적인 기계이기 때문에 저작물성이 인정되지 않는 것과 같다. 실용적인 건축물이나 자동차 등은, 미적요소가 없기 때문에 저작권법 세계에서 다루지 않는 것은 아니고, 그 실용성으로부터 저작권법의 세계에서 다루는 것으로는 불합리하여, 산업재산권법 분야에서 다루는 것이 타당하기 때문이다. 건축물의 대다수는 실용적 요소가 강하고, 그 때문에 단순히 창작성이 있기 때문이라고 해서 저작물성을 인정할 수는 없고, 전술한 것 같은 의미에서의 예술성을 가미하여 판단하지 않을 수 없다.[34] 이것은 저작권법과 산업재산권법과의 구분의 문제이기도 하고, 「**제1장 저작물 제7절 특수한 문제 2. 응용미술**」 참조.

(3) 설계도와의 관계

건축물의 설계도는 건축저작물은 아니지만, 10조1항6호의 도형저작물에 해당할 수 있다. 따라서 저작물인 설계도를 완성시킨 것은, 「건축저작물의 복제」로 된다고 규정하고 있다(2조1항15호나목). 설계도에 묘사된 건축물이 아직 존재하지 않은 경우에도, 제3자가 그 설계도에 따라서 완성시키면, 현실에는 존재하지 않는 건축물의 복제가 된다.[35] 저작물이란 무릇 관념적 존재이고, 건축저작물의 성립에는 물(物)로서의 건축물의 존재는 필요로 하지 않고, 설계도 중에 당해 건축저작물이 관념적으로 나타나 있으면, 타인이 그 설계도에 따라서 같은 건축물을 완성시키면, 당해 설계도의 복제는 아니라, 관념적인 건축저작물의 복제가 되는 것이다.[36] 현존하는 건축물을 보고 복제하는 경우도, 설계도를 보고 복제한 경우도, 동일하게 건축저작물의 침해가 되는 것이다. 그것은, 미술저작물인 조각에 설계도가 있는 경우, 그 설계도에 관념적으로 조각이 나타나 있다면, 그것에 따라서

로서, 굿디자인상을 수상한 일반주택 건축물의 저작물성이 부정되었다. 그것에 대해, 斉藤89면은, 「예술 이외의 목적이 실용목적을 능가하는가 아닌가를 형량할 필요는 없다. 2개의 목적은 상호 배척할 것이 아니라, 고도의 실용성이 기대되는 건조물이 동시에 미적 창작물인 것은 어떤 이치에도 어긋나지 않는다」라고 서술한다.

34) 反対, 松田政行 「建築の著作物の特性と同一性保持権」 知的管理57권3호353면(2007).

35) 加戸 53면.

36) 大阪地判平4・4・30 判時1436호104면(丸棒矯正機設計圖事件) 및 그 평석인 半田正夫・判時1464호224면. 또, 阿部・앞의 주26) 10면은, 「건축저작물이라는 것은, 현실로 존재하는 건축저작물과 도면 중에 내재하고 우리들의 이미지 상에서 존재하는 건축저작물 2가지가 있다고 이해할 수 밖에 없다」고 서술하고 있지만, 저작물이란 무릇 관념적인 존재이고, 2가지로 나눌 필요는 없다. 저작권법적으로는, 현실로 존재하는 건축물은, 저작물을 구현화한 매체에 지나지 않는다. 또, 渋谷 11면은, 「건축저작물은, 건축물에 고정될 필요가 있다」 「건축저작물은, 도면의 작성에 의해서는 성립하지 않는다」라고 서술하고 있는데, 저작물은 관념적으로 존재하는 점을 간과하고 있다.

조각을 작성하는 행위는, 설사 그 조각이 아직 존재하지 않는다 해도, 조각의 저작권침해가 될 수 있는 것과 동일하다.

설계도와 건축물과는 다른 표현을 갖고 있고, 건축물은 설계도 자체의 복제물은 아니기 때문에, 설계도에 저작물성이 인정된다고 해도, 건축의 저작물성과는 직결되지 않는다. 이러한 이론구성은 건축물 특유의 문제는 아니고, 설계도와 그것에 기하여 작성된 물(物)에 관해서 일반적으로 말할 수 있는 것이다. 예를 들면, 저작물인 설계도에 따라서 기계가 완성된 경우, 설계도에 저작물성이 인정된다 해도, 그 기계에 저작물성이 인정되는 것은 아니다.[37] 이것은 많은 설계도가 저작물로서 인정되는 것에 반하여,[38] 그것에 기하여 완성된 물건 중에는, 기계와 같이 실용목적에서 저작물성이 부정된 것이 많다는 점에서 유래한다.

건축물은, 설계도의 저작물성과는 관계없이, 건축물로서 저작물성을 고려하면 족하다. 건축물의 설계도가 학술적 저작물로서 인정되더라도, 당해 건축물이 실용적인 것으로서 저작물성이 인정되지 않는 경우에는, 설계도에 따라서 건축물을 완성시켜도 침해하는 저작물이 존재하지 않기 때문에, 저작권침해의 문제는 생기지 않는다. 그런 의미에서, 2조1항15호나목는 확인적인 규정이라고 할 수 있지만,[39] 이와 같은 번거로운 규정을 두는 실익이 있는지는 의문이다.

이 규정에 관해서는, 건축의 저작물에 관한 도면에 실시권을 인정한 것으로 해석하는 설도 있지만,[40] 그와 같은 무리한 해석을 할 필요는 없을 뿐만 아니라, 저작권법에는 존재하지 않는 실시권 개념을 제안한다면, 설계도의 저작권의 효력이 저작물성이 없는 매매용 주택 등에까지 미칠 우려가 있어 부당하다.[41]

---

37) 大阪地判平4・4・30 判時1436호104면(丸棒矯正機設計図事件)에서는, 2조1항15호나의 규정은, 건축물 그 자체가 저작물로 인정되기 때문에, 그것과 동일성이 있는 건축물을 건설한 경우는 그 복제가 되므로, 그 건축에 관한 도면에 따라서 건축물을 완성한 경우에는, 그 도면에 의해 표현된 건축저작물의 복제로 인정되고, 실용의 기계는 저작물로서 보호를 받는 것은 아니기 때문에, 설계도에 따라서 기계를 제작하는 행위는, 설계도의 복제로는 되지 않는다고 서술하고 있다.

38) 東京地判昭52・1・28 無体裁集9권1호29면(きたむら建築設計事件)은 구법 하의 사건인데, 빌딩의 설계도에 관해, 감각과 기술을 구사하여 독자적으로 제작한 것이 인정되는 것으로서 저작물성을 인정하였다. 또한 東京地判昭54・6・20無体裁集11권1호322면(ビル設計図事件)도, 점포(침구점)주택 겸 임대사무소의 설계도에, 그 지식과 기술을 구사하여 독자적으로 작성하였다는 이유로 저작물성을 인정하고 있다. 大阪地判昭54・2・23 判タ387호145면(冷蔵倉庫設計図事件)도 같다.

39) 같은 취지, 田村 121면. 반대 加戸 52면은, 간주규정으로 보고 있다.

40) 中川=阿部 116면(野村義男). 또 구법시의 학설에는, 설계도에 대해서는 실시권인 지분권을 인정하는 설이 많았다(榛村 73면, 勝本 162면, 城戸 186면).

41) 著作権制度審議会答申説明書(文化庁・資料編58면)에서는, 실시권을 복제의 내용으로서 인정하는 것은 공업소유권제도와도 관련이 있고, 저작권법상 이 권리를 인정하는 것에는 문제가 있지만, 미술저작물의 미적형상은, 밑그림, 설계도, 모형 등에서 추상적으로 표현되어 있는 경우에는 보호되어

7. 도형저작물(6호)

(1) 도형저작물의 의미

도형저작물이란 도형에 의해 사상·감정을 표현한 저작물을 가리키고, 저작권법은 그 전형적인 것으로서 지도를 들고 있으며, 기타 학술적인 성질을 가진 도면, 도표, 모형을 예시하고 있다. 또한 베른협약 2조(1)은, 저작물에 포함된 것으로서, 「도해 및 지도, 지리학, 지형학, 건축학, 기타의 과학에 관한 도면 및 모형」을 들고 있고, 이것이 거의 일본의 도형저작물에 해당한다.

6호의 조문에서 알 수 있는 바와 같이, 도형저작물이기 위해서는 학술적인 성질을 가질 필요가 있다.[42] 여기서 말한 의미를 엄격히 해석할 필요는 없지만, 학술적 성질이 없는 것은 저작물성이 부정된다. 예를 들면, 평범한 방법으로 그린 특정장소의 약도 등은, 학술성이 없어 저작물성이 부정될 것이다.[43] 그러나 그 범위는 넓고, 2차원적인 것과 3차원적인 것이 포함된다. 구체적으로는, 지도, 해도, 설계도, 도표, 그래프, 도해, 지구의, 기계·건조물·인체·동물 등의 모형 등을 생각할 수 있다.

문제는, 도형저작물의 창작성을 어디까지 요구하는가 하는 점이다. 대다수의 판례, 학설은, 전문적 지식, 기능에 기해 창작한 지적생산물이면 족하다고 해석하고 있지만,[44] 최근 그 창작성에 관해서 극히 엄격하게 해석한 판례[45]가 나타나서 논란이 되고 있다. 상세는 **「제1장 저작물 제2절 저작물의 정의 2. 창작성」**을 참조. 보호의 범위에 관해서는 **「제8장 침해와 구제 제2절 민사적 구제」**를 참조.

야 하고, 복제권은 그것을 포함한 권리로 해석해야 한다고 서술하고 있다.

42) 渋谷 39면은, 이것은 「실재하는 소재(통계숫자 등) 또는 실재하게 될 소재(도면에 따라서 제작·건축될 기계, 건축물, 공작물 등)을 도형화한 창작물이지 않으면」 안되고, 「영구운동기관의 도면이나 모형은」 학술성이 없어 도면저작물은 아니지만 미술저작물로 분류된다고 서술하고 있지만, 근거가 없다.

43) 東京地判昭54·6·20 無体裁集11권1호322면(ビル設計図事件)은, 점포(침구점)주택 겸 임대사무소의 설계도에 저작물성을 인정하는 한편으로, 객관적으로 정한 토지의 소재위치를 극히 흔한 방법으로 그린 약도에 관해서는 저작물성을 부정하고 있다.

44) 大阪地判昭54·2·23 判タ387호145면(冷蔵倉庫設計図事件), 東京地判昭54·6·20無体裁集11권1호322면(ビル設計図事件), 横浜地判平 1·5·23判時1319호67면(マンション設計図事件), 福島地決平3·4·9知的裁集23권1호228면(シノブ設計事件), 大阪地判平4·4·30 判時1436·104(丸棒矯正機設計圖事件), 名古屋地判平12·3·8(未登載)(ショッピングセンター設計図事件), 大阪地判平12·8·24(未登載)(スーパマーケット 設計図事件).

45) 東京地判平9·4·25 判時1605호136면(スモーキングスタンド事件), 東京地判平9·6·30(未登載)(チョコレート製造用機械設計図事件), 大阪地判平10·3·26(未登載)(コンベアベルトカバー事件).

(2) 도형저작물의 한계

도형저작물의 범위가 넓기 때문에, 한편으로는 미술저작물과의 경계가 문제되고, 또 다른 한편으로는 실용품과의 경계가 문제된다. 미술저작물과 도형저작물은 법적효과가 다르기 때문에(45조, 46조, 47조), 양자를 구별할 실익이 있고, 또 실용품과의 경계는 저작물성의 유무에 관련된 중요한 문제이다.

미술과의 경계에 관해서는 엄격한 경계를 두는 것은 어렵다. 10조는 예시이고, 어떤 저작물이 도형저작물이고 동시에 미술저작물이더라도 문제는 없다. 예를 들면 국토지리원의 지도는 학술적인 것이고, 전형적인 도형저작물이어서 미술저작물 특유의 규정의 적용은 받지 않는데 반해, 장식적 요소가 강한 지도는 도형저작물과 미술저작물의 양자의 성질을 모두 가지고 있어, 미술저작물도 될 수 있다.[46)]

도형저작물은, 기계의 설계도와 같이 실용품과 깊이 관계된 것이 많다. 그러나 도형과 기계는 그 표현이 다르고, 저작권법적으로는 별개의 것이다. 설계도가 학술적이라면 도형저작물이 될 수 있지만, 기계 그 자체는 실용적인 것이어서 저작물성이 없다. 건축의 설계도도 동일하고, 설계도와 건축물은 별개의 저작물이지만, 건축물은 기계와는 다르고, 그 자체가 저작물일 수 있다는 점에 특색이 있다. 건축물과 설계도에 관해서는, 「**6. 건축저작물 (3) 설계도와의 관계**」 참조.

설계도와 기계는 별개의 것이고, 제3자가 그 도면에 따라서 무단으로 기계를 제작하더라도, 기계에 저작물성이 인정되지 않는 이상, 도면의 저작권침해는 되지 않는다.[47)] 도면의 저작권의 보호범위는, 도면 자체의 복제・번안 등에 한정되고, 기계의 제작에까지는 미치지 않으며, 기계자체의 보호는 산업재산권법에 의한다. 도형저작물의 실시권과 같은 것은 인정되지 않는다.

(3) 지 도

도형저작물에서 가장 문제가 되는 것은 지도일 것이다. 지도란, 기본적으로는 기존의 지리상의 사상을 도면에 써 넣는 것이고, 정확을 기하면 기하는 만큼 결과로 나타나는 경향이 많다. 그러나 일정한 한정된 지면에 삼라만상 전체를 표시할 수는 없고, 취사선택 혹은 표기방법에 학식・식견・경험이 요구되므로, 그 점

46) 大阪地判昭51・4・27 判タ344호301면(パリ市鳥瞰図事件)은, 지도이면서 동시에 미술품이기도 한 케이스라고 생각된다.

47) 大阪地判平4・4・30 判時1436호104면(丸棒矯正機設計図事件).

에서 학술성을 요구할 수 있다.[48] 또한, 일러스트 지도는 오히려 회화와 유사한 측면도 있고, 미술저작물로 평가할 수 있는 경우도 있다. 미술저작물에 해당하는 경우에는, 미술특유의 규정인 45조 · 46조 · 47조가 적용된다.

스스로 실측하여 작성한 지도에 관해서 저작권이 성립하는데 대한 문제는 적다. 그런데도, 항공사진 혹은 위성사진으로 작성한 지도 등의 경우에는 사실 그 자체로서 저작물성이 부정되는 것도 있을 것이지만, 현실적으로는 편집작업이 더해지는 것도 많고, 개개의 사례마다 저작물성이 판단되어야 한다. 사건화 되는 것은 실측지도를 기초로 해서 작성된 편집지도의 경우가 많지만,[49] 편집지도도 창작성이 인정되는 한 저작물성이 인정된다. 편집지도는 편집저작물과 공통점도 있지만, 사실의 취사선택만으로 지도가 완성하는 것은 아니고, 표기방법 등에서 창작적인 표현이 필요하기 때문에, 편집저작물과는 다른 저작물이다.[50]

그러나 문학이나 음악과 비교하면, 지도의 경우, 자유로이 창작할 수 있는 범위가 좁은 것은 부정할 수 없다. 그 결과, 회화는 대부분 그 저작물성이 부정되지 않지만, 지도, 특히 주택지도와 같은 경우에는, 취사선택 등의 폭이 상당히 좁고, 그 결과표현의 선택의 폭이 좁게 되어 창작성이 부정되는 것도 있을 것이고, 저작물성이 인정되더라도 범위가 좁게 인정되는 것도 많다고 생각된다.[51] 다만, 이것은 그와 같은 경향에 있다는 것이고, 구체적인 보호범위에 관해서는, 개별 사건

---

48) 구법 하의 사건이지만, 大阪地判昭26 · 10 · 18下民集2권10호1208면(学習用日本地図事件)에서는, 지도는 학술적도면으로서 지도제작자의 학식, 견식 등 그 개성이 표시되어 있지 않으면 안 되는 것이고, 예를 들면 표시해야 할 지명의 선택에 있어서도, 각지의 문화정도, 인구밀도상황 등을 고려하여 저자의 선택에 의해 그 필요하다고 생각하는 것만을 표시하는 것이기 때문에, 동일 대학의 일본지도를 보더라도 개중에는 동일지명을 함께 표시하는 일도 많을 것이지만 그 전부에 관해서 똑같다는 것은 인간의 개성의 차이가 있는 것과 같이 절대 있을 수 없는 일이고, 그런 의미에서 지도에 저작권을 인정하여 그 저작자를 보호할 필요가 있다고 서술하고 있다.

49) 참고로, 저작권법과는 별개로, 측량법(測量法)29조(측량성과의 복제)에는 이하와 같은 복제에 관한 제한규정이 있다.「기본측량의 측량성과 중, 지도 기타 도표, 성과표, 사진 또는 성과를 기록한 문서를 복제하고자 하는 자는, 국토지리원장의 승인을 얻어야 한다. 국토지리원장은, 복제하고자 하는 자가 이들 성과를 그대로 복제하여, 오로지 영리 목적으로 판매하는 것이라고 인정하기에 족한 충분한 이유가 있는 경우에는, 승인을 해서는 안 된다」.

50) 편집지도에 관해서 저작물성을 인정한 예로서, 東京地判昭44 · 5 · 31判時580호92면(ビニール製地球儀事件), 그 항소심인 東京高判昭46 · 2 · 2判時643호93면, 富山地判昭 53 · 9 · 22 判タ375호144면(富山住宅地図事件), 東京地判昭54 · 3 · 30判タ397호148면(現代世界総図事件), 東京地判平4 · 10 · 30判時1460호132면(観光タクシータリフ事件), 東京地判平17 · 5 · 12判タ1210호258면(空港案内図事件). 또, 구법하에서 주택지도의 저작물성을 인정한 것으로서는 名古屋高判昭35 · 8 · 17 高裁刑集13권6호507면(名古屋市全住宅案内図帳刑事事件)이 있다.

51) 富山地判昭53 · 9 · 22 判タ375호144면(富山住宅地図事件), 東京地判平17 · 5 · 12判タ1210호258면(空港案内図事件).

에 따라 다를 것이다.

(4) 특수한 사례

특수한 사례로서, 문자설계도는 평범한 표현방법이어서 창작성이 인정되지 않기 때문에 도형저작물은 아니라고 한 판결이 있다.[52] 서체 자체에는 저작물성이 인정되지 않지만(「**제7절 특수한 문제 4. 타이프페이스**」 참조), 그 설계도에는 저작물성이 인정될 가능성이 있으나, 표현형식상, 문자설계도는 서체 그 자체인 경우가 많고, 문자설계도의 저작물성을 인정하면 서체의 저작물성을 인정하는 것과 같은 경우에 저작물성이 부정되는 일이 많을 것이다(일종의 혼동(merge)이라고 생각된다).

종래는, 도형은 종이 위에 그려지고, 누가 보더라도 도형으로 인식할 수 있었다. 그러나 최근에는, 지도를 시작으로 해서, 많은 도형은 디지털로 수치화된 정보로 보존되고 있다. 이론적으로는 아날로그를 디지털로 변환해도 복제이고, 양자는 동일하다고 평가될 수 있지만, 현실적으로는 다양한 문제가 파생된다. 예를 들면 디지털화된 지도정보는, 산의 높이 혹은 하천의 폭 등을 수치화한 정보나열이어서, 그것은 어떤식으로든 이용가능하여, 일부만 발췌하여 이용하는 것도 가능하며, 복제・번안을 인정하는 경우 복잡한 문제가 발생할 것이다. 결국, 이것은 도형 특유의 문제라기보다는, 디지털 일반의 문제라고 말할 수 있다.

8. 영화저작물(7호)

(1) 영화의 정의

저작권법은, 영화의 정의를 두고 있지 않기 때문에, 그것은 저작권법 전체의 취지[53] 혹은 입법의 경위,[54] 법상식 등으로부터 판단할 수밖에 없다. 영화는 극장용 영화를 염두에 둔 것이다.[55] 종래는 영화란 사진을 연속적으로 스크린에 투영하고, 눈의 잔상현상을 이용하여 움직이는 영상으로서 보여지는 것이라고 생각되었지만, 현재는 사진 방법에 한하지 않고, 컴퓨터그래픽을 이용한 것도 많다. 영화는, 반드시 이야기성을 요구하는 것은 아니고, 기록적인 것, 유희적인 것, 실

52) 東京地判平5・4・28 判タ832호168면(岩田書体文字設計図事件).

53) 구체적으로는, 영화특유의 규정인 16조(저작자의 범위), 26조(반포권), 29조(저작권의 귀속), 54조(저작권의 보호기간)가 규정된 취지 등.

54) 三木茂・東京地判平11・5・27(中古ソフト事件)의 평석(判時1700号219면)의 평석 안에서 입법의 경위를 서술하고 있다.

55) 加戸 67면.

용적인 것이어도 된다.[56)]

저작권법은 영화의 효과와 유사한 시각적 또는 시청각적 효과를 생기게 하는 방법으로 표현되고, 동시에 물건에 고정되어 있는 저작물도 영화저작물에 포함된다고 규정되어 있기 때문에(2조3항), 적어도 현행법의 해석으로는 본래 의미의 영화 자체만을 정의한다고 볼 수 없다.[57)]

영화저작물이기 위해서는, 저작권법이 요구하는 일반적 요건을 충족할 필요가 있다. 대다수의 영화는 요건을 충족할 것이지만, 예를 들면 고정 감시용 카메라에 촬영된 영상 등에는 저작물성이 인정되지 않는다. 그에 반하여 올림픽 기록영화 등은 창작성이 인정될 것이다.

영화저작물 특유의 요건으로 물건에의 고정을 들 수 있다. 일반적으로, 일본저작권법에서는 고정을 영화저작물의 요건으로 본다고 해석되고 있지만,[58)] 기술의 발전에 의해 이와 같은 해석에 약간의 의문을 드러내 보이는 학설도 있다.[59)] 종래에는, 영화라고 생각되는 것에서 고정되어 있지 않은 것은 거의 가정할 수 없었기 때문에, 영화유사의 것에 관해서만 고정요건이 규정된 것으로, 고정요건을 정한 2조3항은 텔레비전의 생방송을 영화로부터 제외하기 위한 규정으로 보아야 한다.[60)] 해석으로서 영화유사물은 고정의 요건이 필요하지만, 영화는 불요하다고 하는 것에는 무리가 있을 것이다. 따라서 심사되고 있는 비디오 등은 고정의 요건을 충족하고 있다고 생각해도 좋을 것이다.[61)] 그러나 통상의 영상은 창작자가 창작한 대로 감상되지만, 텔레비전게임의 경우는 경기자의 조작에 의해 게임내용

56) 이 점을 서술한 리딩케이스로서는, 東京地判昭59・9・28 判時1129・120(パックマン事件)이 있고, 그 후 게임소프트는 원칙적으로 영화로 인정되고 있다.

57) 東京地判昭59・9・28 判時1129・120(パックマン事件)에서는, 영화 저작물에 해당하기 위해서는, 영상이 움직임을 가지고 볼 수 있다는 효과를 생기게 하는 것이 필수이고, 음성을 가진 것은 필요적 요건은 아니며, 유희의 이용에 제공되고 이야기성이 없는 것이라도 영화로서의 표현방법을 결여하는 것이 되지는 않으며, 영상을 시청자가 조작함으로써 변화시킬 수 있는 것도, 표현방법의 요건으로서 고려할 필요는 없다고 서술하고 있다.

58) 著作権制度審議会答申說明書(文化庁・資料編49면)은, 현단계에서는, 영화의 취급을 그 효과만에 따라서 결정하는데는, 여전히 문제가 많다고 생각되므로, 고정을 영화의 요건으로 하였다. 東京地判昭59・9・28 判時1129호120면 判時1129호246면(パックマン事件)도 같은 취지.

59) 斉藤 92면, 半田正夫「映像の保護と利用・総論」著作権研究25호 7면(1998).

60) 생방송이라도 동시에 녹화되었다면 고정(固定)요건을 충족한다. 加戸 68면, 作花・詳解 103면. 또 조세법 사건이기는 하나, 東京高判平9・9・25 判時1631호118면(スポーツイベント放映源泉徵收事件)은, 그 영상이 송신과 동시에 녹화되어 있는 경우는, 고정성의 요건을 충족한다고 서술하고 있다.

61) 이 문제에 관해서는, (大阪地判平11・10・7判時1699호49면(中古ソフト事件))이 상세히 서술하고 있다. 著作権制度審議会答申(文化庁・資料編32면), 著作権制度審議会答申說明書(文化庁・資料編49면) 참조.

이 변할 수 있기 때문에, 고정되어 있는가에 대한 논의가 있지만, 판례는 고정요건을 충족하고 있다고 판단하고 있다.[62]

(2) 영화유사의 저작물

영화의 저작물에는, 영화의 효과와 유사한 시각적 또는 시청각적 효과를 생기게 하는 방법으로 표현되고, 물건에 고정된 저작물도 포함된다(2조3항). 영화의 전형례는 극장용 영화이지만, 현재는 기술의 발전에 의해, 영화인지 여부를 판단하기 곤란한 예가 많이 출현하고 있다. 비디오영화 주변까지는 유사하다고 말할 수 있겠지만,[63] 게임소프트웨어가 영화유사인가 아닌가 하는 점을 둘러싼 다툼이 있다.[64] Role Playing 게임소프트웨어가 영화유사의 것인가 하는 점을 둘러싸고, 동경지방재판소[65]와 오사카지방재판소[66]에서 정반대의 판결이 내려졌지만, 실무상 2002(平成14)년의 최고재판소 판결[67]에서 영화저작물로 확정되었다. 이들은 설령 영화저작물이 아니라 해도 일반 저작물에 해당할 가능성도 있지만, 영화저작물에는 특별히 반포권이 인정되기 때문에, 영화저작물인가 아닌가를 구별하는 실익이 있다. 이와 관련하여, 1999(平成11)년 개정 전에는 상영권도 영화에만 인정되고 있었지만, 현재는 저작물 일반에 인정되게 되었다.

상술한 오사카지방재판소의 판결은, 영화를「다수의 정지화상을 영사막, 브라

---

62) 東京地判昭59・9・28 判時1129호120면(パックマン事件)에서는, 고정 방법에 제한은 없기 때문에, 저작물이 무엇인가의 방법에 의해 물건과 결합함으로써, 동일성을 지키면서 존속하고 또 저작물을 재현하는 것이 가능한 상태이라면 족하다고 하고 있다. 東京地判昭60・3・8判タ561호169면(ディグダグ事件)에서는, 유희자의 조작에 의해 영상은 변화하지만, 이것은 유희자가 영상을 창작하는 것이 아니라, 어떤 유희자가 행한 것과 동일한 조작을 다른 유희자가 행한 경우에는, 이동영상 및 고정영상의 변화는 반드시 동일하게 되기 때문에 고정요건을 충족한다고 한다. 東京地判平 6・1・31 判時1496・111(パックマン事件)에서는, 디스플레이상에 비추어 나오는 영상이 ROM의 가운데에 수납되는 것이기 때문에, 고정요건을 충족한다고 하였다. 이 문제는, 最判平14・4・25 判時1785호3면(中古ソフト頒布権事件)에 의해, 게임소프트웨어는 고정요건을 충족한다고 한 원심의 판단이 정당하다고 하여, 실무상 결론이 났다.

63) 東京地判平6・7・1 判時1501호79면(101匹ワンチャン並行輸入事件)은, 극장용 영화를 복제한 비디오카세트를 저작물로 인정하고 있다.

64) 東京高判平11・3・18 判時1684・112(三國志Ⅲ事件 항소심)에서는, 본건 시뮬레이션게임은 영상의 흐름을 즐기는 것이 아니고, 이용자의 생각의 누적에 주안을 두었고, 영상도 연속적인 사실적인 움직임을 갖고 있는 것이 아니라, 정지화상이 압도적으로 많다고 하여, 영화 내지 이것에 유사한 저작물에 해당하지 않는다고 하였다.

65) 東京地判平11・5・27 判時1679호3면(中古ソフト事件).

66) 大阪地判平11・10・7 判時1699호48면(中古ソフト事件).

67) 最判平14・4・25 判時1785호3면은, 본건 각 게임소프트웨어는「영화 효과와 유사한 시각적 또는 시청각적 효과를 생기게 하는 방법으로 표현되고, 동시에, 물건에 고정되어 있는 저작물」이라고 하였다.

운관, 액정화면 기타의 물건에 급속히 연속하여 순차 투영하고, 눈의 잔상현상을 이용하여, 『영화』와 유사한 움직임 있는 영상으로서 보여지는 시각적효과, 또는 위에 더하여 영상에 음성을 동시녹음 시킨다는 시청각적 효과를 가지고 표현되어 있는 표현물」이라고 파악하고 있다. 이것은 영화유사의 폭을 상당히 넓혀 생각하는 통설적 견해로, 움직임이 있는 영상의 대다수는 영화로 인정될 것이다. 그에 반하여, 상술한 동경지방재판소의 판결의 판단은, 「저작권법상의 『영화 저작물』이라고 말할 수 있기 위해서는, (1) 당해저작물이, 일정한 내용의 영상을 선택하고, 이것을 일정의 순서로 조합한 것에 의해 사상・감정을 표현한 것이고, (2) 당해 저작물 내지 그 복제물을 이용하는 것에 의해, 동일한 연속영상이 항상 재현되는 것일 것을 요한다」고 하고 있어, 영화유사의 범위를 엄격하게 해석하여, 극장용 영화나 그와 유사한 것으로 한정하고 있다.

오사카지방재판소의 판결은 조문을 문자 그대로 해석한 것으로, 솔직한 해석이라고 말할 수 있다.[68] 그에 반하여 동경지방재판소 판결은, 영화에 관한 저작권법의 諸조문의 실질적 의미를 탐구하여 영화의 의의를 밝히고자 한 것일 것이다. 해석론으로서는 어느 쪽도 가능할 것이다. 또, 각각의 항소심에서는, 영화임을 전제로 반포권이 인정되는가 하는 점에 관해서 판단을 하고 있고,[69] 전술한 바와 같이 최고재판소에서도 영화저작물로 인정하였다.

또 게임소프트웨어를 영화로 인정한 판결은 몇 개가 존재하지만, 종래는 복제 혹은 상영을 둘러싼 사건이 많았고,[70] 무단복제한 소프트웨어로 부당하게 돈을 버는 것에 대하여는, 그 소프트웨어를 영화로 인정하여 상영권침해로 본 것에 대해 반대는 적었다. 그러나 최근 발생하고 있는 문제는, 진정 소프트웨어 중고품의 매매가 영화의 반포권침해가 되는가 하는 것이다.[71] 이는 중고품의 매매라는 일

---

68) 東京地判昭59・9・28 判時1129호120면(パックマン事件)은, 「영화저작물에는, 특별히 상영권과 반포권이 인정되어 있지만, …… 法이, 극장용 영화라 함은 완전히 거래 실태가 다른 것이라 하더라도, 영화저작물에 해당하는 이상, 상영권 등을 인정한다는 입장을 취한 것으로 해석해야 함이 명백하고, 거래실태가 다른 것을 이유로 상영권 등을 제한하거나, 영화 저작물에 해당하지 않는다고 하는 것은, 현행법의 해석으로서 채용할 수 없다」라고 서술하고 있다.

69) 東京高判平13・3・27 判時1747호60면, 大阪高判平13・3・29 判時1749호3면.

70) 무단복제된 소프트웨어를 이용하여 영업하고 있는 업자(게임센터 혹은 게임카페 등)에 대하여 저작권 침해를 주장하기 위해서는, 당시 영화에만 인정되고 있었던 상영권 침해를 주장할 수밖에 없었다.

71) 이 문제에 관해서는, 藤田康幸=藤本英介=小倉秀夫『著作権と中古ソフト問題』(システムファイブ, 1998), 泉克幸「ゲームソフトの譲渡制限と頒布権」(紋谷暢男還暦記念『知的財産権法の現代的課題』506면(発明協会, 1998).

상적 행위를 금지하는 것인 만큼, 극장용 영화뿐만 아니라 민생품(또는 아이들의 완구)에까지 반포권으로 매매를 규제하는데 대한 반대도 많다.[72] 또, 반포권에 관한 상세는, 「**제3장 저작권의 내용 제3절 지분권 7. 반포권**」을 참조.

(3) 영화의 완성시기

영화인지 다른 저작물인지에 따라 권리의 귀속이 다르기도 하고(29조), 또한 효과도 달라지기 때문에, 영화제작이 어느 단계에 이르면 영화라고 말할 수 있는 가하는 점이 문제가 된다. 영화제작에는 촬영이 끝난 필름 혹은 비디오테이프 등이 남는 일이 많으며, 예전에는 그러한 미사용 혹은 미편집 필름의 이용가치가 거의 없어, 서적 출판물의 지형(紙型)과 같이 오히려 보관이 번거롭고 귀찮은 존재이었을지도 모르지만, 앞으로는 콘텐츠로서 데이터베이스 등으로의 이용도 생각할 수 있어 가치가 증가할 것으로 사료된다.

三沢市勢映画 사건[73]에서, 지방재판소는 미편집상태의 필름(영상저작물)은 영화이고 영화제작자에게 귀속한다고 하였지만, 고등재판소에서는 반대 결론이 나왔다. 미편집상태의 필름이 영화가 아니라고 하면, 그것이 저작물의 일반적 요건을 충족하는 한, 다른 일반의 저작물과 동일하게 다루어지게 될 것이다.[74] 또한 영화의 저작권을 영화제작자에게 집중하게 한 29조의 취지는, 일원적 관리를 통해 유통을 촉진시키고, 투하자본을 회수하기 쉽게 하는 점에 있으며, 그러한 관점에서 미사용・미편집 필름의 저작권을 영화제작자에게 귀속시킬 필연성은 없게 될 것이나,[75] 반대설도 많다.[76] 영화가 되기 전의 영상저작권은 감독 등의 저작자에게 귀속하고 영화가 된 순간에 영상저작권이 소멸하고, 대신에 영화저작권이

---

72) 이 문제에 관해서는, 영화인가 아닌가라는 점에서 판단하는 것도 가능하고, 영화로 인정한 후에 반포권은 소진하는가라는 점에서 판단하는 것도 가능하다. 또한, 田村 161면은, 허락을 얻어 유통한 경우는, 상영권침해의 목적이 결부되지 않는 한 반포권 침해가 되지 않는다고 한다.

73) 東京地判平4・3・30 判タ802면208호에서는, 영화의 어떤 단계인가, 어떤 부분인가를 불문하고, 미편집필름・완성 후의 잔여 필름이라도 영화저작물이다, 라고 하여 저작권은 영화제작자에게 귀속한다고 하였다. 그에 대하여 東京高判平5・9・9判時1477호27면은, 미편집 필름에 관해서는, 저작물로 인정함에 족한 영화가 아직 존재하지 않는다고 해야 하고, 거기에 촬영수록된 「영상저작물」의 저작권은 감독에게 귀속한다,고 하였다. 상고심인 最判平8・10・14(未登載)에서 상고기각. 또, 吉田大輔 「映画の著作物概念に関する一考察」紋谷暢男還暦記念 『知的財産権法の現代的課題』(発明協会, 1998) 750면 참조.

74) 金井=小倉・上 225면(小倉秀夫).

75) 榎戸道也 「映画の著作物」牧野=飯村 263면.

76) 作花・詳解 208면, 田村 394면, 内藤篤 『エンタテインメント契約法(改訂版)』(商事法務, 2007) 128면은, 동경고등재판소의 판결은 慣習에 반한다고 서술하고 있다.

제작자에게 귀속하는데 대한 이론상의 의문도 제기되고 있으며, 현실적 문제로서 그와 같은 미사용·미편집 필름에 관해서 16조(영화 저작물의 저작자)가 적용되는가의 문제가 중요하다.

이 三沢市勢映画 사건 판결의 구체적 당부는 별개로 하고, 짧은 영화장면이더라도 영상을 연속하여 물건에 고정하고 있으면 영화라고 생각한다면, 본건에서도 모든 필름이 영화가 되고, 저작권은 영화제작자에게 귀속하게 될 것이다. 동경고등재판소의 판단에 따른다면, 몽타주 혹은 컷 등의 편집적 작업을 거쳐 비로소 저작권법상의 영화가 되고, 영화 제작과정의 어딘가의 단계에서 단순한 영상의 저작물이 영화저작물로 변화한다는 것이다.[77] 그 경우, 영화저작물이 된 단계에서, 그때까지의 단순한 영상의 저작권은 영화저작권에 흡수된다고 생각하고 있는 것일테다.[78] 동경고등재판소와 같은 사고방법도 반드시 부당하다고는 말할 수 없지만, 위화감이 있다고 하면, 그것은 영화저작물에 한해서 특별한 권리귀속규정(29조)을 둔 데에 기인한다. 구체적인 상황에 따라서는, 출자자인 영화제작자에게 귀속시키는 쪽이 타당한 경우도 많다고 생각되지만, 프로그램을 개발위탁한 경우와의 형평성에서, 미편집 필름의 저작권의 귀속은 사전에 계약으로 미리 처리해 두어야 할 것이다. 또, 사후적인 판단으로, 묵시의 양도계약이 인정되는 경우도 많다고 생각된다.

참고로, 29조 괄호에서 15조에 해당하는 경우는 제외하고 있기 때문에, 미편집 필름이더라도, 15조의 직무저작에 해당하는 경우에는, 사용자에게 저작권이 원시적으로 귀속한다.

(4) 영화의 저작자·저작권자

영화의 저작자에 관해서는, 「**제2장 저작권의 주체 제2절 저작자 = 창작자 4. 예외 (3) 영화저작물**」을, 영화의 저작권자에 관해서는, 「**제2장 저작권의 주체 제4절 저작권자**」 참조. 또한 영화의 저작물성의 문제는 아니지만, 영화의 저작물에

77) 田村 395면.

78) 이와 같은 생각은, 영화개념을 주로 극장용영화로 염두에 두고 있다고 생각된다. 그렇다면, 아이의 운동회를 가정용비디오에 수록한 것은, 카메라워크에서 창작성이 생겨 저작물이 될 수 있을 것이지만, 편집작업 등을 경유하지 않기 때문에, 영화라고 말할 수 없게 될 가능성도 생긴다. 이 점에 관해서, 三沢市勢映画 사건을 계기로 하여 새로운 영상저작물 개념을 생각하는 것으로서, 吉田大輔 「映画の著作物概念に関する一考察」紋谷暢男還暦記念 『知的財産権法の現代的課題』(発明協会, 1998) 741면.

는, 그 특수성에서 일반 저작물과는 다른 규정이 마련돼 있는데 그것은 그 각각의 해당분에서 상설하기로 한다.

(5) 영화저작물의 보호기간

이 점에 관해서는 「**제5장 저작권의 발생 · 소멸과 보호기간 제2절 보호기간 3. 보호기간산정의 특례 (3) 영화의 저작물**」 참조.

9. 사진저작물(8호)

(1) 사진저작물의 특성

저작권법에는 사진 자체의 정의 규정은 없지만, 일반적으로 사진을 물리적 또는 화학적 방법으로 피사체를 필름이나 인화지 등에 영상(影像)으로 재현하는 것을 가리킨다고 생각된다. 원래는 은염(할로겐화은)사진을 말하는 것이었으나, 「사진의 제작방법과 유사한 방법을 이용하여 표현되는 저작물」도 사진저작물에 포함된다고 되어 있고(2조4항), 급속히 보급되고 있는 디지털사진도 사진에 포함된다.

지금이야 사진저작물도 일반 저작물과 동일하게 다루어지고 있지만, 역사적으로는 낮은 수준의 저작물로서, 보호기간에서 냉대를 받았다.[79] 이는 회화나 조각 등과는 달리, 카메라라는 기계가 결정적인 중요한 역할을 하여 대상물을 찍고 있는 것이라, 사람에 의한 창작이라는 측면이 작다고 생각되었기 때문일 것이다.[80] 사진을 저작물로 인정해야 하는가라는 점에 관해서는 일찍부터 논의가 있었고, 또한 각국에서도 보호의 방법은 다르다.

그러나 최근, 사진이 예술작품일 수 있다는 것은 널리 인지되어 왔고, 더불어 정보화시대를 맞이하여 사진은 콘텐츠로서 경제재산가치를 높이고 있어, 현재 사진이라는 이유만으로 다른 저작물과 차별할 이유가 없다. 다만 회화와 비교하여, 저작물로 인정되지 않는 것도 있지만, 그것은 사진이기 때문에 저작물성이 부정되는 것이 아니라, 저작권법의 일반이론에 의해 저작물성이 부정된 것일 뿐이다.

---

79) 구법에서 사진의 보호기간은, 『발행 後』(발행없는 때는 인화 後) 10년간이라고 하였는데(구 23조), 현행법에서는 『공표 後』 50년간으로 규정되고(55조), 다시 1996(平成8)년 개정에서 55조는 삭제되고 통상의 저작물과 똑같이 『死後』 50년으로 규정되기에 이르렀다. 이 사이의 경위에 관해서는, 加戸 349면 참조.

80) 구법 하에서 견해에 관해서는, 山本 247면. 그러나 이 책에서는 동시에 「예술사진의 관념이 고도로 발달한 현재, 이 점에 대해서는 의문이 제출되어 있다」고 서술하고 있다.

그 결과, 1996(平成8)년 개정에서 보호기간에 관한 사진 특유의 규정(55조)이 삭제되고, 현재는 다른 저작물, 특히 미술저작물과의 경계를 논할 실익은 감소되었다. 다만 현재에도, 「공표권」(18조2항2호), 「전시권」(25조), 「원작품의 소유자에 의한 전시」(45조)에서, 미술저작물과는 다른 규정이 마련돼 있기 때문에, 그 범위에서 사진저작물을 미술저작물과 구별할 실익이 있다.

사진은, 원래 존재하는 것을 존재 그대로 찍는 것이기 때문에, 저작권법상으로는 부모를 닮지 않은 아이와 같은 존재로, 국제적으로도 특수한 취급을 받아 왔다. 그러나 현재 적어도 일본에서는, 통상의 저작물로서 취급을 받고 있으며 특수한 존재로 취급할 필요는 없다. 결국, 사진이 가지고 있는 기술적인 특성을 고려하여, 저작물성의 일반적인 요건을 적용하는 문제로 귀착된다.

사진은 기본적으로는 피사체를 본래대로에 베껴 찍는 것이고, 카메라라는 기계에 의존하는 면이 크다. 그 때문에 사진 중에는, 고정식 감시카메라로 촬영한 사진, 자동증명사진, 회화사진 등과 같이 단순히 피사체를 그대로 찍은 것에 대해서 저작물성은 인정되지 않는다.[81] 피사체를 충실히 베껴 찍는 사진은, 그런대로 고도한 테크닉을 필요로 하는 경우도 있고, 저작물성이 부정된다면 데드카피를 막지 못하기 때문에 이견도 있지만,[82] 고도한 테크닉자체는 저작권법에서 보호되지는 않는다. 가령 고도한 테크닉이 보호된다고 하면, 미술품의 충실한 복제, 고미술품의 복원, 미적 요소가 있는 공업제품, 반도체칩 등에까지 영향이 미치고, 저작권법 체계에 파탄을 가져올 우려가 있다. 그것들을 보호할 필요가 있다고 하면, 다른 법제에 의하면 된다.[83] 피사체를 베껴 사진을 찍을 때, 피사체 그 자체와는 별개로, 사상감정을 나타내고 있는가 하는 점이 중요하다.

사진이 저작물일 수 있는 것은, 피사체의 선택, 셔터찬스, 셔터스피드・조리개의 선택, 카메라앵글, 조명, 구도・트리밍, 렌즈・사진기의 선택, 필름의 선택, 현상・인화 등에 의해 사상・감정이 표현되어 있기 때문이다.[84] 소위 예술사진으로

---

81) 東京地判平10・11・30 判時1679호153면(版画撮影事件).

82) 秋吉 122면(木原幹郎).

83) 예컨대, 반도체칩법이 이에 해당하고, 일반불법행위법도 이용가능하다. 東京高判平3・12・17 判時1418호120면(木目化粧紙事件), 京都地判平 1・6・15判時1327호123면(佐賀錦袋帯事件).

84) 東京地判昭61・6・20 判タ637호209면(SM写真事件)에서는, 구도, 카메라앵글, 빛의 양, 셔터찬스를 스스로의 판단으로 선택・조정한 자가 저작자라고 하였다. 東京地判平11・3・26 判時1694호142면(Dolphin Blue事件)에서는, 자연 가운데에 생식하고 있는 야성의 돌고래를 피사체로 촬영한 사진에 대하여, 촬영함에 있어 스스로의 촬영의도에 따라 구도를 결정하고, 셔터찬스를 잡아서 촬영하였기 때문에, 사상 또는 감정을 창작적으로 표현한 것으로서 저작물성을 갖는다고 하였다. 大阪地判平15・

부르고 있는 것은 물론이고, 브로마이드와 같은 초상사진도, 사상・감정이 표현되어있다면 저작물일 수 있다.[85] 영화의 한 장면도 사진으로 생각되고 있다.

저작물성이 인정되는가 아닌가의 경계선상에 있는 것으로서, 현미경사진이나 항공사진 등이 있다. 그들의 저작(물)성은, 사상・감정, 창작성의 문제로서 처리된다. 다만 현실문제로서 사진 자체로부터 객관적으로 보아서, 피사체와는 별개의 사상・감정의 창작적 표현인가 아닌가를 판단하는 것은 곤란한 경우가 많고, 예컨대 자동초점카메라로 찍은 사진이더라도, 저작물성을 부정하는 것이 사실상 어려운 경우가 많을 것이다.[86]

(2) 사진저작물의 보호범위

사진저작물의 보호범위는, 통상은 회화보다 좁게 해석하고 있다. 사진을 이용한 경우, 구체적으로는 당해 사진을 복사하거나, 사진을 아래로 하여 그림을 그린 경우에 침해로 인정될 가능성이 많다. 사진저작물의 보호범위에 관해서는, 피사체와의 관계에서 두가지로 크게 구별할 수 있다. 하나는, 피사체가 주어져 있는 존재로 그 제작에 촬영자가 관여하지 않은 경우이고, 다른 하나는 촬영자가 피사체를 스스로 제작한 경우이다.

전자의 예로서는, 후지산과 같은 풍경사진이 있다. 후지산을 촬영하더라도, 계절, 장소, 시간, 방향 등에서 양상이 다른데, 그것은 이미 존재하는 피사체의 제양상 중에서 한가지를 선택하였다라는 것이고, 그 선택 자체는 저작권법상 보호되지 않는다. 그 선택한 양상 하나를, 촬영기술 등의 창의적 노력을 통해 필름에 창작적으로 표현함으로써 비로소 저작물이 된다. 그 저작물성은 피사체가 아니라, 촬영자의 촬영기술을 중심으로 판단된다. 그렇다면, 이론적으로는 타인의 사

10・30判時1861면110호(グルニエ・ダイン事件)에서는, 건축물의 판매용카탈로그에 게재한 사진에 관해, 피사체의 선정, 촬영의 구도, 배치, 광선의 조사방법, 촬영 후의 처리 등에서 창작성이 있고, 사상 또는 감정을 창작적으로 표현한 것으로서 저작물성을 갖는다고 하였다. 이 외에도 다수의 판례가 있다.

85) 東京地判昭62・7・10 判時1248호120면(真田広之ブロマイド事件), 東京地判平15・2・26 判時1826호117면(創価学会肖像写真事件).

86) 中川=阿部 53면(野村義男), 加戸 123면. 津地判平6・1・31(未登載) (津医療生活協同組合写真事件)에서는, 본건 사진에 대해서 창의와 궁리의 정도를 판단하는 것은 극히 곤란하기 때문에, 원칙으로서 저작물성을 긍정하는 것이 상당하다고 하였다(名古屋高判平,6・10・27(未登載)에서 항소기각, 最判平9・10・9(未登載)에서 상고기각). 또한 비전문가가 촬영한 사진에 관해서 저작물성을 인정한 판결로서, 青森地判平7・2・21 判タ976호224면(石垣写真事件), 그 항소심인 仙台高判平9・1・30 判タ976호215면.

진 자체를 복사하지 않고, 같은 피사체를 같은 장소에서 스스로 촬영하더라도 비침해가 될 것이다. 그런 의미에서, 그와 같은 사진의 저작권의 보호범위는, 사실상 그 사진 자체를 이용한 복제나 번안으로 한정될 것이다.[87)]

후자의 예로는, 모델사진이나 정물사진이 있다. 예를 들면 모델사진의 경우, 제3자가 같은 모델을 고용하고, 같은 옷을 입히고, 같은 자세를 취하게 하고, 같은 배경의 사진을 스스로 촬영한 경우에 침해가 되는가? 또, 타인의 꽃꽂이와 같은 꽃꽂이를 만들어 스스로 촬영한 경우는 어떤가?

수박의 정물사진에서, 피사체의 선정, 조합, 배치 등에서 창작적인 표현이 있는 경우, 사진으로 나타나는 것은, 피사체와 촬영·현상 등의 방법 양자라고 한 판결이 있다.[88)] 그와 같은 견해를 채택하면, 피사체가 저작권법상의 보호 가치가 있는 경우에는, 촬영·현상 등의 창의적 노력 뿐 아니라, 그러한 노력과 피사체가 일체된 사진으로 보호를 받고, 보호범위도 피사체에까지 확장되어, 유사한 피사체를 설정하여 독자적으로 촬영하더라도 침해가 될 수 있다.[89)] 또한, 피사체와 일체가 되어 사진으로 보호를 받는다고 생각하는 경우, 스스로 피사체를 창작하여 촬영하면 문제는 적지만, 타인이 창작한 꽃꽂이 등을 촬영하는 경우는 복잡하게 된다.

그에 반하여, 피사체를 인위적으로 제약한 경우라도, 풍경이 피사체의 경우와 마찬가지로 사진이라는 것은 어디까지나 촬영·현상 등의 창의적 노력이라고 생각하여, 사진 저작권으로서 보호되는 것도 그 범위로 한정된다고 생각할 수도 있다.[90)] 그 경우, 피사체에 저작권법상 보호 가치가 있는 것이 있다면, 피사체는 사

---

87) 大阪地判平7·3·28 知的裁集27·1·210(カーテン用商品カタログ写真事件)에서는, 동일한 피사체를 똑같은 촬영방법을 이용하여 촬영하였다고 해서, 바로 복제라고는 하기는 어렵다고 하였다. 大阪地判平9·3·13(未登載,, コピライト436호 42면)(フライパン写真事件)에서는, 사진의 저작물의 복제란, 당해 사진 그 자체에 의거하여 그것과 동일성 있는 것을 재제(再製)하는 것으로, 그 보호는 추상적인 피사체의 선정, 구도, 빛의 양의 조정 등이라는 촬영방법에 미치는 것은 아니라고 서술하고 있다. 東京地判平11·12·15 判時1699면145호(スイカ写真事件)에서는, 사진의 유사판단은, 피사체의 선정, 조합, 배치가 공통되는지 여부가 아니라, 촬영시각, 노광, 음영의 붙임방법 , 렌즈의 선택, 셔터속도의 설정, 현상 수법 등에서 유사한지를 검토할 필요가 있다고 하여 침해를 부정하였지만, 항소심에서는 반대 판단이 내려졌다.

88) 東京高判平13·6·21 判時1765호96면(スイカ写真事件 항소심).

89) 東京地判平15·10·30 判時1861호110면(グルニエ·ダイン事件)에서는, 피사체인 주택건축물의 저작물성은 부정되었지만, 카탈로그용으로 촬영한 사진에 저작물성을 인정하고, 유사한 다른 주택건축물의 사진에 대해 저작권침해를 인정하였다. 다만 그 때, 양 건축물의 유사성에 관해서는 상세히 인정하고 있으나, 「피사체의 선정, 촬영의 구도, 배치, 광선의 조사방법, 촬영 후의 처리 등」의 이동(異同)에 관해서는 서술하지 않았다.

90) スイカ事件의 원심(앞의 주 87). 大阪地判平7·3·28 知的裁集27·1·210(カーテン用副資材カ

진과는 별개의 저작물이 되며, 사진은 그 저작물의 2차적저작물이 될 수 있다. 또한 사진의 창작자가 피사체의 제작에 기여하고 있다면, 피사체에 관해서 공동저작자로도 될 수 있다. 예를 들면 꽃꽂이를 촬영한 사진의 경우에는, 꽃꽂이도 저작물이 될 수 있고, 사진도 저작물이 될 수 있다. 같은 사람이 꽃꽂이를 하고 촬영하더라도, 그 자가 2개의 저작물의 저작자가 된다. 별개의 저작물로 생각하면, 제3자가 동일 혹은 유사한 피사체를 독자적으로 촬영한 경우에, 침해받는 것은 사진저작권이 아니고, 피사체의 저작권이 될 것이다.[91]

사진이란 피사체를 그대로 촬영한 것이지만, 기기 등의 발달에 의해 촬영 시에 창작성이 생기게 되었기 때문에 저작물이 된 것이고, 사진에 대해서는 결국 피사체를 그대로 촬영한다는 원점으로부터 출발하여 사진 전체를 통일적으로 파악하고, 피사체는 별개로 생각하는 것이 바람직하다고 생각된다.[92] 극단적인 예로, 대상까지 포함하여 사진의 저작물성을 생각하게 되면, 노상의 고정카메라 앞에 저작물인 꽃꽂이를 두면 그 사진은 저작물이 되지만, 촬영기술 등만을 고려하여 사진의 저작물성을 생각하면 저작물성은 부정되게 된다.

저작권법은 원작품이라는 용어를 사용하고 있다. 회화와 같은 일품제작품에 관해서 원작품의 개념이 명확하지만, 대량 제작된 사진, 판화나 주형에 의해 복수 제작된 조각에 관해서는 반드시 명확하지는 않다. 사진에 관해서는 네가(nega)가 아니라 포지(posi)가 원작품으로 생각되고 있으며, 포지가 대량 만들어졌다 하더라도, 같은 네가로부터 만들어진 것은 오리지널・카피(Original copy)라 일컬어지며 원작품으로 생각되고 있다.[93] 디지털카메라의 경우에는, 기록장치에 저장된 디지털정보의 출력에 대해서도 똑같이 원작품이 될 것이다. 따라서 표시의 요건

タログ事件)은, 서로 다른 대상물을 피사체로서 촬영한 경우에는 복제로 해석할 여지는 없다고 서술하고 있다.

91) 田村 96면, 茶園成樹「写真の著作権・編集著作権の侵害の成否 − 商品カタログ事件」著作権研究 25호 216면(1999).

92) 반대설로서, 加戸 122면은, 피사체 인물에 포즈를 취하게 하기 위한 지시가 사진의 저작물성의 판단 기준이 된다고 하고 있으며, 作花・詳解105면도 똑같은 것을 서술하고 있다. 小泉直樹・スイカ写真事件[判批] 判時 1779호208면, 小泉直樹「二次的著作物について」コピライト494호21면(2002)은 「고객의 눈을 끄는 것은 어떤 점인가라는 관점에 의하면, 노출, 렌즈의 선택 등이 아니라, 피사체가 무엇인가하는 것이야 말로 중요한 것이다. 특정 피사체를 촬영하는 것이 독점되는 것은 확실히 문제이지만, 저작권법은 상대적인 독점권이라 실제로 폐해는 적다」라고 서술하고 있지만, 표지법(標識法)과는 달리, 저작권법은 고객의 눈이라는 판단기준은 없다고 생각되며, 일단 어떤 사진을 봐 버리면, 이미 유사한 사진은 찍을 수 없게 되어 버린다는 문제도 있을 것이다.

93) 加戸 140면・191면・206면, 作花・詳解 287면. 다만, 권원없는 자가 당해 네가(nega)를 이용하여 현상한 경우에는 문제가 있을 것이다.

을 충족하면 14조에서의 저작자의 추정을 받고,[94] 45조의 전시 규정, 47조의 전시를 수반하는 복제 규정의 적용도 받는다. 또한 18조2항2호의 공표권, 25조의 전시권에 관한 규정의 적용을 받지만, 이들에 관해서는 미발행인 것이라는 요건이 부과되어 있다.

10. 프로그램저작물(9호)[95]

(1) 총 설

프로그램(특히 소스코드)은 자연언어와 유사한 프로그램언어로 기술되어 있기 때문에, 언어저작물로서 취급되고 있는 나라도 많다. 그러나 소설·회화·음악 등의 전형적인 저작물과는 달리, 프로그램에서 진실로 중요한 것은 표현이 아니라 기능이라는 점에서 특질을 가지고 있기 때문에, 애당초 이와 같은 것을 저작권법으로 보호해야 하는가라는 점을 둘러싸고 커다란 논쟁이 있었다. 그러나 1985(昭和60)년 개정으로 프로그램이 저작물로 명문으로 규정되고부터는, 논의는 그 요건(특히 창작성)과 보호범위로 옮겨갔다.

확실히 프로그램은, 소설등과는 결정적으로 다른 성질을 가지고 있고, 이와 같은 것을 저작권법의 틀 내에 포함시킨다는 것은, 저작권법의 성질 자체에도 큰 변화를 가져오는 계기가 되었다. 미국에서는 작가 단체가 저작권법에서 프로그램을 보호하는 것에 반대하였지만, 그것은 프로그램과 같은 성질을 가진 것을 저작권법에 포함시킴으로써, 저작권법의 순수성이 파괴되고, 소설과 같은 저작물의 보호가 충분하게 이루어지지 않게 되는 것을 우려하였기 때문이다. 프로그램과 소설을 같은 법에 규정함으로써, 「**서장 저작권법의 의의 제1절 들어가며 1. 저작권법의 우울**」에서 서술하였듯이, 저작권법 세계에 큰 혼란을 초래하게 되었다. 다른 한편으로 이것은, 저작권법의 새로운 체계를 생각하게 하는 재료가 되었다고 말할 수 있다. 현재의 저작권법은, 이 디지털과의 조화를 도모하지 않으면 안 되는 숙명을 지고 있다.

---

94) 다만, 복수 부수의 일부에만 성명 등이 표시되어 있는 경우에는 문제가 남는다.

95) 프로그램 全般에 관해서는, 中山・ソフトウエア, 中山・マルチメディア, 中山信弘「ソフトウエアの法的保護-侵害を中心として-」法曹40권9호1면(1988)참조, 椙山敬士=D.S.カージャラ『コンピュータ・著作権法』(日本評論社, 1988), 椙山 참조.

(2) 입법 경위[96)]

정보화의 진전과 함께, 컴퓨터 · 소프트웨어 그 중에서도 프로그램의 중요성이 증가하고 있다. 프로그램이 하드웨어의 부속물이었던 시대에는, 프로그램 자체의 법적보호의 필요성은 낮았지만, 하드웨어와 분리되어 프로그램 자체가 재화로서의 가치를 갖게 되자, 프로그램 자체의 법적보호가 문제되어 그 방법을 둘러싸고 큰 논쟁이 생겼다. 구체적으로는, 특허법적 어프로치와 저작권법적 어프로치와의 대립이었다.

소프트웨어의 법적보호를 둘러싼 논쟁은, 1965(昭和40)년대부터 존재하였지만, 1982(昭和57)년에, 日立 · IBM事件, 富士通 · IBM事件이 발생하여, 이 문제는 이내 사회의 각광을 받게 되었다. 또한, 당시 게임소트프웨어 침해사건이 다수 발생하였고, 지방재판소 수준에서는 게임프로그램의 저작물성을 긍정하는 판결이 나왔다.[97)] 이와 아울러 입법의 움직임도 활발하여, 통산성(現 경제산업성)은 특허법적 어프로치의 신규입법을 제언하고, 문화청은 저작권법 안에 프로그램을 끌어들일 것을 제언하였다. 결국, 미국으로부터 강한 압력을 받아, 통산성은 신규입법을 단념하였고, 1985(昭和60)년에 프로그램을 저작물로 인정한 저작권법개정이 이루어졌다. 그래서 프로그램을 저작권법에서 보호한다는 점에 관해서는 현재 국제적으로 결말이 났고,[98)] 이 논쟁에도 일단의 종지부를 찍었다. 프로그램과 같은 것이 저작권법시스템에 친숙한 것인가 아닌가라는 점에 관해서는 의문도 있으나, 저작권법이 개정되어 프로그램을 끌어들인 이상, 저작권법의 틀내에서 어떻게 타당한 해석을 해야 하는가, 프로그램을 끌어들인 저작권법의 체계를 어떻게 재구축해야 하는가라는 논의가 필요할 것이다.

프로그램은 저작물일 수 있지만, 저작권법만으로 프로그램이 충분히 보호되는 것은 아니라는 점이 점차 명확하게 되었다. 현재, 프로그램의 보호는 저작권법과 함께 특허법 · 부정경쟁방지법 · 상표법 · 불법행위법에 의해 이루어지며, 상황에 따라서 각 법을 시의적절하게 이용하게 되어 있다. 특히 특허법에서는, 프로그램

96) 상세는 中山・ソフトウエア 9면, 中山信弘「ソフトウエアの法的保護に伴う国際問題」総合研究開発機構編『多国籍企業の法と政策』(三省堂, 1986), 斉藤97면, 作花文雄「コンピュータ・プログラム」知財管理51권3호379면(2001) 참조.

97) 프로그램을 저작물로 인정한 리딩케이스는, 東京地判昭57・12・6 判時1060호18면(スペース・インベーダー・パートII事件)이다. 그 다음으로, 横浜地判昭58・3・30 判時1081호125면(スペース・インベーダー事件), 大阪地判昭59・1・26 判時1106호134면(万年カレンダー事件)도 동일한 판결을 내리고 있다.

98) 프로그램을 저작권법에서 보호해야 하는 것은 TRIPS협정 10조1항에도 규정되어 있다.

특허,[99] 다시 비즈니스방법에 관한 특허[100]가 인정되게 되었고, 소트프웨어 보호의 중요한 일익을 담당하고 있지만, 특허법과 저작권법은 그 요건·효과가 다르다. 많은 사건이 데드카피(dead copy) 사례인데, 저작권이 이용하기 쉽기도 하지만, 개변을 가한 경우에는 아이디어까지 보호대상으로 하는 특허법을 이용하기 쉬운 면도 있다. 요컨대, 사건에 따라서 적당한 法을 선택하여 프로그램의 충분한 보호를 도모하는 시대가 되었다.

(3) 프로그램의 개념[101]

소프트웨어에 관해서는 저작권법에 정의규정은 없지만,[102] 요약하면 컴퓨터의 사용방법 내지는 계산방법이라 할 수 있으며, 광의로는 프로그램뿐 아니라 시스템설계도, 플로우차트, 매뉴얼 등도 포함된다.[103] 저작물성의 요건을 갖추고 있다면, 소프트웨어도 도형이나 언어 등의 저작물이 될 수 있다.[104] 그것에 대하여 프로그램은, 문자·숫자·기호들을 조합한 언어체계로 기술되어 있기 때문에, 언어저작물의 일종으로 파악할 수 있고, 그와 같이 다루는 국가도 많다. 일본에서는 1985(昭和60)년 개정에서, 프로그램의 특수성을 고려하여, 프로그램이란「전자계산기를 기능하게 하여 하나의 결과를 얻을 수 있도록 이에 대한 지령을 조합하여 표현한 것」이라 정의하고(2조1항10호의2), 언어저작물과는 다른 유형의 저작물로 정하였다. 위 규정에 의하면, 프로그램은 컴퓨터에 대한 명령의 조합을 표현한 것이면 되고, 응용프로그램, 오퍼레이션시스템 등의 프로그램의 종류는 불문한다.[105] 또한 기기 중에 부품으로서 조립되어 있는 것도 저작권법상의 프로그램에 해당한다.

프로그램은 컴퓨터에 대한 명령을 조합하여 표현한 것이라고 정의되어 있기 때문에, 명령의 조합이 아닌 것은 프로그램이 아니다. 예를 들면 바코드는 컴퓨터가 읽을 수 있지만, 프로그램은 아니고, 또한 코드 중에 기재되어 있어도 명령이

---

99) 特許庁의「特許・実用新案審査基準 第Ⅶ特定技術分野の審査基準 第1章 コンピュータ・ソフトウエア関連発明」.

100) 特許庁의「ビジネス方法の特許に関する対応方針」.

101) 中山・ソフトウエア 26면 参조.

102) 中山・ソフトウエア 5면 参조.

103) 中山・ソフトウエア 4면 参조.

104) 中山・ソフトウエア 52면 参조.

105) 오브젝트 프로그램의 저작물성에 대해서는 논의도 있지만, 판례는 1985(昭和60)년 개정 전부터 그 저작물성을 인정하였다. 현재는 TRIPS협정 10조1항에도 명기되어 있다(상세는, 尾島 60면).

조합되지 않은 표현은 프로그램이라고 말할 수 없다. 다만 그것들이 저작물의 요건을 충족하고 있다면 저작물이 될 수 있지만, 프로그램저작물 특유의 규정(15조2항, 20조2항3호, 47조의2, 76조의2, 113조2항)은 적용할 수 없다. 하나의 프로그램이 몇 개의 모듈로 구성되어 있는 것도 있지만, 각 모듈도 프로그램의 요건을 충족하는 한 프로그램으로서 다루어진다.

전자파일로서 기록매체에 전자적으로 기록되고, 전자계산기가 그것을 읽고 취할 수 있는 것이더라도, 컴퓨터를 작동시켜 일정하게 처리하도록 하는 것이 아니라면 프로그램에 해당하지 않는다고 한 판례가 있다.[106] 역으로 프로그램으로서의 독립성이 없어도 데이터부분을 잘 읽고 이해하는 다른 프로그램과 협동하는 것에 의하여 전자계산기에 대한 명령을 조합하여 표현한 것으로 볼 수 있는 것이라면, 프로그램에 해당한다는 판례도 있다.[107]

직접 오브젝트프로그램을 작성한 경우는 그 자체가 저작물이 되지만, 소스프로그램을 작성하여 그것을 컴파일러로 변환한 오브젝트프로그램은 소스프로그램의 복제가 된다. 실제 어느 하나의 소스프로그램이 컴파일러의 종류에 의해 다른 오브젝트프로그램이 될 수도 있다 하고, 또한 컴파일러 중의 라이브러리의 일부가 오브젝트프로그램에 잠입하는 것도 있을 수 있기 때문에, 반드시 일대일 대응이 되지는 않지만, 그럼에도 불구하고 그 정도의 범위라면 통상은 복제라고 생각된다.[108] 오브젝트프로그램을 해석하여 소스프로그램을 복원해도 복제가 번안이 되는 경우가 많다고 해석된다.[109]

프로그램이 저작물이기 위해서는 저작물의 일반요건을 충족할 필요가 있다. 프로그램이라면 거의 학술적이라고 말할 수 있지만, 창작성에 관해서는 문제가 있다. 프로그램저작물에 요구되는 창작성의 개념을, 미술・음악・소설의 경우와 동일하게 생각해야 하는가라는 점에 관해서는 논의가 있다(이 점에 관해서는 「**제2절 저작물의 정의 2. 창작성**」을 참조). 프로그램에 따라서는 선택의 폭이 극단적으로

106) 東京高判平4・3・31 知的裁集24권1호218면(IBFファイル事件). 이 사건의 IBF파일이, 실제로는 컴퓨터를 작동시켜 일정한 처리를 시킨 것인가 라는 점에는 이견도 있지만(山神清和 ジュリスト1098호136면의 본건 평석 참조), 저작권법상 프로그램이란, 전자계산기에 대한 명령의 조합이고, 그에 의해 전자계산기를 작동시켜 일정한 처리를 시키는 것이어야 한다고 한 판시의 일반론은 타당하다.

107) 東京地判平15・1・31判時1820호127면(電車線設計用プログラム事件).

108) 엄밀히 생각하면 복잡한 문제도 생길 수 있지만, 中山・ソフトウエア29면 참조.

109) 東京地判昭62・1・30 判時1219・48(システムサイエンス事件)은, 베이직 인터프리터의 오브젝트 코드를 역어셈블하여 소스코드를 작성하고, 그것을 출판한 것을 저작권침해라고 한 사건이다.

좁은 경우이거나, 누가 작성해도 동일 혹은 유사한 것이 되는 것과 같은 짧은 프로그램의 경우에는 창작성이 부정되는 것도 있을 것이다.[110)]

(4) 프로그램언어, 규약, 해법[111)]

프로그램언어, 규약, 해법에는 저작권법에 의해 보호가 미치지 않는다고 규정되어 있어(10조3항), 이하 그 각각의 의미를 검토한다.

프로그램언어란, 「프로그램을 표현하기 위한 수단으로서의 문자 기타 기호 및 그 체계」를 가리킨다(10조3항1호). 프로그램언어는 표현을 위한 도구에 지나지 않으며 저작물은 아니다. 그것은 에스페란토(Esperanto)어를 창작하였다 해도, 그 언어 자체에 저작권법의 보호가 미치지 않는 것과 똑같다.

규약이란 「특정한 프로그램에서 프로그램언어의 용법에 관한 특별한 약속」이다(10조3항2호). 프로그램언어가 일반적인 언어체계인 것에 비하여 규약이란 개개 프로그램에서의 약속이고, 구체적으로는 인터페이스나 통신프로토콜 등을 가리킨다. 규약에도 저작권법의 보호가 미치지 않는데, 이는 스포츠나 게임의 룰(rule) 자체에 저작권의 보호가 미치지 않는 것과 똑같은 취지이다.

해법이란 「전자계산기에 대한 지령의 조합 방법」을 가리키고(10조3항3호), 일반적으로는 알고리즘이라고 불리고 있다.[112)] 해법은 아이디어 수준의 존재이고, 사상・감정의 구체적 표현은 아니기 때문에 저작물일 수 없다.[113)] 규약이나 해법 자체는 아이디어의 일종이기 때문에, 타인의 프로그램으로부터 규약이나 해법을 추출하여, 그로부터 구체적 표현인 프로그램을 작성하더라도, 이론상으로는 저작권침해가 되지 않는다. 일반 저작물처럼, 프로그램의 경우도 표현과 해법과의 구별, 혹은 번안 범위의 판단은 어려운 문제이지만, 프로그램은 중요한 경제재이기 때문에, 소설・회화 등에 견주어, 그 구별 기준은 보다 심각한 문제가 될 것이다.

규약이나 해법 자체는 아이디어이지만, 그것이 구체적 표현으로 되면 저작물

---

110) 加戸 124면 참조.

111) 각각의 의미에 관해서는, 中山・ソフトウエア124면 참조.

112) 東京高決平元・6・20判時1322호138면(システムサイエンス事件)에서는, 방론이기는 하지만, 처리의 흐름은 해법이 저작물로서의 보호를 받지 않는다고 서술하고 있다.

113) 東京地判平15・1・31 判時1820호127면(電車線設計用プログラム事件)에서는, 전차선의 설계용프로그램에서 「『노정 최초의 값』, 『노정 옵셋치』, 『축척』, 『용지사이즈』의 순서로 변수에 값을 설정한다는 처리의 흐름도, 법10조3항3호 소정의 『해법』에 해당하여, 저작물로서의 보호를 받을 수 없다」라고 서술하고 있다.

로 될 수 있다.[114] 스포츠의 룰 자체는 저작권의 보호대상은 아니지만, 그것을 기술한 구체적인 규정집(rule book)은 저작물일 수 있는 것과 똑같다.다만 주의하지 않으면 안 되는 것은, 스포츠 규정집이라면 많은 대다수의 표현이 가능할 수도 있지만, 프로그램에 있어서는 규약이나 해법이 정해지면, 구체적 표현이 일의적으로 결정되어지는 경우도 있다. 특히 인터페이스나 통신프로토콜은, 통상의 언어로 기술하면 애매하기 때문에 프로그램으로 기술되는 것도 많고, 그것 이외에 표현이 아닌 것도 있을 수 있어, 그와 같은 경우에는 창작성을 인정해서는 안 된다.

같은 기능을 달성함에 있어, 성능이 저하된 표현, 혹은 불필요하게 긴 표현에서 벗어나면 다른 표현의 가능성이 있다고 하더라도, 그것들은 비즈니스 관점에서는 다른 선택지가 없는 것과 같으며, 이와 같은 경우에 저작권을 인정하면, 사실상 규약이나 해법에 보호가 미친다는 것과 결과적으로 같아진다. 이 문제는 프로그램만 특유의 상황은 아니고, 기술적 저작물 일반에 공통되는 문제이기도 하며, 기능을 중시한 저작물에 대해서는, 효과・효능이라는 관점도 가미하여 사실상 선택지가 없는 것과 같은 경우에도 혼동(merge)을 인정해야 한다.[115]

프로그램언어, 규약, 해법은, 표현을 위한 도구, 룰(rule) 또는 아이디어인데 이와 같은 것은 일반론으로서도 저작권법의 보호를 받는 것은 아니고, 그런 의미에서 10조3항은 확인규정이라 말할 수 있다.[116]

(5) 프로그램저작물의 특수성[117]

저작권법은 표현보호법이란 체계로 되어 있지만, 프로그램저작물에서는『기능』이 가장 중요하다. 시판되고 있는 프로그램의 대부분은 오브젝트코드로 기술되어 있기 때문에, 통상의 유저(user)는 프로그램의 표현에는 흥미가 없고, 프로그

114) 中山・ソフトウエア 46면에서는, 인터페이스나 프로토콜은,「그것이 어떠한 형태로도 보호되지 않는 것을 규정한 것이나, 저작권법 10조3항2호라고 해석해야 한다」고 기술하였지만, 잘못 해석한 표현이었다. 인터페이스나 프로토콜을 프로그램으로서 표현하더라도 모름지기 저작권이 발생하지 않는다고 한 것이 아니라, 그것들에는 다른 선택지가 없기 때문에 창작성이 부정되고, 결과적으로 저작권이 발생하지 않는 경우가 많다는 것이다.

115) 中山・ソフトウエア 115면.

116) 加戸 127면, 作花・詳解 102면, 坂東久美子「コンピュータ・プログラムに関する著作権法の一部改正について」コピライト292호7면(1985), 阿部浩二「著作権法によるコンピュータ・プログラムの保護-著作権法の一部改正」ジュリスト843호41면(1985).

117) 프로그램저작물의 특수성에 관해서는, 中山・앞의 주95)5면 참조. 또한 프로그램저작권 소송의 특수한 문제점에 대해서는, 前田郁勝「プログラム著作権侵害訴訟における審理」牧野=飯村 88면 참조.

램을 읽을 수도 없어, 실질적으로는 기능을 사고 있는 것이다. 물론 프로그램에는 표현도 있지만, 표현이 의미를 갖는 것은 수리・개량 등의 경우만일 것이다. 이와 같이 프로그램이란 표현과 기능의 복합물적 성질을 가지고 있고, 프로그램을 저작권법에서 보호할 때에는, 표현보호의 명목 하에 기능보호로 될 우려가 있다.

기계의 설계도와 같은 저작물의 경우에도 기능은 중요하지만, 그 설계도 자체는 사람에게 읽혀지는 것이며 현실에 기능을 부여하는 것은 설계도가 아니라, 그것으로 만들어진 기계이다. 기계에는 저작권이 발생하지 않고, 설계도를 기초로 기계를 제작하더라도 설계도 저작권을 침해하는 것은 아니기 때문에, 기계 설계도의 저작권은 그 기계의 기능의 독점에는 연결되지 않는다. 반면 프로그램은 그 자체가 컴퓨터에 대한 명령이고, 표현=기능이라는 관계에 있다. 결국 프로그램을 저작권으로 보호한 경우에는, 형식적으로는 표현의 보호이지만, 현실적으로는 기능보호의 의미가 강해짐을 부정할 수는 없다. 이와 같은 프로그램저작물의 특수성으로부터, 그 창작성, 보호의 범위에 관해서도, 통상의 언어저작물과는 다른 고려가 필요할 것이다.[118)]

「제1장 저작물 제2절 저작권의 정의 2. 창작성」에서 서술한 대로, 프로그램저작물에 필요한 창작성 개념은 표현의 선택의 폭이라 생각해야 하고, 어떤 아이디어로 다른 구체적인 표현을 다양하게 할 수 있는가라는 문제에 귀착한다. 프로그램에 따라서는 하드웨어나 접속조건의 구속을 받아, 사실상 선택지(選擇肢)가 없어 창작성이 부정되는 경우도 있다.[119)]

특히 마이크로코드(microcode)와 같은 경우에는 창작성이 부정되는 경우도 많이 있을 것이다.[120)]

118) 東京地判平15・1・31 判時1820호127면(電車線設計用プログラム事件)은, 프로그램의 동일성을 검토할 때에는, 단순히 프로그램 전체의 수순이나 구성이 유사한가 하는 관점에서 판단해서는 안된다고 서술하고 있다. 中山・ソフトウエア 94면의 「제6절 침해」를 참조.

119) 東京高決平元・6・20 判時1322호138면(システムサイエンス事件)은, 「프로그램은 이것을 표현하는 기호가 극히 한정되어, 그 체계(문법)도 엄격하기 때문에, 전자계산기를 기능시켜 보다 효과적으로 하나의 결과를 얻는 것을 기도하려면, 명령의 조합이 필연적으로 유사한 것을 면하지 못하는 부분이 적지 않다」고 할 수 있고, 따라서 하드웨어에 규제되어 본래적으로 똑같이 된 조합 및 일반적, 상식적인 조합을 채용한 명령의 조합에 창작성을 인정할 수 없다고 서술하고 있다. 椙山敬士・ジュリスト943호80면(1989), 吉田正夫・工業所有権法研究35권4호13면(1989), 中山信弘・ジュリスト1026호147면(1993), 金井重彦・著作権研究20호165면(1993)의 평석 참조.

120) 마이크로코드에 관해서는, 中山・ソフトウエア33면, 椙山=カ一ジャラ・앞의 주95)5면 참조.

(6) 프로그램 저작권의 보호범위[121]

프로그램에는 여러종류의 것이 있는데, 일반적으로는, 소설・회화・음악 등에 비하여, 문법이 엄격하여 표현 수단도 한정되어 있고, 보호범위를 널리 파악하자면, 실질적으로는 알고리즘까지 포함한 아이디어 보호가 될 가능성이 있기 때문에, 보호범위는 좁게 해석되는 경향이 있다. 프로그램의 아이디어 보호에는 특허법이 준비되어 있고, 실제로 다수의 소프트웨어 관련 발명이 등록되어 있지만, 특허법이 갖는 신규성・진보성 요건, 실체심사, 클레임, 등록・공개 등과 같은 제도가 없는 상태로, 저작권법에서 프로그램의 아이디어까지 보호하는 것은 위험하다. 특히 마이크로코드나 오퍼레이팅 시스템(OS)이나 통신프로그램 등에서는, 하드웨어로부터의 제약과 짧은 프로그램에 대한 제약이 커, 창작성이 부정되는 경우도 있을 것이고, 창작성이 인정되었다 하더라도 보호범위는 좁아, 사실상 표면적인 표현에 한정되는 것도 많다.

그에 비하여 어플리케이션・프로그램 가운데에는 자유도(自由度)가 큰 것도 있는데, 소설 등과의 비교에서 말하자면 자유는 좁은 것이 많다. 예컨대, 예전 미국의 한 유명한 판결[122]에서는, 치과실험실용 프로그램의 보호를 받지 않는 아이디어는「치과실험실의 효율적 조직화」이며, 저작권의 보호를 받는 것은 그 프로그램의 구체적인 구조(structure)・처리의 흐름(sequence)・구성(organization)이라고 하였는데, 이것은 실질적으로는 저작권법에서 아이디어까지 보호한 나쁜 예이다. 반대로 데드카피만이 프로그램저작권의 보호범위라고 하는 것도 너무 좁아져 프로그램에 저작권을 인정하는 의의가 반감된다. 아이디어와 표현의 경계를 두는 것은 용이하지 않으며, 규범적 요소가 들어갈 수밖에 없는데, 프로그램의 경우의 구분은, 소프트웨어 산업의 발전에 비익(裨益)하는가 라는 산업정책적 고려가 작용할 것이다.

기술적 제품에 대해서는, 타인의 제품을 해석하고, 거기에서 기술을 습득하는 것이 통상적으로 이루어지고 있는데, 일반적으로 리버스엔지니어링이라고 불리는 그것이다. 기술은 축적적 성질을 갖고 있기 때문에, 리버스엔지니어링은 기술

121) 松田政行＝松葉栄治「プログラムの著作物の複製権, 翻案権侵害訴訟を遂行する場合の諸問題」清永＝設楽 402면 참조.

122) Whelan Associates Inc. v. Jaslow Dental Laboratory Inc., et al 3rd.Cir.797 F.2d 1222, Aug.4.1986. 이 판결은, 프로그램 저작권에 코드에 의한 문자 표현을 훨씬 초과한 보호범위를 인정하여, 과도하게 넓은 프로그램의 보호범위을 인정한 예로서 세계적인 반향을 불러일으킨 판결이며, 미국에서도 이 판결에는 지지가 적은 듯하다.

발전에 필요하며, 산업재산권 분야에서는 일반적으로 인정되고 있다(특허법69조1항, 실용신안법26조, 반도체집적회로의회로배치에관한법률12조2항). 그에 대하여 저작권법은 표현보호법이기 때문에, 작품을 보거나 듣거나 하는 것만으로 표현을 감지할 수 있을 것이므로, 리버스엔지니어링의 필요성이 적어 그것을 인정하는 규정은 존재하지 않는다.

그러나 회화나 소설과는 달리, 프로그램, 특히 오브젝트프로그램의 본질은 기술이며, 그것을 바라보는 것만으로는 내용을 알 수 없고, 해석을 하기 시작하고 나서야 내용물인 아이디어를 알 수 있다. 저작권법에서의 복제개념은 단순히 물리적인 복제의 유무에 의해서만 결정되어야 하는 것이 아니라 규범적으로 파악하여야 하고, 프로그램의 내용을 알기 위한 해석과정에 복제・번안행위가 개재되더라도, 필요한 범위내에서 원칙적으로 저작권법상의 복제・번안이 아니라고 해석해야 할 것이다.[123] 이 리버스엔지니어링 문제는, 특히 프로그램의 호환성 확보에 있어서 중대한 의미를 갖고 있어, 적어도 호환성 확보 목적을 위한 복제・번안은 위법하다고 해서는 안 되며, 이 점에 관해서는 국제적인 컨센서스(consensus)가 이루어져 가고 있는 것으로 보인다.

구체적으로 어디까지 거슬러 해석하면 될까 하는 점에 대하여 여러 가지 문제가 있다.[124] 또, 침해를 피하기 위하여, 이른바 클린룸(또는 차이나월, 아이솔레이션부스, 아이솔레이션 메소드)라고 불리는 방식, 즉 동일 기업내에서 타인의 프로그램을 해석하고 아이디어를 추출하는 부대와 그 아이디어를 기초로 프로그래밍하는 부대를 완전히 나누는 방법이 있다. 이 방식에 따르면, 이론상으로는 침해가 되지 않겠지만, 현실적인 문제로 동일 기업내의 2개의 행위를 전혀 별개의 것으로 인정해 줄지에 대해서는 아직 사법적 판단은 없다.[125] 해석과 개발의 부대를 궁리하면 유효한 수단이 될 가능성도 있으며, 또 분쟁이 생긴 경우에 클린룸 방식의 채용을 조건으로 화해하는 일도 있을 수 있다. 양 부대의 격리방법으로는, 양 부대간 거래를 모두 문서로 한다, 거기에 변호사를 개재시킨다, 한쪽을 외주한다, 상대방의 사찰을 받아들인다, 등등의 것을 생각할 수 있다.

---

123) 리버스엔지니어링에 관해서는, 中山・ソフトウェア127면, 作花・앞의 주96) 참조. 東京地判平18・2・10(未登載)(Addetto사건)에서는, 입력과 출력을 조사 해석하여 얻어지는 것은, 당해 함수가 실현하고 있는 기능이며, 그것은 어디까지나 아이디어에 지나지 않는 것으로 저작권법 상으로는 보호되지 않는다고 언급하고 있다.

124) 상세는, 中山・ソフトウェア 110면 참조.

125) 상세는, 中山・ソフトウェア 124면 참조. 이 방식에 회의적인 설로는, 田村 55면, 椙山 201면.

또, 프로그램저작물에 대해서는, 그 특수한 성격에서, 직무저작, 동일성유지권, 등록, 복제물의 소유자에 의한 복제・번안, 침해로 간주하는 행위에 있어서 다른 일반 저작물과는 다른 규정이 만들어져 있는데, 그에 대하여는 별도 각각의 장에서 논한다.

프로그램을 조작함으로써 아웃풋이 발생하는 것에 대해서는, 아웃풋이 저작물의 요건을 만족하는 한 저작권이 발생한다. 예컨대 게임소프트의 아웃풋의 경우는 영화에 해당하는 경우가 많을 것이며, 도형저작물, 미술저작물, 언어저작물이 발생하는 경우도 있을 것이다. 구체적으로는, 유저 인터페이스라 불리는 메뉴 화면, 아이콘, 코맨드 등의 배열 등이 문제가 되는 일이 많다. 특히 비즈니스 소프트 화면은 실용적인 것이 많고, 게다가 단체(單體)인 화면뿐만 아니라, 많은 화면이 일종의 편집저작물과 같이 조합되어 있는 것이나 메뉴 코멘드 계층의 저작물성, 또는 그 보호범위가 다투어지는 일도 있을 수 있다.[126] 이런 종류의 비즈니스 화면은 기능적 측면도 강하고, 게다가 유저의 편리성을 생각하면, 일반적・보편적・관용적인 표현이 되기 쉬우며, 그만큼 선택의 폭이 좁은 것도 적지 않지만, 한편 그와 같은 제약 가운데에서도 또 창의적 연구에 따라서는 여러가지 화면이 가능한 경우도 있을 것이다.[127] 그러나 일반론적으로는 회화 등에 비하여 창작성이 인정되는 경우는 적을 것이고,[128] 또 창작성이 인정되었다고 하더라도 보호

---

126) 東京地判平14・9・5判時1811호127면(サイボーズ事件)은, 비즈니스 소프트웨어의 일정 화면에서 다른 화면으로의 전환이, 특정 사상에 기초하여 질서지워져 있는 경우에, 당해 표시 화면의 선택과 배열, 즉 견련관계의 대상이 되는 표시화면의 선택과 당해 표시화면 상호간의 견련관계에 창작성이 존재하는 경우에는, 그러한 표시화면의 선택과 조합(배열) 자체도, 저작물로써 보호의 대상이 될 수 있지만, 설령 소프트의 표시화면을 저작물로 해석할 수 있다고 하더라도, 그 복제 내지 번안으로써 저작권 침해를 인정할 수 있는 타인의 표시화면은, 이른바 데드카피 내지 그에 준하는 것에 한정되어야 할 것이다, 라고 언급하고 있다. 東京地判平15・1・28判時1828호121면(スケジュール管理ソフト事件)도, 개인의 스케쥴 관리, 주소록, 일기와 같은 것에 대해서는, 각각 그 기능에 유래하는 필연적인 제약이 존재하는 것이며, 종이제 수첩 등에 이용되고 있는 서식이나 구성은, 훨씬 전부터 이미 알려져 왔던 흔한 서식이나 구성으로, 원고 제품의 표시화면에서의 서식 항목의 선택과 그 나열방법, 각 표시화면의 선택・배열 등의 점에서, 작성자의 지적활동이 개재되고, 작성자의 개성이 창작적으로 표현될 여지가 있지만, 작성자의 사상・감정을 창작적으로 표현하는 범위는 한정되어 있는 것이라고 해야 할 것이므로, 피고제품이 원고제품의 복제 또는 번안인지를 판단함에 있어서, 이상과 같은 사항을 충분히 고려할 필요가 있다」고 언급하며 침해를 부정하였다. 또, 이 문제의 미국 상황에 대해서는, 島並良『ロータス対ボーランド事件が残したもの』知財研フォーラム34호36면(1988)참조.

127) 大阪地判平12・3・30(未登載, 百選30事件[久保利英明])(積算くん事件)은, 일반론으로써는, 積算くん의 소프트 표시화면은 저작자의 지적정신활동의 소산이라고 할 수 있다고 하면서, 積算くん이 실용품 내지 공업제품이므로, 「문예, 학술, 미술 또는 음악의 범위에 속하는 것」이 아니라는 피고의 주장을 인정하지 않았고, 두 작품의 공통된 부분에 창작적인 표현이 없다고 하여 저작권 침해를 부정하였다.

128) 東京地判平16・6・30 判時1874호134면(ProLesWeb 事件)은, 일반론으로써 소프트웨어의 화

범위는 상당히 엄격하게 해석될 것이다.[129] 그에 비하여 아웃풋이 영화적, 미술적인 것이 되면 될수록, 통상의 저작물에 가까운 성질을 갖고, 컴퓨터 특유의 고려는 그만큼 감소할 것이다.

제 4 절 편집저작물(12조)

1. 편집저작물의 의미

백과사전, 신문, 잡지, 논문집, 문학전집, 미술전집, 음악앨범, 직업별전화번호부 등과 같이, 편집물이자 동시에 소재의 선택 또는 배열에 창작성을 가진 것은 편집저작물이 된다(12조1항). 10조에 예시된 저작물은 표현형태별 분류이지만, 편집저작물은 모든 저작물 혹은 비저작물을 소재로 하여 성립할 수 있기 때문에, 10조에 예시로 규정되었고, 12조에서 별도로 규정되어 있다.[1] 편집저작물은 저작권법 중에서는 주변적인 문제이지만, 편집저작물이라는 창을 통하여 바라보면, 통상의 저작물 개념도 선명하게 되기 때문에, 학문적 관점에서는, 편집저작물은 흥미있는 테마이다.

편집저작물은 소재의 선택 또는 배열에 의해 창작성을 가질 필요가 있다. 그것은 일정한 편집방침에 따라서 편집한다는 의미이고, 「구체적인 편집물에 구현되어 있는 편집방침」을 창작한 자가 저작자가 된다. 따라서 편집저작권으로서 보호되는 것은 편집물이고, 소재에 저작물이 포함되어 있어도, 편집저작물은 소재와는 별개의 저작물이기 때문에, 편집저작물의 성립은 소재 저작권에 영향을 주지 아니하고(12조2항), 편집저작권은 그것에 수록된 개개의 저작물에는 미치지 아니한다. 그 편집방침에 따라서 정보의 수집행위만을 행한 자, 혹은 단순한 조언자 등은, 편집에 관해서는 창작적인 행위를 하지 않았기 때문에, 편집저작물의 창작자는 아니다.[2]

면에도 저작물성이 있을 수 있음을 인정한 후에, 기능 등의 이유로 선택지가 한정되어 있는 풀다운 등은 이미 일반적으로 사용되고 있고, 설계상의 제약을 받는 본건에서는 창작성이 인정되지 않는다고 하였다.

129) 滝井朋子「コンピュータ・スクリーン表示の法的保護」日本工業所有権法学会年報13호14면(1990).

1) 加戸 130면.

2) 東京地判昭55・9・17 判時975호3면(地のさざめごと事件)에서는, 소재의 수집행위 그 자체, 또한 편집방침, 소재의 선택, 배열에 대해 상담을 받아 의견을 구신(具申)하는 것 등은 직접 창작에

현행법에서는 소재에 관해 제한은 없고, 소재는 저작물·비저작물을 묻지 아니하고, 혹은 양자가 혼재하고 있어도 개의치 않는다.

데이터베이스는 편집물의 일종으로 파악할 수도 있어, 편집저작물로서 보호하고 있는 국가도 많지만, 일본에서는, 데이터베이스의 특수성으로부터. 편집저작물과는 별개의 저작물로서 규정되어 있다(12조1항 괄호, 12조의2).

2. 현행법과 구법[3)]과의 차이의 의미

구법의 조문은「다수의 저작물을 적법하게 편집한 자」에게 저작권을 주었다(구법 14조). 소재로서 비저작물을 배제할 의도가 있었는가 아닌가는 명확하지 않지만(판례에 관해서는 후술), 일단 저작물을 염두에 둔 것으로 생각된다. 편집저작물에서는 소재의 표현이 중요한 의미를 가져, 소재의 표현을 조합하여 별개의 독자적 표현을 창작한 것이 편집저작물이 된다. 그것은 구체적인 소재의 표현과 편집물의 구성·틀이 부즉불리(不卽不離) 되어 편집저작물로 만들어지므로, 소재를 떠나 편집저작물을 관념하는 것은 어렵다. 그 때문에 소재를 교체하면, 가장 빨리 다른 편집저작물로 되어, 그와 같은 편집물의 구성·틀 자체는 편집저작물로서는 보호되지 않게 된다.[4)] 그러한 관점에서, 구법에서 편집저작물은 통상의 저작물에 보다 가까운 성질을 가지고 있고, 침해판단도 통상의 저작물의 경우와 똑같이, 그 편집저작물 전체를 관찰하여, 소재의 창작성과 구별되는 창작성이 나타나 있으면 편집저작물이 된다. 물론, 구법 하에서도, 시가(詩歌) 등의 편집저작물과, 설계도·지도 등 사실에 가까운 저작물의 편집저작물 양자가 있고, 일률적으로 성격을 결정할 수는 없지만, 현행법과 비교하면, 이상과 같은 경향을 지적할 수 있다.

그렇지만 소재를 저작물에 한정한다면, 현대사회에서 극히 중요한 사실적 편집물에 대한 보호가 부족하게 된다.[5)] 다만 이론상의 문제는 별개로 하고, 구법 하

관계하는 행위라고는 말하기 어렵기 때문에, 이러한 행위를 한 자는 편집저작물의 편집자로는 될 수 없다고 서술하고 있다. 最判平5·3·30 判時1461호3면(智惠子抄事件)에서는, 타인이 高村光太郎의 작품의 일부를 모았다 하더라도, 그것은 편집저작의 관점에서 보면, 기획안 내지 구상에 그치는 데 불과하다고 할 것이므로, 편집저작권은 코오타로(光太郎)에게 귀속한다고 말하고 있다.

3) 구법시의 판례나 학설에 대해서는, 横山久芳「編集著作物概念の現代的意義—『創作性』の判断構造の検討を中心として」著作権研究30호165면(2003) 참조.

4) 横山久芳「編集著作物に関する基礎的考察－職業別電話帳は果たして著作物なのか?」コピライト475호3면(2000).

5) 横山·앞의 주4)는, 구법은「보호대상의 협소성」과「보호범위의 협소성」이라는 두가지 측면에서 편집자에게는 가혹했다고 서술하고 있다.

에서도 판례는 직업별 전화번호부[6]나 송정(訟廷)일지[7]와 같이, 비저작물을 소재로 한 것도 보호하였고, 학설도 이것을 긍정하였다. 그런 의미에서 현행법은 사실상 이것을 추인한 것으로도 생각되지만, 정면으로 비저작물을 소재로서 인정하였다는 것은 큰 의미를 갖는다.

현행법은 사실·데이터 등의 비저작물을 소재로 한 편집저작물을 인정하고 있는데, 비저작물을 소재로 한 편집저작물은 정보검색도구라는 실용목적으로 작성되는 경우가 많다. 소재가 저작물일 경우, 그 소재의 개성에 주목하여 편집이 이루어지고, 소재와 그 선택·배열이 일체가 되어 편집저작물이 구성되지만, 소재가 사실·데이터인 경우 소재(성명·주소·전화번호 등)에는 개성이 없어, 그것만으로 편집방침에 특색이 나타나 있는 경우가 많고, 편집방침이 결정되면 그 다음에는 노력과 자본의 투하만으로 완성하는 것도 적지 않다. 그러나 저작권법은 편집방침이라는 아이디어를 보호할 수 없고, 편집방침에 기한 소재의 선택 또는 배열이라는 구체적 표현(사실·데이터의 망라의 경우도 있다)이 보호된다고 해석하지 않을 수 없다.[8]

저작권법은 사상·감정의 표현을 보호하는 제도이며, 보호를 받는 부분에 창작성이 있어야 한다. 그러나 사실·데이터를 소재로 한 편집저작물에서는, 구체적 표현은 사실·데이터의 나열이고, 표면적으로 보는 한 구체적 표현에 창작성을 알아차릴 수 없는 경우도 있다. 예를 들면. 한 덩이의 정보가 있더라도, 그것이 일정 방침 하에 선택·배열된 것인가, 단순히 무작위로 수집·배열된 것인가 하는 것은 외견으로는 알 수 없는 경우도 있다. 그러나 그것이 편집저작물이라고 하려면, 일정한 편집방침에 기하여 선택이나 배열되었다는 점에 창작성을 요구할 수밖에 없는데, 그 경우의 선택이나 배열은 일종의 아이디어이다. 사실·데이터를 소재로 한 편집저작물에서는 가장 창작성이 높은 부분은 편집방침이란 아이디어이며, 그 자체는 저작권법상 보호를 받을 수 없다는 딜레마가 있다.

---

6) 東京地判大8·6·20 判決評論8巻 諸法237면(東京市職業別電話帳事件)은, 일반론으로서는 직업별전화번호부의 저작물성을 인정하고 있지만, 청구기각한 사건이다.

7) 大判昭12·11·20 新聞4204호3면(訟廷日誌事件).

8) 東京地判平12·3·23 判時1717호140면(色見本帳事件)에서는, 저작권법 12조1항은 소재 및 이를 선택·배열한 결과인 편집물을 떠나 추상적인 선택·배열방법을 보호하는 것이 아니라, 당해 편집물이 무엇을 소재로 한 것인가에 관해서는, 당해 편집물의 용도, 당해편집물에서 실제의 표현형식 등을 종합하여 판단해야 한다고 설시하고 있다. 東京地判平16·3·30(未登載)(ケイコとマナブ事件)에서도, 편집저작물은 어디까지나 구체적인 편집물에 구현화된 편집방법을 보호하는 것으로, 구체적인 편집대상물을 떠난, 편집방법 그 자체를 아이디어로서 보호하는 것은 아니라고 말하고 있다.

편집저작물의 보호는 투하자본 보호적 요소가 있는 것은 부정할 수 없지만, 저작권법의 틀 내에서의 보호인 한, 정면에 그것을 내세우는 것은 곤란하다.[9] 편집저작물에서는 저작권법에서 보호의 대상 외로 되어 있는 것이, 실은 가장 보호를 바라는 것이라는 모순을 안고 있다.[10] 그러나 이론은 별론으로 하고, 현실문제로서 편집저작물의 저작물성을 인정한 판결 가운데에는, 명시하고 있지 않지만, 사실상 노력 혹은 투하자본을 보호한 것으로 추측되는 것도 있다.[11]

현행법에서는 비저작물도 소재로 인정하고, 창작성에 관해서는 소재의 선택과 배열에 관해서 판단하고 있지만, 그것은 저작권법이 ≪실질적으로는≫편집방침이란 아이디어보호에 일보 힘차게 발을 내디딘 것을 의미하고 있다고 생각된다.[12] 그러나 현행저작권법의 틀 중에서 그것을 안이하게 인정하면 저작권법의 기본적 틀을 무너뜨릴 것으로 생각된다. 편집저작물의 보호에 관해서는 해석론상의 노력이 필요하고, 어느 정도는 편집방침까지 발을 내디딘 창작성, 보호범위를 생각하지 않을 수 없다. 그 폐해에 대해서는, 혼동(merge)・불가피적 표현・흔한 표현의 이론・권리남용 등의 법리를 이용하여, 해석에 있어서 연구가 필요할 것이다. 경쟁법적 관점으로부터의 규정도 필요로 하고, 사실・데이터를 소재로 한 사실적 편집저작물에 대해서는, 제3자에게 상당한 선택의 가능성이 남겨져 있는 경우에 창작성이 있다고 생각해야 한다(상세는, **「제2절 저작물의 정의 2. 창작성」** 참조). 이런 종류의 편집물의 창작성을 판단할 때에는, 당해 분야의 정황, 특히 유서(類書, 유사물)가 존재하고 있는지 여부 등의 사정을 고려하여야 하고,[13] 이미 사회적으로 널리 행해지고 있는 듯한 편집방침에 기한 편집물의 창작성은 부정되는 경향이 될 것이다.[14]

---

9) 東京地判平11・2・25 判時1677호130면(松本清張映画化リスト事件)은, 소재의 수집 노력은 저작권법에 의해서는 보호되지 않는다고 말하고 있다.

10) 吉田正夫「編集著作物」斉藤=牧野 76면, 梅谷 32면.

11) 예컨대, 東京高判平7・10・17 知的裁集27권4호699면(JAMICシステム事件), 東京地判平・4・10・30 判時1460호132면(観光タクシ―タリフ事件).

12) 潮海久雄「編集著作物の保護範囲-- ウォ―ル・ストリ―ト・ジャ―ナル事件」ジュリスト1111호236면(1997).

13) 横山・앞의 주4)11면.

14) 東京地判平10・7・24(未登載)(アサバン電話帳事件)에서는, 직업별전화번호부의 분책화는, 타부현(府県)에서 행해지고 있어, 「흔한 발상으로, 전문적인 지식과 창의적 고안을 요하지 않고 할 수 있는 일이다」라고 하여 창작성을 부정하였다. 東京地判平 11・2・25 判時1677호130면(松本清張映画化リスト事件)에서는, 소설의 영화화에 관한 사항에 관하여, 제목・개봉연도・제작사명・감독명・각본작성자명・주요 출연자명을, 각각 항목으로서 선택하고, 그 순서에 따라서 배열하여 정리・편집하는 것은, 종래의 사실정보자료에서도 채택하고 있었던 것으로, 무엇인가 독자성, 신규성을 가진다고

지금까지, 소재가 저작물인 경우와 비저작물인 경우를 나누어 논하였지만, 현실적으로는 양자가 연속적인 관계에 있고, 명확한 선을 그어 구분할 수 있는 것도 아니며, 어느 쪽의 경향이 보다 강한가라는 판단이 될 것이다.

구법은 소재로서 저작물을 「適法 = 編輯」한 것을 필요로 하였지만(구법 14조), 현행법에서는 이와 같은 적법요건은 제외되었다. 따라서 타인의 저작물을 소재로 하여 무단으로 이용하여 편집물을 작성하더라도 편집저작권은 발생하지만, 출판 등에 즈음하여 타인의 저작권침해가 된다.

이상과 같이, 현행법에서는 시대의 요청에 따라 비저작물도 소재로서 인정하였지만, 그것은 저작권법이 가지고 있는 사회적 의미의 변천을 말한 것으로써, 저작권법 체계 전체의 수정에 대해 시사를 주고 있다.

3. 편집저작물의 소재의 의미

저작물에는 여러 가지 성질의 것이 존재하고, 무엇이 소재인가 하는 것은 구체적 사건에 따라서 판단할 수밖에 없지만, 당해 편집물의 목적, 성질, 내용으로부터 판단된다.[15] 소재를 용이하게 인정할 수 있는 편집저작물도 있고, 예를 들면 『치에코쇼(智恵子抄)』에서는, 치에코(智恵子)에 관한 타카무라 코타로(高村光太郎)의 시(詩)가 소재인 것은 명백하다. 예를 들면 용어사전에서, 머리말(柱), 페이지 번호(nombre), 문자수, 문자의 크기, 서체, 괘선, 특수기호의 형상 등은 소재가 되지 않는 일이 많을 것이라고 생각되고,[16] 백과사전에서 사용되는 글자(字)의 크기나 서체는 소재가 되지 않겠지만, 서적의 성질에 따라서는 레이아웃이 중요한 요소인 것도 있어, 그와 같은 경우에는 레이아웃도 소재가 될 수 있다.[17]

소재를 취하는 방법에 관해서는 일의적으로 정해지는 것이 아니라, 해석의 여지가 있다.[18] 문제는 사실・데이터를 소재로 한 직업별 전화번호부와 같은, 소재의 계층성이 있는 편집저작물이다. 그와 같은 편집저작물은 트리 구조를 채용하

는 할 수 없다고 하고 있다. 東京地判平12・3・17 判時1714호128면(NTTタウンページ事件)에서도, 타운페이지(직업별전화번호부)의 저작물성을 인정할 때, 독자적 궁리[工夫]를 한 것으로, 이에 유사한 것이 존재한다고는 인정되지 아니한다, 라는 점을 이유의 하나로 들고 있다. 또, 창작성에 관한 이와 같은 판단태도에는, 斉藤 106면은 반대하고 있다.

15) 橫山・앞의 주4) 6면은, 「소재의 인정이란, 편집저작물을 구성하는 제 요소 중, 어느 요소에 착안하여 편집물을 관념하는가를 확정하는 작업이다」라고 말하고 있다.

16) 東京地判平10・5・29 判時1673호130면(知恵蔵事件).

17) 名古屋地判昭62・3・18判時1256호90면(用字苑事件).

18) 潮海・앞의 주12) 235면.

는 등, 검색의 편의를 최우선으로 하는 경우가 많고, 각 계층마다에 저작물성이 검토되지 않으면 안 된다. 직업별 전화번호부의 경우, 개개의 전화번호가 하위의 소재로서 존재하고, 그 상위의 직업분류표는 분류된 직업을 소재로 한 편집저작물이라고 인정할 수도 있다.[19] 신문 기사를, 기사의 저작권침해가 되지 않을 정도로 요약하여 당해 신문과 같은 순서로 게재한 문서가 신문의 편집저작권침해인가 하는 사건에서, 신문기사 원고가 소재라고 하면, 기사원고와 요약과는 다른 저작물이기 때문에 소재가 다르기 때문에 비침해가 될 수도 있겠지만, 사건 자체가 소재라고 한다면, 신문사는 무수하게 있는 세상 속의 사건을 일정한 방침으로 선택하여 배열한 것이기 때문에 사건의 선택과 배열을 모방하면 침해로 될 수 있을 것이다.[20]

소재에 관하여, 이상과 같은 사고방식을 채용한 경우, 상품의 진열이나 도서의 진열 등도 편집저작물이 될 위험성이 있고, 소재를 취하는 방법에서는, 영업의 자유,[21] 혹은 표현의 자유를 제한할 우려도 있다. 그러나 소재 판단에 있어서 규범적 요소, 혹은 경쟁법적 요소를 집어넣어 타당한 결론을 도출하는 것도 가능할 것이다.[22] 저작물성의 판단에 있어서 경쟁법적 요소를 가미하는데 대해 이론(異論)이 있을 수도 있지만, 저작권법이 재산법적 경향을 강화하고 있는 것은 부정할 수 없을 것이다. 현행 저작권법이 사실・데이터를 소재로 한 편집저작물을 인정한 이상, 타당한 결론을 도출하기 위해서는 경쟁법적 요소를 가미한 해석도 필요하다고 생각한다.

소재도 편집저작물의 표현의 일부이기 때문에, 소재를 변경하면 당해 저작물

---

19) 東京地判平12・3・17 判時1714호128면(NTTタウンページ事件)은, NTT의 타운페이지(직업별 전화번호부)는, 「직업분류체계에 따라 전화번호정보를 직업별로 분류한 점에서, 편집저작물로서 인정된다」라고 말하고 있다. 그것에 대하여 東京地判平16・3・30(未登載)(ケイコとマナブ事件)에서는, 학교정보・강좌정보를 게재한 잡지의 편집체계를 구성하는 추상적인 분류항목과 같은 요소는, 구체적인 광고기사를 분류 배열하기 위한 지표에 불과하여, 이들을 관련지은 것은 추상적인 체계적 구성이라고 할 수는 있다 하더라도, 편집저작물이라고 할 수는 없다고 말하고 있다. 요컨대, 케이스마다 분류된 것의 저작물성이 판단되게 된다.

20) 東京地判平5・8・30 知的裁集25권2호380면(ウォールストリートジャーナル事件)은, 한편으로는 기사원고 그 자체가 소재이지만, 다른 한편으로는 기자가 전달하고자 한 사건 자체도 소재라고 하고 있다. 그 항소심인 東京高判平6・10・27 判時1524호118면은, 「기사에 구체화된 정보의 핵심적 사항인 개관적인 사건의 표현과 공통한 것을 똑같이 요소로 하고 있으면 족하고, 양자의 개개의 소재(요소) 자체의 구체적인 표현이나 상세한 내용이 상당한 정도까지 일치하고 있을 필요는 없다」라고 한다. 결국, 어느 정도 수준(level)의 것을 소재로 생각하는가의 문제이다.

21) 東京地判平12・3・23 判時1717호140면(色見本帳事件) 참조.

22) 横山・앞의 주3) 165면・166면, 146면.

의 표현도 달라져 침해가 되지 않는다는 견해도 있지만,[23] 예를 들면 직업별전화번호부와 같은 사실적 편집저작물의 경우는 하층의 전화번호만이 아니고, 상층의 직업분류표도 구체적 표현일 수 있다고 생각해야 한다.[24] 그렇다면, 동경의 직업별전화번호부의 직업분류표를 본래대로 이용하여 오사카(大阪)의 직업별전화번호부을 작성하는 행위는, 직업분류표라는 편집저작권의 침해가 될 수 있고,[25] 또한 가령 개개의 전화번호를 삭제하여 직업분류표만을 출판한 경우도 침해가 될 수 있다.[26] 이와 같이 생각하면, 책의 목차도, 경우에 따라서는 저작물일 수 있다. 다만 여기서 주의하지 않으면 안 되는 것은, 편집체계 자체의 보호가 아니라, 철저히 구체적인 분류가 편집저작물이 된다는 점이다.[27] 다만 편집저작물에는 여러가지 것이 있고, 모든 것에 관해 소재의 계층성이 인정되는 것은 아니어서, 최하층의 소재를 교체하면, 가장 빨리 다른 편집저작물이 되는 것도 있을 수 있다.[28]

4. 편집저작물의 창작성[29]

사실・데이터를 소재로 한 편집저작물에 있어 편집방침이야말로 중요하지만, 저작권법의 해석으로서 편집방침 자체를 보호할 수 없고, 일정한 편집방침에 따

23) 加戸 131면은, 東京의 職業別電話帳의 직업분류표를 그대로 이용하여 오사카(大阪)의 직업별전화번호부를 작성한 행위는 침해에 해당되지 않는다고 하고 있다. 作花・詳解116면, 三山82면, 田中孝一「編集著作物」牧野=飯村150면도 같은 취지이다.

24) 潮海・앞의 주12) 234면. 横山・앞의 주3) 165면은「편집자가 실제로 무엇에 착안하여 편집활동을 하였는가라는 관점에서, 소재개념을 자유로이 재구성할 수 있다」라고 말하고 있다(소재를 이와 같은 사고방식으로 파악하는 수법을「소재의 추상화 테스트」라고 한다). 또, 소재의 80%가 같지만, 편집방침의 차이에 착목하여 편집저작권의 침해를 부정한 판결로서, 東京地判平 6・4・25 判時1509호130면(城の定義事件).

25) 반드시 소재에 관해서 계층적인 발상을 한 것은 아니지만, 소재인 개개의 사진, 일러스트레이션, 기사는 다르더라도 편집저작권의 침해를 인정한 예로서, 東京高判平7・1・31 判時1525호150면(会社パンフ事件). 참고로, 그 원심인 東京地判平6・3・30(未登載)는 반대의 판단을 하고 있고, 편집저작물의 보호는, 구체화된 소재의 선택 및 배열에 관해서의 구체적인 표현을 보호하는 것으로, 소재의 선택 및 배열에 대한 추상적인 아이디어를 보호하는 것은 아니며, 소재가 다른 것에 관해서 편집저작권은 미치지 않는다고 말하고 있다.

26) 潮海・앞의 주12) 234면.

27) 東京地判平16・3・30(未登載)(ケイコとマナブ事件)은, 편집저작물은, 어디까지나 구체적인 편집물에 구현화된 편집방법을 보호하는 것으로, 구체적인 편집대상물을 떠난 편집방법 그 자체를 아이디어로서 보호하는 것은 아니라고 하여, 추상적인「배우는 내용」이나 헤드라인 표제어의 항목 등이 소재로 되는 것이 아니므로, 편집저작물이라 할 수 없다고 하였다(東京高判平17・3・29(未登載) 항소기각).

28) 東京地判平7・3・28 知的裁集27권1호210면(カーテン用商品カタログ写真 事件)은, 쌍방의 상품카탈로그에 게재되어 있는 사진이 서로 다른 사례에 대하여, 편집저작권침해를 부정하고 있다. 百選35事件 [蘆立順美] 참조.

29) 이 문제에 관해서는, 横山・앞의 주3)이 가장 중요하다.

라서 편집된 구체적인 표현이 보호된다고 생각하지 않을 수 없다. 다만 저작물에 따라서는 소재의 계층성을 인정하고, 상층의 소재를 관념하는 것도 가능하지만, 그렇다면 상층의 소재의 경우에는 추상도가 높아지고, 편집방침이라는 아이디어 보호에 관련된다는 비판도 있을 수 있다.[30] 확실히 그와 같은 면은 부정할 수 없지만,[31] 그 폐해를 막기 위해서 창작성 개념을 재구성할 필요가 있을 것이고, 또한 누가 작성하더라도 같은 결과가 되는데 관해서는, 혼동(merge)・불가피적 표현・흔한 표현의 이론・권리남용법리 등의 원용에 의해 보호를 부정할 필요도 있다.[32] 다만 이와 같은 사고방식은 사실적 편집저작물로서의 성격이 강한 것에 적합하고, 『치에코쇼(知恵子抄)』와 같이 저작물을 소재로 한 편집저작물은, 다른 일반저작물에 가까운 성질을 가지고 있다.

전형적인 저작물과 비교하면 사실・데이터를 소재로 한 편집저작물은, 그 선택의 폭이 없는 것부터 상당한 정도의 폭이 있는 것까지 여러 가지가 혼재하고 있다. 예를 들면 모든 판례를 시계열적으로 배열한 편집물과 같이, 그 방침이 정해지면 구체적인 표현도 일의적으로 정해지는 경우는 저작권법의 보호를 받지 못하지만, 판례의 전부를 망라한 편집물이더라도 일정한 방침 하에 장르별로 늘어놓은 것이라면, 다른 선택의 여지가 있을 경우 창작성을 인정할 수 있을 것이다.[33]

사실・데이터를 소재로 한 편집저작물은, 편집방침이라는 아이디어가 결정되더라도, 다수의 사실・데이터 중에서 그 편집방침에 합치하는 것을 선택하는 때에 창작적인 행위가 필요한 경우도 있다. 이와 같은 편집저작물은 이용자(user)의 편리성이나 검색효율의 향상을 지향하고 있더라도, 반드시 일정한 방향으로 수렴한다는 것은 아니다.[34] 또한 사전은, 편자의 학식이나 경험 혹은 취향에 상당한

30) 百選[第2版]44事件, [茶園成樹], 梅谷35면.

31) 橫山・앞의 주3)165・166은, 추상화테스트의 위험한 부작용이라고 부르고 있다.

32) 潮海・앞의 주12) 234면, 吉田・앞의 주10) 74면.

33) 東京高判昭60・11・14 無体裁集17권3호544면(アメリカ語要語集事件)은, 선택의 폭이 넓은 경우에, 타인의 편집저작물의 이용수량, 범위 내지 빈도가 사회관념상 허용할 수 없는 정도에 달한 때는, 그 소재의 선택에 지불한 선행하는 사전(辭典)의 창조적인 정신활동을 단순히 모방함으로써, 그 편집저작권을 침해한다고 하고 있다. 東京地判平8・9・27 判時1645호134면(四進レクチャー事件) 및 그 항소심 東京高判平10・2・12判時1645호129면은, 진학희망자 대상 학습지도용 시험문제는, 문부성의 학습지도요령과 동떨어질 수는 없으나, 한정된 학습범위내에서의 구체화 과정에서는, 문제작성의 학식, 경험, 개성 등이 중요한 역할을 다한다고 하여, 편집저작물의 성립을 인정하고 있다. 반대로, 東京地判平11・2・25 判時1677호130면(松本清張映画化リスト事件)은, 松本清張의 소설의 영화화에 관한 사항(제목・개봉년도・제작사명・감독명 등)의 리스트의 창작성을 부정하고 있지만, 이 역시 진짜 이유는 다른 선택지의 가능성이 낮다는 점에 있을 것이다.

정도 의존하고 있고, 그 결과, 특히 세부에 관해서는 편자에 따라서 상당한 차이가 생길 가능성이 있다. 선택의 폭이 크게 되면, 후발자에 대하여, 선발자의 작품에 안이한 추종을 허용하기 보다는, 별개의 새로운 창작을 하게 하는 방향에 인센티브를 주는 방법이 다양한 저작물을 세상에 나오게 하고, 문화의 발달을 도모하는 저작권법의 목적에도 적합할 것이다.

저작물을 소재로 하는 『치에코쇼(知恵子抄)』에 있어서는, 편집방침도 중요할 것이지만, 선택된 개개의 시의 개성도 중요한 의미를 가지므로, 같은 편집방침 아래에 치에코(知恵子)에 관한 타카무라 코타로(高村光太郎)의 다른 시를 모은 시집은, 이미 『(치에코쇼)知恵子抄』와는 다른 편집저작물이 된다. 그것에 있어서는 소재의 개성이 중요한 의미를 가지고, 그 개성 있는 소재를 선택 배열한다는 점에서 창작성을 찾아낼 수 있고, 통상의 저작물과 같이 소재도 표현의 일부로 보아 전체적으로 관찰하여야 할 것이다. 사실·데이터를 소재로 한 전화번호부과 같은 편집저작물은, 개개의 전화번호·주소·직업이라는 소재에 개성이 없거나 혹은 낮기 때문에, 편집방침에 그 창작성이 나타난다.

정책적으로는, 사실·데이터를 소재로 한 편집저작물을, 인격의 유출물을 보호하고 있는 저작권법 체계보다도 경쟁법 체계에 맡기는 방법이 타당하며, 그것들을 저작권법의 세계로부터 방출하는 것도 고려하고 있어, 오히려 그 방법이 체계적으로는 바람직하다고 말할 수 있다. 현재 데이터베이스의 보호에 관해 EU지침에서는, 저작권법으로부터 분리된 보호가 도모되고, 미국에서는 그와 같은 입법은 아직 이루어지지 않고 있고, 전망도 서 있지 않아, 직업별전화번호부와 같은 것을 저작권법으로부터 추방하면 불법행위 이외의 법적보호는 거의 없게 되며,[35)]금지청구는 인정되지 않는다는 것을 의미한다. 이것은 단순히 직업별 전화번호부 등의 문제에 한정된 문제는 아니고, 정보화사회의 인프라인 데이터베이스를 중심으로 한 큰 문제이다.

구법 하에서도, 판례는 직업별전화번호부를 저작물로 인정하여 보호한 예도

---

34) 東京高判平7·10·17 知的裁集27권4호699면(JAMICシステム事件)은, 공사별분류항목표·제조자목록은, 건축·자재설비에 관한 카탈로그의 분류, 보관, 검색을 용이하게 한다는 목적 하에 작성되어, 그 분류, 선택, 배열에 창의와 궁리[工夫]가 존재하는 것으로 인정되므로 편집저작물에 해당한다고 한다.

35) 東京高判平3·12·17 判時1418호120면(木目化粧紙事件), 東京地中間判平13·5·25 判時1774호132면(自動車データベース事件)은 나뭇결[木目] 화장지나 데이터베이스의 저작물을 인정하지 않았지만, 불법행위의 성립을 인정한 사례이다.

있고, 현행법제정 시에 비저작물을 소재로 한 편집저작물을 인정한 것은, 이런 종류의 편집물을 명문으로 저작권법에 귀속시키는 것을 의도하였다고 생각된다. 또한 최근, 프로그램을 시작으로 기능적·사실적 창작물이 저작권법 중에 많이 들어왔다. 이에 따라 저작권법의 기능도 변화하고, 저작권이 사실상 산업재산권에 유사한 경제재로서의 경향을 가지기 시작하였다. 그와 같은 정황 하에서, 직업별 전화번호부와 같은 사실·데이터를 소재로 한 편집저작물을 저작권법의 세계로부터 추방하는 것은 다른 기능적 저작물과의 형평성이라는 관점에서 보더라도 타당하지 않다고 생각된다.

5. 편집저작물의 특수성

편집저작물과 통상의 저작물과의 사이에 경계선을 긋는 것은 곤란하며, 양자에는 실질적 차이는 없어, 12조1항은 확인적 규정이라는 견해도 있다.[36] 확실히 양자 사이에 뚜렷한 경계를 두는 것은 곤란하고, 또한 저작물 중에는 편집물적인 성격이 병존하는 것도 많은 것이 사실이다.[37] 통상의 저작물에서도, 예컨대 지도는 기존의 지리적 사실을 모은 것이고, 전기(傳記)도 기존 사실의 집적이라는 요소가 있고, 법률 교과서는 판례·조문의 집적이라는 요소를 갖고 있다. 그러나 지도나 전기나 교과서는 단순한 사실을 끌어모은 것이 아니라 소재를 수집하고 정리하여 그것을 자기의 표현으로 만들어, 전체적으로 하나의 창작적 표현이 되고 있다. 결국 소재의 선택이나 배열만은 아니고, 자기의 문장 속에 그 소재를 아로새긴 것으로, 소재를 포함하여 자기의 문장과 지도 등의 저작물로 만든 것이다.

편집저작물에는 자기의 문장 등은 없고, 소재의 선택·배열에 창작성이 있다는 점에서 통상의 저작물과 다르다. 다만 저작물을 소재로 하고 있는 편집물에 관하여는, 소재와 소재의 선택·배열이 혼연일체가 되어 있어, 통상의 저작물과의 경계는 명확하지 않는 것도 많다. 반면 사실·데이터와 같은 비저작물을 소재로 한 편집저작물의 경우에는 통상의 저작물과의 차이가 현저하게 나타나는데, 소재의 특질은 자취를 감추고 소재의 선택·배열이 중요한 의미를 갖게 되어, 소재의 파악방법에 대한 검토가 필요하게 되고, 또 창작성 판단의 대상이나 보호의

36) 田村 23면, 斉藤 106면.

37) 渋谷 62면은, 스포츠실황 TV방송프로그램도 소재인 화면의 선택이나 배열에 따라, 창작성을 갖는 편집저작물이라고 언급하고 있으나, 스포츠실황프로그램이 저작물인가 아닌가는 차치하더라도, 이것까지 편집저작물로 파악하는 것은 의문이다.

범위에 대해서도 통상의 저작물과는 다른 취급이 필요해진다. 현행법이 비저작물을 소재로 인정하였다고 하는 것은, 편집저작물이 통상의 저작물과 다른 면이 있다는 것을 인정함과 같다.

편집저작물이란 소재의 선택 또는 배열에 의해 창작성이 있는 것을 가리키지만, 외형적으로는 소재의 선택과 배열에 대한 노력, 즉 무엇이 창작적 표현인가 하는 점이 잘 드러나지 않는 것도 있다. 편집저작물의 창작성을 생각할 때에는, 단순히 저작물의 외형으로 판단할 수는 없고, 편집물이 창작된 과정까지도 고려해야 하는 면도 있다.[38] 그런 의미에서 편집저작물은, 통상의 저작물과 비교하여, 보다 아이디어 보호적 측면이 있는 것을 부정할 수는 없고, 그만큼 법적 안정성은 낮아질 것이나, 그것은 비저작물을 소재로 한데 대한 필연적 귀결일 것이다. 이 점에서도, 편집저작물은 통상의 저작물과는 다른 측면을 갖고 있다고 할 수 있을 것이다.

이것은 침해판단에도 관계가 있다. 침해성립의 전제로서, 통상의 저작물에서 부분이용의 경우는, 그 부분에 창작적인 표현이 있는가 하는 점이 문제된다. 그에 반해, 편집저작물의 경우는 그 부분(일정 정도의 정보의 집합)에, 창작성 있는 소재의 선택 또는 배열이 인정되는가 하는 점이 문제가 된다.[39]

제 5 절 데이터베이스(2조1항10호의3, 12조의2)

1. 데이터베이스의 의미

정보화시대는 정보가 범람하는 시대이고, 효율적인 검색시스템이 있다면, 우리들은 정보의 홍수 속에 빠지고 만다. 그런 의미에서, 데이터베이스는 정보화 사회에서 기본적 인프라이고, 이것을 어떻게 보호하여 발전을 도모할 것인가 하는 점은 앞으로의 중요 과제이다. 정보화 사회에서의 데이터베이스의 중요성 때문에, 세계 최초로 1986(昭和61)년에 저작권법 개정을 통하여 편집저작물과는 별개로, 데이터베이스저작권 규정을 두었다.[1] 그러나 양자에 본질적인 차이는 없다고 생

38) 横山・앞의 주3) 165면.

39) 吉田・앞의 주10) 80면.

1) 별개의 규정으로서 둔 이유에 관해서는, 著作権審議会第7小委員会(データベース及びニューメディア関係) 報告書(1985)(文化庁・資料編 670면), 加戸 132면.

각할 수도 있고,[2] 국제적으로는 데이터베이스도 편집저작물로서 파악하는 경향이 강하다.

데이터베이스란, 논문, 수치, 도형, 기타 정보의 집합물로서, 컴퓨터를 이용하여 검색할 수 있도록 체계적으로 구성한 것을 말한다(2조 1항 10호의3). 데이터베이스는 정보의 집합물이라는 점에서는 편집저작물과 같지만, 정보와 컴퓨터검색 시스템의 복합체이라는 점에서 다르다.[3] 그렇기 때문에, 편집저작물에 관해서는 「소재의 선택 또는 배열에 의해서」 창작성을 갖는 것을 요건으로 하고 있는데 대하여(12조1항), 데이터베이스에 관해서는 그 체계의 설정, 정보의 수집, 선정, 분석, 가공, 축적 등의 과정을 거쳐 작성되므로, 「정보의 선택 또는 체계적인 구성에 의해서」 창작성을 갖는 것을 요건으로 하고 있다(12조의2제1항).[4] 데이터베이스는, 이용자의 요구에 따라 정보의 검색결과가 나오는 것으로, 데이터베이스 안의 정보 배열은 대부분 의미를 갖지 않으며, 그 대신 이용자의 요구에 따라 효율적으로 검색을 가능하게 하는 체계적 구성, 결국 입력용 포맷, 검색을 위해 필요한 시소러스나 키워드 등이 의미를 갖는다. 체계적인 구성에 창작성이 필요하고, 단순히 전문검색이 가능한 것만으로는 창작성이 있다고 말할 수 없다.[5]

컴퓨터에서 검색할 수 없는 상태(입력 전의 종이 매체 상태)의 것은 데이터베이스라고 말할 수 없다.[6] 그러나 이와 같은 종이 매체라도 전부 보호를 받을 수 없는 것은 아니며 정보의 선택·배열에 창작성이 있으면 편집저작물로서 보호를 받는다.

참고로, 검색을 위한 프로그램이나 시소러스 등은, 저작물의 요건을 만족하면 데이터베이스가 아니라 프로그램저작물 혹은 일반 저작물이 될 수 있다.[7]

또, 데이터베이스는 정보의 집합물이지만, 그 부분을 구성하는 저작물의 권리

---

2) 편집저작물과 데이터베이스는 다르다는 說로서, 半田 101면, 椙山 61면. 그에 대해, 현행법은 데이터베이스에 대해서 편집저작물과 다른 취급을 하는 취지는 아니라고 하는 설(說)로서, 田村 27면.

3) 앞의 주1) 보고서.

4) 東京地判平12・3・17 判時1714호128면(NTTタウンページ事件)은, 직업분류체계에 따라서 전화번호정보를 직업별로 분류한 타운페이지는, 검색의 편리성 관점에서 개개의 직업을 분류하고, 이것들을 계층적으로 쌓아올림으로써, 모든 직업을 망라하도록 구성된 것으로, 독자적 궁리[工夫]가 이루어진 것이어서, 이에 유사한 것이 존재한다고는 인정되지 않기 때문에, 체계적인 구성에 따라서 창작성을 갖는 데이터베이스다, 라고 설시하고 있다. 東京地中間判平14・2・21(未登載)(コアネット事件)은, 정보의 선택 및 체계적 구성의 어느 것에도 창작성이 인정된다고 한 사례이다.

5) 椙山敬士=筒井邦恵 「データベースの著作物性」斉藤=牧野 112면.

6) 참고로, EC의 데이터베이스지침(Council Directive of 11 March 1966 on the legal protection of databases)은, 종이매체 등 비전자적인 것까지도 포함하고 있다.

7) 앞의 주1) 보고서.

자의 권리에는 영향을 미치지 않는다(12조의2제2항). 이는 편집저작물의 경우(12조 2항)와 같다.

2. 데이터베이스 보호의 문제점

데이터베이스는 정보검색의 도구(tool)지만, 정보의 접근을 위한 기본적 인프라이며, 또 POS데이터베이스와 같이 기업전략의 기본적 자료이기도 하다. 그리고 데이터베이스는 구축에 많은 노력과 투하자본을 요하는 반면, 침해에 대하여 극히 취약하기 때문에 작성자의 보호가 필요하다. 정보화 사회에서 기본적 인프라인 것을 고려하면, 해석시에 통상의 저작물 이상으로, 정보의 이용 촉진을 도모하려는 관점이 강조되어야 할 것이다.[8)]

체계적 구성도 그렇지만, 데이터베이스 구축 시에 정보의 수집 혹은 디지털화에 많은 노력·자본이 필요하며, 그 측면이 가장 보호되기 바라는 부분이면서 동시에 모방에 극히 취약한 부분이다. 그러나 저작권법의 기본적 구조로부터, 보호의 대상은 정보의 선택 또는 체계적 구성에 따라서 창작성이 인정되는 부분(체계적으로 구성된 정보의 집합체)라고 생각할 수밖에 없다. 여기서는 현실적으로 보호되기 바라는 「이마의 땀」은 보호되지 않을 가능성도 있다(「**4. 침해의 특수성**」 참조). 이와 같이 저작권법에서의 데이터베이스 보호는, 보호되는 것과, 진정 보호되기 바라는 것과의 괴리가 크다.[9)] 이 점이, 저작권법에 의한 데이터베이스 보호의 최대의 약점이고, 데이터베이스를 저작권법 틀 내에서 필요충분한 보호를 할 수 있는가라는 의문도 나오고 있다. 다만 저작물성을 부정하더라도, 불법행위가 될 수 있다는 것은 별론이고, 현재 창작성이 없는 데이터베이스에 대한 침해를 불법행위로 판단한 판결도 있다.[10)]

데이터베이스 작성에 다수가 관여한 경우에는 저작자 확정이 문제된다. 예를 들면 시판하는 범용 데이터베이스·소프트웨어를 구입하여, 단순히 정보의 입력을 행한 경우는, 누가 창작자인가? 그 경우 정보의 선택에 창작성이 있다면 그 선택한 자가 데이터베이스의 창작자가 될 것이다. 그러나 예를 들어 졸업생 전원의

---

8) 椙山 56면.

9) D.S.カージャラ「日本におけるデータベースの保護」法時59권2호55면(1987), 椙山 58면. 金子博人「高度情報化社会におけるデータベースの保護(上)」NBL343호6면(1985)은, 데이터베이스는 보다 많은 정보를 몰개성적으로 수집 축적하고, 동시에 일반적인 범용성 있는 분류체계에 따라 정리되어 있는 것이 가장 이용가치가 높지만, 그것은 저작물에 필요한 창작성과는 상반된다고 말하고 있다.

10) 東京地中間判平13·5·25 判時1774호132면(自動車データベース事件).

명부와 같은 경우에는 정보의 선택에 창작성이 없어 체계적 구성만이 문제가 되는데, 그것은 소프트웨어 제작자가 행하는 것으로 정보의 수집자는 관계없는 경우가 많다. 한편 소프트웨어 제작자는 데이터의 입력물만을 제작한 것이고, 구체적 데이터가 없는 데이터베이스라는 것은 있을 수 없기 때문에, 데이터베이스 저작자는 될 수 없다(프로그램저작자로 될 수 있음은 별론). 이와 같은 경우, 결과적으로는 저작물성 있는 데이터베이스가 발생하더라도 누구도 저작자로는 될 수 없는 사태도 있을 수 있고,[11] 경우에 따라서는, 소프트웨어 제작자와 정보의 수집자의 공동저작물도 있을 수 있다.[12] 다만, 주문제작의 경우에는 공동저작물이 될 수도 있지만, 시판 소프트웨어를 구입하여 데이터베이스를 작성하는 경우에는 드물 것이다.

저작권법에 의한 보호는 창작자 중심으로 될 수밖에 없지만, 데이터베이스의 건전한 발전을 위해서는 단순히 창작자의 보호만이 아니라 디스트리뷰터(distributor)의 보호를 생각할 필요가 있다. 모든 상품에서 유통업은 중요하지만, 데이터베이스의 특색으로 보아 특별한 보호를 부여할 필요가 있는가 하는 점이 문제된다. 즉, 데이터베이스의 디스트리뷰터는, 통상 상품의 유통업자와 같은 것인가, 혹은 방송사업자나 레코드제작자와 같이, 특별한 보호가 필요한 것인가 하는 점이 문제된다. 이것은 단순히 디스트리뷰터뿐 아니라, 출판자의 권리 등과 함께, 앞으로 정보의 유통을 어떻게 규정해 나갈 것인가라는 큰 문제의 일환으로써 파악해야 할 것이다.

3. 데이터베이스와 창작성

데이터베이스에서 창작성은 정보의 선택 또는 체계적 구성, 어느 쪽이든 인정되면 족하지만, 창작성이 없는 데이터베이스는 저작권법에서는 보호되지 않는다.

데이터베이스는 정보검색의 도구(tool)이고, 가능한 한 많은 정보의 수집이 바람직하며, 궁극적으로는 그 분야의 모든 정보, 예를 들면 판례 데이터베이스에서 말하면 모든 판례를 망라한 것이 가장 좋다. 그렇지만 정보의 선택이라는 관점에서 본다면, 많은 노력이나 자본을 필요로 하는 것이라도, 누가 해도 같은 결과를 얻을 수 있는 것은 「표현의 선택의 폭」이 없기 때문에 창작성이 인정되지 않는

11) 梅谷 59면.
12) 앞의 주1) 보고서.

다.[13] 기억매체의 용량이 적은 시대에서는 소재를 선택함으로써 기억매체로의 부담을 줄일 필요도 있지만, 기술의 발전에 따라 기억용량을 걱정할 필요가 감소하였기 때문에, 관계된 모든 정보를 저장할 수 있는 데이터베이스가 증가하고 있고, 그만큼 편리성은 커지지만, 반면 정보의 선택이라는 점에서는 창작성이 없는 것이 증가한다는 웃지못할 결과를 낳고 있다.[14]

가령 모든 판례의 수집에는 창작성이 없다 하더라도 데이터베이스인 이상, 체계적인 구성에 창작성이 있는 경우도 많고, 그 관점에서 다수의 데이터베이스에는 창작성이 인정된다고도 생각된다.[15] 그러나 그 경우의 침해란 창작성이 있는 부분, 결국 체계적 구성에 대한 무단이용이 되며, 체계적 구성을 모방하지 않는 한 소재의 전부를 이용하더라도 침해가 되지는 않아 보호범위에서 큰 문제가 남는다. 또한, 체계적 구성도 사실상의 표준화 혹은 상호운용성 등의 요청에서 하나의 표준적인 기술로 수렴하는 경향이 있으므로, 저작권법에서 보호가능한 체계적 구성의 범위는 좁다고 말하는 문헌도 있다.[16]

데이터베이스의 창작성에 관해서는, 컴퓨터프로그램의 경우와 같이, 소설 등에서 묘사된 개성과 똑같은 의미의 개성이 나타나 있다고는 생각하기 어렵고, 경쟁법적 요소를 가미한 창작성개념이 가장 필요하다고 생각된다. 특히 체계적인 구성에 관해서는, 유사의 다른 데이터베이스의 유무, 동업자가 용이하게 작성할 수 있을 정도로 흔한 것인지 등의 요소도 감안하여 창작성을 판단하여야 할 것이다. 창작성의 개념에 관해서는, **「제2절 저작물의 정의, 2. 창작성 (2) 새로운 창작성 개념」** 참조.

4. 침해의 특수성

저작물성이 있는 데이터베이스 전체를 복제한 경우에는 침해의 성립에 문제가

---

13) 東海林保「データベースの法的保護」牧野=飯村 185면, 田村 27면.

14) 渋谷 64면은, 데이터베이스의 창작성은, 본래는 정보의 선택이 아니라 오히려 수집된 정보의 실개성(悉皆性)에서 구해야 한다고 말하고 있지만, 이것은 단순히 실무상의 바램을 말한 것뿐으로, 저작권법의 이론적 설명이 되지는 않는다. 다수의 학설은, 이마의 땀은 보호하지 않는다는 저작권법의 체계 속에서 데이터베이스를 보호하는 이론구성에 절치부심하고 있는 바이다.

15) 앞의 주1) 보고서는, 「정보를 정리통합하는 체계를 설정하고, 수집, 선정한 정보를 분석, 가공한 후에 그 체계에 따라 정리 통합하는 데이터베이스 작성의 일련의 과정에는, 통상, 창작적 행위로 평가할 수 있는 듯한 지적인 활동이 포함되어 있다고 생각된다」라고 말하고 있다. 同旨, 加戸 134면, 斉藤 107면.

16) 梅谷 53면.

없지만, 데이터베이스저작권의 침해는 부분이용의 모습으로 나타나는 것이 많고, 저작권법의 틀 내에서 침해에 대해 어느 정도 방어가 가능한가 하는 점이 문제된다.[17] 저작권침해는, 기본적으로는 창작성이 있는 부분이 침해된 경우에 생기지만, 데이터베이스의 창작성은 정보의 선택 또는 체계적 구성에 있기 때문에, 추상적으로 말하면, 다른 자가 무단이용한 부분이, 정보의 선택 또는 체계적 구성이라는 관점에서 창작성이 있다고 인정되는 경우에 저작권침해가 된다.[18] 구체적으로는 개별적인 사례마다 판단되어, 그 사례의 집적을 기다려야만 기준이 명확하게 될 것이나, 데이터베이스의 이용자(user)는 통상 스스로가 선택한 키워드 등으로 정보의 집합을 추출하는데, 이 행위를 무단으로 행한 경우에 권리침해가 되는가 하는 점이 문제된다.

타인의 데이터베이스로부터 체계적 구성은 모방하지 않고, 상당량의 데이터만을 추출하여 자기의 체계를 구축하거나 혹은 시판 소프트웨어를 구입하여 거기에 데이터만을 입력을 하는 경우, 이용한 정보의 덩어리에 「정보의 선택」이라는 관점에서 데이터베이스 작성자의 창작성이 없다면 침해가 되지는 않는다. 또한 정보의 선택에 창작성이 있는 경우라도, 어느 정도의 양의 소재를 이용하면 침해가 되는지, 결국 창작성이 있는 부분을 이용하였다고 말할 수 있는지를 판단하여야 한다. 통상 문장의 저작권침해라면, 문장끼리 비교하여 그 공통 부분에 창작성이 있는가 하는 판단방법을 택하는 일이 많을 것이나, 데이터베이스의 경우에는 무단이용된 정보의 덩어리가 정보의 선택이라는 관점에서 창작성이 있는 부분인가 하는 판단을 하여야 하는데, 그것은 어려운 작업이다.

이와 같은 경우에 침해를 인정하지 않으면 데이터베이스를 보호한 의미가 없어진다는 견해도 있지만,[19] 그와 같은 필요성은 인정되면서도 현행 저작권법의 체계에서 보아 그러한 결론을 이끌어 내는 것에는 이론상 의문도 있다.[20] 이용자(user)는, 스스로의 생각에 따른 키워드 등을 이용하여, 자기의 검색목적에 합치한

17) 渋谷 64면은, 복제의 매체는 자기(磁氣)디스크 등으로 한정되고, 종이매체에 프린트 아웃 하는 것만으로는 데이터베이스의 복제는 되지 않는다고 말하고 있다. 그러나, 데이터베이스는 컴퓨터에서 검색할 수 있는 것이어야 하지만, 그 침해가 되는 복제물까지 컴퓨터검색 가능물일 필요는 없다. 회화의 복제물이 사진인 것도 있어, 피복제물과 복제물이 같은 장르일 필연성은 없다.

18) 加戸 134면. 梅谷 41면, 또 同 55면은 「저작권법은 데이터와 관련지워진 영역과 일체가 된 완전한 파일이 창작성을 갖는 한, 그 부분의 복제도 금지한다」라고 말하고 있다.

19) 三山 95면.

20) 金子博人 「高度情報化社会におけるデータベースの保護(下)」 NBL348호15면(1986), D.S.カージャラ・앞의 주9) 57면.

정보의 덩어리를 추출하는 것이며, 그 정보의 집합에 데이터베이스 창작자의 창작성 있는 정보의 선택이나 체계적 구성이 꼭 존재한다고는 할 수 없다.[21] 이용자(user)의 단순한 추출행위까지 보호범위에 포함시키기 위해서는, 새로운 입법을 통해 『추출권(抽出權)』을 규정할 필요가 있을 것으로 생각된다.

국제적으로도 일본에서도 데이터베이스의 보호가 논의되고 있다. 이론적으로는, 데이터베이스에 특화한 특별법으로 할 것인지, 부정경쟁방지법에 포함시킬지, 혹은 저작인접권으로 할 것인지를 생각할 수 있다. 데이터베이스 보호의 필요성은 인정되지만, 보호의 필요성을 저작권법에서 충족시키려고 하면 할수록, 저작권법의 체계로부터 벗어나고 만다는 딜레마가 있다. EC에서는 이미 지침(directive)으로 가맹 각국에 데이터베이스의 보호를 의무화하고 있다.[22] 일본과 미국에서는 논의 중이지만, 현재로서는 급속한 입법 전망은 서있지 않다. 이 문제는, 정보화시대의 인프라로서 중요하게 된 데이터베이스를 규정하는 것인 만큼, 21세기에는 정보의 법적보호를 어떤 모습으로 가져가야 할 것인가라는 큰 문제의 일환으로서 생각해야 할 것이다.[23]

제 6 절 2차적저작물

1. 2차적저작물의 의미

기존 저작물을 기초로 새로운 저작물을 창작한 형태에는 여러 가지가 있을 수 있지만, 저작권법은 그 중 「저작물을 번역, 편곡 혹은 변형 또는 각색하거나, 영화, 기타 번안함으로써 창작한 저작물」을 2차적저작물로 정의하고 있다(2조1항11호).[1] 편집저작물이나 데이터베이스도 타인의 저작물을 이용하고 있지만, 2차적저작물이라 하지 않는다.

---

21) 梅谷 59면.

22) EC의 데이터베이스 지침(Council Directive of 11 March 1966 on the legal protection of databases).

23) 참고문헌으로서, 梅谷, 作花・詳解 141면 이하, 白石忠志「データベースの保護と競争政策上下」公正取引562호47면・563호64면(1997), 椙山 55면 이하(첫 출판은 1993).

1) 東京地判昭57・3・8 判時1038호266면(将門記訓讀文事件)은, 일본풍의 변체한문으로 기록된 고전 「장문기(将門記)」의 훈독문에 대하여, 제작과정을 상세히 검토한 결과, 훈독자의 학식경험에 기하여 독자적 개성이 나타나 있기 때문에 번안이라고 하였다.

2차적저작물을 이용하여 새로운 창작을 한 경우라도, 저작권법상 3차적저작물・4차적저작물이라고는 하지 않고, 2차적저작물이라 한다[2](여기서는 설명의 편의상, 원(原)・2차적・3차적저작물이라 부르는 것도 있다[3]). 또 2차적저작물을 다시 개변하여 3차적저작물을 창작한 경우에는, 그 2차적저작물이 3차적저작물의 원저작물이 된다. 최초의 원저작물에 의거하지 않고, 2차적저작물에만 의거하여 3차적저작물을 창작한 경우라도, 3차적저작물로부터 최초의 원저작물의 창작성 있는 표현이 직접 감지될 수 있는 것이라면, 최초의 원저작물에 의거한 것과 같다고 평가할 수 있겠다.[4] 2차적 창작행위(개변)가 수차에 걸치면, 최초의 원저작물의 창작성 있는 표현이 감지되지 않는 것도 있어, 그와 같은 경우에는 이미, 당해 3차적・4차적저작물은, 최초의 원저작물과는 별개의 저작물이 된다.[5]

현행법상, 원저작물을「적법하게」개변한 것이어야 한다고 하는 요건(적법요건)이 부과되어 있지 않기 때문에, 무허락으로 2차적저작물을 창작한 경우라도, 새로운 저작권이 발생한다.[6] 구법에서는, 편집저작물(구 14조), 이종(異種)복제(구 22조), 미술저작물의 사진저작물로의 복제(구 23조3항)의 경우에 적법요건이 부과되어 있었으나, 그것 이외의 2차적저작물에 관해서는 적법요건 규정이 없어, 2차적인 저작물 전체적으로 통일성이 결여되어 있었다. 그래서 현행법 제정시에, 모든 2차적인 저작물에 대하여 적법요건을 제외하여, 이론적 부정합을 없앴다.[7] 그렇지만 저작자는 번역・번안권들을 가지고 있기 때문에(27조), 제3자가 무단으로 2차적저작물을 창작하는 것은 저작권침해로 되고, 2차적저작물의 창작자라고 할지라도, 그것을 이용하면 원저작물의 저작권침해로 되기 때문에(28조), 결국 2차

---

2) 2차적이란 용어보다도, 영어 번역으로 이용되고 있는 파생적(derivative)이라는 용어 쪽이 적확하다고 생각하지만, 여기서는 2차적저작물이라는 법률상의 용어에 따른다.

3) 長沢幸男「二次的著作物」牧野=飯村 286면은, 3차적저작물과 같이 법령상의 근거를 결여하는 개념을 이용하는 것은 불필요하다고 하고, 또한 유해하다고 말하고 있지만, 내용을 이해한 후에 편의상 이용하는 것은 지장이 없을 것이다.

4) 大阪地判平11・7・8 判時1731호116면(パンシロントリム事件), 田村 57면.

5) 田村 112면.

6) 유일한 반대설인 半田正夫『著作物の利用形態と権利保護』(一粒社, 1989) 138면은, 현행법에서도 무허락으로 작성된 2차적저작물에 저작권은 발생하지 않는다고 해석하고 있다. 半田說과 같이 적법요건이 필요하다고 하면, 그와 같은 2차적저작물에 저작권은 발생하지 않는 것이기 때문에, 원저작물의 저작권자는 개변된 당해 2차적저작물을 무허락으로 이용할 수 있는 것이 되며, 2차적저작물의 창작자는 제3자의 침해에 대해서도 금지할 수 없는 것으로 되고, 게다가 원저작물의 저작권 소멸 후에는, 그 2차적저작물은 퍼블릭도메인이 된다(단, 한다(半田) 설은, 그 경우에는 2차적저작물이 원저작물로 승격할 가능성도 있지만, 이론적으로는 설명되지 않는다).

7) 著作権制度審議会答申説明書(文化庁・資料編 52면) 참조.

적저작물의 저작자는 제3자의 무단이용에 대해서만 권리를 행사할 수 있는 것에 불과하게 된다.

다만 제3자의 침해에 대한 손해배상청구에 관해서는 문제가 있다. 원저작자에 대해 무단으로 2차적저작물을 창작한 자는 스스로도 그것을 이용할 수 없기 때문에 침해되더라도 손해발생은 없다고 생각할 수도 있고, 원저작물의 저작자에 의해 현실적으로 중지당하기까지는 사실상 이용할 수 있었으므로 실제로 이익을 얻고 있는 경우도 있을 수 있기 때문에 손해배상청구를 인정하고 그 후 처리는 원저작물의 권리자와 조정하면 된다고 생각할 수도 있다. 이것과 유사한 사태는, 다른 지적재산법 분야에서도 생길 수 있다(예컨대, 원특허권자와 개량발명의 특허권자).

종래는, 저작물의 「내면적 형식」을 유지하면서, 「외면적 형식」을 개변한 것이 2차적저작물이라고 설명되는 일도 많았는데, 「내면적 형식」과 「외면적 형식」의 구별이 명확하지 않아 이 기준의 실용적 가치는 낮다.[8] 현재로써는, 원저작물[9]에 의거하고, 또 원저작물 표현상의 본질적인 특징을 직접 감지할 수 있는 경우는 2차적저작물이 되며,[10] 감지할 수 없는 경우는 별개의 저작물이 된다고 설명되는데,[11] 실제로 번안인가 아닌가의 판단이 어려워, 저작물의 장르 또는 구체적 사례에 따라서도 달라질 것이다.[12]

---

8) 橋本英史「著作物の複製と飜案について」清永 = 設楽 380면 참조.

9) 원저작물은 타인의 저작물일 필요는 없고, 일화(一話)완결형의 연재만화와 같이, 자기 저작물의 2차적저작물 같은 것도 있을 수 있다. 最判平9・7・17 民集51권6호2714면(ポパイネクタイ事件).

10) 最判昭55・3・28 判時967호244면(モンタージュ事件)에서는, 원저작물의 「표현형식에 있어서의 본질적인 특징을 직접 감득할 수 있는」경우에는 2차적저작물이 된다고 하고 있다. 이 최고재판소 판결은 동일성유지권 침해 사건으로, 번안사건은 아니지만, 그 후에 커다란 영향을 주고 있다. 東京地判平6・3・23 判時1517호136면(ぼくのスカート事件)에서는, 「번안」이란, 어느 쪽이든 일방의 작품에 접한 때에, 접한 당해 작품의 줄거리(story)나 선율(melody) 등의 기본적인 내용과, 타방의 작품의 그것과의 동일성에 생각이 미치는 정도로 당해 저작물의 기본적인 내용이 동일할 것을 요한다고 말하고 있다. 東京地判平10・6・29 判時1667호137면(地獄のタクシー事件)도 같은 취지. 그리고, 最判平13・6・28 判時1754호144면(江差追分事件 상고심)은, 「언어저작물의 번안……이란, 기존의 저작물에 의거하고, 동시에, 그 표현상의 본질적인 특징의 동일성을 유지하면서, 구체적인 표현에 수정, 증감, 변경 등을 가하고, 새로운 사상 또는 감정을 창작적으로 표현함으로써, 이것에 접하는 자가 기존의 저작물의 표현상의 특징을 직접 감득할 수 있는 다른 저작물을 창작하는 행위를 말한다」라고 말하고 있다. 또 이 최고재판소 판결은, 이 정의를 「언어저작물의 번안」에 한정하고 있는 것처럼 읽을 수 있는데, 2차적저작물의 일반론으로서 통용된다고 생각되며, 東京高判平 14・9・6 判時1794호3면(どこまでも行こう事件 항소심)에서는, 편곡 사건에서 똑같은 정의를 채용하고 있고, 横浜地小田原支判平14・8・27 判時1824호119면(すて犬シェパードの涙事件)에서도, 서적의 사건에서 같은 것을 설시하고 있다.

11) 半田 97면은, 원저작물의 「존재를 추지(推知)할 수 있을 때」에 2차적저작물로 된다고 하고 있지만, 단순히 존재를 추지할 수 있다는 요건만으로는 지나치게 넓을 것이다.

또한 저작권법에서는 사실·아이디어는 보호되지 않기 때문에, 원저작물로부터 단순히 사실·아이디어만을 추출하여 새로운 저작물을 작성한 경우에는, 그것은 이미 2차적저작물이 아니라 새로운 별개의 저작물이 된다.[13]

2. 개변의 태양(態樣)

2차적저작물이 성립하는 행위로서, 저작권법은 번역·편곡·변형·번안 행위의 4가지를 들고 있지만, 그 유형에 따른 법적효과의 차이는 없으며, 엄밀히 구별할 실익도 적다.[14] 요컨대, 기존의 저작물을 개변하여 새로운 창작성있는 표현을 부가하고, 거기다 원저작물의 창작성있는 표현이 감지되는가 하는 점이 문제된다. 2차적저작물의 전부를 「번안」이라 칭하는 일도 많지만, 규정에서 4가지 장르를 예로 들고 있기 때문에, 그들에 관해 해설해 두기로 한다.

번역이란, 기존의 언어저작물을 다른 체계의 언어로 변환하는 것을 가리킨다. 겐지 모노가타리(源氏物語)의 현대어역 등은 번역이라 하지 않고 통상 번안이라고 하는데, 조약상 유보(앞의 주 14))에서 말한 것 이외에는 법적 효과에 차이가 없기 때문에, 번역과 번안의 어느 쪽에 해당하는가 하는 논의를 할 실익은 적다. 동일한 원작에 대하여 번역이 복수인 경우도, 원작이 같은 만큼 번역끼리의 침해판단

---

12) 흥미있는 사건으로서는 東京高判平12·9·19判時1745호128면(舞台装置事件 항소심)이 있고, 직접 감득에 대해 아래와 같이 언급하고 있다. 직접 감득성은, 유사성을 인정할 필요조건일 수 있어도 충분조건은 아니고, 직적 감득할 수 있는지 여부는, 표현된 것끼리 비교한 경우의 공통성 이외의 요소에 따라서도 크게 좌우될 수 있다. 예컨대, 아이디어 자체가 신기한 경우에는 표현된 것보다 신기한 아이디어가 주목받기 쉽기 때문에, 그 아이디어를 채용한 다른 자의 작품은 기존의 작품을 직접 감득하기 쉬워지고, 역으로 아이디어 자체가 흔한 것으로, 그것을 표현한 자 혹은 그것을 채용한 자가 다수인 상태에서는, 아이디어가 주목받는 일은 없기 때문에, 후에 같은 사상 또는 감정을 표현하거나, 또는 같은 방법이나 아이디어를 채용한 다른 자의 작품이 출현하더라도, 그것만으로 기존의 작품을 직접 감득하는 일은 적을 것이므로, 반드시 항상 직접감득성이 유사성의 판단기준으로서 유효하게 기능하게 되지는 않는다.

13) 名古屋地判平6·7·29 判時1540호94면(春の波濤事件)에서는, 실재했던 인물의 전기(傳記)에 대하여, 역사상 사실 또는 이미 공지로 된 선행자료에 기재된 사실에 기한 줄거리의 이동이나 스토리의 전개가 동일하더라도, 그것은 저작물의 내면형식의 동일성을 기초지우는 것이라고는 할 수 없다고 하여 침해를 부정하였다(名古屋高判平 9·5·15 判タ971호229면 항소기각, 最判平10·9·10(未登載) 상고기각). 東京地判平12·12·26 判時1753호134면(井深大葬儀事件)에서는, 석간지에 연재된 소니(sony)주식회사 연혁 기사 중에 게재된 井深大氏의 장례 기사의 저작권침해 사건에서, 동일한 역사적 사실을 대상으로서 서술한 것이므로, 이것을 객관적으로 기술한 경우는, 사실 내용이 동일할 뿐만 아니라, 구체적인 표현도 부분적으로 동일 내지 유사하게 될 수 있다고 하여 침해를 부정하고 있다.

14) 베른협약 베를린개정에서 번역권의 존속기간은 30년이었으나, 일본은 이 규정을 유보하고, 10년 이내에 번역물을 발행하지 않은 때는, 번역권은 10년으로 소멸한다고 규정하고 있었다(구법7조). 현재 유보조항은 삭제되었지만, 신법 부칙8조에 의해, 신법 시행 전에 발행된 저작물에 관해서는 구법 7조의 번역권유보의 규정이 적용되고, 또한 만국저작권조약특례법 5조에서는 번역권에 관한 특례가 정해져 있고, 그런 측면에서는 번역에 대해 엄격히 정의하는데 의미가 있다.

에 곤란이 수반하는데,[15] 번역의 경우는 원래가 같은 저작물이며, 부가되는 창작에도 한계가 있기 때문에 권리의 폭은 좁게 해석해야 할 것이다.

편곡이란, 기존의 음악저작물을 어레인지(arrange) 하는 것을 가리킨다. 어느 정도의 변경을 가하면 편곡이 되는 것인가 하는 점에 관해서는 사례가 적고, 판례상 명확하다고는 말하기 어렵다. 악곡에는, 낭곡(浪曲)과 같이 선율만 존재하는 것부터 대규모의 교향곡에 이르기까지 여러 가지가 있기 때문에, 침해 판단 기준을 일률적으로 정립할 수는 없을 것이다.[16]

변형이란, 기존의 미술 등의 저작물을 다른 표현형식으로 변환하는 것을 가리킨다.[17] 구법에는 이종(異種)복제라는 규정이 있어(구법 22조), 원저작물과 다른 기술에 의하여 적법하게 미술저작물을 복제한 자는 저작자로 간주되었었다. 결국 기술이 다르면, 창작성을 요하지 않고 새로운 저작물로 인정하였던 것이다. 창작성이 없이 새로운 저작물을 인정하는 방식은 저작권법 체계에서 어긋나기 때문에 신법에서는 이종복제 개념을 폐지하고 대신 변형・번안이라는 개념을 도입, 2차적저작물 속으로 포섭하였다.

번안[18]이란, 국어적으로는 소설・희곡 등을 시대나 무대를 달리한 것을 가리키지만, 저작권법상으로는 각색・영화화 등에 의해 원저작물의 내면적인 표현을

---

15) 東京高判平4・9・24 判時1452호113면(サンジェルマン殺人狂想曲事件).

16) 東京地判平12・2・18 判時1709호92면(どこまでも行こう事件)에서는, 원고의 곡은 시엠송(commercial song)이고, 피고의 곡은 창가(唱歌)적인 대중가요(popular song)이기 때문에, 선율(melody)의 동일성을 첫째로 고려해야 한다고 하여, 선율(melody)에서 동일성이 인정되지 않기 때문에 비침해가 되었다. 이에 대하여, 항소심인 東京高判平14・9・6 判時1794호3면은 악곡의 본질적인 특징을 기초지우는 요소는 다양할 것이지만, 두 곡은, 서로 다른 악곡 간의 선율이 유사한 정도로서, 다른 유례를 볼 수 없을 정도로 많은 일치하는 음을 포함하는 점(72%) 등을 근거로, 두 곡은 표현상 본질적인 특징의 동일성을 갖는다고 말하고 있다(상고는 기각).

17) 東京地裁八王子支判昭62・9・18 判時1249・105(日野市壁画事件)에서는, 본건 벽화와 원저작물과는, 차이점보다도 유사성의 쪽이 강하게 인상지워지며, 그 표현형식상 동일한 창작발상에 기초하고, 원저작물을 토대로 하여 이를 변형한 작품으로 인정되어, 원저작물의 저작권(변형권)을 침해한다고 하였다(또, 斉藤 101면은, 본건과 같이 표현형식을 달리하지 않는 경우는 변형이라고는 말할 수 없다고 하고 있지만, 법적효과에 차이는 없으며, 논의의 실익은 없다). 東京地判昭52・3・30(未登載)(たいやきくん事件)에서도, 붕어빵을 의인화한 원화와 거의 동일한 봉제인형을 제조한 것은 변형에 해당한다고 설시하고 있다. 京都地判平9・7・17(未登載)(ガレージキッド事件)에서는, 만화 등의 캐릭터를 인형 등에 입체화한 때, 그 과정에서 창작성이 인정되지 않는 경우에는 복제이고, 입체화의 과정에서 창작성이 인정되는 경우는, 미술저작물의 변형이 된다고 말하고 있다.

18) 번안에 관한 사례로서는, 東京地判平2・4・27 判時1364호95면(卒業レリーフ樹林事件), 東京地判平5・8・30 判時1571호98면(目覚め事件), 그 항소심 東京高判平 8・4・16 判時1571호98면, 東京地判平6・3・23判時1517・136(ぼくのスカート事件), 東京地判平8・9・30 判時1584・39(江差追分事件), 그 항소심인 東京高判平11・3・30 民集55권4호945면, 그 상고심인 最判平13・6・28 判時1754호144면이 있다.

유지하면서, 외면적인 표현을 달리한 것을 가리킨다고 통상 일컬어지고 있다. 다만, 내면적 형식과 외면적 형식과는 연속적인 것이고, 관념적으로는 구별할 수 있더라도, 실제로 경계를 짓는 것은 어려운 일이다. 이 점에 관해서는 후술한다.

3. 원저작물(原著作物)과의 관계

2차적저작물은 원저작물과는 별개의 저작물로, 원저작물의 창작자와 2차적저작물의 창작자는 공동저작자 관계에 있는 것이 아니라 각자가 별개의 저작물의 창작자이고 양자의 저작권은 병존한다. 2차적저작물이 성립하더라도 원저작물의 저작권에는 영향을 주지 않는다(11조). 2차적저작물을 이용하고자 하는 제3자는 원저작권자와 2차적저작권자의 허락을 받을 필요가 있고, 2차적저작물의 저작권자가 그 2차적저작물을 이용하는 경우도 원저작물의 저작권자의 허락이 필요하다. 이와 같은 관계도 65조의 공유 규정을 유추해야 한다는 설(說)도 있지만,[19] 공유와는 다른 이해관계에 있어 타당하지 않다고 생각한다. 현행법에서는, 2차적저작물의 성립에 적법요건이 필요하지 않아, 원저작물의 권리자가 모르는 채 2차적저작물이 성립하는 경우가 있다. 이와 같은 경우에 공유관계의 유추를 인정한다면, 원저작자는 정당한 이유가 없는 한 2차적저작물의 저작권자의 이용을 거부할 수 없게 되어, 원저작물의 저작권자에게 지나치게 큰 불이익을 주게 된다. 공유관계는 공유로 되는 일정의 사유가 있는 경우에 생기므로, 공유자는 65조의 제한을 받지만, 그와 같은 사유가 없는 때에 65조의 제한을 받을 이유는 없다.

2차적저작물이 성립하기 위해서는 그 개변한 부분에 창작성이 있어야 한다.[20] 2차적저작물의 저작권은, 개변에 의해서 새롭게 부여된 창작적 부분에 생기고, 원저작물과 공통하고 그 실질이 같은 부분에는 생기지 않는다.[21] 그런데 2차적저작물의 이용에 관해서, 원저작물의 저작자는 2차적저작물의 저작자가 가진 것과 동

---

19) 斉藤 188면은, 원저작물의 권리자는, 이용의 허락에 대해서는 65조3항(공유저작권의 행사 규정)을 유추적용하여, 정당한 이유가 없는 한, 2차적저작물의 저작권자의 이용을 거절할 수 없다고 하고 있다. 辻田芳幸「二次的著作物における原著作者関与の構図」半田正夫古稀記念『著作権法と民法の現代的課題』(法学書院, 2003) 210면도 같은 취지. 또, 東京高判平12・3・30 判時1726호162면(キャンディ・キャンディ事件控訴審)에서는, 방론이면서 한편 2차적저작물 일반에 대해서 말한 것인지는 분명치 않지만, 만화의 이야기작가와 회화작가 사이에 계약에 의해 해결할 수 없는 경우라도, 65조의 법의 취지는 적합하여, 그 활용에 따라 타당한 해결을 요구하는 것도 가능할 것이라고 설시하고 있다.

20) 最判平13・6・28 判時1754호144면(江差追分事件 상고심).

21) 最判平9・7・17 民集51권6호2714면(ポパイネクタイ事件), 東京地判平11・11・17判時1704・134 判時1704호134면(キューピー事件).

일한 종류의 권리를 가진다고 규정되어 있다(28조). 그것은, 2차적저작물의 표현 중에는 원저작물의 표현이 잔존하고 있기 때문이라고 생각되고, 그렇다면 28조는 당연한 것을 규정하고 있는 것이 되는데, 28조「동일한 종류의 권리」라는 의미를 둘러싸고 해석상 다툼이 있다.

4. 28조의「동일한 종류의 권리」의 의미

원저작자는, 2차적저작물의 이용에 관해 2차적저작물의 저작자와「동일한 종류의 권리」를 가진다(28조). 원저작물과 2차적저작물은 다른 장르의 저작물인 경우도 있고, 그 결과, 양자의 권리의 내용에 차이가 생길 수 있다. 예를 들면, 원저작물인 소설에는 전시권이나 반포권이 없지만, 그 2차적저작물이 만화(미술저작물)의 경우라면 전시권(25조)이, 영화의 경우이라면 반포권(26조)이 인정된다. 이 경우, 소설의 저작자는, 본래는 가지고 있지 않는 전시권이나 반포권을 2차적저작물에 관해서 가진다는 것이,「동일한 종류의 권리」를 전유한다는 의미이고, 결과적으로 원저작물의 저작자가 가지는 개작이용권의 범위는, 27조에서 규정하고 있는 번역・번안 허락권의 범위와 일치하게 된다.[22] 결국, 원저작물의 저작자는, 자기의 저작물의 표현이 미치는 한, 번역・번안 허락권을 가지며, 또한 그 한도에서 2차적저작물의 이용권도 가지는 것이 된다.

그렇지만 28조의 문리해석으로부터 원저작물의 저작자는, 2차적저작물에 관해서의 권리의 전부에 관해, 같은 내용의 권리를 가지고 있는 것으로도 이해된다.[23] 그와 같은 해석을 채용하면, 원저작물의 권리자는 2차적저작물에 나타나 있는 모든 표현에 관해서 권리를 가지는 것이 되고,[24] 그 귀결로서 3차적, 4차적저작물에 관해서도 권리를 갖게 될 것이다. 이러한 해석에 의하면, 예컨대 원작소설에는 나

---

22) 加戸 210면. 반대, 小泉直樹「二次的著作物について」コピライト494호13면(2002)는, 27조=28조라는 틀은 조문상은 나타나 있지 않고, 28조=27조+α 에서 출발하여, 부득이한 경우에는 조리판단으로 예외적으로 이루어지는 것이라는 듯한 뉘앙스를 읽어낼 수 있다고 언급하고 있다.

23) 東京地判平11・2・25 判時1673호66면(キャンディ・キャンディ事件)은 복잡한 사건이지만, 원작원고를 기초로 작성된 연재만화를 2차적저작물로 인정하고, 그것을 기초로 묘사한 리소그래프(lithograph)용 원화는 2차적저작물이고, 만화작가가 무단으로 그것을 삽화컷 및 표지그림으로 이용하는 행위는 원작의 저작권침해에 해당한다고 한다. 東京高判平12・3・30 判時1726호162면은 항소를 기각하고, 다시 最判平13・10・25 判時1767호115면 상고기각. 作花文雄「原著作物と二次的著作物の創作性の区分と融合」コピライト489호16면(2002), 金子敏哉・ジュリスト1243호144면(2003) 참조.

24) 東京地判平12・12・26(未登載)(キャンディ・キャンディ事件)에서는,「원저작물의 저작자는, 2차적저작물의 일부의 이용에 관해서도, 그것이 원저작물의 내용을 지각할 수 있는 부분인지 여부에 관계없이, 2차적저작물의 저작자와 똑같은 권리를 갖는다」고 서술하고 있다.

타나 있지 않지만, 그 번안인 만화의 배경에 묘사된 건물만을, 제3자가 부분 복제하여 이용한 경우, 원저작물의 저작자는 상상조차 하지 않았던 부분에까지 권리를 행사할 수 있게 되기 십상이다. 원저작물의 저작자로서는, 어쩌다보니 제3자가 2차적저작물을 창작하여 스스로가 창작하지 않은 부분에까지 권리가 발생한다는 것은, 창작한 자를 보호한다는 저작권법의 기본에 어긋난다.[25] 저작자는 자기가 창작한 것에 대해서 저작권을 가진다는 대원칙을 굽혀, 28조가 2차적저작물에 한하여 원저작물의 저작자의 권리가 미치는 범위를 원저작물의 창작적표현이 나타나지 않는 부분에까지 확장한 것으로 해석하는 것은 타당하지 않다.[26] 역시, 원저작물의 저작자가 2차적저작물에 관하여 권리행사할 수 있는 범위는, 원저작물의 표현이 감지될 수 있는 범위라고 생각해야 한다.

이와 관련하여, 보호기간에 관해서는 「동일한 종류의 권리」의 개념에는 포함되지 않고, 양자는 별개로 계산된다.

5. 2차적저작물과 아이디어의 보호

저작권은 아이디어를 보호하는 것은 아니지만, 아이디어와 표현이 깔끔하게 이분되는 것은 아니다. 학설 중에는, 표현을 「외면적 형식」과 「내면적 형식」으로 나누고, 전자는 외부에 나타난 객관적 구성을 가리키고, 후자는 저작권의 사상감

25) 이것과는 반대 판결인 캔디캔디사건의 항소심인 東京高判平12・3・30 判時1726호162면은, 2차적저작물에는 원저작물의 창작성에 의거하여 그것을 승계하는 요소(부분)와 2차적저작물 저작자의 독자적 창작성만이 발휘되어 있는 요소가 있지만, 저작권법이 양자를 구별하지 않고 규정하고 있는 것은 그 이유의 하나로서 양쪽 부분의 분리곤란성을, 또 하나는 2차적저작물인 이상, 그것을 형성하는 요소(부분)에서 원저작물의 창작성에 의거하지 않는 것은 있을 수 없다고 보는 것도 가능하다는 것을 들어, 양자를 구별하지 않고, 어느 것이나 원저작물의 창작성에 의거하고 있는 것으로 간주하는 것으로 한 것이라고 생각하는 것이 합리적이라고 말하고 있고, 그 상고심인 最判平13・10・25 判時1767호115면에서도 기본적으로는 지지하고 있다. 그러나 2차적저작물의 저작권자가 침해자를 제소할 때는 새롭게 부가된 부분에 관해서만 권리행사를 할 수 있고, 실제로 새롭게 부가된 부분을 판단하고 있어(예컨대, 最判平9・7・17 民集51권6호2714면(ポパイネクタイ事件)), 분리곤란하다는 판시는 이해할 수 없다. 하지만, 이 캔디캔디사건은 연재만화 사건이고, 동경고등재판소의 판결을 이와 같이 일반화하여 이해하는 것에는 문제가 있을 수 있다.

26) 作花・詳解 224면, 田村 374면, 渋谷 160면. 반대, 小泉・앞의 주22) 17면은, 법적인 룰(rule)로서 계약으로 별도의 정함이 없는 한, 원저작자의 공헌 부분과 2차적저작자에 의한 부가적 부분은 일체로서 다루고, 결과적으로 통상의 의미의 창작성보다 넓은 무엇인가를 보호한다고 서술하고 있고, 또 小泉直樹 「二次的著作物について」半田正夫古稀記念 『著作権法と民法の現代的課題』(法学書院, 2003) 179면 은, 캔디캔디사건 최고재판소판결은 「통상의 의미의 창작보다도 넓은 무엇인가를 보호하였다고 생각하고 싶다」라고 말하고 있다. 長沢・앞의 주3) 296면은, 원저작물이 존재하고 비로서 2차적저작물의 창작이 가능하게 되었다는 점에서, 원저작자의 기여가 인정된다고 하고 있지만, 이 정도의 인과관계로 2차적저작물 전체에 걸쳐 원저작자의 권리가 미친다는 것은, 저작권법 이론에서는 나오지 않는 것으로 생각된다.

정의 체계를 가리키며, 다시 그 내부에 있는 것이 저작권법으로는 보호되지 않는 사상·감정이라고 생각하고, 「외면적 형식」과 「내면적 형식」의 양자도 표현으로서 보호하여, 내면적 표현을 유지하면서 외면적 표현만을 변경한 경우가 2차적저작물이라고 하는 것도 있다.

그렇지만 「외면적 형식」과 「내면적 형식」을 구별하는 것이 사실상 곤란한 이상, 사상감정의 체계인 내면적 형식을 보호한다는 것은, 실질적으로는 저작권법이 아이디어보호에 발을 내디딘 것이라고 생각하지 않을 수 없다. 그러나 저작권법이 정면으로 아이디어를 보호한다고는 말할 수 없기 때문에 「내면적 형식」이라는 언어를 사용하는데 지나지 않는다. 극단적으로 말하면, 실질적으로는 저작권법에서 보호해야 하는 것을 표현으로 부르고, 보호하지 말아야 하는 것을 아이디어라고 부른다고 말할 수 있다(「**제2절 저작물의 정의 1. 「사상 또는 감정」의 표현**」 참조).

저작권법의 보호범위를 번안에까지 넓혔다는 것은, 실질적으로 보호를 아이디어 레벨까지 넓혔다는 것을 의미하는데,[27] 다만, 실질적으로는 아이디어를 보호하는 부분이 있다 하더라도 아이디어 일반을 보호할 수는 없고, 결국 보호해야 하는 것과 보호해서는 안 되는 것의 경계를 확정하는 작업이 필요해진다.

6. 2차적저작물의 현대적 의미

특허법의 보호대상인 발명(기술적 사상)은 축적적 요소가 강하여, 타인의 발명을 기초로 하여 그 위에 새로운 발명을 하는 경우가 많다. 반면 저작물은, 일반론으로서 타인의 저작물인 표현을 이용해야 할 필연성은 낮다. 적어도 종래에 저작물은 타인과 다른 개성의 발로에서 의미가 있어 저작권법적 관점에서 모방은 낮게 평가되어 왔다. 독자의 개성을 발휘한 표현의 풍부화 즉 다양성이야말로 문화의 발전에 있어 바람직한 요소이며, 그것을 위해서는 되도록 모방을 저지하고, 가능한 한 독자적 창작을 위한 인센티브(incentive)를 부여하는 것이 저작권법의 목적으로 부합하다고 생각되어 왔다.

저작권법은 기본적으로 모방에 대하여 엄한 태도를 취하고 있으며, 예컨대 패러디가 사회에 대한 비판·풍자를 하는 것으로, 표현의 자유라는 관점에서 필요한 것이지만, 저작권법적 관점에서 본다면, 은둔자 혹은 언더그라운드적인 존재

27) 中平健「飜案権侵害の勢成否」牧野 = 飯村 333면 참조.

였다. 그러나 2차적저작물이 반드시 나쁘다고 파악할 것이 아니라, 2차적저작물도 정보의 풍부화에 이바지하고 있고, 이것을 장려하는 것이 문화 발전에 연결된다는 측면도 있다. 브람스의 「헝가리무곡」이나 아쿠타카와 류노스케(芥川龍之介)의 「코(鼻)」 등의 작품은, 민요로부터의 채보 혹은 고전의 모방이라 할 수 있을지도 모르지만 그 가치를 부정하는 자는 없다. 이와 같은 예를 일일이 들 필요도 없이, 분명하게 문화의 발전에 이바지하고 있어, 모방은 그대로 나쁘다고 말할 수 없다. 원저작물 저작자의 보호범위를 넓히는 것은, 전부 새로운 창작에 대한 인센티브는 되지만, 개작에 대한 인센티브는 감소한다. 이런 양자의 조화를 취하면서, 참된 의미에서의 문화 발전을 도모하기 위해서는, 2차적저작물의 권리범위를 어떻게 파악해야 하는가라는 관점이 중요하다.

또한 디지털기술의 발달이, 2차적저작물에 대한 사고방식을 바꿀 가능성을 간직하고 있다. 아날로그에 대한 디지털의 큰 특색 중 하나에 개변용이성이 있다. 특별한 재능을 갖지 않는 일반대중이라도, 원저작물을 개변함으로써 자기 나름의 새로운 음악이나 회화 등의 세계를 만들어 내고, 자기표현을 하는 것이 가능하며, 나아가 인터넷을 통하여 그것을 사회로 발신하는 것도 용이하게 되었다. 이에 따라 저작물의 수신처에 지나지 않았던 일반대중이 창작자의 대열에 낄 수 있게 되고, 정보의 창작자 · 발신자로 될 수 있음을 의미하고 있다. 이와 같은 시대에 2차적저작물은 문화의 대중화의 일환으로 볼 수도 있을 것이다. 모든 분야에서 대중화는 피할 수 없는 현상이며, 저작권법 세계에서도 디지털기술에 의해 대중화가 유도되었다고도 할 수 있으며, 이것을 『번안문화』라고 할 수도 있을 것이다.[28)]

현행 저작권법에 의하면, 원저작권자는 2차적저작물의 저작권자보다도 우위에서 있고(28조 참조), 한편 강제이용허락 등의 조정규정은 두고 있지 않다. 이것은, 타인의 저작물을 개변할 필연성은 작고, 독자의 개성을 발휘한 저작물의 풍부화를 위한 인센티브를 부여한다는 작용을 중시하고 있음을 뜻하는 것일 테지만, 과연 이것만으로 디지털시대에 대응할 수 있을 것인지 일말의 불안은 남는다. 아날로그시대부터, 기존의 저작물을 개변하여 새로운 저작물을 창작하는데 저작권법이 개입하는데 대한 비판적 사조가 존재하였는데, 디지털시대에는 그 사고방식이 오히려 더 한층 강해질 것이다. 2차적저작물의 존재의의에 관해서, 근본적으로 다시 생각해야 하는 시기에 있을지도 모른다.

---

28) 中山 · マルチメディア 149면 참조.

그렇지만 저작권법을 근본적으로 다시 검토하는 것은 어렵기 때문에, 당장은 프리 소프트웨어(Free Software)나 크리에이티브 커먼즈(Creative Commons) 등과 같이 현행 저작권법을 전제로, 계약을 토대로 상호 이용가능한 스킴(Scheme)의 발전이 예상된다.

7. 동일성유지권과의 관계

2차적저작물은, 원작품에 손을 가하는 것이기 때문에, 항상 동일성유지권의 문제가 생기지만, 이것에 관해서는, 「**제6장 저작자인격권 제4절 동일성유지권**」을 참조.

제 7 절 특수한 문제

1. 들어가며

시대와 함께 저작물의 범위는 확대되었고, 그 결과 의장법 등의 법영역과 저촉할 우려가 있는 저작물이 다수 출현하기에 이르렀다. 저작권법과 다른 법영역의 완전한 중복적용을 인정하게 되면, 형식적인 법적용에서의 문제는 줄어들지만, 저작권법의 체계적 지위가 불명확하게 되고, 그 존재가치조차 위태롭게 된다. 이 문제는 저작권법의 바람직한 모습과도 깊이 관계하고 있어, 다른 법영역과의 경계를 연구하는 것은, 저작권법이란 어떠한 것인가 하는 점을 생각하기 위해 대단히 중요하다.

2. 응용미술

(1) 총 설

저작권법에 「미술」의 정의규정은 없지만, 일단 순수미술과 응용미술로 분류할 수 있다. 순수미술에 대한 저작물성에 관한 문제는 적지만, 응용미술에 관해서는 문제가 많다. 저작권법은 「미술저작물은 미술공예품을 포함한다」(2조 2항)라고만 규정하고 있고, 응용미술일반의 저작물성에 관해서는 침묵하고 있다. 문리적으로는, 이 규정은 미술공예품만을 저작물로 인식한 것이고, 그것 이외의 응용미술은 저작물이 될 수 없다고 해석할 수 있고(한정설), 반대로 이 규정은 예시규정이며 이것 이외에도 저작물일 수 있는 응용미술은 존재한다고 해석할 수도 있다(예시설).

이 문제는 구법 때부터 논해지고 있으며, 현행법 제정 시에 가장 중요한 과제의 하나로서 검토되었다. 베른협약은 1908년 베를린 개정으로 공업에 응용된 미술적저작물은 각국의 국내법에서 인정하는 한 인정된다고 하였는데, 1948년의 브뤼셀 개정으로 응용미술 및 의장에 관한 법령의 적용범위와 보호 조건은 동맹국의 법령이 정하는 바에 따른다고 규정하었고, 현재의 파리 개정조약(1971)에 계수되었다(2조(1)(7)).

그리고 1962(昭和37)년에 설치된 저작권제도심의회에서는 브뤼셀개정조약 가입을 위한 개정이 검토되었다.[1] 산업재산권법과의 조정 등을 비롯하여 논의는 상당히 어지럽게 엉켜있는 듯한데, 결론적으로는 미술공예품에 관한 규정만 만들어지고, 응용미술일반에 관해서는 후의 논의로 맡겨졌다.[2] 입법과정에서 보면 저작권법과 의장법 등과의 조정이라는 관점에서 응용미술을 저작권법의 범위 내로 하는데는 상당히 소극적인 것으로 보인다.[3] 그렇지만 순수미술과 응용미술을 뚜렷하게 구별하는 것은 불가능하고, 어떠한 사고를 취하더라도, 적어도 응용미술의 일부는 저작권법의 영역에 들어가지 않을 수 없다고 생각되며, 응용미술의 저작물성을 둘러싼 문제는 남는다.

(2) 응용미술과 미술공예품

응용미술이란 순수미술에 대한 용어이지만, 정해진 정의는 없다. 일반적으로는 미술을 실용품에 응용한 것이라든가, 미술 상의 기법이나 감각을 실용품에 응용한 것이라든가, 그 자체 실용적 기능을 가진 미적인 창작물로 일컬어지고 있다. 저작권제도심의회답신설명서(著作権制度審議回答申說明書)[4]에서는, 응용미술이란 실

1) 지면 관계상, 개정 과정에 대해서는, 文化庁 92면・151면・238면, 佐野文一郎「応用美術の問題(基調講演)」著作権研究19호31면(1993), 半田正夫「應用美術の著作物性について」青山法学論集32巻1호45면(1990), 木村豊「応用美術の保護--現行著作権法制定の経緯を中心として」半田正夫還暦記念『民法と著作権法の諸問題』(法学書院, 1993) 580면, 作花・詳解 135면, 著作権情報センター附属著作権研究所『著作権法と意匠法との交錯問題に関する研究』(應用美術委員會, 2003) 106면 참조.

2) 중의원・참의원 양원(両院)의 문교위원회에서는, 응용미술에 대해서 적극적으로 검토해야 한다, 혹은 속히 제도의 개선을 도모해야 한다는 취지의 부대결의가 이루어졌지만, 지금까지 개선되지 않았다.

3) 加戸 66면. 또한, 많은 판결도 자세히 읽어보면, 그와 같은 경향임을 알 수 있다.

4) 文化庁・資料編 50면. 입법에 관여한 자의 발언으로는, 佐野・앞의 주1) 37면. 또, 作花・詳解 138면은, 국회심의 의사록(第62回 國会衆議院議院文教委員会議錄 18면)에서는, 관계자의 조정이 이

용에 제공되거나 혹은 산업상 이용된 미적인 창작물 등이고, 대체로 다음의 것을 말하는 것으로 말해지고 있다.

① 미술공예품, 장신구 등 실용품 자체인 것

② 가구에 새겨진 조각 등 실용품과 결합된 것

③ 문진(文鎭)의 모형(ひな型) 등 양산되는 실용품의 모형(ひな型)으로 이용되는 것을 목적으로 하는 것

④ 염직도안 등 실용품의 모양으로 이용되는 것을 목적으로 하는 것

저작권법은 미술공예품에 대해서도 정의 규정을 두고 있지 않으며, 응용미술과의 관계에 관해서도 확립된 견해는 없다. 입법자는, 실용품 자체인 것에 대해서는 일품제작에 한정하고 싶었던 것 같다.[5] 그 근거는, 의장법과의 구분을 명확하게 하려고 하는 것인데, 최종적으로 입법된 것은 미술공예품의 저작물성을 인정한다고 하는 규정뿐이다. 미술공예품에 대해서는 구법 시에도 저작물성이 인정되고 있었다고 생각되기 때문에, 결국 어느 것도 결정하지 않은 것과 같다. 하지만, 판례는 하카타인형(博多人形)사건 이후, 양산품이더라도 저작물성을 인정한 예가 많고, 현재로서는 일품제작품에 한정된다는 학설은 적다.

(3) 문제의 소재

이론적으로는, 저작물의 범위는 2조1항1호에 규정되어 있는 「문예, 학술, 미술 또는 음악의 범위」에 들어가는가에 대한 해석이면 족할 것이다. 그러나 순수미술과 응용미술의 경계가 더욱더 애매해지고 있고, 거기다 응용미술은 저작권법과 의장법 등의 산업재산권과의 교차영역에 있기 때문에 양자의 수비범위를 어떻게 확정해야 하는가라는 문제가 생기는데, 2조1항1호로부터 직접 답을 도출해 낼 수는 없다. 저작권법과 의장법의 입법취지가 다르고, 그 결과, 요건・효과도 상당히 다르기 때문에, 기본적으로는 어떠한 의미로든 구분되어 있을 것이다. 양자가 교차하고 있는 부분이 있는 것은 인정할 수밖에 없지만, 얼마만큼의 중복적용을 인정해야 하는가라는 점에 관해서는 여러 설이 있다. 어느 설을 채용하더라도, 저작권법의 수비범위 확정시에는 의장법을 의식할 수밖에 없다.[6]

루어지지 않아 실현 곤란하며, 이번에는 미술공예품의 명확화만을 도모한 취지라고도 할 수 있다고 언급하고 있다. 이것은, 이 문제가 우여곡절을 거쳐 2조 2항의 조문이 되었음을 말해주고 있다.

5) 著作権審議会答申說明書(文化庁・資料編 50면). 다만, 회화나 조각이 실용품과 결합한 것에 대해서는 저작물성을 인정한다고 하였다.

저작권법과 의장법은 보호의 관점이 다르기 때문에, 양법을 중복적용하는데 문제가 없다는 견해도 있다.[7] 확실히 양법의 구분이 더욱 곤란해진 것은 사실이지만, 어느 한가지 대상에 대해 두 가지 보호법제가 있는 경우에, 중복적용을 인정해야 하는가 아닌가는 일률적으로 결정할 수 없고, 지적재산제도 전체에서 고찰할 필요가 있다. 저작권법과 상표법의 교차문제라면, 한쪽이 창작법이고 다른 한쪽이 표지법이기 때문에 양자의 보호관점은 전혀 달라, 중복적용은 당연하며, 상표법 29조에 조정규정이 존재하는 정도로 해결된다. 예를 들어, 어느 회화를 저작권의 존속기간 만료 후에 상표로서 보호하였다 하더라도, 그것은 상표적 사용이라는 극히 한정된 범위에서의 권리에 지나지 않기 때문에 불합리는 적다. 반면 저작권과 의장권은 같은 창작법 분야에 속하고 있고, 전면적이자 동시에 중대한 저촉이 생길 수 있다. 현재 의장권의 기간만료 후에 혹은 의장권을 취득할 수 없거나 또는 취득하지 않은 경우에, 저작권을 이용하여 이익의 확보를 도모하고자 하는 사건도 적지 않다.[8]

의장법은, 등록의장의 기간만료 후에는 퍼블릭 도메인으로 하는데에 적극적인 의의를 주고 있지만, 저작권법과의 중복적용을 인정하면 존속기간을 짧게 정한 의장법의 취지가 몰각된다. 또한 의장의 창작행위는 미적 창작활동이고, 그 관점에서 보면 저작자인격권 유사의 인격권을 인정하더라도 불가사의는 아니다. 그러나 의장권과 같은 경제재에 인격권을 인정하는 것은, 유통・이용에 있어 바람직하지 않다고 판단할 것이고, 또한 의장권의 대상은 경제재이기 때문에 법적안정성・예견가능성이 극히 중요한 의미를 가진다. 중복적용을 인정하면, 사실상 의장권에 인격권을 인정함과 유사한 상황이 발생하며, 또한 경제재로서의 편리성을 잃게 될 가능성이 있다. 따라서 양자를 어떻게 구분하여야 하는지에 대한 체계적

6) 똑같은 사태는, 프로그램에 관해서 저작권법과 특허법의 구분 문제에서도 생긴다. 島並良「ロータス対ボーラント事件が残したもの」知財研フォーラム34호36면(1998) 참조.

7) 河野愛 「デザインの法的保護」エコノミア40권4호5면(横浜国立大学経済学会, 1990)은, 「하나를 보호하는 법제가 두개라면, 각각의 요건에 해당하는 한, 기본적으로는 중첩적 보호를 하여야 하며, 제도간의 실체적 모순이 생긴 경우에는 구체적 사정에 응하는 조정을 도모하는 것이 타당하다」고 하고 있다. 斉藤 87면이나 中山敦夫「著作権法における応用美術の保護」武蔵野美術大学研究紀要24호121면(1993)도 양법의 중복적용을 넓게 인정하고 있다. 半田・앞의 주1) 62면은, 중복보호를 인정한 근거로서, 양자는 입법의 목적, 보호대상을 달리 하고 있다, 의장등록 전에도 무단복제를 배제할 수 있다, 도안 등에도 인격권의 보호를 도모할 수 있다, 의장권의 효력으로서는 인정되지 않는 복제권의 행사도 가능하다, 의장권소멸 후에도 무단복제를 배제할 수 있다, 와 같은 여러 가지를 들고 있지만, 半田설은 권리자의 시점에서만 논하고 있고, 그것이 제도 전체로 보아 타당한 것인가는 문제의 핵심에 관한 고찰에 흠이 있다.

8) 예컨대, 長崎地佐世保支決昭48・2・7 無体裁集5권1호18면(博多人形赤とんぼ事件).

판단이 불가피하며, 어떤 나라든 양자의 관계에 대해 애를 쓰고 있지만, 국제적으로도 통일된 계획안이 존재하는 것은 아니다. 저작권법과 의장법의 어느 것에 따를지는, 양법의 차이, 즉 인격권, 보호기간, 심사의 유무,[9] 공시·등록의 유무, 보호범위를 비롯한 효과의 차이[10] 등을 고려하여, 어떠한 보호제도가 가장 바람직한가 하는 문제로 귀착된다.[11]

또 의장권과 저작권의 관계를 정한 의장법 26조 1항에서는, 의장권이 부여되더라도, 타인의 저작권에 저촉하는 때는 그 의장의 실시가 불가하다고 되어 있다. 이것은 의장권이라는 독점권을 취득하더라도, 타인의 저작권을 침해해도 된다고 해서는 안 된다는 당연한 것을 정한 것에 지나지 않는다.

이와 같은 응용미술에 관해서는, 의장법·실용신안법과 관계에서 공존이라는 미묘한 문제를 포함하고 있지만, 같은 실용적인 것이더라도, 타이프페이스나 설계도와 같이 현행법상은 산업재산권법에 의한 보호를 받을 수 없는 것에 대해서는, 문자나 설계도의 특수성 또는 놓여진 상황을 감안하면서, 저작권법의 논리로 보호해야 할 범위에 관해서의 판단을 하면 족하다. 예컨대 타이프페이스의 경우는, 문자 그 자체는 원래 만인 공유라고 생각되고 있기 때문에, 그것과의 관계에서 독점의 범위를 결정한다는 고려요소가 들어갈 여지가 있지만, 의장법과의 조정은 필요 없다.

이상과 같은 관점으로부터 고찰하면, 양자의 중복적용은 반드시 바람직한 것은 아니라고 할 수 있지만,[12] 다만 현실문제로서 양자의 적용범위에 명확한 선을 긋는 것은 불가능하다. 예를 들어 티셔츠는 실용품이고 의장법의 적용을 받지만, 그 가슴에 그려진 그림에 관해서는 저작권법의 적용을 받는 것은 타당할 것이다.[13] 의장관계자는, 미술공예품의 규정은 한정해석해야 하고, 일품제작에 한정되어야 한다고 주장이 있고,[14] 또한 한번 실용품으로서 이용하면 그 이후는 의장법의 적용을 받는다는 제도도 생각할 수 있지만,[15] 그다지 현실적이지는 않다.[16]

---

9) 의장법에 관해서는 무심사 국가가 많고, 일본에서도 제도개혁의 논의가 있다.

10) 예컨대, 의장권의 경우에는 사진으로 찍은 것만으로는 비침해이지만, 저작권의 경우에는 복제권침해가 된다.

11) 이 문제에 대해서는, 森本敬司「意匠制度と周辺制度の動向」著作権研究19호55면(1992) 참조.

12) 田村 30면은, 의장법의 취지가 손상됨과 동시에(실체적 문제), 의장 출원에 대한 인센티브라는 관점에서(절차적 문제), 중복적용에는 소극적이다.

13) 東京地判昭56·4·20 判時1007호91면(ティーシャツ事件).

14) 입법시에는, 디자인관계 단체로부터도 이와 같은 주장이 이루어졌다. 高田忠『意匠』(有斐閣, 1969) 19면(이것은 구법 하의 저서이지만, 개정법을 내다보고 기술되어 있다).

(4) 기본적 사고방식

응용미술의 개념자체가 명확한 것은 아니고, 이에 관한 다수의 판례가 있으나, 그들 판례의 해석에 관해서도 견해가 일치하지는 않는다. 판례・학설은 일품 제작된 미술공예품 이외의 것에까지 보호의 범위를 넓히고 있지만,[17] 판례의 다수는 응용미술의 보호요건에 관해 통상의 미술저작물과는 일종의 구별을 하고 있다. 즉, 응용미술에 대해서는 실용품 측면을 떠나 미의 표현에 있어서 실질적 제약을 받지 않고, 오로지 미의 표현을 추구하여 제작된 것으로 인정되는 경우라든가, 감상의 대상으로서 회화・조각 등의 순수미술과 동일시 할 수 있는 경우에 미술저작물로서 보호된다고 하고 있다.[18] 이들 판례는 입법 시의 경위에 상당히 유의하여 해석한 것이라고 생각된다.

응용미술의 저작물성 판단에서, 판례는「오로지 미를 추구하여 제작하였는가」,「고도의 미적표상인가」등의 말을 써서, 순수미술의 경우보다도 높은 수준의 예술성을 요구하고 있다고 이해되는 것도 많고, 응용미술에 관해서만 과중한 요건을 요구하는 것에 대한 비판도 있다.[19] 판례는 언뜻 여러 가지 말을 사용하는 듯

---

15) 1966년의 저작권심의회답신에서도 그와 같은 제언이 있었지만, 채용되지 않았다(文化庁・資料編 32면). 영국의 1956년법 하에서는 50개 이상 복제된 경우에는 저작권 보호는 소멸한다고 되어 있지만, 1968년법에서는 그 후에도 15년간은 저작권이 적용된다고 하고 있고, 1988년법에서는 25년간 적용된다고 하였다. 또, 영국에서는 비등록형의 디자인권도 존재하고, 일본의 법제와는 상당한 거리가 있다.

16) 또, 독일의 상황에 대해서는, 本山雅弘「ドイツにおける意匠法と著作権法との体系的峻別構造の生成と展開」知財フォーラム64호3면(2006) 참조.

17) 長崎地佐世保支決昭48・2・7 無体裁集5권1호18면(博多人形赤とんぼ事件)을 리딩케이스로 해서, 그 후 많은 판례가 있다. 게다가 이것과 반대라고도 할 수 있는 판결로서, 東京地判平2・7・20 判時1371호131면(木目化粧紙事件), 및 그 항소심인 東京高判平3・12・17 判時1418호120면은, 극히 소량 제작되는 미술공예품만이 보호된다고 하고 있는데, 실질적으로는 양산품이기 때문이라기보다는, 고도의 미술성을 결여한다는 이유로 저작물성이 부정되었다고 해석해야 하는지도 모르겠다.

18) 神戸地姫路支判昭54・7・9 無体裁集11권2호371면(仏壇彫刻事件), 東京地判昭56・4・20 判時1007호91면(ティ-シャツ事件), 京都地判平元・6・15 判時1327호123면(佐賀錦袋帯事件), 京都地判平元・10・19(未登載)(ニ—チェア—事件), 그 항소심인 大阪高判平2・2・14(未登載)(最判平3・3・28에 의해 상고기각), 東京高判平4・9・30(未登載)(装飾窓格子設計図事件), 東京地判平2・7・20 判時1371호131면(木目化粧紙事件), 그 항소심인 東京高判平3・12・17 判時1418호120면, 大阪地判平12・6・6(未登載)(街路灯デザイン事件), 名古屋高判平 9・12・25判タ981호263면(魚網結び目事件), 형사사건이지만 山形地判平13・9・26 判時1763호212면(ファ—ビ—人形事件), 그 항소심인 仙台高判平14・7・9 判時1813호150면, 大阪地判平16・11・25 判時1901호106면(チョコエッグ事件), 東京地判平16・12・15 判時1928호126면(撃事件). 이 밖에, 같은 취지를 말하고 있는 타이프페이스에 관한 사건도 많지만, 이에 대해서는 후술한다.

19) 河野・앞의 주7) 12면, 斉藤 85면, 満田重昭「著作権と意匠権の累積」半田正夫還暦記念『民法と著作權法の諸問題』(法学書院, 1993) 636면, 半田正夫「転機にさしかかった著作権制度」コピライト398호11면(1994).

이 보이지만, 요컨대 순수미술과 동일시할 수 있는 것인가 아닌가를 문제로 하고 있을 뿐이고, 이는 응용미술에 특별한 요건을 과중하는 것에 의미가 있는 것이 아니라, 의장법과 경계를 긋는 의미를 가진다고 해석해야 할 것이다.[20] 결국 「오로지 미를 추구하여 제작되었다」, 「고도의 미적표상」 등의 요건을 충족시킨 것만이 순수미술과 같은 스킴(scheme)으로의 보호를 받고, 그 이외의 응용미술은 의장법 스킴으로 보호해야 한다는 의미라고 생각해야 한다.[21]

자동차의 유려한 바디라인과 유명 디자이너의 화려한 복식에 저작권이 발생하지 않고, 유치원아이가 그린 치졸한 그림에 저작권이 발생하는 것은 왜인가라는 의문이 생기는 것은 당연하지만, 그 답은 『창작법에 있어서의 구분』에 있다. 자동차와 복식디자인에 관해서는 의장법과의 구분 문제가 생기지만, 유치원아이의 그림에는 생기지 않기 때문이다. 저작권법과 의장법은 다른 법체계이고, 창작법이라는 커다란 영역 안에서 구분을 도모하고 있을 것이다. 그렇지만 미적인 창작물 전부를 저작권법에서 보호한다는 완전한 의미에서의 중복적용은 있을 수 없고, 또한 양자 간에 완전한 구분도 불가능하다. 결국, 최소한의 중복적용을 인정하면서, 어떤 의미에서 양자를 구분할 필요가 있게 된다.[22]

응용미술에 관해서 근거가 되는 조문은, 미술공예품 규정(2조 2항)만이고, 학설에는 이 규정의 존재를 중시하는 것이 많다. 입법은 타협의 산물이지만, 입법경과를 보면 응용미술에 대해 의견을 모두 집약할 수가 없어, 조문에서는 응용미술과 미술공예품에 관해서 명확한 원칙(principle)을 읽어낼 수가 없다. 그것이 후일 해석의 혼란을 초래한 원인이 되었고, 미술공예품 규정으로 고집한 해석을 한 것은 혼란에 박차를 가할 뿐일 것이다. 설사 미술공예품만을 저작물로 한다는 한정설을 취하더라도, 미술공예품의 범위를 일품제작품 이외로 넓힐 수밖에 없고, 설령

---

20) 内藤裕之「応用美術と美術の著作物性」牧野 = 飯村 168면 참조. 또 作花・詳解 147면은, 「어떤 법제를 적용해야 하는가에 관해서는, 법이론으로부터 필연적으로 도출된다기보다도, 관련산업계에서 질서로의 영향이라는 것도 커다란 팩터(factor)가 되고 있다고 생각된다」고 서술하고 있다. 삭카(作花)설과 같이, 현실은 관련업계의 격렬한 공방전이 이루어진 결과의 입법이고, 의장법도 저작권법도 관련 산업계의 질서유지적인 요소를 갖고 있고, 궁극적으로는 양 법의 수비범위는 어떠해야하는가 하는 문제로 귀착된다.

21) 실용신안법과의 관계도 마찬가지이며, 東京地判昭33・8・16 新聞114호15면(編物段数早見表事件), 神戸地姫路支判昭35・2・29下民11권2호447면(簿記仕分盤事件), 大阪地判昭59・1・26 判時1102호132면(万年カレンダ-事件), 東京地判平元・3・27 判時1305호114면(ぺんたくん事件) 参조.

22) 東京高判昭58・4・26 判時1074호25면(ヤギ・ボールド事件 항소심)은 타이프페이스의 사건이지만, 일반론으로서, 「의장법 등을 포함하는 공업소유권제도에서의 조정조치 없이, 저작권법에 의한 보호의 대상을 넓히는 것은, 지금까지 의장법 등을 기조로 확립되어 온 공업소유권제도 내의 법적질서를 크게 어지럽히는 것이 된다」라고 하고 있다.

미술공예품을 예시로 해석하더라도 응용미술 전부를 저작물로 할 수는 없어서, 결국 한정인가 예시인가라는 논쟁은 거의 의미가 없다. 그릇이나 찻잔 등의 미술공예품은 실용품이지만 전통적으로 미술로서 확정적 평가를 받고 있으며, 저작권법상 이에 대하여 유형적으로 저작물성을 확인할 수밖에 없었지만,[23] 다른 응용미술에 대하여 저작권법은 침묵하고 있어, 저작권법의 일반이론에 따라서 해결하여야 한다.

결론을 말하면, 의장법과 경계를 짓는다는 관점에서 보호를 받는 응용미술이란, 저작권법에서 보호되고 있는 순수미술과 동일시할 수 있는 것이라고 해석해야 한다.[24] 이념적으로 말하면, 순수미술은 무엇인가의 제약을 받는 것이 아니라 미를 표현하기 위해서 창작된 것인 반면, 응용미술은 실용목적이라는 제약, 혹은 산업상 이용 목적이라는 제약을 받으면서 창작된다. 그 차이로부터, 응용미술에 대해서는 제작·유통의 실정을 고려하여 의장법적으로 보호한다는 것이 창작법의 기본적인 사고방식이다.[25] 그렇다고 한다면, 이와 같은 응용목적이 있더라도 여전히 저작권법의 보호를 받음에 족한 플러스 알파가 있는 응용미술에 한해 저작물로서 인지해야 하고, 그것이 판례상 언급되고 있는「고도로 미적인」,「오로지 미를 추구하는」 또는「감상의 대상으로서」 등의 요건으로 나타나 있다고 생각해야 한다. 다만 이 경우, 법원이 예술적 가치를 판단할 수는 없으며, 해서도 안 된다. 여기서 말하는 플러스 알파로는, 저작자인격권, 번안권·대여권 등의 지분권, 장기 보호기간 등을 인정하는 것에 의해 이용·유통의 방해가 되더라도 오히려 저작권법을 적용할 필요가 높은 경우라고 해석해야 할 것이다.

이상에서, 일반 미술저작물에는 고도성 등은 요구되지 않으므로 이 경우만 요건을 중과하는 것은 타당하지 않다는 비판은 적합하지 않다. 대다수의 실용품은 많거나 적거나 미적 장식을 어리석게 하고 있는 것이고, 판례가 응용미술에 관하여 요구하고 있는 수준을 불필요하다고 하면, 가구집기, 자동차, 어패럴, 전기기구 등까지도 저작권법의 수비범위가 될 우려가 있다. 현실적으로는 자동차의 아름다

23) 神戸地姫路支判昭54·7·9 無体裁集11권2호371면(仏壇彫刻事件)은, 2조2항은 당연한 것을 주의적으로 규정한 것으로 해석된다고 말하고 있다. 金井=小倉·上 28면(金井重彦) 참조.

24) 田村 36면.

25) 中平健「著作権と工業デザイン」著作権研究30호33면(2004)은, 순수하게 인격의 발로로서 작성된 것은 창작성이 존재한다고 하는 것에 그다지 다툼이 없지만, 기능 등에 따라서 형태가 제한된 실용적인 물품의 경우는, 창작성이 존재하는가를 명확하게 할 필요가 있고, 창작성의 존재를 명확하게 인식할 수 있을 정도까지의 창작성이 요구되는 결과, 실무상 보호요건으로 한정이 마련되어 있다고 하였다.

운 포럼(forum)을 저작물로 생각하는 학설은 없을 것이나, 그것은 전술한 플러스 알파를 고려하고 있는데 기인한 것이다. 그 때, 순수미술과 동일시할 수 있는 경우의 기준이 문제가 되는데, 어떠한 학설을 취한다고 해도, 많든 적든 그 기준은 불명확하여 판례의 누적을 기다리는 이외에는 방법이 없다.

또 응용미술의 경우, 사실상 저명한 작자가 창작한 것은 저작물로 인정되는 일이 많을 지도 모른다.[26] 저명한 저작자가 그린 것을 순수미술이 아니라고 하여 저작물성을 부정하는 데는 대단한 ≪용기≫가 필요할 것이다. 그러나 물권적 효력을 갖는 경제재의 성립요건으로, 누가 제작한 것인가라는 주관적인 요소를 갖고 들어가는 것은 이론적으로는 올바르지 않으며,[27] 또한 무명의 자가 갑자기 저명하게 되거나 사후에 유명하게 될 수도 있어, 법적안정성에도 문제가 있을 것이다.

심사주의를 채택하고 있는 현재의 의장법을 전제로 하는 한, 중복적용을 인정하지 않으면 실질적으로 보호되지 않는 것이 생길 수 있다는 비판도 있지만, 의장의 심사기간은 점차 단축되고 있으며, 또한 1993(平成5)년 개정 부정경쟁방지법에서 상품형태의 보호가 의도되어(2조1항3호), 불편은 해소되어 가고 있지만,[28] 그럼에도 여전히 문제가 있다면 의장법 등의 개혁으로 대처해야 한다.[29]

3. 캐릭터(商品化權)

(1) 캐릭터의 개념

캐릭터란, 소설이나 만화 등에 등장한 가공의 인물이나 동물 등의 자태, 용모, 명칭, 등장인물의 배역 등의 총칭을 가리키고, 소설이나 만화 등의 구체적 표현으로부터 승화된 추상적인 이미지이다. 캐릭터 그 자체는 아이디어 수준의 존재이고, 구체적인 표현을 보호하는 저작권법에서는 보호되지 않는다는 점에 관해서는

---

26) 加戸 66면은, 올바른 방법은 아니지만, 결국 실무적으로는 누가 창작하였는가라는 사실을 고려할 수 밖에 없는 면이 있다고 하여, 화가가 그린 이상은 감상미술을 의도하고 있고, 도안가가 그리면 산업적 이용을 의도하고 있다는 픽션으로 성립할 수밖에 없다고 한다. 또, 東京高判平3・12・17 判時1418호120면(木目化粧紙事件 항소심)은, 방론이지만, 「저명한 화가에 의해 제작된 것과 같이, 고도의 예술성(할주 생략)을 갖고, 순수미술로서의 성질을 긍정하는 것이 사회통념에 따르는 것인 때는, 이를 저작권법에서 말하는 미술저작물에 해당한다고 해석할 수 있을 것이다」라고 하였다.

27) 作花・詳解 138면.

28) 저작권법, 의장법, 부정경쟁방지법에서 보호되는 주체에 차이가 있는 점에 주의를 요하지만, 총체적으로 보면 보호는 충실해져 가고 있다고 말할 수 있다.

29) 의장심사의 촉진이라는 운용상의 노력과 달리, 의장의 무심사화, 혹은 무심사제도와의 병용(더블 트랙)도 생각할 수 있다.

대부분 판례, 학설상 지지를 받고 있다.

캐릭터는 소설이나 만화 등의 등장인물이나 동물 등을 이미지화한 것으로, 원래는 그 소설이나 만화 등과 불가분의 관계에 있지만, 캐릭터가 인기를 얻자, 그 자체가 독립된 상품가치를 갖는 것처럼 여겨져 구매의욕 증진을 위하여, 문구·식기·의복 등의 많은 상품에 다양한 캐릭터가 이용되고 있다. 최근 캐릭터의 중요성이 높아지고, 인기가 높은 캐릭터를 사용한 상품의 매상이 늘어남은 현저하다. 최근의 애니메이션 제작은, 당초부터 캐릭터비즈니스를 전제로 기획되고 있다.

이와 같이 캐릭터를 상품에 사용할 권리는 일반적으로 「상품화권」이라고 불리고 있지만, 법률상, 상품화권이라는 물적인 권리는 규정되어 있지 않고, 물권법정주의로부터 해석상으로 그러한 권리를 인정할 수도 없다. 「상품화권」이란, 구체적으로는 저작권법, 상표법, 부정경쟁방지법 등에서 보호되고 있는 것의 총칭이다. 여기서는 저작권법에 의한 보호에 관해서 검토한다.

저작권법에서 보호하는 이상, 보호되는 것은 구체적인 표현이고, 소설의 주인공 캐릭터와 같이 추상적인 것이 문제가 되는 일은 적다. 타인의 소설의 속편을 무단으로 집필한 경우에는, 당연히 주인공 등의 성명, 성격, 등장인물의 배역등을 사용하게 되어 소설 캐릭터의 전형적인 사용례라고 할 수 있지만, 원작소설의 구체적 표현을 모방하지 않는 한 저작권침해는 되지 않는다.[30] 소설의 속편으로, 오자키코요(尾崎紅葉)의 「콘지키야샤(金色野叉)」를 제자인 오구리후요(小栗風葉)가 「종편 콘지키야샤(終編金色野叉)」를 완성한 예나, 미완성인 나츠메소세키(夏目漱石)의 「명암(明暗)」을 완성한 미즈무라미나에(水村美苗)의 「속명암(續 明暗)」이 유명하다. 또한 동경대학교 앞에 소세키의 소설의 주인공의 이름을 붙인 ≪산시로만두(三四郎饅頭)≫를 판매하더라도, 「三四郎」라는 이름 자체에는 저작권이 없기 때문에 저작권침해는 아니다. 설사 이들에 대한 법적보호가 문제로 된다 하더라도, 저작권법 이외의 문제로 처리되어야 한다.

(2) 캐릭터의 보호의 의미[31]

현실적으로 문제가 되는 것은 만화나 애니메이션 등의 캐릭터이다. 만화 등에 등장한 인물이나 동물의 그림에 관해서는, 그것을 캐릭터라고 해야하는지 여부와

30) 田村 71면. 또, 이 문제를 포괄적으로 다룬 논문으로서는, 渡邉修「キャラクター(文学的キャラクター)の侵害」 斉藤 = 牧野 149면이 있다.

31) 君嶋祐子「キャラクターの侵害」 牧野 = 飯村 378면 참조.

는 별도로, 만화로서 저작권이 발생한다. 따라서 문제는 그 보호의 범위, 권리의 종료시기, 액세스의 증명 등의 개별 구체적인 사항으로 귀착한다. 다만, 저작권법은 사람의 사상·감정의 표현이라는 인격의 유출물을 보호하는 것인데 반하여, 캐릭터에서 진실로 보호받아야 하는 것은 인격의 유출물이라기보다는 캐릭터가 가지고 있는 고객흡인력이다. 저작자인격권이 인정되고 보호기간이 유한한 저작권법이 캐릭터의 보호법제로 반드시 적당한 것은 아니다. 캐릭터 자체가 상품 등의 표시가 될 수 있지만, 대다수의 경우는 캐릭터 자체에 영업상의 신용이 화체되어 출처식별기능을 갖고 있는 것은 아니라, 캐릭터가 붙여져 있는 상품이 예쁘기 때문에, 또는 재미있기 때문에 고객흡입력을 갖는 것이다. 그런 의미에서 현행 부정경쟁방지법은, 반드시 캐릭터보호에 상응하는 것이라고 말할 수는 없지만, 법시스템으로는 다른 보호법제, 특히 「부정경쟁방지법적」인 보호 쪽이 캐릭터의 실체에 맞는 보호를 부여할 수 있을 것이다.

(3) 저작권법에 의한 캐릭터의 보호

캐릭터가 구체적 표현(예컨대 만화)으로 되어 있으면 저작권법이 적용되기 때문에, 캐릭터 관련 사건이 저작권법으로 유입되는 것은 불가피하다. 저작권법의 문제로서, 어디까지나 원칙을 유지하면서, 만화나 애니메이션의 특질을 어느 정도 가미할 수 있는가 하는 점으로 귀결된다. 단순히 필요성이라는 관점에서 저작권을 확장 해석하여, 추상적 개념인 캐릭터 그 자체를 저작권법으로 보호하고자 하는 것은 논외이다. 캐릭터이기 때문이라는 이유로 번안 이상의 보호를 부여할 이유는 없다.[32)]

오늘날 캐릭터라 하면 추상적 개념으로, 그 자체는 저작권법에서는 보호되지 않는다는 공통인식이 존재하고 있지만, 이전에는 캐릭터에 대한 정확한 정의가 이루어지지 않은 채 ≪캐릭터라는 단어≫가 선행하여 혼란을 초래하고 있다. 캐릭터에 관한 최초 판결은 사자에상(サザエさん) 사건[33)]으로, 거기서 캐릭터가 저작권법으로 보호되는가와 같은 문언도 보이지만,[34)] 이 판결은 만화 사자에상에

32) 作花·詳解 150면.

33) 東京地判昭51·5·26 判時815호27면.

34) 「캐릭터라는 단어는, …… 연재만화를 예로 들면, 거기에 등장하는 인물의 용모, 자태, 성격 등을 표현하는 것이라고 파악할 수 있는 것이다」라고 하여, 본건에서는 만화 사자에상의 캐릭터를 이용한 것이라 저작권을 침해한다고 하고 있다. 그러나 이 사건은 만화 자체가 유사한 케이스로, 단적으로 표현이 유사하다고 말하면 족한 것이었고, 굳이 캐릭터라는 단어를 사용할 필요는 없었다고 생각

액세스하여 동일 혹은 유사한 그림을 버스의 차체에 그린 것임이 명백하다면, 방대한 양의 만화의 어느 장면에 의거한 것인지까지 입증할 필요는 없다고 말한 판결로 이해해야 한다. 결국, 캐릭터 자체를 보호한다는 것을 적극적으로 말한 것은 아니고, 증명의 문제를 다룬 사례로 이해해야 할 것이다.[35] 이 판결 이후, 타인의 캐릭터를 이용하고 있기 때문에 저작권침해인 것처럼 읽혀지는 판결도 여기저기 보이지만,[36] 그들은 구체적 표현으로부터 승화된 추상적인 이미지·추상적 개념이라는 캐릭터의 정확한 정의를 전제로 한 것은 아니라, 단순히 만화 등의 주인공을 캐릭터라고 부르는데 불과하다고 생각되며, 만화 등의 복제 혹은 번안이라 말하면 족한 사례이다. 최근의 판례에서는, 캐릭터를 정확하게 정의하고, 저작권법에서 보호할 수 있는 한계를 명확하게 하고난 뒤에 논의를 진행하고 있으며,[37] 이점은 뽀빠이넥타이사건 상고심에서도 확인되고 있다.[38]

(4) 의거의 설명

만화나 애니메이션에서 문제가 되는 것은 의거의 입증이다. 통상, 저작권자가 침해자는 당해 저작물에 의거하여 동일 혹은 유사한 것을 작성하였다는 것을 입증하지 않으면 안된다. 그러나 사자에상 사건과 뽀빠이 사건[39]에서 분명해진 것 같이, 침해자가 방대한 양의 만화의 어느 장면에 의거한 것인지를 특정하는 것은 불가능에 가깝고, 이 입증책임을 저작권자에게 부과한다면, 대부분의 경우 저작권자는 의거의 입증에 실패하게 된다.그래서 이와 같은 경우 경험칙상 의거한 것

된다.

35) 본건에 관해 캐릭터를 인정한 판례라고 평가한 설도 있지만(半田 87면, 다만 半田설 자체는 이 판결에 반대한다), 판례를 이해하는 방법으로서는 타당하지 않다.

36) 東京地判昭52·11·14 判時869호38면(ライダーマン事件)에서는, 영화에 등장하는「라이더맨」의 특징 즉 캐릭터를 이용하여 물건을 제조하는 행위는, 결국 영화의 저작권을 침해하는 것이라고 말하고 있고, 또 大阪地判昭54·8·14 判タ396호64면(キャンディ·キャンディ刑事事件)에서는,「캔디캔디」의 정지한 자태를 복제반포하는 행위는, 그 자체에 의해서 표상되는 캐릭터를 이용한 것에 다름아니므로, 저작권침해로 된다고 하였다.

37) 大阪地判昭59·2·28 判タ536호418면(ポパイマフラー事件), 東京地判平2·2·19 判時1343호3면(ポパイネクタイ事件), 그 항소심인 東京高判平4·5·14 判時1431호62면.

38) 最判平9·7·17 民集51권6호2714면은,「구체적인 만화를 떠나, 위 등장인물의 소위 캐릭터를 저작물이라고는 할 수 없다. 생각건대, 캐릭터라 일컬어지는 것은, 만화의 구체적 표현으로부터 승화한 등장인물의 인격이라고도 할 수 있는 추상적 개념이어서, 구체적 표현 그 자체는 아니고, 그 자체가 사상 또는 감정을 창작적으로 표현한 것이라고는 할 수 없다」고 하고 있다. 그 후의 東京地判平10·3·30(未登載)(ノンタン事件)도 같은 취지.

39) 東京地判平2·2·19 判時1343호3면(ポパイネクタイ事件), 그 항소심인 東京高判平4·5·14 判時1431호62면.

이 명백하다면,[40] 특정 장면에 의거한 것의 입증까지는 요구하지 않는다고 해석하는 것은 판례나 학설도 인정하고 있는 바이다.[41]

사자에상이나 뽀빠이와 같은 일화 완결형식의 연재만화는, 통상은 축차(逐次) 공표저작물(56조)이 아니라고 해석되고 있기 때문에,[42] 각 연재마다에 저작권의 만료기한이 다르다. 결국, 자연인에 의한 통상의 저작물이라면, 동일인의 저작권은 전부 그 자의 사후 50년에 기간이 만료하기 때문에 문제는 없다. 그러나 무명·가명의 저작물이나 단체 등 명의의 저작물의 존속기간은 공표 후 50년(52조·53조), 영화저작물은 공표 후 70년으로 정하고 있어(54조), 동일저작자의 창작에 관한 것이라도 공표기간이 달라지게 된다. 때문에, 일화(一話) 완결 형식의 연재만화에 대하여, 어느 시점에서 권리가 만료된 장면과 존속하고 있는 장면으로 나누어지기 때문에, 어느 장면에 액세스하였는가라는 점이 문제가 된다. 존속기간이 만료한 장면에 액세스하여 복제·번안하더라도 침해가 되지 않기 때문에, 저작권의 침해가 있다고 하려면, 연재만화 중의 기간만료 전의 장면과 유사하다는 입증이 필요하게 된다.[43] 뽀빠이넥타이사건 상고심[44]에서는, 후속 만화는 선행하는 만화를 원저작물로 하는 2차적저작물로 해석되며, 2차적저작물의 저작권은 2차적저작물에서 새롭게 부여된 창작적 부분에 관해서만 생기고, 원저작물과 공통적으로 그 실질을 같게 한 부분에는 생기지 않는다고 한다. 결국, 애초의 만화 저작권의 기간이 만료하면 아직 권리가 존속하고 있는 2차적저작물에서 새롭게 부여된 창작적 부분을 사용하지 않는 한 비침해가 된다. 의의(疑義)침해물이 2차적저작물과 유사한 경우에는, 2차적저작물에서 새롭게 부가된 부분에 관해서만 유사성이 문제가 된다. 그 경우, 의거한 구체적 장면의 입증까지 필요한지, 혹은

40) 東京地判平11·9·28 判時1695호115면(煮豆売り事件)에서는, 유사점이 많아 액세스하지 않으면 그렇게 흡사한 것을 생각할 수 없다는 사정이 있다면, 액세스의 대상을 특정할 필요는 없다고 설시하고 있다.

41) 田村 52면, 金井=小倉 209면 [北岡弘章] 참조.

42) 東京地判平6·10·17 判時1520호130면(ポパイベルト事件)은, 후속 만화가 당초 만화의 복제 또는 2차적저작물이라고는 인정되지 않기 때문에, 각각 별개의 독립된 저작권이 성립하는 별개의 저작물이고, 그 보호기간도 독립적으로 생각해야 한다고 언급하고 있고, 또 東京地判平2·2·19 判時1343호3면(ポパイネクタイ事件)도, 보호기간은 신문 등에 게재된 각 만화마다 별개로 기산되어야 하는 것이라고 설시하고 있기 때문에, 축차공표저작물이라고는 생각하지 않는 듯하다. 한편 반대설로서, 龍村全「キャラクター(漫画的キャラクター)の侵害」斉藤=牧野 164면.

43) 東京地判平2·2·19 判時1343호3면(ポパイネクタイ事件) 그 상고심인 最判平9·7·17 民集51권6호2714면. 東京地判平4·3·18 判時1435호131면(ポパイパチンコ看板事件), 東京地判平6·10·17 判時1520호130면(ポパイベルト事件)도 같은 취지.

44) 最判平9·7·17 民集51권6호2714면.

원저작물에 없지만 2차적저작물에서 새롭게 창작적으로 부가된 부분에서만 유사하다는 것을 입증하면 족한 것인지가 문제가 되는데, 사자에상 사건과 같이 의거한 장면의 특정까지는 요구되지 않을 것이다.

4. 타이프페이스(문자폰트, 서체)[45)]

(1) 타이프페이스의 의미

문자자체(문자의 골격, 字体)는, 정보전달을 위한 기본적인 도구(tool)이며 특정인에게 독점시켜서는 안 된다. 그에 비하여, 타이프페이스라는 문자 자체와는 달리, 일정한 설계사상에 기해서 개발된 인쇄용 문자의 서체디자인을 가리키며, 문자폰트라고도 불린다. 타이프페이스에는 미적인 요소도 있지만, 일반적으로는 실용적 색채가 농후하기 때문에, 이것을 저작권법상 어떻게 다루어야 하는가라는 문제를 둘러싸고, 오랫동안 논쟁의 씨앗이 되고 있다.

타이프페이스에 대하여, 통상『書』라고 불리는 것은, 한자권에서는 전통적으로 예술로서 인지되고 있고, 미술저작물일 수 있는 것에는 이론은 없지만,[46)] 순수한 서예(書)와 타이프페이스의 중간에 여러 가지 것이 존재한다.

인쇄에 이용되는 타이프페이스의 개발은 타이포그래퍼(typographer, 서체디자이너)의 창의적 활동에 의하는 바가 크고, 게다가 일련의 문자를 통일한 설계사상으로 제작되어야 하기 때문에, 특히 방대한 양의 글자를 사용하는 한자권에서는, 많은 노력과 시간을 요한다. 그 반면, 모방은 용이하고, 특히 디지털폰트의 모방은 극히 용이하다. 현재는, 많은 타이프페이스가 디지털화되어 있기 때문에, 그 법적 보호에 대한 요구가 강하다. 입법론은 별도로 하고, 해석론으로서 저작권법, 의장법, 부정경쟁방지법, 불법행위법의 적용가능성이 문제 되는데, 여기서는 저작권법에 대해서 검토한다.

(2) 저작권법에 의한 보호의 문제점

판례는, 장식적인 서체도 포함하여, 일관되게 타이프페이스의 저작물성을 부정

---

45) 타이프페이스에 관한 연구서로는, 大家重夫 『タイプフェイスの法的保護と著作権』(成文堂, 2000) 참조. 또 타이프페이스에 관한 참고문헌은, 동 226면 이하에 상세하다.

46) 東京地判昭60・10・30 判時1168호145면(動書第一事件), 東京地判平元・11・10 判時1330호118면(動書第二事件), 東京地判平11・10・27 判時1701호157면(雪月花事件), 그 항소심인 東京高判平14・2・18 判時1786호136면.

해 왔고,[47] 2000(平成12)년 최고재판소판결(고나서체 사건)[48]에서도 부정되었고, 실무상으로는 일단 결론지워져 있다. 그러나 저작권법에 의한 보호에 관해서는 여러 가지 학설이 있어, 이 문제에 대해 검토를 추가한다.

저작권법에서 타이프페이스를 보호해서는 안 되는 근거로, 문자는 만인공유의 것이므로 독점을 인정해서는 안 된다, 라고 하는 견해가 있지만 설득력은 낮다. 각 타이프페이스에는 다른 것과 다른 특색이 있고, 어느 특정의 타이프페이스에 독점을 인정하더라도, 정보전달을 위해서라면 종래부터 있어 왔던 다른 타이프페이스를 이용하면 족하다.[49] 가령 타이프페이스에 저작권을 인정하고 또 권리의 폭을 넓게 해석하면 정보전달에 방해가 되는 상황도 생각할 수 있는데, 타이프페

47) 東京地判昭54・3・9 判時934호74면(ヤギボールド事件)은, 타인의 각종의 타이프페이스를 모아서 자기의 서적 「뉴알파벳(ニューアルファベット)」에 게재하여 출판하였다는 특이한 사건이지만, 「디자인서체는, 일반적으로, 오로지 미의 표현만을 목적으로 하는 순수미술 작품이라고는 말할 수 없고, 또한, 통상 미술감상의 대상이 되는 것도 아니다. 즉, 문자는 원래, 정보전달을 위한 실용적 기호(의 일종)인 바, 디자인서체는, 관계된 사실을 전제로 정보전달이라는 실용적 기능을 담당하고, 또, 당해 기능을 수행하기 위하여 사용되는 기호로서의 문자에 미적형상을 부여하기 위하여 디자인한 것이고, 그것 자체로부터 실용에 제공될 것을 목적으로 하는 것이라 할 수 있다.……회화라고도 말할 수 있을 정도에까지 달하고, 통상 미술감상의 대상으로 되기에 이르러 비로소 미술저작물로서 보호된다고 할 것이다. 그리고, 여기에 이르면, 그 문자는 실용적 기호로서의 성격을 상실하는 것이다. 따라서 『서예(書)』및 『장식문자(花文字)』에 저작물성을 긍정한 경우가 있다고 하더라도, 이로써 디자인서체가 저작물일 수 있다는 근거로 삼는 것은, 가능하지 않다고 해야 한다」라고 말하며 저작물성을 부정하고 있다. 같은 취지의 판례로서는, 그 항소심인 東京高判昭58・4・26 判時1074호25면, 大阪地判平元・3・8 判時1307・137(写植植字機用文字書体事件), 東京地判平2・2・19 判時1343호3면(ポパイネクタイ事件), 東京地判平5・4・28 判タ832호168면(岩田書體文字設計圖事件), 그 항소심인 東京高判平5・11・18知的裁集25권3호472면, 大阪地判平9・6・24 判タ956호267면(ゴナ書体事件), 東京地判平12・9・28 判時1731호111면(ロゴ・タイプフェイス事件)이 있다. 장식문자 사건이지만 大阪地判平11・9・21 判時1732호137면(装飾文字「趣」事件)에서도 같은 취지임을 말하고 있다. 또한, 타이프페이스라기 보다는 로고(logo)의 디자인서체 사건인데, 東京高判平8・1・25 判時1568호119면(「Asahi」ロゴマーク事件)에서도 똑같은 것이 서술되어 있다(最判平10・6・25(未登載) 상고기각).

48) 最判平12・9・7 判時1730호123면(ゴナ書体事件 상고심)은 「인쇄용서체가 여기서 말하는 저작물에 해당한다고 하기 위해서는, 그것이 종래의 인쇄용 서체에 비해 현저한 특징을 가진다고 말한 독창성을 갖추는 것이 필요하고, 한편, 그 자체가 미적감상의 대상이 될 수 있는 미적특성을 갖추고 있어야 한다고 해석하는 것이 상당하다. 이 점에 대해서, 인쇄용 서체에 관해서의 위 독창성을 완화하거나 또는 실용적 기능의 관점에서 본 아름다움이 있으면 족하다고 한다면, 이 인쇄용 서체를 이용한 소설, 논문등의 인쇄물을 출판하기 위해서는 인쇄용 서체 저작자의 성명의 표시 및 저작권자의 허락이 필요하고, 이를 복제하는 때에도 저작권자의 허락이 필요해지며, 기존의 인쇄용 서체에 의거하여 유사한 인쇄용 서체를 제작하거나 또는 이를 개량할 수 없게 되는 등의 우려가 있고(저작권법 19조 내지 21조, 27조), 저작물의 공정한 이용에 유의하면서, 저작자 권리의 보호를 도모하고, 이로써 문화의 발전에 기여하고자 하는 저작권의 목적에 반하게 된다. 또한, 인쇄용 서체는, 문자가 갖는 정보전달기능을 발휘할 필요가 있기 때문에, 필연적으로 그 형태에는 일정의 제약을 받는 것인 바, 이것을 일반적으로 저작물로서 보호되는 것이라고 한다면, 저작권의 성립에 심사 및 등록을 요하지 않고, 저작권의 대외적인 표시도 요구하지 않는 일본의 저작권제도 하에서는, 사소한 차이를 갖는 무수한 인쇄용 서체에 대해 저작권이 성립하게 되어, 권리관계가 복잡해지고 혼란을 초래할 것으로 예상된다」라고 서술하고 있다.

49) 半田正夫『転機にさしかかった著作権制度』(一粒社, 1994) 76면.

이스는 이미 존재하는 문자를 토대로 해서 만든 것이고, 미술저작물로 인정되고 있는 서예에 관해서조차 그 보호범위를 좁게 해석하기 때문에, 타이프페이스의 경우도 자연히 권리의 폭을 좁게 해석할 수밖에 없으며,[50] 이에 큰 문제는 생기지 않을 것이다. 논의해야 하는 것은, 타이프페이스를 저작권법에서 보호한 경우에 생길 수 있는 구체적 폐해이다.

타이프페이스에 관한 다수의 판례나 학설은, 이 문제를 응용미술과의 관계에서 논하고 있다. 그러나 응용미술 문제는, 주로 창작법 영역에서 저작권법과 의장법과의 구분의 문제이지만, 타이프페이스는 의장법으로 보호되지 않기 때문에, 실제로 구분의 문제는 생기지 않는다. 컴퓨터프로그램이나 타이프페이스에서 전형적으로 보여지는 바와 같이, 최근의 경향으로 산업재산권법과의 구분 문제가 없는 한, 저작권법은 상당 정도 실용목적의 창작물을 흡수하고 있다. 그와 같은 경향에서 타이프페이스의 저작물성을 인정하는데 큰 지장은 없을 것이라 생각되지만, 별도 타이프페이스 특유의 성질에서 어떠한 보호태도가 가장 바람직한 것인가 하는 검토가 필요하다.

문자라는 것은, 사상·감정을 전달하는 기본적인 툴(tool)이다. 툴이라는 의미에서 회화에서 그림의 도구와 같은 것인데, 그림의 도구와는 달라, 타이프페이스 자체가 점차 표현을 갖게 되어, 저작권법의 적용 여부가 문제가 되게 되었다. 그렇지만 타이프페이스에 권리를 인정할 필요가 있다 하더라도, 저작권법에서 보호하는 것이 타당한가라는 문제가 남는다. 언어저작물은 무형의 존재이고, 이론상으로는 문자가 없더라도 전달 가능하지만, 사실상 문자를 매개로 하지 않으면 전달 곤란한 경우가 많고, 언어표현은 문자에 의해 전달되게 된다. 그리고 타인의 저작물을 싣고 있는 문서를 복사하면 타이프페이스도 동시에 복제된다. 그 때 전달도구인 타이프페이스에 저작권이 부착되어 있다면, 문장의 저작권 뿐만아니라, 타이프페이스의 저작권 처리도 필요하게 되는데,[51] 그와 같은 일은 사실상 곤란하다. 거기다, 저작권법의 적용을 받는다면 동일성유지권이나 성명표시권과 같은 저작자인격권이 인정되고, 권리 처리가 한층 곤란해지며, 특히 디지털폰트의 개

50) 東京地判平1·11·10 判時1330호118면(動書第二事件), 大阪地判平11·9·21 判時1732호137면(装飾文字「趣」事件)에서는, 書의 저작물성이 인정된다고 하더라도, 그 보호범위는 좁고, 단순히 자체나 서풍이 유사하다는 것만으로는 번안권침해로는 되지 않는다고 서술하고 있다.

51) 田村 38면은, 저작권을 인정한 경우의 폐해로서 이 점을 들고 있다. 이 문제점은 最判平12·9·7 判時1730호123면(ゴナ書体事件 상고심)에서도 지적되고 있다.

변은 극히 용이하여 문제를 크게 만든다. 이와 같이 하나의 정보를 전달하는 때에 복수의 저작권이 중첩적으로 발생한다는 것은,[52] 중세의 중첩적인 토지소유권을 방불케 하여 저작물이라는 정보의 유통의 저해요인이 될 수 있다. 설사 타이프페이스에 저작권을 인정하더라도, 개개의 서체가 아니라 일정한 설계사상 하에 개발된 한세트의 서체를 대상으로 하고 있다고 생각하면, 어느 문서를 복제하였다는 것만으로는 타이프페이스의 복제가 아니라고 해석하는 것도 불가능한 것은 아니다. 그러나 처음부터 어떤 설계사상 하에 한세트의 서체를 저작물로 관념하는 것이 저작권법상 가능하다는 문제 이외에, 상당한 양의 문장을 복사하면 결국 한세트의 서체를 이용한 것이 될지도 모른다. 이상과 같은 이유에서, 타이프페이스의 보호는 저작권법과 어울리지 않는다는 점에서는, 거의 컨센서스(consensus)가 있는 것으로 생각된다.[53]

타이프페이스는 저작권제도와 어울리지 않는다는 것이 법적인 보호의 필요성을 부정하는 것이 아니다. 타이프페이스의 개발에는 거액의 투자와 노력이 필요하고, 그에 대한 법적인 보호가 없어 그 개발에 지장이 생기는 사태가 있게 되면, 어떤 형태로든 보호가 주어져야 한다. 그러나 그 때 진실로 보호해야 하는 것은 투하자본·노력이고, 그러기 위해서는 경업자에 의한 무단사용을 방지할 수 있으면 충분하고, 인격권까지 포함하는 저작권을 부여할 필요는 없다. 결국 저작권법 이외의 방법, 구체적으로는 신규입법, 부정경쟁방지법의 활용, 불법행위법의 활용을 모색해야 할 것이다.[54]

제 8 절 권리의 대상으로 되지 않는 저작물

1. 총 설

법령·관공문서 등은 형식적으로 보면 저작물에 해당할 수 있지만, 그것들은 공적기관에 의해 작성되고, 또 널리 알려져서 이용되는데 의미가 있어 독점과는

52) 장래, 이와 더불어 판면권(출판사의 권리)이 인정되게 되면 더 한층 복잡한 상황이 될 것이다.

53) 大家·앞의 주45) 62면, 田村 38면, 作花·詳解 162면, 金井=小倉·上213면 [北岡弘章]. 반대설로는, 渋谷 26면.

54) 弥永真生「書体の著作物性」斉藤 = 牧野 102면, 田村 39면. 또 장래 보호의 방향에 관해 논한 것으로는, 金井隆男「タイプフェイスの法的保護」NBL485호23면(1991).

어울리지 않기 때문에, 저작자인격권도 포함하여 권리의 대상으로 되어 있지 않다(13조). 또 저작권법이란 어떤 종류의 독점권을 부여함으로써 창작에의 인센티브를 부여하고, 이에 따라 정보의 풍부화를 도모하는 제도이지만, 이들에 관해서는 시장원리와 관계없이, 국가 등이 공적인 비용으로 작성한 것으로 저작권법에서 인센티브를 부여할 필요도 없다. 구체적으로는 다음 것이 권리의 대상으로부터 제외된다.

2. 헌법, 기타의 법령(13조1호)

법령에는 저작권이 발생하지 않는 것은 당연하지만, 법령의 정의는 반드시 일의적인 것은 아니고, 그것이 이용되고 있는 법률에 따라서 다르다. 예컨대 지방자치법 14조의 법령은 법률과 명령이지만, 형사소송법 39조의 법령에는 재판소규칙까지 포함한다.

13조1호에서의 법령에는, 그것이 넓게 사용되고, 그 내용을 주지 철저하게 할 필요가 있다는 규정의 취지에서, 국가나 지방자치단체의 조약, 법률, 정령(政令), 성령(省令), 조례, 재판소의 규칙이 포함된다는데 의문이 없다. 다만 2호와 달리, 1호에는 「기타 이것에 유사한 것」이라는 문언은 없으나, 1호의 취지에서 보면 외국의 법령, 미비준(未批准) 조약, 정부작성의 법률안 등도 포함한다고 해석해야 한다.[1] 그것들에 저작권을 인정한 경우의 폐해는, 법령과 유사한 정황에 있기 때문이다.

사적으로 작성된 법률사안(法律私案) 등은 권리의 대상이 된다. 사적 단체에 의해 작성된 규칙 등에도 저작권이 성립할 수 있지만, 문제가 되는 것은 그와 같은 규칙 등이 사실상의 표준이 되어 사회일반에 통용되고 있는 것도 있고, 그 중에는 저작권을 인정하는 것이 타당하지 않는 것도 있을 수 있다. 그와 같은 경우에는, 1호 또는 2호를 유추적용하든지, 사실상 다른 선택지(選択肢)가 없으므로 창작성을 부정하든지(이 점에 관해서는 **「제2절 저작물의 정의 2. 창작성」** 참조), 혹은 권리의 성립을 인정한 이상 권리행사의 방법 여하에 따라 권리의 남용으로 대처하면 될 것이다.

1) 加戸 136면, 田村 257면.

3. 고시 · 훈령 · 통달 등(13조2호)

국가, 지방자치단체의 기관, 독립행정법인(독립행정법인통칙법2조1항)이 그 의사를 전달하는 고시 · 훈령 · 통달 · 기타 이와 유사한 것에 대해서도, 저작권에 의해 독점을 인정하는 것은 타당하지 않다. 전형적인 고시 · 훈령 · 통달에 관해서는 문제없지만, 국가나 지방자치단체 등에서 나오는 문서 중에는, 다수의 한계선상에 있는 사례가 존재한다.

국가나 지방자치단체 등의 의사를 전달하는 것이 아닌 내부문서, 백서, 보고서, 국토지리원이 발행하는 지도는, 저작권의 대상이 된다.[2] 입법론으로 그와 같은 것의 권리를 부정하는 것도 생각할 수 있지만, 백서나 지도 등 유료로 제공되는 것도 있어, 현행법에서는 저작권법의 대상으로 되어 있다.

4. 판결 등(13조3호)

판결 등과 같이 사법절차, 준사법절차에 의해 행해지는 것에 관해서도, 저작권의 보호를 부여하는 것은 타당하지 않다.

다만 주의해야 하는 것은, 판례 등에서는 제3자가 저작물을 무단으로 복제할 수 있고(42조), 한편 그 판결 등에는 저작권은 성립하지 않지만, 판결 등 중에서 타인의 저작물이 이용되고 있는 것도 그 이용된 저작물의 권리가 소멸하는 것은 아니다.[3] 판결 등이 권리의 대상으로 되지 않는다는 의미는, 판결을 판결로서 이용하는 한 자유라는 의미이고, 판결 중에서 타인의 저작물을 추출하여, 판결과 관계없는 형태로 이용하는 것은 침해가 된다.[4] 특히 저작권침해사건의 피침해물은 저작물인데 판결에 게재되면 저작권이 소멸한다고 한다면 침해소송을 제기할 의미가 없어진다.

---

2) 구법하의 사건인데, 東京地判昭52 · 3 · 30 判時845호25면(龍溪書舍事件), 그 항소심인 東京高判昭57 · 4 · 22 判時1039호21면(상고는 기각)은, 관공청이 발행하는 문서라도 고도로 학술적 의의를 가지며, 반드시 일반적으로 주지시키는 것만을 의도하지 않은 것은, 구법11조 1호의 관공문서에 적합하지 않다고 한다(구법에서는, 저작권의 목적으로 되지 않는 저작물로서 「관공문서(官公文書)」를 들고 있다.

3) 加戸 138면, 田村 257면.

4) 예컨대, 하이쿠(俳句)의 저작권침해사건 판결문에는 원고 · 피고의 두 하이쿠(俳句) 전문이 대비되어 게재되어 있을 것이나, 제3자가 판결에 게재되어 있는 그 구(句)를 다른 관계없는 구집(句集)에 게재하면 침해가 된다.

5. 앞의 3호까지의 저작물의 번역물·편집물(13조4호)

앞의 3호까지의 저작물의 번역물·편집물에서, 국가·지방자치단체의 기관·독립행정법인이 작성한 것도, 앞의 3호와 똑같은 이유로 일반에게 널리 개방하는 것이 바람직하므로, 권리의 대상이 되지 않는다.

가령 소재가 법령 등이라 할지라도, 민간의 판례집이나 법령집과 같이, 사인의 번역·편집에 관련한 것에 관해서는, 편집저작물로서 권리의 대상이 될 수 있다. 이것들을 권리의 대상으로부터 제외하면, 그와 같은 판례집 등의 작성의 인센티브를 잃게 되고, 정보의 풍부화에 역행하게 된다.

12조에서 데이터베이스는 편집저작물로부터 제외하고 있고, 한편 13조는 편집저작물에 관해서는 규정되어 있지만 데이터베이스에 관해서는 규정되어 있지 않기 때문에, 국가·지방자치단체의 기관·독립행정법인이 작성한 데이터베이스는 저작권의 대상이 될 수 있다. 실질적으로 보더라도, 데이터베이스 작성에는 거대한 비용이 투자되는 것도 있고, 국가, 지방자치단체의 기관, 독립행정법인이 작성한 데이터베이스 중 공개되는 것도 있을 수 있으므로, 권리의 대상에 포함시켰을 것이다.

제 2 장 저작권의 주체

제 1 절 총　　설

저작자란 「저작물을 창작하는 자」를 가리키고(2조1항2호), 저작권 및 저작인격권의 원시적 귀속 주체이다(17조1항). 저작권법은 사상・감정의 표현을 보호하는 것이기 때문에, 구체적 표현의 창작에 실질적으로 관여한 자가 창작자가 되고, 그것은 자연인이라는 것이 원칙이다. 그러나 저작권법은 자연인 이외의 자가 창작자가 되는 예외적인 경우를 인정하고 있다(15조). 이러한 예외를 인정하게 된 역사적 경위에는 흥미로운 점도 많지만, 그 상세는 다른 논문에 맡긴다.[1] 다만 결론만을 말하면, 저작물의 수비범위가 팽창하여 다양한 성질을 갖는 저작물이 출현함과 함께 저작물의 창작과정도 복잡화되며, 그 결과 저작권법의 세계가 소설・음악・회화 등의 창작과 같은 "목가적"인 것이 없어졌다는 사실에서 주된 원인을 찾아낼 수 있을 것이다. 요컨대 저작물의 경제적 가치가 급속히 높아짐에 따라 저작물은 개성의 유출물(流出物)로서의 측면을 중시하여 인격권을 중심으로 하였던 법률구성이 한계에 이르렀다는 것을 이야기하고 있다. 그리고 이 사실은 저작권의 본질론에까지 영향을 주는 큰 문제이다.

제 2 절 저작자 = 창작자

1. 저작자의 인정[1]

저작자라 함은 「저작물을 창작하는 자」로서(2조1항1호), 저작권과 저작인격권의 원시적취득자이다. 계약으로 저작자를 변경하는 것은 불가능하여, 갑이 창작했음에도 불구하고 을을 저작자로 하는 계약을 체결했다고 해도 권리는 갑에게

1) 潮海는 이 문제에 관해서 일본에서 가장 상세한 논문이다.
1) 上野達弘「著作者の認定」牧野 = 飯村 216면 참조.

원시적으로 귀속되어 을을 저작자로 할 수는 없다. 그러한 계약이 있다면 그 계약은 사후적으로 을에게 저작권을 이전한다는 내용으로 해석되는 일이 많을 것으로 생각되는데,[2] 그 경우에도 저작인격권은 갑에게 남는다. 다만 예외적으로 직무저작의 경우가 있다(15조. 이에 대해서는 후술함).

저작자가 되기 위해서는 창작행위에 실질적으로 관여하고 있어야 하는데, 실질적인 관여의 의미가 문제된다. 저작권법이 보호하고 있는 표현을 단순히 표층적인 표현뿐이라고 한다면 그 실질적 관여자의 인정은 비교적 용이하여 표층적 표현의 관여자만이 저작자가 된다. 그러나 전술한 대로(제1장 저작물(저작권의 객체) 제2절 저작물의 정의), 저작권법상의 표현이란 어느 정도 내면적인 것에까지 파고든 개념이라고 생각된다. 그렇게 되면 그와 같은 표현의 창작에 실질적으로 관여했는가 아닌가라는 판단에 곤란을 초래하는 일도 적지 않다. 다만 현실에서는 관계가 없는 사람들 사이에서 누가 진정한 저작자인가라는 다툼은 비교적 적으며,[3] 창작에 무언가라도 관여를 한 자 사이에서 누가 저작자인가 혹은 공동저작자인가라는 점을 둘러싼 분쟁이 많다.

구체적인 사례를 갖고 검토해보자.[4] 당해 저작에 대해서 동기를 부여하거나 지시를 내리거나 하는 것만으로는 저작자가 될 수 없다.[5] 삽화[6]나 지도[7]의 사례

2) 飯村敏明「著作者の認定」斉藤 = 牧野 232면.

3) 관계가 없는 사람들 사이에서 누가 진정한 저작자인가라는 점이 다투어진 사례로서, 東京地判平元・8・16 判時1122호45면(チューリップ事件), 千葉地判平元・2・10 判時1303호122면(チューリップ事件), 그 항소심인 東京高判平2・12・18 判時1376호107면, 東京地判昭58・6・20 判時1083호143면(同期の桜事件).

4) 구체적 사례에 관해서는 上野・앞의 주1) 228면 참조.

5) 最判平5・3・30 判時1461호1면(智恵子抄事件)에서는, 편집저작의 관점에서 보면 기획안 내지 구상의 영역에 머무르는 데 불과한 자는 저작자가 아니라고 판시되었으며, 그 원심인 東京高判平4・1・21 判時1410호44면, 제1심인 東京地判昭63・12・23 判時1300호12면도 같은 취지. 東京地判平10・10・29 判時1658호166면(SMAPインタビュー記事事件)에서는 구술자는 사후에 수정하지도 않고 문장표현에 창작적으로 관여하고 있지 않기 때문에 저작자는 아니라고 하고 있으며, 東京地判平16・2・18 判時1863호102면(男たちよ妻を殴って幸せですか？事件)에서는 필요한 자료를 수집・정리하거나, 조언・조력을 하거나 아이디어・힌트를 제공하거나, 완성된 작품에 대해서 첨삭・정정하거나 함으로써, 어떤 관여를 한 경우라도 그 사람의 사상, 감정을 창작적으로 표현했다고 평가될 정도의 활동을 하지 않은 자는 창작한 자라고 할 수는 없다고 판시하고 있다. 京都地判平16・11・24 判時1910호149면(事実性と妥當性事件)은 번역에서 단어 등에 대한 지적이나 밑줄 등에 의한 지적을 하는 것만으로는 공동저작자로 인정될 수 없다고 판시하고 있다.

6) 東京地判昭36・10・25 判タ124호92면(昆虫挿絵事件)에서는 과학잡지에 게재할 목적으로 동물의 생태를 사실적으로 묘사한 원화(原畵)가 출판사의 편집방침에 의한 상세한 지시에 의한 것이라고 해도 출판사는 저작자가 될 수 없다고 판시하고 있다.

7) 東京地判昭39・12・26 判タ172호195면(高速道路パノラマ地図事件)에서는 출판사가 화가에게 지도의 작성을 의뢰함에 있어서, 출판사의 편집부원이 자료를 수집하고 지도에 들어갈 주요 도로 등을 지정하고 화가를 안내해서 현지답사를 한 사실이 있더라도 출판사는 저작자가 될지 않는다고 판

에서는 출판사 등이 지시를 내리는 일도 있을 수 있지만, 삽화나 지도의 구체적 표현이라는 관점에서 볼 때 그와 같은 지시는 추상적인 아이디어이며, 화필을 가지고 구체적인 표현의 창작에 관여한 자가 저작자가 된다. 그러나 출판사 등의 지시가 구체적이고 작성자 등의 행위에 창작적 요소가 보이지 않는 경우에는 발주자(지시를 한 자)가 창작자가 되는 일도 있을 수 있다.[8)]

각본에서는 각본 자체의 창작에 관여한 자가 각본의 저작자이고 원작의 저작자는 각본의 저작자는 아니지만,[9)] 각본(2차적 저작물)에 대해서 각본의 저작자와 같은 종류의 권리를 갖는다(28조).

사진의 경우는 매우 특수하다. 피사체의 선택, 셔터 찬스, 셔터 스피드・촛점의 선택, 앵글, 라이팅, 구도・트리밍, 렌즈・카메라의 선택, 필름의 선택, 현상・인화 등에 주체적으로 관여한 자가 저작자가 되고, 셔터를 누르는 카메라맨이 그에 해당하는 경우가 많다고 생각되지만,[10)] 이러한 요소들 모두를 혼자서 한다고는 할 수 없고, 사례에 따라서는 공동저작자가 되는 일도 있을 수 있다. 또한 셔터를 누른 자라고 해도 단순한 조수로서 공동저작자조차 될 수 없는 경우도 있을 수 있다.

편집저작물의 경우는 소재의 정보・선택을 창작적으로 행한 자가 저작자이며, 그 방침에 따라 손발이 되어 소재를 편집한 자는 창작적 행위를 하고 있다고 평가할 수 없다.[11)]

구체적 사건에 있어서는 저작자의 인정이 어려운 경우도 많다. 『헤이케 이야기(平家物語)』의 영어번역 사건에서는 헤이케 이야기의 원전을 이해할 능력이 없는 외국인 관여자의 기여가 어색함의 제거, 리듬의 조정 등의 작업인 경우 공동

시하고 있다.

8) 東京地判昭54・1・10= 判タ197・148(現代世界總図事件)에서는 지도출판사가 지도의 작성을 기획하고 자료를 수집하고 구체적 자료를 제공하여 제도(製圖)를 의뢰한 경우, 지도를 저작한 자는 출판사라고 해야 하며, 제도작업에 종사하는데 불과한 자는 제도상 궁리를 했다고 해도 그 표현에서 창작적 요소가 보이지 않기 때문에 저작권법에서 말하는 사상 또는 감정의 창작적 표현행위라고는 할 수 없다고 판시하고 있다.

9) 東京地判昭50・1・31 判タ128호162면(私は貝になりたい事件).

10) 東京地判昭61・6・20 判タ637호209면(ＳＭ写真事件).

11) 最判平5・3・30 判時1461호3면(智恵子抄事件)(앞의 주5)). 東京地判昭55・9・17 判時975호3면(地のさざめごと事件)에서는, 편집방침을 결정하는 것은 소재의 선택, 배열의 창작성에 기여하는 것으로, 편집방침을 결정한 자도 편집저작물의 편집자가 될 수 있지만, 소재의 수집행위 그 자체 또는 편집방침, 소재의 선택, 배열에 대해 상담을 맡아서 의견을 구신하는 것 등은 직접 창작에 관여하는 행위라고 하기 어렵기 때문에 이러한 행위를 한 자는 편집저작물의 편집자가 될 수는 없다고 판시하고 있다.

저작자가 되는가 여부의 판단이 1심과 2심에서 달랐다.[12] 표현을 표층적인 표현에 한정한다면, 헤이케 이야기의 내용을 이해하지 못한 채 표현을 교정한 관여자도 공동저작자가 될 것이나(2심의 결론), 보다 내용에 가까운 부분까지 표현이라고 생각한다면 일본어 능력이 없는 관여자의 공동저작자성을 부정하는 것도(1심의 결론) 반드시 부당하다고는 할 수 없을 것이다.

단지 저작자의 지시 하에 손발이 되어 노력을 제공한 자,[13] 단지 힌트를 제공한 자,[14] 자금이나 정보를 제공한 자 혹은 창작의 의뢰자[15]는 저작자가 아니다. 이들은 사상·감정의 표현인 창작에 관여하고 있다고는 할 수 없기 때문이다.

2. 공동저작자

복수의 자가 공동으로 창작한 것으로서 각자의 기여를 분리하여 개별적으로 이용할 수 없는 것을 공동저작물이라고 한다(2조1항12호).[16] 분리가능성은 비교적 용이하게 판단할 수 있지만, 개별적 이용가능성에 대해서는 판단이 어려운 경우도 있다. 간담회나 대담에서의 각자의 발언이 물리적으로는 분리가 가능하지만, 사실상 분리하여 이용할 수 없기 때문에 공동저작물이 된다. 그에 비해서 「소설과 삽화」, 「악곡과 시가」는 분리하여 이용하는 것이 가능하기 때문에 공동저작물이 아니라 결합저작물이라고 불리고 있다.[17] 결합저작물이란 하나의 저작물과 같

12) 京都地判昭52·9·5 判時871호18면은 관여자의 원전(元典)의 이해력, 변화하는 국어에 대한 정통성 정도가 중요한 요소라고 하여 공동저작자가 되지 않는다고 했지만, 大阪高判昭55·6·26無体裁集12권1호266면은, 일본인이 번역한 헤이케모노카타리(平家物語)의 영어역을 창의적으로 교정하고 그것이 그 후의 영어역에도 승계되거나 혹은 강한 영향을 미쳤다고 추인할 수 있는 경우 공동저작자가 된다고 하였다.

13) 東京地判昭54·3·30 判タ397호148면(現代世界總図事件).

14) 大阪地判平4·8·27 判時1444호114면(静かな焔事件)에서는 창작을 위한 힌트나 테마를 주는 정도에 그치지 않고 그 창작에 종사하고 있었다고 인정된다 하여 공동저작자로 인정되었다.

15) 東京地判昭39·12·26 判タ172호195면(高速道路パノラマ地図事件). 大阪地判平5·3·23判時1464호139면(山口組五代目事件)에서는, 비디오영화의 제작을 발주하고 그 대금을 지불한 데 불과한 자는 저작자는 아니라고 하였다. 東京地判平9·3·31 判時1606호118면(だれでもできる在宅介護事件)에서는 일러스트 내지 만화의 작성에 대해서 참고해야 할 문헌 등을 지시하거나 묘사해야 할 것을 지시한 일이 있다 하더라도 창작적인 부분에 관여한 것이라고는 할 수 없다고 하였다. 東京地判平14·8·28 判時1816호135면(はだしのげん事件)에서는 원작을 강연용 각본으로 할 때 장면을 한정한다는 방침을 세우거나 에피소드를 선택하도록 의견을 진술하는 것만으로는 "아이디어의 제공이나 조언, 상연을 하는데 있어서의 노력에 지나지 않으며, 그로 인해 공동으로 창작했다고 평가할 수는 없다"고 하였다.

16) 한 권의 책에서, 어떤 환자의 투병기의 어떤 부분은 공동저작물이고 다른 부분은 단독저작물이므로 양자는 분리하여 이용이 가능하다고 한 사례로서, 大阪地判平4·8·27 判時1444호134면(静かな焔事件).

17) 일러스트와 설명문으로 이루어진 서적에 대해 결합저작물이라고 한 예로서, 東京地判平9·3·

은 외관을 띠고 있어도 분리하여 이용하는 것이 가능한 것을 가리키며, 독립된 저작물이 결합되어 있을 뿐, 보호기간을 비롯하여 모든 경우에 각 저작물은 각각 독립된 존재가 된다. 이것을 뒤집어 보면, 공동저작물의 경우에는 64조, 65조에 의해 그 처분이나 이용에 관하여 서로 제한을 받고 있고, 이와 같은 제한을 받는 것이 타당한 관계에 있는 것이 공동저작물이며, 서로 그와 같은 제한을 받아서는 안 되는 것이 결합저작물이라고 생각할 수도 있을 것이다.

공동저작물이 되기 위해서는 각 저작자가 공동하여 창작행위를 할 필요가 있다. 공동저작자인가 여부를 둘러싼 다툼은 많지만, 기본적으로는 저작자의 인정 문제와 마찬가지이며,[18] 표현의 창작에 실질적으로 관여했는가 여부로 결정된다.[19]

공동저작물이 되기 위해서는 각 저작자간에 하나의 저작물을 창작한다는 공동의사가 필요하다. 이 공동의사에 대해서는 주관적인 공동의사가 필요하다는 설[20]과 표현물로부터 복수의 자의 공동 기여가 있다고 판단될 수 있으면 족하다고 하는 설[21]이 있다. 이것은 주로 어떤 저작물에 사후적으로 다른 자가 개변한 경우, 그 후에 창작된 저작물은 공동저작물이 될 수 있는가, 혹은 2차적저작물이 되는가라는 문제이다. 공동의사가 필요하다는 설을 취하면 2차적저작물로 인정되는 경우가 많게 되고, 객관적 판단설을 취하면 공동저작물로 인정되는 경우가 많게 된다.

결론적으로 말하면, 주체적인 공동의사가 없는 경우에는 공동저작물이 아니라 2차적저작물이 된다고 보아야 한다. 공동저작물은 공동저작자의 공유가 되는 데

---

31 = 判時1606호118면(だれでもできる在宅介護事件).

18) 上野 앞의 주1) 223면은, 공동저작인 경우의 저작자의 인정도 일반적인 인정기준이 적용된다고 하고 있다.

19) 東京地判平2・6・13 判時1366호115면 判時1366호115면(薬理学教科書事件)에서는, 약리학 교과서의 집필 시에, 각 집필자의 원고를 다른 집필자에게 회람하여 오자・탈자・화학구조식 등의 내용의 오류・부적절한 표현 등이 지적한 사안에 대하여, 그 정도는 부분적인 오류 등의 지적 류에 그치고 모두 원래의 집필자에게 반환되어 그 판단에 기초하여 확정 원고가 작성되었다고 하여 공동저작물임을 부정하고 각 집필자의 단독저작이라고 하였다.

20) 百選47사건 [牧野利秋], 田村371면, 吉田大輔 「『著作物』の射程距離」 知財管理51권1号363면(2001), 吉城春實「共同著作」斉藤 = 牧野 257면, 三村量一「共同著作物」牧野 = 飯村 267면.

21) 半田 57면은 공동의사의 존재는 외부로부터는 식별이 곤란하고, 또 당사자에게도 용이하게 변경하기 쉬운 성질의 것이기 때문에, 객관적으로 보아 당사자간에 서로 상대방의 의사에 반하지 않는다는 정도의 관계가 있으면 공동저작물이 된다고 한다. 作花・詳解 187면은 "논리적으로는 약간 무리가 있을지도 모르지만, 현실적인 결과의 타당성을 도출하기 위해, 관여한 복수인 간의 관계에서 판단하여, 공동저작으로 간주한다는 운용을 하는 것이 실제 조리에 적합한 경우에는 공동저작물로 하는 것도 허용되는 견해이다"라고 하고 있다.

비해, 2차적저작물은 저작권이 중첩적으로 존재할 뿐이며, 양자는 법적 효과가 다르다. 예컨대 갑의 저서를 후에 을이 개정한 경우에, 공동저작물이라면 갑(혹은 그 승계인)은 정당한 이유가 없는 한 을의 출판을 거부할 수 없지만(65조1항), 2차적저작물이라면 자유로이 거부할 수 있다. 갑과 을 사이에 공동의사가 없는 경우에까지, 타인의 저서를 개정하면 그 개변물을 기본적으로는 이용할 수 있다는 강한 힘을 을에게 인정할 필요는 없을 것이다. 가령 갑이 을에게 개정의 승낙을 해주어도, 갑은 을이 이룬 창작적 표현에는 구체적으로 관여하지 않은 것이기 때문에 공동저작물은 되지 않는다고 보아야 하는 것이다.[22] 또한 을이 갑의 의향을 미루어 헤아려서 개정을 했다고 해도, 그것은 갑의 사상을 추측한 것에 불과하고 갑은 그 표현의 창작에는 관여하고 있지 않기 때문에 표현을 보호하는 저작권법의 해석으로는, 마찬가지로 2차적저작물로 보아야 할 것이다. 가령 갑의 사상뿐만 아니라 말투를 미루어 헤아렸다고 해도 마찬가지로 2차적저작물이 된다. 타인의 문장 표현을 미루어 헤아려서 문장을 창작했다고 해도 그 타인과 공유가 될 이유는 없다. 공동의사가 없는 경우에는 저작권 행사의 제한(64조, 65조)을 부과할 합리적인 이유가 없으며, 저작권의 이용에 대해서는 원저작물을 이차적 저작물로 하고, 이후는 계약에 맡기면 된다.[23]

또, 자연인과 법인의 종업자가 공동으로 창작행위를 한 경우에는 자연인과 법인의 공동저작이라는 것도 있을 수 있으며,[24] 또한 법인과 법인의 공동저작이라는 것도 있을 수 있다.[25]

공동저작물의 보호기간은 원칙적으로 최후에 사망한 공동저작자의 사후 50년으로 되어 있다(51조2항 괄호).

공동저작물의 재산권은 공동저작자의 공유(민법264조의 준공유)가 되며, 공동저작권으로서의 제한을 받게 된다(65조, 제3절 저작권의 공유 참조).

공동저작물의 저작인격권의 행사에 대해서도 제약을 받는다(64조, 「**제6장 저작인격권 제6절 공동저작의 경우의 저작자인격권**」 참조).

---

22) 東京地判昭50・3・31 判タ328호162면(私は貝になりたい事件)에서는, 원안(原案)을 구두로 전달한 것만으로는 각본에 대해서 공동으로 창작에 관여했다고는 할 수 없다고 하였다. 이 사건은 각본화에는 동의한 케이스라고 생각된다.

23) 이 점을 명확하게 지적한 것으로서, 田村 371면.

24) 東京地判平3・5・22 判時1421호113면(教科書準據テープ事件)은 영어 교과서에 대해 편집위원과 출판사의 공동저작물이라고 한 예이다.

25) 加戸 49면, 三村・앞의 주21) 266면.

3. 저작자의 추정(14조)

(1) 추정의 의의

저작자가 누구인가, 즉 누가 창작행위를 했는가에 대한 입증은 곤란한 경우가 많다. 또한 저작권 등록이 있으면 저작자로 추정되지만(75조), 특허의 경우와 달리 의무적인 등록이 아니며, 또한 거의 등록되어 있지 않은 것이 현실이기 때문에 제3자로서도 저작자를 확정하는 것이 어렵다. 그러나 이렇게 되면 법적 안정성이 침해되고, 경제적 관점에서 볼 때 저작물의 재화로서의 가치는 그 리스크만큼 낮게 평가되게 된다. 그래서 저작물의 원작품에, 또는 저작물이 공중에 제공·제시될 때 성명 또는 이명으로 주지된 것이 저작자명으로써 통상의 방법으로 표시되어 있는 자는, 그 저작물의 저작자로 추정된다고 규정되어 있다(14조).

이와 같이 표시되어 있는 저작자는 자신이 저작자라는 사실이 추정되며, 또한 제3자라 하더라도 명의인과 라이선스 교섭을 하면 일단 안심이다. 추정규정이기 때문에 반증을 들면 복멸되지만, 그 반증도 곤란한 경우가 많을 것이다.

(2) 요 건

추정을 받는 경우에는 실명 또는 이명이 「원작품」에 표시되어 있는 경우와 「저작물이 공중에게 제공 또는 제시」될 때에 표시되는 두 가지의 경우가 있다. 제공이란 출판 등과 같은 저작물의 유형적 이용의 경우를 가리키고, 제시란 방송 등과 같은 저작물의 무형적 이용의 경우를 가리킨다.

우선 원작품의 의미인데, 회화 등과 같이 하나밖에 존재하지 않는 경우의 원작품은 명확하지만, 판화·조각·사진 등과 같이 복수의 오리지널 카피라고 불리는 것이 있는 경우에는 이것들도 원작품에 포함된다고 해석해야 할 것이다.[26] 그렇게 해석하지 않으면 원작품이 존재하지 않게 되어 불합리하기 때문이다.

이명의 경우는 실명 대신 사용되는 것으로서 주지의 것이어야 한다. 그 이명 자체는 유명하더라도 그 이명이 누구의 것인지 판단될 수 없는 이상 추정이라는 관점에서는 무명과 마찬가지이다.[27]

---

26) 加戶 140면.

27) 加戶 141면은, 『일본인과 유태인』의 저자는 『이자야 벤다산』으로 표기되어 있지만, 그 이명(異名)이 누구를 가리키는 것인지 불명확하기 때문에 그 이명은 유명하더라도 14조의 추정을 받지 않는다고 한다. 그에 비해서 예컨대 『나츠메 소오세키(夏目漱石)』는 『나츠메 킨노스케(夏目金之助)』의 이명이라는 것은 주지(周知)의 사실이기 때문에 저작자로서의 추정을 받는다.

다음으로 「통상의 방법에 의해 표시」되어 있을 필요가 있다. 서적의 경우라면 표지 또는 판면과 같이 저작물에 따라 통상의 방법이라는 것이 있으며, 그 방법으로 표시되어 있어야만 한다.[28)]

(3) 저작자 실명등록과의 관계

무명 또는 이명으로 공표된 저작물의 저작자는 실명등록을 하는 것이 가능하고 등록이 되면 저작자로 추정되지만(75조), 이 추정과 14조의 추정의 관계가 문제이다. 학설에는, 실무상 등록을 확인하는 자는 적고 또한 저작권 등록은 참칭저작자(僭稱著作者)라도 간단하게 등록을 받을 수가 있으며 참칭저작자가 표시되어 있음에도 불구하고 진정한 권리자로부터 이의가 제기되지 않는 경우에는 표시의 추정의 신뢰성이 인정된다는 이유에서, 14조의 추정이 우선한다고 생각하는 사람이 많다.[29)] 그러나 사실상의 표시가 등록보다 우선하는 것에는 저항도 있다. 현실의 소송에서는 양 당사자로부터 14조와 75조의 추정이 주장되면 결국 쌍방 모두 추정되는 것이 되는데, 그것은 쌍방 모두 추정되지 않는 것과 마찬가지가 되어 통상의 입증책임 법리로 돌아가 주장하는 자가 입증책임을 진다고 생각해야 할 것이다. 그러나 현실문제로서 이 두 가지 추정이 충돌하는 소송은 거의 없다.

4. 예 외(특별한 고려를 필요로 하는 것)

(1) 총 설

저작권법은 현실의 창작행위를 한 자를 창작자로 하고 있지만(2조1항2호), 그 예외로서 직무저작에 관한 규정(15조)이 있으며, 또한 영화에 관해서도 특수한 규정(16조)이 마련되어 있다. 그 밖에 규정은 없지만 컴퓨터 창작물에 대해서 창작자 개념이 문제가 될 수 있다. 이들에 대해서는 종래의 회화・소설 등의 이미지와는 달리 산업으로 투자를 하고 그 투하자본의 회수와 이윤의 획득이라는 경제목적을 위해 재산권과 저작인격권을 한 곳에 집중시켜 유통・이용의 촉진을 도모할 필요가 있고, 저작권의 경제재화 경향을 보여주는 것으로서 저작권법의 새

28) 加戸 142면은 「서문」에 암시적인 문장이 있는 것만으로는 추정을 받을 수 없다고 하였다. 和歌山地判昭51・12・1 判時836호39면(籠の鳥事件)에서는, 영화 「카고노토리(籠の鳥)」의 광고 및 스토리 소개문 안에 원작・각색자로서 성명이 표시되어 있고 노래와 영화가 일체화 된 「코우타(小唄) 영화」라 하더라도, 표시된 원작자는 영화에서 사용된 이야기 등의 저작자를 말하고 「籠の鳥」라는 노래의 작사작곡자를 말하는 것은 아니라고 하였다.

29) 田村 402면, 金井 = 小倉・256면 [小畑明彦].

로운 체계를 고찰함에 있어 주목해야 할 현상이라고 말할 수 있을 것이다.[30)]

참고로 구저작권법 25조에서는 「타인의 촉탁에 의해 저작한 사진초상의 저작권은 그 촉탁자에게 속한다.」라고 규정되어 있었다. 구법의 규정은 초상사진의 피사체인 촉탁자의 인격권 옹호규정이라고 일컬어지고 있지만, 인격권은 별도의 초상권 등의 문제로 취급하면 족하고, 저작권법에서의 창작자주의의 예외로 할 필요성은 부족하기 때문에 현행법에서 삭제되었다.

(2) 직무저작(15조)[31)]

가. 구저작권법

구저작권법에는 직무상 작성된 저작물에 대한 직접적인 규정은 없었지만, 단체명의 저작물의 보호기간을 30년으로 하는 특칙이 존재하고 있었다(구법 6조). 보호기간을 정하고 있는 이 규정을 둘러싸고 직무상 작성된 저작물의 귀속 혹은 그 법적 근거에 대해서 학설상 다툼이 있었다. 그래서 현행법 입법에 즈음해서 그 다툼에 종지부를 찍고 일정 요건 하에 사용자인 법인 등이 「저작자」라고 하는 획기적인 규정이 마련되었다. 이로써 저작재산권뿐만 아니라 저작인격권까지도 법인 등의 사용자에게 원시적으로 귀속하게 된다. 세계적으로도 이러한 입법례는 드물며, "대륙법적 사조(思潮)로부터는 가장 떨어져서 대륙법계 나라들이 깜짝 놀랄 만한 규정"이라고 표현하는 사람도 있다.[32)] 그러나 법인 등 자체도 인격권을 갖고 있다고 생각하면 법인 자체를 창작자로 하는 것은 그 범위 내에서는 이론상 일관되겠으나, 도대체 법인 등이 갖고 있는 인격권이란 어떠한 실체를 갖는 것인가라는 문제는 남는다.

게다가 현행법 15조는 소급적용되지 않지만(부칙4조), 판결[33)]에 의해 구법에서도 일정 조건 하에 사용자가 저작자가 되고 저작권・저작인격권을 원시적으로

30) 이와 같은 문제의식을 가진 학설로서, 潮海. 이와 같이 15조를 적극적으로 파악하는 학설에 비해, 斉藤博「職務著作」斉藤 = 牧野 245면은 일본의 제도는 아주 특이한 것으로, 일본이 의거한 법사조(法思潮)에 비추어 보더라도 예외적인 제도이므로, 그만큼 해석 및 적용에 한층 엄격함이 요구된다고 쓰고 있다.

31) 이 문제에 대해서는 文化庁「コンピュータ・プログラムに係る著作権問題に関する調査研究協力者会議報告 -- コンピュータ・ソフトウェアと法人著作について」(1992, 民商107권4・5호618면에 수록), 潮海 참조.

32) 斉藤博「變動する国際著作権界」法政理論(新潟大学)23권3・4호 374면(1991).

33) 東京地判昭52・3・30 判時845호25면(龍溪書舍事件, 東京高判昭57・4・22 判時1039・21로 항소기각, 最判昭59・3・9(未登載)로 상고기각, 이 사건에서는 국가가 사용자였다).

취득한다고 되어 있기 때문에 사실상 소급적용을 인정한 것이나 다름없다.

나. 직무저작제도의 의의

특허법에서의 발명은 모두 종업원에게 원시적으로 귀속되고 사용자는 일정한 권리를 가질 뿐이다(특허법35조). 그에 비해서 같은 창작법이면서도 저작권법은 일정 요건 하에 법인 등을 저작자로 하고 있으며(15조), 저작인격권을 포함하여 모든 권리가 원시적으로 사용자에게 귀속된다. 현행 저작권법 1979(昭和45)년은 현행 특허법[34] 1954(昭和34)년보다 나중에 입법된 것임에도 불구하고 억지로 양법의 평형을 취하지 않은 것은 왜일까? 저작권심의회답신설명서(著作権審議会答申說明書)[35]에 따르면, "오늘날의 저작물 창작실태로 볼 때 법인 등의 활동으로 저작행위가 이루어진다고 해석하는 것을 적당하다고 할 사례도 많다고 인정되지만, 직무상 저작된 저작물의 창작태양은 다양하기 때문에 일정 요건 하에 창작된 저작물에 한정하여 법인 등을 저작자로 하는 것 이외에는 특히 법으로 규정하지 않고 계약에 맡기는 것으로 했다"라고 서술되어 있다.

컴퓨터 프로그램 등의 기술적 저작물이 증가하고 또한 창작활동도 변화하고 있는 오늘날의 실태에서 볼 때 법인 등에게 권리를 귀속시키는 것이 타당한 경우도 있을 것이다. 그러나 그것은 특허권의 경우도 마찬가지이며, 저작권법의 대원칙을 왜곡하면서까지 억지로 특허법과 다른 규정을 마련한 이유는 어디에 있는 것일까?

그 차이의 이유로서는 권리의 발생과 등록을 들 수 있을 것이다. 특허권은 등록주의가 채용되어 있고, 발명자・권리자는 등록으로부터 판명되는 데 비해, 저작권의 경우는 창작주의가 채용되어 있어 저작물을 이용하려고 하는 제3자에 있어서 권리의 발생과 그 연원의 탐색이 매우 곤란하다. 그러한 범위내에서는 외부에서 보아 누가 창작자인가 하는 것을 판단하기 쉬운 제도가 바람직하다고 말할 수 있다. 또한 저작물 중에는 법인 등의 팜플렛이나 메모류 등과 같이 개성의 발현도가 아주 낮은 것도 다수 존재한다. 발명의 경우와 비교하면 이들에 대해서는 양도 많고, 또한 법인 등의 명의로 공표되는 저작물에 관해서는 종업자로서도 저작권을 원시적으로 법인 등에게 귀속시킨다는 의사가 존재하는 일이 많고, 또 그 사회적 평가를 받는 주체는 명의인인 법인 등이라는 실태가 있다는 것도 이야기

34) 특허법35조의 규정은 기본적으로는 구법(1921(大正10)년)을 계수하고 있다.
35) 文化庁・資料編 52면.

되고 있다.[36] 어쨌든 15조는 저작물의 이용・유통에 역점을 둔 규정이라고 할 수 있을 것이다. 그 배경에는 저작물의 재화로서의 성격이 강하게 된 결과 저작물에 관한 권리의 집중화 시스템이 필요로 되기에 이르렀다는 사정도 있고, 그 귀결로서 15조의 직무저작 규정과 후술하는 영화 규정이 되었다고 생각된다.[37]

그러나 이것뿐이라면 당사자의 계약에 맡기는 것도 가능할 것이고, 혹은 재산권인 저작권을 법인 등에 원시적으로 귀속시키면 족할 것이다. 그러나 특허법에서의 인격권[38]에 비해 훨씬 강력한 저작인격권을 종업자에게 남겨두면 인격권을 행사한 경우에 사실상 재산권이 무의미하게 될 경우도 있을 수 있기 때문에 양도 불가능한 권리인 저작인격권도 사용자에게 원시적으로 귀속시키기 위해서는 사용자 등을 창작자로 할 필요가 있었다.[39] 즉 15조는 계약으로 처리하는 것이 곤란한 저작인격권을 사용자에게 귀속시키는, 적어도 종업자에게는 행사하게 하지 않는다는 점에 의미가 있다.[40]

직무저작이 되기 위해서는「법인 등의 발의에 기하는 것」이어야 한다. 법인 등에는 법인, 법인격 없는 사단 또는 재단으로 대표자 또는 관리인의 정함이 있는 것(2조6항), 국가・지방공공단체, 자연인이 포함된다. 그러나 원래부터 사용자가 법인인 경우에는 법인의 저작인격권이란 도대체 무엇을 의미하는 것일까? 확실히 법인이라고 해도 명예가 있고, 그 한도에서 인격권적인 것이 없다고는 할 수 없지만, 그것은 자연인이 갖는 인격권과는 성격이 다르며 영업권적인 성격 즉 궁극적으로는 금전의 문제라고 생각된다. 그것은 기본적으로는 법인이 표지(標識)로 갖고 있는 이익과 유사한 것일 것이다. 특히 현행 저작권법이 규정하고 있는 저작인격권은 저작자가 자기의 저작물에 갖고 있는 애착을 보호하는 것인데, 이러한 것까지 법인 등에게 인정해야 하는가라는 근본적인 문제는 남는다.

자연인이 사용자가 될 수 있는가라는 점에 대해서 명문의 규정은 없지만 이를 제외해야 할 이유도 없다.[41] 그러면, 작가가 고스트 라이터(Ghost writer)를 고용

36) 茶園成樹「著作権15条における公表名義の要件」阪大法学49권3・4호453면(1999). 東京地判平8・9・27 判時1645・134(四進レクチャー事件).

37) 潮海 35면 참조.

38) 특허법에서의 인격권은 특허증 등에 발명자임을 기재할 뿐인 권리이며, 기업활동에 커다란 지장을 초래하는 일은 없다.

39) 茶園・앞의 주 36).

40) 田村善之「職務著作の要件構造」ジュリスト1132호39면(1998), 上野達弘「大陸法から見たわが国『職務著作』」著作権法研究 30号 81면(2004).

41) 中山・ソフトウェア 59면, 斉藤 125면, 斉藤博「職務著作」斉藤＝牧野 236면, 田村 379면.

하였다면 실제로는 창작행위를 하고 있지 않는 명의상의 작가가 창작자가 되고 저작인격권도 원시적으로 귀속된다. 그러나 사용자가 자연인인 경우에는 현실적으로는 저작행위를 하고 있지 않은 자의 애착을 보호하는 것이 되어 이상하다는 느낌이 든다.

법인 등의 내부에서는 일상적으로 무수한 저작물이 창작되고 있으며, 그것들에 대해 인격권과 저작권의 귀속이 다르면 기업 활동에 커다란 지장을 초래할 우려가 있다. 그런 의미에서 저작권과 저작인격권을 일체로서 법인 등에게 일원적으로 귀속시킬 실질적 이유도 있다. 그러나 도대체 기업 내부에서 일상적으로 작성되는 인격발현도가 낮은 저작물에 현행법에서 규정하고 있는 인격권을 인정할 필요가 있는 것인지,[42] 나아가 저작인격권의 본질은 무엇인지도 문제가 되는데, 현행법에 있어서는 인격권 없는 저작물을 추정하는 것은 해석론으로서는 곤란하다고 생각되기 때문에 이 점은 더 이상 언급하지 않는 것으로 한다.

다. 요 건

① 총 설 15조는 저작능력은 자연인만이 갖는다는 원칙의 예외를 규정하고 있는 것이며, 법인 등을 저작자로 하는 경우를 이하에 서술하는 「법인 등의 발의」, 「법인 등의 업무에 종사하는 자」, 「직무상 작성된 것」, 「법인 등의 명의」, 「계약, 근무규칙 기타 별단의 정함」이라는 요건 하에 직무저작의 성립을 인정하고 있다.[43] 이들 요건은 완전하게 독립된 것이 아니라 각각 관련되어 있다고 보아야 한다. 예컨대 정규의 고용계약에 있는 자에 대해서는 법인 등의 발의나 직무에 관해서는 완화하여 해석해야 할 것이고, 그렇지 않은 자에 대해서는 그 상황에 따라 엄격하게 해석해야 할 것이다.[44]

15조는 저작물의 종류에 관계없이 일률적으로 규정되어 있지만, 현실 사례의 해석으로서는 회화·음악 등과 같이 인격적 요소가 강한 저작물과 다수의 자가 관여하며 부분적으로는 외주를 주고 그 부분을 조합시켜 완성하는 저작물(예컨대 프로그램)을 비교한다면, 후자 쪽이 직무저작으로서 인정되기 쉬울 것이다. 구체

---

42) 田村 378면은 「법인 등이 저작자로 인정된 경우의 저작인격권을 대폭 제한하는 것이 허용된다고 해석된다」고 한다.

43) 文化庁·資料編 52면.

44) 東京地判平17·12·12判時1949호113면(宇宙開発事業団プログラム事件)에서는, 법인 등의 발의에 기한 것과 업무종사자가 직무상 작성한 것은 상관적 관계에 있고, 정식 고용계약이 체결된 경우에는 그렇지 않은 경우에 비해 법인 등의 발의를 널리 인정할 여지가 있으며, 그 발의는 간접적이어도 된다고 기술되어 있다. 作花文雄 「法人著作の成立要件と業務従事者の認定 –『RGBアドベンチャー』事件をめぐる論点と課題」コピライト516号31면(2004).

적으로는 아래의 각 요건을 조정함으로써 타당성을 확보할 수 있을 것이다.[45)]

참고로 15조는 그 요건에 대해, 공표명의에 관하여 일반 저작물과 컴퓨터 프로그램 저작물로 나누어 규정하고 있다.

② 사용자[46)]의 발의　　첫 번째 요건으로서 법인 등의 사용자의 「발의」가 필요하다. 면사용자로부터 구체적으로 명령이 없어도 당해 고용관계에서 보아 사용자의 간접적인 의도 하에 창작을 한 경우도 포함된다고 해석된다.[47)]

「사용자의 발의」라는 요건은 「직무상 작성한다」는 요건에 흡수되어 있다는 설도 있지만,[48)] 조문상 「직무상 작성하는 저작물」이라는 요건과 나란히 기재되어 있는 조문의 체제로 보거나, 또는 특허법에서의 직무발명의 성립요건으로서 사용자의 발의가 요구되지 않는 사실과의 비교에서 보거나, 입법자는 단순한 직무상 이루어진 창작 이상의 것을 「발의」 요건에서 요구하고 있다고 생각된다.[49)] 그러나 발의 요건을 너무 엄격하게 해석하면 법인 등의 내부에서 작성되는 많은 문서의 창작자는 종업자가 되어 본조의 취지에 반하는 결과가 될지도 모른다.[50)] 발의에 관해서는 사용자와 피용자의 관계, 예컨대 정규직인가 파견직인가 임시직인가 등의 사정도 고려하여 유연한 해석이 요구될 것이다.

③ 사용자의 업무에 종사하는 자　　두 번째 요건으로 「법인 등의 업무에 종사하는 자」가 작성한 것이어야만 한다. 즉 「법인 등과 피용자」라는 관계가 요구된다.[51)] 법인 등을 저작자로 하는 이유는 법적인 고용관계라는 형식에서 유래하

45) 岡邦俊「職務著作と著作者人格権」著作權研究 21号 32면(1997).

46) 15조는, 1항의 괄호에서 사용자를 법인 등으로 부르고 있기 때문에, 여기서도 양자를 같은 의미로 사용한다.

47) 加戸 144면, 森義之「職務著作」牧野 = 飯村 239면.

48) 田村 380면은 법인 등의 발의는 직무상 작성될 것이라는 요건에 흡수된다고 하고 있고, 독립된 의미 있는 요건이라고 보지 않는다. 茶園成樹「職務著作に関する問題点」大阪大学大学院法学研究家付属法政実務連携センター『企業活動における知的財産』(大阪大学出版会, 2006)11면.

49) 野一色勳「職務著作と退職従業者」民商 107권4・5호597면(1993), 野一色勳「職務上の著作」知財管理51권3호348면(2001)은, 발의(發意)라 함은 저작물의 작성의 단순한 계기가 아니라, 창작을 콘트롤한다는 의미로 해석된다. 그러나 발의라는 단어를 그와 같이 널리 해석하는 것은 문언상 곤란하며, 만일 그와 같은 요건을 읽어낼 필요가 있다고 한다면, 오히려 「직무상 저작한다」라는 요건으로 읽어야 할 것이다.

50) 半田 65면은 「사용자에 의한 사후 승낙을 얻은 경우든가, 나아가 널리 사용자의 의도에 반하지 않는 경우」는 발의가 있다고 하고 있는 데 비해, 斉藤 125면은 半田설을 비판하면서 「이렇게까지 넓게 해석하면 『발의』는 이미 직무저작의 독립된 요건이라고 할 수 없게 되어 버린다」고 언급하고 있다.

51) 東京地判平17・12・12 判時1949호113면(宇宙開発事業団プログラム事件)에서는, 유학 휴직중에 작성한 프로그램에 대해 유학중의 급여는 70%로 감액되어 있지만, 건강보험, 고용보험, 국민연금상의 취급에는 변화가 없어 이 기간에 우주항공개발기구의 업무에 종사하고 있지 않았다고는 평가할

는 것이 아니며, 어떤 종류의 조직 내에서 작성된 저작물에 대해서는 저작물의 이용・유통의 촉진이라는 관점에서 권리를 사용자에게 집중시킬 필요성이 있다는 사실에서 유래한다고 생각된다.

또한 ⑥에서 상술하는 바와 같이, 사용자와 피용자의 『계약 등』으로 저작자를 결정할 수 있다는 특수한 제도가 채택되어 있어, 이는 15조의 적용범위를 상당히 유연하게 해석할 수 있다는 것을 간접적으로 보여준다고 말할 수도 있으며, 민법상 고용(민법623조 이하)이나 근로기준법・노동조합법 등 노동법상의 노동자에 한정하는 것은 아니라는 것을 상정하고 있다고도 말할 수 있을 것이다.[52] 고용관계의 의미를 엄격하게 파악하여 15조의 적용을 협소하게 해석하고 사용자는 고용관계에서 생기는 사회보험이나 안전배려의무 등 노무에 대해서도 전면적인 책임을 부담하는 자여야만 한다고 하여, 예컨대 파견노동자에 대해서는 파견・피파견의 어느 쪽도 저작자가 될 요건을 충족시키지 못하기 때문에 파견노동자 자신이 저작자로 된다고 하는 설도 있다.[53] 그러나 정규직 노동자가 작성한 저작물의 창작자는 사용자인데 유사한 지휘명령계통 하에서 일하고 있는 파견노동자가 작성한 저작물의 창작자는 당해 파견노동자라는 것은 그다지 형평성이 없다. 또한 파견노동자를 저작자로 하는 것은 어찌보면, 파견노동자를 보호하는 듯이 보일 수 있지만, 현실에서는 파견노동자의 직역을 창작활동과는 관계가 적은 단순노동만으로 내쫓을 우려도 있다. 또한 파견노동자를 저작자로 해도 계약으로 저작권을 사용자에게 무상으로 양도하는 것이 예상되고, 그렇게 되면 파견노동자에게는 저작인격권만이 남게 되는데, 그것으로는 경제적 이익은 없고 파견노동자 보호가 되지 않는다. 직무저작물에 관해서는 후일 개변해서 이용할 성격의 것도 많아, 저작인격권이 파견노동자에게 남겨지는 것으로는 직무저작물의 이용・유통에서 커다란 방해가 되어 직무저작제도를 마련한 의미가 없어진다.

이러한 관점에서 제반의 모든 사정을 감안하여, 당해 종업자에 대해 고용관계로부터 생기는 지휘명령・감독관계가 있고 사용자에게 저작권을 원시적으로 귀속시키는 것을 전제로 하고 있는 관계가 있다면, 15조의 적용을 인정해야 할 것이다.[54] 파견노동자의 많은 경우는 여기에서 말하는 종업자로 인정될 것이며,[55]

수 없다고 하여 직무저작으로 인정되고 있다.

52) 岡邦俊「職務著作と契約関係」著作権研究 30号119면(2004) 참조.

53) 斉藤 127면, 斉藤博「職務著作」斉藤 = 牧野 238면.

54) 東京地判平7・12・18 判時1567호126면(ラストメッセージ in 最終号事件)에서는, 외부 프리랜

종업자가 아닌 임원, 파트타이머 등에 대해서도 마찬가지의 판단기준으로 해결해야 할 것이다.

문제는 무엇에 관한 지휘명령·감독관계가 있으면 피용자로 인정해야 하는가라는 점이다. 창작에 관한 지휘명령·감독관계가 필요하다는 판결도 여기저기 보이지만, 특정 창작행위에 대한 지휘명령·감독관계만으로는 외부에서 누가 저작자인가 하는 점은 보이지 않기 때문에 법적 안정성을 결여한다. 특정 창작행위가 아니라 고용관계와 유사한 지휘명령·감독관계가 있으면 족하다고 보아야 할 것이다.[56] 아울러 고용관계가 아닌 경우로 특정 창작행위에 관한 지휘명령·감독관계가 있는 경우에는 그 구체적 상황에 따라 발주자가 창작자기 되거나 수주자가 창작자가 되거나 혹은 공동저작자로 되거나 할 것이다.[57]

이와 같이 넓게 해석해도 청부 등에 대해서까지 본조를 적용해서는 안 되며,

서도 직무에 종사하는 자라고 하였다. 東京地判平8·9·27 判時1645号114면(四進レクチャー事件)에서는, 15조에서 말하는 「법인 등의 업무에 종사하는 자」란 법인과 피용자 사이에 저작물의 작성에 관한 지휘명령관계가 있고 법인에게 당해 저작권 전체를 원시적으로 귀속시키는 것을 당연한 전제로 하는 관계에 있다고 인정되는 경우도 포함한다고 하고 있다. 東京地判平10·10·29 判時1658号166면(SMAPインタビュー記事事件)에서는, 법인 등의 업무에 종사하는 자는 법인 등과 사이에 저작물의 작성에 관한 지휘명령관계가 있고 법인 등에 당해 저작물의 저작권을 원시적으로 귀속시킬 것을 전제로 하고 있는 관계에 있는 자도 포함된다고 하고 있다. 最判平15·4·11 判時1822号133면(アール·ジー·ビー·アドベンチャー事件)에서도, 관광비자로 체재하며 도화를 작성한 외국인 디자이너가 법인 등의 업무에 종사하는 자에 해당하는지에 대해, 법인 등의 지휘감독 하에서 노무를 제공한다는 실태가 있고, 법인 등이 그 자에게 지불하는 금전이 노무제공의 대가라고 평가할 수 있는지 여부를 업무형태, 지휘감독의 유무, 대가의 액수 및 지불방법 등에 관한 구체적 사정을 종합적으로 고려하여 판단해야 한다고 했다. 또, 그 제1심인 東京地判平11·7·12 労判849号32면은 제 사정을 종합적으로 판단하여 고용계약이 있었다고 보아 직무저작의 성립을 인정한 데 비해, 원심인 東京高判平12·11·9 判時1746号135면은 취업규칙을 제시한 사실의 확인서 혹은 고용계약서의 존재 등 어떠한 명확한 객관적인 증거를 요한다고 하여, 건강보험료, 고용보험료, 소득세공제 등으로부터 고용계약을 체결했다고 인정할 수 없다고 하여, 체결이 명확하게 되기까지의 기간에 이루어진 저작물을 직무저작으로 인정하지 않았다. 최고재판소 판결 후에는 하급심에서 그에 따른 판단이 이루어지고 있다. 東京地判平14·12·18 判時1825号107면(グリーン·グリーン事件), 東京地判平17·3·15 判時1894号110면(グッバイ·キャロル事件), 그 항소심인 知財高判平18·9·11 判時1956号148면.

55) 中山·ソフトウェア 59면, 田村 381면, 相澤=西村 145면, 半田 64면, 野一色·앞의 주49) 349면, 三山峻司「データベースシステムと著作権の歸属」法時62권2호21면(1990). 加戸 144면은, 일반적으로는 노동법상의 노동자로 개념하여도 좋다고 하면서도, 파견노동자에 대해서는 중간적인 것으로, 구체적 지휘명령은 파견처로부터 받는다는 사실을 형식적 신분보다 중시하여, 업무에 종사하는 자라고 이해해도 좋다고 언급하고 있다.

56) 茶園·앞의 주48) 14면.

57) 판례도 마찬가지 견해라고 생각되며, 발주자와 수주자의 어느쪽이 실질적으로 창작자인지 혹은 공동창작자인지를 판단하고 있다. 東京地判昭19·12·26 判タ172号195면(高速道路パノラマ地図事件), 東京地判昭54·3·30 判タ397号148면(現代世界總図事件), 東京地判平5·1·25 判時1508号147면(月刊誌ブランカ事件), 大阪地判平7·3·28 知的裁集27권1호210면(カーテン用商品カタログ事件), 東京地判平7·10·10 判時1560号24면(システムサイエンス事件), 大阪地判平17·1·17 判時1913号154면(セキスイツーユーホーム事件).

주문자가 아니라 청부인이 창작자가 된다.[58] 고용의 경우와 비교하면, 청부나 위임, 하도급의 경우는 독립성이 강하고 조직적인 지휘명령·감독관계가 없는 경우가 많을 것이다. 거기까지 15조의 적용범위에 포함시키면 사실상 계약에 의해서 창작자를 결정할 수 있게 되어 버리고 저작권법의 체계를 어지럽힐지도 모른다. 다만 15조의 적용범위는 그 실상을 보고 판단해야 하며, 청부 등이라고 칭하고 있어도 실상이 15조의 의미에서의 고용이라면 여기에서 말하는 종업자에 해당하는 경우도 있을 수 있다.[59] 다만 직무저작에 해당하는 경우에는 계약에 의해 저작권을 발주자에게 이전할 수 있기 때문에 진짜 문제는 저작인격권이 된다. 현재 일반적으로는 저작인격권을 계약에 의해 처리하는 것에 대해 신중한 견해가 많지만, 설사 15조의 적용범위를 좁게 해석하더라도 저작인격권의 계약에 의한 처리를 넓게 인정하면 문제는 적다. 요컨대 재산권에 대해서는 계약에서 어떻게든 처리할 수 있지만, 계약에 의한 처리에 익숙지 않은 저작인격권의 취급이 15조의 해석과 밀접하게 결부되어 있음을 간과해서는 안 된다.

④ 직무상 작성된 것 　세 번째 요건으로 직무상 작성된 것일 필요가 있다. 직무란 구체적으로 명령된 내용만을 가리키는 것이 아니라, 직무로서 기대되고 있는 것도 포함되며, 당해 피용자의 지위, 급여 등도 종합적으로 감안해서 결정된다.[60] 이 요건은 특허법35조와 거의 동일하다고 생각해도 좋을 것이다.[61] 다만 특허법35조에서는 현재 또는 과거의 직무에 속하여야 하지만, 15조에서는 과거의 직무에 대해서는 특별히 규정되어 있지 않다. 그러나 15조에는 법인 등의 발의라는 요건이 부과되어 있기 때문에 그 점에서 과거의 직무에 대해서 직무저작이 성립하는 일은 거의 없을 것이다.

⑤ 사용자의 명의 　네 번째 요건으로서 컴퓨터 프로그램을 제외하고 사용자의 명의 하에 「공표되는 것」이라는 사실이 필요하다.[62] 공표명의를 요건으로

---

58) 加戸 145면, 半田 65면, 三山 131면.

59) 半田65면, 作花·詳解 194면, 田村 381면. 최근에는 고용관계로부터 사용자에게 생기는 제반 의무를 회피하기 위해 계약상은 하도급으로 하면서도 실상은 고용인 경우가 증가하고 있다.

60) 中山·ソフトウェア 63면. 東京地判平16·11·12(未登載)(創英知的財産権入門事件)에서는, 15조1항에서 말하는 「직무상 작성하는 저작물」에 해당하는지 여부는, 법인 등의 업무내용, 저작물을 작성하는 자가 종사하는 업무의 종류·내용, 저작물 작성행위가 이루어진 시간·장소, 저작물 작성에 대한 법인 등에 의한 지휘감독의 유무·내용, 저작물의 종류·내용, 저작물의 공표태양 등의 사정을 종합적으로 감안하여 판단하는 것이 상당하다고 하여, 특허사무소의 변리사가 근무시간 외에 집필한 것에 대해 직무상 작성된 저작물이 아니라고 하였다.

61) 加戸 145면은 「직무를 수행하는 과정에서 직무와 관련하여 작성한 것은 들어가지 않는다」고 하고 있는데, 이렇게하면 너무 협소하여 현실적이지 못하다.

하는 근거로서는, 사용자의 명의로 공표함으로써 사용자가 그 저작물에 대한 사회적 책임을 지고 사회적 신뢰를 얻을 수 있기 때문이라고 설명되고 있다.[63] 책임과 신뢰라는 관점에서 볼 때 사용자의 명의로 공표되어야 비로소 의미를 갖지만, 조문은 「공표한 것」이 아니라 「공표하는 것」으로 되어 있어 미공표의 것이라도 공표한다고 치면 사용자의 명의로 「공표할 것」도 포함된다고 해석되고 있다.[64] 현실에서 직무저작이 이루어지는 실정을 감안한다면 원칙적으로 타당한 해석이라고 생각되지만, 사회적 책임・신뢰라는 것만으로는 설명이 불충분하며, 사회적 실상을 고려해야 할 것이다. 이러한 해석을 취하지 않으면 공표하지 않은 비밀문서 등이 저작인격권을 포함하여 종업자에게 원시적으로 귀속되고, 또 신문기자나 카메라맨이 작성한 기사나 사진 중 지면에 채용되지 않은 것에 대해서도 기자나 카메라맨에게 원시적으로 귀속되어 부당한 결과가 된다.[65]

이론적으로는 책임과 신뢰라는 문제는 명의인인 사용자와 제3자의 문제이며 공표되어야 비로소 의미를 갖는 것이기 때문에, 미공표인 것까지 직무저작으로 하기 위한 근거로서는 약하다. 본래는 직무저작이라고 인정되는 근거는 지휘명령・감독관계라는 실질적인 것에 있어야 하고, 거기에 외견인 공표명의를 요건으로 더할 이론적 근거는 반드시 명확하지는 않다. 공표명의는 적극적으로 의미가 있는 요건이라고 생각되기보다, 15조가 저작권법 체계 속에서는 이례적인 규정이기 때문에, 직무상 작성되었다는 요건은 더욱 가중된 것이라고 생각해야 하며,[66] 이

62) 당해 법인보다 그 대표자의 지명도가 높은 경우에 있을 수 있는 일인데, 당해 법인 대표이사의 명의로 공표된 것은 법인명의라고는 할 수 없다. 東京地判平17・9・28 判タ1222호254면(神聖館暦事件).

63) 加戸 144면 참조. 東京地判平8・9・27 判時1645호114면(四進レクチャー事件)도 15조의 근거로서 「법인과 그 종업원 사이에 당해 저작물의 저작권 전체를 법인(사용자)에게 원시적으로 귀속시킨다는 의사가 존재하는 취지를 추측할 수 있음과 동시에, 법인이 주체가 되어 저작물을 작성하고 출판함으로써, 법인이 당해 저작물에 관한 책임을 지거나 혹은 법인으로서의 대외적 신뢰를 얻고 있다는 사회적 실태를 중시한 것으로 해석된다」고 하고 있다.

64) 加戸 146면, 田村 382면. 또, 斉藤 129면은, 공표를 전제로 작성하는 것과 공표를 예정하지 않고 작성하는 것 사이에는 차이가 존재한다고 언급하고 있다. 다만, 昭和60(1985)년 개정 전 사건으로, 東京地判昭60・2・11 判時1146호23면(新潟鐵工刑事事件), 그 항소심인 東京高判昭60・12・4 判時1190호143면에서는 비밀로 해두는 것에 대해서도 직무저작이라고 인정하고 있다. 名古屋地判平7・3・10 判時1554호116면(ファンシーツダ事件), 東京地判平7・10・30 判時1560호24면(システムサイエンス事件)도 같은 취지.

65) 加戸 146면.

66) 茶園・앞의 주36) 460면은 「공표명의는, 일반적으로 법인 등이 스스로 저작자로서 자유로이 이용・처분할 수 있는 권리를 갖는 것으로서 저작물을 취급하는 것을 표징(表徵)하는 것이기 때문에, 그리고 이를 기초로 하면서 대외적인 관계가 문제로 되는 공표의 장에서 저작명의가 법인 등이 아니면 법인 등을 저작자로 하는 것은 적절하지 않으므로, 직무저작의 성립요건의 하나가 되었다고 생각

와 같은 엄격한 요건 하에 작성된 것은 현실적으로 공표하지 않더라도 사용자를 저작자로 하는데 적합한 상황에 있다고 판단된 것일 것이다. 피용자는 사용자에게 개시를 거부할 수 있지만, 사용자는 그 개시에 대해서 피용자로부터 명시·묵시의 동의를 얻어둘 필요가 있다고 하는 설도 있는데,[67] 그와 같이 해석할 조문상의 근거가 없을 뿐만 아니라, 그것은 피용자에게 직무저작을 부정할 권한을 주는 것과 같아서 직무저작제도의 의의를 몰각시키는 것으로서 채용할 수 없다. 사용자는 직무저작의 다른 요건을 충족시키는 한 그 저작에 사용자의 명의로 공표할 권한이 있다고 해석해야 할 것이다.

창작자는, 공표시에 사용자 명의인지 여부로 결정되는 것이 아니라, 창작시점에 결정되어 있어야 할 성질의 것이다.[68] 그 점에서 보더라도 사용자의 명의로 「공표될 것」도 직무저작에 포함된다고 해석해야 할 것이다. 그러나 당초 공표를 전혀 예정하고 있지 않거나 혹은 사용자가 공표를 금지하고 있는 경우까지 「공표되는 것」에 포함된다고 해석하는 데는 저작권 침해에 형사벌이 있는 점을 고려하면 의문도 있지만,[69] 다만 그 경우에 직무저작을 부정하면 구체적 타당성을 결여하는 결과가 되기 쉽다.

직무저작에 관하여 영업비밀과 결부시켜 해석하는 견해도 있다.[70] 저작권이 결과적으로 영업비밀의 보호에 사용되는 일이 있을지도 모르지만, 기본적으로는 저작권법과 영업비밀보호의 법리는 전혀 별개의 것이며, 억지로 양자를 결부시킬 필요는 없다.[71]

당초에는 종업자 명의 혹은 무명으로 공표할 예정이었지만 나중에 사용자 명의로 변경해서 공표하는 경우도 있을 수 있고, 그 반대 경우도 있을 수 있다.[72]

된다.」 그러나, 같은 책 459면에서도 인정하고 있는 바와 같이, 이용·처분할 수 있는 것으로 취급하는 것과 공표명의는 반드시 일치하지는 않는다. 게다가 공표시의 명의는 14조에서 추정에 불과하다고 되어 있어, 왜 직무저작의 경우에만 추정을 넘어서 저작자가 되는지는 설명이 되지 않는다.

67) 渋谷 89면.

68) 辰已直彦「法人著作」民商 107권4·5호 552면(1993), 野一色·599면, 茶園·앞의 주36) 453면. 東京高判平12·10·26(未登載)(壁テキスト事件)도 같은 취지.

69) 百選84事件 [中山信弘], 小泉直樹「知的財産と法人の権利」民商·107권4·5호 501면(1993).

70) 鎌田薫「企業秘密の開発者による一時持ち出しと横領罪」小野昌延還暦記念『判例不正競業法』(発明協会, 1992)766면은, 공표할 예정이 없는 것에 대해서는 부정경쟁방지법 2조4항(영업비밀)의 규정을 참고로, 법인 등이 자유로이 이를 이용·처분할 수 있음을 전제로, 그 하나의 행사형태로서 이를 비공개 기밀정보로 보유하는 길을 선택한 경우, 즉 비밀로서 관리되고 있는 것에 대해서만 직무저작으로 해석한다. 또, 小泉·앞의 주 69) 512면은, 일본의 직무저작제도를, 영업비밀로서의 저작물 보호요청이 반영된 결과로 보고 있다.

71) 田村 387면 참조.

그러나 창작 후의 사정변경으로 창작자가 바뀐다는 것은 이론적으로는 이상하기 때문에, 역시 창작시의 상황에서 저작자가 결정된다고 해석할 수밖에 없을 것이다.[73] 그렇게 되면 공표명의를 신뢰한 자는 배신당하는 결과가 되기 십상이지만, 만약 불합리가 발생한 경우에는 14조(저작자의 추정) 혹은 권리남용 등 다른 일반법리로 해결할 수밖에 없을 것이다. 이러한 해석은 석연치 않은 점이 남지만, 그 원인은 창작시보다 나중에 결정되는 공표명의를 저작자 결정의 요건으로 한 데에 근본적인 원인이 있고, 그러한 점에서 공표명의에 중점을 두어서는 안 된다는 학설에도 주목해야 할 것이 있다.[74]

한편 무엇을 가지고 사용자 명의라고 해석해야 하는지에 대한 문제가 있다. 특히 사용자 명의와 종업자 명의가 병존하는 경우에 문제가 된다. 이 점에 대해서는 창작자가 특정되는 조건에 있어서 사용자의 저작 명의라는 요건은 충족되지 않게 된다는 견해도 있다.[75] 15조는 예외적인 규정이고 거래의 안전이라는 관점에서 볼 때 그와 같은 견해도 인정될 수 있겠지만, 현실에서는 실제로 다양한 태양이 있어 사례에 따른 해석을 할 수밖에 없을 것이다.[76] 가령, 엄격한 해석을 취하면, 내부적 분담은 표시하지 않는다는 경향을 조장하게 될 것이나, 과연 그것은 바람직한 것이 아닐 것이다.

⑥ 계약, 근무규칙 기타 별단의 정함 다섯 번째 요건으로 저작물의 작성시

---

72) 大阪地判平7・3・28 知的裁集27권1호210면(カーテン用商品カタログ写真事件)에서는, 이미 공표된 저작물로 그 공표 시점에 법인 등의 저작명의가 기재되어 있지 않은 것은, 공표한다고 치면 법인 등의 명의를 붙일 만한 성격의 저작물이라고 할 여지가 없다고 하고 있다. 그러나 니이가타텟코우(新潟鐵工) 형사사건(앞의 주64))은 애초에는 공표할 예정이었던 프로그램이 회사의 사정으로 비공개로 되었는데, 법인명으로 공표되어야 한다고 하였다. 역으로 당초는 비공개로 할 예정이었지만 나중에 공개하는 것도 있을 수 있다. 이론적으로는 작성시에 판단되어야 할 터이지만, 실제로 종업자 명의 혹은 명의 없이 공표되어 버린 것을 작성시에는 공표한다고 하면 법인 등의 명의를 붙일 성격의 것이었기 때문에, 직무저작으로 된다는 결론도 취하기 어려울 것이다. 가령, 작성시에 회사가 비공개로 하지만 만약 공표한다면 회사명의로 한다는 결정이 있고, 나중에 방침이 변경되어 무명의로 공표한 경우에도 설명하기가 어렵다.

73) 공표시의 명의는 제작시에 공표 예정되어 있던 명의가 무엇이었는가라는 유력한 간접사실이 된다는 점에 대해서는, 森・앞의 주 47) 241면.

74) 辰巳・앞의 주68) 552면은, 법인 등 명의는 결정적인 계기를 갖지 않으며, 그다지 중시될 필요는 없다고 한다.

75) 田村 385면, 金井=小倉・上 263면 [小畑明彦].

76) 森・앞의 주47) 241면. 한편, 東京地判平7・12・18 判時1567호126면(ラストメッセージ in 最終号事件)에서는, 집필자명 등(似顔絵や肩書きだけの場合もある)이 표시되어 있지만, 이들이 법인 내부의 직무분담으로서 집필한 것으로 인정하는 것이 상당하다고 하여 직무저작으로 되었다. 東京地判平18・2・27 判時1941호116면(計装士講習会資料事件)에서는, 소속사명을 표시하여, 임의단체(나중에 사단법인)「計裝工業會」에서 강사를 하고, 강습자료를 작성하고, 공업회 명의로 공표한데 대해, 직무상 작성했지만 회사명의로의 공표 요건을 결한다고 하여 직무저작의 성립을 부정하였다.

에「계약, 근무규칙 기타 별단의 정함이 없을」것이 필요하다. 15조의 요건을 충족해도 계약이나 특단의 정함이 있으면 사용자가 아니라 종업자가 저작자가 된다. 사용자를 저작자로 하는 것은 일본의 저작권법 체계에서 예외적인 취급으로, 본래의 모습으로 돌리는 길을 남겨둔 것으로 추측된다. 그러나 15조는 저작자를 정하는 조문이고, 계약 등에 의해서 저작자가 변경되는 것에는 이론상 의문이 남는다. 저작자는 사실에 의해 결정되는 것이고, 당사자간의 계약 등에 의해서 결정할 수는 없다는 원칙에 대해서 이론은 없으며, 15조의 경우 이외에는 계약 등에 의해서 저작자의 지위를 정하는 것은 없다. 15조와 같은 규정을 마련한 것은, 본래적으로 사용자가 저작자인지, 그렇지 않으면 저작권법은 어디까지나 자연인인 창작자를 저작자로 생각하고 있는데 현실적 필요성에서 원시적으로 귀속 주체로서 사용자를 의제하고 있는 것인가라는 문제를 제기하고 있다.[77)]

⑦ 컴퓨터 프로그램　　컴퓨터 프로그램에 대해서는 그 특수성 때문에 1985(昭和60)년 개정에서 공표명의 요건이 삭제되었다. 프로그램은 다른 일반 저작물과는 달리 인격적 요소가 희박하며, 또한 빈번하게 개변이 이루어지는 특질을 갖고 있다. 게다가 프로그램은 다양한 기기 등의 속에 편입되어 있는 것도 많고, 그것들은 기계의 부품과 같이 의식하여 취급되며, 프로그램 자체의 명의는 기재되어 있지 않는 것이 통상이고,[78)] 사용자에게 원시적으로 귀속시킬 필요성이 높은 저작물이라고 말할 수 있다. 그래서 1985(昭和60)년 개정에서 프로그램에 한하여 2항을 신설하여 공표명의 요건이 제외되고, 공표되지 않은 것, 무명으로 공표된 것, 혹은 타인 명의로 공표된 것도 직무저작에 해당하게 되었다. 다만 이러한 정황은 프로그램뿐만 아니라 프로그램에 관련된 많은 머티리얼(material) 등에 대해서도 말할 수 있을 것이고, 프로그램이 저작권법에 규정된 1985(昭和60)년 이전부터도 예컨대 설계도와 같이 많은 기능적 저작물에 대해서도 이와 같이 말할 수 있을 것이나, 처리는 이루어지지 않았다.[79)]

라. 효 과

이상의 요건을 충족한 저작물에 대해서는 법인 등이 저작자가 되고, 저작권법이

---

77) 斉藤 132면 이하 참조.

78) 어떠한 명의가 붙여져 있더라도, 그것은 저작자 명의로서 붙여진 것이 아니라, 제조처나 판매처를 표시하는 일이 많다.

79) 茶園・앞의 주 36) 461면은, 현행법 제정 당시 전통적인 저작물에 대해서는 법인 등이 이익을 얻고자 하면 공표되는 것이 통례였다고 언급하고 있다.

인정하고 있는 모든 권리, 즉 저작권과 저작인격권 모두를 원시적으로 취득한다.

(3) 영화저작물

영화 자체에 대해서는 「**제1장 저작물 제3절 저작물의 예시(저작물의 종류) 8. 영화저작물**」에서 설명했기 때문에 여기에서는 영화의 저작자에 대해서만 서술한다.[80)]

영화의 경우도 창작행위에 실질적으로 관여한 자가 저작자가 되는데, 회화나 소설 등과 비교하면 그 제작에는 다수의 자가 관여하고 있어 저작자의 확정이 용이하지 않다. 그래서 다른 저작물의 경우는 부분적인 관여자가 공동저작자로 되는 일도 있을 수 있지만, 영화의 저작자란 제작, 감독, 연출, 촬영, 미술 등[81)]을 담당하고 영화저작물의 「전체적 형성에 창작적으로 기여한 자」(근대적 저작자, modern author), 즉 영화에 대해서 일관된 이미지를 갖고 그것을 실현하는 자[82)]만이 저작자라고 되어 있다.[83)] 이 규정은 영화저작물의 이용・유통의 촉진이라는 관점에서 저작자의 범위를 제한한 것으로 생각되며, 저작자의 인정에 있어서는 그 취지를 몰각해서는 안 된다. 그와 같은 취지에서 본다면 총감독에 의한 단독저작이라고까지는 생각할 수 없어도,[84)] 「전체적 형성에 창작적으로 기여한 자」라는 요건을 너무 완화해서는 안 된다.

또한 16조 단서(영화 저작물의 저작자)에서는, 15조(직무상 작성하는 저작물의 저작자)의 적용이 있는 경우는 제외되어 있기 때문에, 그 영화가 직무저작이 되는 경우는 저작자는 감독 등이 아니라 법인 등(영화제작자)이 된다. 영화제작자란 영화저작물의 제작에 발의와 책임을 갖는 자를 말한다(2조1항10호).

---

80) 입법의 경위에 대해서는 半田正夫「新著作権法における映画著作権とその問題点」著作権研究 3호3면(1971) 참조.

81) 이들 용어에 대해서는 金井 = 小倉・272면 [小倉秀夫] 참조.

82) 『著作権制度審議会答申説明書』(文化庁・資料編 55면).

83) 東京地判平14・1・25 判時1789호141면(宇宙戦艦ヤマト事件)에서는, 형식적인 감독인 원고는, 설정디자인・미술・캐릭터디자인 일부의 작성에 관여했을 뿐으로, 제작과정을 총괄하고 세부에 걸쳐 제작스탭에게 지시를 내리지는 않았기 때문에 영화의 저작자는 아니라고 하였으며, 제네럴 프로듀서인 피고가 기획서의 작성으로부터 영화의 완성에 이르기까지의 전 제작과정에 관여하여 구체적이고 또 상세한 지시를 하여 최종결정을 하고, 본건 저작물의 전체적 형성에 창작적으로 기여했기 때문에 창작자라고 하였다. 東京地判平15・1・20 判時1823호146면(超時空要塞アクロス事件)에서는, 스폰서・TV방송국・광고대리점과의 교섭을 담당하고, 창작 측면에서 구체적인 관여가 없었던 프로듀서는 전체적 형성에 관여한 자라고는 할 수 없다고 하였다.

84) 斉藤 135면은, 영화저작물에 있어서는 정신작업이 총감독에게 수렴된다고 생각할 수도 있다고 언급하고 있다.

16조에서는 소설·각본·음악 등의 저작물의 저작자(고전적 저작자, classical author)는 설령 영화저작물의 「전체적 형성에 창작적으로 기여한 자」라도 영화의 저작자에서 제외된다. 예컨대 어떤 음악이 그 영화의 중심적 테마라고 해도, 그 음악의 저작자는 영화의 저작자가 되지는 않는다. 그 이유는 다수의 자가 저작자가 되면 영화저작물의 유통·이용에 저해요인이 되기 때문이다. 고전적 저작자는 영화와 개별 저작물의 저작자가 되며, 영화는 원작의 2차적저작물이 되어, 고전적 저작자(원작의 저작자)는 영화에 대한 저작자가 되지 않아도 그 영화에 대해서 영화의 저작자와 동일한 종류의 권리를 갖는데(28조), 사전 계약에 의한 권리관계의 처리가 기대되고 있다. 또한 영화에 구현되어 있는 음악이나 미술 등의 저작자는 그 음악이나 미술 등에 대해 별개의 저작권을 갖고 있어 사운드트랙 음반의 복제나 방송 등에 대해서 저작권을 행사할 수 있다.

영화에 출연하고 있는 배우는 실연자로서 저작인접권자가 되는데, 통상은 영화의 저작자는 아니다. 다만 배우는 명시적으로 영화저작자에서 제외되어 있지는 않고, 가령 배우가 「전체적 형성에 창작적으로 기여했다」고 한다면 영화저작물의 저작자로도 될 수 있다.[85)]

한편 일반적으로 저작자는 저작권(재산권)과 저작자인격권을 동시에 원시적으로 취득하는데, 영화의 저작권은 원칙적으로 영화제작자에게 귀속되기 때문에(29조), 영화의 저작자는 저작인격권의 주체로서 의미가 있다. 저작권의 원시적 귀속 문제에 대해서는 **「제4절 저작권자」** 부분에서 상론한다.

입법자의 예상을 훨씬 넘어서 영화의 범위는 극장영화에서 비디오게임에까지 확장되어 있고, 누가 「전체적 형성에 창작적으로 기여한」 자인가라는 판단은 곤란해지고 있다. 멀티미디어 시대가 됨에 따라 영상의 수요는 급증하기 때문에 앞으로는 영화의 저작자를 둘러싼 분쟁이 증가할 가능성도 있다.

(4) 컴퓨터 창작물

저작물이란 사람의 정신적 작업의 결과라는 사실을 당연한 전제로 하고 있다. 다른 한편, 컴퓨터의 목표는 사람의 두뇌에 가깝게 혹은 그것을 능가하는 것에 있고, 컴퓨터를 사용하여 저작물을 창작할 때의 컴퓨터는 회화에서의 화필과 같은 단순한 도구에서 탈피하여 고기능을 갖게 된다. 그 결과 컴퓨터를 사용한 창

85) 加戸 150면, 作花·詳解 206면, 金井 = 小倉·上 274면 [小倉秀夫].

작물의 저작자 인정에 어려운 문제가 나타난다. 현재로서는 컴퓨터를 사용하여 제작된 저작물의 대부분이 사후적으로 사람의 손이 들어가며, 이 점을 근거로 컴퓨터는 도구에 불과하고, 컴퓨터를 이용해서 창작활동을 한 자가 작자로 될 것이다. 그러나 컴퓨터의 발전에 의해 컴퓨터를 조작한 자에게 창작적 행위가 없는 자동번역이나 자동작곡 등이 생기고 있어, 저작자의 인정은 점점 곤란해지고 있다.

자동번역기를 사용하여 사람의 손을 빌리지 않고 어떤 소설을 번역한 경우를 예로 들어보자. 사람에 의한 번역이라는 창작적 행위가 개재되어 있지 않기 때문에 그 성과물은 저작물이 아니라는 생각도 성립할 수 있다. 이 설에 의하면, 창작적 행위를 한 자는 존재하지 않기 때문에 이차적 저작물이 발생할 여지도 없고, 게다가 그것을 무단이용해도 저작권 침해는 되지 않게 된다.[86] 그에 비해서 외견상은 저작물과 동일한 것인 이상, 누군가에게 저작권을 원시적으로 귀속시켜야 한다는 생각도 성립할 수 있는데, 그 경우에는 창작자를 확정할 필요가 있다. 우선 컴퓨터를 조작한 자를 창작자라고 하는 생각이 있을 수 있는데, 자동번역과 같이 단순히 컴퓨터에 입력한 데 불과한 키 펀처(Key puncher)를 창작자라고 할 수는 없을 것이다. 다음으로 번역 프로그램의 창작자를 창작자라고 한다는 생각이 있을 수 있는데, 번역 프로그램의 창작자는 당해 프로그램의 저작권을 원시적으로 취득하지만 그것을 이용하여 무엇이 번역되는가를 알지는 못할 것이고, 본적도 없는 소설의 번역저작권을 취득하는 것도 이상하다. 다음으로 자동번역에 자금을 제공하거나 지시를 하거나 해서 전체를 지배하고 있는 자를 창작자라고 할 수도 있는데, 그것은 직무저작에 가까운 견해로 실상으로 보면 타당하다고 생각되지만,[87] 다만 일본 저작권법 체계에서 본다면, 직무저작 이외에 그와 같은 자는 창작자로 되지는 못하며, 해석으로서도 문제가 남는다.

현행 저작권법은 사람 이외의 기계가 창작적 행위를 한다는 것을 상정하고 있지 않으며, 어떤 생각을 채용해도 이론적인 파탄을 초래한다. 그런 의미에서 입법적 해결이 요망된다. 그 경우 컴퓨터 창작물의 취급은 종래의 저작권의 틀에서는 해결 불가능하다는 인식이 필요하며, 컴퓨터 창작물 특유의 단호한 판단이 요구

86) 불법행위인지 여부는 별론이다. 作花 69면.

87) 영국 저작권법에서는 창작에 필요한 어레인지(arrangement)를 한 자가 저작자가 된다고 규정되어 있는데(CDPA 9조(3). In the case of a literary, dramatic, musical or artistic work which is computer-generated, the author shall be taken to be the person by whom the arrangements necessary for the creation of the work are undertaken.), 저작권법 체계가 다른 일본에, 해석론적으로 즉시 도입할 수는 없을 것이다.

될 것이다.

제 3 절 저작권의 공유(共有)

1. 저작권의 공유의 의미

저작권은 소유권 이외의 재산권으로 수인이 공동으로 저작권을 갖는 경우는 준공유(準共有)가 되어 민법의 공유 규정이 준용된다(민법264조). 저작권의 공유는 합유(合有)와 유사하다는 설도 있지만 타당하지 않다. 특허권의 공유의 경우와 마찬가지로 권리의 행사에는 일정한 제한이 부과되어 있지만(65조), 그것은 공유자의 공동 목적에서 유래하는 단체적 제약이 아니라 저작물이라는 객체의 성질에서 유래하는 제한이며, 저작권의 공유는 합유가 아니라 민법의 공유로 보아야 한다.[1)]

저작권의 공유관계는 공동저작의 경우 외에 저작권의 지분양도나 상속에 의해서 발생하며, 모두 동일하게 취급받는다. 다만 공동저작의 경우에는 공동저작자 사이의 인격권을 둘러싸고 복잡한 문제가 생긴다. 제6장 저작인격권, 제7절 공동저작자의 경우의 저작인격권 참조.

공동저작에 의해 생긴 각 공동저작자의 지분은 각자의 기여도에 따른다. 지분이 명백하지 않으면 각 공유자의 지분은 균등하다고 추정되는데(민법250조),[2)] 추정이기 때문에 반증을 들어 복멸하는 것은 가능하다. 기여도의 산정은 곤란한 경우가 많아 미리 각 공유자 사이의 계약으로 지분비율을 정해두는 것이 현명할 것이다.

물건의 경우는 양적인 한계가 있고, 물건의 공유자는 지분에 따른 사용을 할 수 있다고 규정되어 있지만(민법249조), 기본권의 본질은 배타권으로, 그 반사효로서 이용의 독점이 가능하며, 그런 의미에서 정보재에는 이론상은 무한한 이용가능성이 있다고 할 수 있다. 저작권의 공유의 경우 이론적으로는 각 공유자가 지

1) 특허권에 대해서는 中山 304면에 상세하게 나와 있는데, 기본적으로는 저작권의 경우도 마찬가지이다.

2) 東京地判平9・3・31 判時1606호118면(だれでもできる在宅介護事件)에서는, 각 공동저작자의 관여 태양 등으로부터 기여도가 명료하지 않은 경우에는, 민법 250조의 취지에 따라 상호 균등한 것으로 그 지분을 정한다고 하였다.

분에 따라 비율적으로 이용하는 것도 생각할 수 있지만, 이용에 양적 한계가 없는 이상 지분에 따른 사용(이용)을 하는 것은 현실적이지 않다.[3] 또한 예컨대 어떤 서적의 저작권 공유의 경우 몇 부 출판하면 지분을 넘은 출판이 되는지를 논의하는 의미는 없다. 공유지분은 공유물을 환가할 때나 손해배상청구의 때에는 의미가 있다. 다만 공유자의 이용에 관해서는 민법의 규정과는 다른 제약이 있지만, 그 점에 대해서는 「**3. 권리의 행사**」에서 상술한다.

2. 공유저작권의 처분

(1) 다른 공유자의 동의

공유저작권의 처분 즉 지분의 양도·입질에 대해서는 다른 공유자 전원의 「동의」를 얻을 필요가 있지만(65조1항), 상속이나 회사의 합병과 같은 일반승계의 경우에는 동의가 필요없다.

공유자는 다른 공유자의 합의가 없으면 권리행사가 불가능하기 때문에, 누가 공유상대인가라는 점에 중대한 관심이 있다. 양도 등의 경우에는 자기가 좋아하지 않는 자가 공유자가 될 가능성이 있기 때문에 양도 등에 대해서는 다른 공유자의 동의가 필요하게 되어 있다.[4] 특허권의 공유자는 다른 공유자의 합의 없이 무제한으로 실시할 수 있는 데 비해, 저작권의 경우는 합의가 필요하며, 합의시의 계약으로 사용량 등의 제한을 부과할 수 있기 때문에 특허권과 비교하면 공유자 간의 경쟁관계는 희박하다고 할 수 있다.

다수의 학설은 강제집행에 대해서도 일반승계와 마찬가지로 다른 공유자의 동의는 필요하지 않다고 해석하고 있지만,[5] 의문이다. 공유지분도 재산권인 이상 압류대상 적격성을 부정할 이유는 없고, 다른 공유자의 동의 없이 압류할 수 있다고 해석해야 하지만, 다른 한편으로 다른 공유자로서는 강제집행이라는 절차에

---

3) 이에 대해서 渋谷 378면은 지분에 따른 사용이 가능하다고 하는 민법249조도 준용된다고 한다.

4) 田村 369면. 이 점에 관해서는 특허권도 유사하며, 中山 301이 참조.

5) 加戸 394면, 金井 = 小倉・上 [矢吹公敏], 三村量一「共同著作物」牧野 = 飯村 270면, 渋谷 377면. 中野貞一郎 『民事執行法(新訂4版)』(青林書院, 2000)647면은, 저작권의 「공유지분은 그 양도에 대해 다른 공유자의 동의를 요건으로 하는데, 환가(換價) 시에 배려하면 족하고 차압대상적격을 부정해야 하는 것은 아니다」라고 하는데, 환가 시에 배려한다는 것이 어떤 의미인지는 불분명하다. 그런데 동경지방재판소채권집행등절차연구회(東京地裁債権執行等手續研究会) 『채권집행의 제문제(債権執行の諸問題)』(判例タイムス社, 1993)446면 [高野輝久]은 「공유지분을 압류하였다고 하더라도 다른 공유자의 동의를 얻지 못하는 한은, 매수인이 장래 동의를 얻는 것을 전제로 환가하는 것이 아니라면, 양도명령 또는 매각명령에 의해 이를 환가하는 것이 불가능하지만, 그 차압에 대해서는 다른 공유자의 동의를 얻지 않아도 허용된다고 해석하는 것이 상당하다」고 언급하고 있다.

의해서 「양도를 거부할 수 있다는 실체법상의 권리」를 빼앗길 이유는 없다. 결국 지분의 압류는 가능하지만, 환가절차에서는 다른 공유자의 동의를 얻어야 한다는 식이 된다. 동의를 얻지 못하는 경우에는 다른 공유자에게 동의를 거부할 정당한 이유가 없다는 것을 압류채권자가 입증해서 동의를 명하는 판결(민사집행법174조1항의 의사표시를 할 것을 채무자에게 명하는 판결)을 얻어 환가하게 된다. 동의판결을 얻지 못하는 경우에도 채무자에게 그 책임재산인 공유지분을 수중에 붙잡아두는 것도 타당하다고 생각되지 않는다. 그 경우 압류채권자는 유체물의 경우와 마찬가지로 자신이 갖는 환가기능에 기하여 저작권의 분할청구를 하는 것도 가능하다.

(2) 동의를 거부할 정당한 이유

양도・입질 시에는 다른 공유자의 동의가 필요한데(65조1항), 저작물의 이용・유통이 과도하게 제한되고 문화발전을 위해 바람직하지 않은 사태도 생각되기 때문에, 각각의 공유자는 「정당한 이유」가 없는 한 동의를 거부할 수 없다고 되어 있다(65조3항).

문제는 여기에서 말하는 정당한 이유의 내용이다.[6] 「정당한 이유」의 예로서, 반대하는 공유자측에서 "지분의 양수인이 신용할 수 없는 인물이다"는 등의 사정에 대해 입증할 수 없는 한 양도・입질이 가능하다고 하는 설이 있고,[7] 이 설에 의하면 정당한 이유가 인정되어 자유로이 양도할 수 있는 경우가 많을 것이다. 그에 비해서 "동액에 의한 매수 또는 질권부 융자 신청을 스스로 행하든가 혹은 다른 제3자에게 신청하게 하지 않는 한 동의를 거부할 정당한 이유가 있다고는 할 수 없다."고 하는 설도 있다.[8] 이 설에 의하면 정당한 이유는 인정되기 어렵게 되고 양도는 더욱 곤란하게 될 것이다. 공유자 1인이 양도・입질을 원한다는 것은 자금을 필요로 하는 경우가 많고, 재산권인 이상 양도・입질에 의한 자금조달을 쉽게 한다는 생각 자체는 타당한 것이라고 생각된다.

그러나 저작권의 공유자는 누가 다른 공유자인가라는 점에 중대한 관심이 있어, 제3자가 공유관계에 들어오는 것에는 신중해야만 하며, 이러한 관점에서 원칙

6) 정당한 이유에 대해 판단한 사례로서는, 東京地判平11・10・29 判時1707호168면(イメージボックス事件)이 있다.

7) 加戸 395면.

8) 三村・앞의 주5) 271면.

적으로는 양도·입질을 자유롭게 하는 해석은 채택할 수 없다. 그러나 다른 한편 다른 공유권자의 융자의 길을 막는 것은 타당하지 않다. 저작권의 공유지분은 재산권이고 또한 단체적 제약을 받는 성질의 것이 아니기 때문에 분할청구가 가능하며,[9] 분할청구로 문제를 처리해야 할 것이다. 저작권의 일부양도가 가능한 이상(61조1항) 이론적으로는 현물분할도 있을 수 있지만, 현실적으로는 대금분할 또는 가격배상에 의한 분할청구를 하는 것이 될 것이다. 가격분할은 사실상의 매수청구에 가깝고, 또 다른 공유자로서 바람직하지 않은 자가 공유관계에 들어오는 것을 막고 탈퇴하는 공유자는 지분에 따른 금전을 수취하는 것이 가능하게 된다.

질권 설정에 동의한 이상 질권이 실행되어 누군가에 지분이 이전되어도 이제는 이의를 제기할 수 없다고 해야 할 것이다. 질권이 실행되면 지분이 누구에게 이전하는지 알 수 없기 때문에, 그 동의는 불특정한 자에 대한 양도의 동의와 같은 의미를 갖게 된다. 그렇지 않으면 질권설정에 대한 동의의 의미가 사라진다. 따라서 다른 공유자는 누가 공유자로 되는가에 대하여 불안을 갖게 되는 것이 당연하고, 입질에 대한 동의의 거부는 아주 넓게 인정해야 할 것이다. 입질한다는 것은 자금을 필요로 하고 있는 것이므로, 다른 공유자의 동의를 얻을 수 없다면 분할청구로 대처해야 할 것이다.

일부 공유자가 65조3항의 동의를 거부한 경우에, 거기에 정당한 이유가 없다고 다른 공유자가 판단해도 다른 공유자가 단독으로 저작권의 양도·입질 또는 권리행사를 할 수 있는 것은 아니다.[10] 가령 다른 공유자가 정당한 이유가 없는데 동의를 거부했다고 해도 판결 등의 채무명의를 얻음으로써 비로소 민사집행법 173조에 의해 다른 공유자의 의사표시가 있었던 것으로 간주된다.[11]

공유저작권의 행사에 대해서 대표로서 권리를 행사할 자를 정할 수가 있는데, 그 자에게 가해진 제한은 선의의 제3자에 대항할 수 없다(65조4항). 말할 것도 없이 법적 안정성을 확보하고 거래안전, 나아가서는 정보유통을 촉진하기 위한 규정이다.

9) 구법 13조2항은, 공유저작물에 대해 다른 저작자가 이용을 거절할 때는 매수청구를 인정하였다. 현행법에는 매수청구에 대한 규정은 없지만, 분할청구가 인정되면, 사실상 매수청구에 가까운 효과를 실현할 수 있다.

10) 加戸 395면도 동의판결이 필요하다고 하고 있다.

11) 吉城春實「共同著作」斉藤＝牧野 249면은 이 결론에 약간의 의문을 제시하고 있다.

참고로 지분의 양도・입질에 대해서는 일본 문화청에 등록하는 것이 대항요건으로 되어 있다(77조, 78조).

3. 권리의 행사

(1) 전원의 합의

민법상의 공유물의 관리에 관해서는 지분의 과반수에 의해 정하는데(민법252조), 공유저작권의 권리행사에는 전원의 「합의」[12)]가 필요하다(65조2항). 여기에서 말하는 권리의 행사란 복제・방송 등 저작권의 이용을 가리키고, 침해에 대한 금지나 손해배상청구, 부당이득반환청구는 각 공유자가 단독으로 할 수 있다(117조2항). 타인에게 이용을 허락하는 경우에 한하지 않고 스스로 이용하는 경우도 여기에서 말하는 행사에 해당하며, 다른 공유자 전원의 합의가 필요하게 된다.

공유자 전원의 합의가 필요한 것은 공유자의 연대성을 확보할 필요,[13)] 또는 일체적 이용을 확보해야 할 문화적 소산에 관한 사항이기 때문[14)]이라는 설명이 있다. 그것도 일리는 있겠지만 그것으로는 불충분하며, 저작권의 공유가 물건의 공유와 다른 규정이 되어 있는 이유에 대한 설명이 필요하다. 물건의 공유의 경우에는 다른 공유자의 이용과 관계없이 자기의 지분에 따른 이용을 할 수 있지만(민법249조), 정보재인 경우 다른 공유자의 이용행위에 의해서 자기의 이용 상황에도 변화가 생길 가능성이 있고,[15)] 공유자로서는 자기가 좋아하지 않는 이용자가 나타나는 것은 용인될 수 없으며 원칙적으로 단독의 권리행사가 불가능하다는 제한을 부과한 것이다.

다만 특허권의 공유의 경우에는 각 공유자가 다른 공유자의 합의 없이 단독으로 실시할 수 있다고 되어 있는데, 저작권의 공유의 경우에는 정당한 이유가 없으면 거절하지 못한다고 되어 있기는 하지만, 권리행사에 전원의 합의가 필요하게 되어 있고 이것을 어떻게 평가하는가라는 점에서 근거부여도 다르게 될 것이다. 특허권과 저작권의 경우에 다른 것은 저작물과 발명의 성질차이에서 유래하는 것이지만, 컴퓨터 프로그램과 같은 기술적 저작물이 늘고 저작물이 경제재로

---

12) 加戸 394, 389면은, 「합의」란 일정한 법률행위에 대하여 형성적 효과를 부여하는 의사표시를 의미하고 있으며, 타인의 행위에 대한 긍정의 의사표시로서 타인의 행위에 법률효과를 생기게 하는 「동의(同意)」와는 다르다고 언급하고 있다.

13) 加戸 394면, 三村・앞의 주5) 269면.

14) 文化審議会著作権分科会報告書(2007(平成19)년 1월)14면.

15) 특허에 대하여, 中山 301면의 「공유(共有)」를 참조.

서의 의미가 강하게 되어가고 있는 현재 양자의 차이를 합리적으로 설명하는 것은 곤란해지고 있다. 어쨌든 65조는 임의규정(default rule)이며 사전 계약으로 이용에 관해서 정해두는 것이 가능하기 때문에, 그만큼 중대한 문제는 아닐지도 모른다. 다만 소프트웨어관계 등 경제재로서의 저작물을 제외하면, 상속 등으로 공유관계의 상태에서도 사전 계약으로 공유자의 관계를 정해두는 일은 적어 임의규정이라도 의미를 가질 수 있을지도 모른다.

(2) 합의를 거부할 정당한 이유

권리행사에 대해서는 공유자 전원의 합의가 필요한데(65조2항), 정당한 이유가 없는 한 합의의 성립을 방해할 수 없다(65조3항). 따라서 여기에서 말하는 정당한 이유의 의미가 문제된다.[16) 「허락을 하려고 하는 출판사의 재정상태가 좋지 않기 때문에 인세(印税) 지급이 안될 우려가 있다」, 「허락을 하려고 하는 방송국과 사이에 분쟁이 있기 때문에 분쟁이 해결되기 전까지 이용하게 하고 싶지 않다」 등의 사정을 드는 설도 있다.[17) 이에 비해서 「이와 같이 합의성립 의무를 넓게 인정하여 반대하는 공유자에게 합의를 구하는 이용방법이 불합리한 특별한 사정을 구체적으로 주장입증해야 한다고 해석할 때에는, 각 공유자 중 최초로 저작물의 구체적 이용방법을 제안한 자가 유리한 입장에 선다」고 하여, 「당해 저작물이 속하는 분야에서의 저작물 이용형태의 실정, 당해 저작물의 성질・내용, 합의를 구하고 있는 구체적인 저작물의 이용형태, 이용의 대가, 기간 등 제반 사정을 종합적으로 고려하여 판단해야」하며, 특별한 경우 이외에는 「공유자의 일부가 다른 공유자에 대해서 공유저작권의 행사에 대한 합의를 강제하는 것은 불가능하다」고 하는 설도 있다.[18)

특허권의 공유자는 다른 공유자의 동의가 없으면 이용허락이 불가능한(특허법 73조3항) 데 비해, 저작권의 경우는 전 공유자의 합의가 필요하다고 하면서도 정당한 이유가 없으면 합의를 거부할 수 없다고 하고 있다. 특허권의 경우에는 경

---

16) 大阪地判平4・8・27 判時1444호114면(静かな焔事件)에서는, 합의성립을 위한 협의 요구조차 하지 않고 멋대로 단독으로 출판을 허락하고 다른 공유자가 출판정지를 구했을 때에도 아무런 합의 성립을 위한 노력을 하지 않은 사정이 있다면 합의를 거부할 정당한 이유가 있다고 하였다.

17) 加戸 395면. 作花・詳解 184면은 64조2항과 비교하여 「반대하기에는 보다 명확한 논거가 요구된다」고 언급하고 있고, 加戸설과 마찬가지로 거절할 수 없는 경우를 상당한 정도 한정하고 있는 것으로 보인다.

18) 三村・앞의 주5) 272면.

제재라는 요소가 우선하지만, 저작권의 경우에는 문화의 보급이라는 요소도 있고 저작물의 공정한 이용(1조)도 배려하고 있기 때문이라고 생각된다. 즉 공유저작물의 이용에 엄격한 제한을 과하면 결과적으로 저작물의 이용이 제한되고, 사회 전체의 정보의 풍부화에 부정적인 영향을 줄 수밖에 없다. 조문상으로도 정당한 이유가 없는 한 거부하지 못한다고 규정되어 있고, 문리상으로도 저작물의 이용을 촉진하고 있는 것으로 읽힌다. 정당한 이유에 대해서는 모든 사정을 감안하여 판단해야 할 것이지만,[19] 요건을 쓸데없이 엄하게 해석해야 할 것은 아니다. 다만 이 규정은 임의규정이라, 공유자 사이의 계약에 의해 다른 합의를 할 수 있으며, 불합리가 있으면 계약에 의해 수정을 해야 할 것이다.

제 4 절 저작권자

1. 저작권자의 의미(특히 영화)

저작권자란 저작권(재산권)을 갖는 자를 가리킨다. 저작권은 저작자에게 원시적으로 귀속되기 때문에(17조), 저작권법은 21조 이하에서 저작권자가 「저작물을 이용할 권리를 전유한다」고 되어 있는데, 저작권은 양도가 가능하기 때문에(61조1항) 승계인도 저작권자가 된다. 다만 승계인은 재산권인 저작권을 취득하고 저작인격권은 저작자에게 남는다(59조).

이 창작자주의의 예외로서 저작권법은 15조의 직무저작과 29조의 영화의 경우를 규정하고 있다. 다만 15조에서는 실제로 저작행위를 한 자연인이 아니라 법인 등을 창작자로 보고 있기 때문에 개념상으로는 저작자가 원시적으로 저작권자가

19) 東京地判平12・9・28(未登載, コピライト 477호52면)(戰後日本經済の50年事件)에서는, 경제학 학술서의 한국어 번역출판 거절에 정당한 이유가 있는가 하는 점이 다투어진 사건인데, 그 판단은 「당해 저작물의 종류・성질・구체적인 내용 외에 당해 저작물에 대한 사회적 수요의 정도, 당해 저작물의 작성 시부터 현재까지 사이의 사회상황 등의 변화, 공동저작물의 각 저작자들끼리의 관계, 당해 저작물을 작성하기에 이른 경위, 당해 저작물의 창작에 대한 각 저작자의 공헌도, 권리행사가 불가능하게 됨으로 인해 한쪽의 공유자가 입을 불이익의 내용, 권리행사에 의해 다른 공유자가 불이익을 입을 우려 등 구두변론 종결 시에 존재하는 제반 사정을 비교형량한 뒤, 일방 공유자로서 권리행사가 불가능하다는 불이익을 입는 것을 고려하더라도 여전히, 공유저작권의 행사를 바라지 않는 다른 공유자의 이익을 보호해야 할 사정이 존재한다고 인정되는 경우에, 『정당한 이유』가 있다고 해석하는 것이 상당하다」고 하였다. 다만, 이 판결은, 공유자가 공동저작자인 사례이기 때문에 판결은 순수한 재산법적 고려뿐만 아니라, 저작자인격권의 일종인 절판청구권(84조)에 유사한 요소까지도 고려하고 있는데, 64조는 공동저작자의 저작자인격권을 규정하고, 65조에서 재산권을 규정하고 있기 때문에 65조는 재산법적 요소만을 고려해야 할 것이다.

된다는 창작자주의의 예외라고도 말할 수 없다. 그에 비해서 영화의 경우는 저작자가 아닌 영화제작자가 원시적으로 저작권자가 된다는 점에서는 개념상으로도 예외라 할 수 있다.

영화의 저작자는 감독 등이지만, 15조와 29조2항·3항의 규정의 적용을 받는 것을 제외하고 영화저작권은 그 저작자가 영화제작자에 대해 제작에 「참가할 것을 약속」하고 있을 때는 당해 영화제작자에게 귀속된다(29조1항). 현실에서는 직무저작이 되는 경우 이외에 감독 등의 영화저작자가 참가를 약속하지 않고 영화를 작성하는 일은 드물 것이다.[1] 그런데 참가의 약속이란 감독 등 영화저작자와의 계약 그 자체가 아니라 참가한다는 단순한 의사의 표명으로서, 법률행위는 아니라고 생각해야 할 것이다.[2]

영화제작자란 영화저작물의 제작에 발의와 책임이 있는 자(2조1항10호), 즉 영화의 제작을 위한 경제적 위험을 부담하고 권리의무의 주체가 되는 자이다.[3] 영화의 저작권은 영화제작자에게 원시적으로 귀속되지만, 저작인격권은 감독 등 창작자에게 원시적으로 귀속한다. 즉 동일한 창작행위로부터 생긴 재산권과 인격권이 별개의 인격에 원시적으로 귀속하게 된다.

29조는 저작권법 중에서 특이한 규정으로 우여곡절의 논의 끝에 만들어진 것이다.[4] 그 입법이유로는, 종래부터 영화의 이용권은 영화제작자가 행사하고 있었다는 사정 외에 영화에는 거액의 투자가 필요하여 그 원활한 이용을 위해서는 영화제작자가 권리를 집중적으로 행사할 수 있도록 할 필요성이 거론되고 있다. 영

1) 前田鉄男「著作権法29條と19條」著作権研究 30호107면(2004). 田村 394면은, 참가약속이 인정되지 않은 예로서, 극장용 연극에 참가할 약속에서 미술가가 창작한 무대장치 등이 결과적으로 용화에 이용되어 그 전체적 형성에 기여한 경우를 들고 있다.

2) 榎戸道也「映画の著作物」牧野 = 飯村 260면. 또, 참가약속을 하면 참가 계약도 이루어지는 것이 보통인데, 그것은 법률행위로서 무효·취소·해제의 대상으로 될 수 있다.

3) 東京地判平17·3·15 判時1894호110면(グッバイ·キャロル事件)에서는, 「『영화제작자』란 영화의 저작물을 제작할 의사를 갖고, 동 저작물의 제작에 관한 법률상의 권리의무가 귀속되는 주체이며, 그 사실의 반영으로서 동 저작물의 제작에 관한 경제적인 수입·지출의 주체로도 되는 자인 것이다」라고 하였다. 東京地判平15·1·20 判時1823호146면(超時空要塞アクロス事件)은, 스스로 제작비용을 부담하고 자기의 계산으로 제작을 하고 TV애니메이션의 발주자인 방송국에 대해서 제작의 진행관리, 완성에 대한 책임을 부담하고 있는 자가 영화제작자로 된다고 하였다. 東京地判平15·4·23(未登載)(角川書店事件)은 영화의 제작은 기획, 자금조달, 제작, 스탭 및 캐스트 등 고용, 스케줄 관리, 프로모션이나 선전활동 및 배급 등의 복합적인 활동으로 구성되고, 영화제작자를 판단하기 위해서는 이러한 활동을 실시할 때 체결된 계약에 의해 생긴 법률상의 권리·의무의 주체가 누구인가를 기준으로 해야 하는 것이 된다고 하였다.

4) 상세는 文化庁·資料編 241면의 심의회 답신 참조. 한편 半田正夫「新著作權法における映画著作権とその問題点」著作權研究 3호3면(1971), 半田正夫「新法における映画著作権--立法過程と検討」동(『著作権法の現代的課題』(一粒社, 1980)3면에도 그 경위가 기재되어 있다.

화제작자에게 권리가 양도된 것으로 한다는 추정규정을 두는 것도 검토되었지만, 영화의 경우 다수의 저작자가 존재하고 누가 「전체적 형성에 창작적으로 기여한 자」인지 분명하지도 않으며, 권리의 양도를 유보하는 자가 아닌 자가 출현하면 권리관계가 복잡해지기 때문에 영화제작자에게 일원적으로 권리를 집중시켰다.

이 규정은 특이한 것인 만큼 찬반양론이 있다. 이 규정은 영화제작자연맹의 주장을 일방적으로 받아들인 것이고 감독 등의 저작자에게 불리한 것으로서 영화에 대해서도 저작자를 저작권자로 해야 한다고 하는 비판도 있다.[5] 그에 비해서 이 영화에 관한 규정은 15조의 직무저작 규정과 어울려서 저작물의 다양화에 따른 창작자 개념의 변천으로 파악하여, 현대에 저작권법이 처해 있는 상황으로부터 이 규정을 오히려 적극적으로 파악하려고 하는 설도 있다.[6]

감독 등의 저작자는 영화제작에 참가할 때에 이차적 이용에 관한 보수 등과 같이 다양한 내용의 조건을 결정하는 것이 가능하다. 이 경우의 감독 등은 독립된 영업자로서 통상의 거래와 마찬가지로 영화제작자와 사이에 대등한 입장에서 계약하는 것이 가능하고 아울러 개개의 감독 등에게 충분한 교섭능력이 없는 경우에는 조합을 결성하여 제작자와 교섭하는 것도 가능하다. 권리의 자유양도가 인정되고 있는 이상 재산권은 양도가 가능하기 때문에 그 권리가 원시적으로 어느 쪽에 귀속된다고 해도 이론적으로는 계약에 의해 경제합리성에 기하여 귀속될 곳에 귀속될 터이며, 법에 의한 간섭은 가능한 해서는 안 될 것이다. 다만 노동관계와 같이 가령 역학관계에 현저한 불균형이 있고 또 도저히 대등한 교섭이 전망되지 않는 경우에는 어떤 입법적인 처리가 필요하게 될지도 모른다.

2. 방송용 영화

통상의 영화와는 달리 방송의 특수성 때문에 방송사업자에 대해서는 특별한 규정이 있어, 저작권의 일부에 대해서만 방송사업자에게 원시적으로 귀속하는 것으로 되어 있다. 구체적으로는 「오로지 방송사업자가 방송을 위한 기술적 수단으로서 제작하는 영화저작물」에 대해서는 직무저작이 되는 경우를 제외하고 그 저작물을 방송할 권리와 방송된 저작물을 유선방송, 자동공중송신 또는 수신장비를 이용하여 공중에게 전달할 권리(29조2항1호), 그리고 그 저작물을 복제하고 그 복

5) 半田 · 앞의 주4) 12면.

6) 潮海은 그러한 관점에 서 있는 논문이다.

제물에 의해 다른 방송사업자에게 배포할 권리(29조2항2호)만이 방송사업자에게 원시적으로 귀속된다. 유선방송사업에 대해서는 3항에 의해 거의 동일한 규정이 마련되어 있는데, 다만 유선방송사업자에게는 방송할 권리와 자동공중송신할 권리가 없다는 점이 다르다. 방송용 영화에 대해 일반 영화와 다른 규정이 마련된 것은 텔레비전 드라마나 보도 프로그램 등은 통상 다른 이용형태가 없어 일반 영화와 같이 저작권의 전부를 제작자(방송사업자·유선방송사업자)에게 원시적으로 귀속시킬 것까지는 필요없다고 생각되기 때문에 일부만을 귀속시키게 되었을 것이다. 이를 보아도 영화제작자에게 저작권을 원시적으로 귀속시키는 것은 정책적 이유에 의한 것임을 알 수 있다. 다만 앞으로의 대량송수신 시대에는 콘텐츠의 부족이 예상되어 방송용 영화의 이차적 이용도 진전될 가능성이 있고, 이 규정의 개정도 필요하게 될지도 모른다.

3. 시　　효

(1) 취득시효

지적재산도 재산권이며 일반론으로서는 시효취득에 의해 저작권을 취득하는 것을 부정할 수는 없을 것이다(민법163조). 저작권 전체뿐만 아니라 지분권에 대해서도 마찬가지이다. 「물(物)」의 경우라면 점유자는 권리자를 배제하고 그 물을 보유하고 있고, 다른 자를 배제하고 독점적으로 물을 지배하고 있다는 사실이 일정 기간 계속된 경우에 그 사실을 기초로 시효취득이 인정되게 된다.

그에 비해서 저작권의 경우는 소비의 배타성이 없고 동일한 저작물을 동시에 복수의 자에게 이용되는 것이 가능하기 때문에, 권리자의 허락 없이 일정 기간 복제 등을 하고 있다는 것만으로는 저작물을 독점적으로 지배하고 있다고는 할 수 없어, 저작권의 시효취득 요건으로서 불충분하다. 타인이 무단으로 저작권을 이용하고 있어도 권리자의 이용이 방해되는 것은 아니기 때문에 아무리 오래 복제 등의 행위를 계속하고 있어도 그것만으로는 시효취득은 되지 않는다. 용이하게 시효취득을 인정하면 권리자의 이익이 부당하게 침해하는 결과가 될 뿐만 아니라 복수의 자가 동시에 시효취득을 해버리는 불합리한 사태도 생각된다. 물의 경우와 비교하면 저작권을 시효취득하기 위해서는 저작권 혹은 지분권을 마치 저작권자와 마찬가지로 권리를 독점적으로 행사하고 있는 상태가 일정 기간 계속되고 있을 것을 요한다고 해석해야 할 것이다.[7]

취득시효는 있을 수 없다는 설도 있지만,[8] 현실문제로서 시효취득이 인정되는 사례는 매우 희박할 것이며 판례도 없다. 그러나 이론상 인정되지 않는다는 것은 아니며, 예컨대 양도를 받아 10년 이상 선의로 평온・공연하게 권리자로서 행동하고 있는데 그 양도계약이 무효였다는 경우에는 시효취득으로 생각될 수도 있다.[9]

(2) 소멸시효

저작권은 존속기간이 법정되어 있고 더구나 침해가 없으면 권리를 행사할 기회도 없는 경우도 있고 침해를 무시할 자유도 있어(묵시의 허락), 권리행사를 하지 않았다는 것만으로 저작권 자체가 소멸시효에 해당하는 일은 없다고 생각된다.[10]

구체적 사건에 대한 손해배상청구는 가해자를 안 때로부터 3년, 가해행위 시부터 20년의 소멸시효에 걸리고(민법724조), 금지청구권은 침해가 계속되거나 혹은 침해의 우려가 있는 한 가능하여 소멸시효가 들어갈 여지는 없다. 다만 침해를 장기간 방치하고 있었기 때문에 금지청구가 권리남용이 되는 일은 있을 수 있으며,[11] 인정된 예는 없지만 이론적으로는 권리의 실효라는 것도 있을 수 있다.

---

7) 最判平9・7・17 民集51권6호2744면(ポパイネクタイ事件 상고심)에서는, 「복제권은 민법 163조에서 말하는 『소유권 이외의 재산권』에 포함되기 때문에 자기를 위하여 한다는 의사를 갖고 평온하고 공연하게 저작물의 전부 또는 일부에 대해 계속하여 복제권을 행사하는 자는 복제권을 시효에 의해 취득한다고 해석할 수 있지만, 복제권이 저작물의 복제에 대한 배타적 지배를 내용으로 하는 권리라는 사실에 비추어, 시효취득의 요건으로서의 복제권의 계속적인 행사가 있다고 하기 위해서는, 저작물의 전부 또는 일부에 대해 이를 복제할 권리를 전유하는 상태, 즉 외형적으로 저작권자와 마찬가지로 복제권을 독점적, 배타적으로 행사하는 상태가 계속되고 있을 것을 요하고, 그 사실에 대해서는 시효취득의 성립을 주장하는 자가 입증책임을 진다」고 하여, 이론적으로는 시효취득이 있을 수 있음을 인정하고 있다.

8) 加戸 377면. 여기에서는 시효취득을 인정한 경우의 문제점을 몇 가지 지적하고 있다. 또한 저작권의 시효취득에 대하여 회의적인 견해로서, 半田正夫 「著作権の準占有, 取得時效」斉藤=牧野 286면. 한편 문화국(文化局) 시안(試案)에서는 민법의 취득시효와 소멸시효의 규정은 저작권에는 적용되지 않는다는 취지의 기술이 있었지만, 조문화되지 않았다(作花・詳解 424면).

9) 作花・詳解는, 양도계약이 무효로 되는 경우와 같은 제한된 경우에만 취득시효는 인정될 가능성이 있다고 하고 있다. 田村 297면에서는 이 문제가 상세하게 거론되어 있다.

10) 東京地判平13・9・18(未登載)(エスキース事件). 加戸 377면, 作花・詳解 423면, 田村 297면.

11) 田村 296면.

제 3 장 저작권의 내용

제 1 절 보호범위 일반론

저작권은 소유권 유사의 물권적인 권리라고 생각되고 있다. 소유권의 대상인 물건(민법85조)의 이용형태는 비교적 단순하기 때문에 소유권의 내용으로서는 그 소유물을 자유로이 사용·수익·처분할 수 있다고 규정해두면 거의 충분하다(민법206조). 그에 비해서 저작권의 대상인 정보는 그 이용형태가 다양하기 때문에 외연이 불명확하여, 권리행사가 가능한 범위를 반드시 일의적으로 정할 수는 없다. 예컨대 요리책이 저작물인 경우 그 책 자체를 복제하는 것이 이용에 해당한다는 것은 상식적으로도 판단할 수 있지만, 그 요리책을 보고 요리를 만드는 것, 요리학교에서 그 책에 따라 요리법을 가르치는 것, 나아가 그 요리를 먹는 것은 이용에 해당하는지는 반드시 명확한 것이 아니기 때문에, 저작권의 내용은 법으로 명확하게 규정될 필요가 있다.

특허권의 경우는 하나의 권리로 구성되어 그 내용은 특허발명을 업으로서 실시할 권리의 전유라고 되어 있고(특허법68조), 실시에 대해서는 별도로 정의되어 있다(특허법2조3항). 그에 비해서 저작권법에서는 저작권을 하나의 권리가 아니라 저작물의 이용형태에 따라 복제를 비롯한 지분권의 다발로서 규정하고 있다(21조 이하). 특허권은 하나의 권리로서 그것을 분할해서 양도하는 것은 불가능한 데 비해, 저작권은 일부를 양도하는 것도 가능하다(61조1항).

저작권법의 규정방법으로선 현행법과 같은 지분권의 한정열거가 아니라 구 저작권법[1]과 같이 개괄적인 이용개념을 규정하는 선택지도 있을 수 있지만,[2] 그것은 입법정책의 문제로 각각에는 장단점이 있다. 포괄적인 규정 쪽이 새로운 사태에 유연하게 대응할 수 있다는 이점은 있지만, 그 반면 예컨대 대여나 업로드 등

1) 구법은 「저작자는 그 저작물을 복제할 권리를 전유한다」(1조)라고만 규정되어 있고, 모든 이용형태를 복제라는 단어로 표현하고 있었다.

2) 포괄적인 규정방법에도 여러 가지가 있고, 구저작권법과 같은 규정방법도 있지만, 중심적인 이용형태를 열거한 뒤에, 합쳐서 포괄적인 규정을 두는 방법도 있을 수 있다.

의 새로운 이용방법이 발생한 경우에 그것이 복제에 해당하는가 하는 점이 명확하지 않아 법적 안정성을 결여한다. 특허권과 비교하면 권리의 대상, 제도의 이용자, 이용형태 등에서 저작권의 세계는 다양성이 풍부하며 그 때문에 그 이용형태를 열거하여 복잡한 규정으로 될 수밖에 없는 면도 있다. 특히 디지털 시대에는 인터넷에서의 업로드와 같이 종래 상상도 할 수 없었던 이용형태가 출현하는 경우도 있어, 한정열거주의를 채용하는 이상은 시대에 따른 신속한 법개정이 더욱 강하게 요청된다.

각 지분권에 대해서는 후술하지만, 지분권의 내용은 다양하다. 21조부터 26조의3까지는 저작물을 그대로의 형태로 이용하는 권리이고, 그 이용형태에 따라 지분권으로 권리화하고 있다. 저작물의 이용형태는 저작물의 이용기술의 발달과 사회정세의 변화와 더불어 새로운 것이 발생하고, 이윽고 그것이 지분권이 된다. 27조는 저작물의 이용형태와는 관계 없이 모든 저작물에 대해서 개변(번역·번안)할 권리이다. 그 개변된 저작물을 이용할 때는 28조의 문제가 된다. 28조는 다른 지분권과는 성질이 다른 권리로서, 완성된 2차적저작물에 대해서 원저작물의 저작자가 갖는 권리에 대한 규정이다.

더불어, 침해도 이 지분권마다 판단되는데, 113조에서 침해로 간주하는 행위가 규정되어 있고, 권리행사의 범위는 지분권보다 확장되어 있다.

제 2 절 지분권과 소유권

1. 차용개념으로서의 물권 – 저작권의 물권적 의미

저작권은 금지청구권이 인정되며(112조), 양도(61조)나 이용허락(63조)도 가능하며, 또한 담보권(질권)의 목적도 되어(66조), 어찌보면 소유권과 유사한 물권과 같은 개관을 갖고 있다. 그러나 소유권의 대상인 물건(민법85조)과 저작권의 대상인 저작물(정보)은 서로 다른 성질을 갖고 있다.

저작권법에서 저작자는 복제권 등의 권리를 전유한다고 규정하여, 독점권인 것처럼 규정하는 시늉을 하고 있는데, 일본의 지적재산권에 대해서는 이와 같이 규정되는 것이 보통이다. 그러나 「**서장 저작권법의 의의 제2절 저작권법의 기본적 구조 1. 현행저작권법의 구조 (4) 저작권법에서의 보호방법**」에서 기술한 바와 같이, 저작권의 실체는 타인이 당해 정보에 액세스하는 것을 금지하는 것이 아니라, 당해 정보의 일정한 이용형태를 금지하고 있을 뿐이다. 조문의 체재는 별론으로 하고, 정보보호로서의 저작권의 본질은 배타권에 있다.[1] 정보는 원래 공공재적 성질을 갖고 있어 만인이 이용 가능한 재화이지만, 정보창작에 대한 인센티브를 주고 이로써 문화발전을 도모하기 위해 일종의 정보에 대한 독점적 이용을 인정한 것이 저작권법이다. 즉 저작권이란 정책적 목적을 위해 법이 특히 인정한 인공적인 권리라고 말할 수 있다.

2. 저작권과 소유권의 차이점

저작권은 소유권의 개념을 차용하고 있는데, 그 대상의 차이로부터 양자 사이에는 커다란 차이점이 있다.

구체적으로는 우선 존속기간을 들 수 있다. 소유권은 그 물건이 멸실되지 않는 한 영구하게 존속한다. 포기 등으로 소유권이 없어지고 무주물(無主物)이 될 경우도 있을 수 있지만, 다른 자가 그것을 선점함으로써 그 자의 소유권이 원시적으로 발생한다. 그에 비해서 저작권은 존속기간이 존재하고 그 기간의 만료에 의해 그 저작물은 퍼블릭 도메인이 되어 누구라도 자유로이 이용할 수 있으며, 무주물 선점이라는 것은 있을 수 없다. 소유권은 당해 물건에 대한 이용·수익의 권리이기 때문에 소유권이 영구하게 존속해도 다른 사람은 똑같은 물건을 제작·구입하면 되고, 기본적으로는 사회에 대한 악영향은 적다.[2] 그에 비해서 저작권의 경우에는 다른 자의 정보이용행위를 방해하고 있고, 더구나 그 정보를 이용하여 새로운 정보를 창작(번안)하는 행위까지도 막을 수 있는 강력한 권리이기 때문에 저작물의 영구적인 독점적 이용을 인정하기 보다도 일정 기간 후에는 저작권을 만료시켜 정보이용의 속박을 푸는 것이 정보의 풍부화에 도움이 되고 문화발전에 유익하다는 정책판단이 존재한다.

다음으로 권리의 발생원인에 있어서도 양자는 다르다. 소유권은 무주물선점, 가공, 부합, 시효취득 등에 의해서 원시적으로 발생하는데 비해서, 저작권은 창작행위에 의해 권리가 원시적으로 발생한다.

양자의 또 하나의 커다란 차이점은 인격권에 있다. 물건에는 정신적 요소가 없

---

1) 加戶 178면 참조.

2) 물론 희소성이 있는 것에 대해서는 소유권이 사회에 해를 주는 경우도 있고 거기에는 일정한 제한이 부과되는 경우도 있지만, 그것은 존속기간이라는 문제는 아니다.

지만, 저작물은 창작자의 인격의 발로로서 파악되고 있어, 저작권법에서는 인격권이 중요한 요소가 된다. 인격권에 대해서는 「**제6장 저작인격권**」 참조.

현행 저작권법은 물권법에서 다수의 개념을 차용하고 있어 물권법적 구성을 채용하고는 있지만, 그것은 어디까지나 편의상의 것이라는 사실을 잊어서는 안된다. 입법론적으로는 물권적 구성이 유일한 것이 아니라 대가청구권적인 구성도 가능하며, 또한 일정 기간은 금지권으로 하고 그 후는 대가청구권과 같은 권리로 구성하는 것도 가능하다(104조의2 이하 참조). 현행법이 물권적 구성을 채용하고 있는 것은 현상에 있어서는 그것이 가장 편의에 적합하기 때문이다. 금지청구권이 없으면 권리자로서 교섭력이 약하게 되고 정당한 대가를 취득하는 것이 어렵게 되며, 이용자로서는 침해가 발견된 경우에만 대가를 지불하는 것이 경제합리성에 적합하게 된다.[3] 그러나 기술 등의 발전에 의해 대가의 징수를 정확하고 안정하게 하는 것이 가능한 상황이 되면 물권적 권리구성의 필요성은 감소할지도 모른다. 또한 녹음녹화기기 등에 부과함으로써 저작권이 대가청구권화하는 일도 있을 수 있고, 음악과 같이 권리자단체 등에 의한 집중관리에 의해 형식적으로는 물권적 권리라도 사실상 대가청구권화하는 일도 있을 수 있다. 중요한 것은 저작물의 이용에 의해 생기는 이익의 일부를 어떻게 하여 권리자에게 환원시키는가 하는 것이고, 물권적 구성을 채용하는가 여부는 본질적인 문제가 아니며, 그 시대에 적합한 법시스템을 구축해야 할 것이다.

3. 저작권과 소유권의 관계

어떤 물건에 저작권이 화체되어 있는 경우, 예컨대 어떤 그림이 캔버스에 그려져 있는 경우 그림이라는 저작물과 캔버스라는 물건의 소유권과의 관계가 문제가 된다. 저작물은 관념적인 존재이고, 소유권의 대상인 물건(민법85조)과는 별개의 존재로서 원칙적으로 양자는 무관하게 병존한다. 저작물이란 무형의 정보인데도 실제로는 매체인 유체물에 구체화되어 있는 경우가 많고, 그 경우에도 저작권자는 매체인 물건의 소유권에 영향을 주지 않고 권리행사가 가능한 것이 원칙이다. 다만 약간의 경우에 저작권과 소유권의 충돌이 생길 수 있기 때문에 양자의 조정규정(45조, 47조)이 마련되어 있는데 불과하다.

---

3) 다만 이 점은 손해배상제도에도 기인하는 것으로, 예컨대 징벌배상제도를 채용하면 상황은 변할 수 있지만 그것은 별론이다. 이 점에 대해서는 「제8장 침해와 구제, 제2절 민사적 구제, 2. 손해배상청구권, (3) 손해액의 결정, (가) 손해액의 추정, ⑧ 징벌적 손해배상」 참조.

소유권이란 대상인 물건을 사용 · 수익 · 처분할 수 있는 권리인데(민법206조), 그 물건의 유형적 이용뿐만 아니라 무형적 이용(예컨대 그 물건의 사진을 촬영하는 형태로의 이용)까지 포함하는 것인가라는 점에 대해서는 논의가 있다. 저작권이 부착되어 있는 물건에 대해서는 저작권이 우선하고, 저작권이 없는 당해물의 소유자라고 하더라도 복제가 불가능하다는 것은 명백하다. 그러나 보호기간 경과후의 저작물의 무형적 이용에 대해서는 소유권이 미치는가라는 문제가 있다. 이 문제에 실무적 해결을 본 것이 안진경 자필 건중고신첩(顔眞卿自書建中告身帖) 사건에 대한 최고재판소 판결이다.[4] 원고의 주장은 소유권자는 모든 형식으로 구 소유물을 사용 · 수익을 도모하는 것이 가능한바, 저작권법이 있기 때문에 저작권의 존속기간 중에는 법이 정한 일정한 제한에 복종하고 있음에 불과한 것이므로, 저작권의 존속기간이 만료하면 미술저작물의 원작품의 소유자는 자유로이 그 원작품을 이용하여 사용 · 수익할 수 있고, 그러한 이용행위 중에는 그 원작품의 영상이나 사진의 제작, 판매나 그 허락도 포함된다는 것이었다. 그에 대해서 최고재판소는 「소유권은 유체물을 그 객체로 하는 권리이기 때문에 미술저작물의 원작품에 대한 소유권은 그 유체물의 측면에 대한 배타적 지배권능임에 그치고, 무체물인 미술저작물 자체를 직접 배타적으로 지배하는 권능은 아니라고 해석하는 것이 상당하다」고 하여 원고의 주장을 배척했다. 이 사건은 소유권과 저작권의 관계에 대해 명확한 판단을 내린 것으로서 주목할 가치가 있다.[5] 이 판결에 의해 소유권은 물건의 유형적 측면에 대한 사용 · 수익권한으로 그 물건을 활용하거나 그림을 그리는 무형적 이용에는 미치지 않으며, 저작권법은 보호기간 만료 후의 저작물은 퍼블릭 도메인으로서 만인이 이용 가능한 상태에 둠으로써 문화발전을 도모하는 것으로 기간만료 후에 소유자가 소유권에 기하여 무형적 이용을 독점할 수 없다는 것이 명백하게 되었다.

물건의 무형적 이용이란 기본적으로는 정보의 이용이며, 그 규정은 지적재산

---

4) 最判昭59 · 1 · 20 判時1107호127면. 이 사건은 중국 당대의 저명한 서예가인 안진경(顔眞卿)의 진필 소유자(社団法人書道博物館)가 그 글의 소유권을 취득하기 이전에 촬영된 사진 건판(乾板)을 정당하게 입수하여 그것을 이용하여 이를 출판한 자에 대해서, 소유권에 기하여 판매중지 및 폐기를 청구한 사건이다. 또, 본건은 제1심인 東京地判昭57 · 1 · 25 判時1028호15면 判時1028호35면에서도, 항소심 東京高判昭57 · 11 · 29 判時1063호208면에서도 소유권자가 패소하였다. 이 사건에 관해서는 中山信弘 · 法協102권5호1045면(1985) 참조.

5) 東京地判平14 · 7 · 3 判時1793호128면(かえでの木事件)은 저작권 사건은 아니지만, 단풍나무의 소유권의 내용은 유체물로서의 단풍나무를 배타적으로 지배할 권능에 그치며, 단풍나무를 촬영한 사진을 복제하거나 복제물을 게재한 서적을 출판할 배타적 권능을 포함하는 것은 아니라고 하였다.

법의 영역에 속한다. 그와 같은 정보 속에서 특히 보호할 만한 것에 법적 보호를 주고 있는 것이 각종 지적재산법이며, 지적재산법에서 보호되고 있지 않는 것은 원칙적으로 자유이용의 영역에 속한다고 생각된다.

이것과는 반대의 취지를 기술하고 있는 것처럼 보이는 하급심 판례[6]나 학설[7]도 약간 존재한다. 이러한 판결 중에는 무형적 이용을 소유권의 효과로서 서술하고 있는 것도 있지만, 모두 손해배상만을 청구하였든지 혹은 금지를 인정하지 않고 손해배상만을 인용한 사례인데, 최근에는 이와 같은 판결은 적어지고 있다. 손해배상의 문제만이라면 소유권이라는 물권적 권리를 거론할 필요 없이 불법행위의 문제로서 처리하면 족할 것이다.

각종 지적재산법에 의해 보호되지 않는 정보라도 경우에 따라서는 불법행위가 될 수 있는데,[8] 지적재산법으로 보호하지 않는다는 제도설계를 했다는 것은 기본적으로는 당해 정보는 자유이용 영역에 속하고 그 정보를 사용하여 자유로이 경쟁할 수 있다는 것을 의미하고 있다. 또한 법적 안정성의 관점에서도 단순히 당

6) 東京高判昭53・9・28 東京高等裁判所(民事)判決時報29권9호206면(ガズ氣球寫眞事件)은, 물건의 소유자는 그 소유물을 어떠한 수단・방법으로도 사용・수익할 수 있하고, 제3자는 직접이든 간접이든 타인의 소유물을 이용함으로써 소유자의 사용・수익을 저해해서는 안되는 법적 관계에 있다고 하면서도, 제3자가, 광고선전업자가 소유하는 기구(氣球)를 무단 촬영한 사진을 포스터에 사용하여 선전행위를 하는데 대하여, 인과관계・고의과실이라는 점에서 불법행위를 구성하지 않는다고 하고 있다. 高知地判昭59・10・29 判タ599호291면(長尾鷄事件)은, 국가의 특별천연기념물인 긴꼬리닭의 소유자(피고)가 당해 긴꼬리닭을 사진 촬영하여 그림엽서 등에 복제 판매한 자에게 저작권 침해에 기한 손해배상청구를 제기하고 후에 소취하 서면을 제출하자, 원고는 이 소송제기를 부당한 것이라고 하여 불법행위에 의한 손해배상을 청구하였다는 복잡한 사건인데, 판시는, 긴꼬리닭의 저작물성은 인정하지 않았지만, 그것을 사진으로 촬영하여 그림엽서 등에 복제하여 타인에게 판매하는 것은 긴꼬리닭 소유자의 권리범위 내에 속한다고 하여, 제소는 불법행위에 해당하지 않는다고 했다. 神戸地伊丹支判平3・11・28 判時1412호136면(クルーザー寫眞事件)은, 「크루저의 소유자로서, 동 선박의 사진 등이 제3자에 의해 무단으로 그 선전광고 등에 사용되지 않을 권리를 갖고 있다」고 하여 손해배상청구를 인용하고 있다. 名古屋地判平12・1・19 判タ1070호211면(ギャロップレーサー事件)은, 물건의 명칭 등이 갖는 퍼블리시티의 가치는 그 물건의 소유자에게 귀속하는 명성, 사회적 평가, 지명도 등으로부터 파생하는 것이라고 할 수 있기 때문에, 그 물건의 소유자에게 귀속되는 재산적 이익 내지 권리로서 보호된다고 했으며, 그 항소심인 名古屋高判平13・3・8 判タ1071호294면은 고객흡인력이 갖는 경제적 이익 내지 가치를 지배할 권리를 물건의 소유자에 대해서 승인하는 것이 물건의 퍼블리시티권이라고 하여 손해배상을 인정하였는데, 상고심에서 파기되었다(最判平16・2・13 判時1863호25면).

7) 辻正美「所有権と著作権」斉藤=牧野 400면은「타인의 소유물을 사진촬영하는 것은 소유자의 명시 또는 묵시의 허락이 없는 한 위법하며, 소유권의 침해에 해당한다고 해야 한다. …소유자는 불법행위에 의한 손해배상청구뿐만 아니라 소유권에 기한 방해배제 내지 방해예방청구로서 복제행위의 금지나 복제물의 폐기도 청구할 수 있다고 보아야 할 것이다」라고 하고 있다.

8) 京都地判平元・6・15 判時1327호123면(佐賀錦袋帶事件), 東京地判平2・7・20 判時1371호131면(木目化粧紙事件), 그 항소심인 東京高判平3・12・17 判時1418호120면, 東京地中間判平13・5・25 判時1774호132면(自動車データベース事件).

해 정보를 사용했다는 것만으로 불법행위의 성립을 인정해서는 안될 것이다. 불법행위의 성립은 단순히 복제 등을 했는가 아닌가라는 점뿐만 아니라, 당해 정보의 입수방법, 사용의 태양, 부당한 경업태양 등을 종합적으로 감안하여 위법성이 강한 경우에 비로소 인정해야 할 것이다.[9)]

제 3 절 지 분 권

1. 복 제 권(21조)

(1) 복제의 의미

Copyright 라는 말이 나타내는 바와 같이 복제는 저작물의 전형적인 이용형태로서, 당초 저작권법은 복제를 염두에 두고 만들어졌는데, 그 후에 이용형태의 다양화 등의 이유에 의해 다수의 지분권이 발생했다. 각 업계에 따라 복제권은 녹음권, 녹화권, 비디오화권, 레코드출판권 등으로 불리는데, 저작권법적 관점에서는 모두 복제권의 일종이다. 역사적으로는 지분권 중에서 복제권이 가장 중요했는데, 기술발전과 함께 복제 이외의 방법에 의한 이용형태(예컨대 방송, 송신가능화)의 중요성이 높아지고 있다. 그와 같은 상황변화는 복제권 중심의 저작권으로부터 새로운 저작권법 시스템으로의 이행의 계기가 될 수 있다.[1)]

구 저작권법에서는 저작권의 이용 모두를 「복제」라는 말로 표현되어 있고(구 저작권법 1조1항), 무형적 재생(구술, 방송 등)도 복제라고 되어 있었다.[2)] 현행법에서는 복제란 「인쇄, 사진, 복사, 녹음, 녹화 기타의 방법에 의해 유형적으로 재생하는 것」이라고 정의되어 있어(2조1항15호), 유형적 재생 이외는 별개의 지분권으로 규정되어 있다.

복제란 유형적 재제(再製)를 의미하는데, 복제의 대상은 고정된 저작물일 필요는 없고 고정되어 있지 않은 생연주 등의 녹음·녹화도 복제가 된다. 연극용 저작물(각본 등)의 상연이나 방송 등을 녹음·녹화하는 행위는 각본 등의 복제가 되

---

9) 東京地判平14·9·5 判時1811호127면(サイボウズ事件), 東京地判平15·1·28 判時1828호121면(スケジュール管理ソフト事件), 東京地判平16·3·24 判時1857호108면(YOL事件), 大阪地判平17·7·12(未登載)(ゴルフダイジェスト事件).

1) 田村 108면 참조.

2) 小林 142면, 山本 88면. 榛村 177면은, 구법에서는 복제권을 두고 저작권의 거의 전내용을 보여주는 것처럼 넓은 의미를 갖게 하고 있지만, 적당하지 않다고 비판하고 있다.

며, 도면에 따라서 건축물을 완성시키는 행위는 건축저작물의 복제가 된다(2조1항 15호가, 나목). 이는, 연극 녹화의 경우라면 각본에 표현되어 있는 연극저작물을 상연 등을 통해서 기록매체에 고정하는 행위이고, 건축저작물의 경우라면 설계도에 표현되어 있는 저작물을 건축물로서 고정하는 행위인데, 양 조문 모두 복제에 해당하는 것을 확인적으로 규정한 것이라고 해석될 수 있다.[3] 덧붙여 녹음과 녹화에 대해서는 음이나 영상의 고정과 그 고정물의 증제(增製) 양쪽이 포함된다(2조1항 13호, 14호). 녹음・녹화라는 단어의 어감으로부터 증제는 포함되지 않는다는 오해를 피하기 위한 확인적 규정이다.[4]

재제(再製)란 기본적으로는 동일한 것을 만드는 것인데, 완전히 동일할 필요는 없고 또한 같은 표현형식일 필요도 없다. 즉 실질적으로 동일하면 되고, 원작품에 창작적 부가가 되어 있지 않으면 재제가 된다. 예컨대 암호문을 보통 문장으로 고친 경우, 즉흥곡을 채보한 경우, 강연을 원고로 옮긴 경우, 소스프로그램을 기계적으로 오브젝트프로그램으로 교환한 경우 등도 복제가 된다. 또한 평면적 표현을 입체표현으로 교환한 경우에도 거기에 새로운 창작적 행위가 더해져 있지 않으면 복제가 된다.[5] 변경부분에 창작적 표현이 존재하면 번안이 되고, 변경을 가한 자에게는 2차적저작물로서 저작권이 발생한다. 예컨대 고미술의 모사라도 기계적인 모사는 복제이지만, 창작적 행위가 부가되어 있으면 2차적저작물이 되는데,[6] 복제와 번안의 경계 확정에는 곤란이 따른다.

저작물의 일부의 유형적 재제도 그 부분에 창작적 표현이 있는 한 복제가 된다.[7] 타인의 음악 몇 소절이나 소설 몇 페이지를 이용하면 복제가 되는가(즉 침해로 되는가) 하는 논의는 의미가 없다. 저작물은 특허에서의 청구범위와 같은 권리범위를 확정하는 장치를 갖추지 않고, 권리 주장의 대상 부분에 창작적 표현이 있는가 여부만이 문제가 된다.

현행법에서는 유형적 재제가 복제라고 규정되어 있지만, 그 규정만으로는 구

---

3) 田村 123면. 그에 비해, 加戸 52면은 「간주규정」이라고 하고 있다. 상세한 것은 **「제1장 저작물(저작권의 객체) 제3절 저작물의 예시 6. 건축저작물」** 참조.

4) 加戸 50면.

5) 橋本英史 「著作者(複製権, 飜案権)侵害の判断について(上)」 判時1595호24면(1997).

6) 東京地判平11・9・28 判時1695호115면(煮豆売り事件), 東京地判平18・3・23 判時1946호101면(浮世絵模写事件). 또, 유사 사건인 東京地判平18・5・11 判時1946호119면(浮世絵模写事件)에서는 창작성이 부정되고 있으며, 요는 부가된 부분에 창작성이 인정되는가의 문제로 귀착된다.

7) 많은 저작권 침해사건은 부분침해 사례로, 이것이 당연한 전제로 되어 있는데, 명시적으로 판시한 판결로서는 大阪地判昭54・2・23 判タ387호145면(冷藏倉庫設計図事件).

체적 내용이 명확하지 않고 해석에 맡겨져 있는 면이 많다. 복제 개념을 확립한 최고재판소 1978(昭和53)년 9월 7일(One Rainy Night in Tokyo 사건)[8]에서는, 「저작물의 복제란 기존의 저작물에 의거하여 그 내용 및 형식을 지각시키기에 족한 것을 재제하는 것을 말한다」라고 판시하고 있다. 이 사건은 넓은 복제개념이 채용되어 있던 구 저작권법 하의 사건인데, 여기에서 판시하고 있는 것은 현행법에서도 거의 타당하지만,[9] 구 저작권법의 복제개념은 현행법보다 넓기 때문에 현행법의 경우는 「유형적」 재제라는 조건을 덧붙일 필요가 있다. 그 후의 판결도 대략 이에 따르고 있다. 이 최고재판소 판결에 의해 「의거」와 「기존 저작물의 내용·형식의 지각」(「유사성」이라고 바꿀 수도 있다)이라는 요건이 명확하게 되었다. 의거 요건은 행위자의 문제이기 때문에 **「제8장 침해와 구제」**에서 상술한다. 기존 저작물의 내용을 어느 정도 지각할 수 있으면 복제가 되는가 하는 점에 대해서는 획일적인 규준을 마련할 수는 없어, 사례의 누적 이외에는 없을 것이다.

(2) 침해에서의 복제개념

가. 규범적 개념으로서의 복제

복제란 침해와 비침해의 경계를 긋기 위한 규범적인 개념으로, 물리적으로는 복제라고 해도 저작권법상은 복제가 되지 않는 경우도 있을 수 있다. 저작권법은 30조 이하에서 다수의 권리제한 규정을 마련하여, 형식적으로는 복제 등에 해당해도 비침해로 되어 있는 경우가 열거되어 있는데, 거기에 한정 열거되어 있는 사유만으로는 구체적 타당성의 확보에서 충분하지는 않다. 미국의 공정사용(fair use)과 같은 일반규정이 없는 일본으로서는 복제 등의 기존 개념을 유연하게 혹은 규범적으로 해석함으로써 구체적 타당성을 확보할 필요가 있다.

저작권의 효력에 대해서는 소유권법의 개념을 차용하고 있다. 그러나 소유권의 대상인 유체물에 대해서는 그 경계(한계)는 객관적으로 존재하고 있다. 물건(특히 부동산)에 대해서는 그 경계선의 획정이나 귀속에 대한 다툼이 있을 수 있지만, 물건 자체는 고유의 영역을 점유하는 것으로서 객관적으로 존재하고 있고, 침해의 태양도 예측할 수 있는 범위의 단순한 것으로서, 침해태양에 따라서 유연하게 해석할 필요성은 낮다. 결론이 너무 부당한 경우에는 권리남용의 법리로 대응할

---

8) 判時906호38면.

9) 小酒禮·最高裁判所判例解說民事篇昭和51年度 414면(法曹会).

수 있다.

그에 비해서 저작권의 대상은 무체물인 정보로서, 권리범위도 일의적으로 결정되는 것은 아니고, 또한 침해형태도 다양하며, 입법시에는 예측도 하지 못한 사태도 발생할 수 있다. 여기에서 유체물의 침해와 커다란 차이를 찾아낼 수 있다. 그 때문에 각 지적재산권법에서는 구체적 타당성을 확보하기 위해 침해형태에 따라서 효력이 미치는 범위에 대해서 다양한 해석상의 노력이 이루어지고 있다. 예컨대 특허법에서는 균등론이 채용되어, 형식적으로는 비침해와 같이 보여도 보호범위로 하는 해석이 채용되어 있다. 그러한 관점에서 저작권법의 중심적 개념인 복제를 검토할 때에는 형식적으로 유형적 재제가 있는가 여부뿐만 아니라 여러 요소를 감안하여 규범적으로 파악할 필요가 있다.[10] 침해인가 여부의 판단에는 여러 요소가 들어갈 수 있다는 점에는 주목할 필요가 있다.[11]

복제행위 그 자체는 아니지만, 49조에 일정한 경우에 복제・번안으로 간주하는 취지의 규정이 마련되어 있다. 이로써, 예컨대 사적 사용 목적의 복제(30조)와 같이 합법적으로 작성된 복제물을 법에서 인정된 목적 이외의 목적을 위해 반포나 공중에 제시한 자는 복제를 행한 것으로 간주된다.

나. 일시적 축적(일시적 복제, 일시적 고정)[12]

현행법의 복제개념을 규범적으로 파악해야 하는 전형적인 예로서 일시적 고정의 문제가 있다. 컴퓨터를 사용할 때에는 물리적 의미에서의 복제가 필연적으로 수반되는데, 일본의 다수설은 구체적 타당성을 확보하기 위해서는 일시적・순간적인 축적은 법적으로는 복제가 아니라고 해석하고 있다.[13] 그러한 일시적 축적

---

10) 東京地判平11・10・27 判時1701호157면(雪月花事件)에서는, 전기기구의 선전용으로 일본식 다다미방의 사진을 촬영했을 때, 배경으로 작게 타인의 저작물인「서예」가 들어간 사건에서,「묵(墨)의 농담(濃淡), 비백(飛白)의 모양새, 붓의 세기 등 원고 각 작품의 미적 요소의 기초가 되는 특징적 부분을 감지하는 것이 도저히 불가능하다.」고 하여 복제 개념의 조작으로 구체적 타당성을 확보하고 있다. 또한 東京高判平12・9・19 判時1745호128면(舞臺裝置事件 항소심)에서는, 침해판단 시의 일반론으로서,「불가피한 공익 또는 제3자의 이익과의 조정 관점에서, 자연히 저작권의 보호범위가 한정된 것이 될 수밖에 없다」고 하여, 유사성 판단에서 양자의 공통성은 복제로 인정하기 위한 필요조건이며, 그 이외의 요소에 의해서도 좌우된다고 설시하고 있다.

11) 東京高判平13・3・27 判時1747호60면(中古ソフト事件)에서는,「26조 1항에서 보호되는 복제물」의 개념에 대해서 그 입법취지 등에 비추어 소수의 복제물만이 제조될 것이 예정되어 있음을 가리킨다고 해석하고 있어, 형식적으로는 복제물에 해당하는 것이라도 중고 소프트 유통실정 등을 감안하여 26조에서 말하는 복제물에는 해당하지 않는다는 해석이 내려졌다. 이 판결이론은 최고재판소에서 채택한 바는 없었지만, 물리적인 개념 혹은 국어적인 정의가 법해석에서는 반드시 타당한 것은 아니라는 사실을 나타낸 예로 볼 수 있을 것이다.

12) 이 문제에 대해서는 末吉亙「機器利用時・通信過程における一時的固定について」ジュリスト 1128호120면(2007)이 상세하다.

은 저작권자의 시장을 빼앗는 등의 경제적 이익을 해치는 일도 적고, 사용자도 그것에 의한 특별한 이익이 있는 것도 아니며, 무엇보다도 컴퓨터나 인터넷 등의 사용에 필연적으로 수반되는 것으로서, 일시적 축적을 복제로서 일률적으로 금지하는 것에는 오늘날 디지털사회를 뒤엎는 것으로서 폐해가 크다. 그러나 일시적 축적에 대해서는 저작권의 예외(30조 이하)로 되어 있지 않으며, 일본에는 공정사용 규정도 없기 때문에 해석론으로서는 복제개념을 규범적으로 파악하여 이러한 일시적 복제는 저작권법의 해석상 복제에 해당하지 않는다고 해야 할 것이다. 저작권법이 복제권이라는 재산권을 인정하고 있는 것은 일정 기간의 독점적 이윤을 보증하여 창작에 대한 인센티브라고 하기 때문이다. 그러한 목적에 합치되지 않는 일시적 축적은 저작권상의 복제라고 해석해서는 안된다. 가령 일시적 고정도 복제에 해당한다고 하면 컴퓨터의 실행에 불가피하게 수반되는 일시적인 고정 등에 대해서 입법적으로 제외하는 조치가 필요하게 될 것이지만, 이러한 규정이 없는 채로 일시적 축적을 복제라고 파악하는 것은 불가능하다.

그러나 국제적으로는 일시적 고정을 저작권법상의 복제로 하고 있는 나라도 많고, 일본에서도 그러한 해석론과 입법론이 존재한다.[14] 세계적으로는 오히려 그 방향으로 나아가고 있으며, 입법론으로는 고려할 가치가 있을 것이다. 다만 무엇을 일시적이라고 생각하는가 하는 점에 대해서는 컴퓨터나 인터넷 등의 기술 발전에 따라 검토해야만 하는 일들이 많이 발생하고 있어,[15] 기술의 발전에 따라 판단이 다른 것도 생길 것이다.[16] 이용자의 의도와는 관계없이 복제가 이루어지

---

13) 昭和48年6月著作権審議会第2小委員会(コンピューター関係)報告書(文化庁・資料編 326면)에서는,「내부기억장치에서의 저작물의 저장은 순간적이고 과도적이라 곧 사라지는 것이기 때문에 저작물을 내부기억장치에 축적하는 행위를 저작물의 복제에 해당한다고 할 수 없다」고 하였다. 田村 118면, 作花 694면, 井上由里子 「電子化時代の著作権制度の課題-新たなパラダイムの摸索」ジュリスト 1215호50면(2002), 苗村憲司 = 小宮山宏之編著 『マルチメディア社会の著作権』(慶応義塾大学出版会, 1997)65면 [苗村憲司], 山下幸夫 「インターネット上の著作権に関する基礎的考察」NBL 620号 40면(1997), 佐野信「インターネットと著作権」牧野=飯村 450면도 같은 취지. 塩沢一洋「『一時的蓄積』における複製行為の存在と複製物の生成」法學政治學論究41호218면(1999)은 복제행위와 복제물을 준별하여「메모리 등으로의 일시적 축적이 무의식 상태에서 의도없이 의사없이 행하여지고 있다고 하면, 거기에는 원래 능동적 작위적 행위이어야 할『복제행위』는 일체 개재되어 있지 않고, 저작권법에서 말하는『복제』에 포함되는 행위는 존재하지 않는다」라고 언급하였다.

14) 野一色勳「コンピュータにおける複製」著作権研究16호68면(1989), 山中伸一「マルチメディアと映画」著作権研究21호 59면(1995), 山本隆司「複製権侵害の成否」牧野 = 飯村 315면. 渋谷 111면은, RAM으로의 일시적 축적도 복제에 해당하지만, 저작물의 공정이용행위라고 하고 있다.

15) 예컨대, 기억장치의 대용량화, 서버의 24시간 운용, 캐시(cache)나 프록시서버의 보급, 각종 프로바이더의 출현, 복제기기 등에 기억장치 탑재 등등.

16) 斉藤 169면, 作花・詳解 692면. 또, 東京地判平12・5・16 判時1751호128면(スターデジオ事件)은, 저작권법은 설사 일부의 복사라도 권리침해라고 하여 광범위한 권리를 저작자에게 인정하고 있

는 경우도 있고, 기기의 구조상 자동적으로 복제가 이루어지는 경우도 있으며, 전원이 들어와 있는 한 없어지지 않는 복제의 경우도 있고, 종래와는 다른 디지털 시대 특유의 복제 실태로서 앞으로 이들을 저작권법상 어떻게 평가하는가라는 어려운 문제에 직면하게 될 것이다.[17] 기술발전에 따라 지금까지와 같이 해석으로는 해결되지 않게 되고, 어떤식으로든 입법이 필요하게 될 가능성이 있다.

일시적인 고정의 범위를 넘는 문제이기는 하지만, 수리·점검을 위해서는 일시적으로 복제하는 행위가 필요한 경우도 많다. 종래의 판례는 없지만, 이러한 복제는 위법하다고 볼 가능성이 있었다.[18] 그래서 2006(平成18)년 개정에서 수리·교환 후의 보존금지 등의 일정한 요건 하에 보수·수리 등을 위한 일시적 복제가 합법이 되었다(47조의3). 이 개정은 장래 일시적 축적 규정을 마련할 때에 참고가 될 것이다.

덧붙여 방송사업자에게는 일시적 고정이 인정되고 있는데, 이 문제에 대해서는 **「제4절 저작권의 제한 18. 방송사업자 등에 의한 일시적 고정」** 참조.

(3) 링 크[19]

인터넷 특유의 문제로는 링크가 있다. 링크란 그곳을 클릭하면 링크된 곳의 웹사이트에 연결된다는 것이다. 그것은 링크되는 곳의 저작물을 링크하는 곳의 서버에 축적하는 것이 아니라, 링크되는 곳으로부터 사용자에게 직접 송신된다. 통상의 책이라면 대상이 되는 책의 몇 페이지를 참조하라고 되어 있고, 사용자는 그 책을 찾아 해당 페이지를 읽지만, 1회 클릭만 하면 되기 때문에 아주 편리하다, 링크하는 곳에서는 복제가 이루어지는 것은 아니기 때문에, 기본적으로는 복제권 침해의 문제는 생기지 않는다.[20] 세상에는 링크프리라든가, 링크금지든가,

---

는데, 이는 재제(再製) 자체가 공(公)적인 것은 아니라도 장래 반복해서 사용될 가능성이 생기기 때문에 예방적으로 권리를 미치게 하는 것이 상당하다고 판단되었기 때문이며, 저작권법상의 「복제」에 해당한다고 하기 위해서는 장래 반복하여 사용될 가능성이 있는 형태의 재제물을 작성하는 것일 필요가 있다고 해석해야 할 것인바, RAM에서의 데이터 등의 축적은 일시적·과도적인 성질을 갖는 것이기 때문에 RAM상의 축적물이 장래 반복해서 사용될 가능성이 있는 형태의 재제물이라고 할 수는 없다고 하여 침해를 부정하였다.

17) 齋藤浩貴「『一時的蓄積』と複製に関する実際的考察」半田正夫古稀記念『著作権法と民法の現代的課題』(法学書院, 2003)232면은, 현실에서 일어날 수 있는 사태를 검증한 결과 일시적 축적을 복제로 해석하지 않는다고 한 후, 간주침해 규정으로 대처할 수 있다고 언급하고 있다.

18) Fair-use 규정이 있는 미국에서도 유지·관리(maintenannce)를 위한 복제는 판례상 위법하다고 보았기 때문에 1998년의 디지털밀레니엄저작권법(DMCA) 117조(c)에서 보수·수리를 위한 복제는 합법으로 규정되었다.

19) 링크의 법적 문제에 대해서는 作花 560면 참조.

링크는 자유지만 연락을 달라는 등의 표시를 볼 수 있지만, 저작권법적으로는 이는 단순한 희망이며 법적 효과를 동반하는 것은 아니다.

그러나 딥링크(deep link)의 경우는 링크되는 곳의 웹사이트의 메인화면을 생략하고 그 이하로 직접 건너 뛰어버리고, 링크되는 곳의 광고기능을 잃어버릴 우려가 있으며, 또한 프레임링크(frame link)는 링크하는 곳의 프레임을 분할하여 그 속에 링크되는 곳의 웹사이트를 표시하는 것으로, 마치 자신의 저작물에 타인의 저작물을 편입시킨 듯한 효과가 있다. 그러한 경우 링크되는 곳으로서는 유쾌하지 않고 경우에 따라서 사용자의 오인을 초래할 우려도 있으며, 경제상의 손실을 가져올 가능성도 있다. 다만 저작권법적 관점에서 본다면, 복제가 이루어지고 있지 않은 이상 복제권 침해나 공중송신권 침해를 문제삼는 것은 어려운 일이 아닌가 생각된다.[21] 다만 저작물은 링크되는 곳으로부터 직접 사용자에게 이동하고 링크하는 곳에서 복제나 번안 등이 이루어지지 않지만, 일부를 잘라내어 사용자에게 보여주고 있다고 생각하면 저작인격권 침해의 가능성은 있을 것이다. 또한 링크되는 곳의 저작물의 저작자의 명예나 성망을 해치는 방법으로 링크가 되어 있다면 저작인격권 침해가 될 가능성도 있을 것이다(113조6항). 이것이 바로 기술발전에 의해 출현한 새로운 현상으로, 필요하다면 법적 조치를 취하게 될 것이다.

2. 상연권 · 연주권(22조)

상연권 · 연주권이란 저작물을 공중에게 직접 보여주거나 들려주는 것을 목적으로 하여 상연 · 연주할 권리로서, 무형적인 재제(再製)이다. 연주란 음악(가창을 포함한다. 2조1항16호 괄호)을 들려주는 것을 가리키고, 상연이란 연주 이외의 방법으로 저작물을 보여주는 것을 가리킨다(2조1항16호). 본조의 대상으로서는 연극과 음악이 전형적인 예이지만, 만담, 강담(講談), 2인만담 등도 포함된다. 영화에 대해서는 상영권(22조의2)의 대상이 되고, 공중송신에 대해서는 공중송신권(23조)의 대상이 되며, 구술(口述)에 대해서는 구술권(24조)의 대상이 되기 때문에 22조에는 포함되지 않는다.

22조부터 26조의3까지의 권리는 무형적인 이용형태를 규정하고 있는데, 복제와는 달리 공연히 혹은 공중에게라는 것을 요건으로 하고 있다.[22] 사적 영역 내

20) 佐藤惠太「インターネット利用に特有の諸技術と知的財産法」ジュリスト1182호46면(2000).

21) 佐野 · 앞의 주13) 456면.

22) 23조의 공중송신권에 대해서는 공중송신의 정의(2조 1항 7호의2)에 공중에게라는 요건이 포함

에서 이루어진 복제는 그 복제물이 외부로 유출될 가능성이 있기 때문에, 그러한 복제를 권리범위 내로 한 다음 30조에서 사적 사용목적에서의 복제에는 권리가 미치지 않은 것으로 하며, 나아가 그것이 사적 영역 외로 유출되었을 때에는 침해로 간주한다는 구성으로 되어 있다(49조1항1호). 그에 비해서 상연・연주 등 무형적 이용의 경우는 그 자리에서 소멸하고 외부로 유출되어 권리자에게 손해를 줄 위험성이 없기 때문에 공연히 하는 것이 아닌 이용형태는 원래부터 권리범위 밖이라고 되어 있다.

공중이란 불특정한 다수뿐만 아니라 특정한 다수도 포함하는 개념이다(2조5항). 어느 정도의 숫자가 다수인가라는 점은 일의적으로 정할 것은 아니며 구체적인 사례마다 판단할 수밖에 없다. 예컨대 결혼피로연의 여흥에서 노래하는 경우에는 상당한 인수가 있어도 다수가 아니라고 할 가능성이 높을 것이며, 자유로이 입회할 수 있는 회원제 클럽에서의 연주의 경우는 그 정도의 인수가 아니라도 다수가 될 가능성이 높을 것이다.[23] 또한 공연이라는 요건에 대해서는 공연히 상연・연주할 목적이 있으면 되고, 결과적으로 청중이 없는 경우라도 된다.

연주・상연은 생연주・생상연뿐만 아니라 녹음물・녹화물에 의한 경우도 포함되기 때문에, 카바레 등에서의 음반연주 등도 상연권・연주권의 대상이 된다(2조 7항). 사건으로서는 가라오케의 예가 많다.[24] 가라오케의 경우의 연주 주체는 가창하고 있는 손님인가 가라오케의 경영자인가를 둘러싸고 분쟁이 있었다. 1999(平成11)년 개정 전에는 적법 녹음물에 의한 연주에 대해서는 부칙 14조에서 제외되어 있는 것을 제외하고,[25] 당분간 구 저작권법의 규정이 그 효력을 갖는다고, 즉 출처명시를 조건으로 하여 연주권이 미치지 않는다고 규정되어 있었다(구 저작권법 30조1항8호, 2항). 그 때문에 가라오케 바에서 손님이 노래하는 행위는

되어 있다.

23) 名古屋地判平15・2・7 判時1840호126면(社交ダンス教室事件)에서는, 저작물의 공중에 대한 사용행위에 해당하는가 여부는 저작물의 종류・성질이나 이용태양을 전제로 하여, 저작권자의 권리를 미치게 하는 것이 사회통념상 적절한가 여부라는 관점도 감안해서 판단하는 것이 상당하다고 하여, 입회금을 지불하면 입회할 수 있는 댄스교실에서의 음악 사용이 사회통념상 불특정 다수의 자에 대한 것, 즉 공중에 대한 것으로 평가하는 것이 상당하다고 하였다(東京高判平16・3・4 判時1870호123면 항소기각).

24) 가라오케에 관해서는 半田正夫「カラオケ文化と音楽著作権」同『著作物の利用形態と権利保護』(一粒社, 1989)109면, 作花文雄「カラオケによる音楽利用と著作権制度」コピライト457호62면 참조.

25) 한동안 연주권은 명곡다방, 카바레, 댄스홀 등에 한정되어 있었는데(저작권법시행령 부칙 3조), 平成11(1999)년 개정에 의해 부칙 14조는 폐지되었다. 부칙 14조에 대해서는 作花・詳解 264면, 斉藤博「著作権法附則14条と演奏権の及ぶ範囲--法的思考の素材として」筑波法政18호43면 참조.

손님이 스스로 즐기기 위해 노래하고 있는가, 혹은 연주의 주체는 가게 경영자이고 부칙 14조에서 말하는「손님에게 음악을 감상시키기 위한 특별한 설비를 갖추고 있는 자」에 해당하여 연주권의 효력이 미치는가의 점이 문제가 되며, 최고재판소 昭61・1・15(キャッツアイ사건)는 손님의 노래도 경영자가 연주 주체가 된다고 하여 경영자의 연주권 침해를 인정했다.[26] 이 점에 관해서는「제8장 침해와 구제, 제2절 민사적 구제」 참조.

상영・구술과 마찬가지로 비영리・무효・무보수인 상연・연주는 권리범위 밖이다(38조1항). 이 점에 관해서는 **「제4절 저작권의 제한 11. 영리를 목적으로 하지 않은 상연 등」** 참조.

3. 상 영 권(22조의2)[27]

상영이란「저작물(공중송신되는 것을 제외한다)을 영사막 기타의 물체에 영사하는 것」을 말하며(2조1항17호), 상영권이란 공연히 상영할 권리를 가리킨다.[28] 영화에 수반하여 고정되어 있는 음악을 재생하는 것도 포함된다(2조1항17호). 공중송신된 저작물에 대해서는 공중에게로의 전달권이 발생하므로(22조2항), 굳이 상영권에 포함시킬 필요는 없기 때문에 제외되어 있다(2조1항17호 괄호). 가라오케박스(노래방)와 같이 다수인이 한 장소에 집합되어 있지 않은 경우라도 손님은 불특정 또는 다수인이라고 말할 수 있기 때문에「공연히」라는 요건을 충족시킨다.[29] 영사되는 장소는 영화의 스크린뿐만 아니라 컴퓨터의 디스플레이, 텔레비전 수상기 등도 포함된다. 상영이란 영사막 기타의「물체」에 영사하는 것이라고 정의되어 있기 때문에, 홀로그램과 같이 영사막 등의 물체가 없는 곳에 상(像)을 맺는 것은 상영이라고 하지 않을 가능성도 있다. 그러나 아마도 유추해석을 하면 상영으로 볼 수도 있겠지만, 장래에 문제가 생긴다면 몇 번의 법개정도 필요하게

26) 百選 7번사건[井上由里子] 참조. 高松地判平3・1・29 判タ753호217면(クラビクラ・まはらじゃ事件)도 동지. 가라오케박스에 대해서도 같은 판단을 내린 판결례로서는, 大阪地決平9・12・12 判時1625호101면(カラオケルームネットワーク事件),東京地判平10・8・27 判時1654호34면(ビッグエコー事件), 그 항소심인 東京高判平11・7・13 判時1696호137면.

27) 著作権法研究会, 通商産業省知的財産政策室編 『著作権法・不正競争防止法改正解説』(有斐閣, 1999) 123면 이하에 상세하다.

28) 공연히라 함은, 22조에 의해「공중에게 직접 보여주거나 들려주는 것을 목적으로 하여」라는 의미이며, 공중에는 특정 다수인도 포함된다(2조 5항).

29) 東京地判平10・8・27 判時1654호14면(ビッグエコー事件)에서는, 점포에 내점하는 고객은 불특정 다수인이라고 하고 있다.

될 것이다.

1996(平成8)년에 채택된 WIPO저작권조약 8조에서, 저작자는 "공중으로의 전달을 허락할 배타적 권리를 향유한다"고 규정되었다. 종래 일본에서는 공중에 대한 전달에 관해서는 개별적인 규정, 구체적으로는 영화의 상영권(1999(平成11)년 개정 전 26조), 음악 · 연극 등에 대해서는 상영 · 연주권(22조), 송신에 대해서는 공중송신권 · 전달권(23조), 어문저작물에 관해서는 구술권(24조), 미술 · 사진에 대해서는 원작품의 전시권(25조)이 마련되어 있었다. 그러나 공중전달권(23조 2항)은 공중송신된 것을 공중에게 영사하는 행위에 대해서는 적용되지만(23조 2항) 공중에 대한 전달 일반에 대한 규정은 아니기 때문에 포인트투포인트(point-to-point)로 송신된 것을 공중에게 영사하는 행위에 대해서는 적용되지 않으며, 미술 · 사진 등 정지화상의 저작물 및 어문 · 도형 저작물에 대한 공중에게로의 전달에 대해서는 규정이 없었다. 그 때문에 최근 증가하고 있는 빌딩 벽면의 스크린에 미술품 · 사진을 영사한다든지, 또는 미술관에서 소장품을 스크린에 영사하는 행위 등에 대해서는 앞뒤가 맞지 않게 되었다. 그래서 WIPO저작권조약 8조에 대응하여, 1999(平成11)년 개정에서 상영권이 영화로부터 모든 저작물로 넓혀졌다(규정도 26조에서 22조의2로 이동되었다). 이 개정에 의해 모든 저작물에 관하여 모든 방법에 의한 공중에게로의 전달이 권리의 대상이 되었다.

저작권법의 역사는 저작물과 그 이용형태의 발전의 역사라고 말할 수 있다. 공중에 대한 전달 방법은 시대에 따라서 변화하고, 그 변화에 따라 새로운 권리가 발생하며, 상영권의 확장도 그 일환이다.

상연 · 구술과 마찬가지로 비영리 · 무료 · 무보수인 상영에 대해서는 권리가 제한되어 있다(38조1항). 이 점에 관해서는 「**제4절 저작권의 제한 11. 영리를 목적으로 하지 않는 상연 등(38조)**」 참조.

4. 공중송신권 · 공중전달권(23조)

공중송신이란 「공중[30]에 의해 직접 수신되는 것을 목적으로 하여 무선통신 또는 유선전기통신의 송신을 하는 것」을 말한다(2조1항7호의2). 종래에 송신이라고 할 수 있으려면 정보를 동시에 그리고 일방적으로 보내는 방송 · 유선방송을 지

30) 大阪地判平17 · 10 · 24 = 判時1911호65면(選撮見録事件)은 저작인접권 사례인데, 1주간 분의 TV프로그램을 녹화 가능하게 하는 집합주택용 자동녹화장치 판매업자가 10세대 이상의 입주자라면 공중이라고 해도 무방하다고 하여, 112조1항을 유추적용하였다.

칭했지만, 오늘날에는 사용자의 요구에 따라 정보를 제공하는 온디맨드(on-demand)형도 보급되어 이들을 포괄하는 개념이 필요하게 되었다. 1997(平成9)년 개정 전에는 저작자는 방송권과 유선송신권을 갖고, 유선방송에는 동시에 수신되는 유선방송과 이시(異時)에 수신되는 쌍방향성을 갖는 송신이 포함되어 있었다.[31] 이는 1997(平成9)년 개정에 의해 정비되어, 방송권과 유선방송권과 자동공중송신권의 상위개념으로서, 공중에게로의 송신 모두를 포함하는 공중송신권이 마련되었다. 다만 전기통신설비[32]로 동일 구내에서의 송신은 공중송신에서 제외되었는데(2조1항7호의2 괄호), 프로그램저작물에 대해서는 예외적으로 동일 구내라고 해도 공중송신이 된다(2조1항7호의2 괄호 안의 괄호). 동일 구내의 경우는 송신권이 적용되지 않아도 상연권·연주권·구술권·상영권으로 처리할 수 있는 경우도 많은데 비해, 프로그램저작물에 대해서는 하나를 구입해서 LAN을 통해서 호스트 컴퓨터로부터 동일 구내의 단말기에 송신하여 이용하는 것을 방지할 필요가 있어 이와 같은 귀찮은 규정이 되었다.

공중송신은 「직접 공중」에게 수신하게 하는 것이어야만 하며, 포인트투포인트(point-to-point)송신은 포함되지 않는다. 따라서 공중에 해당하지 않는 특정인에 대한 전화나 팩스, 이메일에 의한 송신은 공중송신에 해당하지 않는다.

방송이란 「공중에 의해 동일한 내용의 송신이 동시에 수신되는 것을 목적으로 하여 이루어지는 무선통신의 송신」을 가리키며(2조1항8호), 유선방송이란 그것이 유선전기통신에 의하는 것을 가리킨다(2조1항9호의2). 무선과 유선으로 구별되어 규정된 것은 역사적 경위와 저작인접권에서 약간의 차이가 있기 때문이다. 자동공중송신이란 「공중으로부터의 요구에 따라 자동적으로 이루어지는」 공중송신(방송·유선방송을 제외한다)을 가리킨다(2조1항9호의4). 요컨대 공중으로부터의 요구에 따라서 이루어지는 송신으로, 방송·유선방송 이외의 공중송신을 자동공중송신이라고 부른다. 그리고 자동공중송신에는 그 앞의 단계인 송신가능화가 포함된다(23조1항 괄호). 송신가능화란 공중의 이용에 제공되고 있는 네트워크에 접속되어 있는 자동공중송신장치(서버)에 정보를 기록·입력하는 것(2조1항9호의2가목)과, 혹은 그러한 정보가 기록·입력되어 있는 자동공중송신장치를 공중의 이용에

31) 일본에서는 1986(昭和61)년 개정에 의해 유선송신권이 규정되고, on-demand형(주문형) 송신 서비스도 여기에 포하된다고 해석되고 있었다(당시 무선의 온디맨드는 상정되어 있지 않았다).

32) 2006(平成18)년 개정까지의 조문에는 「유선전기통신설비」라고 되어 있었는데, 이 개정에 의해 「유선」이라는 단어를 삭제하고 동일 구내에서의 무선에 의한 LAN도 공중송신에서 제외하였다.

제공되어 있는 전기통신회선(인터넷)에 접속하는 것(2조1항9호의2나목)을 가리킨다. 이 권리는 속칭 업로드권이라고 불리는데, 정확하게는 업로드보다도 넓은 개념이다. 이것에 의해 인터넷을 통한 공중에 대한 전달행위는 망라적으로 권리범위에 포함되게 되었다.[33] 파일교환 서비스에서도 자기 컴퓨터의 공유폴더에 저작물의 복제물을 저장해두고 서버에 접속하게 하면 송신가능화권 침해가 된다.[34]

공중전달권이란「공중송신되는 그 저작물을 수신장치를 이용하여 공연히 전달하는 권리」를 가리킨다(23조2항). 즉 공중송신된 후에도 저작물이 흘러가는 곳을 통제하는 권리이다. 이러한 행위는 사실상 상연·연주와 유사한 것임에도 불구하고「직접」공중에게 보여주거나 들려주는 것은 아니기 때문에 종래는 상연·연주권의 권리범위 밖이었는데, 공중송신된 것이라는 사실만으로 권리범위 밖으로 하는 것은 사리에 맞지 않기 때문에 새로이 규정되었다.

공중전달권은 일반적으로 영향을 미치는 바가 크기 때문에,[35] 방송·유선방송되는 저작물은 비영리이고 또 요금을 징수하지 않는 공중전달이나 통상의 가정용 수신장치를 이용하는 경우에는 공중전달권이 미치지 않는 것으로 되어 있다(38조3항). 그 때문에 현실에서는 공중전달권이 작용하는 곳은 적고 지금까지 판례도 없다. 다만 이 예외규정의 적용은 방송·유선방송되는 경우에 한정되며, 자동공중송신되는 것에는 미치지 않는다. 즉 인터넷을 통해서 송신되는 저작물은 비영리·무료의 경우나 가정용 수신장치를 이용하는 경우도 위법이 되기 때문에, 앞으로는 분쟁이 발생할 가능성도 있다. 그런데 여기에서 말하는 전달이란 수신된 저작물을 그대로 직접 전달하는 행위를 가리키며, 일단 복제하고 나서 전달하

---

33) 자동공중송신에 대해서는 인터넷에 의한 생중계 등을 제외하고, 많은 경우는 서버에서의 복제를 수반하기 때문에 1997(平成9)년 개정 전에도 복제권으로 대응 가능한 경우가 대부분이었고, 또 개정 전의 유선송신권으로도 상당히 대응할 수 있었을 터이지만, WIPO저작권조약 8조에 따라 현행법과 같이 되었다.

34) 東京地決平14·4·11 判時1780호25면(ファイルローグ假處分事件), 東京地判平15·1·29 判時1810호29면(ファイルローグ事件中間判決)은 파일교환 서비스 제공자가 자동공중송신권·송신가능화권 침해의 주체로 된 예인데, 파일교환 자체도 저작권 침해라고 하고 있다. 京都地判平16·11·10 判時1879호151면(Winny ファイル交換事件)에서는, Winny라는 파일공유소프트를 사용하여 영화의 정보를 인터넷에서 다운로드할 수 있도록 한 행위에 대해 공중송신권침해죄의 성립이 인정되었다. 그런데 이 사건에서 사용된 Winny의 개발자에 대해 京都地判平18·12·13 判タ1229호105면(Winny幇助事件)에서, 소프트 제공자에게 공중송신권 침해죄의 방조가 인정되어 유죄판결이 내려졌다. 이 사건에 관해서는 大友信秀「著作権侵害行爲の幇助的行爲と刑罰規定(その1)(その2)」知財管理56권7号 971면·8号 1119면(2006) 참조.

35) 예컨대 식당이나 이발소 등에서 TV를 켜놓고 있으면 공중전달에 해당하지만, 이들을 모두 위법하다고 하는 데는 문제가 있을 것이다.

는 행위는 복제권 침해가 되는 것 이외에 상연·연주·구술·상영권 침해도 된다.[36]

5. 구 술 권(24조)

구술이란 「낭독 기타의 방법에 의해 저작물을 구두로 전달하는 것(실연에 해당하는 것을 제외한다)」(2조항18호)을 가리키며, 구술권이란 어문저작물을 공연히 구술할 권리이다. 무형적 이용형태이기 때문에 상연권·연주권과 마찬가지로 「공연히」라는 것이 요건으로 되어 있다. 구술로 녹음된 것을 재생하는 것(공중송신, 상영에 해당하는 것을 제외한다)이나 전기통신설비를 이용하여 전달하는 것(공중송신에 해당하는 것을 제외한다)도 포함된다(2조7항)

연극적인 저작물의 공연은 상연이기 때문에(22조) 구술권의 대상은 소설·시·강연 등에 한정되고, 그 때문에 사실상 적용범위는 좁고 판례도 존재하지 않는다.

상연·연주·상영과 마찬가지로 비영리·무료·무보수인 구술은 권리범위 밖이다(38조1항). 이 점에 관해서는 **「제4절 저작권의 한계 11. 영리를 목적으로 하지 않는 상연 등」** 참조.

6. 전 시 권(25조)

(1) 전시권의 의미

저작자는 미술저작물과 미발행[37] 사진저작물을 「원작품」에 의해 공연히 전시할 권리를 전유(專有)한다. 본조의 전시권이란 원작품에 의해 전시할 권리이므로 복제물에 의해 전시하는 경우에는 미치지 않는다. 원작품이란 회화와 같은 일품제작품에 대해서는 명백하지만, 판화나 주형조각 등과 같이 복수의 원작품(오리지널 카피)이 존재하는 것에 대해서는 그것들 모두가 본조에서 말하는 원작품이 된다.[38] 사진의 경우에는 네가필름이 아니라 네가필름으로부터 작성된 포지필름이 원작품이라고 생각되므로, 대량의 원작품이 나타날 가능성이 있어 미술저작물과의 형평을 취하기 위해 미발행인 것으로 한정되었다고 설명되고 있다.[39] 그러나

---

36) 加戸 190면.

37) 발행이란 권원을 갖는 자에 의해 「그 성질에 따라 공표의 요구를 충족시키는 것이 가능한 상당 정도 부수의 복제물이」 작성, 반포된 경우를 가리킨다(3조1항).

38) 加戸 192면.

39) 加戸 192면.

판화나 주형을 이용한 조각 등에 대해서도 오리지널 카피는 복수 존재하는데, 이것들은 미술의 원작품으로서 취급되고 있고 미발행이라는 요건도 설정되어 있지 않아, 사진만이 미발행을 요건으로 한다는 설명에는 부족하다고 생각되는데, 양적인 차이에 의한 것일까?

공중송신·상영 등은 원작품에 의한 전시는 아니지만, 그것들에 대해서는 별도로 공중송신권·상영권 등이 인정되고 있기 때문에 문제는 없다.[40]

(2) 소유권과의 조정

소유권과 저작권은 별개의 존재로서, 소유자라고 하더라도 저작권을 침해할 수 있으며, 저작권 침해가 되는 태양으로 저작물을 이용하는 것은 소유권 침해가 되지는 않는다.[41] 그러나 미술이나 사진의 원작품 소유자가 그것들을 공연히 전시하고 또는 전시에서 수익을 얻고 싶다고 원하는 것도 당연할 것이고, 그것은 소유권에 기한 사용·수익이라고 생각된다(민법206조). 한편으로 전시권의 대상은 저작물이라는 무체의 정보이지만, 원작품이라는 유체물을 통해서 구현되는 권리이기 때문에 전시권과 소유권 사이에 저촉이 발생하는 것은 피하기 어려워, 45조에서 양 권리 간의 조정을 꾀하고 있다(「**제4절 저작권의 제한 19. 미술저작물 등의 원작품 소유자에 의한 전시**」 참조). 동조에서 전시권의 효력은 미술저작물 혹은 사진저작물의 원작품의 「소유자」 또는 그 동의를 얻은 자에게는 미치지 않는다고 규정하고 있다. 그러므로 전시권은 현저하게 제한되어 작용할 여지가 적은 권리로 되어 있다.[42]

(3) 응용미술의 전시권

응용미술에 관해서는 약간의 문제가 있다(응용미술에 관해서는 「**제1장 저작물(저작권의 객체) 제7절 특수한 문제 2. 응용미술**」 참조). 응용미술 중에는 녹차잔과 같이 일품제작인 미술공예품도 있지만, 다른 한편 하카타(博多)인형[43]과 같이 다수 제

40) 작품을 디스플레이로 표시하는 기술의 발전과 함께 이들에도 저작권의 효력을 미치도록 하는 것이 검토되어, 1999(平成11)년 개정에서, 전시권을 확장하는 것이 아니라, 상영권을 모든 저작물에 확장함으로써 해결되었다.

41) 最判昭59·1·20 判時1107호127면(顔眞卿自書建中告身帖事件). 中山信弘·法協102권5호213면(1985) 참조.

42) 굳이 말하자면, 도둑에 의한 공연한 전시행위를 들 수 있는데(田村 180면), 절도범이 도품을 공연히 전시한다는 일은 그다지 생각하기 어렵다.

43) 長崎地佐世保支決昭48·2·7 無体裁集5권1호18면(博多人形赤とんぼ事件)에서는, 석고로 형틀

작되는 것도 있다. 응용미술 중에는 원작품을 하나 작성하여 그것으로부터 복제물을 생산하는 것도 있는데, 그에 대해서는 미술저작물이 회화와 마찬가지라고 생각해도 문제는 없을 것이다. 그에 비해 석고로 형틀을 만들어 제작하는 것에 대해서는 판화나 주형조각과 같이 저작자가 제작한 판목・주형에서 제작된 것은 원작품으로 취급하고 전시권의 대상으로 할 수밖에 없을 것이다. 응용미술이 미술과 마찬가지로 보호되는 것은 순수미술과 동시할 수 있는 미적인 요소를 포함하고 있기 때문이며, 전시권에 관해 다른 취급을 할 이유는 없다.[44)]

응용미술 중에는 다수의 원작품이 시장에 나도는 것도 있어, 원작품에만 전시권을 인정하고 복제물에는 인정하지 않는다고 하는 입법취지에서 보면 응용미술의 전 원작품에 전시권을 인정하는 것에 의문이 있을지도 모른다. 그러나 저작권자가 갖는 전시권은 미술저작물의 「원작품의 소유자와 그 동의를 얻은 자」에게는 미치지 않는다는 커다란 제약을 받고 있어(45조1항), 응용미술의 다수의 원작품이 나와 있어도 「원작품의 소유자과 그 동의를 얻은 자」 이외의 자에 의한 전시는 적고, 실제로 불합리는 거의 없을 것이다. 다만 공원 등의 공개장소에 상시적으로 설치하는 경우는 예외규정이 마련되어 있고(45조2항), 그 범위에서는 소유자라고 해도 응용미술의 원작품을 전시할 수 없게 된다. 즉 공원 등에 상시적으로 설치하는 경우 일품제작인 조각의 경우에는 그 일품에만 전시권이 인정되고, 주형조각의 경우에는 그 주형으로부터 제작된 전부에 전시권이 인정되므로, 응용미술의 경우도 동일 주형에서 제작된 전부에 전시권이 인정되게 된다. 판화나 미발행 사진도 마찬가지지만, 이들에 대해서는 공원 등에 상시적으로 설치하는 일은 드물 것이다.

을 만들어 다량으로 생산하여 판매하는 것을 목적으로 만들어지는 이른바 하카타인형(본건에서는 84,458개 생산)을 미술공예품으로써 저작물성을 인정하고 있다. 다만 제작과정이 불명확하기 때문에 이 사건에서의 8만여개 전부가 원작품에 해당하는가의 점은 불분명하다.

44) 渋谷 138면은, 저작물의 창작적 가치에 대한 저작자 자신의 평가가 제작수를 결정하는 판화, 주조조각, 사진과 달리, 응용미술은 전시권의 보호를 받지 않는다고 언급하고 있는데, 왜 저작자 자신의 평가에 의해 법적 효과가 다른 것인지 의문이다.

7. 반 포 권(26조)

(1) 반포의 의미[45)]

반포란「복제물을 공중에게 양도하거나 또는 대여한 것」으로, 영화저작물의 경우는「공중에게 제시하는 것을 목적으로 하여 당해 영화저작물의 복제물을 양도하거나 또는 대여하는 것을 포함한다」라고 정의되어 있다(2조1항19호). 즉 일반 저작물의 반포란 복제물을「공중에게」 양도·대여하는 것인 데 비해, 영화에 대해서는 한 부의 필름을「특정인」에게 양도·대여하는 경우라도「공중에게 제시하는 것을 목적」로 하고 있다면 반포에 해당한다.[46)] 구체적으로는 영화저작물의 복제물을 특정 영화관에 양도·대여하는 경우라도 영화관은 영화저작물을 공중에게 제시할 목적이 있기 때문에 반포에 해당한다. 그런데 일본 저작권법에서의 반포란「복제물」의 양도·대여를 지칭하고, 방송이나 인터넷송신 등과 같이 복제물을 매개로 하지 않고 저작물을 송신하는 것은 반포에 해당하지 않는다.[47)] 그것은 공중송신의 문제가 될 수 있지만, 특정 소수자에게 송신하는 것은 공중송신의 문제도 되지 않는다.

반포권은 영화저작물에 대해서만 인정되고 있다. 반포권자는 저작물의 복제물의 양도·대여처를 지정 혹은 한정할 수도 있기 때문에 반포권은 사실상 중고품 시장을 포함하여 유통을 통제할 수 있는 권리가 된다. 통상의 상품에 대해 유통을 통제한다면 독점금지법 위반이 되겠지만, 영화에 대해서만 이러한 강력한 권리를 인정한 이유는 베른협약 14조(1)의 의무이행이라는 의미 외에, 종래부터 관행상 소위「필름 배급권」이라는 것이 존재하고 있고, 반포권을 창설하더라도 거래상 혼란은 없을 것으로 생각되었기 때문일 것이다. 즉 대량의 복제물을 시장에 투입하는 것이 아니라 소수의 프린트필름을 작성하여 그것을 특정 영화관에 배급함으로써 고액의 투자를 회수하는 시스템을 유지하기 위해 반포권이 인정된 것이다. 그렇다고는 하지만 극장용 영화배급의 거의 모두는 필름의 양도가 아니라 대여라는 형태로 유통되고 있고, 그 유통은 계약으로 통제할 수 있을 터이며,

---

45) 반포권의 경위에 대해서는 泉克幸「我が国における頒布に関する権利の変遷」小野昌延古稀記念『知的財産法の系譜』(青林書院, 2002)525면 참조.

46) 田村 161면은, 26조는 상영권 침해의 예비적, 방조적 행위를 억제하는 것을 의도하고 있으므로 저작권자의 허락을 얻어 유통에 놓여진 복제물의 양도에 관해서는 상영권 침해의 목적과 결부되지 않는 한 반포권 침해에 해당하지 않는다고 하고 있다.

47) 斉藤 180면은 복제물에 의한 양도로 한정하는 것의 문제점을 지적하고 있다.

배급권의 확보를 위해 반포권이라는 강력한 물권적 권리까지 인장할 필요가 있었는가라는 점에는 의문도 남는다. 계약에 의해 유통의 통제가 불가능한 경우, 즉 복제물이 권리자의 통제를 벗어나서 유통되는 경우가 있는지, 그리고 설령 있다고 해도 상영권으로 처리할 수 없는 것인지 하는 것이 문제가 될 수 있다.

반포란 국내에서의 양도·대여뿐만 아니라 국외로의 양도·대여도 포함된다. 따라서 그런 의미에서 수출도 반포에 포함된다.[48] 다만 동일인이 국내에서 국외로 반출하는데 불과한 경우에는 양도·대여행위가 없기 때문에 반포라고는 할 수 없으며, 113조1항2호의 수출 문제가 된다.

(2) 반포권을 갖는 자

영화의 저작자는 영화저작물을 그 복제물에 의해 반포할 권리를 전유하며(26조1항), 또한 영화저작물에 복제되어 있는 음악·미술저작물 등의 저작자는 영화저작물의 복제에 의해 반포할 권리를 전유한다(동조 2항). 후자는 영화에 대한 반포권이 아니라 영화에서 복제되어 있는 저작물의 저작자가 그 저작물에 대해서 갖는 권리이다. 음악·미술 등의 저작자는 영화의 저작자는 되지 않지만(16조), 영화저작물의 반포에 의해 영화에서 복제되어 있는 저작물도 필연적으로 반포되기 때문에 이들에게도 반포권을 인정하고 있다. 그러나 그것은 영화를 통해서 실현되는 것이며, 결국 음악·미술 등의 저작자는 자기의 저작물이 복제되어 있는 영화의 반포권을 갖고 있다고 말해도 사실상은 큰 차이는 없을 것이다. 그런데 영화저작물에 번안된 소설, 각본 등은 영화저작물의 이용에 관해 영화의 저작자와 동일한 종류의 권리를 갖기 때문에(28조), 영화에 대한 반포권도 갖게 된다.

영화 이외의 일반 저작물에는 반포권이 없지만 그 대신에 양도권이 인정되고 있다(26조의2)

(3) 반포권의 한계(소진)

반포권 규정은 극장용 영화의 필름배급 시스템을 염두에 둔 규정인데, 영화저작물에는 영화의 효과와 유사한 시각적 또는 시청각적 효과를 생기게 하는 것도 포함되기 때문에(2조3항), 형식적으로는 영화와 유사한 것에까지 반포권이 인정되게 된다. 당초는 비디오소프트가 문제가 되어 병행수입한 비디오테이프를 국내에

48) 加戸 655면.

서 양도하는 것은 반포권 침해가 된다는 판결도 있지만,[49] 최근에는 비디오소프트는 영화저작물이기는 하지만 그 반포권은 1차 양도에 의해 소진된다고 한 판결도 나와 있다.[50]

최근에 게임소프트의 반포권에 관심이 집중되었는데, 하급심판결이 나뉘어졌고 대세는 반포권을 인정하지 않는다는 결론이었다.[51] 게임소프트에 반포권을 인정하지 않기 위한 법적 구성으로서는 ① 영화가 아니다, ② 26조에서 말하는 복제물이 아니다, ③ 반포권은 있지만 소진되었다 라는 세 가지 견해가 있을 수 있는데, 최고재판소 平14・4・25(중고 게임소프트 사건)[52]은 ③을 채용하여 "공중에게 제시하는 것을 목적으로 하지 않는" 게임 소프트는 영화이기는 하지만, 그 복제물을 공중에게 양도할 권리가 일단 적법하게 양도됨으로서 그 목적을 달성한 것으로 소진되어 이미 저작권의 효력은 당해 복제물을 공중에게 재양도하는 행위에는 미치지 않는다고 하였다.

1999(平成11)년 개정에서 양도권이 마련되었고(26조의2제1항), 양도권은 제1양도에 의해 소진된다고 하였음에도 불구하고(26조의2제2항1호), 양도권 규정에서 영화가 제외되어 있고(26조의2제1항 괄호), 그리고 영화의 반포권 규정은 그대로 유지되고 있는 것에서 볼 때, 문리적으로는 영화의 반포권은 소진되지 않는 것으로 읽을 수 있어, 이 최고재판소 판결에는 약간 무리가 있는 듯이 보인다. 반포권의 소진을 인정하면 영화는 양도권에서 제외되었음에도 불구하고 양도에 관해서 반포권은 양도권과 거의 같아진다.[53] 그리고 영화의 반포권을 2종류로 분류해서 게

49) 東京地判平6・7・1 判時1501호78면(101匹ワンチャン事件)은, 26조1항에서는 극장용 영화의 특정 형태의 반포권만을 저작자에게 전유시킨다는 한정을 하고 있지 않기 때문에, 극장용 영화의 복제인 비디오테이프를 공중에게 판매하는 행위도 반포권의 대상이 된다고 하고 있다. 또, 加戸 195면은 비디오테이프에 대해서는 문제가 있음을 인식하면서도 반포권이 있다고 할 수밖에 없다고 설시하고 있다.

50) 東京地判平14・1・31 判時1791호142면(中古ビデオソフト販売事件). 본건은 뒤의 주52)의 최고재판소 판결의 사정범위를 비디오소프트까지 넓힌 것이다. 作花・詳解 648면은, 극장용 영화를 비디오소프트화한 것에 대해서는 배급제도의 보호라는 입법취지에서 더 검토가 필요하다고 하고 있다.

51) 롤플레잉게임이나 대전격투형 게임소프트에 관한 사건에서, 大阪地判平11・10・7 判時1699호48면(中古ゲームソフト事件)은, 게임소프트는 영화이며, 반포권이 인정되며, 소진도 되지 않는다고 하고 있다. 이에 비해서 東京地判平11・5・27 判時1679호3면은, 그러한 게임소프트는 영화가 아니라고 한 결과, 반포권은 인정되지 않는다고 하고 있다. 大阪高判平13・3・29 判時1749호3면(中古ゲームソフト事件 항소심)은 영화이고 반포권도 인정되지만 반포권의 소진을 인정했다. 東京高判平13・3・27 判時1747호60면(中古ゲームソフト事件 항소심)은, 게임소프트의 복제물은 26조1항의 복제물에 해당하지 않고 반포권의 대상이 되지 않는다고 하고 있다. 이와 같이 각 법원에 따라 이론구성은 다르지만, 오사카지법 판결 이외에는 모두 중고소프트의 양도는 반포권 침해에는 해당하지 않는다는 결론이다.

52) 判時1785호3면.

임소프트 등의 양도에만 소진을 인정하고, 극장용 영화의 양도에는 소진을 인정하지 않고, 반포권의 또 하나의 내용인 대여에 대해서는 소진하지 않는다는 해석은 조문과는 약간 괴리되어 있는 듯이도 보인다.

그러나 이 문제는 입법시에는 상정조차 할 수 없었던 사태를 취급하고 있고, 「실질적으로는」 법이 흠결하고 있는 분야라고 볼 수 있으며, 그런 의미에서 판결의 이론구성이 구구하게 나뉘어 있는 것은 어쩔 수 없는 일이다. 궁극적으로는 입법적 해결에 의해야 할지도 모르지만, 그때까지는 최고재판소 판결과 같은 입법론적 해석론이 될 수밖에 없으며, 최고재판소의 결론은 저작권이 경제재적 요소를 강화하고 있는 현재에는 타당한 것이라고 할 수 있다.

최고재판소 판결에서도 "저작권법에 의한 저작권자의 권리보호는 사회 공공의 이익과의 조화 속에서 실현되어야 한다."라고 판시하고 있는 바대로, 이 문제는 저작권법만을 보는 것이 아니라 중고품의 매매를 금지하는 경쟁법적 의미도 감안하여 해석해야 할 것이다.[54] 게임소프트 등 상품의 유통형태는 소위 배급권의 전제인 극장용 영화와는 달라서 오히려 서적이나 음반 등의 일반 상품과 유사하다. 게임소프트는 영화이고, 영화라고 한다면 당연히 반포권이 인정된다는 형식론적인 문리해석만으로는 이들 상품유통의 통제를 인정할 정당화 근거를 찾아내기 어렵다. 가령 이들 상품에 반포권을 인정하면 영화 개념의 정의에도 근거하지만 앞으로 점점 중요하게 될 동화상 콘텐츠의 대부분에 대해서 유통통제를 인정하는 것이 되어, 그 영향은 심각하다. 장래는 백과사전 등의 서적, 가라오케소프트, 여행안내 등 멀티미디어 소프트에 움직이는 영상이 많이 삽입될 것인데, 그것들을 영화라고 한다면 저작권으로 그 유통을 통제할 수 있게 되고, 그 영향도 염두에 두고 결론을 이끌어내어야만 한다. 다른 일반 상품이라면 유통을 통제하는 것은 독점금지법 위반이 될 가능성이 아주 높은 데 비해, 움직이는 영상이라면 원칙적으로 독점금지법 적용제외가 된다고 하면 정보화시대에 중요한 지위를 점하게 될 것으로 예상되는 콘텐츠의 대부분을 독점금지법 밖에 두게 되어 정보화시대의 콘텐츠 전체에 관련되는 큰 문제이다.

---

53) 양도권의 경우는 원작품 또는 복제물의 양도에 의한 공중에게로의 제공(26조의2)인데, 영화의 반포권의 경우는 복제물에 의해 공중에게 제시하는 것을 목적으로 한 양도도 포함되기 때문에 약간 다른 면도 있다.

54) 中山信弘, 「著作権法の動向」鴻常夫古稀記念 『現代企業立法の軌跡と展望』(商事法研究会, 1995) 참조.

참고로, 반포권이란 양도와 대여에 대한 권리로서, 양도 혹은 대여 후의 용도까지 제한하는 것을 인정하는 것은 아니다. 예컨대 반포권에 의해서 양도 후의 재판매 가격 유지 행위가 정당화되는 것은 아니다. 양도 혹은 대여에 임하여 계약으로 용도를 한정하는 것은 가능하지만, 그것은 통상의 계약으로, 제3자를 구속하는 것은 불가능하며, 또한 다른 법규(예컨대 독점금지법)를 위반하는 것도 불가능하다.

8. 양 도 권(26조의2)

(1) 양도권의 의미[55]

양도권이란 영화 이외의 저작물의 원작품 또는 복제물을 양도에 의해 공중에게 제공하는 권리를 가리킨다. 종래는 영화저작물에 대해서만 복제물을 공중에게 양도・대여할 권리인 반포권이 인정되고 있었는데(1999(平成11)년 개정 전 26조), 일반 저작물에 대해서는 양도권이 없고 대여권만 인정되고 있었다. 1996(平成8)년에 채택된 WIPO저작권조약 6조(1) 및 WIPO실연・음반조약 8조, 12조에 규정되어 있는 반포권(right of authorizing the making available to the public of the original and copies of their works)을 받아들여, 1999년 개정에서 영화 이외의 저작물에 대해서 양도권이라는 지분권이 신설되었다.[56] 양도권은 저작자뿐만 아니라 실연자・음반제작자에게도 인정되고 있다(95조의2, 97조의2). 일본은 이미 대여권을 마련하고 있기 때문에 WIPO저작권조약에서 말하는 반포권 중 양도권만이 새로 규정된 것이다. 그런데 영화는 양도권 대상에서는 제외되어 있는데(22조의2제1항 괄호), 이는 영화에는 이미 반포권이 인정되고 있기 때문이며, 이를 제외한 것은 규정의 중복을 피한다는 입법기술상의 문제이다.

양도권이란 저작물의 원작품 또는 복제물을 양도에 의해 공중에게 제공할 권리이고, 공중이란 특정한 다수도 포함하는 개념으로 정의되어 있기 때문에(2조5항), 특정 소수자에 대한 양도에는 양도권이 작용하지 않는다. 양도권과 기능적으로 유사한 대여권(26조의3)의 대상에는 원작품은 포함되지 않지만, 양도권의 대상에는 원작품도 포함된다. 또한 양도권은 제1양도에 의해 소진되기 때문에 그 점에서도 소진되지 않는 권리인 대여권과는 취급이 다르다.

---

55) 小泉直樹「改正著作権法における譲渡権の創設」CIPIC ジャーナル108호1면(2001) 참조.

56) 양도권 제정에 관해서는 著作権法令研究会, 通商産業省知的財産政策室編・앞의 주27)111면 참조.

양도권은 위법하게 작성된 물건도 포함하여 모든 복제물의 양도에 미치기 때문에 양도권 침해는 113조1항2호의 침해와 중복해서 적용되는 경우도 많다.

참고로 양도권의 규정을 마련할 때에 출판권 소멸 후에 있어 출판권 소멸 전에 작성된 복제물의 반포를 인정하였던 85조는 삭제되었다. 출판권이란 반포 목적으로 복제할 권리로서(80조), 출판권설정계약과 동시에 양도권허락계약도 체결되기 마련이고, 출판권 소멸 후의 일은 그 계약에 의해 해결할 수 있기 때문에 85조는 양도권의 창설로 의미를 잃었다.

법적 안정성의 필요에서 시행일(2000. 1. 1.) 이전에 현존하는 원작품・복제물에 대해서는 양도권 규정이 적용되지 않는다(개정법 부칙 2항, 출판권에 관해서는 3항, 4항에 경과조치를 두고 있다).

(2) 소 진

양도권은 유통을 통제하는 것이 가능한 강력한 권리이기 때문에 가령 소진되지 않는 양도권을 인정하면 대여권과 함께 저작물 일반에 대해 유통통제가 가능하게 된다. 이는 저작물이 중요한 재화가 될 정보화시대에 있어서 영향을 미치는 바가 대단히 크다. WIPO저작권조약 6조(2)에는, 저작권이 소진되는가 여부에 관해서는 각 가맹국에 위임되어 있다. 저작물 이외의 상품 일반에는 인정되지 않는 유통 통제를 저작물에 한하여 인정하는 정당화 근거는 없으므로 일본에서는 양도권에 대해 소진을 인정하는 규정이 마련되었다. 소진이란 각종 지적재산권법 영역에서 일반적으로 인정되고 있는 원칙으로, 권리의 대상이 되고 있는 지적재산권이 화체되어 있는 「물(物)」에 관한 한 제1양도에 의해 권리는 소진하고 이미 권리행사를 인정하지 않는다는 독트린(doctrine)으로서, 조문상의 근거는 없어도 유통의 확보라는 관점에서 당연한 것이라고 해석되고 있다.[57] 그러나 저작권에 관한 모든 권리가 소진원칙에 따르는 것은 아니며, 예컨대 대여권은 소진한다면 의미가 없어지기 때문에 소진하지 않는다고 해석되고 있다.

26조의2에서는 1항에서 양도권을 규정하고, 2항에서 그 예외로서 소진하는 경우를 규정하고 있다. 구체적으로는 다음 경우에 양도권은 소진된다.

우선 양도권을 갖는 자 또는 그 「허락」을 얻은 자에 의해 공중에게 양도된 저

57) 최근의 입법례에는 소지를 인정하고 있는 예도 있다. 예컨대 半導体の集積回路の回路配置に関する法律(半導体チップ法)12조 3항, 種苗法 21조4항.

작물의 원작품 또는 복제물에 대해서는 소진한다(26조의2제2항1호). 소진의 전형적인 경우이다.

다음으로 2호에서, 재정(裁定) 등에 의해 복제물이 작성되어 공중에게 양도된 경우에는 소진된다. 구체적으로는 작자 불명의 경우(67조1항)나 상업용 음반에의 녹음(69조)에 의한 문화청장관의 재정, 「세계저작권조약의 실시에 따른 저작권법의 특례에 관한 법률(萬國著作権条約の実施に伴う著作権法の特例に関する法律)」 5조1항의 규정(번역권 7년 강제허락제도)에 의한 문화청장관의 허가를 얻어 공중에게 양도된 복제물은 소진된다.

3호에서는, 권리자 또는 그 「승낙」을 얻은 자가 특정의 소수자(즉 공중이 아닌 자)에게 원작품·복제물을 양도한 경우에도 소진한다. 양도권은 공중에 대한 양도에 관한 권리로서, 특정의 소수자에 대한 양도는 본래 자유이기 때문에 양도권이 관여하는 바는 아니지만, 이 경우에도 양도권을 소진시키지 않으면 그 이후의 유통의 저해요인이 되기 때문이다. 특히 원작품의 양도는 공중에 대한 양도에 해당하지 않는 경우도 많다고 생각되는데, 이 경우에도 법적 안정성은 필요하다. 바꿔 말하면, 특정 소수자에 대한 양도에도 해당하지 않는 도난 등의 경우에는 양도권은 소진하지 않는다. 특정 소수자에 대한 양도에는 본래 양도권이 미치지 않고 권리자에게는 특정 소수자에 대한 양도를 「허락」할 권원은 없기 때문에 「허락」(1호)이 아니라 「승낙」(3호)이라는 말이 사용되고 있다.

4호는 양도권의 국제적 소진을 규정한 것이다.[58] 외국에서 그 나라의 양도권에 상당한 권리(나라에 따라 권리의 구체적 내용은 다를 수 있다)를 침해하지 않고, 양도권에 상당한 권리를 갖는 자 또는 그 승낙을 얻은 자에 의해 양도된 경우에도 일본에서의 양도권은 소진한다. 즉 외국에서 적법하게 수입되어도 원작품 또는 복제물에 대해서는 양도권이 소진되어 있으면, 그것이 일본에 수입되어도 저작권자는 그에 대해서 양도권을 행사할 수 없다. 그 때문에 국외에서 적법하게 반포된 음반이 국내에 다시 들어와도 양도권으로 대응할 수 없기 때문에, 2004(平成16)년 개정에서 새로 국외 반포목적 상업용 음반의 환류방지조치 규정이 마련되었다(113조5항).

제1양도가 적법하게 이루어지지 않은 경우에는 양도권은 소진되지 않는데, 제3자로서 적법하게 양도된 물건인지 여부의 판단은 극히 어려워, 유통의 안정을

58) 著作権法令研究会, 通商産業省知的財産政策室編·앞의 주27) 117면.

도모할 필요가 있다. 그래서 원작품 또는 복제물의 양도를 받을 때에 양도권이 소진하지 않은 사실에 대해 선의 · 무과실인 자가 공중에게 양도하는 행위는 양도권을 침해하지 않는 것으로 간주된다(113조의2). 양도를 받을 때에 선의 · 무과실이면 족하며, 예컨대 사후적으로 위법하게 양도된 취지의 고지를 받았다고 해도 양도권의 효력은 미치지 않는다. 그런데 이 규정은 선의 · 무과실인 자를 보호할 뿐이고 양도권 그 자체가 소멸하는 것은 아니므로, 선의 · 무과실인 자로부터 양도을 받은 자가 악의 · 유과실인 경우에는 그 자의 양도행위는 양도권 침해가 된다. 이 규정에 의해 양도권의 신설이 유통의 저해요인이 되는 일은 거의 없다고 할 수 있다.

당사자의 계약으로 소진하지 않는다는 취지의 계약을 해도 양도권은 소진한다. 소진한다는 것의 의미는 그 「물건」에 관해서는 양도권의 효력은 미치지 않는다는 것으로, 양도권이 부착되어 있지 않는 「물건」과 같은 취급이 된다는 것이다. 저작물의 원작품 또는 복제물을 양도함에 있어서 타인에게 양도하지 않는다는 뜻의 특약을 붙이는 것은 소진과는 관계가 없는 것이며, 다른 강행법규(독점금지법이나 권리남용 등)에 반하지 않는 한 유효하다. 이것은 저작권의 대상이 아닌 「물건」의 양도에 있어서 다른 자에게 양도하지 않는다거나 혹은 양도할 때에는 원소유자의 동의를 필요로 한다는 계약이 원칙적으로 유효한 것과 마찬가지이다. 다만 그와 같은 계약은 당사자 사이를 구속할 뿐 제3자를 구속하는 것은 아니다.

(3) 양도권을 신설한 의의

양도권 규정이 신설된 1999(平成11)년법 이전에는 원작품과 적법하게 작성된 복제물의 양도는 자유이고, 위법하게 작성된 물건에 대해서는 113조1항2호에 의해 사정을 알고 반포한 경우에만 침해가 되었다. 따라서 복제의 허락을 받은 출판자는 그 복제물을 양도(판매)하는 것이 자유였다. 그러나 양도권 규정이 신설되었기 때문에, 앞으로는 복제권의 허락과 함께 양도권의 허락을 받지 않으면 판매할 수 없게 되는데, 이러한 경우에 저작권자가 양도권을 허락하지 않는다는 것은 생각하기 어렵다. 가령 양도에 대한 명시의 허락이 없어도 묵시의 허락이 인정되는 경우가 압도적으로 많다고 추측된다. 따라서 양도권의 신설에 의한 실무상 변화는 거의 없다고 생각된다. 다만 저작물의 복제만 허락하고 양도를 허락하지 않은 경우, 예컨대 프로그램의 복제와 인하우스 유즈(in-house use)만을 허락했는데 계약에 반해서 양도한 경우에는 양도권 침해가 된다.

(4) 양도권의 제한

모든 공중에 대한 양도를 위법하다고 하면 현실적으로 문제가 생기기 때문에, 양도권은 일정한 경우에는 제한되고 있다. 예컨대 도서관이 불특정 또는 다수인에게서 요구를 받고 일정한 복사 서비스를 하는 것은 31조1항에 의해 인정되고 있지만, 그 복제는 가능하더라도 복제물을 의뢰자에게 교부하면 양도권 침해가 된다고 하면 복제권을 제한한 31조의 의미가 없어진다. 그래서 양도권 규정이 신설될 때에 47조의3에 열거되어 있는 복제권을 제한하는 규정의 적용에 의해 복제된 복제물을 양도에 의해 공중에게 제공할 수 있다, 즉 양도권이 제한된다. 다만 복제에 목적제한이 있는 것에 대해 목적 외로 양도된 경우에는 양도권이 작용하여 양도권 침해가 된다(47조의3 단서). 이 경우는 동시에 복제권 침해도 된다(49조1항).

이상에서 본 바와 같이 양도권 규정의 신설에 따른 변화는 거의 없다고 말할 수 있을 것이다.

9. 대 여 권(26조의3)

(1) 대여권의 의미

저작자는 그 저작물을 복제물의 대여에 의해 공중에게 제공할 권리를 전유한다(26조의3). 대여권의 대상은 저작물이라는 무형의 정보로서, 저작물 자체를 대여한다는 것은 생각할 수 없다. 금지되는 실체는 저작물의 복제물을 공중에게 제공하는 것인데, 그 수단으로서 복제물의 대여를 규정하고 있다.

대여권에서는 영화저작물이 제외되어 있는데, 영화에 대해서는 이미 반포권이 인정되어 있고(26조1항), 반포에는 복제물의 공중에 대한 대여가 포함되기 때문에(2조1항19호) 거의 모든 저작물에 대해서 대여권이 인정되고 있는 것과 마찬가지이다.

어떤 이름 또는 방법으로 하는가를 불문하고, 실질적으로 대여에 해당하는 행위는 저작권법상 대여가 된다(2조8항). 구체적으로는 환매조건부매매나 반품조건부 또는 중고매입조건부 매매라도 그 실체가 대여로 보이는 경우에는 대여권의 효과가 미치게 된다.[59]

참고로 건축저작물에 관해서는 건축에 의한 복제와 그 복제물의 양도에 의해 공중에게 제공하는 경우(46조2항) 및 옥외에 상시적으로 설치하기 위해 복제하는 경우(46조3항) 이외의 이용은 자유이기 때문에, 대여권 규정은 작용하지 않는다. 가령 임대별장에 저작권이 발생한다고 해도 그 별장을 불특정의 사람들에게 대여해도 대여권 침해는 되지 않는다.

(2) 입법의 경위

도서대여업이나 도서관 등에서 볼 수 있는 바와 같이, 저작물의 복제물의 대여는 종래부터 이루어지고 있었지만, 그것이 저작자의 이익에 커다란 영향을 주는 것으로 인식되는 일은 적었다. 그러나 음반대여라는 새로운 업태가 출현했기 때문에 음반업계는 매상이 감소하고 중대한 손실을 입고 있다고 주장하여 사회문제가 되었다.[60] 그 결과 1983(昭和58)년에 의원입법에 의해 상업용 음반의 유상대여를 규제하는「상업용 음반의 공중 대여에 관한 저작자 등의 권리에 관한 잠정조치법」이 성립하였고, 나아가 그 이듬해인 1984(昭和59)년에 저작권법을 개정하여 저작물 일반에 대해 대여권을 신설하고 잠정조치법은 폐지하였다. 음반대여를 이용하는 대다수는 자택에서 복제를 하고 있는 것으로 생각되지만, 그 복제는 사적 사용 목적의 복제인 경우가 많아 형식적으로는 합법이지만, 전체적으로 관찰하면 결과적으로 막대한 양의 복제가 이루어져 음반산업에 커다란 영향을 주고 있다는 주장에 따라 입법되었다. 그러한 경위에서 볼 때 대여권은 복제권의 보완적인 권리처럼 보이지만, 대여권이 저작물 일반에 인정되게 되었기 때문에 대여권을 단지 복제권의 연장으로 파악하는 것은 타당하지 않다. 대여권의 입법화에 의해 저작자는 새로 공중에 대한 대여로부터 얻어지는 이익을 획득할 수 있게 되었다.

그런데 오랜동안 이루어져 왔던 대여업을 배려하여 부칙 4조의2에 의해 서적・잡지(주로 악보로 구성되어 있는 것을 제외한다)의 대여에 의한 경우는 당분간

59) 東京地決昭62・4・6 判時1227호112면(パソコン・ソフト貸与事件)은, 중고판매방식이라고 칭하고, 중고판매가격의 1할 내지 전액을 계약보증금・대금으로 하여 그 수령과 교환으로 고객에게 상품을 인도함과 동시에 고객에게 반환약속 또는 재판매 예약이나 약속을 하게 하고, 후일, 반환일 또는 재판매일까지의 일수(日數)에 따른 돈을 계약보증금・대금과 정산한 다음 고객으로부터 징수하여 고객에게 상품을 반환시키는 방법을 대여권 침해라고 하였다.

60) 松井正道「貸しレコードの著作権問題」法律ひろば35권1호17면(1982), 半田正夫「いわゆる『貸しレコード規制法』について」ジュリスト806호60면(1984), 半田正夫「貸しレコードと著作権」青山法学論集30권1호55면(1988), 田村 124면, 泉・앞의 주45) 532면 참조.

대여권 규정은 적용되지 않도록 되어 있다. 그러나 종래형태의 도서대여업 대신에 만화 등 대형 도서대여업이 출현하기도 해서 이 부칙은 2004(平成16)년 개정에서 폐지되고,[61] 영화저작물을 제외한 모든 저작물에 대여권이 미치게 되었다.[62]

(3) 공중의 의미

대여에 의해 공중에게 제시하는 것만이 대여권의 대상이 되는데, 공중이란 특정 다수인을 포함하는 개념으로 정의되어 있기 때문에(2조5항), 대여권은 특정 소수자에 대한 대여에는 미치지 않는다. 공중의 의미는 반드시 일의적으로 결정되는 것이 아니라, 당해 조문의 취지로부터 도출해야 하며,[63] 대여권에 대한 공중이란 무엇을 의미하는가라는 검토가 필요하게 된다. 논리필연적으로 도출되는 것은 아니지만, 대여권은 원래는 음반 복제권의 보완적 의미, 즉 이용의 근원부터 대가를 징수하는 시스템인 복제권으로는 포괄되지 않는 부분을 포착한다는 의미가 강했다.[64] 그러나 대여권이 저작물 일반에 인정됨으로써 저작권자는 종래 자유였던 대여로부터 이윤을 획득할 수 있도록 되었다. 그와 같은 대여권이 미치지 않는 범위, 즉 공중에 해당하지 않는 범위란 법의 취지에서 볼 때 복제권이 미치지 않는 사적 사용 목적의 범위와 유사한 것을 상정할 수 있을 것이다. 이 점에 대해서는 **「제4절 저작권의 제한 2. 사적 사용 목적을 위한 복제」** 부분을 참조.

이와 같이 해석하면 대여권 침해가 미치지 않는 범위는 좁아진다. 그러나 공표된 저작물에 대해서는 비영리·무상으로 그 복제물을 대여에 의해 공중에 제공하는 경우는 대여권의 적용제외로 되어 있기 때문에(38조4항),[65] 대여권이 적용되는 대부분의 케이스는 영리행위라는 것이 된다. 따라서 자연인 혹은 기업 사이에서도 대여권은 영리가 아닌 대여에는 미치지 않기 때문에, 공중이라는 요건을 엄격하게 해석해도 문제는 적다. 반대로 상당히 친밀한 관계에 있는 기업 사이라도

61) 2004(平成16)년 저작권법 개정 부칙 4조에서 경과규정이 마련되어, 도서대여업자가 종전부터 소지하고 있는 서적·잡지에 대해서는 대여권의 효력이 미치지 않는다고 되어 있다.

62) 만화다방과 같이, 그 자리에서 읽게 하는데 대해서는, 점유가 다방측에 있어 대여가 아니라 대여권의 범위 밖일 것이다. 가령 이것이 대여라고 한다면 미용실이나 국수집 등에서 열람하게 하는 경우도 대여권에 포함되어 버릴 우려도 있다. 三山 195면. 이 점에 대해서는 作花·詳解 284면은 만화다방 등의 점내대출을 대여로 파악하는 것도 반드시 불합리한 것은 아니라고 언급하고 있다.

63) 加戸 70면.

64) 田村 127면은 「하나의 복제물이 몇 번씩 대여되어, 권리자가 복제로 얻은 대가로는 정형적(定型的)으로 부족이 발생하는 경우에 한하여 대여권의 행사가 인정되었다」라고 쓰고 있다.

65) 다만 영화 복제물의 대여의 경우에는 상당한 보상금의 지불이 필요하게 되는 경우가 있다(38조5항).

영리로 대여하고 있으면 대여권 침해가 될 가능성이 높다고 할 수 있다.[66)]

또한 가령 대여권 침해가 되지 않는 경우라도 빌린 복제물로 복제를 하면 30조에 해당하지 않는 한 복제권 침해가 된다. 특히 기업 사이에서 프로그램 저작물의 복제물을 무상으로 대여한 경우에도 당해 프로그램을 설치하는 단계에서 복제권 침해가 될 가능성이 높다.

(4) 대여권의 문제점

대여권은 모든 저작물에 미치기 때문에, 예컨대 렌터카의 엔진에 포함되어 있는 프로그램 저작물의 복제물에도 대여권이 미치는가가 문제가 된다. 공업제품의 대부분에 프로그램이 포함되어 있기 때문에 그에 대해 대여권을 미치게 하면 유통이 대혼란에 빠질 우려가 있어, 결론적으로 대여권은 미치지 않는다고 해석할 수밖에 없다. 이론구성으로는, 그것이 대여의 본질적인 대상이 아닌 경우에는 공중에 제공하고 있어도 대여권 침해는 아니라고 해석할 수 있을 것이다.[67)] 덧붙여 TRIPs협정11조(대여권)에는 "컴퓨터프로그램에 대해서는 이 권리를 줄 의무는 당해 컴퓨터프로그램 자체가 대여의 본질적인 대상이 아닌 경우"에는 대여권 규정이 적용되지 않는다고 규정되어 있다. 그 결과 엔진 프로그램 등의 저작권에 대해서는 거의 대여권이 부정되는 것과 마찬가지가 되는데, 컴퓨터나 게임기의 대여는 프로그램 저작물의 복제물 그 자체의 대여라고 생각된다.[68)] TRIPs협정에서는 프로그램에 대해서만 이러한 규정이 있는데, 예컨대 임대 별장의 거실에 걸려있는 회화와 같이 프로그램 이외의 것에 대해서는 문제가 남는다.

10. 번역 · 번안권(27조)

27조는, 저작자는 2차적저작물을 창작할 권리를 전유한다고 규정하고 있다. 2차적저작물이란 번역 · 편곡 · 변형 또는 각색 · 영화화 기타 번안하는 것에 의해 창작된 저작물을 가리킨다(2조1항11호). 21조부터 26조의3까지의 규정은 저작물을 그대로의 형태로 「이용할 권리」를 정하고 있지만, 27조는 저작물을 개변해서 새로운 저작물을 「창작할 권리」에 대한 규정이다.[69)] 27조는, 저작자는 2차적저작물

---

66) 東京地判平16 · 6 · 18 判時1881호101면(ＮＴＴリース事件)은 특정인에게만 공여하는 것을 허락받은 프로그램을 다른 제3자에게 대여하는 행위를 대여권 침해라고 하였다.

67) 加戸 206면.

68) 金井=小倉 · 上 349면 [矢吹公敏].

을 창작할 권리를 전유한다고 규정하고, 28조는 그 개변된 것에 대한 이용에 관한 규정으로, 저작자는 28조를 매개로 하여 당해 2차적저작물의 복제권 등에 대한 규정(21조부터 26조의3)이 적용된다.[70)]

이와 같은 행위가 번역·번안에 해당하는가 하는 점에 대해서는 저작물의 종류나 취급하는 제재(題材) 등에 따라 다르고 확정적 기준을 끌어내기는 어려워 케이스별로 판단할 수밖에 없다.

번역에 대해서는 두 가지 예외가 있다. 첫째는 부칙 8조에 의해 현행법 시행전에 발행된 저작물에는 구 저작권법 7조가 적용되어, 원저작물의 발행시부터 10년 내에 그 번역물이 발행 또는 흥행되지 않을 때는 번역권은 소멸한다(번역권 10년 유보). 둘째는 「세계저작권조약의 실시에 따른 저작권법의 특례에 관한 법률(萬國著作権条約の実施に伴う著作権法の特例に関する法律)」 5조1항의 규정에 의한 문화청장관의 허가를 받아 번역물을 발행할 수 있다(번역권 7년 강제허락제도). 그러나 시간의 경과와 함께 현재는 그 어느쪽도 적용을 받는 저작물은 극히 적어지고 있다.

번역·번안권의 구체적 내용에 대해서는 **「제1장 저작물(저작권의 객체) 제6절 2차적저작물」** 참조.

번역·번안에 대해서는 동일성유지권과의 관계가 문제이다. 2차적저작물의 작성에는 필연적으로 개변이 수반되기 때문에 형식적으로는 동일성유지권을 침해하고 있는 것처럼 보일 수 있다. 그러나 2차적저작물 작성의 허락을 받은 경우에 동일성유지권 침해를 인정하면 번역·번안 허락을 받은 의미가 몰각되기 때문에, 명문의 근거는 없지만 비침해의 결론을 취할 수밖에 없다. 그것은 법이 당연히 예정하고 있는 바일 것이다.[71)] 다만 저작권자로부터 번역·번안 허락을 받았다고 해서 모든 개변이 동일성유지권 침해가 되지 않는다는 것은 아니고, 통상의 번역·번안에서는 예정되어 있지 않는 본질적인 개변이 이루어지는 경우, 예컨대 비극을 희극으로 개변한 경우에는 동일성유지권 침해가 될 수 있다.[72)]

---

69) 半田·제4장 제2절은 저작물의 현상(現狀)이용권과 개작(改作)이용권이라는 분류를 하고 있다.

70) 東京地判平15·12·19 判時1847호70면(どこまでも行こう事件)에서는, 2차적저작물을 방송하는 행위에 대해서도 27조의 권리침해가 성립한다는 원고의 주장에 대하여, 27조는 저작물의 경제적 이용에 관한 권리와는 별개로 2차적저작물을 창작하기 위한 원저작물의 전용(轉用)행위 자체, 즉 편곡행위 자체를 규제하는 권리로서 규정된 것으로 해석된다고 하였다.

71) 加戸 209면.

72) 三山 80면.

11. 2차적저작물의 이용에 관한 원저작자의 권리(28조)

저작자는 그 2차적저작물의 이용에 관하여 2차적저작물의 저작자가 갖는 것과 「동일한 종류의 권리」를 전유한다(28조). 2차적저작물에는 원저작물의 창작적인 표현이 감지되기 때문에, 2차적저작물을 이용할 때에는 필연적으로 원저작물의 표현을 이용하게 된다. 그 의미에서 28조는 당연한 규정이라고도 말할 수 있겠지만, 원저작물의 저작권이 미치는 범위에 대해서 명확하게 한다는 의미가 있다. 즉 「동일한 종류의 권리」를 갖는다는 의미는 원저작물의 저작자와 2차적저작물의 저작자의 권리범위가 다른 경우에도 원저작물의 저작자는 2차적저작물의 저작자와 같은 권리를 갖는다는 것을 명백하게 하고 있다. 예컨대 소설을 영화화했을 때 소설에는 반포권이 없어 소설의 저작자가 그 2차적저작물인 영화에 대해서 반포권을 갖는가 하는 점에 대해서 의문이 있을 수 있기 때문에, 소설의 저작자에게도 영화의 반포권을 인정한다는 취지이다. 또한, 「동일한 종류의 권리」를 갖는다고 규정하고 있기 때문에, 같은 내용의 권리를 가질 뿐 권리의 존속기간은 각각 다르다.[73] 28조는 27조까지와는 달리 새로운 지분권을 설정한 것은 아니다.

원저작자의 권리는 원저작물의 표현이 2차적저작물에 나타나 있는 한도에서 미치는 것인가 혹은 2차적저작물의 전부에 미치는 것인가의 점이 문제인데, 2차적저작물에 관해서 원저작물의 저작자가 권리행사할 수 있는 범위는 원저작물의 표현이 감지될 수 있는 범위라고 생각해야 할 것이다. 상세는 **「제1장 저작물(저작권의 객체) 제6절 2차적저작물」** 참조.

2차적저작물의 창작자는 그 저작자로서의 권리를 갖는데, 2차적저작물이 창작되어도 원저작물의 저작자의 권리는 아무런 영향을 받지 않는다(11조). 이로써 2차적저작물에 대해서는 원저작물의 저작자와 2차적저작물의 저작자의 권리가 병존하게 되어, 2차적저작물을 이용하는 자는 쌍방의 허락이 필요하게 되고, 침해자에 대해서는 쌍방이 독자적으로 소송을 제기할 수 있다.

---

73) 加戸 212면.

제 4 절 저작권의 제한

1. 총 설

(1) 권리제한의 본질

저작권법은 정보의 독점적 이용권을 인정하는 법이기 때문에 권리가 너무 강한 경우도 있고, 또 독점인 이상 경쟁법적 관점에서 권리를 제한해야 하는 경우도 있다. 그 수단으로, 권리의 제한이라는 방법이 있는가하면(30조 이하), 권리내용을 구분짓는 방법도 있는데, 모든 권리 제한 규정은 권리자로부터 권리를 빼앗기 위한 규정이 아니라, 권리 본래의 모습을 그려내고 있다고 생각해야 할 것이다.[1] 애초에 저작권은 천부인권이 아니며, 그 내용은 원래 공공재인 정보를 어떠한 범위로 나누어, 어떠한 내용의 권리를 창작자에게 배분하는 것이 정보의 풍부화에 연결되는지, 아니면 정보의 과소생산·사회적 비효율을 방지하는 수단으로써 타당한 것인지, 라는 관점에서 결정되어야 할 성질의 것이다. 저작권법은, 창작자에게 독점적인 권리를 부여하고 있는데, 그 목적은 문화의 발전에 있으며, 그러기 위해서는 저작자의 경제적 이익과 정보를 이용하는 사회 일반과의 조화를 도모할 필요가 있으므로, 권리에 제한이 있는 것은 당연하다.

30조 이하는 제한규정이기 때문에 한정적으로 해석해야 한다는 견해도 있지만, 상술한 바와 같이 권리의 제한에는 그 나름의 이유가 있는 것으로, 제한규정이기 때문에 한정적으로 해석해야 할 이유는 없다.[2] 공익목적에서 저작자의 권리를 제한하는 것은 당치않으며, 국가 등의 책임으로 재정(財政) 처리하여야 한다는 견해도 있다.[3] 그러나 저작권을 불가침한 것으로써 절대시하는 것 자체가 잘못이며, 그 내용은 정책적으로 어떻게든 제도적 설계가 가능한 것이다. 특히 공공목적의 제한 중에는 지극히 중요한 가치를 구현하고 있는 것도 있으므로, 저작권이 제한을 받는 것은 당연하다. 저작권법의 궁극적 목적은 「문화의 발전」이며, 그것을 위한 수단으로써 권리를 부여하고, 공정한 이용에 유의해야 함을 잊어서는 안된다(1조). 저작권법은, 타인의 표현의 자유도 빼앗기 쉬운 독점권인데, 그럼에도

1) 作花・詳解 311면 참조.
2) 高林龍「著作権の制限」牧野 = 飯村 421면 참조.
3) 林修三「著作物の複写複製と著作権」法学論集15호8면(駒沢大学法学部, 1977).

불구하고 그 존재가 인정되는 하나의 이유는, 이 제한규정에 있다고 할 수 있다.

베른협약에서도 일정한 조건 하에서 복제권의 제한이 가능하다는 취지의 규정이 마련되어 있고,[4] 나아가 저작권에 관한 세계지적재산권조약(1996년)에서도 거의 같은 규정이 들어 있다(10조(1)). 그 범위 내에서 각국이 자유롭게 제도적으로 설계할 수 있는 것이며, 완전한 자유이용으로 할 것인지, 대가 지급을 조건으로 할 것인지는 정책 판단이라는 것이다. 그 때 가장 고려되어야 하는 것이, 정보의 풍부화를 통하여 문화의 발전을 도모한다는 법목적이다.

(2) 권리제한규정의 근거

物의 독점과 비교하여 일반적으로 정보의 독점 쪽이 폐해가 크다고 생각되므로, 각종 지적재산권법에서는 권리제한 규정을 두고 있다. 저작권의 경우에는, 특허법에 비해 커버하는 영역이 넓기 때문에, 그 제한규정도 다양하며, 그 근거도 일률적이지 않다. 그것은 대별하면, 표현의 자유 등의 현대사회가 갖고 있는 기본적 이념에 관한 것, 약자 보호에 관한 것, 저작권자와 이용자(사회일반)의 이익의 조정에 관한 것, 종래부터의 관행 등이 있다.

30조 이하의 제한규정은 예외를 정한 것이기는 하나, 과도하게 엄격하게 해석해야 하는 것이 아니라, 예외를 만든 제도의 취지를 감안하여야 할 것이다. 일본의 저작권법에는 fair-Use 규정이 없고, 30조 이하를 한정열거규정으로 해석하는 것이 판례통설이기 때문에, fair-Use라는 항변을 직접적으로 인정하는 것은 곤란할 것이나, fair의 관념은 법의 근본에 가로놓인 보편적인 것이고, 복제 등의 규정이나 권리제한에 관한 규정을 유연하게 해석하여, fair의 관념을 도입할 필요가 있다(「**28. fair-Use**」 참조).

2. 사적사용 목적을 위한 복제(30조)

(1) 사적사용 목적을 위한 복제의 취지

가. 입법취지

구법에서는「발행할 의사없이 기계적 또는 화학적 방법에 의하여 복제하는 것」은 위작(저작권 침해)으로는 간주하지 않는다고 규정되어 있었다(구법 30조1항1호).[5]

4) 동 협약9조(2)에서「저작물의 통상의 이용에 지장을 주지 않고, 또 그 저작자의 정당한 이익을 부당하게 해하지 않는 것을 조건으로 한다」고 규정되어 있다.

5) 당시의 기술상황으로는, 발행의 의사가 없다는 요건과, 기계적·화학적 방법에 의하지 않는다는

그러나 복제기기의 발전으로 기계적·화학적 방법에 의한 복제가 가정내에까지 침투하고, 구법의 『수단에 의한 규정』은 곤란하게 되어, 현행법에서는 「개인적으로 또는 가정내 기타 그에 준하는 한정된 범위에서 사용」할 목적에서의 복제는 침해가 되지 않는다(1호)고 하여,[6] 『목적에 의한 규정』으로 변경되었다. 현행법 30조는 복제를 하는 자의 목적에 따라 저작권이 미치는 범위를 제한하고 있고, 복제의 방법은 묻지 않으며(다만 1항1호와 2호는 예외), 복제가 인정되는 저작물에도 한정이 없고, 미공표저작물도 복제할 수 있다.

그러나 목적에 의한 규정을 하고 있는 현행법은, 복제기기의 발전에 따라 수정을 강요받게 된다. 아날로그 시대에서도 복제기기의 범람에 의하여 개개인에게는 사적사용 목적의 복제라 하더라도, 전체로 보았을 때는 대량의복제가 이루어지고, 저작물의 통상의 이익을 방해하고, 권리자의 정당한 이익이 부당하게 저해되고 있는 것은 아닌지라는 우려가 생기게 되어(베른협약9조(3) 참조), 제도가 위기에 직면하게 되었다. 이에 우선 자동복제기기에 의한 예외규정이 마련되고(30조1항1호), 이어서 디지털기술의 발전에 의하여 상황이 변화하여, 30조의 규정은 더욱 큰 변화의 파도에 시달리게 되었다. 그 결과, 사적사용 목적의 디지털녹음·녹화 보상금제도(30조2항)가 마련되었다.

디지털 기술의 발전으로 인하여, 대량의 저작물이 엇갈려 이용되게 되고, 사적영역과 공적영역의 구별이 어려워지고 있다. 또 사적영역이라 하더라도 인터넷의 보급 등에 의하여, 총체적으로는 대량의 복제가 이루어지고, 보상금을 부과하는 것이 타당한 경우도 출현하고 있으며, 또 사적영역 내에서의 복제에 대해서도 개별적인 과금을 가능하게 하는 기술도 출현하고 있다.[7] 보호기술과 계약을 염두에 두면서, 향후 사적사용 목적의 복제 범위를 어떻게 생각할 것인지, 또는 사적사용 목적의 범위 내에서라도 보상금을 부과하고 있는데, 이 보상금 제도와 복제방지 기술과의 관계를 어떻게 정리할지, 등등의 문제를 둘러싸고, 30조에 관해서는 앞으로도 제도의 개혁이 문제가 될 것이다.[8]

요건은 거의 일치하였다고 생각된다. 수기(手記)의 모사본·모사화를 발행하는 일도 있을 수 있으나, 현실적으로는 거의 문제가 되지 않았을 것이다.

6) 著作権審議会答申(1966(昭和41)년) (文化庁·資料編 36면)는, 발행할 의사가 없을 것, 영리의 목적을 갖지 않을 것, 사적인 이용에 제공할 목적일 것 등을 기준으로 하여야 한다고 하고 있는데, 현행법은 거의 이와 같은 취지라고 생각된다.

7) 최근의 경위를 서술한 것으로, 辻田芳幸「私的領域をめぐる著作権利用規整の系譜」小野昌延古稀記念『知的財産法の系譜』(青林書院, 2002)501면.

8) 이 문제에 관해서는, 文化審議会著作権分科会法制問題小委員会(私的複製·共有関係および各ワー

30조의 입법취지로, 다음과 같은 점을 생각할 수 있다. 사적 영역 내에서 이루어지는 복제는 전체적으로 보더라도 미미하여 권리자에게 미치는 영향은 적고, 또 그와 같은 행위는 보충이 곤란하다. 설령 침해를 발견하더라도 개개의 복제로 인한 손해는 미미하여, 획득할 수 있는 손해배상액을 생각하면 사실상 청구의 대상이 되기 어렵다. 또 권리자와 복제자의 협상의 장이 없어서, 사전에 양자가 계약을 체결하기에는 협상비용이 너무 많이 든다. 그리고 종래의 아날로그 복제는 정도(精度)가 떨어지고, 그러한 열화된 복제가 권리자의 이익을 부당하게 해할 정도는 아니라고도 생각되어 왔다. 침해의 파악, 피상적인 협상・과금과 같은 기술적인 곤란성, 또는 법의 실효성 문제는, 기술의 발전에 의하여 어느 정도는 해결가능할지도 모른다. 그에 비하여, 원래의 개인의 자유라는 관점에서, 저작권법이 사적영역에까지 간섭하는 일이 과연 타당하다고 할 수 있는지, 또는 프라이버시와의 관계는 어떻게 되는지 라는 근본적인 문제가 남는다.

나. 사적사용 목적의 복제의 요건

30조의 요건은, 개인적 관계라는 사적영역에서의 사용목적의 복제에 한정된다. 기업 등의 내부에서 사용할 목적으로 복제한 경우에는, 배포 목적이 없더라도 사적사용 목적이라고는 할 수 없다.[9] 현실적으로는 이 요건을 만족하지 않는 복제가 기업과 대학 등에서 널리 이루어지고 있으며, 그것은 위법한 복제이지만, 이와 같은 침해에 대해서는 권리자와 복제자가 적당한 조건으로 계약할 수 있는 장이 없는 한 사실상 방치 상태가 되기 쉽다. 그러나 이와 같은 행위가 위법하다는 사실은, 복사권센터(1998(平成10)년 사단법인 설립)나 일본음악저작권협회(1939(昭和14)년 사단법인 설립)가 실시하고 있는 대가 징수의 근거가 되고 있다.

30조는, 사적사용을 하는 자가 복제를 하는 경우에 한정되며, 사적사용을 하는 자를 위하여 복제를 하는 경우(예컨대 사적사용 목적의 복제 대행업)는 포함되지 않

キングチームにおける検討結果)報告書(平成18年12月11日)참조. 또, 苗村憲司 = 小宮山宏之編著 『マルチメディア社会の著作権』(慶應義塾大学出版会, 1997)123면[小宮山宏之]은, 「사람이 자신이 얻은 정보를 확인하는 것이나 가족에게 알리고 싶어하는 기분은, 일반적으로 금할 수 없는 성질의 일일 것이다. …… 법의 대상으로써 조정(措定)하는 일반인에 대해서 그와 같은 것을 요구하는 것은 타당하지 않다. 생각건대, 법이 일반국민에 대하여 철처하게 기대할 수 없는 행위 규범을 요구하는 것은, 오히려 법 그 자체의 사회적 역할을 잃게 하는 일이 될 것이다」라고 서술하고 있다. 그러나 저작권법이 알고 있는 정보를 타인에게 전달하는 것 자체를 금지하고 있는 것이 아니므로, 30조가 내포하고 있는 문제는 그다지 단순한 것은 아니다.

9) 林・앞의 주3) 6면, 加戸 226면. 東京地判昭52・7・22 判タ369호268면(舞台装置設計図事件)에서는, 「기업 기타 단체에서, 내부적으로 업무상 이용하기 위하여 저작물을 복제하는 행위는, 그 목적이 개인적인 사용이라고는 할 수」없다고 언급하고 있다.

지만, 본인과 동일시할 수 있는 보조자에 의한 복제는 허용된다.[10] 또, 반드시 자기 소유의 복제기기를 이용한 경우로 한정할 이유는 없다.[11] 부칙5조의2에 따라, 점포의 자동복제기기에서의 복제는 허용되지만, 친구의 복제기기에서의 복제는 허용되지 않는다고 하면 앞뒤가 맞지 않는 일일 것이다. 30조의 취지는, 자기 소유의 기기에 의한 복제를 예외라고 한 것이 아니라, 사적 영역에서의 복제를 권리 범위 밖이라고 하는데 있으며, 그렇다고 한다면 카피업자 등의 외부자의 개입을 배제하면 되는 것으로 생각할 수 있다.

참고로 현행법에서는, 위법복제물을 사적사용 목적을 위하여 복제하는 것도 금지하고 있지 않으며, 친구로부터 빌린 위법복제물로부터의 복제도 침해가 되지 않는다. 그러나 최근에 인터넷에 위법하게 업로드되어 있는 복제물을 사적사용 목적으로 복제(다운로드)하는 케이스가 증가하고, 문제시되고 있어, 법개정도 검토되고 있다. 가령, 위법복제물로부터의 복제를 30조의 범위 밖이라고 하는 입법을 한다고 하더라도, 선의자를 보호하는 규정도 필요할 것이며, 또 보상금 제도와도 관계되어 있어, 충분한 검토가 필요할 것이다.

30조의 요건은 복제 시에 판단되지만, 합법적으로 작성된 복제물을 30조의 목적 이외의 목적을 위하여 배포, 공중에 제시한 자는 복제를 실시한 것으로 간주된다(49조1항). 그 때의 배포・제시 행위 자체는 복제행위는 아니지만, 목적 외의 배포・제시행위는 복제를 실시한 것으로 간주되어, 그 때부터 위법하게 된다(49조1항1호).

30조의 복제행위가 인정되는 경우에는, 번안・번역하여 이용할 수도 있다(43조1항). 또 당해 2차적저작물을 목적 외의 목적을 위하여 이용한 경우에는, 그 단계에서 번안권침해가 된다(49조2항).

(2) 예 외

가. 자동복제기기(30조1항1호)

1984(昭和59)년 개정에 의하여, 공중의 사용에 제공하는 것을 목적으로 하여 설치되어 있는 자동복제기기를 이용한 복제는 30조의 적용외가 되며, 복제시에 권

---

10) 林・앞의 주3)6면. 예컨대, 어린이, 또는 신체장애인이라 스스로 복제할 수 없는 자가, 가족・친구 등 이외의 자에 의뢰하여 복제하는 행위도 허용되어야 할 것이다.

11) 三山 217면은, 제한규정은 예외적으로 자유이용을 허용하고 있는 것이므로 엄격하게 해석해야 한다고 하여, 자기소유의 기기로 한정된다(단, 부칙5조의2는 예외)라고 하고 있다.

리자의 허락이 필요하게 되었다. 이와 같은 복제가 개인의 복제 행위인지, 기기의 설치자의 복제행위인지, 반드시 명확하지는 않았지만, 본호에 의하여, 설령 사적 사용 목적이었다 하더라도 침해가 되는 것이 명확해졌다. 그 기기는 공중의 사용에 제공하는 것이 목적이라면 요건을 충족하며, 영리목적으로 설치된 것에 한정되지 않으며, 공민관이나 도서관 등에 비영리목적으로 설치되어 있는 것도 포함된다.

그와 같은 자동복제기기를 이용하여 사적사용 목적으로 복제를 한 자는 불가벌(不可罰)한데(19조1호 괄호), 「영리를 목적으로 하여」 자동복제기기를 복제에 사용하게 한 자는 복제와 같은 죄로 처벌되며(119조2호), 영리목적이 아니라면 불가벌이다. 설치자는 저작권침해의 방조가 아니라, 독립적인 범죄를 구성하며, 현실의 복제를 행한 자는 불가벌이라도 설치자는 처벌된다. 다만 문헌복사에 관해서는 당분간 적용제외이므로(부칙5조의2), 이는 누구도 민형사상 책임을 지지 않는다. 이 부칙의 규정은, 권리처리체제가 정비되어 있지 않는데 기인한다.

30조는 복제에 관한 규정인데, 번안에도 적용되며(43조1항), 당연히 그 예외인 자동복제기기에 관한 본호도 적용된다.

나. 기술적보호수단의 회피에 의한 복제(30조1항2호)

디지털기기의 발전으로 복제가 용이해짐에 따라, 권리자측도 기술적보호수단(2조1항20호에서 정의)을 설치하여 스스로 방어하게 된다. 이에 사적사용 목적이라 하더라도, 이 보호수단을 회피하여 행한 복제를 30조에서 보호할 필요는 없다는 정책 판단 하에 1999(平成11)년 개정에 따라, 기술적보호수단의 회피에 의하여 가능하게 되거나, 또는 그 결과로 장애가 발생하지 않게 된 복제를, 그 사실을 알면서 행하는 경우를 30조의 범위에서 제외하는 규정이 만들어졌다(30조1항2호). 기술적보호수단이 설치되어 있는 저작물에 대해서는, 그것이 무단으로 복제되고 유통되는 일이 없다는 전제 하에 비즈니스모델이 구축되어 있으며, 그 기대를 져버리는 것은 저작권자에게 큰 손해를 가져온다고 생각되기 때문이다. 이 개정은 WIPO저작권조약(WCT, 1996년)11조 WIPO 실연·음반조약(WPPT, 1996년)18조에 대응한 것이다.

회피에 의하여 위법하게 복제된 것이 유통된 경우라도, 그 사실을 알지 못한 자에 의하여 이루어진 사적사용 목적의 복제는, 본호의 적용 외로 합법이다.

30조1항2호의 적용을 받기 위해서는, 기술적보호수단을 회피하였다는 것만으로는 안 되며, 기술적보호수단에 이용되고 있는 신호의 제거 · 개변이라는 수단을 이용할 것을 요건으로 하고 있다(2호 괄호). 따라서 기술적보호수단이 기능하지 않음으로써 복제가 이루어지는 무반응기기를 이용한 복제는 비침해이다. 또 기록이나 송신방식의 개변에 따른 기술적인 제약에 의한 제거 · 개변도 제외되어 있다(2호 괄호의 괄호). 예컨대 더빙할 때 자동적으로 보호수단이 제거되어 버리는 경우는 비침해가 된다. 2호의 요건이 이와 같이 복잡하게 된 것은, PC 등 범용기기의 취급이나, 회피가 기술상 필연적인 경우의 취급이 미묘하기 때문이다.

또, 기술적보호수단을 회피하는 장치나 프로그램의 양도 등은 금지되어 있고 위반자에게는 벌칙이 마련되어 있다(120조의2제1호). 그러나 기술적보호수단을 회피하여 현실적으로 복제를 한 자는 불가벌이며(119조1호 괄호), 민사책임만을 진다.

본조는 복제에 관한 규정인데, 번안에도 적용된다(43조1항).

(3) 사적녹음 · 녹화의 보상금(30조2항)[12]

가. 보상금제도의 의미

복제기기가 발달하고, 사적사용 목적의 복제가 지나치게 증가하였기 때문에, 하나하나의 복제는 저작권자에 영향이 작더라도, 전체적으로 저작권자의 이익을 해하는 결과가 될 수도 있다. 그래서 어떤 방법으로든, 30조의 규정에 의하여 합법적으로 복제를 하는 자로부터도 저작권자에 대한 이익의 환원이 필요하게 되었다.[13]

구체적으로 여러 방법이 있을 수 있는데, 1992(平成4)년 개정으로 일본에서는 사적녹음 · 녹화의 보상금제도가 채용되었다. 즉, 사적사용 목적의 녹음 · 녹화라도, 정령(政令)으로 정하는 디지털녹음 · 녹화기기(저작권법시행령1조)에 의하여, 정령(政令)으로 정하는 기록매체(저작권법시행령1조의2)에 사적사용목적으로 녹음 · 녹화하는 자는 상당한 보상금을 저작권자에 지불하여야 한다(30조2항).[14]

디지털녹음 · 녹화기기라도, 방송업무용 및 녹음기능 부착 전화기 등과 같이 본래적 기능에 부속으로 녹음 · 녹화 기능을 병용하는 것은 제외되었다(30조1항2

12) 中山 · マルチメディア 73면 참조.

13) 이미 1978(昭和53)년 개정 시에, 참의원문교원회(参議院文教員会)에서 「방송 · 음반 등으로부터 복제하는 녹음 · 녹화가 왕성하게 일어나고 있는 실태에 비추어, ……적절한 대책을 신속히 수립할 것」이라는 부대결의가 있었다.

14) 구체적인 기기 · 매체의 설명에 대해서는, 加戸 233면 참조.

호 괄호). 1992(平成4)년 개정에서는 디지털녹음 · 녹화기기만을 대상으로 하였는데, 1999(平成11)년 개정에서 기록매체도 대상이 되었다. 또 PC와 같은 범용기기는 저작물의 녹음 · 녹화도 가능하기는 하지만, 저작물의 복제 이외의 용도도 많고, 그 사용형태도 다양하여, 일률적으로 보상금의 대상으로 타 목적에만 제공하는 것을 증명한 자에만 반환에 응하는 제도는 타당하지 않아, 보상금의 대상이 되지 않았다. 결국 그 기기 등을 이용하여 녹음 · 녹화될 가능성이 극히 높은 것에 보상금을 부과하게 되었다.

또, 본항은 디지털복제기기 일반이 아니라, 정령(政令)으로 지정된 일정한 기기 · 매체에 대해서만 대상으로 하고 있다. 그것은 과금의 대상을 명확하게 하기 위해 필요한 것이기는 하나, 새로운 기술이 출현할 때마다, 정령(政令)지정 여부를 검토해야 된다. 또 기술적으로는 범용기기와 정령(政令) 지정 기기와의 경계가 점점 사라지고 있어, 현행법과 같은 규정방법의 타당성에 대해 의문시하는 견해도 있다.[15] 특히, 최근에는 하드디스크 내장 녹음 · 녹화기기의 출현으로, 인터넷을 통한 음악송신사업도 나타나, 보상금제도의 존폐에 대해서도 활발하게 논의되고 있다.

나. 보상금제도의 구조

보상금제도는, 저작권의 효력을 제한하고 있는 30조의 적용제외로 함으로써, 복제권이 부활하는 것이 아니라, 녹음 · 녹화는 자유로 하되 보상금 지불을 의무화하여, 사적목적의 복제의 자유를 확보하면서, 금전으로 합리적인 해결을 도모하고자 하는 제도이다.

30조2항에 따르면, 저작권자는 사적사용 목적으로 디지털녹음 · 녹화하는 자에게 보상금을 청구할 수 있으나(실연가와 레코드제작자도 마찬가지, 102조1항), 복제하는 자에게 직접보상금을 청구하는 것은, 복제자 탐색과 협상코스트를 생각하면 비현실적이다. 그 때문에, 디지털녹음 · 녹화기기와 기록매체(이하, 기기 등이라 함)의 제조 · 수입업자가 지정관리단체에 일괄하여 보상금을 지불하고, 그것을 권리자에게 분배하는 시스템을 채용하였다. 다만 복제 행위를 하고 있지 않은 기기 등의 제조 · 수입업자에게 「사실상의」 과금을 하는 것이 되므로, 법적 구성으로는 복잡한 연구가 필요하게 된다.

---

15) 斉藤博「著作物のネット配信と私的使用のための録音・録画」現代企業法学の研究(筑波大学大学院企業法研究専攻10周年記念論文集, 2001)1면 참조.

구체적으로는, 문화청장관이 지정하는 지정관리단체[16](104조의3)가 있을 때, 그 단체에 의해서만 보상금청구가 가능(104조의2), 기기 등의 구입자는 그 구입 시에 보상금을 일괄적으로 지정관리단체에 지불하여야 한다(104조의4 제1항). 즉 복제를 하는 자가 복제할 때마다 그 복제에 따른 보상금의 지불을 하는 것이 아니라, 기기 등의 구입자가, 복제할지말지 또는 복제의 양과 관계없이, 일정액의 보상금을 지불하는 것이 되는데, 개개의 구입자가 직접지정관리단체에 지불하는 것은 사실상 곤란하여, 현실적으로는 기기 등의 제조·수입업자(이하, 제조업자 등이라 함)로부터 지정관리단체에 지불하는 스킴이 될 수밖에 없다. 이에 지정 관리단체가 제조업자 등에 지불 청구를 할 때에는, 제조업자 등은, 그 지불 청구 및 수령에 「협력」하여야 한다고 규정되어 있다(104조의5). 이들 업자는 복제를 하고 있는 것은 아니기 때문에, 업자에게 직접 지불 의무를 부과하지는 않으며, 협력의무를 부과하고 있는 것일 뿐인데, 현실적으로는 업자가 상품에 보상금액을 얹어서 판매하고, 그 금액을 지정관리단체에 지불하는 것이 된다. 이상과 같은 복잡한 시스템으로, 복제자(유저)로부터 권리자에게 보상금이 흘러들어가게 된다. 다만, 제조업자 등에게는 협력의무가 있을 뿐이며, 위반에 대한 제재는 없기 때문에, 사실상 모든 업자가 거부하지 않는다는 전제 또는 합의 하에 성립되며, 지극히 깨지기 쉬운 유리세공과 같은 제도이다.

기기 등에 부과되는 보상액은 지정관리단체가 정하는데,[17](104조의6제1항), 문화청장관의 인가를 받아야 한다(1항). 지정관리단체는 미리 제조업자 등의 의견을 청취한 후에(3항), 문화청 장관에 인가신청을 하고, 장관은 문화심의회에 자문한 후에(5항), 적정한 금액이 아니라면 인가해서는 안된다(4항). 그리고 그 인가된 금액은 30조2항의 상당한 보상액으로 된다(2항). 결국, 제조업자 등은 그 금액을 구입자에게 전가하고, 그 징수한 금액을 지정관리단체에 지불하고, 단체는 그 금액을 권리자에게 분배 등 함으로써, 보상금은 복제자(정확하게는 기기등의 구입자)로부터 권리자에게 흘러들어가게 된다. 구입자는 사실상은 사적사용 목적의 복제권(디지털녹음·녹화권)부 기기 등을 구입하는 것이 된다.

---

16) 녹음에 대해서는 「(社)私的録音補償金管理協会」(SARAH, 1993(平成5)년 설립)이 있고, 「(社)私的録画補償金管理協会(SARVH, 1999(平成11)년 설립)이 있다.

17) 예컨대, 녹음에 관한 산정기준은, 사적녹음보상관리협회 「사적녹음보상규정(私的録音補償規定)」에 따라 정해지고 있다.

다. 보상금의 반환제도

녹음・녹화기기와 기록매체의 구입자 중에는 타인의 저작권・저작인접권의 대상이 된 것을 복제하지 않는 사람도 있다. 그런 사람들에게 지불의무는 없지만, 기기 등의 구입가격에는 보상금이 자동적으로 부가되어 있기 때문에, 사실상 지불하는 결과가 된다. 그와 같은 경우에는, 구입한 기기 등을 오로지 사적녹음・녹화 이외의 용도에 제공함을 증명하고 지정관리단체에 보상금의 반환을 청구할 수 있다(104조의2제2항). 반환에 대해서는, 타 용도로 사용하지 않는다는 증명이 어렵기 때문에, 대단히 소액의 반환을 요구하면서 번잡한 절차를 거치는 것은 통상 생각할 수 없어,[18] 복제의 유무와 무관하게 사실상은 모든 구입자에게 과금하고 있는 것과 같아진다. 그러나 결과적으로 복제하지 않은 자에게 과금할만한 이론적 근거는 없기 때문에, 전혀 실효성이 없는 규정이기는 하지만 반환 규정을 두지 않을 수 없었다. 그런 의미에서 합법성의 <알리바이>와 같은 규정이라고 할 수 있겠다.

라. 저작권의 진흥·보급사업에 대한 지출

지정관리단체가 징수한 보상금 중, 징수액의 2할 이내에서 정령(政令)으로 정하는 금액(저작권법시행령57조의6에서 20%라고 되어 있다)을 저작권의 진흥・보급사업을 위하여 지출하여야 한다(104조의8제1항). 이 규정은, 저작권이 사법적 성질에서 공법적 성질로 변용됨을 나타내는 것이라는 견해도 있다.[19] 그러나 일본의 보상금제도는 사권적 구성을 채용하고 있고, 104조의8제1항 때문에 공법적 성질로 평가하는 것은 곤란할 것이다. 이 제도의 성질상, 보상금을 복제량에 따라 정확하게 징수하고, 권리자에게 정확하게 분배하는 것은 불가능하기 때문에, 20%이내에서 이와 같은 공통목적으로 사용함으로써, 간접적으로 권리자에게 환원하는 것을 예정하고 있다. 즉, 과금도 배분도 러프할 수밖에 없기 때문에, 반환제도와 마찬가지로, 이 공통목적지출은 보상금제도의 정당성을 나타내기 위한 ≪알리바이≫ 구성적 의미를 갖고 있다. 따라서 장래에 정확한 징수・분배방법이 확립되면, 공통목적의 배분제도는 수정될 운명에 있다고 할 수 있다.

---

18) 아사히신문 2005년 6월 22일 조간에 따르면, 가족의 모습만을 녹화한 자의 요청에 따라, SARVH는 DVD-R 4매분으로, 「8엔」을 반환하기로 결정하였다고 보도되었다. 아무튼, 이와 같은 금액 반환은 제도적으로 거의 실효적 의미가 없다.

19) 半田正夫「過度期における著作権制度」著作権研究23호103면(1997), 半田正夫「著作権制度の歴史と展望」ジュリスト1160호33면(1999).

3. 도서관 등에서의 복제(31조)

(1) 도서관에서의 복제의 의의

도서관의 중요성에 대해서는 말할 필요도 없지만, 도서관에서 일정 한도에서의 복제가 인정되지 않는다면 도서관 이용자들에게 상당한 불편을 안겨주게 되며, 도서관 기능도 저하된다. 복제기기의 발전에 따라, 도서관 이용자는 열람뿐 아니라, 복제물에 대한 요구가 높아져, 일정 요건 하에서 도서관에서의 저작물의 복제가 인정되고 있다. 복제할 수 있는 대상은 당해 도서관이 소장하고 있는 도서・기록 기타 자료(도서관자료)이며, 다른 도서관 소장 자료는 대상 밖이 된다.[20] 복제의 방법은 불문한다.

또, 현행법은 이용자가 도서관을 방문하여 도서관이 복제를 하고 그 복제물을 직접 전달하거나 또는 우송하는 것을 전제로 하고 있고, 불특정다수인 이용자의 요구에 따른 팩스 서비스・E메일 서비스는, 형식적으로는 공중송신권(23조1항)에 저촉된다고 생각된다. 그러나 이것은 저작권법이 송신기술의 발전을 따라가지 못하고 있다는 일례일 뿐이다. 우송은 합법이지만, 팩스나 E메일은 위법으로 하는 실직적 이유가 부족하며, 특히 해외와 같은 원격지로부터의 청구에도, 우송이라는 수단으로밖에 응할 수 없게 되어, 공공시설인 도서관의 기능을 감쇄시키고, 또 학문(특히 이과계 학문)의 발전에 대단히 바람직하지 못하다.[21] 우송이나 팩스, E메일은 복제물의 제공방법의 차이에 지나지 않는 것으로, 도서관이 잉여 복제물을 폐기한다는 것을 조건으로, 팩스・E메일을 인정하더라도 문제될 것은 없다고 생각된다. 요즘 같은 정보화시대에, 일본의 도서관은 팩스・E메일서비스가 불가

---

20) 현행법에서는, 이용자A의 요구에 따라, 갑 도서관이 을 도서관으로부터 자료를 대출하여 A의 열람에 제공할 수 있는데, 그것은 갑 도서관으로서는 「자기가 소장하는 자료」가 아니므로, A의 요구에 따라 복제할 수 없다. 그러나 갑 도서관은 당해 자료를 을 도서관에 반납하고, A는 을 도서관에 대하여 복제를 의뢰할 수 있으므로, 이용자에게 일부러 우원한 절차를 밟도록 할 뿐이다. 또, 「도서관에서의 저작물의 이용에 관한 당사자협의회」를 구성하는 「사단법인 일본도서관협회」 「국공사립대학도서관협력위원회」 「전국공공도서관협의회」는 2006(平成18)년 1월 1일에 권리자 단체의 이해 하에 가이드라인을 책정하고, 당해 도서관 단체를 구성하는 각 도서관은, 차용관이 당해 도서의 차용을 신청한 이용자의 요구에 따른 경우에 한하며, 타관으로부터 차용한 도서(잡지나 시청각자료는 포함되지 않음)에 대해서도, 그 복제물을 제공하는 것으로 하였다. 다만, 당해서화가 입수 곤란한 경우와, 이용자가 요구하는 도서가 자기 도서관의 장서구축 방침의 관점에서 현저히 예외적인 경우에 한하는 것을 원칙으로 하고, 또 동일 도서에 대한 복제 의뢰가 1년간 2회 이상 있었던 경우에는, 차용관은 그 자료를 구입할 노력의무를 지는 것으로 하는 등의 조건 하에 이루어진다. 이 가이드라인은, 현행법 하에서 도서관 이용자를 위해서 마련된 마지노선일 것이다.

21) 作花・詳解 332면이나 半田 155면은, 현행법상으로는 위법하지만 바람직하지 않다는 평가를 내리고 있다.

능하다고 하는 것은, 전세계적으로도 부끄러운 일일 것이다.

본건에서 복제가 인정되는 도서관은, 도서, 기록 기타 자료를 공중의 이용에 제공하는 것을 목적으로 하는 도서관 기타 시설로 정령(政令)(저작권법시행령1조의3)에서 정하는 것이며, 사서 또는 사서에 상당하는 직원(저작권시행규칙1조의2)이 있어야 한다. 거기서는 고등학교등의 초등중등교육기관의 도서관은 제외되어 있기 때문에, 본조에 의한 복제는 불가능하다. 고등학교 학생들은 도서 등을 대출하고, 30조의 규정에 기하여 자신이 스스로 복제해야하게 되므로, 이 규정의 타당성에 대해서도 논의가 있다.

종래에는, 주로 이용자가 도서관으로 가서 거기서 자료를 찾아 읽었는데, 원격지에서 검색을 실시하고, 통신상으로 복제물을 보내는 형태의 디지털도서관이 출현하여, 앞으로 보다 발전하게 될 것이다. 전술한 팩스는 아날로그 시대의 일례인데, 디지털화에 수반하는 여러 종류의 새로운 문제가 발생할 수 있다. 또 공대권(公貸權) 문제 등등, 향후 도서관의 나아갈 바와 함께 검토하여야 할 것이다.

참고로, 구법에서는 도서관에 대한 제외규정은 없었는데, 이는 도서관에서의 복제행위가 거의 수기로 제한되어 있었고, 수기의 복제는 합법이기 때문에 문제가 없었던 때문이다(구법30조1항1호).

(2) 도서관이 복제할 수 있는 경우

현행법 상, 도서관은 다음 3가지 경우에 복제가 인정된다.

① 이용자의 요구에 따라, 조사연구 목적으로 제공하기 위하여, 공표된 저작물의 복제물의 일부분을 한사람에게 일부 제공하는 경우(1호). 복제물의 일부분이라 함은 당해 저작물의 반 이하라고 생각되며, 복제물의 일부분을 한사람에 1부로 한정하는 것으로 권리자와 이용자간의 이익의 균형을 도모하고 있다. 그러나 복제물의 반까지 밖에 복제할 수 없다고 하면, 예컨대 백과사전의 1항목도 하나의 저작물이므로, 그 반 이하 밖에 복제할 수 없다는 것이며, 사진이나 회화도 반 밖에 복제할 수 없고, 또 하이쿠(俳句)등을 8문자 밖에 복제할 수 없는 경우도 발생할 수 있는데, 너무나 실정을 무시한 일일 것이다.[22)]

22) 作花・詳解 330면. 또, 「도서관에서의 저작물의 이용에 관한 당사자 협의회」를 구성하는 「사단법인 일본도서관협회」「국공사립대학 도서관협력위원회」「전국공공도서관협의회」는 2006(平成18)년 1월1일에 가이드라인을 작성 하고, 도서관이 이용자의 요구에 따라 복제기기에 의한 지면으로의 복제를 실시할 때에는, 저작권법 31조1호에 기초하여, 저작물의 일부분만 (이하 「복제대상」이라 한다)

발행 후 상당기간을 경과한 「정기간행물」에 게재된 개개의 저작물(예컨대, 잡지 속의 1논문)[23)]에 대해서는, 전부의 복제가 인정된다(1호 괄호). 판매가 종료되었다면, 권리자의 이익이 저해될 우려도 적을 것이므로, 상당기간이라 함은, 시장에서 그 정기간행물의 판매가 종료하는 기간이 기준이 될 것이다.

복제는 조사연구 목적이어야 하지만, 영리목적의 조사연구라도 된다. 오락·감상·판매 등의 목적으로의 복제는 허용되지 않는다. 복제대상물로부터 조사연구가 아니라, 예컨대 오락·감상 목적이라는 추측이 붙는 경우도 있을 수 있는데, 도서관이 각 이용자에 대하여 조사연구목적인지 아닌지를 판단하는 것은 현실적으로 곤란하며, 이 요건은 그다지 기능하지 않는다. 또 본조는 어디까지나 도서관이 복제할 수 있는 경우를 규정하고 있고, 복제청구자에 있어서는 사적사용 목적을 위한 복제(30조)라도, 그것은 도서관이 복제를 하는 이유가 되지는 않으며, 표면적으로는 도서관이 복제할 수 있는 것은, 조사연구용으로 제공하는 경우뿐이다.

여기서 말하는 복제의 주체는 도서관이며, 도서관이 복제를 하고 이용자에게 복제물을 제공하는 것이 된다. 사실상은 도서관의 이용자가 코인식 복사기를 이용하여 스스로 복제하는 경우도 많지만, 이것은 법적으로는 도서관이 이용자를 손발로 이용하고 있는 것이 된다. 따라서 그와 같은 실태가 없어져야 하며, 그러기 위해 많은 도서관에서는 이용자에게 복제부분의 신고 등을 의무화하고 있다. 저작권의회 제4소위원회(복사복제관계)보고서(1976(昭51))[24)]는, 코인식 복사기로 복사청구자 자신이 복제하게 하거나, 업자에게 위탁하여 복제하게 하는 것은 이 규정의 취지를 일탈한다고 언급하는 한편, 절차를 엄정하게 하면 청구자 자신 또는 카피 업자가 하도록 허용되어도 좋다는 견해가 있음을 부기하고 있다. 요는, 어느 정도의 실태를 두고 도서관이 그 복제행위의 주체가 되는지 하는 문제이다. 이 보고서가 나온 1977(昭和52)년 당시와 지금과는 상당한 차이가 있으며, 코인식 복사기에 관하여 엄격한 해석을 하는 것은 실정에 맞지 않으며, 또 그 실효성도 없을 것이다.

의 복제를 행하는데, 동일 지면(원칙적으로 1페이지를 단위로 한다) 상에 복제된 복제대상 이외의 부분에 대해서는, 권리자의 이해를 얻어, 차폐 등의 수단에 의하여 복제 범위에서 제외할 것을 요하지 않는 것으로 한다(악보, 지도, 사진집·화집은 제외되었다).

23) 田村 234면은, 「단행본」의 논문집이라도 발행 후 상당기간을 경과하고, 절판되어 시장에서 입수 곤란한 경우에는 복제를 인정해도 관계없다는 해석을 취하고 있다. 현실적인 해석이며 결과적으로도 타당하고 생각되는데, 「정기간행물」이라는 명문의 요건에는 맞지 않는다.

24) 文化庁·資料編 508면. 林·앞의 주3) 9면도 같은 취지.

또, 도서관의 이용자가 자주적으로 코인식 복사기를 이용하여 복제하는 행위는 조문을 순수하게 읽는 한, 그것이 사적사용 목적이라면 30조에 의한 침해가 아니라고 생각된다. 결국 도서관에서의 복제기기는 30조1항1호의 자동복제기기를 이용한 복제에 해당하는데, 부칙 5조의2에 의하여 문서・도화에 대해서는 적용 제외로 되어 있기 때문이다. 만일 이와 같은 해석을 취하면, 도서관 자신은 31조1호의 복제 밖에 할 수 없지만, 이용자가 도서관에 의한 관리를 떠나 주체적으로 복제하는 경우는, 30조의 요건을 만족하는 한 전부 복제가 가능하다는 말이 된다. 그러나 이렇게는 31조1호의 취지를 일탈하게 되므로, 도서관에서는 31조가 우선한다는 해석도 있을 수 있다.[25] 다만, 그와 같이 해석하였다고 하더라도, 이용자는 도서관을 한발 나서면 거리 어딘가에서 전부 복제가 가능하기 때문에, 자료의 관외 대출을 받아 복제하게 될 뿐이다. 이 문제는 어떠한 해석을 하더라도 문제는 남게 된다.[26]

본 조는 이용자에게, 도서관에 복제를 요구할 권리를 인정한 것도 아니고, 또 도서관에 복제의무를 부과하는 것도 아니라는 것은 말할 필요도 없다.[27] 복제 서비스를 할지 말지는, 도서관이 결정할 문제이다.[28]

번역하여 그 복제물을 복제하고 제공하는 일도 가능하다(43조2호).

도서관은 불특정 방문자의 요구에 따라 복제할 수 있으며(36조1호), 그것을 청구자에게 양도할 수 있는데(49조1항3호), 그 복제물을 목적 외의 목적을 위하여 공중에 양도하는 것은 안 된다(47조의 3 단서). 당해 복제물을 목적 외의 목적을 위하여 배포하고, 공중에 제시하면, 그 단계에서 복제권 침해가 된다(49조1항1호).

② 도서관 자료의 보존을 위하여 필요한 경우(2호). 산성지를 이용한 책은 손상되기 쉬워 그것을 복제에 의하여 새로운 매체로 바꾸어 보존하는 예가 전형적인데, 최근에는 방대한 자료의 보존 스페이스를 확보하기 위하여, 마이크로 필름과 디지털기술을 이용한 복제가 이루어지고 있다. 또는 오래된 형식의 기록매체여서 읽어들이는 장치가 시장에서 사라져 신매체로 옮겨야 하는 경우도 있을 수 있다.

25) 金井 = 小倉・上387면 [桑野雄一郎]는, 이와 같은 경우에는, 이용자는 복제권 침해의 책임을 지게되며 동시에, 도서관도 민사・형사상 책임이 발생한다고 한다.

26) 三山 219면 참조.

27) 東京地判平7・4・28 判時1531호129면(多摩市立図書館複写請求事件), 東京高判平7・11・8 知的裁集27권4호778면 항소기각, 最判平9・1・23(未搭載) 상고기각.

28) 예컨대, 도서관의 판단으로, 오락・감상용으로 복제될 가능성이 높은 만화 등에 대하여 복제금지조치를 강구하는 것도 가능하다.

③ 다른 도서관의 요구에 따라 복제하는 경우 (3호). 이것은 절판 기타 이에 준하는 이유에 의하여 일반적으로 입수가 곤란한 경우에 한하며, 입수 곤란한 잡지의 누락부분을 매우는 경우 등이 전형적일 것이다. 도서관 예산 부족과 같은 이유는 인정되지 않는다.

4. 인용 등(32조)

(1) 인 용(32조1항)

가. 인용의 의의와 정의

저작권법상, 타인의 저작물에 나와 있는 아이디어를 사용하는 것 자체는 자유이지만, 타인의 저작물의 표현은 무단으로 이용할 수 없다. 그러나 새로운 저작물의 창작, 또는 학문의 자유, 표현의 자유에 있어서 타인의 저작물의 이용은 중요한 의미를 갖는다. 보도・비평・연구 등에 있어서 타인의 저작물의 표현 그 자체를 이용할 필요성이 높아, 저작권법에 있어서도 그 자유이용(인용)이 인정되고 있다. 권리제한 규정 중에서도, 인용은 헌법상의 요청과 조화가 가장 필요하다고 생각되는 조문이며, 그 해석에 있어서도, 학문의 자유・표현의 자유와 같은 헌법상의 가치를 충분히 고려하여야 할 것이다.

한편, 무제한 인용을 인정하게 되면, 저작권의 존재이유가 사라진다. 이에 저작권법에서는, 공표된 저작물은, 공정한 관행에 합치하고, 또 보도・비평・연구 기타의 목적상, 정당한 범위에서 「인용하여 이용」할 수 있다고 규정되어 있다(32조, 베른협약10조 참조).

인용의 개념은 특별히 정의되어 있지는 않지만, 보도・비평・연구 등의 목적을 위하여, 타인의 저작물을 자기의 작품(저작물일 필요가 있는가 하는 점에 대해서는 후술)에 채록하는 것이라고 할 수 있을 것이다. 그런 의미에서, 자기의 편집저작물이나 데이터베이스 가운데 타인의 저작물을 이용하는 것은, 그 목적에 비추어 인용에 해당하지 않는다.[29] 또 단순히 작자 또는 등장인물이 심정을 묘사하기 위하여 타인의 저작물을 이용하는 것도 인용에 해당하지 않는다.[30]

인용은 단순히 복제뿐만 아니라, 구술・방송 등의 저작물의 모든 이용형태로 구현될 수 있다.

29) 東京地判平7・12・18 判時1567호126면(ラストメッセージ in 最終號 事件).
30) 東京地判平16・5・31 判時1936호140면(南国文学ノー地事件).

나. 적법인용의 요건

(가) 관행 : 32조는 타인의 공표된 저작물[31)]을 인용하여 이용할 수 있는 요건으로서, 그 인용이 공정한 관행에 합치되고, 또 보도・비평・연구 등의 인용목적상 정당한 범위일 것을 요구하고 있다. 관행은 각 업계 또는 저작물에 의하여 달라질 수 있다. 학술 논문의 경우는 비교적 인용방법이 확립되어 있지만, 분야에 따라서는 관행이 명백하지 않은 경우도 많다. 실례가 부족한 분야에 대해서는 공정한 관행이 존재하지 않는다고 하는 이유로 인용을 위법하다고 할 수는 없으며,[32)] 관행의 결여이므로 조리에 따라 판단하여야 할 것이다. 그렇지 않다면 새로운 분야에서는 인용이 부정되어 버릴 우려가 있다. 「공정한 관행」은 베른협약 상의 요건이지만(10조(1)), 그렇게 엄격하게 해석해야 하는 것은 아니다.[33)]

(나) 인용할 수 있는 범위 : 인용할 수 있는 정당한 범위라 함은, 단순히 양적인 문제가 아니라, 질적인 고려도 필요하며, 인용의 목적에 따라서도 그 범위는 달라진다.[34)] 학술논문에서 타인의 학설을 정확하게 비판하기 위해서는, 상당히 길게 인용하는 일도 있을 것이며,[35)] 하이쿠(俳句)나 단가(短歌), 회화・사진 등의 인용의 경우에는 전체 인용이 가능한 경우도 있을 것이다.

(다) 명료구별성과 주종관계(종속성) : 적법한 인용의 기준으로써, 最判昭55・3・28(몽타주 사건)[36)]은, 「명료구별성」과 「주종관계」(부종성(附從性)이라고 하

31) 자기의 저작물의 인용도 가능하지만, 법적인 문제가 발생하지 않을 뿐이다. 다만, 저작자와 저작권자가 다른 경우에, 저작권자가 자기가 갖는 저작물의 번안・요약 인용하는 경우에는, 동일성유지권이 문제가 될 가능성이 있다.

32) 田村善之「絵画のオークション・サイトへの絵画の掲載と著作権法」知財管理56권9호1314면(2006).

33) 田村 241면은, 공정한 관행을 엄격하게 해석하면, 패러디와 같이 공정한 관행이 성립하지 않는 경우에는 인용이 인정되지 않는다고 언급하고 있다.

34) 東京地判平7・12・18 判時1567호126면(ラストメッセージ in 最終號 事件)은 정당한 범위를 일탈하였다고 한 사례. 東京地判平12・2・29 判時1715호76면(中田英寿事件)은, 시의 전문을 서적에 게재한 사례에서, 시가 주(主)이므로 인용에 해당하지 않는다고 한 사례.

35) 물론, 거기에도 한도가 있는데, 예컨대 東京地判昭57・3・8 判時1038호266면(将門記訓読文事件)에서는 44페이지에 걸쳐 인용한 사례에 대해, 「이와 같은 수록의 태양으로 보아,……타인의 저작물의 무단이용을 허용하고 있는 인용의 범위 내라고는 도저히 할 수 없다」고 하고 있다.

36) 判時967호45면 「인용에 해당한다고 하기 위해서는, 인용을 포함하는 저작물의 표현형식상, 인용하여 이용하는 측의 저작물과, 인용되어 이용되는 쪽의 저작물을 명료하게 구별하여 인식할 수 있고, 또, 위 양 저작물간에 전자가 주(主), 후자가 종(從)의 관계에 있다고 인정되는 경우여야 한다」고 언급하고 있다. 이 최고재판소 판결은, 인용 요건이 「정당한 범위내에서 초록인용」할 수 있다고 규정되어 있던 구법 하의 사건으로(구법 30조1항제2), 게다가 이 사건은 사진저작물의 동일성유지권에 관한 것이어서, 인용에 관한 부분은 방론(傍論)이다. 그리고, 이 최고재판소 판결은, 인용임을 부인한 사례로, 적법 인용이기 위해서는 이 2요건만으로 충분하다고, 명확하게 진술한 것이 아니라는 점에는 주의를 요한다. 飯村敏明「裁判例における引用の基準について」著作権研究26호91면(2000) 참조.

는 경우도 있다)를 들고 있으며, 그 후의 많은 판례는 이 최고재판소 판결을 답습하여, 이 2요건을 적법인용의 지표로 삼고 있다.[37] 명료구별성은 인용이기 위한 당연한 요건으로 생각되고 있다.[38] 명료구별성을 결여하는 경우에는, 단순한 복제 등에 해당하여 침해가 되는 경우와, 이용된 저작물이 이용하는 저작물 속에 일체가 되어 융합되어 있어 침해가 되지 않는 경우가 있다. 다만, 패러디로 대표되는 이른바 「혼합형」에 대해서는, 만일 이를 인용 문제로 파악한다면 명료구별성의 요건을 만족하지 않는 경우도 많다고 생각되는데, 이에 대해서는 별도로 논할 필요가 있다.[39]

「주종관계」는 인용되는 것과 인용하는 것과의 분량의 비교만으로 결정할 수 있는 것이 아니라, 인용하거나 또는 인용되는 저작물의 성질, 인용의 목적・태양 등의 여러 요소를 고려할 필요가 있다. 실제로 그 후의 많은 하급심 판결은 이 주종관계라는 요건 가운데, 여러 요소를 엮어 결론을 이끌어내고 있는 것으로 보인다.[40] 예컨대, 보도목적의 인용인 경우에는, 분량적으로는 인용되는 저작물 쪽이 많더라도 정당인용으로 판단될 수도 있다. 또 사례에 따라서는 이 2요건이 반드시 적용하기 좋지만은 않은 경우도 있으며, 판례 가운데에는, 「명료구분성」과 「주종관계」는 언급하지 않고, 직접 조문상의 요건인 「정당한 범위내」 「공정한 관행」의 문제로 처리하고 있는 것도 있다.[41] 이러한 판결은, 위 최고재판소 판결과 결

---

37) 東京地判昭59・8・31 判時1127호138면(藤田嗣治事件), 그 항소심인 東京高判昭60・10・17 判時1176호33면, 東京地判昭61・4・28判時1189・108＝判タ603・81(豊後の岩風呂事件), 東京地判平3・5・22知的裁集23・2・293＝判時1421・113＝判タ784・233(教科書準拠テープ事件), 東京地判平7・12・18 判時1567호126면(ラストメッセージ in 最終號 事件), 大阪地判平8・1・31 判タ911호207면(エルミア・ド・ホーリィ贋作事件), 東京地判平10・10・30 判時1674호132면(血液型と性格事件), 東京地判平11・8・31 判時1702호145(脱ゴーマニズム宣言事件), 그 항소심인 東京高判平12・4・25 判時1724호124면, 東京地判平12・2・29 判時1715호76면(中田英寿事件), 東京地判平13・12・25(未登載)(国語教科書準拠教材事件), 東京地判平15・3・28 判時1834호95면(教材準拠国語テスト事件), 東京地判平16・5・28 判時1869호79면(国語教科書事件).

38) 東京高判平14・4・11(未登載)(絕対音感事件 항소심). 飯村・앞의 주36) 93면도 당연한 요건이라고 언급하고 있다.

39) 田村 242면 참조.

40) 上野達弘「引用をめぐる用件論の再構成」半田正夫古稀記念『著作權法と民法の現代的課題』307면(法学書院, 2003)는, 현재의 판례 대부분이, 주종관계라는 요건에 여러가지 요소를 다 집어넣고 있어, 펑크 상태에 있음을 논증하고 있는 논문이다. 東京地判平10・2・20 判時1643호176면(バーンズコレクション事件), 東京高判平12・4・25 判時1724호124면(脱ゴーマニズム宣言事件 항소심)참조.

41) 東京地判平13・6・13 判時1757호138면(絕対音感事件)에서는, 「공정한 관행」, 「정당한 범위」라는 조문의 문언에 충실한 해석을 하여, 침해로 하였다. 항소심인 東京高判平14・4・11 (未登載)에서는, 「정당한 범위」이기는 하지만, 인용저작물 가운데 인용부분의 출처를 명시하는 관행이 있다는 것은 당 법원에 현저한 사실이다, 라고 하여 출처의 명시가 없는 것은 「공정한 관행」에 반하기 때문에, 적정인용이라고는 할 수 없다고 하여 항소를 기각하고 있다(岡邦俊「『出所表示』と『公正な慣行』」—

별하여 조문에 충실한 해석을 나타낸 것이거나, 또는 최고재판소 판결과 모순하지 않는 것인지 반드시 명확한 것은 아니지만, 구법 적용 시의 사건으로써 최고재판소에 의하여 언급된 이 2요건을, 현행법에서도 그대로 답습하는 것이 타당한지, 하는 문제를 제기한 것이라고 할 수 있겠다.[42] 단순히 2요건의 음미뿐만 아니라, 조문에 따른 요건론의 고찰도 필요해질 것이다.[43]

최고재판소 판결이 언급하고 있는 2요건과 32조의 문언과의 관계는 명확하지 않다. 이 2요건을 조문의 어디에서 읽어내야 하는지에 관해서, 학설은 정해진 바를 알 수 없다.[44] 이 2요건과 32조 간에는 논리필연적인 관계가 있다고는 생각되지 않지만, 최고재판소 판결이라는 무거운 존재가 있기 때문에, 많은 학설은 그 주술로부터 탈피하지 못한 채, 최고재판소 판결의 문언을 주어진 조건으로 하고 있어, 어떠한 학설도 명확한 근거를 나타내지 못하고 있다. 최고재판소 판결의 의미를 정확히 이해하는 것도 중요한데, 현행법의 해석으로서는, 논리적으로는 우선 인용이라는 점, 더불어 32조에 규정하는「공정한 관행」「정당한 범위」라는 요건의 분석을 도모하여야 할 것이다.

나아가 32조에 규정되어 있는 요건 이외의 가중적 요건, 예컨대 인용의 필연성이나 인용의 범위의 필요최소한성[45]과 같은 요건은 필요한 것일까? 이러한 요건은, 케이스에 따라서는 필요한 경우도 있을 것으로 생각되지만,[46] 요건으로 내세우면, 그것을 둘러싸고 쓸데없는 분쟁을 초래하게 되어, 오히려 이용에 대한 불필요한 심리적 억압요인이 되기 쉽다. 이에 대해서는, 정당한 범위, 공정한 관행의 문제로 처리하면 족할 것이다.[47]

『絕対音感』事件」コピライト496호50면(2002)는, 이같은 관행의 인정 방법에 의문을 드러내고 있다). 東京地判平15・2・26 判時1826호117면(創価学会肖像写真事件)도 정당한 범위내의 이용도 아니고, 공정한 관행에 합치하지도 않는다고 하여, 침해라고 한 사례이다.

42) 飯村・앞의 주36) 96면은, 실질적인 판단 기준이 필요하며, 구체적으로는 목적, 효과, 채록방법, 이용의 태양 등이라는 요소로부터 고찰하여야 한다고 하고 있다. 이에 대하여, 三山 228면은, 예측가능성이라는 관점에서, 객관적인 기준이 바람직하며,「명료구별성」과「주종관계」요건 쪽이 간명하며 알기 쉬워 타당하다고 언급하고 있다.

43) 上野・앞의 주40)은, 이와 같은 관점에서 종래의 판례를 상세하게 분석하고, 새로운 요건의 정립을 제창하고 있다.

44) 이 점에 관한 학설의 소개는, 上野・앞의 주40) 312면에 상세하다.

45) 이 요건을 열거하는 것으로는, 著作権法令研究会 538면, 金井=小倉・上 404면 [桑野尾一郎].

46) 東京地判平16・5・31 判時1936호140면(南国文学ノート事件)에서는, 한 모델 소설의 주인공의 심정을 묘사하기 위하여, 본건 시를 이용한 케이스에서, 명료구별성과 주종관계를 필요로 한다고 하고, 반드시 본건 시를 인용할 필요성이 없었던 것 등의 사정을 고려하여, 공정한 관행에 합치하고, 인용의 목적상 정당한 범위에서 이루어진 것이라고는 할 수 없다고 하고 있다.

47) 作花・詳解 335면, 三山229면. 또, 東京地判平11・8・31 判時1702호145면(脱ゴーマニズム宣伝

참고로, 인터넷 옥션에 출품할 때에 저작물의 사진을 게재하는 경우도 많다. 종래의 판단 틀에서 생각한다면, 이와 같은 경우에는 인용으로 인정하기 곤란하겠으나, 현실문제로써 필요성은 높으며, 또 권리자에게 부여하는 영향도 경미하며, 이와 같은 경우에도 인용을 인정해야 한다는 학설도 있다.[48] 이 같은 행위를 위법이라 하는 것은, 결론적으로 타당하지 않다고 생각되며, 원래대로라면 입법으로 해결해야 하는 문제일 것인데, 해석론으로는 권리남용의 법리를 적용할 수 밖에 없을 것이다.

(라) 출처명시의무와의 관계 : 인용하는 경우에는 이용의 태양에 따라, 합리적이라고 인정되는 방법 및 정도에 따라, 출처를 명시하여야 한다(48조1항1호). 또, 복제 이외의 방법으로 인용하는 경우에는, 출처표시 관행이 있을 때에만 표시하면 족하다(동3호). 형식적으로는, 출처명시의무는 인용의 요건이 아니며, 명시하지 않더라도 정당인용성을 부정하여 저작권 침해가 되는 것은 아니다.[49] 이것은, 출처명시의무위반죄(122조, 50만엔 이하의 벌금)가, 정당한 인용이 되지 않는 경우의 저작권침해죄(119조1항, 10년 이하의 징역 혹은 1,000만엔 이하의 벌금 또는 그 병과)와는 별개로 규정되어 있고, 양자의 양형이 다른 것으로 보아 명백하다. 그러나 출처의 명시를 한다고 하는 관행이 있는 것은 법원으로서는 현저하므로, 출처명시가 없는 인용은 공정한 관행에 반하여 위법하다고 한 판결도 있다.[50] 다만 출처명시는 법적인 의무이며, 이에 반하는 공정한 관행이 성립한다는 것은 통상 생각할 수 없으며, 설령 어떤 장르에서 명시하지 않는다는 것이 상당한 정도로 이루어지고 있었다고 하더라도, 통상 그러한 관행은 「공정한 관행」이라고는 할 수 없을 것이다. 즉 이 판결은 관행이라는 매개항을 통하여, 현실적으로는 출처명시가 없다면 인용의 요건을 만족하지 않는다고 하는 결론을 도출한 것에 가깝다고 생각된다.

(마) 피인용물의 저작물성 : 구법에서는 「자기의 저작물 가운데에서」 초록인용할 수 있다고 규정되어 있어(구법 3조1항2호), 인용하는 측이 저작물성을 갖추고 있는 것이 요건으로 되어 있었다. 현행법에서는 그와 같은 요건은 없지만, 인

事件)에서는, 공정한 관행, 인용의 목적상 정당한 범위 내, 명료구별성, 부종성(付從性) 요건과 더불어 인용이 필요 최소한도의 것일 것까지 요구되는 것은 아니라고 하고 있다.

48) 田村善之「技術環境の変化に対応した所作権の制限の可能性について」ジュリスト1225호135면(2003).

49) 加戸 317면, 田村 262면, 金井＝小倉・上 404면 [桑野雄一郎].

50) 東京高判平14・4・11(未登載)(絕対音感事件 항소심).

용은, 새로운 창작활동의 장려를 위한 제도라고 생각되며, 인용하는 측의 저작물성이 필요하다고 해석하는 설이 다수이다.[51] 그러나 감히 구법의 「자기의 저작물 가운데에」라고 하는 요건을 제외한 것이므로, 문리상으로도 저작물성은 요구하지 않는다고 해석하는 것도 가능할 것이다.[52] 또 현실적인 문제로써 인용하는 측이 저작물이 아닌 경우는 드물 것이나, 예컨대 역사적 사실을 나열하고 있는 문장(비저작물) 가운데에, 타인의 저작물을 인용하는 일도 생각할 수 있다. 이 경우에까지 감히 인용을 부정할 필요가 있다고는 생각지 않는다.[53] Fair-use 또는 그와 유사한 입법이 존재한다면, 이러한 드문 케이스는 그에 맡기는 것도 생각할 수 있겠으나, 일본의 경우에는, 시사 보도를 위한 이용에 대한 규정(41조) 등에 의하여 구제되지 않는 한 저작권 침해가 되며, 형사벌까지 부과될 가능성도 있으나, 그것은 지나치다고 생각된다.

본항의 규정에 따라 작성된 복제물은 양도에 의하여 공중에 제공할 수 있다(47조의3).

(바) 인용금지의 기재 : 「禁인용」 내지는 「禁전재」라는 기재가 있는 예도 있는데, 그와 같은 일방적 표시는 계약관계에 없는 일반 이용자에 대하여, 법적으로는 의미가 없는 기재이다. 인용은 저작권이 인정하고 있는 중요한 권리의 제한이며, 저작권자의 일방적 의사표시에 의하여 이를 금지하는 것은 불가능하다. 다만, 저작권자와 이용자 간의 계약에서 인용을 금지한 경우, 그와 같은 계약이 유효한지는 계약에 의한 오버라이드(override)의 문제가 될 수 있다.

① 요약인용 타인의 저작물을 「번역」하여 인용할 수 있는데(43조2항), 「요약」[54]하여 인용할 수 있는가 하는 점에 대해서는 조문이 없다. 구법은 「초록인용」할 수 있다는 취지의 규정이 있었기 때문에, 조문으로 요약인용이 가능하였지만, 현행법에서는 「저작물」을 인용할 수 있다고만 규정되어 있어, 요약인용은 불가능하다는 학설이 강하다.[55] 그에 비하여, 언어저작물에 관한 사건으로, 요약인용을

51) 斉藤 241면, 作花・詳解 334면, 作花 249면, 古沢博「他人の著作物の利用に関する著作権法上の諸問題」独協法学9호44면(1977). 東京地判平10・2・20 判時1643호176면(バーンズコレクション事件)에서는 이용하는 측에 저작물성이 인정되지 않는 경우는 인용에 해당하지 않는다고 언급되어 있다.

52) 저작물성을 요구하는 통설에 의문을 갖는 것으로는, 「シンポジウム『著作物の引用』における岡邦俊発言(著作権研究26호131면, 2000).

53) 田村・앞의 주32) 1315면은, 회화의 옥션사이트에의 게재는 인용이 될 수 있다고 하며, 그 경우 인용하는 측이 저작물일 필요는 없다고 해설하고 있다.

54) 저작권 침해가 되지 않도록 대단히 간략하게 요약한 인용은 문제가 되지 않으며, 여기서는 번안권 침해가 될 수 있는 형태의 요약을 상정하고 있다.

인정하고 있는 판결도 있다.[56] 확실히, 구법과 현행법의 조문의 차이, 및 번역인용만을 인정하고 있는 43조의 문리해석(1호와 3호는 번안이 인정되고 있는데, 2호에서는 번역만이 인정되고 있다)으로 보자면, 번안에 해당하는 요약인용은 인정되지 않는 것으로도 볼 수 있고,[57] 인용이 번안권의 샛길이 되어서도 곤란하겠지만, 한편으로 현실적인 문제로써 요약 인용할 필요성도 높다는 것이다. 구체적으로는, 東京地判平10・10・30(血液型と性格事件)[58]에서는 실질적 이유로, 넓은 범위의 취지를 인용할 필요가 있는 경우에, 넓게 인용하면 저작권자의 권리를 침해하는 정도가 커질 우려가 있다는 것, 일정한 관점에서 요약한 것을 이용하는 것으로 족하여, 전문을 인용할 필요까지는 없는 경우가 있다는 점, 원문의 일부를 생략하면서 단편적으로 인용하는 것밖에 인정할 수 없다는 점보다도, 오히려 원문의 취지에 충실한 요약에 의한 인용을 인정하는 편이 타당한 경우가 있다는 등을 언급하고 있다.

인용으로 인하여 저작권자의 이익을 부당하게 침해해서는 안 되지만, 인용은

55) 加戸 245면은, 다이제스트 인용은 불가하며, 저작권이 미치지 않는 정도의 요약인용에 그친다고 하고 있다. 田村246면은, 해석론으로서는, 43조2호에 따라 번역인용을 인정하고 있다는 것은, 번안인용을 인정하지 않는다는 취지라고 언급하고 있다. 作花・詳解 307면은, 적어도 조문의 문리(文理)상 인정되지 않는다고 언급하고 있다. 斉藤 242면은, 「제한규정은 반대해석을 요구하는 것」이 당연하며, 43조에서 판단하건대, 요약인용은 인정되지 않는다고 한다. 마찬가지로 요약인용을 부정하는 자로, 古沢・앞의 주51) 43면, 半田 157면, 岡邦俊「続・著作権の事件簿19」(JCAジャーナル47권2호62면(2000). 渋谷 264면. 그에 대하여 金井=小倉・上406면[桑野雄一郎]는, 요약인용은 인정되지 않지만, 저작물의 종류나 요약의 태양 등에 따라 실질적으로 위법성이 조각되는 경우가 있다는 해석이 온당하다고 언급하고 있다. 학설에는, 결론의 타당성은 별도로 하더라도, 해석상 인정되지 않는다는 뉘앙스의 것이 많은 것으로 보인다.

56) 東京地判平4・2・25 判時1446호81면(本田勝一反論権事件)에서는, 원문의 의미, 취지와 명백하게 다른 요약인용은 위법하게 되는데, 일부에서 원문과 상이하더라도, 전체적으로 주요한 점에서 그 취지를 전하고 있는 경우에는, 진실성의 증명이 있었던 경우와 마찬가지로, 위법성이 조각된다고 언급되고 있다. 그 항소심인 東京高判平5・12・1(未登載)는, 인용이 허락되는 기준을 너무 엄격하게 정립하면, 사실상 평론의 자유가 제약을 받는 결과가 될 우려도 있고, 이런 종류의 평론이 현대민주사회에서 수행하고 있는 역할에 비추어 본다면, 위축효과를 생기게 하는 기준은 피할 필요가 있다고 하여 요약인용을 인정하였다(最判平10・7・17 判時1651호56면 상고 기각). 東京地判平10・10・30 判時1674호132면(血液型と性格事件)에서도, 명료구별성과 주종관계의 요건을 만족하는 형태로 요약인용을 인정하고 있다.

57) 43조의 조문에 관해서는, 東京地判平10・10・30 判時1674호132면(血液型と性格事件)에서는, 43조의 취지에서, 「음악저작물을 편곡하여 인용하거나, 미술저작물을 변형하여 인용하거나, 또는 각색 혹은 영화화와 같이 다른 종류의 표현유형으로 변환하거나, 이야기의 시대나 장소를 변경하는 등 전형적인 번안을 하고나서 인용하거나 할 필요가 있는 경우를 통상 생각할 수 없다는 점에서, 인용의 경우 허락되는 타인의 저작물의 이용방법으로, 편곡, 변형 및 번안을 일부러 열거하지 않았던 것으로 해석되며, 요약에 의한 인용에 대해서는, 그 필요성과 저작자의 권리와의 조정이 검토되었음을 의미하는 증거는 없다」고 언급하고 있다.

58) 判時 1674호132면.

표현의 자유를 시작으로 하는 민주주의에 있어서도 중요한 문제이므로, 어느 정도까지 넓은 인용을 인정할 필요가 있을 것이다. 또 설령 요약인용을 인정한다고 하더라도, 당연한 일이겠지만 충실하게 요약하는 것이 조건이며, 게다가「공정한 관행」,「정당한 범위」라는 요건이 있고, 저작권자의 번안권 시장이 침식될 것이라는 우려는 생각하기 어렵다. 그리고 현실적으로도 요약인용이 사회적으로 널리 이루어지고 있으므로, 인정되어야 할 것이다.[59)]

문제는, 요약인용이 이루어질 때에, 저작자의 의도에 반하는 개변이 이루어질 가능성이 있다는 점일 것이다. 이 문제는, 허락에 의한 번안이든, 법정에 의한 번안이든, 반드시 생길 수 있다. 요약인용의 거의가 동일성유지권 침해가 되어, 민·형사상 책임을 진다는 것은, 사실상 요약인용을 인정하지 않는 것과 같다. 요약 인용을 인정하는 이상, 20조2항4호의 부득이한 개변에 해당한다고 해석하거나, 또는 저작권법의 체계상 당연하다고 생각할 것이다(**「제6장 저작자인격권 제1절 저작자인격권 총론 5. 저작권의 제한규정과 저작자인격권」** 참조). 다만, 요약 내용이 충실하지 않은 경우에는 번안권과 동일성유지권 침해가 될 가능성이 있고, 또 비충실의 정도가 심하여, 최초 피인용저작물의 번안이 되지 않도록 하는 경우에는 저작권법 상의 문제는 생기지 않지만, 다만 그와 같은 것을 피인용물이라고 표시한 점에 대해서는, 저작권법과는 별개로, 일반적인 인격권 침해의 문제가 될 가능성도 있다.[60)]

참고로 最判昭55·3·28(モンタジュー事件)에서는, 동일성유지권 침해가 되지 않을 것을 인용의 요건으로 들고 있는 것으로도 보인다.[61)] 가령 이 최고재판소 판결이 저작자인격권 침해와 인용의 적법성을 직결시킨 것이라고 한다면, 타당하다고는 할 수 없다.[62)] 또, 그 후의 판결도, 반드시 이 2개를 연결지어 생각하고 있는 것 같지는 않다.[63)] 인용에서는, 전부 인용이 아닌 한, 동일성유지권 침해 문제

59) 요약인용을 인정한다 하더라도, 엄격한 요건을 부과하여야 한다고 하는 설로서, 三山 233면.

60) 作花·詳解 389면. 名古屋地判昭57·2·22 判時1043호105면(暴走族100人の疾走事件)은,「부정확하게 인용한 탓에 도서 발행의 취지 및 내용을 정확하게 이해하지 않고 기사화 한 부주의에 의하여 도서에 대한 잘못된 인상을 일반독자에게 부여한 것은, 기사를 게재한 점에 편집상의 과실이 있고, 도서에 대한 사회적 평가를 저하시키는 것이라고 할 수밖에 없어, 명예훼손에 해당한다」고 하였다.

61) 判時 967호45면「인용에 해당한다고 하기 위해서는, …… 인용되는 측의 저작물의 저작자인격권을 침해하는 것과 같은 태양으로 하는 인용은 허락되지 않는다」고 언급되어 있는데, 이 최고재판결은, 직접적으로는 동일성유지권 침해의 유무가 다투어진 사건이며, 인용의 적법성에 대해서는 방론(傍論)이다.

62) 판시를 의문시하는 학설로서, 田村 244면, 金井=小倉·上 404면[桑野雄一郎].

는 불가피하게 생기지만, 인용에서는 부분인용이 보통이며, 게다가 적법인용인 한, 저작자는 자기의 작품과의 연계에 대해 오해를 부여한다는 우려도 적고, 동일성유지권 침해는 되지 않는다고 해석하여야 한다. 43조2항은 번역인용을 인정하고 있으며, 이때에는 원칙적으로 동일성유지권 침해가 되지 않으며, 그것과의 균형 측면에서도 요약인용도, 원칙적으로 동일성유지권이 되지 않는다고 해석하여야 할 것이라고 해석하여야 할 것이다.

② 국가 등의 저작물의 전재(32조2항) 국가·지방공공단체·독립행정법인·지방독립행정법인이 일반 주지용으로 자기의 저작의 명의로 공표하는 저작물(공호자료, 조사통계자료, 보고서, 백서 등)은, 전재금지의 표시가 없는 한, 설명의 재료로써 신문·잡지 등의 간행물에 전재할 수 있다(32조2항). 이것은 인용이 아니라 전재이기 때문에, 많은 분량이라 하더라도 전부 전재가 가능하다. 설명의 재료로써 전재하는 것이 필요하며, 책의 권말에 참고자료로 게재하는 것은 인정되겠으나, 단순히 그대로 출판하는 행위는 인정되지 않는다. 이와 같은 저작물은 공적기관에 의하여 작성되고, 거기다 주지시키는 것에 의미가 있기 때문에, 남용적인 이용을 방지하면 족하다.

본항에서는 번역전재도 인정되고 있다(43조2항). 요약 전재의 필요성은, 기본적으로는 요약인용에서 언급한 것이 타당하다. 심의회 보고서 등과 같이 분량이 많은 것은 충실하게 요약하여 전재할 필요가 클 것이다. 또 인용과 마찬가지로, 출처명시의무가 있다(48조1항1호).

본항의 규정에 따라 작성된 복제물은 양도에 의하여 공중에 제공할 수 있다(47조의3).

5. 교과용 도서 등에의 게재·교과용 확대도서 등 작성을 위한 복제(33조, 33조의2)

교육상 필요한 저작물을 교과용 도서에 게재(복제)하는 중요성은 지적할 필요도 없으며, 보상금을 저작권자에게 지불하는 것을 조건으로, 교과용 도서에의 공표된 저작물의 게재가 가능하다(33조1항). 게재할 수 있는 교과용도서는 검정교과서와 문부과학성 명의의 교과서 등에 한정되어 있고(33조1항 괄호, 4호), 대학에서 사용되는 「소위 교과서」는 포함되지 않는다. 구법에서는 「수신(修身) 및 讀本(독

63) 그 후의 하급심 판결에 대해서는 田村 244면 참조.

본)」에 한정되어 있었는데(구법30조), 현행법에서는 게재하는 교과용 도서의 종류에 의한 제한은 없으며, 예컨대 음악 교과용 도서에 악보의 게재를 할 수도 있다. 게재할 수 있는 범위는, 「학교교육의 목적상 필요한 범위」이다.

저작권자에게는 보상금이 지불된다. 문화청장관은 문화심의회에 자문하여(71조) 보상금 금액을 정한다(33조1항). 저작권자가 수령을 거부하거나, 또는 수령할 수 없는 경우, 과실없이 저작권자를 확지할 수 없는 경우 등에는, 그 보상금을 공탁하여야 한다(73조). 번안을 하여 게재하는 것도 가능하기 때문에(43조1호), 「저작자」에게는, 인격권 행사의 기회를 부여한다는 취지에서,[64] 게재하는 취지를 통지하여야 한다(2항).

교과용 도서 등에 게재하는 경우에는 출처명시 의무가 있다(48조1항1호).

약시자(弱視者)에게 보통 크기의 교과용 도서는 심히 불편하고, 사실상 사용할 수 없기 때문에 확대교과용 도서가 필요하다. 그런데 확대교과용 도서는, 33조에서 말하는 교과용 도서가 아니기 때문에, 통상의 권리처리가 필요해지고, 때문에 권리자의 탐색·협상·대가 등에 대한 막대한 곤란이 있었다. 이에 2003(平成15)년 개정으로, 교과용 도서에 게재된 저작물은, 약시아동·학생의 학습용으로 확대하여 복제할 수 있다, 라는 권리제한 규정이 만들어졌다(33조의2).[65] 확대교과용 도서를 비영리로 복제하고자 하는 자는 미리 당해 교과서를 발행하는 자에게 통지한 후에 무상복제할 수 있는데, 영리의 경우에는 문화청 장관이 정하는 금액의 보상금을 지불할 필요가 있다. 본조는 37조의 점자인 경우와 같은 취지의 규정이다.

또, 33조·33조의2의 규정에 의하여 작성된 복제물(교과용 도서·교과용 확대도서)은 공중에 제공할 수 있지만, 목적 외에 공중에 양도하면 양도권의 침해가 된다(47조의3). 교과용 도서는 다수 학생에 양도할 수 없다면 의미가 없기 때문에 당연한 규정이다. 또 당해 복제물을 목적 외의 목적을 위하여 배포하고, 공중에 제시하면, 그 단계에서 복제권 침해가 된다(49조1항1호).

---

64) 加戸 249면.

65) 이 문제는 저작권법에서 다루지 않더라도, 확대교과용도서를 검정교과용도서로 인정하면 족할 것으로 생각되지만, 인정(認定)이 사실상 곤란한 이상, 약시아동을 위하여 저작권법의 제한규정으로 대처할 수밖에 없었다.

6. 학교 교육 프로그램의 방송 등(34조)

공표된 저작물은, 교육상 필요한 한도에서, 학교용 방송프로그램・유선방송프로그램에 있어서 방송・유선방송・자동공중송신[66]하고, 또 그 교재에 게재(복제)할 수 있다(34조). 이 방송에는, 학교용 방송 전부가 포함되는 것이 아니라, 학교교육법 등의 교육과정의 기준에 준거한 것이어야 한다. 그 경우, 저작자에 통지함과 함께, 저작권자에게는 상당한 대가의 지불이 필요하다. 본조의 입법취지는 33조의 교과서의 경우와 마찬가지이다. 다만 교과서의 경우와는 달리, 상당한 대가에 대하여, 문화청 장관이 정하는 것이 아니라, 당사자의 협의에 따른다.

본조를 이용하는 경우에는, 번안하여 게재할 수 있다(43조1호). 출처도 명시하여야 한다(38조1항2호).

본조의 규정에 의하여 작성된 복제물은 양도에 의하여 공중에 제공할 수 있다(47조의3).

7. 학교 기타 교육기관에서의 복제 등(35조)

학교 교육은 국가에 있어서도 개인에 있어서도 대단히 중요하며, 교육에 있어서는 저작물을 이용할 필요성이 높고, 비영리 교육기관에서 교육을 담당하는 자와 교육을 받는 자(학생 등)는, 수업 과정에서의 사용에 제공하는 것을 목적으로 하는 경우, 일정한 요건 하에 공표된 저작물을 복제 등 할 수 있다.

복제 등 할 수 있는 교육기관은 비영리여야 하지만(35조1항 괄호[67]), 정규 초등중등교육기관과 대학뿐 아니라, 전수학교와 직업훈련소 등의 교육기관도 포함된다.[68]

복제되는 저작물의 종류는 불문한다. 이용의 태양은 복제(1항)와 공중송신(2항)이다. 복제주체는, 이전까지 교육담당자로 한정되어 있었지만, 그래서야 학생 등

---

66) 자동공중송신에 대해서는, 학교교육프로그램에서 방송・유선방송을 수신하여 동시에 오로지 당해 방송에 관계된 방송대상지역에서의 수신을 목적으로 한 것으로 한정되어 있다. 이것은 2011년의 디지털TV방송으로의 전면이행에 즈음하여, 디지털파가 도달하는 범위가 아날로그파 보다 좁기 때문에, 그 보완으로 IP멀티캐스트 방송의 동시배송신이 인정되게 된(102조3항) 것과 함께 규정된 것으로, 동시재송신과 방송지역이라는 제한이 붙혀졌다.

67) 구조개혁특별구역법12조1항에 의하여 영리기업인 주식회사에 의한 학교경영이 가능하게 되어, 동법12조11항의 "표(表)"에 의하여, 35조1항의 괄호 부분은 「(영리를 목적으로 하여 설치되어 있는 것을 제외하고, 학교설치회사(구조개혁특별구역법(平成14년법률제189호)제12조제2항에 규정하는 학교설치회사를 말한다. 제38조제1항과 같다.)가 설치하는 학교를 포함한다)」로 읽는다.

68) 加戸 257면, 斉藤 248면, 作花・詳解 344면.

이 주체적으로 공부하여 수업에서 자료를 배포할 때 타인의 저작물의 복제가 불가능하기 때문에, 2003(平成15)년 개정에서, 복제주체로 수업을 받는 자가 추가되었다.

본조에 따르면 무상으로 복제할 수 있기 때문에, 교과서게재(33조)나 교육방송(34조)의 경우보다도 엄격한 요건이 부과되어 있다. 즉 복제할 수 있는 것은, 필요하다고 인정되는 한도에서, 게다가 저작물의 종류・용도・복제부수・태양에 비추어 저작권자의 이익을 부당하게 해하는 것이어서는 안 된다고 되어 있다. 예컨대 시판하는 책을 복제하는 경우와, 학생이 학예회에서 부른 노래를 녹음하는 경우에는 상황이 달라, 각각의 경우에 맞는 판단이 필요해진다. 허가받지 않은 전형적인 예로써, 교사가 시판 학습용 반복연습장을 일부 구입하여 학생에게 배포하기 위하여 복제하는 행위나, 수업에서 이용하는 컴퓨터프로그램을 학생이 사용하는 단말에 복제하는 행위 등을 들 수 있을 것이다. 또 복제의 질도 문제가 될 것이다. 예컨대 회화(繪畵)를 통상의 복사기로 복제하면 합법적이라고 하더라도, 업자를 써서 감상이 가능한 정도의 훌륭한 인쇄를 하게 되면 위법하게 될 수도 있다. 요는 모든 사정을 감안하여, 저작권자의 시장에서의 현재적(顯在的) 또는 잠재적 이익을 부당하게 해하는지 여부가 판단의 대상이 될 것이다.[69]

통신의 발전에 따라, 수업이 반드시 하나의 교실 내에서만 이루어지는 것은 아니며, 원격수업도 드물지 않게 되었다. 이에 2003(平成15)년 개정에서, 수업이 이루어지는 장소 이외의 장소에서, 동시에 수업을 받는 자를 위해, 일정한 조건 하에 저작물의 원작품・복제물을 제공・제시하여 이용하는 경우, 38조1항의 규정에 의하여 상연・연주・구술하여 이용하는 경우에는, 공중송신할 수 있다는 취지의 규정이 만들어졌다(35조2항). 주 교실에서의 수업을 동시에 타 교실에서 실시하는 동시중계수업을 위한 규정이며, 녹음・녹화하여 나중에 공중송신하는 것 까지 인정한 것은 아니지만, 시(時)를 달리하여 재송신하고자 하는 개정의 요망도 강하다.

본조1항의 규정에 따라 작성된 복제물은 양도에 따라 공중에 제공할 수 있다(47조의3), 즉 복제한 것을 학생 등에 배포할 수 있지만, 목적 외로 공중에 양도하면 양도권의 침해가 된다(47조의3 단서). 또 당해 복제물을 목적 외의 목적(수업의 과정에서 사용에 제공하는 목적이 아닌 경우)을 위하여 배포하고, 공중에 제시하면, 그 단계에서 복제권침해도 된다(49조1항1호).

---

69) 加戸 258면.

또, 본조에 따라 이용하는 경우에는, 번안하여 복제할 수도 있다(43조1호). 또 출처 명시의 관행이 있을 때는 명시하여야 한다(48조1항3호, 3항).

8. 시험 문제로서의 복제 등(36조)

공표된 저작물은, 입학시험 등의 시험・검정의 목적상 필요한 한도에서 복제・자동공중송신(송신가능화를 포함한다)할 수 있다(36조1항). 시험문제에는 비밀성이 요구되며, 시간적으로도 내용적으로도, 사전에 권리자의 허락을 얻는 것을 기대할 수 없는 경우가 많다. 또, 시험문제로써 이용되었다고 하더라도, 당해 저작물의 현재적(顯在的)・잠재적 시장에 악영향을 미치는 일은 적다고 생각된다. 다만 비밀성의 요구와 시장에 대한 영향의 어느 쪽 요소를 중시할지에 따라, 침해의 기준이 달라질 것이다. 비밀성을 중시하면, 비밀의 필요가 없는 종류의 시험문제로써 이용하면 침해가 될 것이며,[70] 반대로 권리자의 시장에서의 이익이 저해되는가 하는 점을 중시한다면, 비밀성이 필요하지 않은 시험에 이용하더라도 시장에 미치는 영향이 적다면 합법인 경우도 있을 것이다. 그러나 입시 등을 특별히 취급하는 이유는 역시 비밀유지의 필요성에 있다고 생각하는 편이 저작권법 체계 전체와 정합적일 것이다.

본조는 시험목적에 한정된 복제・자동공중송신 규정이며, 항간에 시판되고 있는 시험문제집(실제 입시문제를 모은 문제집) 등에는 적용되지 않는다. 그와 같은 복제는 시험 목적이 아니라, 단순한 복제이며, 저작권 허락이 필요하게 된다.

종래에는 복제만이 인정되었는데, 지금은 인터넷을 이용하여 시험하는 경우도 적지 않아, 2003(平成15)년 개정으로 방송・유선방송을 제외하는 자동공중송신도 인정되게 되었다. 이에 따라, 35조2항과 맞물려, 인터넷을 이용한 원격수업・시험이 가능하게 되었다. 다만 그 경우에도, 자동공중송신이 부여하는 영향이 크기 때문에, 당해 저작물의 종류・용도, 자동공중송신의 태양에 비추어, 저작권자의 이익을 부당하게 해하게 되는 경우에는 인정되지 않는다고 되어 있다(36조1항 단서).

영리를 목적으로 한 시험도 본조의 대상이 되며 자유롭게 이용할 수 있지만,

---

70) 東京高決平12・9・11(未登載)(国語テスト事件)에서, 36조의 취지는 시험・검정의 문제는 사전 누설을 방지할 필요가 있지만 미리 저작권자의 허락을 받는 것은 곤란하고 저작물의 통상의 이용과 경합하지 않는다고 생각되는데 있고, 미리 저작권자의 허락을 받는 곤란성이 없는 것에 대하여는 저작권자의 허락을 필요로 하지 않는 근거를 결여하며, 1항에서 말하는 「시험 또는 검정」에 해당하지 않는다, 고 언급하고 있다. 동 취지의 판결로써, 東京地判平15・3・28 判時1834호95면(教科書準拠国語テスト事件), 東京地判平16・5・28判時1869호79면(国語教科書事件).

다만 복제·자동공중송신을 하는 자는, 통상의 사용료에 상당하는 금액의 보상금을 저작권자에게 지불하여야 한다(36조2항). 영리로 실시하고 있는 것이므로, 거기서 발생하는 이익을 저작권자와 복제자 간에 나누어 갖는 것은 당연할 것이다. 조문에서 보면, 지불 의무자는 시험실시자가 아니라, 복제자 또는 자동공중송신자이다. 양자가 일치하는 일도 많지만, 시험문제업자가 작성하고, 회사 등에 입시문제로 제공하도록 하는 경우에는, 당해 회사 등이 아니라 시험문제작성자(복제자)가 지불의무자가 된다. 그 보상금은 통상의 사용료에 상당하는 금액이기 때문에, 교과서에 게재하는 경우(33조2항)보다는 고액이 될 것이다.

본조에 따라 이용하는 경우에는 번역하여 그것을 복제·자동공중송신할 수도 있다(43조2호). 요약인용의 경우와 마찬가지로, 조문상으로는 번안이용 할 수 없다고 볼 수도 있는데, 시험문제에 있어서는, 번안 이용할 필요가 있는 경우도 생각할 수 있고, 요약인용과 마찬가지로 해석해야 할 것이다(「**4. 인용 등 (1) 인용 (다) 요약인용**」 참조).

다음으로 저작자인격권인데, 시험문제로써 복제·자동공중송신 할 수 있는 것은 공표된 저작물이기 때문에, 그 한도에서 공표권 문제는 발생하지 않는다. 미공표 저작물을 이용한 경우에는, 원래 36조에 해당하지 않기 때문에 복제권·자동공중권 침해가 되며, 더불어 공표권 침해도 된다. 성명표시권에 대해서는, 공정한 관행에 반하지 않는 경우에는 생략할 수 있고(19조3항), 시험문제에서는 생략할 수 있는 경우도 많다고 생각된다. 출처표시에 대해서도 출처를 명시한다는 관행이 있을 때는 명시하여야 한다고 되어 있기 때문에(48조1항3호), 그다지 문제가 되지 않을 것이다. 동일성유지권에 관해서는 문제가 있다. 원래 36조는 번안이용을 일체 인정하지 않는다고 해석을 취하면, 번안이용이 모두 동일성유지권 침해가 되겠지만, 그와 같은 해석은 현실적이지 않다. 실제 시험문제에는, 저작물의 일부를 잘라내 이용하는 경우가 많고, 또 빈칸을 넣은 문제를 작성하거나, 일부러 틀리게 써서 그것을 지적하게 하거나 하는 경우도 적지 않다. 이것은, 부득이한 개변(20조2항4호)의 문제로 귀착된다. 통상의 복제·자동공중송신과 비교하면, 시험문제로써의 이용은 특수한 것이므로, 유연하게 해석하여야 하는데, 50조의 규정도 있고, 그 태양이 너무 심한 것은 동일성유지권 침해가 되는 경우도 있을 수 있을 것이다.

본조 1항의 규정에 따라 작성된 복제물은 양도에 의하여 공중에 제공할 수 있다(47조의3).

9. 점자에 의한 복제 등(37조)

(1) 총 설(약자에 대한 조치)

원칙론적으로 사회적 약자(특히 신체장애인)를 위한 지원에 반대하는 사람은 적겠지만, 저작자가 그 희생이 되는데 대해서는 권리자 단체의 반대가 강하다.[71] 그러나 신체장애인이 조금이라도 비장애인에 가까운 생활을 하는 것이 가능한 환경을 만들기 위해서는, 단순히 국가 등의 공적기관만 노력해도 한계가 있고, 저작자를 포함하여, 모든 국민이 조금씩 부담하지 않으면 현실적으로는 불가능하며, 사회는 그것을 지향하고 있다. 점자 등을 인정하는 것이 저작자에게 큰 희생을 강요하고 있다고는 생각할 수 없는데 대하여, 그에 의하여 신체장애인은 비장애인에 가까운 환경에서 저작물의 향수가 가능하게 되며, 그것은 신체장애인에게는 비장애인이 헤아리기 어려울 정도의 큰 기쁨이 된다.

원래 저작권은 완전무결한 독점권을 갖고 있어서, 제한규정은 그 권리를 빼앗는 것이라는 발상은 잘못된 것이며, 저작자의 희생에 있어서 제한해서는 안 된다는 추상적 논의는 해서는 안 된다. 저작권이라 함은 원래가 여러 사회적 요청과의 조화 가운데에서 존재하는 것이라는 인식이 필요하다. 저작권뿐 아니라, 지적재산권 일반은, 새롭게 인공적으로 구축된 권리이며, 사회에 있어서의 다른 이념, 제도 등과의 조화 속에서 성립하고 있다는 점을 잊어서는 아니 된다. 세계적으로 반저작권사조・운동이 대두하고 있는 현실을 감안하면, 저작자가 현저한 손해를 입는 경우(베른협약의 단어를 빌리자면, 「정당한 이익을 부당하게 해하는 경우」)는 별도로 하고, 사회적 필요성에 따라 권리를 제한받는 것은, 저작권법이 향후에도 여론의 신뢰를 잃지 않고, 정당한 인지를 받아내기 위해서 필요한 것이다. 사회적 필요성은 시대에 따라 변화할 수 있는 것이다. 신체장애인에 대한 사회의 인식은 크게 변화하고 있고, 저작권법에서도 이와 같은 사회의 변화에 민감해야 한다.

신체적 약자가 비장애인에 가까운 레벨로 향수할 수 있도록 하는 것은, 사회전체의 최소한의 의무이며, 잠시 잠깐이라도 저작권법이 그 방해가 되어서는 안된다. 약자 보호는 서서히 개선되고는 있지만, 앞으로도 복제・통신기기의 발전 등

71) 현행법 제정 시의 국회심의문교위원회에서, 石川達三 저작자단체협의회 회장은 참고인으로서, 맹인을 위한 복지는 국가가 해야 할 것으로, 저작자의 희생으로 할 것은 아니다, 라고 언급한 것은 일찍부터 유명하다(상세는 作花・詳解 358면).

에 따른 조치를 신속하게 강구하여야 한다. 향후 논의되어야 하는 것은, 그로 인해 저작물이 비장애인에게 제한없이 제공되지 않도록 하는 방법의 검토와, 무상으로 할지 또는 보상금으로 할지 하는 점이다. 저작권법에 있어서 실로 중요한 것은, 저작자에게 큰 불이익을 주는 것이 아닌 약자구제의 길을 막는 것이 아니라, 디지털 시대에 어떠한 제도를 구축하여야 할 것인가 하는 논의일 것이며, 권리자에게 있어서 하찮은 권리제한규정이라 하더라도, 약자에게는 지극히 중요한 경우가 있다는 인식은 필요할 것이다.

(2) 점자에 의한 복제 등(1항)

공표된 저작물은, 무상으로 점자로 복제할 수 있다(37조1항). 영리・비영리는 불문하며, 또 복제자・복제장소의 한정도 없다. 시각장애인은 원래 저작물을 볼 수 없으므로, 점자 복제에 의하여 저작물의 현재적(顯在的)・잠재적 시장을 침식할 일도 없을 것으로 생각된다. 그러나 저작권이라 함은 점자까지도 포함한 포괄적인 권리범위를 갖고 있다고 생각한다면, 점자복제를 자유로 함으로써, 현실적으로는 권리자가 점자출판을 하지 않는다 하더라도, 그만큼 잠재적 시장은 침식되었다고 볼 수 있다. 요는 약자보호를 위해, 권리자에게 어느 정도를 부담지울 것인가, 그리고 그것이 「저작자의 정당한 이익을 부당하게 해하지 않는 특별한 경우」에 해당하는가 하는 문제로 귀착된다. 그리고 실제로는 점자를 영리로 추구하는 것은 곤란하여 점자시장이라는 것은 존재하지 않으며, 점자는 많은 독지가의 봉사활동에 의하여 지탱되고 있는 것이 현실로, 맹인용 점자가 저작권자에게 부여하는 불이익은 없다고 판단할 수 있을 것이다.

(3) 기록매체에의 기록 등(2항)

2000(平成12)년 개정으로, 공표된 저작물을, 컴퓨터를 이용하여 점자처리하는 방식으로 기록매체에 기록하고, 공중송신하는 것(방송・유선방송을 제외,[72] 송신가능화는 포함함)이 가능하게 되었다(37조2항). 컴퓨터를 이용한 점자역을 인정하는 이상, 기록매체에의 보존을 인정하는 것은 당연하지만, 이 개정으로 업로드하여

72) 加戸 267면은, 현시점에서는 이용실태가 없기 때문에 제외되었다고 설명하고 있다. 그러나 브로드밴드 시대에는, 시각장애인용 채널이 가능하게 될 가능성도 있는데 일부러 적극적으로 제외할 필요가 있었는지는 의문이다. 또는 방송사업자의 숫자가 적기 때문에, 개별적으로 권리처리를 하자는 함의(含意)일지도 모른다.

시각장애인의 이용에 제공하는 것(송신가능화)을 가능하게 한 점에 의미가 있다. 그것을 다운로드 하는 행위의 대부분은 사적사용 목적을 위한 복제(30조1항)에 해당할 것이다.

저작물의 종류는 불문하나, 현실적으로는 언어저작물이 압도적일 것이다.

번역하여 그것을 점자로 복제·공중송신할 수도 있다(43조2호). 번안이용에 대해서는 시험문제의 경우와 같으며, 그 부분을 참조할 것.

37조1항·2항의 규정에 따라 작성된 복제물은 양도에 의하여 공중에 제공할 수 있다(47조의3). 또 이용한 경우에는 출처표시 의무도 있다(48조1항1호·2호, 3항).

(4) 녹음에 의한 복제·자동공중송신(3항)

점자도서관 등 정령(政令)로 정하는 시설(저작권법시행령2조)에서는, 시각장애인을 위한 대출용으로 제공하기 위하여, 혹은 자동공중송신용으로 제공하기 위하여, 공표된 저작물을 녹음하고, 또는 녹음물을 이용하여 자동공중송신할 수 있다(37조3항, 자동공중송신에 대해서는 2006(平成18)년 개정). 상기 이외의 시설 등(예컨대 통상의 도서관)에서는 본항에 의한 녹음은 인정되지 않으며, 또 녹음을 업무로 하는 자원봉사자 단체에 의한 녹음도 허락되지 않을 것이나, 자원봉사 행위 자체에는 30조의 적용이 인정되는 일도 많은 것으로 보인다.[73] 본항에 의하여 녹음된 복제물을 배포하거나, 공중에 제시한 자는 복제권 침해행위를 한 것으로 간주된다(49조1항1호). 점자는 시각장애인 이외의 이용은 생각할 수 없는데 대하여, 녹음의 경우에는 비장애인도 이용할 수 있기 때문에, 점자에 비하여 엄격한 요건이 부과되고 있는데, 이렇게까지 엄격한 입법을 할 필요가 있는지는 의문이다. 시각장애인 이외에도, 예컨대 지체부자유 등의 이유로 책장을 넘기는 일이 불가능한 자도 있고, 향후 이같은 자에 대한 조치도 필요하게 될 것이다.

37조3항 규정에 따라 작성된 녹음물에는 양도권의 효력이 미친다(47조의4에서 37조3항은 양도권의 예외가 되지 않는다). 한번 양도되면, 그 다음에 비장애인이 이용하게 될 우려가 있기 때문이겠으나, 녹음물을 시각장애인에게 양도할 수 없게 된

73) 30조는 복제물을 사용하는 자가 복제를 하는 경우의 규정으로, 엄격하게 해석하면 자원봉사자가 시각장애인을 위하여 녹음하는 경우에는 30조의 적용은 없다. 다만 자원봉사자가 개개의 시각장애인의 수족이 되어 녹음하면, 그것은 시각장애인이 스스로 녹음한 것이라고 해석할 수도 있을 것이다. 비장애인이라면, 스스로 녹음할 수 있는 것을, 스스로 녹음하는 능력도 없는 약자가 30조의 적용을 받지 않는다고 해석해서는 안 된다. 澁谷 305면도 같은 취지.

다. 시각장애인에게 대출할 수는 있지만(37조3항), 시각장애인 이외에 대한 대출과 같은 목적 외의 공중에의 배포・제시는 복제권 침해가 된다(49조1항1호).

10. 시각장애인을 위한 자동공중송신(37조의2)

시각장애인은, TV 화면에 나오는 자막(수퍼인포즈, 자막수퍼)에 의하여 내용을 이해할 수 있다. 그러나 시각장애인용 점자・녹음에 관해서는 37조에서 처리되어 있는데, 시각장애인용 자막에 관해서는 규정이 없었다. 이에, 2000(平成12)년 개정에서, 복제권・번안권・공중송신권의 예외로써 방송되거나, 유선방송되거나, 또는 방송되는 저작물이 자동공중송신[74]되는 경우의 저작물을, 오로지 시각장애인용으로 제공하기 위하여, 문자로 자동공중송신하는 것이 가능하게 되었다(37조의 2).

음성을 문자화하여 통상의 TV 방송 화면으로 송출하면, 대상을 시각장애인으로 한정하기가 어렵기 때문에, 「오로지」라는 엄격한 제한을 부과하고 있다. 구체적으로는, 문자화할 수 있는 자는, 시각장애인의 복지의 증진을 목적으로 하는 사업을 하는 자로 정령(政令)로 정한 자(저작권법시행령2조의2)로 한정되며, 지정을 받지 않은 자(예컨대 방송사업자)가 이를 할 수 없다. 현재, (財)일본장해자리하빌리테이션협회 등이 지정을 받았으며, 관보에서 고시하고 있다.

허가된 행위는, 「방송되거나 또는 유선방송되는 저작물」에 관계되는 음성을 문자로 하여 「자동공중송신」하는 것뿐이며, TV 화상에 수반되는 음성 일반의 문자화는 인정되지 않으며, 한번 고정되고 나서 방송되는 것은 본조의 대상이 되지 않는다. 시각장애인은 인터넷에서 수신하고, 특별한 기기로 TV 화면에 싱크로 시켜서 문자를 보는 리얼타임 자막만을 상정하고 있다.

본조는 자동공중송신만 인정하고 복제도 허락하지 않으며, 또 재송신도 불가능하다. 권리자와 이용자(시각장애인)간 이익조정의 결과인데, 편의를 생각하면 장애인에게 본조의 조건은 상당히 엄격할 것으로 생각된다.

음성 전부를 그대로 문자로 재현하는 것은 곤란하기 때문에, 이 사업자는 저작물의 요약에 한정된 번안을 할 수 있다(43조3호). 또 출처표시의무도 부과하고 있다(48조1항1호).

---

74) 2006(平成18)년 개정으로, IP멀티캐스트 방송에 의한 동시재송신이 가능하게 됨에 따라, 새롭게 추가되었다.

11. 영리를 목적으로 하지 않는 상연 등(38조)

(1) 영리를 목적으로 하지 않는 상연 등(1항)

공표된 저작물은, 비영리로 청중・관중으로부터 요금을 받지 아니하고, 또 출연자(실연가 등)에 대하여 무보수인 경우에는, 공공에 상연・연주・상영・구술할 수 있다(38조1항). 본조에 따르면, 학교의 학예회 등에서의 상연 등은, 공개라 하더라도 자유롭게 상연 등이 가능하게 된다. 공중송신(2조1항7호의2)은, 저작자의 이익을 해하는 정도가 크기 때문에 38조1항에는 포함되지 않으며, 예컨대 학교의 학예회를 유선방송・자동공중송신하는 경우에는, 저작권자의 허락이 필요하게 된다.

「비영리로 무료」라는 요건은, 청중・관중으로부터 요금을 징수하지 않고도 영리를 목적으로 한 상연 등이 있을 수 있다는 점을 전제로 하고 있다. 결국 여기서 말하는 영리라 함은 저작물의 상연 등이 직접・간접적으로 영리를 목적으로 하고 있다는 것이며, 예컨대 기업의 선전용 무료 콘서트는 선전에 의한 매출 증대라는 영리목적을 갖고 있으므로 우대해줄 이유가 없으며, 본조의 적용을 받지 않는다.[75] 학교설치 회사(구조개혁특별구역법 12조2항)는 영리회사이기는 하지만, 학예회 등과 같이 그 이용행위가 무료・무보수로 교육연구목적이라면 38조에 해당한다.[76]

요금이라 함은, 어떠한 목적을 갖고 있는지를 불문하며, 저작물의 제공・제시의 대가를 가리킨다(38조1항 괄호). 요금은, 입장료・회장비・회비 등의 어떠한 명의를 갖고 있는지를 불문하므로, 예컨대 학원축제 등에서 시가보다 저렴한 요금 내지는 실비를 징수하더라도 본조의 적용외가 된다. 또 징수한 요금의 사용용도는 문제가 되지 않으며, 예컨대 채리티쇼라도, 또는 자선단체 자체가 주최하는 상연 등이라도 적용외가 된다.

출연자에 대한 무보수를 요건으로 한 것은, 이런 종류의 상연 등에 대하여 저작권자도 이익을 받지 않는 것과의 균형상, 출연자도 무상으로 한정한다고 한 듯하다.[77] 여기서 말하는 출연자에 대한 보수라 함은 상연 등의 대가로 해석해야 하며, 차량비용・식사대 등의 「실비」는 상당한 금액인 한 여기서 말하는 보수로

75) 加戸 272면, 田村 204면, 作花・詳解 329면, 金井＝小倉・上 446면[桑野雄一郎].
76) 구조개혁특별구역법12조1항, 12조11항의 "표(表)".
77) 加戸 273면.

해석하지 않아야 할 것이다. 실연가가 자비로 회장까지 오도록 요구하는 것은 가혹하다.

본조에 의하여 인정되는 이용이라 함은 저작물 그대로의 형태로의 이용이며, 형식론적으로 말하면 번안이용은 인정되지 않는다(번역・번안이용을 인정하고 있는 43조에는 38조는 열거되어 있지 않다). 그러나 현실적으로는 상연 시 등에 약간의 변경을 하거나, 학예회 시간의 형편상 일부 생략하거나 하는 일은 종종 있는 일이며, 번안을 전혀 인정하지 않는 것도 문제가 있을 것이다.[78]

출처를 표시하는 관행이 있는 경우에는 명시하여야 한다(48조1항3호).

(2) 비영리・무료 유선방송 등(2항)

방송되는 저작물은, 비영리・무료인 경우에는, 유선방송하거나 또는 자동공중송신[79]할 수가 있다. 「방송되는 저작물」이라 함은 「방송된 저작물」과는 의미가 다르며, 37조의2와 마찬가지로, 유선방송・자동공중송신에서의 동시재송신을 전제로 하고 있으며,[80] 「방송된 저작물」을 복제하여 이시(異時)재송신하는 것까지 인정한 것은 아니다.

유선방송은, 원래는 산간벽지나 고층빌딩에 의한 난시청을 해소하기 위하여 이용되었다는 경위가 있다. 방송은 원래 널리 골고루 수신되어야 하는 것이며, 무선으로 송신되었던 방송의 끝 부분에 유선방송을 이용한다는 의미가 강하였는데, 오래지 않아 방송에 가까운 위상을 갖게 되었다. 2006(平成18)년에 추가되었던 IP 멀티캐스트 방송도 같은 위상이다. 그러나 비영리・무료인 동시에 재송신에 대해서는, 난시청 해소목적의 소규모인 것이 많으며, 그와 같은 취지에서 본다면, 여기서 말하는 요금이라 함은 유선방송 되는 저작물의 대가를 의미하며, 유저로부터 공동 안테나용 철탑의 시설유지비 등을 징수하더라도 대가로 생각해서는 안된다.

본조에서는 방송은 예외취급하고 있지 않기 때문에, 비영리・무료라도 재방송하는 데는 저작권자의 허락이 필요하다.

---

78) 특히 학교에서의 학예회의 경우, 학년에 따라 평이화되거나, 시간의 형편상 일부 상연을 하거나 하는 일이 일상적으로 이루어지고 있어, 동일성유지권에 관해서는 부득이한 개변이라고 해석될 것이다.

79) 자동공중송신은 2006(平成18)년 개정으로 추가된 것으로, 일정한 한정된 IP멀티캐스트방송을, 유선방송과 같게 취급하고자 하는 취지이다.

80) 加戸 275면, 田村 206면, 金井＝小倉・上 452면[桑野雄一郎].

(3) 비영리・무료의 전달(3항)

방송・유선방송되는 저작물(방송되는 저작물이 자동공중송신되는 경우의 저작물을 포함함)은, 비영리로 청중・관중으로부터 요금을 받지 않는 경우에, 공공에 전달할 수 있다(38조3항1문). 요건에 관해서는 2항과 유사하기 때문에, 2항을 참조할 것.

38조3항2문에서, 통상의 가정용 수신장치를 이용하는 경우에는, 영리・유료라도 자유롭게 공공에 전달할 수 있다고 되어 있다. 이 규정에 따라, 음식점이나 호텔로비 등에서 TV나 라디오 방송을 손님용으로 전달하는 행위는 통상의 가정용 수신장치를 이용하고 있는 한, 영리목적이라도 자유롭게 할 수 있게 된다. 다만, 현재는 가정용으로 판매되고 있는 장치가 대형화・고성능화되고 있기 때문에, 어디까지가 통상의 가정용장치인지는 판단하기 어렵다.

38조3항은, 2항과 마찬가지로, 동시 전달하는 경우의 규정이며, 녹음・녹화된 것을 공공에 전달하는 행위는, 복제권 침해 외에도, 38조1항의 상영권 침해 문제가 된다.

방송사업자・유선방송사업자의 저작인접권에는 TV방송・유선TV방송을 수신하고, 영상을 확대하는 장치를 이용한 공공에 대한 전달권이 포함되어 있으며(100조, 100조의5), 또 저작인접권의 제한규정(102조1항)에서는 38조3항은 준용되지 않으며, 그와 같은 전달에 대해서는 권리의 제한은 미치지 않는다. 따라서 최근 증가하고 있는 빌딩의 벽면에 크게 투사하는 영상에 대해서는, 비영리로 무료라도 방송사업자・유선방송사업자간의 권리처리가 필요하게 되는 점에는 주의를 요한다.

(4) 비영리・무료의 대여(4항)

공표된 저작물은, 비영리이고 그 복제물의 대여를 받는 자로부터 요금을 받지 않는 경우에는, 그 복제물(영화를 제외함)을 대여에 의하여 공중에 제공할 수 있다(38조4항). 1984(昭和59)년 개정으로 대여권이 도입되었는데, 도서관 등에 대해서는 예외로 취급할 필요가 있기 때문에 설치된 규정이다. 비영리・무료라는 요건은 2항, 3항과 같으며, 그쪽을 참조할 것. 또, 영화에 대해서는 그 특수성 때문에 5항에서 규정하며, 4항에서는 영화저작물과 영화저작물에서 복제된 저작물에 있어서 당해 영화 저작물의 복제물이 제외되어 있다(4항 괄호).

4항은 위법복제물(이른바 해적판)을 제외하고 있지 않기 때문에, 위법복재물을 비영리 · 무료로 대여하더라도 본항에 관한한 합법이 되지만, 위법복제물을 정을 알고 배포하거나 또는 배포 목적으로 소지하면 침해로 간주되는(113조1항2호) 점에 주의를 요한다.

또, 도서관 등이 무상으로 대출하는 행위는 판매량의 감소에 연결될 가능성이 있으며, 특히 도서관이 베스트셀러 책을 다수 갖추고 대출하는 행위에는 권리자 측의 반발도 강하여, 언젠가 공대권(公貸權)의 논의도 필요하게 될 수도 있다.

참고로, 당초 대여권은 서적 · 잡지에는 미치지 않는다고 되어 있어, 책대여업과 같은 영리 · 유상(有償)의 대여도 인정되었으나(부칙4조의2), 2004(平成16)년 개정으로 이 부칙이 폐지되었다. 따라서 현재는 서적 · 잡지에 대해서도 다른 저작물과 같은 취급을 받고 있다.

(5) 영화의 비영리 · 무료 대여(5항)

영화에 대여권은 인정되지 않지만(26조의3 괄호), 그 대신에 배포권이 인정된다(26조). 배포 내용은 복제물의 공중에의 양도 · 대여이기 때문에(2조1항19호), 실질적으로는 영화에도 대여권이 있는 것과 유사하게 취급되는데, 법형식상으로는, 38조4항은 대여권의 예외규정, 5항은 배포권의 예외규정 체제로 되어 있다. 이전에는, 영화의 배포권에는 예외규정은 존재하지 않아, 영화의 복제물의 비영리 · 무료의 대여도 배포권 침해였는데, 1984(昭和59)년 개정에서 대여권이 신설되고, 그 예외로써 4항이 마련되었다는 점과 균형을 이룰 필요에서, 영화에 대해서도 5항이 만들어졌다. 이 규정을 근거로, 많은 도서관 등에서 비디오소프트가 대출되고 있다. 또 본호의 배포에 대해서는, 4항과 마찬가지로 배포를 받는 자로부터 요금을 받아서는 아니 된다.

5항에서는 4항과 달리, 배포(대여)의 주체를, 시청각 자료를 공중의 이용에 제공하는 것을 목적으로 하는 비영리시청각교육시설 등에서 정령(政令)(저작권법시행령2조의3)으로 정하는 것, 구체적으로는 국가 · 지방공공단체가 설치하는 시청각교육시설, 도서관법 2조1항의 도서관, 문화청장관이 지정하는 것으로 한정하고 있다. 참고로 학교는 도서관 등에 해당하지 않기 때문에, 다수의 학생들에게 영화를 대출하는데 5항의 적용은 없으며, 위법이다. 또, 조문의 형식이 4항과 달리, 5항의 배포주체가 비영리시설에 한정되어 있기 때문에(5항 괄호), 「영리를 목적으

로 하지 않고」라는 문언은 존재하지 않는다.[81]

5항에 의한 대여의 경우에는, 배포권자에 상당한 금액의 보상금을 지불할 필요가 있다. 보상금의 금액에 대해서는, 교과서에의 게재와 같은 규정(33조2항에 의한 문화청장관이 정하는 금액)은 없으며, 형식적으로는 대여를 하는 자(도서관 등)와 권리자가 개별적으로 협의를 하고, 협의가 이루어지지 않는다면 재판으로 다투게 되는데, 대여자 단체와 권리자단체간의 협의에 따라 결정되는 경우도 많다.[82]

12. 시사문제에 관한 논설의 전재(轉載) 등(39조)

신문·잡지에 게재하여 발행된 정치·경제·사회상[83]의 시사문제에 관한 논설(신문의 사설이나 잡지의 권두인사말 등)은, 기본적으로는 당해 매스컴이 사회에 발신하는 주장으로, 널리 세상에 알려야 한다는 성질을 갖고 있기 때문에, 다른 신문·잡지에 전재하고, 방송·유선방송·자동공중송신[84]을 실행할 수 있다고 되어 있다(39조1항). 또 그 방송·유선방송·자동공중송신된 논설은, 수신장치를 이용하여 공중에 전달하는 것도 자유롭게 할 수 있는데(39조2항), 방송·유선방송·자동공중송신된 형태 그대로의 전달에 한한다. 전재할 수 있는 미디어는 신문·잡지와 방송·유선방송·자동공중송신에 한정되어 있다. 현대사회에서의 매스컴의 중요성에 비추어, 이 규정은 민주주의에도 기여하는 것이라고 할 수 있겠다.[85]

본조의 대상은 시사문제의 논설이며, 그것은 매스컴의 주장이므로 특별히 전재를 인정받은 것이며, 신문기사라도, 예컨대 역사상 인물의 평가나 예술론과 같은 시사문제 이외의 논설은 제외된다. 시사 논설이라 함은 시사에 관한 주장과 해설을 가리키며,[86] 사실의 보도 자체는 논설이 아니다. 사실의 보도 중 단순한

81) 金井=小倉·上 464면[桑野雄一郎]는, 공익법인이 공익목적의 수단으로써 실시하는 수익사업으로 반포가 이루어지는 경우에는 4항을 유추한다고 하는데, 이와 같은 경우는 유료이므로 애초에 5항의 요건에 합치하지 않을 것이다.

82) 구체적으로는, 저작권법령연구회 617의 5면, 加戸 279면 참조.

83) 베른협약 10조의2에서는, 「경제상, 정치상 혹은 종교상」으로 규정되어 있는데, 종교상의 시사문제는 사회상의 시사문제에 포함되어 있으며, 사회에 생기는 모든 문제가 포함되게 된다.

84) 2006(平成18)년 개정으로 추가된 것으로, 일정한 한정된 IP멀티캐스트 방송을, 유선방송과 같이 취급하고자 하는 취지이다.

85) 斉藤 257면은, 신속한 보도에 액세스할 수 있는 일반 이익을 위한 저작권의 제한이라고 언급하고 있다. 그러나 시사의 보도가 아니라 시사의 논설 규정이므로, 신속성보다는 매스컴의 주장으로 널리 알리는데 중점을 두어야 할 것이다.

86) 베른협약 10조의2에서는 「시사 문제를 논의하는 기사」(article published in newspapers or periodicals)라는 문언이 사용되고 있으며, 시사에 관한 평론기사라는 의미일 것이다. 斉藤 258면 참조.

사실의 보도는 저작물은 아니지만(10조2항), 그 이외의 보도에는 저작권이 발생하며, 또 본조의 적용이 없기 때문에 자유로운 전재는 불가능하다. 논설인 이상은 문장을 전제로 하고 있으며, 예컨대 만화는 강렬한 사회비평의 수단이 될 수도 있는데, 논설이라고 말하기는 어려울 것이다.

본조에 따라 전재 등을 인정하는 것은, 논설을 많은 사람이 봐주기를 바라는 매스컴의 의도에 가깝다고 추측되며, 그것이 본조의 실질적 근거의 하나가 되고 있다. 따라서 이용을 금지하는 취지의 표시가 있다면, 전재 등은 불가능하다(1항 단서). 이 전재 규정의 적용에는 명확성이 필요하며, 묵시의 금지로는 부족하다고 해석해야 할 것이다. 어떤 기재가 금지를 의미한다고 하는 관행이 존재한다고 하는 것은 부정할 수 없으며, 많은 학설에서, 서명이 있는 신문기사는 사회적 관행으로써 전재금지를 뜻하는 표시라고 해석하고 있는 것 같다.[87] 신문협회는 그 견해 가운데에서, 「서명 있는 시사에 관한 평론, 해설기사」에 대해서는 「향후 신문계의 관행으로써 확립하도록 한다」고 하고 있는데,[88] 판결에서 그와 같은 관행의 유무가 다투어진 케이스가 존재하지 않아, 사법판단은 아직 나와 있지 않다. 신문협회는 동 견해 가운데 논설을 좁게 해석하여, 사설 또는 사설로 간주되는 것만이 해당하고, 칼럼 등은 서명의 유무에 관계없이 논설에 해당하지 않는다고 하고 있다. 그러나 본조의 적용을 받는 것은, 전재되는 쪽도 전재하는 쪽도 매스컴이라는 사회의 지도자적 존재이며, 그 견해를 널리 알리려고 하는 것은 사회적 사명이라 할 것이다. 그러므로 인용의 경우와는 달리, 만일 전재금지를 희망한다면, 그 취지를 표시하는 일은 매스컴에게 있어서 용이한 일일 것이며, 그것을 게을리하고 논설의 범위를 너무나 좁게 해석하는 것에는 문제가 있다.[89]

전재가 인정되는 대상은 신문 · 잡지에 게재되어 발행된 논설만이며, 그 밖의 미디어에서 게재 · 방송된 것은 포함되지 않는다. 방송은 형태가 남지 않기 때문

---

87) 加戸 282면, 半田 163면, 三山 250면, 渋谷 326면.

88) 신문저작권에 관한 일본신문협회편집위원회의 견해(1978(昭和53)년 5월 11일 제351회 편집위원회, http://www.pressnet.or.jp/)에서는 「여기서 말하는 『논설』이라 함은 원칙적으로는 신문의 논평기사 중에서도 특히 『사설』을 가리키는 것으로, 기타 논평기사는 이 조항에 해당하지 않는다고 할 것이다. 그러나 이전부터 신문계가 주장해 왔던 바와 같이, 사설에 준한다고 간주되는 논평기사에 대해서는, 개개의 기사내용 여부에 따라 이용할 수 있다고 생각된다」고 언급하고 있다.

89) 加戸 281면은, 「당사의 주장과 같은 형태의 것으로, 논설이면서 아사히신문의 『天声人語』와 같은 편집자의 칼럼란도, 가벼운 터치의 촌평 · 감상에 그치지 않고 시사문제에 관한 하나의 논평 · 제안과 같은 성격의 것이 되면, 논설에 해당하는 것도 있을 수 있다」고 언급, 논설의 범위를 넓게 파악하고 있다.

에, 이용금지 표시의 곤란성이나 전재내용의 정확성에 문제가 있기 때문이라고 되어 있다.[90] 단행본에 게재된 시사논설도 본조에 포함되어 있지 않은데, 입법론으로써 약간의 문제가 있다. 또 전재할 수 있는 매체에 단행본은 포함되지 않지만, 단행본의 권말에 참고자료로 신문 등의 논설을 전재할 필요가 있는 경우도 생각할 수 있어, 이것도 입법론으로써는 문제가 된다. 禁전재라는 표시를 해두면 전재할 수 없게 되는 것이므로, 단행본에까지 적용범위를 넓혀도 큰 지장은 생기지 않을 터인데, 다만 단행본에까지 넓히는 것은, 책 1권 전체를 전재하는 사태도 우려할 수 있다. 장래에는 인터넷에 게재되는 논설에 대해서도 문제가 될 것이다.[91]

학술적 성질을 갖는 것은 제외되어 있으므로, 학자의 투고논문류는 전재할 수 없다(39조1항 괄호). 이와 같은 것은 학술논문으로써 학회지 등에 게재되는 것과 동일한 성질을 갖고 있으며, 신문·잡지라는 미디어에 게재되었다는 한가지로 자유전재의 대상으로 하는 것은 타당하지 않기 때문이다.

39조1항에 의하여 저작물을 방송·유선방송할 수 있는 경우에는, 그 방송·유선방송을 수신하여 유선방송하고, 확대하여 전달하고, 또 IP멀티캐스트 방송을 할 수 있다(102조6항).

번역하여 전재 등을 할 수도 있다(43조2호). 요약인용의 경우와 마찬가지로, 조문 상으로는 번안이용할 수는 없는 것으로 보인다(인용 부분 참조).

본조 1항의 규정에 따라 작성된 복제물은 양도에 따라 공중에 제공할 수 있다(47조의3).

전재하여 이용한 경우에는 출처의 명시의무가 있다(48조1항2호).

13. 정치적 연설 등의 이용(40조)

(1) 공개된 정치적 연설·진술 등(1항)

공개로 이루어진 정치적 연설·진술, 재판 등의 절차에 있어서의 공개 진술은 널리 사회에 알릴 필요가 크므로, 무상으로 자유롭게 이용할 수 있다(40조1항). 「어떠한 방법에 의하는지를 불문하고」라고 규정되어 있고, 이용 태양에는 제한이 없고, 출판·방송·자동공중송신·전시·구술 등을 생각할 수 있다. 번안·번역하

---

90) 加戸 281면.

91) 斉藤 259면 참조.

여 이용할 수도 있다. 이러한 연설 · 진술에 대해서도 저작권은 발생하는데, 저작권이 미치는 범위는 상당히 한정되며, 자유이용할 수 없는 것은 동일 저작자의 것을 편집하여 이용하는 경우(예컨대 어떤 정치가의 연설집)에 한정된다.

정치적 연설 · 진술은 널리 일반에 알리는 것이 민주주의에서는 중요한 의미를 가지며, 그러한 진술을 하는 자는 이 정도의 제한은 각오해야 한다. 정치적 연설 · 진술이라 함은, 정치에 영향을 미칠 의도를 갖는 의견의 개진이다.[92] 정치에 관한 학설의 개진, 해설 등까지 포함해야 하는 것은 아니며, 학회에서의 강연은 본항의 범위 밖이라고 해석된다. 비공개 강연을 자유이용으로 하였다면 비공개로 할 의미가 없어지기 때문에, 본조에서는 공개가 요건이 되고 있다. 연설 · 진술의 장소적 한정, 연설 · 진술자의 한정은 없으며, 그 범위는 넓다.

여기서 말하는 재판 절차(행정청이 실시하는 심판 등의 재판에 준하는 것을 포함함)에서의 공개의 진술이라 함은, 당사자의 변론, 감정인 · 증인 · 전문위원 등의 진술을 가리킨다. 재판절차 등의 판결 · 결정 등에 대해서는, 원래 저작권의 대상은 되지 않는다(13조3호). 이 규정은 재판의 공개원칙에 유래하며, 그것을 보강하는 것이다.[93] 따라서 비공개 심리절차에서의 진술은 포함되지 않으며, 또 일반적으로는 열람할 수 없는 것도 여기서 말하는 공개 진술이라고는 할 수 없다.

여기서 자유롭게 이용할 수 있다는 의미는, 13조3호의 경우와 마찬가지로, 그것이 연설 · 진술 또는 판결로써 이용되는 한은 자유라는 것을 의미하며, 그들에 포함되어 있는 타인의 저작권 있는 저작물을 가져와 이용하는 것까지는 인정되지 않는다.

본조의 규정에 의하여 작성된 복제물은 양도에 의하여 공중에 제공할 수 있다(47조의3).

본항에 의한 이용의 경우에는, 출처를 명시하여야 한다(48조1항2호).

(2) 국가 등의 기관에서의 공개 연설 · 진술(2항)

정치적 연설 · 진술에 대해서는 40조1항에서 광범위한 자유이용이 인정되고 있는데 대하여, 국가 · 지방공공단체 · 독립행정법인 · 지방독립행정법인의 기관에서 이루어진 공개 연설 · 진술에 대해서는, 보도의 목적상 정당하다고 인정되는

92) 加戸 284면.

93) 田村 255면.

경우에는, 무상으로 자유롭게 신문 · 잡지에 게재, 방송 · 유선방송 · 자동공중송신[94]할 수 있다(40조2항). 예컨대 국회에서의 총리의 소신표명연설은 1항에 해당하는데, 정부위원의 답변이나 참고인의 의견진술은 2항에 해당한다.[95]

이용수단은, 신문 · 잡지로의 게재와 방송 · 유선방송 · 자동공중송신뿐이며, 39조의 경우와 마찬가지로, 단행본으로의 이용은 인정되지 않는다. 한정된 IP멀티캐스트방송에 의한 동시 재송신에 대해서는 2006(平成18)년 개정으로 조치되었는데, IP멀티캐스트방송 이외의 인터넷 송신에 대해서는 처리되어 있지 않아, 입법론상 문제가 될 것이다.[96]

본항에 의한 이용을 하는 경우에는, 번역이용할 수 있다(43조2호). 요약 인용의 경우와 마찬가지로, 조문상으로는 번안이용할 수 없는 것으로 보인다(「4. 인용 등」 참조).

40조1항 · 2항에 의하여 저작물을 방송 · 유선방송할 수 있는 경우에는, 그 방송 · 유선방송을 수신하여 유선방송하고, 확대하여 전달하고, 또 IP멀티캐스트 방송을 할 수 있다(102조6항).

본조의 규정에 따라 작성된 복제물은 양도에 의하여 공중에 제공할 수 있다(47조의3).

본항에 의한 이용의 경우에는, 출처를 명시하여야 한다(48조1항2호).

(3) 연설 · 진술의 공중에의 전달(3항)

40조2항에 의하여 방송 · 유선방송 · IP멀티캐스트 방송되는 연설 · 진술은 수신장치를 이용하여, 자유롭게 공중에 전달할 수 있다(40조3항). 이에 따라, 빌딩 벽면의 대화면디스플레이에서, 2항의 연설 · 진술을 불특정자에게 전달하더라도 위법하지 않다. 이 전달은, 38조2항 · 3항의 경우와 마찬가지로, 방송과 동시에 공중에 전달되는 것을 전제로 하고 있다. 참고로, 1항의 연설 · 진술은, 동일 저작자의 편집물 이외의 이용은 자유이기 때문에, 3항에서 규정할 필요없이, 자유롭게 공중에 전달할 수 있다.

94) 2006(平成18)년 개정으로 추가된 것으로, 일정한 한정된 IP멀티캐스트 방송을, 유선방송과 같이 취급하고자 하는 취지이다.

95) 加戸 285면.

96) 田村 253면.

14. 시사 사건의 보도를 위한 이용(41조)

시사 사건의 보도를 하는 경우에는, 당해 사건을 구성하거나 또는 사건의 과정에서 보거나 혹은 들은 저작물은, 보도의 목적상 정당한 범위에서, 자유롭게 또 무상으로 이용할 수 있다(41조). 스포츠 대회 입장식에서 흘러나오는 행진곡, 또는 사건현장의 보도 시에 우연히 흘러나온 음악이 방송되었다 하더라도, 본조에 의하여 합법이 된다.

본조가 없다면 사건의 정확한 보도가 불가능하게 되며, 민주주의의 근간에도 관련되는 문제가 된다. 그 반면, 이와 같은 제한 규정이 만들어지더라도, 저작물 시장에는 거의 영향을 미치지 않고, 권리자가 받는 불이익은 적다. 그런 이유로 당연한 제한규정이라고 할 수 있겠으나, 그 한계는 정해진 바 없다. 예컨대 유명 배우의 사망 보도 시에 그 배우의 과거 영화의 명장면을 방영하는 것을 당연시하고 있는데, 엄밀하게 해석하면, 그 과거의 영상은 그 배우의 사망이라는 사건을 구성하는 것도 아니며, 또 사망이라는 사건의 과정에서 보이는 것도 아니므로, 41조가 적용되지 않을 우려도 있다. 그러나 상식적으로 생각하여, 이와 같은 경우에 권리자의 손실에 연결되는 일도 거의 없을 것이며, 유연하게 해석하여, 어떤 사건과 상당한 관련이 있다면 41조의 적용을 인정해야 할 것이다.

학설 가운데에는, 시사 사건을 좁게 해석하여, 「그 날의 뉴스로서 가치를 갖는지의 문제」라는 견해도 있는데,[97] 이는 너무 좁아 타당한 해석이 아니다. 그러한 해석에 따르면, 과거를 보도하기 위한 이용은, 인용(32조)에 해당하지 않는 한 허락되지 않게 되며, 그 외에 대해서는 권리처리가 필요하게 되므로, 예컨대 주간지의 경우에는 기사가 거의 적용외가 되어 버린다. 과거 사건의 보도가 필요한 경우도 있고,[98] 일률적으로 날짜로 판단할 수는 없다.

그 이용은 보도의 목적상 정당한 범위 내여야 한다. 시사 사건의 보도로 이름을 빌린 관상용 기사 등은 당연히 허락되지 않으며, 실제 판단에는 곤란을 수반하는 것도 많다.[99] 보도인 이상, 인용과 같은 주종관계는 요구되지 않으며, 또 방

97) 加戸 286면.

98) 大阪地判平5・3・23 判時1464호139면(山口組五代目事件)에서는, 1989(平成元)년 7월 20일에 실시된 「야마구치파 5대째 승계식(山口組五代目承継式)」을, 동년 10월4일에 야마구치파(山口組)의 일제 적발을 실시, 조직원 47명을 체포하고, 조직 사무소 등 28곳을 수색한데 맞추어 방송한 사건에 대해, 41조의 적용을 인정하고 있다.

99) 東京地判平10・2・20 判時1643호176면(バーンズコレクション事件)에서는, 국립서양미술관에

송시간・게재량에 대해서도 상당히 길게 인정되는 경우도 있을 것이다.[100)]

본조는, 이용할 수 있는 저작물을 공표저작물로 한정하고 있지 않으며, 예컨대 미공표회화의 도난사건 보도와 함께 그 회화의 사진을 신문에 게재하거나 방송하거나 하는 것도 인정된다. 다만 본조의 규정은 저작자 인격권에 영향을 미치는 것은 아니며(50조), 또 공표권에는 동일성유지권과 같이 「부득이하다고 인정되는」 경우라는 예외규정(20조2항4호)이 없기 때문에, 형식상으로는 미공표저작물을 보도목적으로 이용하면 공표권 침해가 될 것이다.

그러나 이는 사실상, 미공표저작물을 이용할 수 없는 것과 마찬가지로, 미공표저작물이라 하더라도 보도에는 필수적인 것도 있고, 저작자인격권과 공익과의 조정이 향후의 과제가 될 것이다.

이용방법으로써 사진・영화・방송에 의한 보도가 예시되고 있는데, 그 이외에도, 당해 사건의 보도에 수반하여 이용하는 한, 모든 방법, 예컨대 유선방송・자동공중송신 등도 가능하다.

보도의 개념에 대해서는 정의가 없다. 종래에는 신문・잡지・TV・라디오 등의 매스컴을 염두에 두고 있었던 것인데, 인터넷의 발전에 따라, 개인적으로도 사건의 보도를 하는 것이 가능하게 되었다. 어디까지를 보도라고 생각할 것인가 라는 점에 대해서는 판례도 학설도 없으며, 향후의 과제라 할 수 있다.

본조에서의 이용을 하는 경우에는, 번역하여 이용할 수도 있다(43조2호). 요약인용의 경우와 마찬가지로, 조문상 번안이용할 수 없다고 볼 수 있다(「4. 인용 등」 참조).

본조의 규정에 따라 작성된 복제물은 양도에 의하여 공중에 제공할 수 있는데(47조의3), 목적 외의 목적을 위하여 공중에 양도하면 양도권의 침해가 된다(47조의3 단서). 또 당해 복제물을 목적 외의 목적을 위하여 배포하고, 공중에 제시하면, 그 단계에서 복제권 침해가 된다(49조1항1호).

출처를 표시하는 관행이 있는 경우에는 명시하여야 한다(48조1항3호).

서의 전람회가 개최되었다는 신문보도에서, 전시되는 회화를 복제 게재한데 대하여, 시사 사건의 보도를 위한 이용에 해당한다고 하였다.

100) 大阪地判平5・3・23 判時1464호139면(山口組五代目事件)에서는, 1시간 7분의 보도 프로그램 가운데, 야마구치파 관계 보도가 7분간 방송되었고, 그 중 60%에 상당하는 4분 수십초간 야마구치파 5대째 승계식 비디오를 방영한 사례로, 그 비디오의 사용에 관하여 41조의 적용이 인정되었다.

15. 재판 절차 등에서의 복제(42조)[101)]

(1) 재판 절차 등(1항)

재판절차(행정청이 실시하는 심판 기타 재판에 준하는 절차를 포함한다, 40조1항 괄호)를 위해 필요하다고 인정되는 경우에는 복제할 수 있다(42조1항). 이것은 적정한 재판 등을 실시하기 위하여 필요한 것이다. 복제주체에 한정은 없으며, 법원이나 검찰청뿐 아니라, 당사자·대리인·감정인·전문위원 등의 소송 관계자도 복제할 수 있다. 적정한 재판을 받기 위한 규정이라는 관점에서, 법원에 제출하는 서류로 한정할 이유는 없으며 소송 준비를 위한 복제도 필요하다고 인정되는 한도에서, 본조에 포함된다고 해석해야 한다.[102)]

입법·행정 목적을 위하여 내부자료로써 필요하다고 인정되는 경우도 마찬가지다(42조1항). 이것은 입법·행정이라는 중요한 기관의 일에 대하여 복제의 자유를 인정한다고 하는 공공 목적을 위한 규정이다. 내부자료로써 필요한 경우이므로, 외부에 배포하는 것이어서는 안된다. 이상의 복제는 필요하다고 인정되는 한도에서 할 수 있으며, 또 저작물의 종류·용도·복제부수·태양에 비추어, 저작권자의 이익을 부당하게 해하는 것이어서는 안 된다[103)](42조1항 단서).

미공표저작물도 본조의 대상에 포함되는데, 본조에 따라 저작자인격권은 영향을 받지 않는다(50조). 입법·행정의 내부자료로써 복제하는 것에 대해서는, 공표되지 않고 공표권침해가 되지 않는 경우가 많을 것인데, 심의회 등에서 배포를 하면 공표권 침해가 되는 경우도 있을 수 있다(정보공개법에 대해서는 「16. 정보공개법 등에 의한 개시를 위한 이용」 참조). 미공표저작물을 복제하고 법원에 제출할 수 있으나, 판결 등에 따라 공표되어버리는 경우에 대한 공표권의 예외규정은 존재하지 않는다.[104)]

번역하여 이용할 수도 있다(43조2호). 요약인용의 경우와 마찬가지로, 조문상으

---

101) 이 문제에 관하여 상세한 분석을 한 논문으로는, 栗田隆「民事裁判と著作物の利用」関西大学法学研究所研究叢書第20巻『知的財産の法的保護(Ⅱ)』115면(2000).

102) 東京地判昭55·3·26 判時968호27면(成田空港事件)에서는, 경찰관이 TV회사에 무단으로 녹화한 TV뉴스의 증거능력이 다투어진 사건에 있어서, 수사기관이 수사 목적 또는 형사재판에 사용할 증거를 수집할 목적 등에서 녹화하는 것은, 42조에 의하여 허락된다고 하였다. 田村 239면.

103) 渋谷 345면은, 용이하게 시판 복제물을 입수할 수 있는 경우에는 복제는 허락되지 않는다고 언급하고 있는데, 조문상 그와 같은 한정은 없으며, 또 너무나 실태를 무시한 과도하게 엄격한 해석이다.

104) 斉藤 263면은, 판결 등의 공표 시에는 저작자의 동의를 얻을 필요가 있다고 언급하고 있는데, 이것으로 판결의 공표라는 공익이 지켜질지 의문이다.

로는 번안이용할 수 없게 되어 있다(「4. 인용 등」 참조).

본조의 규정에 따라 작성된 복제물은 양도에 의하여 공중에 제공할 수 있는데(47조의3), 목적 이외의 목적으로 공중에 양도하면 양도권 침해가 되며(47조의3 단서), 목적 외의목적을 위해 배포하거나 또는 공중에 제시하면, 그 단계에서 복제권 침해가 된다(49조1항1호).

본조에 의한 이용의 경우에는, 출처를 명시하여야 한다(48조1항1호).

(2) 특허행정 · 약사행정(2항)

2006(平成18)년 개정으로, 새롭게 행정청이 실시하는 특허 · 의장 · 상표에 관한 심사, 실용신안에 관한 기술평가, 또는 국제출원에 관한 절차(42조2항1호)와, 행정청 · 독립행정법인이 하는 약사(薬事)에 관한 심사 · 조사 · 보고에 관한 절차(42조2항2호)를 위하여 필요하다고 인정되는 경우도 1항과 같다고 규정되었다. 이들은 재판절차에 준하는 것은 아니지만, 무효이유가 포함되어 있는 특허 등의 감소, 또는 국민의 건강에 중대한 관계가 있는 약의 부작용 등의 통고, 라는 공익을 위하여 만들어졌다. 이에 따라, 예컨대 무효이유를 증명하는 문서를 복제하여 특허청에 제출하거나, 또는 제약업체가 약의 부작용을 나타내는 논문을 복제하여 행정청으로 제출하거나 하는 일이 가능해졌다.

16. 정보공개법 등에 의한 개시를 위한 이용(42조의2)[105)]

정보공개법에 의하여 행정기관은 일정한 정보의 공개를 의무화하고 있는데, 공개함에 있어서, 저작권법상은 공표권과 저작재산권(복제권 등)이 문제가 된다. 본조는 정보공개에 수반하는 저작재산권의 제한 규정이다. 공표권에 대해서는 「제6장 저작자인격권 제2절 공표권」 참조.

1999(平成11)년 개정으로, 행정기관정보공개법 · 독립행정법인정보공개법 · 정보공개조례에 따라, 행정기관의 장 · 독립행정법인 · 지방공공단체의 기관 · 지방독립행정법인이 저작물을 공중에 제공 · 제시하는 경우, 행정기관정보공개법14조1항 등이 규정하는 방법에 의하여 개시하기 위해 필요한 한도에서 당해 저작물을

105) 정보공개법과의 관련에 대해서는, 田村 263면, 宇賀克哉「情報公開制度と著作権法の関係」法教248호76면(2001), 岸本織江 「解説／情報公開法制度に伴う著作権法の一部改正について」 コピライト40호22면(1999), 中島徹 「情報公開法と著作権法上の諸権利」 自由と正義49권2호110면(1998), 作花文雄「情報公開法と著作権制度」コピライト39호32면(2000)참조.

자유롭게 이용할 수 있게 되었다(42조의2).

행정기관정보공개법14조1항에서는, 「문서 또는 도화에 대해서는 열람 또는 사본의 교부」, 「전자적기록에 대해서는 그 종별, 정보화의 진전상황을 감안하여 정령(政令)로 정하는 방법」으로 개시한다고 규정되어 있고, 이 범위에서라면 이용방법에 한정은 없다.

본조의 규정에 따라 작성된 복제물은 양도에 의하여 공중에 제공할 수 있는데(47조의3), 목적 외로 공중에 양도하면 양도권의 침해가 되며(47조의3 단서), 본조의 적용을 받아 작성된 복제물을 목적 외의 목적을 위하여 배포하거나 또는 공중에 제시하면, 그 단계에서 복제권 침해가 된다(49조1항1호).

17. 번역, 번안 등에 의한 이용(43조)

30조 이하의 규정에 의하여 저작권이 제한되고 있는데, 원작대로의 이용밖에 인정되지 않는다고 하면, 실질적으로 권리제한의 실익을 거둘 수 없는 것도 많다. 이에 본조에서, 제한의 양태에 따라 저작물의 2차적 이용이 가능한 범위를 정하고 있다. 구체적으로는, 각 제한규정마다, 번안・번역이용할 수 있는 경우(43조1호), 번역할 수 있는 경우(동2호), 요약 이용할 수 있는 경우(동3호)로 나누어 규정하고 있다. 여기에 규정되어 있지 않은 것은, 원작대로의 이용밖에 허락되지 않게 된다.

(가) 번안・번역할 수 있는 경우(1호)로는
- 30조1항(사적사용을 위한 복제)
- 33조1항(교과용도서 등에 대한 게재)
- 34조1항(학교교육 프로그램의 방송 등)
- 35조(학교 기타 교육기관에서의 복제)

(나) 번역만이 가능한 경우(2호)로는
- 31조1호(도서관 등의 이용자의 요구에 따른 복제)
- 32조(인용)
- 36조(시험문제로서의 복제 등)
- 37조(점자에 의한 복제 등)

- 39조1항(시사문제에 관한 논설의 전재 등)
- 40조2항(공개연설 등의 보도를 위한 이용)
- 41조(시사 사건의 보도를 위한 이용)
- 42조(재판절차 등의 복제)

(다) 요약만이 가능한 경우(3호)로는

- 37조의2(시청각장애인을 위한 자동공중송신)

(라) 2차적이용이 인정되지 않는, 즉 원작대로의 이용만이 허락되는 경우(43조에 예외로 규정되어 있지 않은 경우)로는

- 31조2호3호(도서관 자료의 보존, 타 도서관 등의 요구에 의한 복제)
- 33조의2(교과용 확대도서 등의 작성을 위한 복제)
- 38조(영리를 목적으로 하지 않은 상연 등)
- 39조2항(시사문제에 관한 논설의 방송·유선방송의 공중에의 전달)
- 42조의2(행정기관정보공개법 등에 의한 개시를 위한 이용)

참고로, 40조1항(정치상의 연설 등의 이용)에 대해서는, 조문상, 「어떠한 방법에 의하는지를 불문하고」라고 기재되어 있고, 번안을 포함한 모든 이용방법이 가능하다.

18. 방송사업자 등에 의한 일시적 고정(44조)

(1) 일시적 고정[106)]

방송사업자[107)]가 방송을 할 때, 일시적으로 저작물을 고정해야 하는 경우가 많다.

이에 방송사업자는, 타인의 공중송신권을 침해하지 않고 방송할 수 있는 저작물을, 자기의 수단 또는 당해 저작물을 마찬가지로 방송할 수 있는 다른 방송사업자의 수단에 의하여, 일시적으로 녹음·녹화할 수 있다고 되어 있다(44조1항).[108)]

106) 이 문제에 대해서는, 斉藤博「技術が動く中での『一時的固定』」ジュリスト1227호66면(2002) 참조.

107) 東京地判平12·5·16 判時1751호128면(スターデジオ100事件)은, 상업용레코드의 저작인접권에 관한 사건인데, CS디지털방송서비스를 저작권법상의 방송이라고 하여, 방송을 위한 일시적 고정을 인정하고 있다.

108) 東京地判平12·5·16 判時1751호128면(スターデジオ100事件)은, 구체적인 방송에 통상 필요하다고 생각되는 범위 내에서의 레코드 녹음행위는, 그 방송자체가 자유롭게 실행할 수 있다는 것과 같은 의미에서, 이것을 자유로 하여 인정할 수 있다고 하여, 방송에 불가결한 일시적 고정에 한정되지 않는다고 하였다.

다른 방송사업자의 수단을 이용하는 것도 인정되며, 예컨대 네트워크국은 자기의 방송을 위한 일시적 고정으로, Key국의 인적・물적 자원을 이용할 수 있다. 그 취지는 NHK의 방송망(하나의 법인 내의 조직)과 방송사업자간에 네트워크를 갖고 있는 민영방송(복수의 법인)과의 균형을 취한 것으로 일컬어지고 있다.[109] 고정의 방법에 대한 제한은 없다.

공중송신권과 녹음・녹화권(복제권)과는 다른 지분권으로 되어 있으며, 방송사업자가 공중송신권만을 갖는 경우에는, 본조가 없으면 방송할 수 있지만 일시적 고정이 불가능한 사태가 발생할 수 있다. 본조가 없다면, 방송사업자는 공중송신권의 권리처리를 하는 단계에서 일시적 고정(복제)에 대해서도 사전 권리처리를 해야 하는데, 본조에 의하여 그 수고를 덜 수 있다는 의미가 있다.

유선방송이 발달하여, 방송에 가까운 존재가 되었기 때문에, 1986(昭和61)년 개정으로, 유선방송사업자에게도, 방송사업자와 유사한 일시적 고정의 권리가 인정되게 되었다(44조2항). 다만 유선방송사업자인 경우는, 자기의 유선방송을 위하여(동시 재송신을 제외함), 자기의 수단에 의한 일시적 고정밖에 인정되지 않는다. 유선방송에는 네트워크의 실태가 없기 때문에 그와 같은 규정으로 되었다고 설명하고 있다.[110]

또 방송과 통신과는, 특히 그 전송로에서 융합화 현상이 발생하여, 양자를 구별하는 의미가 사라지고 있다. 그러나 현행법상으로는, 자동공중송신에 대해서는 일시적 고정의 규정이 없으며, 자동공중송신을 하는 자가 일시적 고정을 하는 경우에는, 개별적인 권리처리가 필요하게 된다. 이른바 인터넷 방송은 물론, IP멀티캐스트 방송도 저작권법상으로는 자동공중송신에 해당하므로, 본조에 의한 일시적 고정은 인정되지 않게 되며, IP멀티캐스트 방송진흥을 위해서는 결정적인 마이너스가 된다. 이에 IP멀티캐스트 방송에 관해서는 2006(平成18)년 개정으로, 동시재송신에 대해서만 유선방송과 같은 취급을 하게 되었는데(102조3항), 이시재송신(異時再送信)이나 자주제작방송에 대해서는, 유선방송과는 다른 규정이 되었고, 일시적 고정은 인정되지 않는다. 장래 IP멀티캐스트 방송이 자주방송을 하게 된다고 하면, 일시적 고정도 필요하게 될 것이나, 방송행정 일반에 관하여, 현재는 유동적이며, 장래의 모습은 반드시 투명하지만은 않다. 그러나 인터넷의 발전은

109) 加戸 297면, 作花・詳解 371면, 著作権法法令研究会 652면.
110) 加戸 299면, 作花・詳解 371면.

무시무시하며, 이 문제는 가까운 시일내에 개정의 도마 위에 오르게 될 것이다.

(2) 일시적 고정물의 보존

44조1항·2항의 규정에 따라 작성된 복제물은, 녹음·녹화로부터 6월을 초과하여 보존할 수 없다(동 3항). 그 시간 내의 방송·유선방송이 있었던 때는 그 후 6월을 초과하여 보존할 수 없다. 이를 초과하여 보존한 때는, 그 단계에서 보존자체가 복제행위로 간주된다(49조1항2호). 다만 정령(政令)로 정하는 공적인 기록보존소(저작권법시행령 3조)에 있어서 보존하는 경우는 6월을 초과하여 보존할 수 있다(3항 단서).

1항·2항의 규정에 따라 작성된 복제물을, 목적 외의 목적을 위하여 배포하고, 공중에 제시하면, 그 단계에서 복제권 침해가 된다(49조1항1호).

19. 미술의 저작물 등의 원작품 소유자에 의한 전시(45조)

저작자는, 미술의 저작물 또는 미발행 사진 저작물의 전시권을 전유(專有)하고 있다(25조). 그러나 미술이나 사진의 원작품을, 로비나 쇼윈도 등에 전시하는 것은 통상적으로 이루어지고 있다. 미술품·사진의 원작품 소유자는 공공에 전시할 수 있는 것이 당연하다는 의식도 있을 것이며, 전시 때마다 저작권자로부터 허락을 받아야 한다는 것도 현실적이지 않으며, 원작품의 양도시에 전시권의 처리를 할 필요가 있다고 한다면 거래를 혼란시키는 원인이 되기도 한다.

소유자에 대해 이와 같은 전시를 인정하지 않는다면, 원작품의 상품가치가 저하되기 쉽다. 그 후에, 그와 같은 전시는 소유권에 기초하는 사용수익으로도 생각할 수 있기 때문에(민법206조), 이론적으로는 물건의 소유권과 저작권의 교착 처리를 해석으로 실행한다고 하는 곤란에도 직면하게 되기 때문에, 전시권과 소유권과의 조정규정이 놓여 있다.

구체적으로는, 미술 저작물 혹은 사진 저작물의 「원작품」의 소유자 또는 그 동의를 얻은 자는, 저작권자의 동의 없이 그것을 공중에 전시할 수 있다(45조1항). 다만 가로·공원 등의 일반공중에 개방되어 있는 옥외, 건조물의 외벽 등의 일반공중이 보기 쉬운 장소에 항상 설치하는 경우는 제외되어 있으며(동2항), 그 경우에는 전시권이 발동되며, 저작권자의 허락을 얻을 필요가 있다. 공원 등에 설치되면 상당히 광범위한 자유이용이 인정되어버려(46조), 저작권자에게 불이익이 크기 때문에, 이와 같은 규정이 만들어졌다.

45조는, 한편으로 공중의 전시에 대해서는 저작권자의 전시권의 일부를 제한하고(1항), 지방공원 등에서의 전시에 대해서는 소유자의 사용수익권원을 제한함으로써(2항), 양자의 조화를 도모하고 있다. 또 전시할 수 있는 것은 소유자와 그 동의를 얻은 자에 한정되며, 단순한 점유자는 전시할 수 없지만, 점유자는 소유자의 동의를 얻고 있다고 해석되는 경우도 많을 것이다.

45조2항은 전시권이 발동하는 경우의 규정인데, 그것은 「가로, 공원 기타 일반 공중에 개방되어 있는 옥외의 장소에 항상 설치」된 미술의 원작품일 것이 요건으로 되어 있다. 용이하게 분리할 수 없는 상태로 대좌(台座)에 고정해야 한다는 학설도 있는데,[111] 본조는 공개된 장에서 널리 알려지는 방법으로 설치되어 있는 것은 많은 사람이 이용한다는 것을 전제로 하고 있으며, 「항상 설치」라는 요건에 반드시 고정을 읽어들일 필요도 없으며, 어느 정도 장기에 걸쳐 설치되어 있으면 족하다고 해석하여야 한다.[112]

본조의 대상은, 미술 저작물과 사진 저작물의 원작품이며, 공표된 것이라는 한정은 없기 때문에, 저작재산권에 관해서는, 미공표의 회화・사진의 원작품을 구입하여 공중에 전시할 수도 있게 된다.[113] 공표권에 관해서는, 미술 저작물・미공표 사진의 저작물의 원작품을 양도한 경우에는, 전시 방법으로 공중에 제시하는 것에 동의한 것으로 추정되며(18조2항2호), 45조1항에서 규정하는 자에 의하여 전시된 경우에는 공표된 것으로 간주(4조4항)되므로, 문제는 거의 발생하지 않는다.

전시권의 대상은 원작품이며, 복제물에 대해서는 전시권이 미치지 않기 때문에, 복제물은 자유롭게 전시할 수 있다. 판화나 주형조각 등에서는 원작품으로써 제작된 오리지널 카피로 일컬어지는 것은 원작품이며, 또 사진에 대해서는 저작자에 의하여 제작된 네가로부터 작성된 포지가 원작품이다(「**제3장 저작권의 내용 제3절 지분권 6. 전시권**」 참조).

111) 加戸 305면.

112) 東京地判平13・7・25 判時1758호137면(バス車体絵画事件)은, 몸체에 그림을 그린 노선버스의 사진을 그림책에 게재하는 행위가, 공중이 보기쉬운 옥외에서의 항상적 설치(46조)라고 할 수 있는지, 하는 점이 다투어진 사례로, 버스는 주간에는 시내를 주행하고 야간에는 차고에 보관되어 있는데, 「항상 설치한다」라 함은, 사회통념상, 어느 정도 장기에 걸쳐 계속해서, 불특정다수의 자의 관람에 제공하는 상태에 놓인 것을 기리킨다고 하여 46조의 적용을 인정하였다.

113) 사진에 대한 전시권은 「미발행」 원작품에만 인정되는데(25조), 그 예외규정인 45조에서는 「사진의 저작물의 원작품」을 예외로써 규정하고 있다. 기발행 사진저작물에는 원래 전시권은 없기 때문에, 45조에서 예외로 취급할 이유가 없기 때문일 것이다.

20. 공개된 미술 저작물 등의 이용(46조)

(1) 공개된 미술 저작물 등의 자유이용

옥외 등에 항상 설치되어 있는 저작물에 관해서는, 사진이나 사생과 같이, 타인에 의하여 일상적으로 이용되고 있으며, 거기에 대하여 권리주장을 인정하는 것은 비상식이다. 이에 「옥외에 항상 설치되어 있는 미술저작물의 원작품」과 「건축의 저작물」은 원시적으로 자유롭게 이용할 수 있다는 취지를 정함과 동시에 (46조1항), 그 예외(자유롭게 이용할 수 있는 경우)가 정해져 있다(46조1호 내지 4호).

46조에서 자유이용 대상으로 되어 있는 것은 「옥외에 항상 설치되어 있는 미술저작물의 원작품」과 「건축의 저작물」뿐이며, 그 이외의 저작물(사진, 시비에 쓰여 있는 시·악보 등)은 대상외이다. 따라서 예컨대, 사진에 대해서는 45조1항이 적용되며, 소유자와 그 도의를 얻은 자는 옥외에 자유롭게 전시할 수 있지만, 46조에서는 사진에 대한 자유이용규정이 없기 때문에, 옥외에 설치되어 있더라도 제3자는 자유롭게 이용할 수 없다. 또, 건축 저작물의 경우에는 「옥외에 설치」라는 한정은 없으며, 조문상은 무조건 자유이용을 인정하고 있으며, 개인의 저택 내의 東屋 등도 대상이 된다.[114)]

본조에서 자유롭게 이용할 수 있는 미술 저작물은 「원작품」으로 한정되어 있는데, 이것은, 권리자는 원작품에 대하여 옥외에서의 항상적인 설치에 대한 허락권이 있고(25조, 45조2항), 그 허락시에, 권리자는 46조의 자유이용을 예측할 수 있으며, 자유롭게 이용되는 것이 싫다면 옥외설치(전시)를 허락하지 않으면 되기 때문이다. 그것에 대하여, 복제물에 관해서는 원래 전시권이 없으며(25조), 누구나가 자유롭게 옥외에 항상 설치할 수 있기 때문에, 그것을 자유이용으로 한 것은 권리자의 이익에 현저한 손해를 끼칠 우려가 크기 때문에 46조의 자유이용에서 제외되어 있다. 다만 공중으로써는, 공원에서 발견한 조각이 원작품인지 복제물인지는 판단을 해야 하지만, 이것은 원작품과 복제물에 관하여 45조에서 취급을 달리하고 있는 이상 부득이한 것일 것이다.[115)] 권리자의 이익과 일반인의 이용과의

114) 加戸 307면. 이에 대하여 作花·詳解 374면은, 「건축물의 경우는 통상 옥외인지 아닌지를 논의할 필요가 없기 때문에 조문상 한정이 이루어져 있지 않은 것이며, 적극적으로 이와 같은 건축물의 자유이용을 인정하는 것은 아니다」라고 언급하고 있다. 그러나 46조는 적극적으로 자유이용을 인정하는 것은 아니지만, 설령 이용하더라도 침해가 되지 않는다는 규정이며, 예컨대 비공개 정자에 우연히 초대를 받은 손님이 사진을 촬영한 경우, 문리상으로는 자유이용이라고 할 수밖에 없을 것이나, 현실적으로는 2호가 있기 때문에 저작권자가 큰 피해를 입는 일은 적을 것이다.

115) 田村 209면은, 「원작품과 복제품으로 공중의 자유를 저해하는 정도라는 점에서 다를 것이 없

조화점을 어디서 찾아야 할지는 문제이다.

이용방법에 대해서는, 조문상으로도 「어떠한 방법에 의하는지를 불문하고」라고 규정되어 있고, 출판・방송・자동공중송신 등등의 모든 방법으로 이용이 가능하다. 번안하여 이용하는 것도 가능한데, 동일성유지권 문제는 남는다(50조).

본조의 규정에 따라 작성된 복제물은 양도에 의하여 공중에 제공할 수 있다(47조의3). 또 출처를 명시하는 관행이 있을 때는 명시하여야 한다(48조1항3호).

(2) 자유이용이 제한되는 경우

옥외에 항상 설치되어 있는 「미술의 원작품」과 「건축의 저작물」은 자유이용이 원칙이기는 한데(45조), 저작권자의 권리를 부당하게 해할 우려가 크다고 인정되는 이하의 4가지 경우에는, 예외적으로 자유이용이 인정되지 않는다(46조1호 내지 4호).

(i) 옥외에 항상 설치되어 있는 조각의 증제 또는 그것을 양도함으로써 공중에 제공하는 경우(1호). 조각의 증제라 함은, 조각을 조각으로써 작성하는 것을 가리키며, 사진이나 회화와 같은 다른 표현형식에서의 복제는 포함되지 않는다. 4호에 저촉되지 않는 한, 사진・영화・회화 등으로 하여 복제・번안하거나, 또는 양도에 의하여 공중에 제공하는 것은 자유이다.

(ii) 건축저작물의 건축에 의한 복제 또는 그것을 양도에 의하여 공중에 제공하는 경우(2호).

본호는 건축저작물을 보고 같은 건축물을 건축하는 것은 허락되지 않는다는 취지이며, 이를 자유로 한 것은 건축저작물의 의미는 거의 사라지는 것이 된다. 사진・영화・회화 등으로 하여 복제・번안하고, 또는 그것을 양도함으로써 공중에 제공하는 것은 자유이다.

(iii) 45조2항에서 규정하는 옥외의 장소에 항상 설치하기 위하여 복제하는 경우(3호).

옥외의 장소에 항상 설치되어 있는 원작품을 옥외에 항상 설치하기 위하여 무허락으로 복제하면 복제권 침해가 되며, 또 그 복제물의 양도에 의하여 공중에 제공하면 양도권 침해가 되며(26조의2), 또 그 정을 알면서 배포하면 저작권침해로 간주된다(113조1항2호). 증제뿐만이 아니라 복제도 인정되지 않기 때문에, 조각

으며, 가치판단으로써 의문이 남는다」고 언급하고 있다.

을 사진으로 찍고 옥외의 장소에 항상 설치하는 것도 인정되지 않는다. 옥외에 항상 설치하는 목적 없이 복제하면, 그 복제는 합법인데(3호에 해당하지 않음), 그 것을 공중에 양도하면 양도권 침해가 된다. 그러나 49조(복제물의 목적외 사용 등)의 적용은 없으므로 복제권침해는 되지 않는다.

(iv) 오로지 미술저작물을 판매목적으로 복제 또는 그것을 판매하는 경우(4호).

이것은 그림엽서·캘린더·등을 염두에 둔 규정이며, 이는 판매목적이므로 자유이용에서 제외되어 있다. 판매목적이 아닌 경우(예컨대 판촉품)에는, 설사 영리 목적이라 하더라도 자유롭게 이용할 수 있다.「오로지 미술저작물을 판매목적으로 복제」하는 것을 전제로 하고 있으며,「오로지」라고는 말할 수 없는 경우, 예컨대 사진의 배경으로 찍혀있는 경우나, 감상목적이 아닌 서적·잡지에 게재되는 경우는 자유롭게 이용할 수 있다. 그 판단은, 당해 서적 등의 내용이나 목적, 이용 태양, 재질 등을 종합적으로 감안하여, 감상목적인지, 권리자의 이익을 부당하게 해할 우려는 없는지라는 판단이 이루어진다.[116] 본호는 미술의 저작물에 대한 규정이며, 건축 저작물에 대해서는 규정되어 있지 않지만, 미술 저작물과 평가할 수 있는 건축물에 대해서는,「옥외에 항상 설치된」이라는 요건(46조 본문)을 충족하면, 본호가 적용된다.[117]

21. 미술 저작물 등의 전시에 수반되는 복제(47조)

미술이나 사진의 전람회에는, 해설·소개용 소책자(카탈로그, 목록)을 작성하고, 전시물을 게재하는 것이 일반적이다. 이러한 게재에 대해서는 저작권자의 이익을 부당하게 해하는 일도 적지 않기 때문에, 자유로 하고 있다(47조). 구체적으로는 미술·사진의 저작물의「원작품」을, 타인의 전시권(25조)을 해하지 않고 공중에 전시하는 자는, 관람자를 위하여 이러한 저작물의 해설·소개를 목적으로 하는 소책자에 게재할 수 있다.

본조에서 허락되는 것은「원작품의 전시」에 수반하는 복제이며,「복제물의 전시」에 수반하는 복제에 대해서는 인정되지 않는다. 복제물은 전시권의 대상이 아니기 때문에(25조), 자유롭게 전시할 수 있지만, 허락이 없는 한 소책자에 게재할

116) 東京地判平13·7·25 判時1758호137면(バス車体絵画事件)에서는, 차체에 그림이 그려진 버스의 사진을 그림책 표지와 본문에 게재한 사례인데,「오로지」 미술 저작물의 복제물의 판매를 목적으로 하여 복제하거나 또는 그 복제물을 판매하는 행위에는 해당하지 않는다고 하였다.

117) 田村 211면.

수 없게 된다. 저작권자가 소책자에 게재되는 것을 원치 않는 경우에는 전람회에서의 전시자체를 거부할 수 있는데,[118] 복제물에 관해서는 전시를 거부할 수 없지만, 소책자에 게재하는 것을 거부할 수 있는 시스템으로 되어 있다.

현실적으로 소송에서 드러나는 점은, 카탈로그 등이 본조에서 말하는 「소책자」에 해당하는지, 아니면 그 범위를 초과한 복제물인지 하는 점이다. 소책자에 게재할 수 있다고 하는 근거는, 전람회에서는 이런 종류의 소책자를 작성하는 것이 일반적이며, 또 이 정도라면 권리자의 시장과 경합하지 않고, 부당한 손해를 입힐 일이 없기 때문이다. 그렇다고 한다면, 권리자의 시장에서의 이익을 빼앗는 복제, 구체적으로는 복제사이즈(판형), 종이질, 색조,[119] 게재의 태양(예컨대 해설 등의 자료중심인지 여부) 등을 감안하여, 관상용으로써 시장에 유통할 수 있는 정도인지에 따라 판단하여야 할 것이다.[120]

본조의 규정의 적용을 받아 작성된 복제물은 양도에 의하여 공중에 제공할 수 있기 때문에(47조의3), 불특정다수의 관람자에게 판매할 수 있다. 또 출처의 명시의무도 있다(48조1항1호).

22. 프로그램저작물의 복제물 소유자에 의한 복제 등(47조의2)

(1) 총 설

1985(昭和60)년 개정으로 프로그램이 저작권법에 들어갔는데, 동시에 프로그램의 특성에 의해 권리제한규정도 만들어졌다. 프로그램이라 함은 전자계산기(컴퓨터)에 대한 지령의 조합이며(2조1항10의2호), 전형적인 기능적 저작물이다. 그것은 사람이 보거나 듣거나 하기 위한 것이 아니라, 컴퓨터라는 기계에서 사용하는데 의미가 있지만, 저작권법의 원칙에 따르면, 복제 등을 수반하지 않는 한 그 사용자체는 자유가 되는데, 예외적으로 취득시에 위법복제물인 것에 대하여 악의의 경우에는 그 사용이 저작권 침해가 되고 있다(113조2항).

회화·음악·소설은 단순히 보거나 듣거나 읽거나 하면 되는데 반해, 프로그

118) 소유자에 의한 전시의 경우에는 저작권자는 거부할 수 없는데(45조1항), 그 경우는 소유자가 사실상 전시권자와 같은 지위에 서는 것이 된다.

119) 田村 222면은, 원칙적으로 흑백이면 족하고, 컬러를 인정할 필요는 없다고 하고 있는데, 흑백에 한정하는 것은 너무 실정을 무시한 것일 것이다. 흑백인지 컬러인지는 전체 판단 가운데 하나의 요소로써 감안하여야 한다.

120) 東京地判平1·10·6 判時1323호140면(レオナール・フジタ・カタログ事件), 東京地判平9·9·5 判時1621호130면(ダリ事件), 東京地判平10·2·20 判時1643호176면(バーンズコレクション事件).

램을 컴퓨터로 사용하는 데는, 인스톨하고(복제), 백업하고(복제), 다른 기종에 이식하기 위하여 변경하고(번안), 버그를 잡는(번안)등의 작업이 필연적으로 수반된다. 이에 대하여, 개개에 권리자의 허락을 필요로 하면, 프로그램의 이용・유통에 큰 지장이 되고, 프로그램의 경제적 가치도 떨어지게 되어, 권리자의 이익이 되지도 않아, 현장은 혼란해지고, 프로그램의 발전에 있어서도 저해요인이 된다. 이에 프로그램의 사용을 가능하게 하기 위해서는 저작권에 제한을 부가할 필요가 있고, 프로그램저작물의 복제물의 소유자는, 컴퓨터에 있어서 이용하기 위하여 필요하다고 인정되는 한도에서 복제・번안할 수 있다고 되었다(47조의2제1항).

본조의 적용을 받아 작성된 복제물・번안물을 배포하거나 또는 공중에 제시한 경우에는 그 단계에서 복제권・번안권 침해가 된다(49조1항3호・2항2호).

(2) 복제할 수 있는 자

프로그램 저작물의 복제물 소유자는 본조에 의한 복제・번안을 할 수 있는데, 113조2항의 규정이 적용되는 경우는 그러하지 아니하다(27조의2제1항 단서). 즉, 위법복제물(이른바 해적판)을, 사용하는 권원을 취득한 때에, 「정을 알고」 있었던 경우에는, 그 위법복제물의 소유자는 본조에 의한 복제・번안할 수 없다. 뒤집어 말하면, 위법복제물이라도 취득한 때에 선의라면, 그 소유자는 47조의2의 규정의 적용을 받으며, 그 범위에서 복제・번안할 수 있게 된다.[121)]

입법자는, 소유자(47조의2)와 복제물을 사용하는 권원을 취득한 자(113조2항)를 의식적으로 구분짓고 있으며, 본조의 적용을 받는 것은, 프로그램의 「복제물의 소유자」로 한정되어 있다. 결국 본조에 의하여 복제・번안할 수 있는 권원을, 컴퓨터에서 당해 프로그램의 복제물을 사용하는 권원으로부터 도출하지 않고, 복제물이라는 유체물의 소유권으로부터 도출하고 있으며, 그런 의미에서 본조에 임차인은 포함되지 않고, 47조의2의 규정의 적용을 받지않게 된다. 그것은, 본조는 PC용 프로그램과 같이, 시판되고 있는 범용프로그램을 위주로 염두에 두고 있기 때문일 것이다. 시판되고 있는 범용품에 대해서는 프로그램의 저작권자와 복제물의 소유자의 직접 계약관계는 없는 것이 많으며, 저작권법에서 소유자에게 복제・번

121) 斉藤 272면은, 「복제의 객체는, 프로그램으로 적법하게, 즉 저작권을 침해하지 않고 복제 또는 번안된 것이다」라고 언급하고 있는데, 조문상 위법복제물이 배제되는 것은 113조2항의 경우뿐인데, 동조는 정(情)을 알고 사용하는 행위만을 침해라고 하고 있으므로, 47조의2의 적용을 받는 것은 합법복제물・번안물뿐이라고는 할 수 없다.

안의 권원을 인정할 필요가 있다. 그에 대하여, 대형컴퓨터용 프로그램 등에 대해서는, 계약에 맡겨두면 충분하다고 생각한 것으로 추측된다. 그러나 임차인은 소유자가 아니므로 복제 · 번안할 수 없으며, 소유자인 임차인도 스스로의 이용을 위하는 것이 아니기 때문에, 결국 누구도 복제 · 번안할 수 없으며, 소유자인 임대인도 스스로의 이용을 위해서가 아니기 때문에, 결국 누구도 복제 · 번안할 수 없다는 결론에 도달하기 쉽다. 또 이론적으로는 양도담보에 제공하는 경우, 기타 여러 형태로의 비전형담보에 대해서도 문제가 될 수 있는데, 임대차 · 리스 등의 경우에는, 당초부터 권리자와 계약을 체결해두라고 하는 취지일 것이다. 그러나 근본적으로는, 본조의 복제 · 번안할 수 있는 권원의 연원을 「사용하는 권원」은 아니며, 「복제물이라는 유체물의 소유권」을 요구한 점에 의문이 있다.[122] 근본적으로는 저작권법에서 프로그램의 저작물을 보호하는 것의 문제점이 드러나 있는 것으로 생각된다.

본조는 영리목적인 경우라도 적용된다. 오히려 영리목적인 경우, 복제 · 번안을 할 필요성은 높다고도 할 수 있을 것이다. 이 규정 없이는, 프로그램의 사용 · 유통에 큰 지장이 예상되기 때문에, 영리 · 비영리를 묻지 않는 것은 당연하다.

(3) 복제할 수 있는 범위

복제 · 번안할 수 있는 것은, 스스로 컴퓨터에서 이용하기 위하여 「필요한 한도」에서이다. 필요한 한도는 판례에 의하여 정하는 것인데, 상식적으로는 예컨대 컴퓨터의 조작에 당연히 수반하는 복제,[123] 하드디스크에 대한 인스톨,[124] 백업을 위한 복제, 버전업 또는 기능향상을 위한 복제 · 번안, 이식을 위한 복제 · 번안 등을 생각할 수 있는데, 이들에 한정되는 것은 아니다. 또 반대로 이러한 경우라도 필요성이 없는 경우에는 침해가 된다. 예컨대 백업하는 것이 일반적인데, 백업을 필요로 하지 않는 프로그램에 관해서는 필요한 한도를 초과하고 있다고 할 수 있겠다.

---

122) 이에 대하여, 田村 224면은, 해석론으로서 47조의2제1항은 「복제물을 사용하는 권원을 취득한 자에 적용된다」고 언급하고 있다. 그와 같은 해석쪽이 타당한 결론을 유도한다고 생각되는데, 대단히 유감스럽게도 현행법은 그와 같은 구성으로 되어 있지 않다.

123) 이와 같은 일시적인 복제는, 저작권법상의 「복제」 개념에는 해당하지 않는다고 해석되는 경우도 있을 것이다.

124) 하드디스크에의 인스톨이 프로그램을 사용하는 당연한 전제가 되는 경우에는, 프로그램의 복제물의 매매계약에 그 범위에서의 복제의 허락이 수반되어 있다고 볼 수도 있을 것이다.

(4) 복제물의 멸실 등

47조의2제1항의 복제물의 소유자가 갖는 복제물 또는 1항에 따라 작성된 복제물・번안물의 어느 하나에 대하여, 멸실 이외의 사유로 인하여 소유권을 잃은 때는, 다른 복제물・번안물을 보존할 수 없고, 결국 다른 복제물・번안물을 파기 또는 프로그램을 삭제하여야 한다. 보전하면 그 단계에서 복제권・번안권 침해가 되며, 보존자체가 복제행위로 간주된다(49조1항4호・2항3호). 멸실 이외의 사유로 인하여 소유권을 잃는 전형적인 예는 양도이며, 어느 쪽이든 하나를 양도하면, 다른 하나는 삭제하여야 한다. 분실이나 도난의 경우에는 이론적으로는 소유권을 잃지는 않기 때문에 다른 복제물의 보존이 가능하지만, 제3자가 즉시취득(민법192조, 193조)하면 소유권을 잃기 때문에 보존할 수 없게 된다. 이래서야 소유자에게 백업의 의미가 반감되며 본의는 아니겠지만, 권리자입장에서는 멸실의 경우와는 달리, 보존을 인정하면 2개의 복제물이 나돌게 될 가능성이 있음에도 불구하고, 한개분의 대가밖에 회수되지 않기 때문에 생긴 규정일 것이다.

또 대여한 경우에는 소유권을 잃지 않기 때문에, 47조의2 제2항의 적용은 없으며, 그 한도에서는 다른 복제물을 그대로 보존할 수 있다. 다만 애초부터 소유하고 있는 복제물을 공중에 대여하면 대여권 침해가 되고(26조의3), 또 47조의2제1항의 규정에 따라 복제・번안한 것을 공중에 대여하면 대여권 침해와 함께, 목적외이기 때문에 복제권・번안권 침해도 된다(49조1항3호・2항2호). 공중을 상대로 하지 않은 대여라면 대여권 침해는 성립하지 않으며, 49조의 간주침해도 되지 않지만, 대여를 받은 자는 복제물의 소유자가 아니므로 47조의2에 의한 복제・번안은 불가능하며, 사실상 프로그램을 사용하기 어렵게 될 것이다. 이와 같은 귀찮은 법률구성이 되는 것은, 47조의2가, 복제・번안의 연원을 소유권에 구한 것에 유래한다.[125)]

또, 저작권자의 별단의 의사표시가 있다면 보존할 수 있다는 취지의 조문이 되었는데, 계약이 있다면 보존할 수 있는 것은 당연하며, 이 규정은 일방적의사표시(예컨대 팩키지의 기재)라도 효력이 있는 것을 명백하게 한 점에 의미가 있다.

---

125) 田村 225면은, 복제・번안의 연원(淵源)을 사용권원에서 구하고 있으며, 대여한 경우에도 47조의2제2항의 적용을 받아 보존할 수 없다고 하고 있다. 입법론으로서는 찬성인데, 현행법의 조문에서는 어려울 것이다.

23. 보수 수리 등을 위한 일시적 복제(47조의3)

기록매체내장형 기기의 보수 수리 등을 위해서는, 거기에 기록되어 잇는 저작물 · 레코드 등을 일시적으로 다른 기억매체에 복제할 필요가 있는 경우도 많고, 이 복제가 인정되지 않는 것으로는, 기기가 고장나면 거기에 기록되어 있는 저작물은 그 후 사용할 수 없게 되어 버릴 가능성이 있다. 이에 관한 판례는 존재하지 않지만, 이같은 우려는 종래부터 존재하였고, 관계자들은 리스크를 느끼면서 복제를 실시하고 있었던 것이 실정일 것이다.

기기의 고장 등과 같이 저작권과는 관계가 없는 이유에 의하여, 당연히 사용할 수 있는 저작물을 사용할 수 없게 되는 것은 불합리하며, 2006(平成18)년 개정으로 47조의3이 신설되었다. 구체적으로는 기록매체내장형 기기의 보수수리를 실시하는 경우, 필요하다고 인정되는 한도에서, 일시적으로 다른 곳에 기록하고, 보수수리 후에 당해 기록매체로 되돌릴 수 있다고 규정되었다(1항). 또, 기기의 결함에 의하여 동종의 기기와 교환하는 경우도 같은 규정이 마련되었다(2항). 이들의 일시적복제를 한 자는, 보수 · 수리 · 교환 후에는, 그 복제물을 삭제하여야 한다(3항).

24. 복제권의 제한에 의하여 작성된 복제물의 양도(47조의4)

1996(平成8)년에 채택된 WIPO저작권조약 6조(1)의 배포권 규정을 이행하기 위하여, 1999(平成11)년에 양도권(26조의2)가 만들어졌고, 그에 따라, 권리제한규정의 각 경우에 대하여, 양도권의 제한과 그 제한의 예외에 대하여 특별한 규정이 마련되었다(47조의3). 31조를 예를 들어 설명하면, 1999(平成11)년 이전에는 양도권의 규정이 없이, 도서관이 합법적으로 복제한 물건(31조)을 청구자(공중)에 제공(양도)하는 것 자체는 자유였지만, 양도권이 만들어졌기 때문에, 그것을 복제의 청구자로 제공하면 양도권 침해가 되어버리기 때문에, 양도권의 예외를 규정할 필요가 있다. 다만 청구자 이외의 자에 대한 제공을 인정하는 것은 양도권 제한의 취지에 반하기 때문에, 47조의4 단서에서, 그와 같은 양도는 인정하지 않는, 즉 양도권이 발동한다는 예외의 예외가 규정되어 있다.

현행법에서는 청구자 이외의 자에게 배포 · 공중에 제시는, 47조의3과 49조가 중첩 적용되어, 양도권 침해로 간주되고, 또 복제권 침해로도 간주된다.

또, 양도권은 제1양도에 의하여 소진하기 때문에(26조의2제2항), 거의 그 존재이유가 없음에도 불구하고 조약의 이행으로써 만들어졌다(상세는 **「제3장 저작권의 내용 제3절 지분권 8. 양도권」** 참조). 그러기 위해 본조와 같은 복잡한 규정을 만들어 뒤처리할 필요가 재촉되었다.

본조가 적용되는 각조에 대해서는, 그 규정에서 설명되어 있다.

25. 출처의 명시(48조)

저작자인격권으로 성명표시권(19조)가 규정되어 있는데, 일반적으로는 출처의 명시의무는 규정되어 있지 않다. 다만 제5관(저작권의 제한)규정의 적용을 받아 이용하는 경우, 즉 저작권의 제한으로써 권리자의 허락 없이 이용할 수 있는 경우에는, 출처의 명시의무가 부과되어 있다(48조).

출처의 명시는, 그 복제 또는 이용의 태양에 따라 합리적인 방법・정도이어야 한다. 저작물의 종류는 실로 많아, 또 그 이용방법도 잡다하여, 구체적인 방법・정도는 케이스에 따라 다르다 할 것이다. 명시 시에는 당해 저작물에 표시되어 있는 저작자명을 나타내야 하지만(48조2항), 그 저작물의 이용에 따라 저작자명이 명백해지는 경우[126]와, 저작물이 무명인 경우에는 저작자명을 표시하지 않아도 좋다.

다음으로 48조의 출처명시의무의 법적성격이 문제가 된다.[127] 저작자인격권과 연결지어 생각하는 설도 있다.[128] 그러나 48조에 규정된 출처명시의무는 저작자인격권인 성명표시권(19조)과 중복하는 측면이 있다는 것은 부정할 수 없지만, 저작자인격권침해죄(119조2항1호)와 출처명시위반죄(122조)를 비교하면, 전자는 5년이하의 징역 혹은 500만엔이하의 벌금 또는 그 병과(친고죄, 123조1항)인데 대하여, 후자는 50만엔 이하의 벌금으로 규정되어 있고(122조, 또는 123조에서는 122조가 열거되어 있지 않으므로 비친고죄), 그러한 조문의 체재에서 보더라도 48조 위반이 즉시 저작자인격권침해가 되는 것은 아니라고 해석해야 한다.[129]

---

126) 예컨대 신문의 제1면이 전체를 복제하는 경우에는 저작자명(신문사명)은 자연히 명백하며, 별도 저작자명 표시를 할 필요는 없다

127) 이 점에 대해서는, 茶園成樹「著作権の制限における出所明示義務」半田正夫古稀記念『著作権と民法の現代的課題』(法学書院, 2003)333면에 상세하다.

128) 半田 170면은, 이 명시의무를 성명표시권의 하나의 지분으로써, 19조와 48조를 동일 평면에서 파악하고 있다.

129) 저작권심의회제1소위원회보고서(文化庁・資料編 148면), 加戸 317면, 田村 262면, 作花・詳解 379면.

이것은 누가 청구권을 갖는지라는 점과 관계된다. 출처명시의무를 인격권과 연결지어 생각한다면, 청구권자는 저작자가 될 것이다. 인격권과 관계가 없다고 한다면, 저작자 이외의 자(저작권자, 출판사 등)도 청구권을 가질 가능성이 나온다.[130] 전술한 바와 같이, 양자의 벌칙규정이 크게 달라지고 있는 점을 감안하면(119조2항과 122조), 48조는 인격권에 관한 규정은 아니며, 이용시의 의무에 지나지 않고, 인격권과 별개로 청구권자를 생각하여야 할 것이다.

출처명시의무위반에 112조의 적용은 없으며, 특별한 조문도 없고, 또 저작권침해도 아니기 때문에 금지청구 인정은 약간 주저할 수도 있는데, 실효성을 감안한다면, 출처를 명시하는 것을 청구하는 것은 가능하다고 해석될 것이다.[131] 손해배상청구도 가능한데, 114조의 추정규정은 적용되지 않으며, 손해액의 입증은 상당한 곤란이 예상된다.

43조(번역・번안에 의한 이용이 인정되는 것)의 규정에 따라 번역・번안하여 이용하는 경우에도, 48조1항2항의 예에 따라, 원저작물의 출처를 명시해야 한다(48조3항).

출처의 명시는, 다음의 구분에 따라, 각 규정의 취지에 따른 출처의 명시의무를 부과하고 있으며, 그 명시의무의 정도에는 차이가 있다.

(가) 항상 출처명시의무가 있는 복제로서는(48조1항1호),
- 32조(인용)
- 33조1항4항(교과용도서 등에의 게재)
- 33조의2제1항(교과용 확대도서 등의 작성을 위한 복제)
- 37조1항3항(점자에 의한 복제, 시각장애인용 녹음)
- 42조(재판 절차 등의 복제)
- 47조(미술・사진 저작물의 전시에 수반하는 복제)

---

130) 加戸 319면.

131) 加戸 319면은, 적어도 저작자 또는 저작권자는 손해배상청구와 출처를 밝히는데 필요한 조치를 청구할 수 있으며, 개인적인 견해로서는 출판사에도 청구권이 있다고 언급하고 있다. 田村 262면도 48조의 부작위의무의 이행으로써 출처의 명시를 요구하는 청구를 저작권자에게 인정하여야 한다고 언급하고 있다. 作花・詳解 380면, 茶園・앞의 주127) 346면도 같은 취지. 이에 대하여, 高林・앞의 주2) 428면은, 저작권침해에서조차 금지청구에는 112조라는 근거가 필요한 것이므로, 48조 위반과 같은 의무위반 규정만을 근거로 필요한 조치를 청구할 수 있다고 하는 것은 곤란하다고 언급하고 있다.

(나) 항상 출처명시의무가 있는 이용으로서는(1항2호)

- 34조1항(학교교육프로그램의 방송 등)
- 37조3항(시각장애인용 대출 · 자동공중송신용 녹음, 대출 · 자동공중송신)
- 37조의2(시각장애인을 위한 자동공중송신)
- 39조1항(시사문제에 관한 논설의 전재 등)
- 40조1항2항(정치적 연설 등의 이용)

(다) 출처를 명시하는 관행이 있을 때에는 명시하여야 한다는 것으로서는(1항3호)

- 32조(복제이외의 방법에 의한 인용)
- 35조(학교 기타 교육기관에서의 복제)
- 36조1항(시험문제로서의 복제)
- 38조1항(영리를 목적으로 하지 않는 상연 등)
- 41조(시사 사건의 보도를 위한 이용)
- 46조(공개된 미술 · 건출저작물의 이용)

(라) 48조1항에 규정되어 있지 않은 것(상기(가)에서 (다)이외의 것)에 대해서는 출처를 명시하게 하는 것이 무의미, 부적당 등의 이유에 의하여 명시의무는 부과되어 있지 않다. 예컨대 30조(사적사용목적의 복제)에 대해서 말하자면, 가정내 또는 이에 준하는 극히 소수의 자 사이에서만 사용되는 것이며, 명시할 필요도 없다는 판단에서일 것이다.

26. 복제물의 목적 외의 사용 등(49조)

저작물의 제한규정의 취지에서, 제한규정에 기하여 작성된 복제물 등의 목적 외 사용을 규제할 필요가 있다. 이에 예외규정의 적용을 받아 작성된 복제물, 번역 · 번안물을 목적 외의 목적을 위하여 배포하고, 또는 공중에 제시하면, 그 단계에서 복제, 번역 · 번안을 한 것으로 간주하는 취지의 규정이 만들어졌다(49조). 따라서 목적 외의 사용 단계에서, 권리자의 허락 등의 정당화 사유가 없는 한 침해가 된다. 다만 복제, 번역 · 번안으로 간주되는 것은 배포와 공중에의 제시뿐이며, 특정 소수의자에 대한 양도, 제시는 본조가 관여하지 않는 바이다.

본조를 조문에 따라 열거하면 이하와 같다.

(가) 목적 외의 목적을 위하여 배포, 공중에 지시한 자(49조1항1호)가 복제를 한 것으로 간주되는 경우는

- 30조1항(사적이용 목적의 복제)
- 31조1호(이용자의 요구에 따른 도서관 등에서의 복제)
- 33조의2제1항(교과용 확대도서 등의 작성을 위한 복제)
- 35조1항(교육기관에서의 복제)
- 37조3항(시각장애인을 위한 대출용 녹음)
- 41조(시사 사건의 보도를 위한 이용)
- 42조의2(행정기관정보공개법 등에 의한 개시를 위한 이용)
- 44조1항, 2항(방송사업자 등에 의한 일시적 고정)

(나) 방송사업자 등에 의한 일시적 고정(44조3항)과 프로그램(47조의2 제1항, 2항)에 관한 복제물의 배포·공중에의 제시, 그 보존에 대하여는 (49조1항3호4호, 2항3호), 「18. 방송사업자 등에 의한 일시적 고정」과 「22. 프로그램저작물의 복제물의 소유자에 의한 복제 등」 참조.

(다) 목적 외의 목적을 위하여 배포, 공중에 제시한 자(49조1항1호)가 번역·번안을 한 것으로 간주되는 경우. 43조에서는, 제한규정의 취지에 따라, 단순히 복제뿐만 아니라, 「번역, 편곡, 변형 또는 번안」하여 이용할 수 있는 경우(1호)와, 「번역」하여 이용할 수 있는 경우(2호)와, 「요약으로 한정한 번역」을 하여 이용할 수 있는 경우(3호)가 규정되어 있다. 이러한 번역·번안물에 대해서도, 49조1항의 복제물과 같은 규제를 하고 있는 것이 49조2항이다.

(라) 47조의2제1항의 적용을 받아 작성된 프로그램의 2차적저작물의 배포·공중에의 전시를 한 자는, 그 단계에서 번안을 한 것으로 간주된다(49조2항2호).

(마) 47조의3의 규정의 적용을 받아 일시적으로 기록된 복제물을 배포, 공중에 제시한 자는 복제로 간주된다(49조1항3호).

27. 저작자인격권과의 관계(50조)

제5관(저작권의 제한)의 규정은, 저작자인격권에 영향을 미치는 것으로 해석해서는 안된다고 규정하고 있다(50조). 저작자인격권은 저작재산권에 예속되는 것이 아니라, 양자는 별도의 논리로 구축되어 있고, 그런 의미에서 50조는 확인적인 규

정이라고도 할 수 있다. 그러나 저작권을 제한하는 규정의 적용을 받아 다른 자가 무허락으로 이용할 수 있는 경우에는, 형식적으로는 저작자인격권과의 저촉이 있을 수 있다. 예컨대 사적사용목적의 복제가 가능한 경우(30조1항)에는 번역하여 이용할 수도 있는데(43조1호), 번역할 때에 동일성유지권 침해와의 관계가 문제가 된다. 예컨대 자신의 방에 있는 캘린더의 그림(복제물)의 여성의 얼굴에 수염을 그리는 것은 사적사용목적의 개변일 것이나, 동일성유지권침해가 될 가능성이 있다. 또, 인용은 저작물의 일부를 잘라내서 인용하는 것이 압도적으로 많지만, 이것이 동일성유지권 침해가 된다면, 인용은 거의 불가능하게 된다.[132] 또 미공표저작물이라도 재판절차에서 필요하다면 복제하여 제출할 수 있는데, 판결에 따라 공표되어 버리면 공표권 침해가 될 가능성이 있다. 50조의 존재를 근거로, 이와 같은 경우의 모든 것을 저작자인격권 침해로 하는 것은 문제가 있다.

저작권법은, 재산권과 인격권을 양립시켜 비로소 하나의 체계로 존재하고 있는 것이며, 저작자인격권이 일반의 인격권을 넘어 특별한 지위를 획득할 필요성은 없으며, 저작자인격권만을 절대시하는 견해는 정당하지 않다. 50조라는 규정이 존재하는 이상, 그것을 무시할 수는 없지만, 저작자인격권이라고 하더라도, 저작권법의 다른 조항과의 조화를 취하면서 존재하고 있는 것이다. 특히 저작권법의 재산적 측면을 중요시하고 있는 현재, 저작자인격권을 너무 중시하는 방향은, 재산으로서의 성격을 낮게 하며, 산업이라는 측면에서, 일본이 세계에 뒤떨어지는 요인도 될 수 있다. 이 점은 본서의 기본적인 관점과도 관련되어 있다.

28. Fair-use

(1) 총 론

일본의 저적권법은, 미국의 fair-use에 상당하는 규정은 존재하지 않으며, 그 대신에 권리의 제한사유를 30조 이하에 규정하고 있다. 입법자는, 30조 이하의 규정을 제한사유의 한정열거라고 생각하고 있었으며, 또 판례도 그와 같이 해석하고 있고,[133] 많은 학설도 해석론으로써 미국적인 fair-use[134]를 도입하는 것은 곤

132) 인용 시에 일부를 잘라내는 것은 「부득이하다고 인정되는 개변」(20조2항4호)로써 동일성유지권 침해가 되지 않는다고 해석될 것인데, 인용에는 늘 따라다니는 일로 잘라내는 것이 당연한 전제임을 생각하면, 20조2항4호를 들지 않고도 합법이라고 생각하여야 할 것이다.

133) fair-use 법리의 채용을 부정한 판결로는, 東京地判昭59・8・31 判時1127호138면(藤田嗣治事件), 東京高判平6・10・27 判時1524호118면(THE WALLSTREET JOURNAL事件), 東京地判平7・12・18 判時1567호126면(ラストメッセージ in 最終号事件), 名古屋地判平15・2・7 判時1840호126면

란할 것이라고 생각한다.[135] 이에 대하여, 우리 주위는 무수한 저작물로 둘러싸여 있고, 형식적으로는 권리제한규정에는 해당하지 않지만, 침해를 묻는 데는 타당하지 않을 행위가 다수 존재하고 있고, 한정열거라면 실체에 맞는 적절한 해결을 가져오지 않는다고 하여 해석론으로서도 fair-use를 인정하는 견해도 있다.[136] fair-use의 규정을 도입함으로써, 입법 시에는 예측할 수 없었던 사태의 발생에 대응할 수 있고, 특히 현재와 같은 기술변화가 급격한 시대에는, 입법의 지연을 보충하는 작용이 가능하게 될 것이다. 다만 모든 제도의 효과에는 양면이 있고, 신중한 검토가 필요할 것이다.

(2) fair-use론의 적부

이 문제는 어느 것이 이론적으로 정당한지의 문제가 아니라, 현단계의 일본에서, 해석론으로써 또는 입법론으로써, fair-use의 독트린을 채용하는 것이 타당한가 하는 논의를 하여야 한다. 결론적으로는, 현단계에서 fair-use를 정면에서 채용하는 것은 곤란하다고 생각된다. 일본의 저작권법은, 저작권의 제한규정은 한정열거라는 생각으로 제정되어 있고, 게다가 저작권시행령을 보면, 그 규정은 상세를 규명하여,[137] fair-use가 파고들 여지가 없는 것처럼 보인다. 또 이전에는 저작권법 개정의 빈도가 낮아, 개정은 어려운 일이었지만, 지금은 매년마다 저작권법 개정이 이루어지고, 필요하다면 제한규정도 스피디하게 개정되게 되어 있어,

---

(社交ダンス教室事件), 東京地判平15・2・26 判時1826호117면(創価学会肖像写真事件). 이에 대하여 東京高判昭51・5・19 判時815호20면(モンタージュ写真事件 항소심)에서는, 패러디로써 타인의 사진을 이용하는 행위를 fair-use로서 인정하고 있는데, 最判昭55・3・28 判時967호45면에서는 fair-use는 언급하지 않은 채 파기환송되었다.

134) 미국 저작권법에서는, 107조에 fair-use의 규정이 있고, 또 108조 이하에 상당히 상세한 권리제한규정이 마련되어 있다. 그러나 108조 이하의 규정은 예시적인 것이며, 이 규정에서 벗어나는 것에 대해서도 fair-use의 규정의 적용은 있을 수 있다. 즉, 108조 이하는 종래의 판례에서 권리가 미치지 않게 된 것을 열거한 규정이며, 새로운 문제가 발생한 경우에는 107조의 fair-use의 문제로써 취급된다. 그런 의미에서, 한정열거라고 생각되는 일본 저작권법의 권리제한규정이라 함은 근본적으로 성격이 다르다.

135) 田村 197면, 加戸 223면, 金井=小倉・上 367면 [桑野雄一郎].

136) 阿部浩司「日本著作権法とフェアユースの理論」コピライト482호2면(2001), 椙山敬士「フェアユースと教育利用」半田正夫古稀記念『著作権法と民法の現代的課題』(法学書院, 2003)296면, 相澤=西村 173면.

137) 예컨대, 30조2항의 보상금이 필요해지는 디지털기기로써「자기적 그리고 광학적 방법에 의하여, 44.1킬로헤르츠의 표본화주파수에서 아날로그디지털변환이 이루어진 음을 직경이 64미리미터의 광자기(光磁氣)디스크에 고정하는 기능을 갖는 기기」(저작권시행령1조1항3호)라고 규정되어 있는데, 이만큼 상세하게 규정되어 있으면, 해석에 의하여 이제부터 이에 벗어나는 기기에 과금하는 것은, 정령(政令) 개정 이외에 불가능하며, 그런 범위에서 fair-use의 의도를 도입할 여지는 적다.

fair-use의 필요성은 적은 것으로 보인다.

저작권의 제한사유를 한정열거 한다고 하는 현행법 입법자의 생각에도 일리가 있다. 즉, 한정열거의 최대 메리트는 법적 안정성에 있고, 현재와 같이 저작권의 경제재로써의 가치가 높아지게 되면, 투하자본의 회수를 위하여 법적 안정성이 중요해진다. 미국에서도 fair-use라는 일반조항은, 아슬아슬한 사건에서는 거의 무력하며, 오히려 논쟁을 유발할 위험성도 있다고 일컬어지고 있다.[138] 사회의 변하에 따른 법개정만 적절하게 이루어진다면, 한정열거는 반드시 비효율이라고도 할 수 없지만, 한편 기술의 발전이 현저한 현대에 있어서, 한정열거에는 한계가 있다는 것도 사시이며, 기존의 개념의 유연한 해석이나, 권리남용의 법리의 활용 등에 따라, 입법을 기다리지 않고 구제할 수 있는 해석상의 테크닉도 필요하다.

미국 저작권법의 fair-use의 규정(§107)은 어느 한때 돌연히 출현한 것이 아니라, 100년 이상 걸친 판례의 형성・축적을 거쳐 조문화된 것이다.[139] 미국은 판례법 국가이므로, 조문이 성립할 때까지는 많은 판례에 따라 fair-use 관념이 상당한 정도 확립되어 있고, 조문은 판례의 restatement적인 성격을 갖고 있다. 그래도 여전히, 베타맥스 사건[140]과 같이 막대한 노력・자금을 요한 ≪10년 전쟁≫을 거쳐 비로소 fair-use의 내용이 명백하게 된 케이스도 있고, fair-use의 규정을 만든다고 하는 것은, 문제가 생기면 사법적 판단을 기다린다는 것이며, 먼 장래의 일은 별도로 하더라도, 현재로서는, 많은 국민이 희망하는 바는 아니라고 생각된다. 일본은 제한규정의 법개정을 빈번히 실시하고 있고, 법개정이 빈번하게 이루어진다고 하는 상황에 있다면, fair-use 도입보다도, 입법적 해결 쪽이 우수하다는 면도 있다.

이 문제는, 단순히 법적 안정성을 선택할지 또는 사안에 따른 유연한 해결을

138) M.Nimmer "Nimmer on Copyright" §13.05[A][5].

139) 미국의 fair-use에 대해서는, 曽我部健「著作権法に関するフェアーユースの法理」著作権研究 20호97면(1993), ロバート・ゴーマン=ジェーン・ギンズバーグ(内藤篤訳)『米国著作権法詳解下』437면(信山社 2003, 原著는 2002), ジェーン・ギンズバーグ(斉藤博訳)「アメリカにおけるフェアーユース問題について」著作権研究26호147면(2000)参조.

140) Sony Corp.of America v. Universal City Studios Inc., 464 U.S.417(1984), 이 사건은 비디오테이프레코더(VTR)에 의한 가정내의 녹화가 fair-use에 해당하는가 하는 점이 다투어졌으며, 1심에서는 fair-use를 인정하고, 2심에서는 부정되고, 대법원에서는 5대4라는 아슬아슬한 차이로 fair-use가 인정된 사례이며, fair-use에 관한 가장 중요한 사건으로 일컬어지고 있다. 이 판결에 의하여 VTR은 일반에 보급되고, 우습게도, 현재는 VTR의 보급을 저지하고자 한 영화회사의 큰 수입원이 되고 있고, 헐리우드는 이 사건에 패소한 것으로 살아 남았다고까지 일컬어지고 있다. 이 사건은, 기술의 발전을 잘 반영하는 것이, 콘텐츠산업의 발전에는 비즈니스 찬스가 될 수 있다는 것을 잘 말해주고 있다.

선택할지 라는 문제에 그치지 않고, 그 국가의 법체계가 제정법 국가인지 판례법 국가인지 하는 것에도 관계하고 있고,[141] 또 국민이 재판을 어떻게 의식하고 있는지 하는 법사회학적인 고찰도 필요하고, 가볍게 결론이 나올 문제는 아니다.[142]

또, 일본에 fair-use 규정을 도입한 경우의 현실문제로써, 어떠한 판례의 축적도 없이 돌연히 fair-use라는 일반규정을 도입하는 것은, 모든 것을 법원에 맡긴다는 것을 의미하여, 법원으로서도 부담이 크고 재판이 장기화되는 원인도 되기 쉽다는 우려도 있다.[143]

(3) fair의 실현

일본의 법해석으로써, 제한규정으로 열거되어 있지 않은 행위에 대하여, 조문상 근거없이 「fair-use」라는 것만으로 비침해로 하는 것은 불가능할 것인데, 모든 법의 근저에는 fair의 관념이 존재하고 있다. 한정열거라는 견해를 채용한다 하더라도, 제한사유를 획일적으로 끼워 맞추는 것만으로는 타당한 결론을 얻을 수 없는 경우도 있고, 현행법의 해석으로서도 fair-use적인 관점을 가미하여 해석하여야 하는 경우도 적지 않다. 권리남용의 법리의 적용에 따라 fair-use의 규정을 도입한 것과 유사한 효과를 얻을 수 있는 경우도 있는데, 양자는 기본적으로는 요건이 다르다. 권리남용법리는, 기본적으로는 권리자의 행위태양을 문제로 하고, fair-use는 주로 이용자 측의 사정을 고려하는 것이므로, 남용법리로 fair-use 규정에 전면적으로 대체할 수 있는 것은 아니다.[144] 권리남용론 이외에도, 복제개념을 유연하게 또는 규범적으로 해석함으로써, 마찬가지 효과를 얻을 수 있다. 예컨대 일시적 고정은 물리적인 복제이며 형식적으로는 복제에 해당하지만, 일본에서는 저작권법 상의 복제로는 보지 않는다는 해석에 따라 fair의 실현이 가능하다.[145] 이것은, 저작물이 이용되고 있는 실태와 권리자가 받는 실질적 손해 등을 고려하여 복제권이 미치는 범위를 한정하고, 구체적 타당성을 확보하고 있는 것

141) 斉藤 224면은, 「제정법에 무게를 두는 일본과 같은 법률 사조에는 익숙치 않은 것이다」라고 언급하고 있다. 이에 대하여, 椙山 · 앞의 주136)은, 그 설명은 납득하기 어렵다고 하였다.

142) 斉藤 225면, 曽我部 · 앞의 주1390 114면.

143) 중간적인 처리로써, 민법770조(이혼원인)의 규정과 같이, 우선 권리의 제한사유를 열거하고, 그 후에 일반규정을 두는(이른바 작은 일반조항) 것도 생각할 수 있다.

144) 권라남용론을 적용한 예로써 東京地判平11 · 11 · 17 判時1704호134면(キューピー事件)이 유명한데, 여기에 fair-use의 법리 적용은 어렵다.

145) 이에 대해서는, 「**제3절 지분권 1. 복제권 (2) 침해에 있어서의 복제개념 (가) 규범적 개념으로서의 복제, (나) 일시적 축적(일시적 복제, 일시적 고정)**」 참조.

으로 생각된다. 복제 이외에 대해서도, 모든 조문의 유연한 해석에 따라 fair의 실현은 가능하며, 실제로 그와 같은 노력이 이루어지고 있다. 그러나 거기에는 한계가 있다는 것도 확실하며, 특히 기술혁신이 극심한 시대에는, 신속한 법 개정에 노력하여야 한다.

29. 패 러 디

(1) 패러디의 의미

타인의 저작물의 이용에 관한 어려운 문제 중 하나에 패러디가 있다. 패러디에 확립된 정의는 없지만, 일단, 문예·미술작품 등의 원작(이용되는 저작물 등)을 모방하거나, 또는 골계화한 작품을 가리키며, 원작을 야유하는 것, 사회를 풍자하는 것, 원작을 이용하여 새로운 세계를 표현하는 것 등으로 말할 수 있을 것이다. 패러디에 해당하는지 여부는 장르에 따라 달라질 수 있다. 특히 문자에 의한 저작물과, 미술·음악 저작물과는 상당히 다른 고려가 필요하게 된다.

패러디는, 타인의 저작물의 본질적 특징을 직접 감지할 수 없다면 거의 의미가 없는데,[146] 패러디는 원작을 야유·풍자·농찌거리 하는 것이기 때문에, 통상은 원작자의 동의를 얻기는 어렵다.[147] 권리자에게 무단으로 이루어지기 때문에, 번안권 침해와 동일성유지권 침해 문제가 된다.[148] 현행법상으로는, 30조 이하에 적용제외 규정이 없는 이상, 패러디라 하더라도 형식적으로는 침해가 물어질 것 같은데, 모두를 침해로 하는 것에도 문제는 있으며, 그렇다고 해서 패러디라면 모두

---

146) 패러디 중에는, 원작품의 표현을 이용하지 않은 것, 또는 본질적 특징을 직접 감득할 수 없는 것도 드물게 있을 수 있다. 즉 원작의 표현이 아니라, 사상·감정의 특징적 부분만을 이용하는 경우에는, 원작품을 생각에 미치게 할 뿐으로 저작권 문제는 발생하지 않는다. 예컨대 에도시대의 시인 야마구치소도(山口素堂)의 「目に青葉山ほととぎす初鰹」(원작은, 「目には青葉 山郭公 初松魚」)라는 저명한 하이쿠(俳句)에 대하여, 「目も耳もたゞだが口は高くつき」「目と耳はいいが口には銭がいり」「目と山と耳と口との名句なり」「聞いたかと問えば食ったかと答える」라고 하는 센류(川柳), 「目に青葉耳に鉄砲時鳥松魚はいまだ口へはひらず」(四方赤良)라는 쿄오카(狂歌)도 있는데, 교양있는 자가 원작을 떠올리고 홀로 웃음지을 뿐이다.

147) 참고로 미국의 패러디에 대해서는, 松平光徳「アメリカ著作権法におけるパロディ法理の発展と展望」法律論叢71권4·5호207면(1999) 참조. 또, 설령 동일성유지권의 규정을 개정하고, 「명예성망을 해하는 경우」만이 침해가 된다고 하더라도, 패러디는 저작자의 명예성망을 해할 우려가 있는 경우도 많기 때문에, 여전히 문제는 남는다. 이점에 대해서는, 井上由里子「著作物の改編と同一性保持権」ジュリスト1057호68면(1994) 참조.

148) 加戸 172면은, 「기존의 원작을 패러디화 하거나 비꼰 것이 일견 명백하며, 또 누가봐도 농찌거리한 것으로 받아들여지고, 원작자의 뜻을 해하지 않는 것으로 인정되는 경우에 대해서는, 형식적으로는 내면형식의 변경에 해당하는 것이라도 동일성유지권의 문제는 발생하지 않는다. 그렇지 않고, 2차적 저작물을 통하여 원작품이 이런 것인가 하는 오해를 품게 할 우려가 있는 경우에 대해서는, 물론 저작자인격권으로서의 동일성유지권이 발동한다」고 언급하고 있다.

합법이라고 하는 것에도 문제가 있다.

(2) 판 례

일본에서는, 혼카도리(本歌取り, (역자주)한 어위에 두개 이상의 의미를 가진 동음이의어를 구사하여 내용을 보다 더 복잡하게 표현하려는 기법), 카에우타(替え歌, (역자주) 곡조는 같고 가사만 바꾼 노래), 센류(川柳, (역자주) 사회분위기를 반영하여 세상을 풍자한 17자의 정형화된 풍속시), 쿄카(狂歌, (역자주) 센류와 유사한 31자의 풍자시) 등의 관습도 있고, 패러디정신에 결여한 국민성으로 평가할 수는 없지만, 판례는 적고, 최고재판소 판결로서는 1건이 있을 뿐이다.[149] 일본에서는, 이 판례에 의하여 패러디의 숨통이 끊어진 것처럼 일컬어진 일도 있지만, 이 사건은 원래의 의미에 있어서의 패러디라고 할 수 있는 사건인지, 하는 점에 대해서는 문제가 있는 부분이며,[150] 이 최고재 판결로써, 일본의 저작권법은 패러디에 대하여 상당히 엄격한 태도를 취하고 있다고 속단할 수 없을 것이다. 이 최고재 판결이 패러디를 정면에서 논의한 것은 아니며, 인용(구법시의 사건이므로 초록 인용)에 해당하는가, 하는 점이 다투어졌고, 인용되는 측의 저작물의 저작자인격권을 침해하지 않을 필요가 있는데, 본건에서는 동일성유지권을 침해하고 있다고 하였다. 패러디의 요건에 대해서는 아직 확정적이지는 않지만, 본 최고재판결의 피인용저작물은, 저명하다고 하기는 어려운 캘린더의 사진으로, 또 그 사진을 이용할 필요성, 목적 등도 명백하지 않다. 따라서 이 최고재 판결을 패러디의 선례로 보는 것은 반드시 타당하지는 않으며, 패러디 문제는 미해결로 보아야 할 것이다.

이 최고재 판결은, 침해의 유무를 기존의 저작물의 표현상의 본질적인 특징을 직접 감지할 수 있는지라는 지표로 판단하고 있다. 이 판례의 판단 시스템을 그

149) 最判昭55・3・28 判時967호45면(パロディ写真事件第一次上告審). 이 최고재 판결과 미국의 판례를 비교연구한 것으로, 加藤一郎「パロディと著作権 - 日米の判決をめぐって -」知的財産研究所5周年記念『知的財産の潮流』(信山社, 1995)124면. 東京地決平13・12・19(未登載)(チーズはどこに消えた？事件)은,『チーズはどこへ消えた？』라는 책의 패러디인『バターはどこに溶けた?』라는 책을 출판한 자에 대하여, 패러디인 것은 인정하지만, 구체적인 기술을 그대로 또는 사소한 변경을 부가하여 베낀 기술을 적잖이 포함한다고 하여 판매 등의 금지를 인정하였다. 또 이 결정에서는 헌법과의 관계에 대하여, 표현의 자유라고는 하나 타인의 저작권과의 관계에서의 제약을 면할 수는 없으며, 저작권을 침해하지 않고, 본건저작물의 내용을 풍자, 비판하는 저작물을 저작할 수 있었으므로, 부당하게 패러디가 표현하는 자유를 제한하는 것은 아니라고 언급하고 있다. 이와 같은 해석을 취하면 사실상 패러디는 상당히 곤란하게 될 것이다.

150) 染野啓子「パロディ保護の現代的課題と理論形成」法時55권7호37면(1983), 百選[第2版]69事件. 松田 142면은, 패러디는 원저작물의 비판, 풍자, 야유를 목적으로 하는 것이며, 본건은 문예작품분야에서의 확립된 패러디와는 사안을 달리한다고 언급하였다.

대로 패러디에 적용하면, 거의 패러디는 번안권침해가 되어버린다. 패러디는 어떠한 틀에서 판단하여야 할까 하는 점이 향후의 문제이다.

(3) 패러디론의 본질

이 문제는 저작권법의 존재이유에 깊이 관여하고 있다. 저작권법은 저작자를 보호함으로써, 더욱더 문화의 발전을 목표로 하고 있는데(1조), 단순히 저작자를 강하게 보호한다면 되는 정도로 단순한 것은 아니다. 단순한 복제의 경우와, 타인의 저작물을 이용하여 새로운 저작물을 창작하는 경우는, 저작권법상 의미가 달라지게 된다. 후자는, 타인의 저작물을 이용하고 있다고는 하지만, 사회에 대하여 새로운 저작물을 제공하고 있고, 사회에 이바지하는 면이 있음을 잊어서는 안된다. 저작권법의 이론에서 말하자면, 복제쪽이 번안보다도 엄격하게 제한되어야 하며, 그러한 관점에서 패러디를 본다면, 원작을 이용하고는 있지만, 새로운 창작도 실시하고 있으며, 그러한 관점에서 패러디를 본다면, 원작을 이용하고는 있지만, 새로운 창작도 하고 있고, 원작의 창작자나 저작권자와 표현의 자유와 사회일반의 이익과의 조화를 한층 더 취할 필요가 있다.[151)]

패러디는 타인의 저작물을 이용하는 경우가 많고, 또 그에 대한 특별한 규정은 두고 있지 않기 때문에, 패러디는 저작권법 세계에서 서자(庶子)와 같은 존재가 되었다. 그러나 많은 국가에서 패러디는 인정되고 있으며, 패러디가 갖고 있는 사회적 의의를 감안한다면 일률적으로 부정할 수는 없다. 그 반면, 패러디이기 때문에 방임한다면, 패러디라는 이름 하에 사실상 2차적저작물을 방치하게 될 우려도 있다.

애초에 패러디인 것은 그 본질상「반권위」·「반권력」·「반정당성」·「반사회」, 경우에 따라서는「반법률」적인 측면을 갖고 있고, 법률상 또는 판례상 인지되지 않으면 멸실되어 버리는 것도 아니고, 어떠한 상황에서도 없어지는 것은 아닐 것이다.[152)] 그러나 그렇다고 해서 모든 패러디를 저작권 침해로 하고, 형사벌까지

151) 패러디를 문화론적으로 파악한 것으로, 岡邦俊「『パロディ写真』の文化史的背景」小野昌延古稀記念『知的財産法の系譜』(青山書院, 2002)551면 참조.

152) 松田政行「著作者人格権とその周辺 - 同一性保持権を中心として」コピライト429호12면(1996)은,「패러디의 유용성, 사회성을 평가함으로써, 객관적 침해에 대한 위법성을 조각하는 견해를 법원이 취하는 것 자체에 큰 문제를 남긴다」「인용에 좋은 것과 나쁜 것의 평가를 부여하게 되면, 문화적 가치를 법관이 판단하게 된다」「패러디작가에게 일부러 저작권상 위법하더라도 작품을 발표한다고 하는 에너지가 없다면, 감상자측은 감동하지 않게 되지 않을까요? 이 에너지가 패러디의 품질이 아닐까 생각합니다」라고 언급하고 있다.

부과하는 데는 문제도 있고, 결론적으로는, 어느 정도의 패러디를 인정할 수밖에 없다고 생각된다. 문제는 그 이론적 근거와 요건[153]인데, 일본의 저작권법에 명확한 근거를 요구하는 것은 어렵다.

보다 근원적으로는, 패러디에서 자기의 사상·감정을 표현하는 것은 표현의 자유의 일정이며, 그 헌법상의 요청에서, 저작권이라고는 하더라도 제한을 받는 일이 있을 수 있다는 논리도 있을 수 있다.[154] 그러나 헌법으로 보장되어 있는 표현의 자유라 하더라도 무제한은 있을 수 없으며, 다른 법익(예컨대 명예, 영업상 신용, 저작권 등)과의 형량도 필요하게 되는 것이며, 저작권법상의 상세한 검토 없이, 갑자기 헌법론을 들추는 것에도 문제가 있다.[155] 당해 패러디를 금지함으로써 어느 정도 표현의 자유가 제약받는가, 또는 저작권 침해를 해서까지 표현할 필요성(예컨대 다른 표현방법의 유무)등의 검토도 필요해질 것이다. 또 패러디는 원작품을 승화시켜 새로운 저작물을 발생시키고 있다고 하는 생각도 있을 수 있는데, 설령 그 저작물이 진실로 제소하고 싶은 것(사상·감정)은 별개의 것이라 해도, 구체적인 표현을 이용하고 있으며 저작권법상은 침해가 되며, 반대로 사상·감정이 동일하더라도 표현이 달라져 있다면 비침해가 되는 것이 대원칙이며, 그 원칙을 왜곡하는 해석에는 어려운 점이 있다. 동일성유지권에 관해서는 20조4호의 「부득이하다고 인정되는 개변」의 문제로써 처리하는 견해도 있을 수 있고, 적어도 사후의 인격권에 대해서는 60조의 유연한 해석을 하는, 등등의 견해가 있을 수 있다. 어쨌든, 미국과 같은 fair-use라고 하는 일반조항을 갖지 않는 일본의 해석으로서는 어려운 점이 있다. 현실적으로는, 번안의 폭이 유연한 해석과, 20조4항의 유연

---

153) 染野·앞의 주150) 41면은, 적어도 ① 이용되는 원작이 저명할 것, ② 저작물 그 자체의 야유, 조소가 아닐 것, ③ 원작을 통하여 사회적으로 고정되어 있는 관념의 파괴, 풍자, 야유일 것, ④예술적, 사상적인 문제제기를 목적으로 하는 것일 것, ⑤ 이용하는 저작물이 독립성을 갖는 것일 것, ⑥이용하는 측의 저작물이 예술적, 사상적으로 우수한 것일 것, ⑦ 필요최소한의 부득이한 개변일 것, 을 요건으로 하고 있다. 이와 같이 엄격한 요건이 타당한가 하는 문제는 남지만, 구체적인 요건을 제시한 점에는 의미가 있을 것이다.

154) 最判昭55·3·28 判時967호45면(モンタージュ写真事件第一次上告審)의 원심인 東京高判昭51·5·19 判時815호20면은, 자기의 사상, 감정을 자유롭게 표현하기 위하여 타인의 저작물을 이용하는 경우에 대하여, 그 표현의 자유가 존중되어야 함은 헌법 제21조제1항의 규정이 요청하는 바이다, 라고 하여, 「사상, 감정을 자유로운 형식으로 표현하는 것의 희생에 있어서, 원저작물의 동일성유지권을 보장하여야 하는 합리적 근거를 이끌어낼 수는 없다」고 언급하고 있다. 그에 대하여 東京地判平13·12·19(未登載)(チーズはどこへ消えた？事件)에서는, 표현의 자유라 하더라도 공공의 복지와의 관계, 본건에서 말하자면 타인의 저작권과의 관계에서의 제약을 면할 수 없으며, 또 저작권침해가 되지 않고 풍자, 비판할 수도 있었던 점에서, 부당하게 패러디를 표현하는 자유를 제한하는 것은 아니다, 라고 언급하고 있다.

155) 作花 481면.

한 해석에 따라, 사례마다 적절하게 판단하는 이외에 없을 것이다. 패러디에는 여러 종류의 성격의 것이 있고, 도 이용되는 저작물도 다양하며, 그 기준의 정립은 어렵기 때문에, 향후의 과제라 할 것이다.[156)]

156) 예를 들자면, 패러디에 이용되는 원작이 저명한 것일 필요가 있을지(染野 · 앞의 주150) 37면, 井上 · 앞의 주147) 69면), 또 패러디의 대상이 사회풍자에 향해 있는 경우에는, 원작의 대체가능성을 요건으로 하여야 하는가(井上 · 앞의 주147) 68면)라는 문제도 있다. 또, 패러디에 이용되는 원작품의 비판 등이 아니라, 그 원작품을 이용하여 사회나 정치를 비판, 야유 등하는 경우는 어떻게 되는가? 松田 143면은, 사회풍자를 위하여 기존의 저작물을 이용, 개변하는 것은 허락되지 않는다고 하고 있다.

제 4 장 거래대상으로서의 저작권

제 1 절 권리의 이전(61조)

1. 총 설

저작권은 물권 유사의 재산권이고, 거래의 대상이 될 수 있어, 실제로 정보화 사회에서 중요한 경제재(經濟財)인 디지털 · 콘텐츠의 중핵적인 존재가 되고 있다. 그에 비하여 저작자 인격권은 거래의 대상이 되지 않는다. 기껏해야 권리를 행사하지 않는다는 계약을 체결함으로써, 사실상 라이선스 유사의 효과가 생기는 경우가 있을 정도이다. 본장에서는 거래의 대상이 될 수 있는 저작재산권에 관하여 논한다.[1]

저작권이 양도 가능한 것은 당연하나, 61조1항은 일부 양도가 가능하다는 것을 명확히 한 점에 의미가 있다. 저작인접권에 있어서도 61조1항이 준용된다(103조). 또한, 특허권의 양도는 등록이 효력발생요건이나(특허법98조1항1호), 저작권의 양도계약은 낙성계약이며, 저작권등록은 대항요건에 불과하다(7조1호).

특허권의 대상은 심사를 받는 동시에 청구항으로 특정되고 있는데 대하여, 저작권은 창작에 의해 발생하고 청구항도 존재하지 않기 때문에, 저작권을 대상으로 한 계약의 내용은 반드시 일의적으로 정해지는 것은 아니고 저작권양도계약이라 불리더라도 그 대상이 명확하지 않은 경우도 있을 수 있다. 또 낙성계약이기 때문에 과연 저작권을 양도한 것인지, 혹시 단순히 이용을 허락한 것에 지나지 않는가 하는 분쟁도 많다.[2] 재산권에 관한 계약인 이상, 기본적으로는 사건마

1) 독일에서는 재산권과 인격권이 일체 불가분인 것으로서 저작권을 파악하고 있으나(일원론), 일본에서는 半田 179면만이 일원론을 주장하고 있다. 이론적으로 우수한지 아닌지는 별론으로 하고, 일본의 해석으로 도입하면, 조문상 차질이 생길 뿐만 아니라, 양도 · 상속 · 소멸 등에 관하여 무리한 해석을 강요받게 되어 거의 찬성을 얻지 못하고 있다.

2) 東京地判昭50 · 2 · 24 判タ324호317면(秘録大東亜戦史事件)은, 매입이라는 계약문언에서 양도된 것으로 즉단할 수 없고, 계약당사자간의 구체적인 계약내용에 관하여 의사해석에 관한 사실인정의 문제라고 하여, 지불금액이 인세 상당액을 크게 상회한다는 점 등의 사실이 있을 때에는, 적어도 출판물에 관하여 복제할 권리의 양도가 이루어진 것으로 인정하는 것이 상당하다, 라고 하고 있다. 東京地判昭61 · 1 · 30 判時1220호127면(動物図鑑挿絵事件)은, 그림 값의 합의가 저작권양도의 대가로

다 당사자의 계약해석의 문제로 처리된다.[3)]

또, 상속은 거래는 아니지만 양도 가능한 이상, 상속가능하다는 점에 문제는 없다.

2. 일부양도(61조1항)

저작권은 일부 양도할 수 있고, 내용,[4)] 장소, 시간[5)]의 제한을 붙여 이전도 가능하다. 또 지분권의 양도도 가능하고, 나아가 그것보다 세부적인 부분에 대해서도 그것이 명확한 것이라면 원칙적으로 임의로 분할하여 양도하는 것도 가능하며,[6)] 예컨대 복제권에 포함된 녹음권, 녹화권을 나누어 양도할 수 있다.[7)]

그렇지만, 예컨대 복제권을 유보하고 양도권만을 양도하는 것은 의미가 없는 경우가 많을 것이고, 때로는 연재만화 주인공의 복제권 또는 번안권을 각 구절마다 양도하는 것은 사실상 이중양도와 마찬가지가 될 것이다.[8)] 이와 같이 권리를 세분화해가면 서로 저촉하는 내용이 되는 경우가 있고, 어디까지 인정하여야 할 것인가 하는 점에 관하여는 개별적으로 검토하지 않으면 안 된다. 세분화한 결과

보기보다는, 출판권설정의 대가로 보는 것이 자연스러운 경우, 양자간의 저작물에 관한 합의는, 출판권설정의 취지였다고 인정할 수 있다고 기술하고 있고 있으나, 그 항소심인 東京高判平1・6・20 判時1321호151면(動物図鑑挿絵事件)은 원심을 파기하고, 지불한 금액, 판을 거듭한 것을 알고 있으면서도 저작권주장을 하지 않았던 등의 사정을 감안하여, 양도된 된 것으로 인정하고 있다. 東京地判平1・8・16 判時1322호45면(チューリップ事件)은 모집 시에 「선가(選歌)의 판권은 본회의 소유로 한다」는 말 등을 중시하여 권리의 양도로 인정하고 있다. 長野地判平6・3・10 判例地方自治127호44면(白馬観光パンフレット事件)은 저작권 및 본건 원화(原畵)의 소유권을 양도한다는 합의 등에 의해 저작권양도가 있었다, 고 하였다. 東京地判平12・8・30 判時1727호147면(エスキース事件)은 교육연구의 자료로서 사용되면 좋겠다, 어느 자료관이 가능하면 거기에 모아서 일반에게 공개하면 좋겠다는 취지로 지시하여 인도, 사용보관되어 왔다는 것만으로는, 저작권을 양도하였다고까지는 인정되지 않는다고 언급하고 있다. 東京地判平13・2・28 判時1747호130면(アールケーオーライブラリー事件)은 복잡한 사실관계이나 요약하면 미국에서 저작권양도가 있었는지 여부에 대해 계약문언으로부터 판단한 예이다.

3) 田村 506면.

4) 東京地判昭54・8・31 判時956호83면(ビートル・フィーバー事件)은 악곡의 사용을 허락할 권리를 타인에게 부여하는 계약에 있어서 연극의 상연에 관련된 위 악곡의 사용을 타인에게 허락할 권리를 자기에게 유보할 수 있다고 판시하고 있다.

5) 東京地判平9・9・5 判時1621호130면(ダリ事件)에서는 기한을 정한 저작권의 일부양도가 인정되고 있다.

6) 東京地判平6・10・17 判時1520호130면(ポパイベルト事件)에서는 세분화한 일부 양도, 이전의 사회적 필요성, 권리관계의 불명확성, 사회적 불이익을 종합적으로 판단하여야 한다고 하고 있다. 본건은 연재만화의 주인공 뽀빠이의 특정 자태(姿態)의 회화에 관하여 시효취득할 수 있는가 하는 사례로, 항변으로 주장된 것이며 순수한 양도 사건은 아니다.

7) 田村 502면에 상세하다.

8) 東京地判平6・10・17 判時1520호130면(ポパイベルト事件)는 1개 스토리의 만화 저작물 중의 특정 그림에 관해서만 복제권의 양도는 허용되지 않는다고 언급하고 있다.

서로 용인되지 않는 것 같은 권리를 양도한 경우에는 양도인과 양수인 사이에서는 계약의 합리적인 해석에 의하는 수밖에는 없다. 예컨대 복제권을 양도하였으나 양도권에 관하여는 명기하지 않은 경우에는 양도권도 양도한 것으로 해석되는 것이 많다고 생각된다.[9] 또한, 제3자와의 관계에서는 상호 용인되지 않는 것 같은 권리가 양도된 경우에는 기본적으로 이중양도대항의 문제로 처리하게 될 것이다.

장소의 한정을 부가시킨 양도, 예컨대 북해도에서의 연주권 또는 어느 특정의 오페라하우스에서의 연주권과 같이 세분화한 일부 양도도 이론상은 가능하다고 해야 할 것이다.[10] 또한, 어떤 소설의 저작권 중 영화화한 구체적인 영화(번안물)에 관한 상영권만을 양도하는 것도 이론적으로는 가능할 것이다. 이렇게 세분화할 수 있다고 하는 것에 대하여 의문스럽게 생각할 수도 있지만, 뽀빠이 벨트(ポパイベルト) 사건[11]에 기재되어 있는 대로, 세분화된 일부 양도는, 이전(移轉)의 사회적 필요성, 권리관계의 불명확성, 사회적 불이익을 종합적으로 판단하여 타당한 것이라면 부정할 이유는 없다. 장소적 제한을 부가한 복제권을 취득한 자는 그 지역에서만 복제할 수 있을 것이나,[12] 그 복제물을 최초로 양도하면 그 복제물에 관하여 양도권은 소진하여(26조의2제2항), 그 후 그것이 제한지역 외로 유통되더라도 저작권자는 그것에 대하여 원칙적으로 권리를 행사할 수 없다.

시간적인 한정을 붙인 양도도 가능하다고 생각되는데, 예컨대 실무적으로 5년간만 복제권을 양도하는 것도 가능하고, 그 등록도 가능하다. 저작권의 기한부 양도는 실질적으로는 독점적인 이용권에 가깝지만, 법적으로는 그 기간의 저작권은 이전하고 있기 때문에 양수인은 저작권자로서의 지위에 선다. 이러한 기한부 양도는 환매특약부 양도,[13] 해제조건부 양도로 보는 것도 가능하나, 위험부담 등의 미묘한 점에서 차이가 나온다.

이러한 일부양도는, 저작권의 이용형태나 이용장소가 다양하도록 하기 위해,

---

9) 이것은 해석의 문제이기 때문에 명확히 양도권을 유보해 두면 그것에 따르는 것이 되나, 제본으로도 출하하지 못하고 창고에 재워둔다고 하는 계약을 체결할 자는 없을 것이다. 이에 대하여 프로그램을 전적으로 자기사용의 목적으로 복제권만을 양수하는 것도 있을 수 있으나, 통상은 이용권의 허락에서 끝낼 것이다.

10) 반대설로는, 加戶 372면, 作花・詳解 418면.

11) 東京地判平6・10・17 判時1520호130면.

12) 그 경우에는 양도권도 양도되어 있는 것이 많다고 해석될 것이다.

13) 민법에는 579조 이하에 부동산에 관해서만 규정이 있으나, 이와는 별개로 당사자 간에 되사는 계약을 하는 것도 가능하다.

실무상 필요성으로부터 생긴 것으로 생각되나, 대체 그와 같은 세분화한 양도를 인정할 필요가 있는지 또는 불합리가 생기지는 않는지 하는 의문도 생긴다. 입법론으로써는 세분화한 일부 양도라기 보다도, 특허법에 있어서의 실시권제도 유사의 이용허락제도의 문제로써 해결하는 것도 검토하여야 할 것이다.

3. 번안권 등이 특별히 표시되고 있지 않은 경우(61조2항)

양도계약에서 번안권(27조) 또는 2차적 저작물의 이용에 관한 권리(28조)가 양도 목적으로 특별히 표시되어 있지 않은 때에는 이들 권리는 양도자에게 유보된 것으로 추정된다(61조2항).[14] 이것은 경제적으로 약자의 지위에 있는 저작권자측을 보호할 필요성이 강하게 인정되기 때문의 규정이라든지,[15] 개작 이용에 관하여는 저작물의 이용범위를 대폭적으로 확대할 가능성이 있기 때문에 저작자 또는 저작권자의 의사를 확인할 여지를 남겨놓은 규정이라든지,[16] 2차적 저작물의 이용이 가져오는 재산적 이익은 원저작물의 제1차적 이용이 낳는 재산적 이익과는 구별되는 것이기 때문이라고 설명되고 있다.[17] 그러나 이 규정에 의해 보호되는 것은 「저작자」가 아니라, 「저작권자」이다(양자가 일치하는 것도 있을 수 있다). 이 규정은 저작권자측이 일방적으로 약자라고 하는 점을 전제로 하지 않으면 이해할 수 없지만, 저작권자의 모두가 약자인 것은 아니며, 오히려 극히 강력한 저작권자도 존재하고 저작권자에 의한 우월적 지위의 남용이 문제가 되는 경우마저 존재한다. 민법의 일반 원칙과는 별도로 왜 저작권법에만 이러한 특별조치가 필요한가 하는 점에는 의문이 있다. 앞으로 디지털 기술이 발달함에 따라 프로그램이나 데이터베이스와 같은 빈번하게 번안되는 저작물은 매우 증가할 것이며, 그것들이 경제재로서의 기능을 다하게 되겠지만, 이 규정이 저작물의 원활한 이용이나 유통을 방해할 가능성도 부정할 수 없다.

---

14) 加戸 373면에 의하면, 이 규정은 「현상모집과 같이 획일적 폼의 일방적 계약약관에 의해 저작권양도의 케이스」를 염두에 두고 입법된 듯하나, 동서(同書)에 적혀 있는 대로 일방적 약관에 한정되는 것은 아니다.

15) 加戸 374면.

16) 斉藤 306면. 東京地判平15・12・26 判時1847호70면(どこまでも行こう事件)에서는, 통상 저작권을 양도하는 경우, 어떤 부가가치를 낳을지 예상되지 않는 2차적 저작물의 창작 및 이용은, 양도 시에 예정되어 있지 않은 이용태양으로, 저작권자에 명백한 양도의사가 있었다고 하기 어렵기 때문에 규정된 것이고, 단순히 「장래취득하게 되는 모든 저작권」이라는 문언에 27조・28조의 권리의 양도가 특별히 표시되어 있다고 풀이할 수 없다고 하였다.

17) 渋谷 375면.

61조2항은 특별히 표시되지 않은 경우의 추정규정이므로 전문가는 특별히 표시할 것이고, 또 계약이나 그 밖의 객관적 상황에 의해 추정이 깨질 경우도 적지 않다고 생각되기 때문에, 실제로 폐해는 크지는 않을지도 모른다. 결국, 이 규정은 초보자나 부주의자에게만 적용되는 결과가 될 수도 있어 다시 분쟁의 씨앗이 될 것이다.

본래 이러한 문제는 당사자 사이의 계약에 의해 해결해야 하는 것이고, 만일 불합리가 있으면 권리남용 등 일반 법리를 이용하여 해결해야 할 것이다. 입법 당시와 비교하여 볼 때 현재 저작권 의식은 상당히 향상되어 있고, 또한 저작물의 재산으로서의 기능이 중요해지고 있으며, 통상의 재산과 동일하게 취급하여야 하므로, 이러한 의미에서 본 규정은 사실상 상당히 약한 추정으로 해석하여야 한다. 또 입법론으로서는 삭제하여야 할 것 같다. 저작권의 양도는 다른 재산과 비교하여 굳이 다른 법규제가 필요하다고는 생각되지 않는다.

4. 예상할 수 없는 새로운 이용방법

61조2항의 기재는 번안만이 특별히 표시되어 있는 경우, 또는 모든 권리를 양도한다는 취지의 계약이 있었던 경우, 계약 시에는 예상할 수 없었던 새로운 이용방법(예컨대 인터넷으로의 업로드나 IP 멀티캐스트 방송이 입법화되기 전의 그것들에 관한 권리)에 관하여는, 61조2항을 유추할 수 있는가라는 점이 문제된다. 저작권의 전부를 양도한다는 계약을 체결하여도 미지의 이용방법이 계약의 내용에 포함된다고 하는 점은 당사자의 의사해석으로서 타당하지 않다고 하는 견해도 있다.[18] 그러나 문리해석에 의하더라도 61조2항에 번안만이 규정되어 있는 것을 감안하면 타당하다고 생각되지 않고, 또 진실로 그와 같은 사회적 필요성이 존재하고 있는가 또는 정보화시대에 그와 같은 해석이 유익한 것인가라는 점에 관하여도 매우 의심스럽다. 만일 61조2항을 유추적용한다고 해도 「장래 발생하는 모든 이용방법을 포함한다」라는 문구를 넣도록 하게 될 뿐이고, 저작권자의 보호에는 그다지 도움이 되지 않을 것이다. 「장래 발생하는 모든 이용방법을 포함한다」라는 문언은 무효라고 생각할 수도 있으나,[19] 일본에서는 그와 같은 특별한 고려는 필

18) 半田 179면.

19) 독일에서는 저작권계약에 대해 목적양도론(Zweckuebertragungstheorie)이 채용되어, 이용권의 부여 시에 그 범위는 양도목적에 의해 결정되고 미지의 이용방법에 관한 이용권을 부여하는 것은 무효라는 것인데, 일본의 해석으로서는 채용할 수 없다. 渡辺修 「著作権契約の解釈」F.Kバイヤー古稀記

요 없고, 문제가 생긴 경우에는 강자와 약자 사이의 계약에 있어서의 일반적인 문제로 해결할 수 있을 것이다. 저작권자를 항상 약자로 생각하고, 저작권법이 강제로 계약에 개입하여 일정한 효과를 가져오는 것에는 역으로 폐해를 가져올 염려도 있다. 미지의 이용방법을 포함하여 전부를 양도한 경우에도 공서양속에 반하는 것이 아니면 문제는 없을 것이다. 토지나 주식의 양도 등에 있어서도 계약체결 후에 미지의 이유로 계약 대상물이 급등하거나 폭락하거나 하는 경우는 늘 있는 것으로, 저작권 특유의 문제는 아니다. 저작권의 양도 후 미지의 이용방법이 나타나 양수인이 이익을 받는 경우도 있을지 모르고, 또한 반대로 새로운 이용방법을 고액으로 저작권을 매입하였으나 결국 그와 같은 방법은 비즈니스화할 수 없는 경우도 있을 수 있는 것이므로, 그것이 비즈니스라는 것이다. 법에서 저작자·저작권자를 과대하게 보호하면 그만큼 유통·이용의 저해요인으로 되고, 반대로 저작자·저작권자의 자유를 박탈하는 것이 될지 모른다. 모든 계약에 있어서도 강자와 약자의 관계 혹은 정보의 불균형은 항상 존재하는 것이고, 저작권의 경우만 특별히 생각하지 않으면 안 되는 이유는 없다.[20] 강약관계 혹은 정보의 불균형은 항상 존재하고, 그것이 사회적으로 큰 문제가 될 것 같으면, 노동법과 같은 특별한 조치가 필요할 것이나, 실제로는 그와 같은 상황은 아니다.[21] 저작권을 경제재로 생각하고, 다른 통상의 재산에 접근하도록 하는 것이 매우 중요하다. 이와 관련하여 특허법을 비롯한 다른 지적재산법에는 계약해석에 개입한다고 하는 논의조차 존재하지 않는다.

念『知的財産と競争法の法理』(第一法規出版, 1996)321면 참조.

20) 교과서적 사례로, 예컨대 고흐와 같은 약자의 보호가 필요하다고 설명되나, 현실적으로는 마이크로스프트사나 IBM와 같은 세계적 패권자가 저작권자인 경우도 적지 않은 것이고, 저작자·저작권자는 약자이므로 일률적으로 입법상 보호해야 한다는 이유는 없다.

21) 특허법 35조는 노동관계에 있어서 약자 보호적 요소도 있다고 말해지고 있으나(법인의 임원도 포함되기 때문에 일률적으로 말할 수는 없지만), 저작권법 15조에 있어서는 종업원 보호적인 규정으로는 되어 있지 않다. 저작권법이 가장 약한 입장에 있는 종업원에 관하여 전부 배려하지 않고 저작권자를 일방적으로 약자라고 단정짓는데는 모순도 있을 것이다.

제 2 절 담 보 권

1. 총 설

저작재산권의 재산으로서의 중요성이 고조되면 그것을 담보화하여 자금의 조달을 도모하려고 하는 경향이 생기는 것은 당연하고, 저작권법에도 담보에 관한 규정이 마련되어 있다. 저작물 중에는 경제재 가치가 낮은 것도 많아 저작권 일반으로서 논할 수는 없으나, 앞으로는 컴퓨터프로그램, 영화, 데이터베이스 등과 같이 높은 경제가치를 가지는 것은 담보화가 촉진될 것이다. 특히 지적재산 이외에 볼 만한 자산이 적은 벤처기업에 있어서는 저작권이나 특허권 등의 지적재산권의 담보화는 중요한 과제가 된다. 저작권법에는 담보권으로서 질권만이 규정되어 있으나, 양도담보도 가능하다.

저작권을 포함한 지적재산권 일반에 대해 평가계산이 어렵고 동시에 환가시장이 미성숙하기 때문에 유가증권이나 부동산과 비교하여 담보제도가 그다지 이용되지는 않았지만, 평가기준과 시장이 발전하면 담보권뿐만 아니라 증권화・신탁 등의 방법으로 지적재산권의 이용・유통이 촉진될 것이다.

2. 질 권(66조)

저작권을 목적으로 한 질권설정이 가능한 것은 당연하고, 그것을 전제로 한 규정이 마련되어 있다. 질권설정은 낙성계약이나 질권의 설정, 이전, 변경 혹은 소멸(혼동 또는 담보채권의 소멸을 제외한다)을 제3자에게 대항하려면 등록이 필요하다(77조2호). 공유지분을 질권의 목적으로 하기 위해서는 다른 공유자의 동의가 필요하나(65조1항), 다른 공유자가 정당한 이유 없이 동의를 거부할 수 없다(65조3항). **「제2장 저작권의 주체 제3절 저작권의 공유 2. 저작권의 처분」** 참조.

저작권을 목적으로 한 질권을 설정하더라도 저작권의 이용에 관하여는 저작권자 쪽이 더 적합한 경우가 통상이기 때문에 질권설정자에게 이용을 인정하여 질권자는 거기서 발생하는 과실에서 우선 변제를 받는 방법이 질권자에게 이익으로 되는 경우가 많다. 그 때문에 질권자는 물상대위(物上代位)를 할 수 있으면 목적을 달성하므로 설정행위에 별도로 정함이 없는 한 저작권자는 저작권의 행사가 가능한 것으로 되어 있고 저작권자는 침해에 대하여 금지·손해배상청구, 이용허락 등을 단독으로 할 수 있다(66조1항). 또 질권자는 당해 저작권의 양도와 이용에 관해 저작권자가 받아야 할 금전 그 밖에 물건에 대하여 질권을 행사할 수 있으나, 이들 금전 등이 채무자의 일반 재산으로 혼입되면 다른 채권자의 이익을 해하기 때문에 지불 또는 인도 전에 압류하지 않으면 안된다(66조2항).

출판권도 질권의 목적으로 할 수 있으나, 입질(入質)을 함에는 복제권자의 승낙을 얻을 필요가 있다(87조). 또 복제권자는 질권의 설정이 되어 있는 경우에는 질권자의 동의를 얻지 않으면 타인에게 출판권을 설정할 수 없다(79조2항).

3. 공장저당법

공장저당법 11조5호에는 재단을 구성하는 재산으로서 「공업소유권」으로만 기재되어 있고 저작권은 포함되어 있지 않다. 이것은 동법 제정 당시(1905(明治38)년)에는 저작권은 공장을 운영함에 있어서 필요한 재산으로 생각되지 않았기 때문일 것이다. 그러나 현재에는 프로그램을 시작으로 경제재로서 중요한 저작권이 많이 존재하므로 동법에 저작권을 추가하지 않은 것은 문제이다. 동법이 몇 번의 개정을 거치면서도 저작권이 추가되지 않았다고 하는 점은 해석상 저작권을 재단 조성 재산으로 하기는 어려울 것이나,[1] 조속히 법정비가 필요하다.

제 3 절 신 탁[1]

신탁업이라는 것은 「신탁의 인수를 행하는 영업」을 가리키나, 2004(平成16)년의 신탁업법 개정에 의해 종래에는 금전·유가증권·토지 등에 한정되어 있던 신탁회사의 수탁가능재산의 제한이 철폐되었다. 그 때문에 저작권 등의 지적재산

---

1) 공장저당법 11조5호의 공업소유권에는 프로그램 저작권을 포함한다고 해석하는 것으로는, 高石義一監修『知的所有権擔保』(銀行研修社, 1997) 194면이 있으나, 田村 512면은 법의 불비라고 언급하고 있다.

1) 小泉直樹「著作権管理事業における信託」信託法研究26호57면(2001), 知的財産研究所『知的財産の信託活用に係る法的諸問題の検討に関する調査研究報告書』(2003), 知的財産研究所 『知的財産の信託制度導入に係る実務的諸問題の調査研究報告書』(2004), 中島正寿 「著作権による資金調達をめぐる最近の動向-著作権信託の可能性」創価法學34권2호63면(2004), 寺本振透「信託をみなおす時代」ジュリスト440호41면(1997), 寺本振透「知的財産信託の始動と今後の課題」ジュリスト1290호190면(2006), 寺本振透「知財信託の法律問題と実務展望」金融・商事判例1236호190면(2006) 참조.

권에 관해서도 수탁할 수 있게 되었고, 또 종래에는 담당기관도 신탁업의 금융기관에 한정되어 있었으나 사업회사의 참여가 인정되게 되었다.[2)]

또한, 지적재산과 관련하여 아래 2개가 특례로 되고, 면허 · 등록을 필요로 하지 않고, 신고만으로 인정되게 되었고, 규제도 완화되었다.

① 동일한 회사집단에 속하는 자 간의 신탁(그룹기업내의 신탁업)(신탁업법 51조). 이것은 동일 그룹에서 특허권 등을 본사(親會社)나 지적재산관리회사에 집중시켜 일원적으로 관리하고 효율을 향상시키기 위해 이용하는 신탁이다.

② 특정대학기술이전사업에 관한 신탁{승인 TLO(Technology Licensing Organization: 기술이전기관)}(동 52조). 대학의 지적재산관리의 특수성 때문에 승인 TLO는 주식회사가 아니어도 신탁업을 영위할 수 있고, 설립요건이나 규제도 완화되어 있다.

현실적인 문제로서는 세법상의 문제를 시작으로, 신탁회사에 지적재산권을 양도한 경우에 신탁회사가 청구할 수 있는 손해배상액, 또는 지적재산권이 신탁회사에 이전된 경우 지적재산권을 전략적으로 이용할 수 없게 될 우려, 포괄적인 크로스라이선스에 대한 장해 등의 이유로 인해, 신탁제도는 아직 충분히 이용되고 있다고 말하기는 어려우나, 앞으로는 신탁을 이용한 지적재산관리 · 활용의 발전이 기대된다.[3)]

제 4 절 이용허락

1. 계약에 의한 채권적 이용권

(1) 총 설

저작권법에는 저작자는 「이용할 권리를 독점한다」고 규정되어 있어, 언뜻보면 저작권은 독점권인 것 같이 보인다. 그러나 저작권의 대상은 정보이고, 정보의 특수성으로에서 저작권의 실체는 금지권이라고 말할 수 있다. 이용허락의 실체는 그 금지를 해제하는 것, 즉 계약상대방에 대하여 금지청구권 · 손해배상청구권 · 부

2) 中山裕人= 細川昭子「改正信託業法の概要」NBL802호16면(2005), 井上聡「信託をめぐる制度改正の動向(上)(中)(下)」NBL811호22면 · 813호61면 · 814호34면(2005).

3) 寺本 · 앞의 주1) ジュリスト 参조.

당이득반환청구권을 행사하지 않고, 또는 형사 고소하지 않는다고 하는 부작위를 약속하는 것에 있다. 계약자유의 원칙으로부터 그와 같은 허락은 법에서 금지되어 있지 않은 한 자유이고, 이용허락할 수 있다는 취지를 규정한 63조1항은 당연한 것을 규정하고 있는 것에 지나지 않는다. 저작권자로서는 침해에 대하여 눈을 감는 것뿐이기 때문에 정보에 있어서 소비의 비배타성이라는 특성으로부터 복수의 자에게 동시에 동일한 내용의 이용허락을 하는 것도 가능하게 된다. 물론 계약에서 타인에게 이용허락을 하지 않는다는 특약을 하는 것은 가능하고, 그와 같은 경우에는 특허법의 독점적 통상실시권과 동일하게 당사자 간에는 독점적인 이용허락이 된다.

특허법은 전용실시권이라고 하는 물권적 효과를 가진 허락제도를 갖고 있으나, 저작권법은 출판권을 제외하고는 이용에 관한 등록제도는 만들어져 있지 않다. 그러나 저작권이 경제재로서의 지위를 높이고 있는 현재 이용허락에 대항요건을 갖지 않은 현행제도에는 문제도 많으며, 어떤 형태로든 대비책이 검토되어야 할 것이다.

저작권의 이용허락은 낙성계약이고, 묵시적 계약도 있을 수 있다.

(2) 이용허락의 내용

계약자유의 원칙으로부터 다른 강행법규에 반하지 않는 한 당사자는 자유롭게 그 이용허락계약의 내용을 정할 수 있고, 허락을 받은 자는 그 허락의 범위 내에서 이용할 수 있다(63조2항). 계약의 범위 외의 이용행위(예컨대 복제의 허락에도 불구하고 영화화한 경우)를 하면 계약위반이 되고, 금지와 손해배상청구가 가능하며, 여기에 더하여 저작권침해도 된다. 그에 대하여 단순히 계약내용에 반하는 행위(예컨대 수량제한위반, 라이선스료의 미지급 등)는 저작권침해가 되는가 하는 문제가 있다. 저작권은 정보이고, 정보의 특성으로서 소비의 배타성이 없으며, 수량적으로 무한한 가능성이 있다. 종래 이론적으로는 동시에 복수의 이용허락을 할 수 있는 것이어서 수량적인 제한은 단순한 계약상의 제한으로 생각하여야 할 것이다. 설사 제한수량을 초과한 부분을 침해로 하더라도 예컨대 1만부의 출판계약의 경우 시장에 나돌고 있는 책의 어느 것이 1만부를 초과하는 침해물품인가 하는 판별은 불가능하고, 또 1부라도 계약을 초과하면 저작권침해가 되어 형벌규정도 적용되므로 신중해야 할 것이다.

채권은 그 성질상 허용되지 않는 것을 제외하고 양도하는 것이 가능하나(민법 466조), 허락에 의한 저작물의 이용권은 저작권자의 승낙이 없는 한 양도할 수 없다(64조3항). 이것은 금전채권 등과 달리 이용하는 자(예컨대 출판사, 영화회사)에 따라 그 저작물의 가치도 크게 변동하고 또 수익에도 관계되기 때문에 저작권자에 있어 누가 이용자인가 하는 점은 매우 중요하기 때문이다.

저작권자는 타인에게 이용허락을 하지 않는다는 특약을 붙여 이용허락을 하는 것도 가능하다. 오로지 그것이 채권적 효력밖에 없기 때문에 저작권자가 계약에 반하여 제3자에게 이용허락을 하여도 이용권자는 당해 제3자에 대하여 침해의 소를 제기할 수 없고, 저작권자에게 채무불이행의 책임을 물을 수 있을 뿐이다. 그러나 채권적인 독점적 이용허락을 받은 자가 침해자에 대하여 어떤 법적 조치를 강구할 수 있는가 하는 점은 별개의 문제로, 「제8장 침해와 구제 제2절 민사적 구제」 참조.

별단의 정함이 없는 한 저작물의 방송·유선방송의 이용허락에는 방송을 위한 녹음·녹화의 허락이 포함되지 않는다(64조4항). 이 규정은 경제적인 약자를 보호하기 위한 것으로 강행규정으로 생각할 수 있는데,[1] 계약에서 별도로 정하는 것을 인정하고 있어 강행법규라고까지는 할 수 없을 것이다. 방송 시에 녹음·녹화를 수반하는 일이 압도적으로 많고, 또 별도의 정함은 프로인 방송사업자에게는 용이한 일로 오늘날 이러한 규정을 존속시키는 의미는 적을 것이다. 원래 일반적으로 저작권자가 경제적으로 약자라고 단정할 수 없으므로 61조2항(저작권의 양도)의 경우와 같이 약자보호 규정을 만들 근거는 없다.[2] 참고로 방송사업자는 44조의 일시적 고정은 자유롭게 가능하며, 여기서 말하는 녹음·녹화는 그 이상의 녹음·녹화를 의미한다.

송신가능화권은 이용허락을 받으면 그 이용방법 및 범위 내에서 이용할 수 있는 것은 당연하나(63조5항), 송신 횟수와 자동공중송신장치에 관계되는 것에 관해서는, 허락에 관한 이용방법 및 조건 범위를 벗어나더라도 23조1항(공중송신권)의 규정이 적용되지 않는데(63조5항), 결국 저작권침해는 되지 않는다고 되어 있다. 이것은 자동공중송신장치의 보수점검을 위하여 당초 계약조건의 네트워크 접속 횟수를 초과하거나, 또는 조건 외에 다른 자동공중송신장치를 이용한 경우에는

1) 加戸 386면은 약자보호규정이기 때문에 강행규정이고, 묵시의 양해가 있더라도 효과는 생기지 않는다고 서술하고 있다.

2) 田村 483면.

저작권침해가 되지 않는다고 한 것이다.[3] 그 경우에 저작권침해는 되지 않으나 계약에 의해 채무불이행으로 될 수 있지만, 말할 필요도 없이 그와 같은 계약을 체결할지 말지는 자유이다.

2. 재정이용권

당사자의 합의를 얻을 수 없는 경우에도 일정한 요건을 충족시킨 경우에는 문화청장관의 재정을 받아 통상의 사용료에 상당하는 보상금을 지불하거나 또는 공탁을 하고 이용하는 것이 가능하다. 현재, 이 재정제도는 거의 이용되고 있지 않으나, 정보화시대에는 콘텐츠의 부족이 예상되어 저작물의 이용을 촉진할 필요가 있고 제도적으로도 또는 운영상으로도 이용하기 쉽게 바뀔 필요가 있을 것이다.

재정제도로는 이하의 경우가 있다.

(1) 저작권자불명 등의 경우(67조)

공표 또는 공중에 제공・제시되고 있는 저작물은 저작권자 불명 등의 이유에 의하여 상당한 노력을 하더라도 그 저작권자와 연락할 수 없을 때에는 문화청장관의 재정을 받아 통상의 사용료에 상당하다고 문화청장관이 정한 보상금을 저작권자를 위해 공탁하고 그 재정에 관한 이용방법에 의해 이용할 수 있다. 문화청장관은 보상금액을 정하는 경우에는 문화심의회에 자문하지 않으면 안 된다(71조). 문화청장관의 재정은 저작권자의 허락의 의사표시를 대신하는 것이다. 저작권자의 국내 주소・거소가 있는 경우는 그와 가장 가까운 공탁소, 그 외의 경우에는 공탁자와 가장 가까운 공탁소에 공탁한다.

저작물은 이용됨으로써 사회에 이바지하는 것이므로, 권리자 불명 등의 이유로 저작물이 사장되는 것을 방지하고 동시에 보상금을 공탁함으로써 권리자의 이익도 지킬 수 있다. 단지 저작자의 공표권을 박탈하는 것은 타당하지 않으므로 재정의 대상은 공표저작물 또는 상당기간 정도 공중에 제공・제시되어 있다는 사실이 명백한 저작물에 한하고, 또한 「저작자」가 그 이용을 폐절하고자 하는 것이 명백한 때에는 재정할 수 없다(70조4항1호). 이들 사실은 신청자가 소명하여야 한다(저작권법시행령 8조2항2호・3호). 재정에 의한 복제물에는 재정에 관한 복제물이라는 취지와 재정의 연월일을 표시하여야 한다(67조2항).

---

3) 加戶 386면.

저작권자의 탐색에 상당한 노력을 들일 필요가 있고, 신문·잡지 등의 광고 등의 다양한 수단을 다하더라도 연락이 되지 않는 경우가 아니면 안 된다고 하는 견해도 있다.[4] 그러나 신청자에게 그와 같은 무거운 부담을 과하는 것은 많은 돈을 투입해서까지 이용할 가치가 있는 극히 소수의 저작물 외에는 사실상 이 제도를 이용할 수 없고,[5] 결국, 제도를 살릴 수 없게 된다. 광대역(broad band) 시대에서 콘텐츠의 부족이 심각화할 것으로 예측되고 있는 현재 특히 권리자가 다수 존재하는 경우 콘텐츠의 이용에는 이 재정제도가 반드시 필요하고, 최근 이 재정제도의 활성화를 위한 노력도 이루어지고 있다.[6] 대부분의 권리자에 있어서는 저작물이 사장되는 것보다는 권리자에게 사용료 상당액이 지불되는 것을 조건으로 이용되기를 희망하는 경우가 많을 것이기 때문에 보다 한층 더 간이화·저렴화(安價化)를 도모하여야 한다.

그 경우의 재정에 관한 절차와 기준(70조, 저작권시행령8조), 보상금에 관한 사항(71조 내지 74조, 저작권시행령11조)이 규정되어 있다.

(2) 저작물의 방송(68조)

공표된 저작물을 방송함에 있어 방송사업자는 저작권자와 협의하고 협의가 불성립한 경우 또는 협의할 수 없는 경우에는 문화청장관의 재정을 받고, 통상의 사용료 상당액으로서 문화청장관이 정한 금액을 저작권자에게 지불하여 방송하는 것이 가능하다(68조1항). 「저작자」가 그 이용을 폐절하고자 하는 것이 명백한 때(70조4항1호), 또는 「저작권자」가 방송의 허락을 할 수 없는데 관하여 어쩔 수 없는 사정이 있는 때에는 재정할 수 없다(70조4항2호). 대상은 「공표된 저작물」이고, 그 저작물을 번안하여 방송하는 것은 포함되지 않는다.

그 재정에 의해 방송되는 저작물은 유선방송·자동공중송신,[7] 또는 공공에 전

---

4) 加戸 401면.

5) 현재까지의 이용실적은 약 30건이고, 그 중 20건이 출판 사례이다. 최근에는 국립국회도서관이 명치시대부터 소화 초기에 걸친 소장자료의 데이터베이스화를 적극적으로 실시하고 있기 때문에 그와 관련된 신청이 증가하고 있다(국립국회도서관계 5건). 文化審議會著作權分科會報告書(2006(平成18)년 1월) 참조.

6) 문화청의 홈페이지(www.bunka.go.jp/1tyosaku/c-1/index.html)에서 「저작물이용의 재정신청의 안내(著作物利用の裁定申請の手引き」를 공표하고 있는데, 거기서는 신문광고까지는 요구하고 있지 않으며, 자기의 홈페이지에 광고게재하고, 그것을 (社)著作權情報センター(CRIC)에 링크를 거는 방법을 게시하고 있다.

7) 여기서 말하는 자동공중송신이란, 68조2항의 한정으로부터 구체적으로는 일정하게 한정된 IP멀티캐스트 방송을 가리킨다.

달할 수 있으나, 38조2항3항(영리를 목적으로 하지 않는 상연 등)의 적용이 있는 경우를 제외하고 유선방송・자동공중송신・공중전달하는 자는 통상의 사용료 상당액을 지불하여야 한다(68조2항). 그 경우의 재정에 관한 절차와 기준(70조, 저작권시행령9조), 보상금에 관한 사항(71조 내지 74조, 저작권시행령11조)이 규정되어 있다.

이 규정은 1931(昭和6)년의 저작권법 개정에서 만들어지고(구법 22조의5) 방송의 공공성에서 유래하는 규정이나, 아직 이용된 예는 없다. 입법 당시에는 전파의 희소성 때문에 방송의 공공성이라는 관점에서 방송사업자에게 특권적 지위를 부여한 것이나,[8] 광대역(broadband) 시대가 되어 방송사업자도 증가하고 전파의 공공성의 의미도 바뀌고 있다. 장래에는 이러한 규정의 존속이 타당한가라는 점에 관하여 재정제도 일반의 문제로서 검토를 요할 것이다.

(3) 상업용 레코드로의 녹음 등(69조)

최초 국내에서 판매되고 또 판매된 날로부터 3년 이상 경과한 상업용 레코드에 관하여는 당해 상업용 레코드에 저작권자의 허락을 얻어 녹음되어 있는 「음악저작물」을 녹음하여 다른 상업용 레코드를 제작 사용하려고 하는 자는, 저작권자와 협의하고 협의가 불성립한 경우 또는 협의할 수 없는 경우에는 문화청장관의 재정을 받고, 통상의 사용료 상당액으로서 문화청장관이 정한 금액을 저작권자에게 지불하여, 당해 녹음・공중에의 양도 또는 제공을 할 수 있다(69조1항). 저작자가 그 이용을 그만두려고 하는 것이 명백한 때에는 재정할 수 없다(70조4항1호).

이 규정은 작곡가・작사가가 특정의 레코드회사와 전속계약을 하는 것이 통상이었던 시대의 입법이고, 독점적 녹음권의 폐해제거를 위해 만들어진 것이라고 말해지고 있다.[9] 작곡가・작사가의 전속성이 대부분 소멸한 현재에는 존재의미가 적다.

그 경우의 재정에 관한 절차와 기준(70조, 저작권시행령10조), 보상금에 관한 사항(71조 내지 74조, 저작권시행령 11조)이 규정되어 있다.

(4) 번역권 7년 강제허락제도

1952(昭和27)년에 성립(1956(昭和31)년에 비준)된 세계저작권조약5조2항에 기초

8) 방송개시는 1925(大正14)년이고, 1931(昭和6)년 당시의 방송국은 일본방송협회뿐이며, 방송의 공공성은 지금과는 비교가 되지 않을 정도로 높았다고 생각된다.

9) 加戸 406면, 作花・詳解 407면.

하여, 일본에서는 번역권의 보호의 예외로서 「세계저작권조약의 실시에 따른 저작권법의 특례에 관한 법률」이 제정되었다. 위 5조에 의하면 문서가 최초로 발생된 다음해부터 7년이 경과할 때까지는 권리자의 허락을 얻어 일본어로 번역물이 발행되지 않거나 또는 절판되어 있는 경우에는 일정 조건 아래 문화청장관의 허가를 받아 번역물을 발행할 수 있다(번역권 7년 강제허락제도). 이 강제허락제도는 일본이 세계저작권조약상 번역권보호의 의무를 부담하고 있는 저작물에 관하여서만 적용되고, 베른협약으로 체결되어 있는 국가 사이에서는 적용이 없기 때문에 현재는 거의 이용되는 경우가 없다.[10)]

3. 출판권(79조 이하)

(1) 출판권의 내용(80조)

저작권의 이용허락 일반에 관해서는 채권적 이용권만이 규정되어 있고(63조), 대항요건으로서의 등록제도도 없다. 단지 출판에 관해서는 저작물이용의 전형적인 형태이기 때문에 특별히 물권적 이용권(일종의 용익권)을 정하고 있다. 구체적으로는 복제권자(저작권자의 경우가 많다)는 그 저작물을 문서 또는 도화로써 출판하는 것을 인수하는 자에 대하여 출판권을 설정하는 것이 가능하고(79조1항), 출판권자는 설정행위에서 정한 대로 반포 목적으로 저작물을 원작품 그대로 인쇄 등에 의해 복제하는 권리를 독점한다(80조1항). 출판권자는 침해자에 대하여 자기 이름으로 금지 및 손해배상청구 소송을 제기할 수 있고(112조, 114조), 일정한 조건 아래 수입금지권(113조1항1호)와 반포금지권(113조1항2호)을 가진다.

출판권의 내용은 「문서 또는 도화」로서 복제하는 것으로 규정되어 있기 때문에(80조1항), 서적 · 화집 등 시각적으로 지각 가능한 이용형태로 한정된 것으로 해석하는 것이 입법 당시의 생각으로,[11)] 그에 따르면 CD-ROM 등의 전자출판은 출판권에 포함되지 않게 된다. 그러나 현재에는 그와 같은 해석은 시대착오적이고, 본래라면 법개정으로 대처해야 할지도 모르지만, 해석상으로도 이를 포함하는 것이 가능할 것이다.[12)] 오늘날에는 전자출판과 종이에 의한 출판을 구별할 합

10) 제도가 성립한 1956(昭和31)년 이래 현재까지, 1966(昭和41)년에 1건의 이용이 있었을 뿐이고, 그것도 미국이 베른협약에 가입하기 전의 미국 저작물에 관한 사건이다. 현재의 일본 미국간에는 베른협약이 적용되기 때문에 번역권 7년 강제허락제도는 문제가 되지 않는다.

11) 加戸 442면, 作花 · 詳解 432면, 三山 280면. 渋谷 394면은, 복제방법은 기계적 또는 화학적 방법에 한정되나, 규정이 오래되었고, 전자출판도 포함된다고 서술하고 있으나, 애초에 기계적 또는 화학적 방법에 한정된다고 하는 조문상의 근거가 없다.

리적인 이유는 없다.[13]

출판권은 반포목적에서 복제하는 권리이므로 자기사용목적의 복제는 출판권의 대상이 되지 않고, 또 출판권의 효력은 제3자에 의한 반포목적이 없는 복제(예컨대 제3자에 의한 자기사용목적의 복제)에는 미치지 않는다.[14] 또한, 출판권은 「원작 그대로」 복제하는 권리이기 때문에(80조1항), 예컨대 소설의 출판권 내용으로 영화화를 포함한다거나 2차적 저작물에 관해 출판권을 설정하는 것은 가능하지 않다. 물론 복제권자에게 영화화의 권원이 있으면 출판권과는 별도 계약에서 영화화를 정하는 것은 가능하다.

출판권은 스스로 출판하는 것을 전제로 하는 제도로, 출판권자는 타인에게 복제를 허락할 수 없다(서브라이선스의 금지, 80조3항). 복제권자가 출판권을 설정한 경우에는 일부 예외를 제외하고(80조2항), 복제권자는 출판권의 범위 내에서 저작물의 이용을 할 수 없게 되나, 계약으로 복제권자에게 복제의 권리를 유보하는 것은 계약자유의 범위 내이고, 이를 금지하여야 할 이유는 없다. 제3자가 출판권의 범위 내의 복제를 희망하는 때에는 출판권자와 복제권자 쌍방으로부터 허락을 얻으면 가능하다.[15] 이러한 의미에서 출판권의 설정은 복제권의 기한부 양도와는 다르다.[16]

또한, 전용실시권 설정 후의 특허권자와 같이,[17] 출판권 설정 후의 복제권자는 침해에 대하여는 금지청구를 할 수 있다고 해석하여야 한다.[18] 복제권자는 출판

---

12) 田村 489면. 다만, 복제물이 수반되지 않는 온라인에서의 전자출판에 관하여는 문제가 남고, 최종적으로는 입법적 해결을 하여야 할 것이다.

13) 특허법 29조1항3호(신규성 규정)에 있어서 「간행물」의 개념을 둘러싼 해석에 있어서도 비슷한 문제가 있고, 판례·학설은 「간행물」의 범위를 넓게 파악하고 있다(中山 124면 참조). 요는, 디지털 시대 전 입법된 문언을 디지털 시대에 있어서 어떻게 적용시키는가 하는 문제이다.

14) 田村 490면.

15) 田村 497면. 이에 대하여 三山 284면은 출판권자는 복제할 권리를 「전유(專有)」하고 있는 것으로, 「전유가 일부 무너진다고 해석하는데는 무리가 있다」고 하고, 「법은 출판권을 강력한 권리로서 위치지우고 있으므로」, 「유연성을 결여하고 경직된 것이 되더라도 그것은 법이 당연히 예상하고 있는 바」이며, 이러한 경우는 출판권설정계약은 합의해제가 되고 동시에 제2차출판자와의 사이에 새로운 출판권설정계약이 성립한다고 기술하고 있다. 그러나 출판권도 순수한 사권이고 당사자의 의사에 반하면서까지 이러한 무리한 이론구성을 할 필요는 없을 것이다. 또한, 이러한 경우에 복제권자와 출판권자가 침해의 책임을 묻지 않는 것으로 양해를 부여하고 그 대상(代償)으로서 허락료 상당액을 받는다고 구성하는 설(說)도 있으나(加戸 451면), 저작권의 본질이 배타권이고, 이와 같은 권리불행사계약은 허락계약 그 자체이다.

16) 이에 대하여 三山 268면은 「설정출판권은 일종의 복제권의 기한부 양도이다」라고 기술하고 있다.

17) 最判平17·6·17 判時1900호139면(生体高分子リガドン探索方法事件).

18) 田村 494면.

권설정 후에도 누가 출판하는가 하는 점에 이해관계를 가지며, 또 출판권자에게는 서브라이선스를 할 권원이 없으므로(80조3항), 금지하더라도 출판권자의 이익을 해하는 것도 아니며 침해자로서도 불측의 위험성은 없다.

복제권을 목적으로 하는 질권이 설정되어 있는 때에는 질권자의 승낙을 얻은 경우에 만 출판권의 설정이 가능하다(79조2항).

출판권은 복제권에 관하여 설정되는 것이고, 복제에 관한 저작권법상의 제한규정이 준용되고 있다(86조1항). 출판권자는 복제권자가 본래 가지고 있는 권리 이상의 것을 갖는 것은 있을 수 없기 때문이다. 출판권의 제한규정의 적용을 받아 작성된 복제물을 그 목적 외의 목적으로 반포하고 공중에 제시한 자는 출판권의 내용인 복제를 한 것으로 간주된다(86조2항).

출판권은 복제권자의 승낙을 얻은 경우에 한하여 양도하거나 또는 질권의 목적으로 할 수 있다(87조). 이것은 누가 출판을 하는가 하는 점에 관하여 복제권자는 중대한 관심이 있기 때문이다. 이와 관련하여 일반승계의 경우에는 이러한 제한이 없다.

출판권의 설정, 이전, 변경, 소멸, 처분의 제한, 출판권을 목적으로 하는 질권 설정, 이전, 변경, 소멸, 처분의 제한에 관하여는 등록이 효력발생요건이 아니고 제3자 대항요건이다(88조1항). 따라서 무등록 출판권은 독점적인 출판허락과 같은 것이 된다.[19] 특허권의 등록 없는 전용실시권이 독점적 통상실시권으로 해석되는 것과 같다.

출판권은 분할설정할 수 없다고 하는 설[20]도 있으나, 일본문예가협회의 출판계약서 양식에는 분할가능하다고 하고 있다. 설사 출판권의 분할설정에 폐해가 있더라도 그것은 저작권의 분할과 마찬가지여서 저작권의 분할을 인정하는 이상 양자를 구별할 이유는 없다.

출판권과 양도권은 별개이고 이론적으로는 출판권자와 별도의 양도권 허락을 받을 필요가 있다.[21] 그러나 출판하지만 양도는 하지 않는다는 계약은 통상은 있을 수 없고,[22] 가사 양도권허락을 명시한 계약이 없어도 묵시의 허락이 있었다고

19) 田村 492면.

20) 三山 281면.

21) 출판권의 내용에 대하여, 구법에서는 「복제하고 이를 발매반포할 권리를 전유한다」(28조의2)로 규정되어 있었는데, 현행법에서는 「반포의 목적으로……복제할 권리를 전유한다」라고 규정되어 있어, 현행법에서는 발매 반포할 권리가 삭제되어 있으나, 이러한 입법은 양도권 도입 전의 규정이다.

22) 복제권의 허락의 경우에는 양도하지 않을 수도 있으나(예컨대 프로그램의 자사 내에서의 사용

인정될 것이다.[23)]

저작권자가 사망하여 상속인이 부존재하는 경우의 출판권의 취급에 관하여는, **「제5장 저작권의 발생 · 소멸과 보호기간 제2절 보호기간 2. 보호의 종기 (2) 상속인의 부존재」** 참조.

이와 관련하여 복제권의 허락에 관하여는 출판권 이외에 저작권 일반의 이용허락과 마찬가지로 출판의 허락을 하는 것이 가능하다. 이 허락에 관하여는 대항요건으로서의 등록도 할 수 없으나, 그 내용에 관하여는 출판권과 같은 제약은 없고, 계약에서 자유롭게 정하는 것이 가능하다. 잡지게재 등에 관해서는 출판권 설정은 아니고 단순한 출판허락의 경우가 많다.

(2) 출판권자의 의무 · 제한(81조)

출판권은 단순한 용익물권적인 것이 아니고 출판한다고 하는 것을 전제로 한 제도이므로, 설정행위에 별도의 정함이 없는 한, 출판권자는 원고 등을 인도받은 때부터 6월 이내에 출판하고 또 관행에 따라 계속적으로 출판할 의무를 부담한다(81조). 전자의 출판의무위반(81조1호)이 있었던 경우에는 복제권자는 출판권을 소멸시킬 수 있고(84조1항), 후자의 계속출판의무위반(81조2호)이 있었던 경우에는 이행을 재촉한 뒤에 출판권을 소멸시킬 수 있다(84조2항).

출판권이 존재하고 있더라도, 전집 그 밖의 편집물(그 저작자의 저작물만을 편집한 것에 한한다)에의 수록에 관하여는 일정하고 엄격한 조건 아래에서 복권권자가 권리를 행사할 수 있다(80조2항). 이것은 출판권을 설정하였다고 하여도 저작자 사망에 의해 또는 출판권설정 후에 일정기간이 경과함으로써 그 저작자의 작품을 전집 등에 수록할 필요성이 높기 때문이다. 반대로 말하면, 이 정도의 유보를 인정하지 않으면 출판권을 설정하려고 하는 인센티브가 없어진다고 할지도 모른다.

(3) 출판권의 존속기간(83조)

출판권의 존속기간은 설정행위에서 자유롭게 정할 수 있다(83조1항). 설정행위

을 위한 복제), 출판권은 「출판하는 것을 인수하는 자에 대하여」(79조1항) 설정하는 것으로, 출판권과 양도권을 분리하여 출판권만을 허락하는 것은 있을 수 없다.

23) 田村 500면은, 복제권과 양도권을 별개의 것으로 분리귀속시키는 것은 인정하지 않기 때문에, 출판권의 허락은 양도권도 허락받은 것이 된다고 하고 있다.

에 기간의 정함이 없는 때에는 설정 후 최초의 출판이 있었던 날로부터 3년에 소멸한다(83조2항). 출판권 설정 후의 복제권자에게는 출판할 권원이 없으므로 출판권자가 장기간 출판하지 않으면 결국 그 저작물은 출판되지 않는다고 하는 상황이 되어 바람직하지 않기 때문이다. 특허권은 경제재이므로 당사자의 의사를 존중해 전용실시권의 존속기간에 관해 개입하지 않으나, 저작권의 문화적 성격으로부터 그 이용을 고려하여 출판권에 관하여 이와 같은 규정이 만들어진 것으로 생각된다.

무기한의 출판권 설정은 복제권의 양도와 같은 결과가 되기 때문에 인정되지 않고, 그와 같은 기간을 정함이 없는 때에는 기간의 정함이 없는 것으로서 결국 기한 3년의 출판권으로 취급된다고 하는 견해도 있다.[24] 그렇지만, 무제한의 출판권설정과 복제권의 양도는 법적 효과에 차이가 있고, 당사자의 의사를 무시하면서까지도 출판할 수 있는 기간을 3년으로 단축할 이유는 없다.[25] 저작권법에 의한 경제활동에의 간섭은 필요 최저한으로 한정되어야 하고, 가능한 한 당사자의 의사를 존중하여야 하며, 무기한의 출판권설정계약도 인정되어야 할 것이다. 또한, 무기한의 출판 허락계약이 인정되는데 대해 무기한의 출판권을 설정하면 3년으로 단축되고 말기 때문에 앞뒤가 맞지 않는다. 이와 관련하여 무기한이라고 하더라도 저작권 자체가 유한의 것이기 때문에 저작권의 소멸과 함께 출판권도 소멸하는 것은 말할 것도 없다.

(4) 수정증감 · 절판청구권(82조, 84조)

출판권자가 그 저작물을 다시 복제(증쇄)하는 경우에는 저작자는 정당한 범위 내에서 수정 또는 증감을 추가할 수 있다(82조). 상세는 **「제6장 저작인격권 제5절 그밖의 저작인격권 2. 수정 · 증감권」** 참조.

「복제권자인 저작자」는 그 저작물의 내용이 자기의 확신에 적합하지 않게 된 때에는 출판권자에게 통상 발생하여야 할 손해를 미리 배상할 것을 조건으로 출판권을 일방적으로 소멸시킬 수 있다(84조3항). 상세는 **「제6장 저작인격권 제5절 그밖의 저작인격권 3. 출판권소멸청구권(절판청구권, 철회권)」** 참조.

---

24) 加戸 458면은, 83조 2항의 규정은 무기한의 출판권을 인정하지 않는 취지라고 하고 있다. 이에 대하여 作花 · 詳解 434면은, 설사 加戸설과 같은 취지라면, 조문상 명기하여야 한다고 하고 있다.

25) 田村 496면 주1).

제 5 절 강제집행

저작권은 재산권이고, 그 관점에서는 강제집행이 가능할 것이나, 저작권의 특수성에서 「발명 또는 저작에 관한 물로서, 아직 공표되지 않은 것」은 압류금지동산으로 되어 있다(민사집행법131조12호).[1] 이 규정은 동산의 압류에 관한 규정이므로 저작에 관한 미공표의 「물」(원고나 필름 등)이 압류금지로 되어 있고, 미공표의 「저작물」 그 자체에 관하여는 직접적으로 규정되어 있지 않다. 형식적으로는 미공표의 저작물은 그 밖의 재산으로서 채권집행의 예에 의하는 것이 된다(민사집행법 167조 1항). 그러나 구 저작권법 17조의 「아직 발행 또는 흥업(興業)하지 않은 저작물의 원본 및 그 저작권」은 압류금지물로 한다는 규정이 삭제되어 약간의 의문도 있으나, 미공표의 저작물의 저작자에게는 공표권이 있으므로 그 취지로부터 압류금지로 해석하여야 할 것이다.[2]

공유저작물에 대한 강제집행에 관하여는 **「제2장 저작권의 주체 제3절 저작권의 공유」** 참조. 또한, 집행보전을 위한 가압류, 가처분에 관하여는 등록이 대항요건으로 되어 있다(77조2호).

저작인격권은 재산권이 아니므로 강제집행의 대상일 수 없다.

---

1) 국세징수법 75조1항11호에, 일반의 압류금지재산으로서 같은 규정이 있으나, 이는 「발명 또는 저작물에 관한 『것』이고, 또 공표하고 있지 않은 것」으로 규정되어 있고, 동산(動産)에 한정하지 않는 문투로 되어 있어, 저작물 그 자체도 압류금지재산으로 될 수 있다.

2) 加戸 161면은, 민사집행법과 국세징수법 규정이 있고, 게다가 공표권의 규정을 신설하였으므로, 중첩적으로 저작권법에서 규정하는 것을 피하였다고 기술하고 있다. 著作権法令研究会 3115의 8면.

제 5 장 저작권의 발생 · 소멸과 보호기간

제 1 절 보호기간의 사고방식

저작권 · 저작인격권의 향유에는 어떠한 방식의 이행도 요하는 것은 아니고(17조2항, 베른협약 5조(2)), 그 보호기간(존속기간)은 창작한 때에 개시되고, 원칙적으로 창작자의 사후 50년에 소멸한다(51조).[1] 「물」의 소유권은 물이 멸실하지 않는 한 영구히 존속하는 것에 대하여, 저작권이나 특허권 등의 지적재산권은 존속기간이 유한으로 되어 있다.[2] 사람의 창작활동은 선인의 업적 위에서 이루어지는 것이므로 그 성과의 전부를 영구히 자신의 것으로 하는 것은 타당하지 않다. 게다가 저작물은 널리 이용되는 것이 문화의 발전에 기여하는 것이고, 그러기 위해서는 창작에 대한 인센티브를 부여하기에 충분한 기간인 독점기간이 경과한 후에는 공공의 재산, 퍼블릭도메인으로 하는 것이 법의 목적에 합치하기 때문에 존속기간을 설정하는 것이 필요하게 된다.

또 저작권은 타인의 행위를 금지하는 것이기 때문에 타인의 표현의 자유를 방해한다고 하는 부작용도 있어, 저작권과 표현의 자유는 항상 긴장관계에 있다.[3] 일본에서는 자칫 이 긴장관계로부터 눈을 돌려 권리자의 주장만이 중시되는 경향이 있었으나, 저작권법은 일정기간의 독점적 이용을 인정하고 그 후에는 퍼블릭도메인으로 함으로써 창작자의 이익과 사회 일반의 이익의 균형을 유지하고 있다고 하는 점을 잊어서는 안 된다. 저작권이 타인의 표현을 제한하는 요소를

---

1) 베른협약브뤼셀개정(1948년)에서 보호기간은 사후 50년을 최소한의 의무로 하였고(베른협약 7조(1)(6)), 이것을 비준하기 위해 1970(昭和45)년의 개정에서 사후 50년으로 하였다. 종래에는 사후 30년이었으나, 조약비준을 위한 법개정이 논의되어 왔기 때문에 그간 조금씩 기간연장이 되어 현행법 직전에는 사후 38년으로 되어 있었다.

2) 지적재산권으로 불리는 것 중 창작법(創作法)에 속하는 것의 존속기간은 유한으로 되어 있다. 이에 대하여 상표권과 같이 표지에 관한 권리는 영업이 존속하여 이용되는 한 소멸시키는 것은 타당하지 않으나, 정책상 일응의 기한을 구분하여, 필요한 자에게 갱신을 시킨다고 하는 제도를 채용하고 있다.

3) 상세는, 横山久芳「著作権の保護期間延長法と表現の自由に関する一考察 － アメリカのCTEA憲法訴訟を素材として －」学習院大学法学会雑誌39권2호19면(2004).

포함하고 있으면서도 정당화되는 것은 저작권의 제한규정의 존재, 사상표현이분론에 의한 아이디어의 자유, 그에 대한 보호기간의 유한성을 것을 들 수 있고, 그와 같은 의미에서 보호기간이라는 것은 중요한 의미를 가지고 있다.

기존의 정보는 자유롭게 이용시키는 것이 사회 후생의 최대화에 연결된다는 것은 명백하고, 그 관점만을 중시하면 정보에 독점권을 인정하는 것은 타당하지 않게 되나, 모든 정보를 퍼블릭도메인으로 하는 것은 내일의 정보의 창작의욕을 감퇴시킨다. 그것 때문에 저작권법에서는 일정 기한을 구분지어 정보의 독점적 이용권을 인정하고 있다. 그러한 의미에서 독점은 창작에 대한 인센티브를 부여하는데 족한 필요 충분한 기간을 인정하여야 하고, 그 이상의 기간은 오히려 사회후생에 대해 마이너스 요인이 된다. 다만, 구체적인 최적의 보호기간 산정은 불가능하며, 현실 문제로써 현재의 제도를 기본축으로 하여 그것을 바꾸어야 하는 것인지, 바꾼다고 하면 어떻게 바꾸어야 하는가 하는 논의가 될 수밖에 없다.[4]

현재, 저작권의 기간연장논의가 한창이고, 현재 미국에서는 1998년에 저작권보호기간연장법(Sonny Bono Copyright Term Extension Act, CTEA, 흔히 미키마우스법으로도 불리고 있다)에 의하여 보호기간은 일률적으로 20년 연장되어 저작자의 사후 70년, 직무저작에 관하여는 공표 후 95년 또는 창작 후 120년 중 빠른 것으로 되었다.[5] 세계적인 저작권제도의 조화를 꾀한다고 하는 관점에서는 보호기간이 짧은 국가에 맞추는 것은 사실상 곤란하고, 또 기득권을 박탈하는 입법은 정치적으로도 곤란을 수반하므로 기간을 단축하자는 주장은 소수파인데다, 베른협약상의 제한도 있으므로 실제로 문제되는 것은 기간연장뿐일 것이다. 그러나 사후 50년 이상이나 경제적 가치를 유지하고 있는 저작물은 극히 소수이고, 더구나 사후 50년이나 경제적 가치를 유지할 것같은 저작물은 이미 충분한 이익을 얻고 있는 극히 일부의 저작물(예컨대 미키마우스의 그림)로 생각되므로, 그들에게 한층 더 이익을 부여할 필요성은 없을 것이다. 또 현재 사후 50년이나 보호되고 있는 바, 그것을 연장함으로써 그만큼 저작자의 창작의욕이 증가한다고도 생각되지 않는다. 만일 메이지(明治)시대에 보호기간(당시는 사후 30년)이 더 길었다면 소오세키(漱

4) 보호기간의 사고방식에 관하여는, 斉藤博「著作物の保護期間に關する考察」L&T 35호4면(2007) 참조.

5) 横山久芳「ミッキ―マウス訴訟がもたりしたもの-著作権保護期間延長立法の合憲性」ジュリスト 1244호269면(2003), 横山・앞의 주3), 山口いつ子「表現の自由と著作權法」中山信弘還曆記念『知的財産法の理論と現代的課題』(弘文堂, 2005) 365면.

石)나 오가이(鴎外)의 창작의욕이 보다 더 증대되어 후세에 더 많은 작품을 남겼을까? 창작자가 손자나 증손이 받을 이익을 고려하여 창작활동을 한다고는 도저히 생각할 수 없다. 또 종래의 기간연장개정은 시행일에 존속하고 있는 저작물은 연장의 수혜를 입고 있으나, 이론적으로 말하면 과거의 창작물의 보호기간을 연장하더라도 인센티브에 어떠한 기여를 하지는 않으며 앞으로 창작될 것에 관해서만 인센티브를 부여하면 충분할 것이다.[6)]

또한, 일본은 구미(歐美)와 비교하여 보호기간이 짧고 상호주의에 의해 일본의 영화는 외국에서 짧은 보호기간밖에 부여되지 않아, 일본의 국익에 반한다고 하는 견해도 있다. 그러나 ≪순경제적≫으로 생각하면 일본은 압도적으로 저작물의 수입초과이므로 일본에 있어 현행제도는 ≪경제적으로는≫ 유리한 입장에 있다고 할 수 있다. 광대역(broadband) 시대를 맞이하여, 저작물 특히 영상저작물은 중요한 콘텐츠이고, 보호기간의 연장은 일본에서 자유롭게 이용할 수 있어야 할 콘텐츠를 ≪함부로≫ 포기하는 것을 의미하여, ≪산업정책적 관점에서만≫ 보면 기간연장은 국익에 반한다고 평가할 수 있을 것이다. 물론 입법은 산업정책적 관점에서만 되는 것은 아니고 정의 · 공평이라는 관점에서도 중요하지만, 지금이야말로 대단히 중요한 재화가 된 콘텐츠에 관하여는 국익이라는 관점이 중시되어야 하는 것인데, 종래의 논의에는 저작권의 경제재로서의 관점이 약했다고 하지 않을 수 없다.

저작물의 태반은 사후(死後) 50년을 경과, 경제적 가치를 잃어 가사 보호기간을 연장하더라도 대부분은 저작물이 경제적 이익을 잉태할 일이 없을 뿐만 아니라, 그것은 타인의 이용을 금지한다고 하는 적극적인 마이너스 효과도 유발한다.[7)] 개개의 저명한 저작물의 저작권자가 이익을 얻는지 여부는 별개로 하고, 사회 전체적으로 관찰한 경우, 장기간의 보호가 창작에 대한 인센티브를 부여하여

6) 일본의 기간연장론 근거의 다수는 기간의 문제는 돈의 문제가 아니라 창작자에의 존경심, 작품에 대한 배려 등의 정서적(情緒的)인 것이다. 그러나 저작권의 존속기간의 문제는 오로지 저작재산권의 문제이고, 기간을 연장함으로써 재산이 어떻게 움직이고, 그것이 저작권법의 목적에 비추어 어떤 효과를 가져올까 하는 검토만으로 충분할 것이다. 일본의 저작권법 관계자 대부분은 저작재산권과 저작인격권을 구별하고 있지 않아, 그것이 논의의 혼란에 박차를 가하고 있다.

7) 일본에도 미국에도 저작권이 다한 소설 등을 인터넷상에 공개하고 있는 자원봉사 단체가 있는데, 보호기간이 연장되면 그 활동이 크게 저해된다. 그곳에서 공개되고 있는 많은 것이 상업출판되지 않는다는 점에서, 이러한 자원봉사활동이 이루어지지 않으면 일반 대중이 기간경과 후의 저작물에 접할 기회가 감소하여, 많은 사람들에 의해 읽혀지지 않을 것이다. 또 미국의 CETA 위헌소송의 원고도 이와 같은 자원봉사자이다.

정보의 풍부화에 이바지한다고 하는 검증조차 되어 있지 않다.

특히 디지털 시대가 되어 저작물의 창작과정에 변화가 나타나기 시작하고 있다. 일부 천재에 의한 독창적인 창작행위도 변함없이 중요하지만, 다른 한편 모든 분야에서 대중화는 피할 수 없는 현상으로, 보호기간이 만료한 기존의 저작물을 개변하거나 또는 수중에 넣어 새로운 저작물을 창작하는 소위 『번안문화』라고라도 불러야 할 현상이 나타나고 있다.[8] 요컨대 정보의 발신자와 수신자의 명확한 구별이 어려운 시대가 되고 있고 서로 이용함으로써 발전한다고 하는 상황이 생겨나고 있다.

또 저작물의 범위가 소설·음악·회화 등 고전적인 것에서 컴퓨터·프로그램과 같은 경제재로서의 성격이 강한 것에까지 넓어지고 있다는 점도 보호기간의 논의에 있어서 잊어서는 안 된다. 경제재로서의 성격이 강한 것은 특허권과 유사한 성격도 함께 가지고 있어 경제재로서 합리적인 기간이 있을 것인데, 특허권의 보호기간은 출원 후 20년이다. 그와 같은 점을 종합적으로 판단하면 사후 50년이라는 긴 보호기간이 정말로 필요한가 하는 점에 관하여는 근본적인 논의도 필요할 것이다.[9]

참고로, 이상의 설명은 저작재산권에만 해당하고 저작인격권은 별론으로 하며, 저작자의 사후 저작인격권에 관해서는 「**제6장 저작인격권 제7절 저작자 사망 후의 인격적 이익의 보호**」 참조.

제 2 절 보호기간(51조 이하)

1. 보호기간의 산정

저작권의 보호기간(존속기간)은 창작한 때에 시작하여(51조1항), 원칙적으로 창작자의 사후 50년이 경과할 때까지 존속한다(51조2항). 공동 저작물에 대해서는 공동저작자 중 최종 사망한 저작자의 사후 50년에 소멸한다(51조2항 괄호). 「**제2장 저작권의 주체 제2절 저작자=창작자 2. 공동저작자**」 참조.

8) 中山・マルチメディア 149면의 「飜案文化と著作權」 참조.

9) 베른협약의 규정에서 기간단축 입법이 무리한 것을 인식한 다음, 田村 270면은 사후 10년 정도가 온당한 선일 것이라고 기술하고 있고, 橫山・앞의 주3)도 사후 10년 정도가 가장 좋은 것이 아닌가 생각된다고 기술하고 있다.

그 종기(終期)의 산정에는 역년(歷年)주의가 채용되어 있고, 창작자가 사망한 날이 속하는 년의 이듬해 1월 1일부터 계산되며, 공표 · 창작을 기준으로 하는 경우에도 같고, 그 다음해의 1월 1일부터 계산된다(57조, 민법143조).[1] 이것은 창작자의 사망일이나 공표일 · 창작일을 확인하는 것이 곤란한 경우도 많기 때문에 만들어진 간편한 계산방법이지만, 사망이나 공표일 · 창작일이 12월 말일인가 1월 초인가에 의해 존속기간에 1년간의 차이가 있다.

보호기간의 계산은 저작자가 사망한 다음해부터 기산하는 것이 원칙이지만, 사망시 기산주의를 취하는 것이 불가능 또는 부적당한 경우에는 공표시로부터 기산하고, 그 후 50년 경과할 때까지 존속한다.[2] 그 기간 계산은 사후의 계산과 같고, 공표된 날이 속하는 해의 다음해 1월 1일부터 기산된다(57조). 이하에서는, 사망 · 공표 · 창작 후라는 것은 그 다음해의 1월 1일부터 기산한다는 의미로 사용한다.

2. 보호의 종기

(1) 권리 보호기간의 만료

저작권은 보호기간의 만료로 소멸한다(51조). 보호기간은 저작자의 사후 50년, 특별히 정함이 있는 경우에는 공표 후 50년에 만료한다(상세는 후술).

(2) 상속인의 부존재(62조)

상속인이 부존재하는 경우의 상속재산은 국고에 귀속되는 것이 원칙이다(민법959조). 그러나 저작권에 관하여는 국가에 귀속시키는 것보다도 권리를 소멸시켜 만인에게 개방하는 방법이 문화발전에 이바지한다는 판단에서 저작권자가 사망하여 민법959조의 규정에 의해 국고에 귀속하게 될 때에는 권리를 소멸시켜 만인이 이용할 수 있게 하였다(62조1항1호). 당연한 얘기지만, 기간의 만료에 의해 모든 지분권도 소멸한다.[3] 이와 관련하여 62조와 유사한 규정은 특허법에도 존재하나, 약간 다른 문투로 되어 있다(특허법76조).[4]

---

1) 베른협약7조(5)에서는 사망한 해 또는 다음해의 1월 1일부터 계산된다고 규정되어 있고, 사망 다음해부터 계산하는 국가가 많다.

2) 이러한 경우에 공표시로부터 기산하는 것은 베른협약7조(2)(3)에서도 인정되고 있다.

3) 加戸 376면.

4) 특허법 76조에 따르면, 상속인 수색 공고 기간 내에 권리를 주장하는 자가 없을 때는 소멸하는데 대하여, 저작권에 따르면, 특별 연고자에게 나누어주고 그럼에도 처분되지 않은 저작권에 관하여

저작자와 저작권자가 다른 경우에 저작권자가 사망하고 상속인이 부존재하는 경우, 저작권은 저작자에게 속하는 것은 아니라, 저작권자의 사망에 의해 소멸된다.[5] 저작자가 저작권을 양도한 후 저작권자가 사망하고 상속인이 부존재한다고 하는 우연한 사유에 의해 저작권을 저작자에게 귀속시키는 것은 부자연스러우며, 저작물의 창작에 대한 인센티브 향상에는 도움이 되지 않고, 또 정보의 유통·이용이라는 관점에서는 방해가 될 뿐이다.[6]

저작권자가 사망하고 상속인이 부존재하는 경우, 등록된 출판권(79조)에 관한 규정은 없고 저작권이 소멸하는 이상 그 제한물권적인 존재인 출판권도 소멸한다고 해석하는 것이 자연스러울지도 모른다. 그러나 통상의 재산에 있어서라면 민법959조에 의해 국고에 귀속하고 국가가 권리자가 되는 것이므로 지상권과 같은 제한 물권이 소멸하는 것은 아니다. 그에 비하여 저작권의 경우에는 저작권 자체가 소멸하고 말기 때문에, 그때까지 출판권자로서 독점적 출판권을 가지고 있던 자가 저작권자의 사망이라는 우연의 사유에 의해 그 권리를 잃는 것이 되어 타당하지 않다. 거기서 출판권에 딸린 복제권의 존속을 인정하여야 한다고 하는 견해가 통설이다.[7] 다만 본권이 소멸하였는데 용익물권적 권리만이 존속한다고 하는 이론구성은 어렵다. 만일 출판권이 존속한다고 하는 경우, 출판권자의 81조 이하의 의무는 어떻게 되는지, 인세의 지불의무는 어떻게 되는지, 등등의 문제도 생긴다. 이론구성은 어렵지만 결론적으로 출판권자에 제3자의 무단출판에 대한 금지나 손해배상청구를 할 수 있다고 풀이하는 통설적 견해를 취하는 것 외에는 없다고 생각된다. 결과적으로 출판권자는 저작권자에 대하여 의무를 면하고 그 부분만큼 이익을 얻는 것이 되나, 어쩔 수 없다. 입법적 준비가 필요할 것이다.

(3) 저작권자인 법인의 해산(62조1항2호)

저작권자인 법인이 해산되어 민법72조3항 그 밖의 법률에 의해 국고에 귀속되어야 하는 때에는 저작권은 소멸한다(62조1항2호). 이 취지는 상속인의 부존재의

는 소멸한다. 왜 이러한 구별이 생겼는지 불분명하나, 저작권법의 처분 방법이 타당할 것이다.

5) 반대설로서는 半田 181면(半田설은 독일적인 일원론에 입각하고 있으나 그 전제 자체는 통설이 채용하지 않는 것이다).

6) 저작권자가 상속인 없이 사망하였다는 것은, 저작자 또는 그 상속인이 모르는 경우도 많아 결국 사실상 누가 권리자인가 분명하지 않은 듯한 권리가 증가할 뿐일 것이다. 田村 286면.

7) 加戶 379면, 阿部浩二 「出版契約」(松坂佐一·西村信雄·舟橋諄一·柚木馨·石本雅男還曆記念『契約法大系Ⅵ』97면(有斐閣, 1963), 田村 286면, 半田 215면, 北村 199면.

경우와 동일하다.

(4) 영화저작권의 특례(62조2항)

상속인 부존재는 법인 해산에 의해 영화저작물의 저작권이 소멸한 경우에는 당해 영화의 이용에 관한 한 그 원저작자(원작자 또는 각본가 등)의 저작권도 소멸한다(62조2항에서 54조2항을 준용). 영화와 같은 거액의 투자를 필요로 하는 것에 관하여는 일체적 이용이 필요하기 때문에 만들어진 규정이다.[8] 「**3. 보호기간의 특례 (3)영화저작물 (나)영화에 이용되고 있는 원저작물**」 참조.

(5) 저작권의 포기

저작권법에 규정은 없으나, 저작권은 재산권이므로 포기하는 것은 가능하다.[9] 포기된 동산은 소유의 의사를 가지고 점유한 자가 소유권을 취득하고, 부동산은 국고에 귀속되나(민법239조), 저작권의 포기에 관한 규정이 없기는 하나 상속인 부존재의 경우에 준하여 권리는 소멸하고 만인이 이용가능하게 된다고 해석하여야 할 것이다. 특허권은 이해관계인의 승낙을 얻지 않으면 포기할 수 없으나(특허법 97조), 저작권에 관하여는 그와 같은 규정이 없다. 저작권의 경우 이해관계자로서는 출판권자가 있고, 특허권의 전용실시권자와 유사하여 그 처리가 문제되나, 상속인 부존재의 경우와 같이 취급하여야 할 것이다.[10]

(6) 소멸시효

저작권은 민법167조2항에서 말하는 「채권 또는 소유권 이외의 재산권」이므로, 20년간의 불행사로 소멸하는 것처럼 읽혀진다. 그러나 저작권은 적극적인 독점권을 인정한 것은 아니라 제3자의 침해를 저지한다고 하는 소극적인 권리이고, 그 의미에서 20년간 권리행사를 하지 않는다고 것만으로 시효로 소멸하는 것은 아니다.[11] 이것은 재산으로서의 정보의 특색이다. 다만, 특정 침해행위에 대한 손해

---

8) 加戸 380면.

9) 加戸 377면은 「신문광고 기타에 의해 저작권을 포기한다고 하는 적극적인 의사표시가 있었던 경우에만 포기의 효과가 발생한다」고 기술하고 있으나, 다른 일반적인 재산과 비교하여 저작권만 이와 같은 엄격한 요건을 부과할 이유는 없고, 중요한 것은 포기의 의사가 있었는가 하는 증명의 문제에 불과하다. 현실적인 문제로서도 비용을 걸고 신문광고를 하면서 포기하는 자는 통상 생각되지 않는다.

10) 저작권자의 사망은 저작권자의 의도와 관계없는 사상(事象)이지만, 포기에 대하여는 저작권자가 의도적으로 하는 것이므로, 특허법97조를 준용하는 것으로도 생각할 수 있다.

배상청구권은 불법행위에 의한 손해배상청구권과 같이 취급된다.

(7) 독점금지법 위반

독점금지법에서는 특허권의 취소에 관하여 규정되어 있으나(독점금지법100조), 저작권에 관하여는 규정이 없다. 종래에는 저작권에 관하여 독점에 의한 위험성이 적다고 생각되었기 때문일 것이나,[12] 프로그램 등의 기술적 · 사실적 창작물이 저작권의 범위로 들어옴으로써 특허권 이상으로 강한 독점력을 가진 저작권도 상정되기 때문에 검토를 요한다 할 것이다.[13]

3. 보호기간산정의 특례

(1) 무명 · 가명의 저작물(52조)

무명 · 가명의 저작물의 저작자의 사망일을 확정하는 것은 곤란하므로 저작권은 원칙적으로 공표 후 50년을 경과할 때까지 존속하는 것으로 되어 있다(52조). 이하에 서술하는 사정에 의해 공표 후 50년이라는 계산이 힘든 경우에는 사망시 기산의 원칙으로 돌아간다.

(i) 공표가 사후에 있는 때와 같이, 창작자의 사후 50년이 공표 후 50년보다 짧다고 인정될 때에는 원칙으로 돌아가, 그 저작자의 사후 50년에 보호기간이 만료한다(52조 1항 단서).

(ii) 가명의 저작물의 가명이 그 사람의 것으로 주지(周知)한 것일 때에는 원칙으로 돌아가, 그 저작자의 사후 50년에 보호기간이 만료한다(52조2항1호). 주지(周知)란 예컨대 나츠메 소오세키(夏目漱石)가 나츠메 킨노스케(夏目金之助)의 가명인 것과 같은 경우를 가리킨다.

(iii) 공표 후 50년 이내에 실명등록(75조)이 있었던 때에는 원칙으로 돌아가,

---

11) 東京高判平13 · 9 · 18(미등재)(エスキース事件)에서는, 저작권은 이용도 하지 않고 타인에 대하여 권리행사를 하지 않고 있더라도, 그것으로 소멸시효가 진행된다고 할 것은 아니고, 또 소멸시효와는 관계없이 법정 보호기간의 만료로써 권리가 소멸한다고 설시하고 있다.

12) 今村成和『獨占禁止法(新版)』(有斐閣, 1978) 198면은, 저작권 등의 「특허권 이외의 권리에 관하여는 실질적으로 독점금지법 위반의 문제가 생길 여지는 별로 없다」고 기술하고 있다. 1978년 당시의 저작권이 놓여 있는 상황을 생각해보면 무리는 없다고 생각되나, 그 후의 저작권이 가진 의미가 크게 달라졌고, 현재는 어떤 종류의 산업에서는 저작권을 발판으로 세계 제패도 가능하게 되고 있다.

13) 특허권은 행정처분에 의해 발생하기 때문에 취소를 하면 그 이후에는 그 특허권을 이용한 위법행위는 할 수 없게 되기 때문에, 독금법의 목적을 달성할 수 있다. 그에 대하여 저작권은 창작에 의해 발생하는 권리이고 취소라는 제도를 가지고 있지 않으므로 어떠한 처분이 가능한가라는 점에 관해서는 신중한 검토가 필요하다.

그 저작자의 사후 50년에 보호기간이 만료한다(52조2항2호). 저작권등록은 필요적인 것이 아니기 때문에, 등록수도 적고, 등록부를 열람하는 사람도 적으나, 등록제도가 있고 거기다가 실명등록을 한 때에는 관보에 고시되는 이상(78조2항), 공시기능을 인정하지 않을 수는 없다.

(ⅳ) 무명저작물을 재판(再版)할 때, 실명으로 공표한 때와 같이, 공표 후 50년 이내에 저작자가 실명 또는 주지의 가명을 저작자 명으로 하여 표시하고 그 저작물을 공표한 때에도 원칙으로 돌아가 그 저작자의 사후 50년에 보호기간이 만료한다(52조2항3호).

(2) 단체명의 저작물(53조)

법인 등의 단체명의의 저작물의 저작권은 원칙적으로 공표 후 50년을 경과할 때까지 존속한다(53조). 단 그 저작물이 창작 후 50년 이내에 공표되지 않은 경우에는 창작 후 50년에 저작권은 소멸한다(53조1항 괄호 기재). 단체명의의 저작물의 전형적인 예는 15조의 직무저작물이지만, 직무저작물이 아니라도 단체명의로 공표되어 있다면 53조가 적용되어 존속기간은 공표 후 50년이 된다. 15조에 해당하지 않으나 단체명의로 되어 있는 것과 같은 저작물에 관해서 저작자가 공표 후 50년 이내에 실명 또는 주지의 가명을 저작자명으로 표시하여 그 저작물을 공표하면 원칙으로 돌아가 그 저작자의 사후 50년에 보호기간은 만료한다(53조2항).

또 프로그램에 관하여는 공표의 유무에 관계없이 15조의 요건을 만족하면 직무저작물이 되고(15조2항), 직무저작이 되는 프로그램 중 사용자의 단체 명의로 공표되는 것(15조1항에 해당하는 것)은 52조에 의해 공표를 기준으로 하여 보호기간이 계산된다. 다만, 15조2항은 공표명의와 관계없이 직무저작의 성립을 인정하고 있으나, 보호기간은 공표를 기준으로 하고 있기 때문에 복잡한 간주규정을 만들 필요가 있다. 구체적으로는 15조2항이 적용되는 프로그램 중 사용자인 단체명의가 아닌 것(공표되지 않은 것, 공표되어도 명의가 없는 것, 사용자인 단체와는 다른 명의로 공표된 것)에 관하여는 사용자인 단체가 저작의 명의를 갖는 것으로 간주된다(53조3항). 결국, 15조2항이 적용되는 프로그램에 관하여는 명의에 관계없이 단체명의의 저작물로 간주되어, 공표 후 50년, 또는 창작 후 50년이라고 하는 보호기간이 된다. 참고로, 15조는 개인인 사용자에게도 적용되나, 사용자인 개인의 명의로 공표되는 것은 단체명의의 저작물은 아니기 때문에 원칙으로 돌아가 사용자인 자연인의 사망 후 50년까지 존속하는 것이 된다. 자연스럽지 않은 면도 있으나 15조가 그와 같은 제도로 설계되어 있기 때문에 부득이 하다.

(3) 영화 저작물(54조)

가. 영화저작물의 보호기간(54조1항)

영화저작물은 공표 후 70년을 경과할 때까지 존속하지만(54조1항), 창작 후 70년 이내에 공표되지 않은 경우에는 창작 후 70년이 된다(54조1항 괄호기재).

영화의 창작에는, 감독 등 다수의 자가 관계되는 경우가 많아, 저작권의 범위가 반드시 명확하지 않기 때문에, 보호기간을 공동저작물의 경우와 같이 하면, 최후의 사망자가 누구인가 하는 것을 확정해야 한다. 그러나 다수의 사람이 창작자이기 때문에 혼란스러워 유통·이용에 지장을 가져올 우려가 있어, 보호기간 계산의 획일화를 도모할 필요가 있어 54조의 규정이 만들어졌다. 그 때문에 무명·가명의 저작물, 단체명의 저작물의 경우와 같이 사후적인 사정에 의해 원칙으로 돌아가는 경우는 없다(54조3항).

또한, 구 저작권법에는 창작성을 가진 영화(활동사진기 등에 의해 제작된 저작물)의 보호기간에 관하여 다른 통상의 저작물과 같은 취급을 받고 있었으나, 창작성을 갖지 않는 영화(주로 기록영화나 뉴스 영화)는 사진저작권[14]과 같이 취급하여 짧은 보호기간 밖에 부여되고 있지 않았다(22조의3). 따라서 독창성을 갖는 영화에 관하여는 원칙적으로 창작자의 사망이 존속기간의 기산점으로 되어 있었으나, 현행법은 이 복잡한 기간확정 방법을 일의적으로 확정할 수 있는 공표를 기산점으로 하였다.

2003(平成15)년의 저작권법 개정에서 영화의 보호기간이 공표 후 50년에서 70년으로 개정되었다. 영화에 관해서는 구법의 독창성을 갖는 영화와 같이 창작자의 사후 50년으로 하는 것도 가능하였으나, 공표시 기산주의를 채용한 것은 창작자의 수가 다수라고 하는 영화의 특수성에 의한 것이다. 그러나 공표시 기산주의를 채용한 결과 사망시 기산주의를 채용하고 있는 일반의 저작물과 비교하여 실질적으로 영화저작권의 보호기간은 짧은 것이 많고, 이번 개정은 그 불평등을 개선한 것이다.

---

14) 사진에 관하여 구법에는 발행연도가 기간계산의 기산점으로 되어 있고(구법 23조), 그것이 현행법 55조에도 계승되고 있었으나, 1996(平成8)년에 사진저작권의 기간을 정하였던 55조가 삭제되어 일반 저작물과 같이 취급되게 되었다.

나. 영화에 이용되고 있는 원저작물(54조2항)

당해 영화 저작물의 이용에 관련된 그 원저작물(예컨대 원작 소설)의 저작권은 당해 영화 저작물의 이용에 관한 한 영화 저작권의 만료와 함께 소멸한다(54조2항). 그것은 영화저작권의 상속인부존재, 회사 해산의 경우에도 준용되어 있고(62조2항), 이들 사유에 의해 영화 저작권이 소멸한 경우에는 당해 영화 저작물의 이용에 관한 한 원저작물의 권리가 소멸한다. 이 규정이 없으면 영화저작물 자체가 퍼블릭도메인이 되더라도 그것을 이용(예컨대 상영, 공중송신)하는 경우 원저작물의 권리를 침해할 가능성이 있고(28조), 영화를 퍼블릭도메인으로 한 의미가 없어지기 때문이다. 이에 따라 영화 이용의 일체성이 확보될 수 있다.[15)]

이 적용을 받는 것은 영화에 이용되고 있는 모든 저작물은 아니고, 「원저작물」로 한정되어 있고, 영화에 이용되고 있는 음악이나 미술 저작물은 적용되지 않아, 저작권이 만료한 영화를 이용하려고 할 때 장애가 될 가능성이 있다. 이를 위해 영화에 이용되고 있는 한 모두 일률적으로 저작권 프리(free)로 해석하여야 한다는 설도 있다.[16)] 다만 입법자는, 음악의 경우 처음 허락으로 증제 프린트 분까지 리메이크하는 실태가 있고, 상영권에 대해서는 중개업무단체에 의한 집중관리로 별도징수가 행해지고 있으며 또 라이선스의 신청을 거부하는 실무는 생각할 수 없는 점, 미술작품에 관하여는 당초 계약으로 권리처리를 기대할 수 있는 외에, 도를 넘는 권리주장에는 권리남용으로 대처할 수 있다고 하고 있다.[17)] 그러나 인터넷 시대에는 ≪초보자인 개인≫이 이용자로서 나타나는 일도 드물지 않고, 게다가 저작물을 송신가능화 하는 것만 가지고도 침해가 되는 것이어서, 오늘날에는 위 입법자의 설명만으로는 저작권이 만료한 영화 저작물의 이용이 자유로운 유통에 방해가 되지 않는다는 보장이 없어, 개정이 필요할 것 이다.

참고로, 원저작물의 저작권 그 자체가 소멸하는 것은 아니고 「당해 영화의 이용에 관련되는」 범위에서 소멸한다. 따라서 동일한 원저작물을 새롭게 영화화하는 것과 같은 경우는 「당해 영화의 저작물의 이용」은 아니기 때문에 별도 저작권 처리가 필요하게 된다.

52조(무명 · 가명 저작물의 보호기간), 53조(단체명의의 저작물의 보호기간)의 규정은 영화 저작물의 저작권에는 적용되지 않는다(54조3항).

15) 加戸 347면.
16) 田村 277면.
17) 加戸 347면.

(4) 계속적 간행물 · 축차(逐次) 간행물(56조)

보호기간이 공표시부터 기산되는 저작물(무명 · 가명저작물, 단체명의 저작물, 영화저작물)의 경우, 어느 시점을 가지고 공표로 하는가 하는 점이 중요하나, 계속적 간행물, 축차 간행물에 관하여는 특별한 규정이 만들어져 있다.

신문 · 잡지 · 연보 등에 의해 책, 호 또는 회(回)를 더하여 공표하는 저작물에 관하여는 매회의 공표시가 기산점이 된다. 신문에 연재되어 매회 끝까지 읽는 만화와 같이 1회마다 스토리가 있고 매회에서 그대로 끝나도록 완결하고 있는 것도 이것에 포함된다.[18] 그렇다고 하지만 현실적으로는 자연인의 실명, 주지의 필명(pen name)에 의한 공표에 해당하는 것이 많고, 그 경우에 사망시 기산주의가 취해지기 때문에 56조의 적용은 없다. 연재소설, 문학전집과 같이 일부분씩을 축차 공표하여 완성하는 저작물에 대해서는 최종 부분의 공표 시에 따른다(56조1항). 그러나 이 양자는 분명하게 구분되는 것은 아니고, 사례 마다 판단되게 될 것이다. 후자에 대해서는, 가장 최근 부분이 3년 이상 공표되지 않을 때에는 이미 공표된 것 중 최종 부분을 공표한 때에 따른다(56조2항). 오래 중단하고 있는 경우에, 최종회를 기다려 기간을 계산한 경우에는 쓸데없이 기간이 길어지게 되므로, 3년으로 매듭지은 것이다. 보호기간에 관한 한 이미 공표된 부분과 최종 부분으로부터 3년 이후에 공표된 부분은 별개의 저작물인 것처럼 취급받게 된다.

참고로, 본 조는 기간 계산의 기산점으로서의 공표를 정한 것으로, 공표권(18조)에 대하여는, 실제로 공표된 부분에 대하여 이미 공표권은 없어진다.[19]

(5) 사진저작물(55조, 삭제)

종래 사진저작물은 다른 저작물보다 격이 낮다고 여겨지고 있었으나, 지금은 그와 같은 인식은 개선되어, 다른 일반 저작물과 동일하게 취급되고 있다(「**제1장 저작물(저자권의 객체) 제3절 저작물의 예시(저작물의 종류) 9. 사진저작물**」 참조). 그 때문에, 1996년에 사진저작물의 보호기간을 특별히 취급하고 있었던 55조가 삭제되

18) 最判平9 · 7 · 17 民集51권6호2714면(ポパイ腕カヴァー事件 상고심)에서는 미국법인 명의로 공표된 일화완결형(一話完結型) 장편연재만화의 보호기간은 각 만화마다 계산되고, 후속 만화는 선행하는 만화의 2차적 저작물로, 원저작물에 새로운 독창적 요소가 부여되고 있는 부분만이 보호된다고 기술되었다. 그것까지의 하급심인 東京地判平2 · 2 · 19 判時1343호3면(ポパイ腕カヴァー事件), 東京地判平4 · 3 · 18 判時1435호131면(ポパイパチンコ看板事件), 東京地判平6 · 10 · 17 判時1520호130면(ポパイベルト事件), 東京高判平4 · 5 · 14 判時1431호62면(ポパイ腕カヴァー事件 항소심)도 같은 취지.

19) 加戸 352면.

어, 보호기간에 관해서는 회화와 사진은 동등하게 취급받도록 되었다.[20)]

(6) 구법 하에서의 기득권의 보호(경과조치)(부칙7조)

구법과 비교하면 현행법은 일반적으로 보호기간을 길게 하고 있다. 그렇지만 보호방법의 변경 등으로 현행법을 적용하면 짧게 되는 경우도 있으므로, 경과조치로서 구법에 의한 보호가 더 긴 경우에는 구법이 적용된다(부칙7조). 구체적으로는 이하와 같다.

(ⅰ) 사후(死後) 공표 저작물. 현행법으로 개정되기 직전의 구법에서는 사후에 발행·흥행한 저작물의 보호기간은 발행·흥행 후 38년간 계속되었으나(4조, 52조), 저작자의 사후라는 한정이 없었기 때문에 사후 13년 이후에 발행·흥행된 것은 사후 50년보다 길게 보호기간이 부여되고 있었다.

(ⅱ) 영화저작물. 개정 당시 영화저작물의 보호기간은 공표 후 50년이었으나,[21)] 구법에는 「독창성을 가진 영화」의 보호기간은 저작자의 사후 38년이었다(22조의 3). 그 때문에 영화감독 등 영화저작자가 공표 후 13년 이상 생존하면 구법의 보호기간이 더 길어지게 된다. 다만, 영화가 법인저작인 경우, 쌍방 모두 공표로부터 기산하며 게다가 현행법에서의 보호기간이 더 길기 때문에 현행법이 적용된다.

(ⅲ) 미술저작물의 복제사진, 삽입사진. 구법에서는 미술저작물의 복제사진의 저작권은 특단의 계약이 없는 한, 원저작물의 저작권과 같은 기간 보호되고(23조 3항), 또 문예학술저작물 중에 삽입된 사진, 특별히 그 저작물 때문에 저작된 것의 저작권은 문예학술저작물의 저작자에게 귀속하며, 그 저작권과 동일한 기간(저작자의 사후 38년간) 보호되고 있었다(24조). 그런데 현행법 제정 당시에는 사진저작물은 공표 후 50년이 되었기 때문에,[22)] 구법에 있어서의 권리자가 공표 후 13년 이상 생존한 경우에는 구법에 의한 보호기간이 더 길어지는 경우가 있다.

4. 상호주의

베른협약은 일반적으로는 상호주의를 채용하고 있지 않지만, 보호기간에 관하여는 상호주의를 채용, 보호가 요구되는 동맹국의 법에 의하게 되며, 그 국가의

---

20) 이전의 경위에 관하여는 加戶 349면에 자세하다.
21) 2003(平成15)년 개정에 의해, 공표 후 70년으로 개정되었다.
22) 1996(平成8)년 개정에 의해 사진저작물도 다른 저작물과 동일하게 사후 50년으로 개정되었다.

법령에서 특단의 정함이 없는 한, 보호기간은 그 저작물의 본국에서 정해진 보호기간을 초과하지 않는다고 규정되어 있다(베른협약7조(8)). 일본에서는 베른협약·WTO[23]의 가맹국을 본국으로 하는 저작물의 보호(존속)기간은, 51조부터 54조까지의 기간보다 짧은 것에 관하여는 그 본국의 보호기간에 따르는, 즉 본국법인 외국에서의 보호기간이 더 짧은 경우에는 그 짧은 보호기간이 적용된다(58조).

58조는 본국의 저작권법이 일본국보다도 짧은 보호기간을 정하고 있는 경우에 적용되는데, 현행 베른협약은 보호기간을 사후 50년 이상으로 하고 있고(7조 (1)), 조약의 동맹국에서는 원칙적으로 보호기간이 사후 50년 이하인 국가는 없으나, 사진이나 응용미술에 대해서는 25년으로 하는 것을 조약도 인정하고 있으며(7조(4)), 또 한편으로는 로마개정조약 서명 시에 허여하였던 짧은 보호기간을 유보하는 것이 가능하기 때문에(7조(7)), 일본이 더 긴 보호기간을 부여하고 있는 경우도 있을 것이다.[24]

이와 관련하여 58조는, 괄호에서 일본인의 저작물을 제외하고 있다. 구체적으로는 일본인이 일본보다 기간이 짧은 국가에서 처음 발행한 경우에는 그 나라가 본국이 되지만, 일본인의 경우에는 일본법의 보호기간이 적용된다(상호주의의 예외로 되어 있다).

세계저작권조약에도 보호기간에 관하여 상호주의가 채용되어 있고(4조(4)), 그 시행법인 「세계저작권조약의 실시에 따른 저작권법의 특례에 관한 법률」 3조1항에서 58조와 같은 취지의 규정이 마련되어 있다. 다만 베른협약과 세계저작권조약의 양자를 비준하고 있는 나라는 베른협약이 우선하여 적용되기 때문에(세계저작권조약 17조, 17조에 관한 부속의정서), 세계저작권조약의 적용을 받는 국가는 적다. 또한, 미국은 세계저작권조약에만 가맹하고 있었으나, 1989년에 베른협약에 가맹하였기 때문에 일본과 미국 간에는 베른협약이 적용되고 이에 따라 세계저작권조약의 존재의미는 현저히 저하 되었다.

5. 전시(戰時)가산

제2차 세계대전 중에는 일본에서 연합국 국민의 저작권이 실질적으로 보호되

---

23) WTO(세계무역기구)의 TRIPS협정은 베른협약 플러스(plus)주의를 채택하였고, 베른협약 1조부터 21조까지(6조의2의 저작인격권의 규정은 제외)와 부속서의 준수의무를 규정하고 있다(TRIPS협정9조).

24) 구체적인 예의 상세는, 加戸 357면 참조.

고 있지 않았기 때문에, 「일본과의 평화조약」(샌프란시스코 평화조약) 15조(c)에서 전시기간을 보호기간에 가산하는 것이 의무로 부과되어, 「연합국 및 연합국민의 저작권의 특례에 관한 법률」 제4조에 의해 전시가산이 규정되었다.

구체적으로는 개전(開戰)일인 1941년 12월 8일부터 평화조약체결일 전날까지의 기간이 보호기간에 가산된다. 각 연합국과의 평화조약 체결일이 다르기 때문에 가산 일수도 약간 다르다. 미국, 영국, 프랑스, 캐나다, 호주의 경우는 평화조약이 체결된 1952년 4월 28일 전날까지의 3,794일이 가산되어 보호기간이 10년 4개월 남짓 연장되게 된다. 통상의 저작권의 소멸은 12월 31일이나 이 경우에는 가산일수로 계산되기 때문에 해의 도중에 저작권이 소멸된다.

현행법으로 이행할 때도 전시가산으로 보호기간이 연장되었기 때문에 신법 시행 당시에 아직 기간이 만료되지 않은 것에 대해서도 신법에서의 50년의 보호기간이 적용되게 되었고(제정부칙24조), 그 결과 전시가산은 지금도 화근으로 남아있다.[25] 원래는 전쟁에 의해 사실상 보호를 받지 못하였던 것은 전쟁의 양 당사국이 같아 이 전시가산은 양 당사국에 동등한 의무를 부과하여야 하는데, 패전국인 일본국에만 부과된 일방적인 의무이다. 게다가 같은 패전국인 독일은 전시가산 의무를지지 않으며, 이탈리아는 상대국이 전시가산을 하는 경우에만 전시가산을 하는 것으로 되어 있다.[26] 일본국만 이와 같은 불리한 의무를 부담할 이유는 없으나, 이미 평화조약으로 체결된 것이라 일방적으로 파기하기는 어렵다.[27]

6. 번역권 10년 유보(구법 7조, 현행법 부칙8조)

구법 7조에서는 발행 후 10년 이내에 번역물을 발행하지 않은 때에는 번역권은 소멸하였다. 이것은 문화의 수입 초과국에 있어서는 유리한 규정이나, 현행법

25) 作花・詳解 402면 참조. 만일 현행법을 개정하여 보호기간이 연장되는 경우에는 과거의 예부터 전시가산(戰時加算)에 의해 개정시까지 살아남은 권리도 연장되어, 전시가산에 의한 불공평이 더욱더 연장되게 된다.

26) 전시가산에 관해서만 파기해야 한다는 의견도 많고, 심정적으로는 찬성할 수 있지만, 이 문제는, 평화조약의 일부로, 전시가산에 대해서만 따로 떼어서 논의하여야 할 것은 아니다. 평화조약 전체를 살펴보면, 일본국은 이탈리아와 같이 영토를 할양받아 배상금을 지불하는 일도 없었고, 독일과 같이 평화조약조차 체결되지 못하고 국가가 분열되는 비극도 없었다. 일본으로서는 동서냉전이라는 외교카드를 얻기도 하였고, 영토의 할양이나 배상금의 부과도 없는 관대한 평화조약으로 이루어져 있다. 조약의 일부인 전시가산문제만을 거론하여 일본에 불평등하다는 주장은 상당히 통하기 어려울 것이다.

27) 이 문제를 둘러싼 역사적 경위에 대해서는, 作花文雄「翻譯権をめぐる著作権制度の歴史」コピライト 459호104면(1999)에 자세하다.

에서는 채용되지 않았다. 다만, 부칙 8조에 의해 구법 7조는 현행법 시행 이전에 발행된 저작물에 관하여 여전히 그 효력을 가진다고 규정되었기 때문에 현행법이 시행된 1960(昭和35)년 이전에 발행되고 그로부터 10년간 번역물이 발행되어 있지 않은 것은 번역권이 소멸한다. 한번 소멸한 번역권은 부활하지 않으므로, 그 후 장기간에 걸쳐, 번역권의 10년 유보는 의미를 갖게 되어, 지금도 저작권은 살아 있으나 번역권은 소멸된 저작물이 존재하고 있다.

제 6 장　저작자인격권

제 1 절　저작자인격권 총론

1. 총　　설[1)]

저작자인격권이란 저작자(2조1항2호)가 자기의 저작물에 대해 갖는 인격적 이익을 대상으로 하는 권리이다. 구체적으로는 공표권(18조), 성명표시권(19조), 동일성유지권(20조) 및 명예·성망을 해치는 방법으로 저작물이 이용되지 않을 권리(113조5항) 등을 가리키지만 저작자인격권의 성질을 둘러싸고 오래 전부터 논쟁이 끊이지 않고 있다. 저작자인격권은 창작과 동시에 저작자에게 원시적으로 귀속하고, 양도·상속할 수 없는 일신전속적인 권리이다(59조, 민법896조 단서). 양도할 수 없다고 하는 것은 담보권의 설정도 할 수 없고, 압류도 할 수 없다는 것이다. 이 규정은 인격권인 이상 당연하며, 확인적(선언적) 규정이라고 생각되고 있다.[2)]

일본 저작권법은 저작자인격권을 강력하게 보호하고 있고, 세계적으로 보아도 최고 수준이다. 베른협약6조의2에서는 재산적 권리가「이전된 후에도 저작물의 창작자임을 주장할 권리」(거의 성명표시권과 동일)와「자기의 명예 또는 성망을 해칠 우려가 있는 것에 대하여 이의를 신청할 권리」(거의 동일성유지권과 동일)가 규정되어 있지만, 일본 저작권법의 동일성유지권은「의사에 반하여 개변을 받지 않는 권리」로 되어 있어(20조), 협약의 수준을 넘은 것으로 생각되고 있다. 강한 보호는 창작자의 의욕을 높이고, 한편으로는 문화발전에 기여하고 있다고도 생각된다. 특히, 회화·음악·소설 등의 고전적 저작물을 아날로그적으로 이용하는 시대라면, 인격권을 강하게 보호하는 의미가 컸을지도 모르지만, 디지털 시대가 되

1) 저작자인격권 일반에 관해서는, 斉藤博『人格価値の保護と民法』(一粒社, 1986), 河中一学「著作者人格権について－カントの論考を中心に」 成田頼明退官記念 『国際化時代の行政と法』(良書普及会, 1993) 879면, 戸波美代「著作者人格権に関する一考察 -法制比較の試み-」(1)(2)(3)筑波法政22호113면(1997), 26호47면(1999), 28호133면(2000), 斉藤博「著作者人格権の本質」コピライト548호2면(2006)참조.

2) 加戸 364면.

면 세계 최강의 저작자인격권이 저작물의 이용·유통의 저해 요인이 되어, 일본만 세계의 진보로부터 뒤떨어지는 것은 아닌지 하는 걱정도 있다. 저작자인격권은 앞으로 큰 과제일 것이다.

사람은 누구라도 인격적 이익을 가지고 있고 저작자도 당연히 인격권을 갖고 있지만 저작권법은 특별히 인격권의 규정을 두고 있다. 일본 저작권법이 강한 저작자인격권을 인정하고 있는 것은, 저작물이란 인간의 사상·감정의 표현이고 인격의 발로라고 하는 관점을 중시했기 때문일 것이다. 현재, 저작물의 범위는 극히 넓어 이와 같은 설명이 모든 저작물에 관하여 설득력이 있는가 하는 것은 제외하고서라도 적어도 종래에는 그와 같이 생각되고 있다.

그렇다면 문제가 되는 것은, 자연인이 당연히 향유한 일반적 인격권과 저작권법에 규정되어 있는 저작자인격권과의 관계이다. 간단히 말하자면, 저작자인격권이란 기본적으로 일반적인격권과 동질의 것으로 일반적인격권의 하나로 자리매김한다는 설(동질설)[3]과 저작자인격권이란 일반적인격권과는 다른 것이라 저작권법이 특별히 정한 인격권이라고 하는 설(이질설)[4]이 대립하고 있다.

일반적인격권의 내용은 시대에 따라 변화·발전해 오고 있으며, 반드시 정해진 것이 아니지만, 그 내용은 생명·신체, 자유, 명예, 신용, 정조(貞操), 성명, 초상, 프라이버시 등이고,[5] 통상적으로 양도, 포기(특히 일반적 포기)[6]는 허용되지 않는다고 생각되고 있다. 일반적인격권의 내용이 반드시 확고한 것이 아닌 이상, 그것과 실정법상의 저작자인격권을 정확하게 대비시켜 고찰할 수는 없지만 동질설에 따르면 포기는 인정되지 않는 경향이 될 것이다.

이에 대하여 이질설은 저작자인격권과 일반적인격권은 다르다고 한 것뿐이며, 그 자체로부터 구체적 내용이 밝혀진다고 하는 것은 아니다. 종래의 이질설에는, 일반적인격권은 모든 사람에 인정되고 있는데 대하여, 저작자인격권은 저작자에게만 인정되어, 그 대상은 저작자의 인격으로부터 떠난 저작물이며, 저작물에 대한 관계가 보호받는다고 하는 점에서 양자는 다르다고 하는 견해도 있다.[7] 이 견

3) 斉藤 143면, 斉藤博「著作権法と人格権の保護」著作権研究4호76면(1971), 斉藤博「著作者人格権の理論的課題」民商116권6호818면(1997).

4) 半田113면, 三浦正広「著作者人格権の法的性質に関する一考察 – 一般的人格権と個別的人格権に二重構造論」(岡山商大法学論叢7호75면(1999).

5) 민법710조(비재산적손해의 배상)는 불법행위가 성립하는 예로 신체, 자유, 명예만을 들고 있지만 이는 예시라고 생각되고 있다.

6) 개별적 포기는 허용되는 경우도 있을 수 있다. 예를 들어 프라이버시를 침해하는 사진이라도 본인의 동의가 다으면 주간지에 게재하는 것도 허용된다.

해만이 이질설인 것은 아니지만, 이질설은 명예·성망의 보호를 핵심으로 파악하고 있는 일반적인격권과는 다르고, 저작자인격권을 저작자와 저작물과의 결부(유대)를 보호하는 것이라고 생각하고 있는 것일 것이다. 문제는 이 유대의 의미이지만, 명예권적으로 파악하는 사고방식부터 재산권으로까지 끌어당기는 사고방식까지 있을 수 있다.

저작자인격권의 전부를 동일한 내용의 것으로서 생각할 필요는 없다고 하는 중간적인 견해도 있다.[8] 이에 따르면 저작자인격권에는 일반적인격권에 상당하는 것과 저작권법이 특별히 인정하는 것이 혼재하고 있어, 전자에 관해서는 포기할 수 없지만 다른 부분은 포기할 수 있다고 하는 유연한 해석도 가능해진다.

「제1장 저작물(저작권의 객체) 제2절 저작물의 정의 2. 창작성」에서 논한 것처럼, 창작성 개념을 「개성」이 아니라 「선택의 폭」으로 파악한다면 저작권법의 본질을 저작자인격권 중시부터 보다 재산법적으로 파악하는 것도 가능해진다. 그러한 해석을 채택한다면 저작권법의 본질에 관한 관념도 변하여, 저작권법에 있어서 저작자인격권을 반드시 일반적인격권과 동질의 것이라고 이해할 필요는 없어진다. 단지 그 경우에도, 저작자를 일반적인격권을 갖는 자연인 이하로 취급할 수 없으며, 명예·성망을 해하려는 행위로부터는 보호되는 것은 당연하다. 그러한 의미에서 베른협약이 요구하고 있는 최저 수준의 부분에 관해서는 일반적인격권과 동종의 것으로 취급할 필요가 있다. 이에 대하여 일본 저작권이 특별히 규정하고 있는 부분에 관해서는 보다 유연한 해석이 가능해질 것 같다. 그러한 의미에서 상술한 중간설이 매력적이다.

2. 저작자인격권의 포기

(1) 포기의 경제적 의미

저작자인격권을 일반적인격권과 같다고 생각한다면 원칙적으로 포기할 수 없다는 결론이 될 것이다. 그렇지만 모든 경우에 포기할 수 없는 것인가 하는 점에는 검토를 요한다. 이것은 저작자인격권의 성질을 어떻게 생각하는가 하는 부분에 달려 있다. 또한, 「인격권의 포기」라는 용어가 인격권의 본질에는 어울리지 않기 때문에 실무적으로는 저작자인격권의 '불행사 특약', '개변의 동의' 등의 말이

7) 半田 113면. 田村 404면에는 이와 같은 이질설(異質說)은 채용할 수 없다고 한다.

8) 知的財産研究所 「Exposure'94——マルチメディアを巡る新たな知的財産ルールの提唱』 NBL541호52면(1994).

사용되기도 하지만 그 실체는 동일하다.

저작자인격권을 검토할 때는 인격권적 요소가 강한 회화·소설 등을 염두에 두고 생각하기 쉽다. 그러나 현실에서는 저작물의 범위는 극단적으로 확대되고 있으며, 회화·소설 등만으로 저작자인격권 일반을 논하면 현대적 의미의 저작권들을 잘못 볼 우려가 있다. 현대에 있어서 저작자인격권의 의미를 정확하게 파악하지 않으면 이후 점점 중요성을 높여야 한다고 생각되는 저작권 비즈니스의 발전에 장애가 될 가능성도 있다. 산업의 소프트화에 따라, 앞으로는 세계적으로 콘텐츠·비즈니스의 대경쟁 시대가 될 것인바, 거기서 저작권법이 차지하는 역할에 대해서도 두루 살필 필요가 있다. 실제로 저작자인격권 분쟁 가운데에서 게임소프트의 개변을 둘러싼 다툼이 차지하는 비율이 크며, 이것을 회화·소설에 끌어당겨 논하는 것에는 문제가 있다.

주의해야 하는 것은, 저작자인격권이 차지하는 의미가 저작물에 따라서 다르고 또 그 시대의 상황에 의해서도 다르다는 점이다. 일반론으로 말하면, 프로그램과 같이 인격의 노출의 정도가 낮은 저작물에 관해서는, 저작자인격권을 약하게 해석하거나, 또는 사전 계약의 효력을 보다 강하게 인정할 필요가 있을 것이다.[9] 이에 대하여 순수한 회화·소설 등의 경우는 그 반대가 될 것이다.[10]

저작자인격권의 현대적 의의를 검토하는데 있어서 잊어서는 안 되는 것은, 그 경제적 의미이다. 만일 저작자인격권의 포기가 인정되지 않는다고 한다면 경우에 따라서는 개변을 동의해 두고 나중에 그것을 철회하는 것도 가능한데, 이는 거래에 있어 큰 법적 리스크가 된다. 그렇게 된다면 저작자는 어떤 종류의 인격권을 포기하고 높은 경제적 가치를 실현하기를 원한다 해도 저작자의 의도와는 관계없이 그 저작물은 시장에 있어 리스크 부분만큼 낮은 평가를 받게 된다. 저작물의 경제재로서의 가치가 높아지고 있는 현재의 상태를 생각한다면 자기 저작물의 경제적 가치의 최대화를 추구하는 것을 인정하지 않는다는 것은 오히려 저작

9) 長野地判平6·3·10 判例地方自治127호44면(白馬観光パンフレット事件)에서는 선전용 팜플렛에 대하여 제반의 사정으로부터, 분할 사용이나 성명 비표시에 대하여 사전 묵시의 승낙을 유효하다고 인정하고 있다.

10) 이것도 원칙적 경향이라 현실 사건에서는 사안별로 판단된다. 예컨대, 하이쿠(俳句)는 인격의 노출 정도가 높다고 생각되지만 東京地判平9·8·29 判時1616호148면(俳句添削事件)에서는, 심사원이 학습용 잡지에 투고된 하이쿠를 첨삭하여 게재하는 것은 하이쿠계의 관행으로, 동일성유지권 침해를 인정하지 않았다. 그 항소심인 東京高判平10·8·4 判時1667호131면은 하이쿠계에 있어서의 사실인 관습에 따른 것이며, 허용되는 바로, 위법한 무단개변이라고 평가할 수는 없다고 하여 동일성유지권 침해를 부정하였다.

자의 보호를 결여하는 면도 있다는 것을 놓쳐서는 안 된다. 일본은 세계적으로도 강한 저작자인격권을 갖고 있지만, 과연 그것이 다른 외국보다도 많고 우수한 저작물의 창작에 기여하고 있는 것인지, 또는 역으로 저해 요인이 되고 있는지 하는 점에 대하여 검증이 필요할 것이다. 즉, 「강한 저작자인격권」과 「재산으로서의 가치」란 트레이드 오프(trade-off) 관계에 있는 일도 있을 수 있다고 하는 측면을 망각해서는 안 된다. 또한, 한편으로 저작권을 재산적 가치만으로 단순하게 결론을 낼 수도 없으며, 저작물이 저작자의 인격의 발로인 이상, 금전과는 관계없이 자기의 저작물을 저작자인격권에 의하여 강하게 지키고 싶다는 요구도 부정할 수 없다. 결국 이들 사이의 조정이 문제 된다.

저작물의 경제적 가치와 저작자의 인격권 가치란 항상 미묘한 관계에 있고 어느 쪽으로 극단적으로 기울어져도 「창작자의 정신적 만족」 또는 「저작물 창작에의 인센티브・이용・유통」의 어느 한쪽에 왜곡이 생기고, 저작권 시스템 전체가 불완전한 기능에 빠질 것이다. 종래는 곧잘 저작자인격권을 절대시하는 풍조가 강했지만, 현재는 저작물 범위의 팽창, 이로부터 엿볼 수 있는 저작물의 성격의 변화 등을 감안해야 하므로, 저작자인격권이라고 할지라도 절대로 포기가 인정되지 않는 것은 아니며, 요컨대, 어떤 경우에 포기가 인정되는 것인가라는 구체적인 문제로 귀착될 것이다.

(2) 포기의 상태에 따른 고찰

저작자인격권에는 일반적인격권에 상당한 것도 포함되어 있고 저작자인격권의 전부를 재산권과 동일한 의미에서 포기 가능하다고는 해석할 수 없다고 할 것이다. 한편, 실무에서는 필요에 따라 저작자인격권 불행사 특약을 체결한 예도 많지만 아직도 법원의 확정적인 판단이 없어, 의심가득한 상태로 실무가 진행되고 있는 상황이라고 할 수 있다. 이후에는 포기의 상태에 따른 검토가 필요하다.

먼저 공표권과 성명표시권에 관해서는 원칙적으로 사전에 계약으로 처리하는 것이 가능하다고 해석해야 한다. 출판자 등의 저작물의 이용자는 저작자와의 계약대로 성명표시를 하고 공표하면 족하고, 원칙적으로 뒤에 번복되는 일은 없다. 그렇다고 해도 인격권은 가능한 한 존중해야 하며, 예를 들면 판을 고치는 경우에는 저작자의 의사에 따라 성명표시의 변경을 당연히 인정해야할 경우가 많을 것이다(출판권에 관해서는 82조를 참조). 공표와 성명표시의 방법에 대한 결정은 저작자의 전권이지만 명예·성망을 해하는 것과 같은 인격권 침해와는 다르며, 출판 등의 비즈니스와 관련하여 계약내용이 결정되는 경우가 많아, 이런 종류의 계약은 지켜지지 않으면 안된다. 이와 같은 계약을 인격권의 포기라고 부를지 아닌지는 별도로 이것이 인정되지 않는다면 출판업 등은 이루어지지 않을 것이다.

동일성유지권은 절대 포기가 불가능하다는 견해는 채용할 수 없다. 적어도 저작자가 개변의 구체적 결과를 확인하고 나서 승낙이 있으면 문제는 없을 것이다.[11] 도저히 포기할 수 없다고 한다면, 예컨대 집필자가 출판자에게 「적당히 수정하여 출판하고 싶다」고 의뢰하여도, 나중에 동일성유지권 침해라고 주장될 가능성이 있다. 계약에 의하여 어떤 저작물에 타인이 손을 대는 일은 자주 있는 일이고, 이러한 경우 사후적으로 동일성유지권이 주장된다면 저작물의 원활한 창작·이용은 불가능하게 된다. 특히 디지털저작물의 경우에는 타인이 손댈 것을 예정하고 있는 것도 많고, 나중에 동일성유지권 침해가 되는 것으로는 디지털콘텐츠나 데이터베이스의 작성에 지장을 초래할 우려가 있다. 이와 같은 경우에는 권리남용·신의칙 등의 일반법리에 의하여 해결하는 것도 가능할 것 같지만 일본 저작권법의 동일성유지권이 명예·성망을 초과한 부분(저작권법이 특히 인정한 인격권)까지 포함하고 있다는 것을 생각한다면 그 초과한 부분에 관해서는 포기를 인정해야 할 것이다.[12]

저작자인격권에는 일반적인격권에 포함된 명예·성망에 관한 권리도 포함되므로, 그 부분에 관해서는 일반적인격권과 구별할 이유는 없다. 즉, 명예·성망을 해하는 태양에서의 저작자인격권(특히 동일성유지권)에 관해서는, 원칙적으로 「사전」의 포기를 인정해야하는 것은 아니다. 예컨대, 개변에 동의하여도 비극을 희극으로 변경하고 저작자의 명예·성망을 해하는 극단적인 개변은 사후적으로 동일성유지권 침해를 주장할 수 있을 것이다. 이에 대하여 상세를 편집자에게 일임하는 것과 같은 개변은 사후적으로 동일성유지권을 주장할 수 없을 것이다.[13] 어쨌

11) 大阪地判昭60·5·29 判タ567호318면(Y子の症例事件)은 저작자가 확정원고를 보고 승낙한 사례에 대하여, 동일성유지권 침해에는 해당하지 않는다고 하였으며, 東京高判平10·7·13 知的裁集30권3호427면(スウィートホーム事件)은 텔레비전·광고의 삽입 부분의 지정은 저작자의 이해 범위 내라고 인정되어 20조1항4호에 규정하는 「부득이하다고 인정되는 개변」에 해당한다고 하고 있다(승낙과 20조2항4호를 결부시키고 있다).

12) 知的財産研究所·앞의 주8).

13) 東京地判平13·7·2(未登載)(宇宙戦艦ヤマト事件)에서는 양도계약에 의하여, 저작자가 갖는 저작자인격권에 근거한 권리를 행사하지 않는다는 취지를 약속하였다고 해석하는 것이 합리적이며, 저작자인격권에 근거한 권리행사를 하는 것은 신의칙에 비추어 허용되지 않는다고 설시되고 있다(본

든, 동일성유지권 침해의 유무를 판단할 때에는 모든 사정을 종합적으로 판단해야 할 것이다. 예를 들어, 번안의 대가로서 많은 돈을 지급하고 있는 경우와 관계가 없는 제3자에 의한 침해의 경우에서는 명예·성망을 해친다고 생각되는 범위에 대해서 자연히 다른 판단 기준이 적용될 것이다.

회화·소설 등과는 다르고, 최근 중요성이 높아지고 있는 기술적 또는 사실적 성격이 농후한 저작물(예를 들면 컴퓨터프로그램)에 관해서는, 본래의 의미에 있어서 일반적인격권을 침해하는 것과 같은 사례, 즉 명예·성망을 해할 것 같은 태양의 침해는 거의 생각할 수 없다.[14] 이와 같은 성격을 가진 저작물에 있어서는, 저작자는 명예·성망이 훼손되었다고 말하기보다는, 자기가 개발한 프로그램 등과의 유대가 끊어졌다고 생각하는 쪽이 강할 것이다. 저작자에게는 자기의 성명을 표시하지 않을 권리도 있는 것이기 때문에 이와 같은 유대에 관해서는「사전에」포기했다고 하더라도 저작자에게 정신적 타격은 크지 않다고 생각된다. 오히려 자신의 저작물의 경제적 가치를 높인 쪽을 선택한 것, 즉 저작자인격권의 포기를 인정하는 편이 저작자의 이익에 적합한 경우도 있을 것이다.

그 궁극의 형태가 20조2항3호이고 여기에서는 프로그램에 관한 한 동일성유지권이 거의 인정되고 있지 않는 것과 같다. 이 규정은 프로그램의 이용·유통의 필요상 규정되는 것이지만 프로그램에 있어서는 인격권적 요소가 희박하다는 것을 전제로 하고 있고, 극단적인 경우에는 저작자인격권을 정형적으로 부정할 수 있다는 것을 말해주고 있다. 또한 영화저작물에 관해서는「전체적 형성에 창작적으로 기여한 자」만이 저작자가 되고(16조) 그 밖의 창작적 행위를 한 자에게는 저작자인격권이 인정되지 않는다. 이러한 조문은 이용·유통상의 이유로부터 사전에 저작자인격권, 특히 동일성유지권을 포기해도 반드시 부당하지 않는 경우도 있을 수 있다는 것을 강하게 시사하고 있다고 할 수 있을 것이다. 또한 15조에서는 저작자인격권을 현실적으로 창작을 한 자연인이 아니라, 법인 등의 사용자에게 발생시키고 있는 것도 저작자인격권의 성질을 생각한 이후 고려되어야 할 중요한 조문이 될 것이다.[15]

인격권의 성질을 생각한 다음 참고가 되는 것이 64조3항이며, 거기에는 공동

건에서는 피고가 번안할 권리도 갖고 있었던 것도 영향을 주었을지도 모른다).

14) 굳이 말하자면, 명예·성망을 해칠 목적으로 프로그램을 개악(改惡)하고 컴퓨터에 장애를 일으키게 하는 개변이 생각되는데, 이것은 인격권 침해라기보다는 영업방해가 될 것이다.

15) 田村 412면에서는 이 점을 강조하고 있다.

저작물의 저작자는 저작자인격권을 대표하고 행사할 자를 정할 수 있다는 취지의 규정이 마련되어 있다. 이것은 저작자인격권 행사의 편리를 생각한 입법이지만, 그렇다하더라도 저작권법은 저작자인격권의 행사를 타인에게 맡길 수 있다는 것을 전제로 하고 있고, 일반적인격권과는 취지를 달리 하고 있으며, 저작자인격권을 검토할 때에 참고로 되는 조문이다.

무명·가명의 저작물에 관해서는 발행자가 저작자인격권의 침해에 대하여 자신의 이름으로 소송을 제기할 수 있다(118조1항). 이는 소송의 제기에 의하여 실명이 나타나게 되어버리므로, 무명·가명으로 하고자 하는 저작자의 이익을 위한 규정으로, 인격권의 비양도성의 예외라고 할 정도의 것은 아닐 것이다.

3. 법인의 인격권

인격권이란 본래 자연인에만 인정되는 것이지만 15조에는 법인도 저작자가 될 수 있다는 취지로 규정되고 있으며, 해석론으로서는 법인도 저작자인격권을 원시적으로 취득하는 것이 된다. 그렇다하더라도 원래 법인에 인정된 인격권이란 어떠한 것일까? 법인의 인격권을 재산권적인 것이라고 해석하는 견해도 있는데,[16] 사실상 그러한 측면을 부정할 수는 없을 것이다. 그러나 저작자인격권을 양도 불가능한 권리로서 구성하고 있는 현행법(59조)의 해석으로서, 법인의 인격권은 재산상의 이익의 보호라고 정면으로 성질을 결정하는 것은 주저하겠지만, 법인에 저작자인격권을 인정하는 것에 대해서는 해석론으로써도 조심스러우며,[17] 입법론으로서는 부정해야 한다고 하는 견해도 강하다.[18] 이 경우 15조를 삭제한다는 입법론도 있을 수 있지만, 법인이 저작자가 될 수 있다고 하는 15조를 전제로 하는 한, 저작자인격권 없는 저작권을 인정하거나 또는 저작자인격권의 성격을 크게 변모시켜 해석하는 어느 하나가 될 것이다.[19] 법인이 저작자인격권을 갖는 것

---

16) 渋谷 410면은,「권리의 명목은 인격권이지만 그 실제 기능은 , 특히 법인이 영리법인인 회사의 경우는 재산적 이익의 보호에 있다고 해도 좋다」고 하고 있다. 相澤＝西村 209면은 저작자인격권 일반에 대하여 재산적 측면을 강조하고 있다.

17) 田村 378면.

18) 田村 378면, 田村善之「職務著作の要件構造」ジュリスト1132호40면(1998). 美作太郎「著作者人格権に関する若干の疑点について」著作権研究7호23면(1975)은, 입법론으로서는 법인 저작의 경우에 저작권만을 법인에 귀속시켜 저작자인격권은 저작자에 유지시켜야 한다고 하고 있다.

19) 潮海 204면은 현재의「저작자인격권은, 일반적인격권과 그 성질이 다르고, 정보를 풍부하게 하여 경쟁 환경을 정비한다고 하는 저작권법의 목적에 봉사하는 정책적인 권리로 위치지워진다」고 하고 있으며, 그러한 관점에서 저작자인격권을 법인 등에 귀속하게 하는 것도 정당화된다고 언급하고 있다.

은 직무저작의 경우이지만 그 타당성에 관해서는 적극적인 정당화 근거를 찾아내기 어렵다. 법인에 저작자인격권을 인정하는 실질적인 이유는 종업원에게 저작자인격권을 귀속시키면 사용자인 법인이 해당 저작물을 자유롭게 이용할 수 없기 때문에 그러한 사태를 막는다는 소극적인 것에 불과한 것이다. 저작물이 경제재로서의 중요성을 높이고 있고, 법인은 자기가 갖는 저작물을 그 개변까지 포함하여 자유롭게 이용하고자 하는 요구가 강하다. 그러한 관점에서는 인격권을 포기할 수 있는 범위를 폭넓게 인정한다면 사전 계약에 의하여 문제를 해결한다는 측면도 있다. 그러나 이 문제를 과연 인격권의 귀속 문제로 처리해야 할 것인가 하는 의문은 남는다.

이상으로부터 법인에 저작자인격권이 발생하는 것은 해석상 어쩔 수 없는 것이라 하더라도, 법인으로서는 다른 자가 저작자인격권을 가지지 않으면 좋다는, 즉 방어적인 의미가 강한 것이기 때문에 그 취지로부터 법인이 적극적으로 저작자인격권을 행사하는 것에 대해서는 가능한 한정적으로 해석해야 할 것이다. 예컨대, 손해배상청구에 관해서는 특별히 고려하는 것도 생각할 수 있다.[20)]

4. 사적영역과 저작자인격권

50조에는 이 관(款)의 규정(저작권의 제한)은 저작자인격권에 영향을 미치는 것으로 해석하여서는 아니된다고 규정되어 있다. 따라서 형식적으로는, 예를 들어 사적영역에서의 행위라도 저작자인격권 침해가 되어,[21)] 형벌 규정의 적용도 있다(115조1호). 그러면 사적영역에 있어 저작자인격권의 문제가 되는 각각의 경우에 대해 검토를 더한다.

공표권은 「공중에 제공・제시」하는 권리이기 때문에 사적영역에서의 행위는

20) 東京地判平10・10・29 判時1658호166면(SMAPインタビュー記事事件)은, 저작권 및 저작자인격권 침해에 근거하여 금지를 인정했지만 저작자인격권 침해에 근거한 손해배상청구에 대해서는 법인이 각별한 정신적 손해를 입었다고는 인정되지 않아, 저작권 침해에 의한 손해배상을 인정하면 충분하다고 하였다.

21) 最判平13・2・13 判時1740호78면(ときめきメモリアル事件)에서는, 저작권자(게임제작자)가 게임의 파워를 높일 수 있는 메모리 카드를 수입・판매하고 있는 업자를 제소한 사건인데, 오로지 게임 소프트의 개변만을 목적으로 하는 메모리 카드를 수입・판매하고, 타인의 사용을 의도하여 유통시킨 자는 타인의 사용으로 의한 본건 게임 소프트의 동일성유지권의 침해를 야기한 것이라 하여 불법행위에 근거한 손해배상책임을 진다고 설시하고 있다. 본건에서는 금지 청구와 형벌은 문제가 되어 있지 않고, 손해배상청구 사건이기 때문에 메모리 카드를 수입・판매한 자가 직접 침해를 하고 있는 것인지 아닌지 하는 점에 대해서는 반드시 분명하지는 않다. 이 게임은 어린이가 가정 내에서 사용하는 것이며, 실제로 동일성유지권을 침해하고 있는 자는 어린이라고 생각되지만 그 사용 행위를 동일성유지권 침해라 하고, 그에 대한 방조로서 업자의 손해배상 의무를 인정한 것이라고 해석할 수 있다.

문제는 되지 않을 것이다.

성명표시권이란 그 저작물의 「원작품」에 또는 그 저작물을 「공중에 제공·제시」할 때 저작자명을 표시하거나 또는 표시하지 않을 권리이다. 「원작품」에 관한 성명표시의 말소·개찬(改竄)은 침해가 사적영역에서 행해지고도 형식적으로는 저작자인격권 침해가 되어, 예컨대 자택의 거실에 걸어 두는 회화의 원작품의 성명을 없애거나 고친다면 성명표시권 침해가 될 수 있다. 사적영역에서의 삭제·개변까지 위법으로 하는 것에는 이의가 있을 수도 있지만 현 작품이 제3자에 건네질 가능성도 높기 때문에 위법으로 되어 있는 것일 것이다. 이에 대해 복제물에 관해서는 「공중에의 제공·제시」할 때라는 요건이 있기 때문에 캘린더의 그림(복제물)의 성명의 말소·개찬(改竄)과 같이 사적영역 내에서 행해진 경우는 성명표시권의 침해는 되지 않는다.

동일성유지권 침해는 19조와 같이 「공중에의 제공·제시」할 때라고 하는 요건은 없고, 형식적으로는 사적영역에서의 모든 행위가 문제가 될 수 있다. 따라서 자신의 방에 걸려 있는 ≪캘린더의 부인의 그림에 수염≫을 그리고도 동일성유지권 침해가 되어, 5년 이하의 징역 또는 500만엔 이하의 벌금에 처해지거나 또는 이들이 병과될 가능성이 있다(119조2항1호). 이것은 사적영역으로 이루어진 행위라도, 저작자가 「고집」하는 감정은 훼손된다는 것을 전제로 하고 있는 것일 것이다.[22] 그러나 그것보다도 사적 영역으로 이루어진 개변이라도 그 개변물이 외부에 유출될 가능성은 존재하고 그것을 실효적으로 방지하기는 곤란하기 때문에 개변 자체를 위법한 것으로 둔다는 것이 실질적인 근거라고 생각된다. 특히 디지털 세계에 있어서는 사적영역에 있어 개변되는 것이 인터넷을 통하여 유출되는 사태가 극히 용이하게 일어날 수 있다. 입법론으로서는 그러한 개변물을 공중에 제시·제공하는 행위를 파악하여, 그 경우에 처음으로 동일성유지권 침해가 된다고 하는 것도 가능할 것 같지만, 현행법은 49조에 권리제한의 경우 목적 외의 사용에 대해서는 매우 상세한 내용의 규정을 두고 있어 해석론으로서는 어렵다.

그렇지만 사적영역에서의 행위를 전부 문제시하여, 민사·형사 책임을 지우는 결론에는 납득할 수 없는 면도 있다. 특히 무형적 재생에 대해서는 불합리가 현저하고, 형식적으로는 자택의 욕조에서 개사곡을 부른 것만으로 동일성유지권 침

22) 斉藤 214면은 「사적영역에서의 개변행위 자체는, 저작자의 인격가치를 크게 손상시키는 것도 있겠으나, 그것은 윤리영역에 속한 문제이다」라고 하고 있는데, 윤리의 문제라고 하는 것은 법적으로는 침해 불성립이라고 하는 의미일까?

해가 되어버릴 가능성이 있다.[23] 학설의 대부분도 이와 같은 불편함을 피하기 위해 노력하고 있지만,[24] 그 대부분은 단지 결과의 부당성을 말하고 있는 것이 많고, 50조가 엄연히 존재하고 있는 전제 하에서의 이론 구성으로 되어 있지 않다. 또한 사적영역에 있어서 모든 행위에 대하여 비침해로 해야 할 것인가 하는 점에 대한 논의가 이루어지지 않고 있다.[25] 예컨대, 미술품 등의 원작품에 대한 개변행위에 대해서는 가정 내에서 이루어졌다고 하더라도 침해로 하여도 좋다고 생각된다.[26]

이와 같이 생각한다면 현행법 하에 가능한 해석의 선택은 한정되어 있다. 구체적으로는 20조1항의 「의사에 반한다」고 하는 말의 유연한 해석, 20조2항4호의 「부득이한 개변」의 유연한 해석, 여기에 권리남용 등의 일반법리의 적용을 생각할 수 있다. 특히 20조2항4호의 활용은 가장 가능성이 높을 것이다[27](이 점은 「**제4절 동일성유지권**」 참조).

5. 저작권의 제한규정과 저작자인격권

저작권의 제한규정(30조 이하)은 저작자인격권에 영향을 미치지 않는다(50조). 그 전형적인 문제가 「**4. 사적영역과 저작자인격권**」에서 기술한 문제이다. 권리의

23) 作花・詳解 247면은, 「이와 같은 사례에 대해서는 법문상 개변을 허용하는 규정이 없다고 하여, 동일성유지권 침해라고 파악하여야 할 것은 아니며, 개변의 구체적 상태 및 그에 의하여 손상될 수 있는 저작자의 인격적 이익의 내용 등을 바탕으로, 권리침해라고 평가할 만큼의 실질적인 위법성이 존재하는지의 관점에서 파악해야 한다」고 하고 있다.

24) 斉藤 214면에서는 「그 『성과물』을 디지털 네트워크에 게재하는 등의 공표를 하지 않는 한, 저작자인격권의 침해는 논할 수 없다」고 하였고, 金井＝小倉・上 307면[藤田康幸]은 「인격권이라고 할지라도 사회적 접촉이 있는 경우에 침해가 될 수 있는 것이며, 사회적 접촉이 없는 사적영역에서 개변이 이루어진데 불과한 경우에는 동일성유지권 침해는 되지 않는다」라고 하였으며, 椙山 27면은 「동일성유지권 침해가 되는 것은 복제물에 불가역적 변경이 추가되고, 또한, 이것이 상당수 사회에 유출된 경우만으로 생각한다」라고 하였고, 나아가 田村 451면은 「적어도 입법론으로서는 60조와 복제물에 관한 19조1항의 규율에 따라, 동일성유지권 침해를 물을 수 있는 경우는 저작물이 공중에 제시・제공되는 경우로 한정해야 한다」고 하였다.

25) 上野達弘 「メモリカードの使用と著作者の同一性保持権侵害等」 民商125권6호748면(2002)는 「개변이 사적영역에 그친다고 하는 한가지를 두고 항상 동일성유지권 침해에 해당하지 않는다고 하는 해석에는 의문이 있다」고 하였다. 作花・詳解 247면은, 개인적인 이용의 범위이라면 어떠한 개변도 공격받지 않는다고 하는데는 입법론으로서도 의문을 나타내고 있다.

26) 松田 180면은 사적영역의 개변은 일률적으로 동일성유지권의 침해가 되지 않는다고 하는 결론은 없는 것이며, 어디에 선을 그을지는, 개별적・구체적 케이스마다 판단된다고 하면서, 20조1항의 구성요건에 해당하는 한 침해가 되고, 그 후에는 위법성이 조각되는 경우도 있을 수 있다고 하였다.

27) 作花・詳解 247면은 20조2항을 한정이라고 생각해야할 것은 아니며, 「법률의 표면적 규정에 구애받지 않고 조리(條理)에 비추어 현실 타당성이 있는 법률의 적용이 법체계상의 합리성 및 정합성 하에서 요구된다」고 하였다. 또한, 上野・앞의 주25)는 일반 조항인 20조2항4호에 언급된 요소 중 「태양(態様)」으로 고려할 수 있을 것이라고 하였다.

제한규정은 기본적으로는 그 범위에서 자유롭게 저작물을 이용할 수 있다고 하는 것을 정한 것이지만 그 이용에 있어서 개변 등을 하는 일도 있을 수 있기 때문에 저작자인격권과의 저촉이 문제된다. 단, 30조 이하에 해당하는 경우의 대부분은 저작물을 그대로 이용하는 것이 많고, 또는 교과서에의 기재·학교교육 프로그램의 방송의 경우와 같이 입법상의 조치(20조2항1호)가 이루어지고 있는 것도 있다.

이에 대하여 예를 들면, 인용(32조)은 일부이용이 통상적이고, 또한 요약인용[28]의 경우에는 동일성유지권이 문제가 될 수 있고, 시험 문제로의 복제(36조)의 경우도 동일성유지권이 문제가 될 수 있다. 이들은 제도에 내재하고 있는 저작자인격권의 당연한 한계로 생각해야 하며, 저작권제도 전체에서 조화로운 해석을 찾아야 할 것이다.[29] 50조가 있는 이상, 초법규적인 해석은 어려울지라도 저작자인격권을 경직적으로 절대시해서는 아니되며, 기본적으로는 저작자인격권의 제한규정의 유연한 해석에 의하여 해결해야 한다. 공표권에 대해서는 18조2항1호, 2호의 유연한 해석에 의하여, 성명표시권에 관해서는 19조2항3항의 유연한 해석에 의하여, 동일성유지권에 관해서는 20조2항4호의 「부득이한 개변」의 유연한 해석에 의하여, 구체적 타당성을 찾아야할 것이다. 더욱이 비장의 수단으로 권리남용법리의 적용도 있을 수 있다.

6. 저작자인격권 침해의 효과

저작자인격권의 침해의 효과는 금지(112조), 손해배상(민법 709조), 벌칙(119조1항), 명예회복조치(115조)이고, 특허법에서의 발명자명예권과 비교한다면 상당히 강력한 권리이다.

이미 저작자인격권이 침해받고 있는 경우 또는 그 출판 등의 저작자인격권 침해행위가 아직 이루어지고 있지 않더라도 침해의 우려가 있는 경우에는 출판정지 등의 금지가 가능하다. 아직 저작물이 성립하고 있지 않지만 장래에 저작자인

---

28) 요약인용이 인정되는가 하는 문제에 대해서는 **「제3장 저작권의 내용 제4절 저작권의 제한 4. 인용 등」** 참조.

29) 구법 하의 사건으로, 最判昭55·3·28 判時967호45면(パロディ写真事件第一次上告審)은, 정당한 인용에 해당하지 않기 때문에, 동일성유지권 침해가 된다고 결론짓고 있다. 정당한 인용과 동일성유지권 침해를 결부시키고 있는 점에는 문제도 있지만 정당한 인용이라면 동일성유지권 침해가 되지 않는다는 것을 시사하고 있다고도 볼 수 있다. 東京地判平4·2·25 判時1446호81면(本多勝一反論権事件)에서는, 저작자인격권도 표현의 자유와의 조화 속에서 이해되어야 할 것이고, 평론자에게 허용된 범위의 인용은 저작자의 동의를 얻지 않아도 할 수 있는 것이라고 진술하고 있다.

격권을 침해할 가능성이 큰 경우에 대해서도 상당한 한정은 있지만 금지청구는 가능할 것이다.[30]

저작자와 저작권자가 분리되어 있는 경우에는 저작권자 스스로가 개변하거나, 또는 저작권자의 동의를 얻고 개변하여도 저작자로부터 금지가 청구될 가능성이 있어저작물의 이용・유통에 있어서는 큰 위협이 된다. 저작자인격권 사건에서는 저작자인격권을 이용하여 상대방의 행위를 견제하여, 재산적 이익을 얻는다는 경우가 없지 않아, ≪재산적 인격권≫이라고 비난을 받는 이유이다. 저작자인격권을 제2의 재산권으로 행사한다고 하면 그것은 남용 이외의 어떠한 것도 아니며, 저작자인격권의 사정 범위 밖의 문제라는 견해도 있다.[31] 그러나 무엇 때문에 권리남용이 되는지에 대한 판단은 어렵고 특히 동일성유지권 침해의 경우, 침해 의심을 받는 자가 항변으로 그 저작자의 본래 의도가 재산적 청구라는 것을 입증해야 하므로, 현실에서는 지극히 어려운 작업일 것이다. 게다가, 소송에 들어가기 전 교섭에서 동일성유지권을 들고 나온다면, 불리한 조건을 받아들이지 않을 수 없는 상황에 처할 위험성도 크므로 실제로는 재산적인 목적으로 이용하는 것에 대한 저지는 쉽지 않다.

저작권법에는 저작자인격권 침해에 대한 손해의 추정 등의 규정은 없으며 일반 인격권 침해의 경우와 동일한 방법으로 손해액의 산정이 이루어지게 된다.

저작자인격권의 소송은 원칙적으로 인격의 보호가 목적이고, 경제적 이익을 얻는 것을 직접적인 내용으로 하는 것이 아니기 때문에 인격권에 근거한 금지청구에 의하여 원고가 직접 얻는 이익은 제3자에 의한 침해로부터 인격을 보호하여 얻은 이익이고, 그 목적의 금액은 비재산상의 청구로서 160만엔이 된다(민사소송비용등에관한법률4조2항).[32]

저작자는 저작자임을 확보하거나, 또는 정정 그 밖에 저작자의 명예・성망을 회복하는 조치를 청구할 수 있다. 구체적으로는 사죄광고가 될 것이다.[33] 그러나 판례는 사죄광고에 단지 저작자인격권을 침해하였을 뿐만 아니라, 명예・성망을

30) 저작권 침해 사건이지만, 東京地判平5・8・30 知的裁集25권2호380면(ウォールストリートジャーナル事件)에서는 저작물인 신문이 아직 발행되기 전에 침해의 우려가 있는 행위의 사전 금지를 인정하고 있다. 상세한 것은 「**제8장 침해와 구제 제2절 민사적 구제 1. 금지 (다)장래의 저작물에 근거한 금지**」 참조.

31) 斉藤 161면.

32) 東京高決平5・12・7 判時1489호150면(三国志Ⅲ事件 항소심).

33) 村越啓悦「著作者人格権の侵害に対する救済」牧野＝飯村499 참조.

훼손한다는 요건을 부과하고 있기 때문에 인정된 예는 적다.[34)]**「제8장 침해와 구제 제2절 민사적 구제 5. 명예 회복 조치」** 참조.

제2절 공 표 권(18조)

1. 총 설

자기의 미공표저작물을 공표(정확하게는 「공중에 제공 또는 제시」)할지 말지, 어떠한 형태・시기에 공표할지에 대하여는 저작자만이 결정할 수 있는데(18조), 이러한 저작자의 권리를 공표권이라고 한다.[1)] 여기에서 말하는 미공표저작물에는 저작자의 동의를 얻지 않고 공표된 것도 포함된다(18조1항 괄호). 공표의 정의는 4조에 저작권자의 허락을 얻어 발행 등이 이루어지면 공표된 것이라고 규정되어 있지만 이는 저작권의 존속기간 등에 대한 것이고, 예를 들어 4조에 말하는 공표가 있어도 공표권이라는 관점에서는 「저작자」의 동의를 얻지 않은 것에 대해서는 공표로 보지 않는다는 취지이다(공표의 동의의 추정에 대해서는 후술).

공표의 방법・시기에 관한 명문의 규정은 없지만 공표 여부에 대하여 결정할 권리가 있다면, 공표의 방법・시기에 관하여 결정할 권리도 있다고 생각된다.[2)] 저작물은 사람의 사상・감정의 표현이며, 이에 대한 공표 여부의 결정은 저작자의 인격권과 관련된 문제라고 생각되고 있다.[3)] 구법에서도 조문상에 공표권의 규정은 존재하고 있지 않았지만 현행법과 마찬가지로 생각되고 있다.[4)]

---

34) 사죄광고가 인정된 예로서, 東京地判平5・8・30 判時1571호107면(目覚め事件)이 있고, (東京高判平8・4・16 判時1571호98면 항소 기각). 東京高裁平8・10・2 判時1590호134면(市史事件 항소심)은, 학술 논문의 사건으로 선행성이 중요시된다고 하여 일반 신문에 사죄 광고문을 게재하는 것을 인정하였다. 東京地裁平11・10・18 判時1697호114면(剣と寒梅事件)에서는 三島由紀夫의 미공표 편지의 무단 공표에 대하여, 저작자가 생존하고 있다고 한다면 그 공표권의 침해가 되는 행위에 해당한다고 하여 신문광고의 게재가 인정되었다(東京高判平12・5・23 判時1725호165면 항소기각).

1) 加戸 159면. 東京地判平8・2・23 判時1578호90면(市史事件)은, 시(市)가 발행한 시사(市史)에 게재하기 위하여 집필・송부한 원고를 편집자가 마음대로 개변을 가하고 자기 단독 명의의 논문으로서 근무지 고등학교의 研修集録(學內誌)에 투고한 행위를 공표권 침해라고 하였다(東京高判平8・10・2 判時1590호134면에서 손해배상액만을 변경, 最判平9・7・17(未登載) 상고 기각).

2) 加戸 160면, 斉藤 149면, 斉藤博 「著作権法と人格権の保護」 著作権研究4호79면(1971), 作花 100면, 半田 116면.

3) 加戸 158면에서는 내비적(内秘的) 자유를 확보하기 위한 권리라고 표현하고 있다.

4) 東京地判昭52・2・28 無体裁集9권1호145면(九州雑記事件)에서는 「구 저작권법에는 공표권에 관한 직접적인 규정은 없지만 구 저작권법의 해석으로서 저작자는 그 저작물로 아직 공표되지 않은 것을 공중에 제공 또는 제시할 권리를 갖는다」라고 설시하고 있다.

공표권 침해의 경우에는 저작권(재산권)침해를 수반하는 것이 통상적이며 그러한 의미에서 공표권은 대부분 의미가 없다고 하는 說도 있다.[5] 확실히 금지에 관해서는 재산권만으로 충분한 경우가 대부분일 것이나, 손해배상액에 관해서는 정신적손해의 부분이 가산되기 때문에 공표권의 존재는 이유가 있다.[6]

원저작자의 공표권은 2차적저작물에도 미치기 때문에(18조1항2문), 미공표저작물의 2차적저작물을 원저작자에 대해 무단으로 공표하면 공표권 침해가 된다. 단, 저작권법은 표현을 보호하는 법이기 때문에 타인의 미공표저작물의 아이디어는 이용하고 있더라도 표현까지는 이용하지 않은 저작물을 공표하는 경우는 공표권이 미치지 않는다.[7] 그렇지 않다면 공표권에 의하여 저작권법의 대원칙인 표현의 보호를 넘어 아이디어까지 보호하는 것이 되기 때문이다.

저작자에는 이러한 공표권이 있기 때문에, 민사집행법131조12호에서는 저작에 관계되는 물건으로 아직 공표하고 있지 않은 것은 압류금지 동산으로 되어 있으며, 국세징수법 75조1항11호에도 압류금지 재산으로서 동일한 규정을 두고 있다. 이에 관해서는 「**제4장 거래의 대상으로서의 저작권 제5절 강제집행**」 참조.

2. 공표의 추정

공표권은 저작자에게 원시적으로 귀속하지만 저작자가 동의하면, 출판자나 방송 사업자 등에 의한 공표(출판이나 방송)에 문제는 없다. 공표에 대해 명확한 동의를 하고 있지 않더라도, 제반의 상황으로부터 공표에 동의하고 있다고 추정할 수 있는 경우도 있고,[8] 또한 아래에 언급한 사항에 해당한 경우에는 공표의 동의가 법률상 추정된다.

(ⅰ) 미공표 저작물의 저작권을 양도한 경우에는 당해 저작물을 그 저작권의 행사에 의해 공중에 제공하고, 제시하는 것에의 동의가 추정된다(18조2항1호). 제도의 취지로부터 양도에는 저작권의 지분권의 양도도 포함된다.[9]

(ⅱ) 미술저작물 또는 사진저작물로서 미공표의 원작품을 양도한 경우에는 그

5) 半田正夫「わが国における著作者人格権の判例－立法当初の仮説と判例実務－」青山法学論集33권3・4호61면(1992), 半田正夫「人格権とは何か」著作権研究23호9면(1997).

6) 最判昭61・5・30 判時1199호26면(モンタージュ写真パロディ事件第二次上告審)은 저작재산권과 저작자인격권이란 각각 보호법익을 달리 하고 있기 때문에 저작재산권 침해에 근거한 위자료액과 저작자인격권 침해에 근거한 위자료액을 각각 특정하여 청구해야 한다고 설시하고 있다.

7) 田村 415면.

8) 東京地判平1・6・30 無体裁集21권2호587면(商品広告用写真事件).

9) 加戸 162면, 田村 419면.

저작물을 원작품에 의한 전시 방법으로 공중에 제시하는 것의 동의가 추정된다(18조2항2호). 본호에서는 전시의 방법으로 공중에 제시하는 것의 동의가 추정되지만 출판 등 다른 방법에 의한 공표까지는 추정되지 않는다.

(iii) 29조에 의하여 영화저작물의 저작권이 영화제작자에게 귀속한 경우에는 해당 영화 저작물을 그 저작권의 행사에 의해 공중에 제공하거나 제시하는 것에 대한 동의가 추정된다(18조2항3호). 29조가 적용되는 경우는 저작자가 영화저작물의 제작에 참가하는 것을 약속한 경우로 참가계약에 공표하지 않는다는 조항을 넣는 것은 가능하지만, 제작한 영화를 공표하지 않는다는 사태는 예외적인 사정이 있는 경우로 한정될 것이다.[10)]

이상은 추정규정이라 반대의 유보를 할 수 있고 또한 반대의 묵시의 계약의 존재 증명은 허용된다. 상술한 양도 등은 이용목적으로 이루어지는 것이 통상이고, 공표권의 유보는 그 저작물의 경제가치를 현저하게 저하시키는 효과가 있기 때문에, 유보하는 경우는 드물 것이라고 생각된다. 그러나 예를 들어 생전에 공표하지 않는다고 한 특약에 기하여 저작권을 양도할 수도 있을 것이다. 또한 이론상으로는 프로그램의 공표를 금지하여 양도하는 경우가 없다고는 할 수 없겠지만 그러한 경우는 양도가 아니라 라이선스의 경우가 많을 것이다.

미공표저작물의 저작권의 양도가 아니라, 복제(출판) 등의 허락의 경우에는 법률상 동의의 추정이 적용되지 않는다. 그러나 소설가가 출판자에 출판을 허락한 경우에는 출판자가 공표(출판)하는 것은 당연하고, 명문의 계약이 없더라도, 공표에 관하여 묵시의 허락이 인정되는 경우가 압도적으로 많다고 생각되기 때문에 결과적으로는 저작권의 양도의 경우와 큰 차이는 없을 것이다.[11)]

3. 정보공개법과의 관계

행정기관이 보유하여, 정보공개법의 적용을 받는 문서에는 미공표의 저작물도 포함되어 있는 경우도 있어 공표권이 문제된다. 예를 들면 행정기관에 제출된 공

---

10) 이와 같이 영화에 관한 공표권이 제한되는 것에 대한 반대설로는 斉藤・앞의 주2) 81면이 있는데, 실태로 판단하자면, 비록 이와 같은 추정규정을 두지 않는다고 하여도 대부분의 경우 묵시의 동의가 인정될 것이다.

11) 東京地判平1・6・30 無体裁集21권2호587면(商品広告用写真事件)은, 카메라맨이 광고 대리점의 주문에 의하여 상품 광고용 사진 촬영을 도급받고, 현상제(現像剤)필름・인화사진을 인도하였다는 사실 하에서 양자의 직업 및 계약의 목적에 비추어 카메라맨은 당해 사진을 상품 광고에 사용하고, 또 공표하는 것을 허락하였다고 인정된다고 하였다.

장 건설의 설계도 등이 미공표저작물인 것도 있어 정보공개법이 제정될 때 큰 문제가 되었지만,[12] 18조3항 · 4항을 신설하여 해결하였다. 간략하게 말하자면, 미공표저작물을 행정기관 · 지방공공단체에 제공한 경우는 정보공개에 동의한 것으로 간주되지만(3항1호 · 2호), 개시하는 취지의 결정시까지에 저작자가 별도의 의사표시를 한 경우는 제외된다(1호 · 2호 괄호). 또한 4항에 그 예외가 규정되어 있어 일정한 경우에는 공표할 수 없다.

제 3 절 성명표시권(19조)

1. 총 설

저작자의 성명표시는 저작자와 저작물을 연결하는 유대이다. 이 성명표시가 없다면 저작자로서의 명예 · 성망, 사회적 평가, 또는 저작자인 것의 만족감은 얻을 수 없으며,[1] 또한 역으로 어떠한 사정에 의하여, 저작물과 자신과의 관계를 사회에 알려리고 싶지 않는 경우도 있다. 저작권법은 이러한 성명표시권을 저작자인격권의 일종으로 규정하고 있으며, 구체적으로는 「저작물의 원작품에」 또는 「저작물의 공중에의 제공 혹은 제시할 때」 성명을 붙일지 말지, 또는 어떤 성명을 붙일까(실명이나 가명 또는 익명)에 대한 결정은 저작자의 권리로 되어 있다(19조). 제공이란 유형물인 저작물(예를 들면 서적)을 교부하는 것을 의미하고, 제시란 저작물의 무형적 저작물 전달(예를 들면 방송)을 의미한다.

일반적으로 저작물을 공중에의 제공 · 제시하는 때의 표시가 문제되지만 원작품의 경우에는 공중에의 제공 · 제시 전 단계로서의 표시도 문제가 된다. 즉, 원작품에 관해서는 사적영역 내에서의 성명을 고치는(改竄) 행위 등도 침해가 되지만 그 밖의 경우, 예를 들면 복제물의 경우에는 성명을 고치는 행위가 곧 침해가 되는 것은 아니고 그것을 공중에 제공 · 제시하는 단계에서 침해가 된다. 또한 저작물이 개변되어 2차적저작물이 작성된 경우에도, 원저작자의 성명표시권이 미친다

12) 정보공개조례와의 관계에 관한 판례로는, 東京高判平3 · 5 · 31 判時1388호22면(神奈川県情報公開条例事件 환송항소심).

1) 小泉直樹「著作者人格権」民商116권4 · 5호100면(1997)은, 성명표시권에 의하여 보호받는 인격권적 이익으로써 자기 명의로 저작물을 발표함으로써 명예 · 성망을 형성할 기회의 상실이라는 측면도 있음을 지적하고 있다.

(19조1항2문).

성명표시권이 문제가 된 케이스의 대부분은 타인의 저작물을 무단복제・번안・인용 등을 할 때에 성명을 표시하지 않았다고 하는 사건,[2] 저작물의 이용 자체는 정당하지만 어떠한 사정으로 성명표시가 이루어지지 않았던 사건,[3] 성명표시를 하지 않는다는 취지의 묵시의 합의의 유무가 문제가 된 사건도 있다.[4] 또한 성명표시를 어떻게 하면 합법인가 하는 점을 둘러싼 다툼도 있다.[5] 그와 관련하여 학계에서는 논문 집필자의 성명의 게재 순서가 큰 의미를 갖는 것 같은데, 공동저작물인 이상 그 순서가 정당하지 않다고 하더라도 성명표시권의 문제가 아니라 불법행위의 문제가 될 수 있음에 불과할 것이다.[6]

베른협약6조의2(1)에서는 「저작물의 창작자임을 주장할 권리」라고 규정되고 있고, 일본 저작권법19조보다도 넓게 해석할 수 있다. 이 때문에 양자의 관계가 문제되지만 19조는 자기의 성명을 저작물에 표시하거나, 또는 표시하지 않을 권리로 규정되어 있기 때문에 저작물이 없는 경우에 표시권이 존재하는 것은 없다.[7] 예를 들면, 서지(書誌)적 데이터베이스나 저작물을 포함하지 않는 현창비(顯彰碑)에 저작자로서 틀린 성명이 표시되어 있어도, 불법행위의 성립여부는 별개의

---

2) 大阪地判昭60・5・29 判タ567호318면(Y子の症例事件), 東京高判昭62・2・19 判時1225호111면(當落予想表事件), 東京地判昭60・4・26 判タ566호267면(浅野ビル設計図事件), 東京地判平2・6・13 判時1366호115면(薬理学教科書事件), 東京高判平5・3・16 判時1457호59면(コヒノボリ事件), 東京地判平7・5・31 判時1533호110면(ぐうたら建康法事件), 東京地判平11・9・28 判時1695호115면(煮豆売り事件), 東京地判平13・1・23 判時1756호139면(ふぃーるどわーく多摩事件).

3) 千葉地判昭54・2・19 無体裁集11권1호62면(千葉大医学部助手氏名脱落事件)은, 대학 의학부 교수가, 연구원에게 분담집필을 의뢰하고, 이에 가감 정정을 하여 출판함에 있어 집필자 전원의 성명을 문말미 및 목차에 기록할 것을 지시했지만, 특정한 자의 성명을 과실에 의하여 탈루한 경우, 성명표시권 침해에 해당한다고 하였다(東京高判昭55・9・10 無体裁集12권2호450면 항소기각).

4) 長野地判平6・3・10 判例地方自治127호44면(白馬村観光パンフレット事件)에서는 계약내용으로 보아, 저작권의 양도와 동시에 원화(原畵)의 분할 사용, 원고의 성명을 표시하지 않은 것 등에 대하여, 묵시적으로 승낙하였다고 인정하는 것이 상당하다고 하였다.

5) 東京地判平11・3・26 判時1694호142면(Dolphin Blue事件)에서는, CD-ROM소프트의 소개지에 원고의 사진을 트리밍(trimming) 등 하여 게재할 때 원고 작품집의 재킷 위에 원고의 성명이 보인다고 해서, 사진을 본건 잡지에 게재하여 공중에 제공할 때 원고의 성명을 표시하였다고는 인정되지 않는다고 언급하고 있다.

6) 東京地判平8・7・30 判時1596호85면(氏名順事件)에서는, 논문에 있어서 제1저자인가 그 이외 공동저자인가는 평가, 기타 사항에서 큰 차이가 있는 점, 제1저자가 그 연구의 책임과 권리를 갖고 있음이 인정되어, 승낙 없이 저작의 순위를 변경하는 것은 불법행위를 구성한다고 설시하고 있다.

7) 田村 428면, 金井=小倉・上 288면 [小倉秀夫]. 東京地判平13・12・25 判時1792호79면(聖母エヴァンゲリオン事件)에서는, 서적 속의 「성모(聖母) 에반게리온」을 집필한 것은 SF소설 평론가가 아니라, 그 남편인 대학 교수라는 기재는 평론가의 명예훼손이지만, 동인(同人)의 성명 그 자체를 잘못하여 기재하였다던가, 사용이 금지되어 있는 동인(同人)의 성명을 무단으로 사용한 것은 아니므로, 성명권을 침해한 것이라고는 할 수 없다고 하였다.

문제로 19조 위반은 아니다.[8] 베른협약상의 의무는 반드시 실정 저작권법으로만 이행할 필요는 없으며 일본 법체계 전체 가운데에서 실현되면 충분하지만, 협약이 이행되고 있는지에 대한 검증의 문제는 남을 것이다.

인용할 때에는 출처의 명시가 의무로 되어 있고(48조), 그 위반으로 벌칙이 규정되어 있지만(122조), 이 의무위반이 성명표시권 침해에 직결되는 것은 아니다. 하지만 현실적으로는 이 출처표시 의무위반이 성명표시권 침해의 인정에 결부되기 쉬운 것은 부정할 수 없을 것이다.[9]

이와 관련하여 성명표시권의 문제는 아니지만, 안정된 이용을 위해 저작물에 저작자명으로서 통상의 방법에 의해 표시되어 있는 자는 저작자로 추정된다(14조). 이 문제에 관해서는 **「제2장 저작권의 주체 제2절 저작자＝창작자 3. 저작자의 추정」** 참조.

2. 성명표시권의 예외

성명표시권을 엄격하게 관철한다면 저작물의 원활한 유통・이용에 불편을 가져올 우려가 있기 때문에 다음 2개의 예외규정이 마련되어 있다.

(1) 종래의 표시를 바꾸지 않는 경우(19조2항)

저작물을 이용하려고 하는 자는 그때마다 저작자에게 문의할 것까지는 없고, 별도의 의사표시가 없는 한 이미 저작자가 표시하고 있는 바에 따라 저작자명을 표시할 수 있다. 그러나 저작자는 별도의 의사표시로 다른 표시 방법을 지정할 수 있다. 무명의 저작물에 관해서는 그 저작자가 성명을 표시하지 않을 권리를 행사한 것이라고 생각되기 때문에 그 저작물을 이용할 때에는 진정한 저작자를 조사하고 저작자의 의사를 탐구할 것까지 없이 무명의 저작물로서 이용하면 족하다.[10]

(2) 저작자의 이익을 해칠 우려가 없는 경우(19조3항)

저작물 이용의 목적 및 상태에 비추어 보아 저작자가 창작자임을 주장할 이익

8) 이 문제에 대해서는, ,鈴木眞実子「外形的同一著作物と氏名表示権」清和法学研究2권1호199면(1995), 鈴木眞実子「わが国における氏名表示権の発展史」清和法学研究4권2호183면(1997) 참조.

9) 大阪地判昭60・5・29 判タ567호318면(Y子の症例事件).

10) 東京高判昭51・5・19 判時815호20면(モンタージュ写真事件 항소심).

을 해칠 우려가 없다고 인정되는 경우에는,[11] 공정한 관행에 반하지 않는 한 저작자 표시를 생략할 수 있다.[12] 찻집이나 백화점에서 이용된 백그라운드 뮤직 등이 전형적인 예이다. 이 예외 규정은 주로 저작물의 무형적 이용을 상정한 것일 것 같지만 컴퓨터프로그램과 같은 기능적인 저작물의 경우에는 공업 제품의 일부에 편입되어 있는 것도 많아 유형적 이용의 경우에도 성명을 생략할 수 있는 경우가 증가하고 있다.

여기에서 말하는 관행이란 어디까지나 「공정」한 관행을 가리키고, 단지 업계에서 폭넓게 행해지고 있다는 것만으로는 부족하다. 예컨대, 잡지 · 신문 등에 게재되어 있는 사진에 관해서는 성명표시가 결여되고 있는 예도 많지만 그것으로써 곧 사진에 대해서 성명표시를 하지 않는 것을 「공정한 관행」이라고 인정할 수는 없다고 할 것이다.[13]

디지털저작물 일반에 관하여 저작자인격권의 권리처리가 어려워지고 있고, 성명표시권에 대해서도 디지털화의 영향은 크다. 먼저, 디지털기술에 의하여 대량의 정보를 수집 · 가공하고 데이터베이스가 작성되며, 이용자는 거기에서 필요한 정보만을 꺼내거나 가공하여 이용하는 경우도 많다. 대량이면서 불특정 다수의 자 사이에서 유통되게 되면 사실상 개별적으로 성명을 표시할 수 없는 경우도 생길 수 있다. 개별적인 저작권의 처리도 대단한 작업이지만 인격권의 처리는 더욱 곤란한 작업으로 되어, 사실상 이와 같은 저작물의 이용이 곤란해지는 상황도 생각된다. 게다가, 인터넷으로 이용하는 경우에는 기술적으로는 용이하게 성명표시를 제외하고 이용할 수 있고 또 그것이 발각되기 어려운 환경에 있기 때문에 적용의 곤란성이 증가하여, 성명표시권이 유명무실하게 될 수 있는 상황이 발생하고 있다. 1999(平成11)년 개정으로 권리관리정보의 제거 · 개변에 관한 규정(113조3항)이 신설되었지만 이 문제는 법과 기술과의 쌍방에 의하여 해결방향을 찾아내는 방법 이외에는 없을 것이다. 콘텐츠 비즈니스의 진흥이라고 하는 관점에서 저작자인격권에 대해서도 재검토가 필요한 시기에 와 있다고 할 것이다.

11) 東京地判平5 · 1 · 25 判時1508호147면(月刊誌ブランカ事件)에서는, 약 900점의 사진이 사용되고 있는 잡지 중면에 사용되는 사진에 대하여 타인의 저작물과의 구별을 구할 이익을 충분히 시인할 수 있고, 19조3항의 표시를 생략할 수 있는 경우에 해당하지 않는다고 하였다.

12) 東京地判平13 · 12 · 25(未登載)(国語教科書準拠教材事件)는, 교과서 준거교재에 대하여, 「저작물의 이용목적 및 상태에 비추어」라 함은, 저작물의 이용의 성질상 저작자명 표시의 필요성이 없거나, 저작자명 표시가 극히 부적절한 경우를 가리켜, 교과서에 저작자명이 게재되었다고 해서, 이와는 별개 서적인 상기 교재에 저작자명 표시의 필요성이 없다고는 할 수 없다고 하였다.

13) 사진에 대해서는 최근, 저작자명을 표시하는 예가 증가하고 있다.

3. 정보공개법과의 관계

정보공개법에 의하여 행정기관 등이 저작물을 공중에 제공·제시한 경우에는 해당 저작물에 이미 저작자가 표시하고 있는 바에 따라 저작자명을 표시하면 성명표시권의 침해가 되지 않는다(19조4항). 정보공개법6조2항 또는 정보공개조례로 저작자의 성명을 생략하는 것으로 되는 경우에도 성명표시권의 침해로는 되지 않는다.

제 4 절 동일성유지권(20조)

1. 동일성유지권의 의미[1)]

저작자는 자기의 저작물과 그 제호에 관하여, 그 의사에 반하여 변경, 절제 기타의 개변을 받지 않을 권리를 갖는다[2)](20조). 특히 근래에는 디지털저작물에 관한 동일성유지권 사건이 증가하고 있어 이 규정이 갖는 의미가 부각되고 있다.[3)] 금지된 행위는 원작품과 복제물의 변경, 절제 기타의 개변과 이들의 수입(113조1항1호), 정을 알고 반포·반포 목적의 소지(113조1항2호)이다. 그 밖의 행위, 예를 들어 개변된 저작물의 방송, 공중송신, 전시 등의 행위는 금지되어 있지 않다.[4)] 입법론적으로 이러한 행위를 금지하는 것도 생각할 수 있을 것이다.

20조는 저작자의 의사에 반하여 개변한 것 자체가 저작자의 인격을 손상시킨다고 하는 인식하에 입법되었고,[5)] 객관적으로는 저작자의 명예·성망을 해치는 사실이 없더라도 의사에 반하는 개변이라면 원칙적으로 동일성유지권 침해가 되도록 규정되어있다. 예를 들면 명인이 가필하면 객관적 금전가치 또는 사회적 평가가 향상될 것이 명확할 것 같은 개변이라도 동일성유지권 침해가 된다. 또 조

---

1) 입법의 경위에 관해서는, 上野達弘「著作者人格権の生成と発展－ドイツおよび日本における同一性保持権を中心に－」小野昌延古稀記念『知的財産法の系譜』(青林書院, 2002)567면 참조.

2) 1931(昭和6)년 개정 때, 구법 18조(저작자인격권)에「단, 저작자의 명예 성망을 해하는 때에는 그러하지 아니하다」라는 문언의 삽입이 제안되었지만 반대가 많아 실현되지 못하였다.

3) 中山·マルチメディア 127면 참조. 구체적 사례에 대해서는 田村 435면 이하에 상세하다.

4) 高部眞規子「著作権侵害の主体について」ジュリスト1306호129면(2006).

5) 일본의 규정이 베른협약 플러스의 규정이라는 점에 관해서는, 上野達弘「著作者人格権をめぐる立法的課題」中山信弘還暦記念『知的財産法の理論と現代的課題』(弘文堂, 2005)351면, 百選［二版］69事件[田村善之].

문상은 사적영역에서의 개변이라도 침해가 될 수 있다(50조)(「**제1절 저작자인격권 총론 4. 사적영역과 저작자인격권**」에 상술). 그러한 의미에서 이 동일성유지권은 저작자의 자기의 저작물에 대한 「고집」「애착」「예술적 · 학문적 양심」이라는 주관적인 이익을 보호하고 있다고 할 수 있다.[6] 그러나 15조의 직무저작의 경우에는 법인이 저작자가 되기 때문에 「애착」이라고 하는 심정적 · 주관적인 것만으로 제도의 존재이유를 충분히 설명할 수 있는가 하는 의문은 남지만, 직무저작은 예외적인 존재로 현행법에서 동일성유지권의 일반론으로 본다면 저작자의 「애착」을 보호하고 있다고 할 수 있을 것이다.[7]

조문을 형식적으로 해석한다면 사소한 개변이라도 의사에 반하는 것은 동일성유지권 침해가 될 것이지만 복제 등에 필연적으로 수반하는 개변과 같이, 동일성유지권 침해라고 하기에는 적합하지 않은 경우도 있다. 예를 들어 회화를 사진복제 할 때에는 기술상의 이유로부터 원화와 같이 색이 나오지 않는 일도 있을 수 있다. 비용과의 관계에서 항상 최고의 기술을 이용할 수 있는 것도 아니어서, 원화와의 차이를 어느 정도까지 허용하는가 하는 판단은 미묘하다.[8] 또한 사소한 변경으로 인격권 침해를 물을 만한 가치가 없는 개변도 있을 수 있다.[9] 그 판단

---

6) 井上由里子「著作物の改変と同一性保持権」ジュリスト1057호66면(1994).

7) 塩澤一洋「著作物の改作的利用許諾と著作者人格権」法学政治学論究(慶応大学)34호184면(1997)은, 저작자와 저작물과는 인격적불리일체성(人格的不離一体性)에 비추어, 타인의 저작물을 개변하고, 자기의 표현으로써 표시하고 있는 경우에는 동일성유지권의 범위 밖이며 성명표시권의 문제가 된다고 하고 있다(이 설을 저작자명의설(著作者名義說)이라고 칭하고 있다.

8) 東京地判平11 · 3 · 26 判時1694호142면(ドルフィン · ブルー事件)에서는, 사진을 디스플레이 상에 상영한 영상과 잡지에 게재된 사진은, 매체가 다르다는 점에서 완전히 동일하다고는 할 수 없지만, 잡지의 사진이 디스플레이상의 영상보다도 특히 질적으로 떨어진다고 인정되지 않기 때문에, CD-ROM으로부터 종이 매체로 전용(轉用)한 것이 동일성유지권의 침해가 된다고는 할 수 없다고 설시하고 있다.

9) 東京地判昭52 · 2 · 28 無体裁集9권1호145면(九州雑記事件)에서는, 영화에 「도쿄 후쿠하라 필름즈(東京福原フィルム)작품」이라는 타이틀 · 필름을 가한 사례에서, 타이틀 · 필름이 사실에 입각하여 단지 본건 영화가 피고 제작의 작품임을 나타내는 것에 불과하다고 하는 점, 원고는 본건 영화의 저작자 1인이기는 하지만 ,본건 영화의 단독 저작자가 아닌 것 등의 사실을 함께 생각한다면, 타이틀 · 필름을 추가함으로써 본건 영화를 길게 하였다고 해서 원고가 본건 영화에 관하여 저작자의 1인으로서 갖는 인격적 이익이 해하여진 것이라고는 인정되지 않기 때문에, 의사에 반하는지 아닌지를 논하지 않고, 피고의 위 행위에 의하여 원고가 본건 영화에 대하여 갖는 동일성유지권이 침해받았다고는 할 수 없다고 하였다. 東京地判平15 · 10 · 22 判時1850호123면(ウェブサイト転職情報事件)에서는 히라가나와 한자의 용자상의 차이 「입니다(です), 합니다(ます)」등의 문장 말미의 문체상의 차이, 숫자상의 차이가 인정되지만, 실질적으로 동일하기 때문에 동일성유지권 침해는 되지 않는다고 하였다. 東京地判平2 · 11 · 16 無体裁集22권3호702면(法政大学懸賞論文事件)에서는, 변경이 한자음병기나, 쉼표의 사용 방법 등의 표기 방법에 관한 변경이나, 행의 변경 여부에 관한 것이고, 원고 논문의 해당 부분의 의미 내용에 특별한 차이가 생기는 것이라고는 인정되지 않으므로, 저작물의 동일성을 실질적으로 해치는 것이라고는 할 수 없다고 한데 대하여, 그 항소심인 東京高判平3 · 12 · 19 判時1422호

은 대상 저작물의 성격 등의 제반의 사정을 감안하여 결정된다. 예를 들어, 하이쿠(俳句)의 1자를 개변한 경우[10]와 사무연락적인 문장의 1자를 개변한 경우는 당연히 다른 판단이 이루어질 것이다.[11] 사소한 변경을 비침해라고 하는 이론구성이라면, 동일성유지권의 제도의 취지에서 개변에 해당하지 않는다고 생각할 수도 있지만 사례에 따라서는 그러한 사소한 개변은 2항4호의 부득이한 개변이라고 해석하는 것도 가능할 것이다.

동일성유지권은 타인의 저작물의 창작성이 있는 부분에 개변을 가한 경우에만 발생하며, 타인의 저작물을 잘못 해석하는 것과 같은 경우에는 침해가 되지 않는다.[12] 또한 동일성유지권 침해가 되기 위해서는, 원저작물을 그 표현 형식상의 본질적 특징을 알아차릴 수 있는 방법으로 이용하여야 하며, 타인의 문장을 극히 짧게 요약하여 원문의 표현의 본질적 부분을 알아차릴 수 없는 경우,[13] 환골탈태하여 그 본질적 특징을 알아차릴 수 없는 방법으로 이용하는 경우는 원래 타인 저작물의 이용이 없는 것이기 때문에 동일성유지권의 문제는 생기지 않는다.[14] 그저 이러한 행위가 명예성망을 해치는 경우에는 민법상 불법행위가 될 수 있다(민법710조).

큰 관점에서 보면 모든 저작물은 선인의 영향을 받아 성립하고 있다고 할 수

123면에서는, 개변을 하지 않는다면 대학에서의 교육 목적 달성에 지장이 생기는 것이라고는 해석하기 어렵고, 대학에서의 학생의 연구 논문의 성질상 다른 논문과의 표기의 통일이 어떠한 이유로 요청되는 것인가도 명확하지 않고, 이와 같은 저작물의 이용 목적 및 태양에 비추어, 본건 논문의 게재에 있어서 저작자의 동의를 얻지 않는 개변의 필요성이 예외적으로 허용되고 있는 1호 및 2호의 경우와 동일한 정도에 존재한 것이라고 해석하는 것은 매우 곤란하다고 하여 동일성유지권 침해를 인정하고 있다.

10) 東京地判平9・10・31 判時1681호107면(浅間山荘短歌事件)에서는 탄카(短歌)라고 하는 극히 글자수가 적은 표현 형식으로 2개의 쉼표를 추가하는 개변은 동일성유지권 침해가 된다고 하였다(東京高判平10・5・28 判時1681호104면 항소기각).

11) 上田洋幸「著作者人格権の侵害行為」牧野＝飯村 487면.

12) 仙台高判平9・1・30 判タ976호215면(石垣写真事件 항소심)에서는 사실과 다른 설명 하에 본건 사진을 게재한 점에서 동일성유지권을 침해한다고 하였는데, 창작성 있는 부분의 개변이라고는 할 수 없기 때문에 의문이다(단지 이 사건에서는 공표권과 성명표시권의 침해이기도 하기 때문에 결론은 바뀌지 않는다).

13) 最判平10・7・17 判時1651호56면(本多勝一反論事件 상고심)은, 동일성유지권을 침해하는 행위란, 타인의 저작물에 있어서의 표현 형식 상의 본질적인 특징을 유지하면서, 그 외면적인 표현 형식에 개변을 가한 행위를 말하여, 타인의 저작물을 소재로 이용하여도 그 표현 형식상의 본질적인 특징을 감득하게 하지 못하는 상태에서 이것을 이용한 행위는 동일성유지권을 침해하지 않는다고 하고 있다.

14) 東京地判平11・10・27 判時1701호157면(雪月花事件)에서는 조명기구의 카탈로그 안에, 거실에 원고의 글이 족자로 비치된 모델 하우스의 일본식 방에 사진이 있었다고 하는 사안에서, 먹의 농담(濃淡), 붓의 움직임, 필세(筆勢)등을 감지할 수 있을 정도로 재제(再製)되어 있지 않는다고 하여, 복제권 침해, 동일성유지권 침해를 부정하였다(東京高判平14・2・18 判時1786호136면 항소기각).

있고, 많은 저작자는 어떠한 의미에서 과거의 작품을 개변하여 자기표현을 하고 있다고도 할 수 있다. 그렇다면 저작물의 개변은 자기표현의 하나의 수단이고, 표현의 자유의 범주에 속하는 문제로도 볼 수 있다.[15] 즉, 기존의 저작물·정보를 이용한 창작 활동도 긍정적으로 평가할 수 있는 면도 있어,[16] 개변을 전부 일률적으로 취급할 수는 없다.

패러디에 전형적으로 나타나는 것과 같이 저작권법에서의 동일성유지권의 해석은 궁극적으로는 저작자의「애착」으로 타인의 저작물을 이용하여 자기표현을 도모하는 자, 나아가서는 새로운 저작물을 향수하는 사회 일반의 이익과의 조화점을 어디에서 찾을지 하는 문제로 귀착된다.[17] 특히 디지털기술의 발전에 의하여 자기표현으로써의 2차적저작물이 급증하고 있는 상황을 감안하면 개변에 대한 의식도 변할 수밖에 없다.[18] 동일성유지권을 강화하여 저작자의「애착」을 강하게 보호하면 하면 할수록 저작물이라고 하는 정보의 풍부화가 이루어진다고만은 볼 수 없다는 인식이 필요하다.

참고로, 저작물의 제호 자체에는 저작물성이 없는 경우가 많다고 생각되지만, 만일 제호에 저작물성이 없더라도 제호를 개변한다면 동일성유지권 침해가 된다(20조1항).[19] 다만, 소설 등에 있어서는 제호도 저작물의 일부라고 생각할 수 있어 20조1항이 없더라도 저작물의 일부 개변이라고 해석하는 것도 가능하지만,[20] 조각의 제호와 같이 제호가 저작물의 일부로 보여지지 않는 것도 있는데, 그러한 경우라도 제호의 개변은 동일성유지권 침해가 된다.

---

15) 小泉直樹「著作者人格権」民商116권4=5호603면(1997)에서는「『문화적 소산의 공정한 이용』에 있어서는 표현의 자유 또한 교육을 받을 권리에 뒤떨어지지 않는 중요한 요청이다」라고 언급하고 있다. 또한, 東京高判昭51·5·19 判時815호20면(モンタージュ写真事件 항소심)은「타인이 자기의 저작물에 있어 자기의 사상, 감정을 자유롭게 표현하고자 하여 원저작물을 이용하는 경우를 생각한다면, 그 표현의 자유가 존중되어야 하는 것은 헌법 제21조제1항의 규정이 요청하는 바이다」라고 하고 있다(이의 고등법원 판결은 最判昭55·3·28 判時967호45면에 의하여 파기되었다).

16) 井上·앞의 주6) 65면.

17) 上野達弘「著作物の改造と著作者人格権をめぐる一考察 －ドイツ著作権法における『利益衡量』からの示唆」民商120권6호960면(1999)는, 종래의 통설적 입장인「저작자의 우월적 지위」라고 하는 사고방식을 재검토하여, 저작자와 이용자의 조정이라고 하는 구조에서 파악하는 것이 가능할 것이라고 하였다.

18) 中山·マルチメディア 149면.

19) 구법 하의 사건이지만, 東京地判昭10·12·7 新聞3947호17면(Juli'14事件)에서는, 스위스 사람이 독일에서 발행한 소설「Juli'14」를 무단 출판한 후, 제호를「누가 세계 대전을 제조하였나?」라고 개변하여 출판한 것은 인격권 침해라고 하였다.

20) 田村 438면.

2. 동일성유지권의 근거

(1) 동일성유지권 정당화 근거

왜 저작자에게만 일반적인격권을 넘어 형벌규정까지 구비하여 저작자의 「애착」을 강력하게 보호할 필요가 있는 것일까? 동일성유지권의 규정은 저작자가 자기의 저작물에 대한 애착을 갖는 감정을 보호하는 것이 문화 발전에 이바지한다는 것을 전제로 하고 있는 것일 것이다. 그 밖에도, 문화적 소산을 다른 사람이 마음대로 개변하는 것은 문화를 훼손한다고 하는 근거를 드는 견해도 많다.[21] 확실히 이와 같은 사고방식은 사후(死後)의 인격권에 관한 보호 규정에 나타나고 있어(「**제7절 저작자 사후(死後)의 인격적 이익의 보호**」에서 상술), 입법자는 그와 같이 생각하고 있었다는 것으로 추측된다. 그러나 사회에는 천문학적인 수의 저작물이 존재하고 그 중의 극히 일부의 문화적 유산이 될 것 같은 저작물을 빼고는, 저작물 일반에 대하여 문화적 소산의 보호라는 관점에서 동일성유지권의 근거시하는 데는 의문이 남는다. 가령 문화적 소산의 보호라고 하는 관점을 중시한다면 저작물의 「원작품 · 복제물의 파기」가 가장 문제가 되는 것이 당연할 것 같지만 그것은 저작권법상 문제가 되고 있지 않다(「**7. 원작품 · 복제물의 파기**」에서 상술).

자동차와 의복 디자인에는 디자이너의 예민한 감성으로 만들어진 저작물 유사한 창작물도 적지 않지만 이들은 의장법의 대상이기 때문에 동일성유지권은 인정되지 않는다. 자동차나 복식 디자인의 창작자에는 동일성유지권이 인정되지 않지만 저작물이라면 기능적 · 사실적인 것이라도 동일성유지권이 인정되고 있다(컴퓨터프로그램에는 예외적 규정이 있다, 20조2항3호). 저작자에게만 일반적인격권을 초과한 강한 인격권을 인정한다고 하는 것은 그것이 저작권법의 본래의 목적인 정보의 풍부화에 이바지한다고 하는 것이 전제이지만, 그 전제 자체가 잘못되어 있는 것은 아닐까 하는 의문이 생긴다. 종래는 이 점의 논증 없이 저작자인격권을 절대시하지는 않았는가? 저작물의 성질이 다양화하고 있는 현재에 이와 같은 강력한 동일성유지권의 효용에 대해서도 지금 한번 상세한 검증이 필요하다고 할 것이다. 예를 들면, 게임소프트의 저작물의 동일성유지권을 인정하는 것이 과연 정보의 풍부화와 어떻게 관계되는 것인가 하는 점도 거론되지 않으면 안된다. 특히 최근의 사건에서는 표면상은 인격권 사건이라도 그 이면에는 재산적인 목

---

21) 加戸 170면, 作花 · 詳解 239면, 半田 116면, 小泉 · 앞의 주15) 586면, 松田 10면, 渋谷 424면.

적이 있다고 ≪사추(邪推)≫할 수 있는 경우도 적지 않다.

또 직무저작의 경우(15조)는 사용자가 저작자로 되어 사용자에게 저작자인격권이 원시적으로 귀속한다. 사용자가 법인인 경우에는 회사의 인격권이란 무엇을 의미하는 것인지 하는 것도 검토되어야 한다. 사용자가 자연인인 경우에는 현실적으로 창작행위를 한 자연인(고스트 라이터, Ghost Writer)에게는 인격권이 없고 창작행위를 하고 있지 않는 자연인(명의인인 사용자)에게 저작자로서의 「애착」까지 보호하는 저작자인격권이 발생한 것을 어떻게 설명하면 좋은 것일까? 타인이 창작한 것을 자기의 이름으로 공표한 자를 보호하는 인격권이란 무엇을 의미하고 있는 것일까?

(2) 디지털시대의 동일성유지권

동일성유지권은 특히 디지털시대에 있어서는 큰 문제가 된다. 디지털정보의 최대의 특질은 개변용이성에 있는데, 이것은 문화의 담당자가 일부 재능을 가진 자뿐만 아니라, 일반인도 담당자가 되어 ≪번안문화≫라고 할 법한 것이 번성하는 것을 의미하는 것이다.[22] 즉 정보의 발신자와 수신자의 경계가 없어지고 1억 모두 크리에이터 시대가 되었고, 게다가 자기의 작품을 인터넷을 통하여 용이하게 발신할 수 있고, 일반대중이 그것을 받아 그것을 다시 가공하고, 자신 나름의 창작성을 가미하여 다시 인터넷 등으로 발신하는 일이 일상적으로 행해지게 되었다. 그렇지만 번안 문화는 아직도 ≪불완전한≫ 존재로서 인식되고 있고, 저작권법상 서자 취급을 받아 ≪박멸되어야 할 문화≫의 양상을 나타내고 있다. 확실히, 인터넷 세계에 있어서는 무단 개변된 저작물이 무법지대와 같이 횡행하고 있으며, 이들은 현행법으로는 번안권, 송신가능화권을 침해하여 형사벌까지 부과되고 있다. 실제로 개인이 타인의 저작물을 파일 교환 소프트를 이용하여 송신가능화한 행위에 대하여 유죄판결을 한 예도 있다.[23] 그렇다고는 해도 현실문제로서 문화의 대중화 흐름을 그치게 하는 것은 불가능하며, 대중이 개변행위를 통하여 자기실현을 도모하는 것은 앞으로 증가할 것이다. 그 때에 강력한 동일성유지권은 이 흐름과 충돌하여 동일성유지권의 강화가 정보의 풍부화에 이바지한다고 하는 정당화는 근거를 잃어버릴 가능성도 있다.

22) 中山・マルチメディア 149면.

23) 京都地判平16・11・30 判時1879호153면(Winnyファイル交換事件), 그 방조죄로서 京都地判平18・12・13 判タ1229호105면(Winny 幇助事件).

21세기 중요 산업일 디지털콘텐츠의 발전에 있어 동일성유지권은 족쇄가 될 수도 있기 때문에 그 범위를 한정하려는 주장도 제기되고 있다.[24] 어떤 결론을 취하는지는 별도로 하더라도 앞으로 동일성유지권에 대한 논의가 활발해질 것이다.

디지털 시대에는 타인의 저작물에 의거한 작품이 급증하고 있지만 이전부터 타인의 저작물에 의거한 저작물이 다수 존재하여, 이것이 문화의 다양성에 도움이 되고 있다. 현재, 우리들이 향수하고 있는 문화 가운데는 법적으로는 동일성유지권 침해 유사 작품이 다수 있는 것은 주지의 사실이다. 예컨대 일본에는 오래 전부터 의식적으로 선인의 작품에서 따오는 와카(和歌)라는 장르가 존재하고 있고, 아쿠타카와 류노스케(芥川龍之介)의 단편 소설의 대부분은 옛날의 설화를 번안한 것이고, 브람스는 많은 민요로부터 채보하였다고 전해지고 있고, 유트리로의 몽마르트 그림은 사진으로부터 그렸다고 전해지고 있다. 이러한 작품은 예술로서 인지되고 있고 다른 작품과 유사하다고 해서 업신여겨져야 하는 것이 아니다. 번안이라는 행위가 사회의 정보화에 있어 유익한 면도 크다는 인식을 가져야 할 것이다.

(3) 동일성유지권중시설

동일성유지권을 중시 또는 절대적으로 보는 경향은 지금도 뿌리 깊어 인격권을 약화시키는 것 자체에 원칙적으로 반대의 입장도 강하다. 또, 동일성유지권을 명예·성망을 훼손하는 경우로 한정한다고 하는 것은, 법원이 문예작품의 개변이 사회적 평가를 감쇄시켰는가 하는 문예의 내용에 개입하는 것을 의미하며, 법원은 그러한 문제에 개입해서는 안되며, 저작자에게 경제적자유권과 정신적자유권이 보장되지 않는다면 좋은 작품이 생기지 않고, 멀티미디어 시장도 잃어버리기 때문에 동일성유지권의 범위를 명예·성망을 훼손시킨 경우로 한정해서는 안 된다고 하는 견해도 있다.[25] 그러나 명예·성망을 해하고 있는지의 판단은 저작물

24) 知的財産研究所「Exposure'94 ――マルチメディアを巡る新たな知的財産ルールの提唱」(1994)은, 동일성유지권의 불행사 특약의 유효성을 명확하게 하고, 그 제3자효를 창설하는 것, 동일성유지권이 미치는 범위를 한정하여 현행법의 의사에 반한 개변을 받지 않을 권리로부터 명예·성망을 해치는 개변을 받지 않을 권리로 감축 하는 것의 2개 안(案)을 제시하고, 어느 한쪽을 선택적으로 실현해야 한다고 제언하고 있다. 이 제언은 디지털 정보의 유통을 위해서는 현재의 엄격한 동일성유지권이 장애가 되고 있다고 인식하고 있다.

25) 松田政行「同一性保持権の性質と周辺の諸問題」紋谷暢男還暦記念『知的財産権法の現代的課題』(発明協会, 1998)714면. 또 松田 6면은「명예 성망을 해친다」고 하는 요건은 재판규범인데 대하여「의

의 내용에 개입하여 저작물의 가치를 판단할 필요가 없고, 법원이 통상의 인격권 사건에서 행하여 왔던 판단과 동일한 판단을 하는 것에 지나지 않아, 오히려 재판에 익숙한 문제라고 할 수 있을 것이다.

동일성유지권을 둘러싼 논의는, 현대의 저작권법의 존재이유는 어디에 있는 것인가 하는 중요한 문제와도 관계가 있다. 디지털시대에 있어서도 저작자인격권은 중요하지만, 한편으로는 정보화시대에 있어서는 저작권의 경제재 가치가 증대하고 있고 저작자인격권의 요청과 경제재로서의 요청이 상반하는 경우도 적지 않다. 저작자인격권을 강화함으로써 경제재로서 가치를 현저하게 저하시키게 되면, 저작물의 원활한 이용·유통이 저해되어, 결국 저작자에게도 경제적 손실이 되므로 신중한 대응이 요구된다고 할 것이다. 세계에서 가장 강력하다고 일컬어지는 저작자인격권을 갖고 있는 일본이 세계의 콘텐츠시장에서 우위에 서 있는지 검증도 필요하다.

3. 의사에 반한 개변

(1) 「의사」의 의미

현행법은 저작자의 「애착」을 보호하고 있고, 저작자의 주관적 의도에 반한 개변을 「의사에 반한 개변」이라고 해석할 수밖에 없을 것이다.[26] 이것이 조문의 정확한 해석이며 문리적으로도 113조6항에서는 「명예 또는 성망을 해치는」 방법에 의한 저작물의 이용행위는 저작자인격권 침해로 간주한다고 규정되고 있고, 또한 사후(死後)의 인격권에 관해서는 「저작권의 의사를 해하지 않는 것으로 인정되는 경우는」 보호되지 않는다고 규정되고 있으며(60조 2문), 더욱이 실연자의 동일성유지권에 관해서는 「명예 또는 성망을 해치는」 개변은 침해가 된다고 규정되고 있어(90조의3제1항), 입법자는 분명히 이러한 문장을 구분하여 사용하고 있다고 하는 점에서도 20조는 주관적 의도를 보호하고 있다는 결론이 도출될 것이다.[27] 베

사에 반한다」고 하는 요건은, 이용자는 사전에 저작자의 의사에 따르게 한다는 의무를 지우고, 자기의 적법성을 확인해야 할 의무를 지우는 행위규범으로서 기능 하는 것이며, 재판규범을 행위규범에 우위로 해야 하는 것은 아니라고 주장하고 있다.

26) 加戸 171면. 東京地判平11·3·26 判時1694호142면(Dolphin Blue事件)에서는, 의사에 반하는 개변이란 저작자의 의사에 반하여 저작물의 표현을 변경하는 것을 의미하는 것으로 해석되기 때문에 사진의 상하 또는 좌우를 일부 삭제하고 잡지에 게재한 것은, 그 삭제 부분이 극히 적은 등 저작자의 인격적 이익을 해치는 일이 없다고 인정되는 경우를 제외하고 원칙적으로 동일성유지권의 침해에 해당된다고 하고 있다. 또한, 「의사에 반하여」라는 요건을 중시한 說로는, 斉藤 153면.

27) 金井=小倉·上 293면 [藤田康幸].

른협약의 규정을 읽는 방법에 대해서는 이의도 있지만 통설적 견해는 조약은 명예 성망을 해칠 우려가 있는 침해를 동일성유지권 침해로 하고 있으며, 그러하다면 일본 저작권법은 베른협약보다도 두텁게 보호하고 있는 것이 된다.[28)]

이에 대하여, 정신적·인격적 이익을 해치지 않을 때는 침해가 되지 않는다고 하는 견해,[29)] 「의사에 반한다」고 하는 단어의 의미를 객관적으로 파악하여 저작물을 통하여 추찰되는 저작자의 명예심·자존심이라고 하는 견해,[30)] 또는 상식적으로 그러한 개변이 저작자의 의사에 반한다고 통상 말할 수 있는가 하는 관점에서 판단해야 한다고 하는 설[31)]도 있다. 그러나 저작자의 주관적인 의도가 객관적으로 판단되는 「의사」와 명백히 다른 경우, 예를 들면 저작자가 그러한 개변은 인정하지 않는다고 분명히 말하고 있는 경우, 그것이 객관적으로 명예심을 손상시키지 않는 것이라면 현행법의 해석으로서는 「의사에 반하는」 것이 아니라고 해석할 수 있는 것일까? 그러한 결론에는 찬동할 수 있는 면도 있지만, 설령 그러한 취지를 입법화한 것이라면, 현행법과 같은 조문이 되지는 않았을 것이다.

그러나 저작자의 「의사」를 중시한 나머지 저작자의 자의를 방치하고 「애착」을 철저히 보호하면 저작물의 이용·유통에 막대한 불편함이 생기기 때문에 「의사에 반한 개변」의 구체적 의미의 해석, 2항의 예외 규정의 유연한 해석, 또는 권리남용 등의 일반 법리의 적용 등에 의하여 결과적으로는 동일성유지권을 주장할 수 있는 경우를 한정하여 타당한 결론을 유도할 필요가 있다.[32)]

---

28) 「シンポジウム著作権法制と人格権」에서 입법을 담당한 카토 모리유키(加戸守行)씨는, 이것은 베른협약보다도 상당히 상회한 규정이라고 발언하고 있다(著作権研究23호52면(1997)). 이점에 대해서는 上野·앞의 주1) 574면 참조.

29) 半田 121면.

30) 野一色勲「同一性保持権と財産権」紋谷暢男教授還暦記念『知的財産権法の現代的課題』, (発明協会, 1998), 677면 이하.

31) 作花 110면. 渋谷 427면에서는「저작자의 동의를 얻지 않더라도 사회통념상 의사에 반하지 않는다고 인정된다면, 동일성유지권 침해의 책임을 묻는 일은 없다」고 하고 있다.

32) 上野達弘「著作物の改造と著作者人格権をめぐる一考察(1)(2·完)－ドイツ著作権法における「利益衡量」からの示唆」民商120권4·5호748면, 6호925면(1999)에서는 종래 20조 2항의 예외 규정이 엄격하게 해석되어 왔기 때문에 의사에 반한 개변은 전부 동일성유지권 침해가 되어, 그 결과 민법의 일반 조항 등 저작권법 이외의 법률 구성에 근거하거나 법률 구성을 명시하지 않고 1항의 적용 제외를 하여 왔지만, 동일성유지권의 침해 판단을 저작자와 이용자와의 조화라고 파악하여 엄격해석을 재검토해야 한다고 주장하고 있다. 또한 松田政行「デジタル·コンテンツの利用と同一性保持権に関する一考察」ジュリスト1310호136면(2006)은, 부득이하다고 인정되기 위해서는「권리남용이 긍정된 정도와 동등의 합리적 근거를 이용자가 나타낼 것이 요구된다」고 하고 있다. 松田252면도 같은 취지. 권리남용의 주장이 인정된 예로는, 東京地判平8·2·23判時1561호123면(やっぱりブスが好き事件)가 있고, 권리남용의 주장이 인정되지 않았던 예로서는, 東京地判昭55·9·17 判時975호3면(地のさざめごと事件)이 있다.

(2) 개변에 대한 동의

현행법과 같이 창작자의 「애착」을 두텁게 보호한다고 하여도 그 권리를 사전에 포기할 수 있다면 사실상 이용·유통에 있어서 불편의 대부분은 해소되지만 동일성유지권이 인격권인 이상 포기할 수 없다고 하는 견해도 강하다. 그러나 동일성유지권은 자기의 작품에 관한 「애착」의 감정을 보호하는 것이기 때문에 저작자의 동의가 있으면 그 이상의 「애착」을 보호할 필요는 없고, 원칙적으로 개변의 결과에 동의를 한 후의 동일성유지권의 행사를 인정해야 하는 것은 아니다. 즉 저작자가 개변에 동의를 하면, 그에 한에서 「애착」을 버린 것을 의미한다고 해석할 수 있을 것이다.[33] 「애착」의 감정을 계약보다 우선시키는 것은 타당하다고 생각되지 않지만, 설령 저작자의 감정을 계약보다 우위에 둔다고 하더라도, 극히 엄격한 조건하에 절판청구권을 인정하고 있는 84조에 가깝게 묶어두어야 할 것이다(「**제5절 그 밖의 저작자인격권 3. 출판권소멸청구권(절판청구권, 철회권)**」 참조). 명시의 동의만이 아니고, 묵시의 동의의 경우도 마찬가지이지만 어떤 경우에 동의가 있다고 인정해야 하는가 하는 점에 대해서는 구체적 사례의 해석에 맡기는 수밖에 없다.[34]

그러나 통상적으로는 아직도 구체적인 개변이 이루어지고 있지 않은 단계에서 저작자가 개변에 관한 동의를 하는 경우가 많다. 사전에 번안의 허락을 얻어 사후에 완성한 번안물에 동일성유지권을 행사하지 않는다는 취지의 동의를 얻어

---

33) 最判昭55·3·28 判時967호45면(パロディ写真事件第1次上告審)도, 동의가 있는 경우에는 동일성유지권 침해가 아니라고 하는 것을 시사하고 있다. 大阪地判昭60·5·29 判タ567호318면(Y子の症例事件)에서는 확정원고(確定原稿)를 보여주고 그 승낙을 얻은 다음에 출판한 것이기 때문에, 동일성유지권 침해라고는 할 수 없다고 하였다. 東京地判平13·10·30 判時1772호131면(魔術師事件)은, 변경 부분에 대하여 저작자의 승낙이 없기 때문에 동일성유지권 침해라고 인정한 사례이다.

34) 長野地判平6·3·10 判例地方自治127호44면(白馬村観光パンフレット事件)은, 원화의 분할 사용, 원고의 성명을 표시하지 않는 것 등에 관하여, 묵시적으로 승낙하고 있다고 인정하는 것이 상당하기 때문에, 저작자인격권의 침해를 이유로 하는 손해배상청구는 이유 없다고 하고 있다. 東京地判平9·8·29 判時1616호148면(俳句添削事件)에서는 하이쿠(俳句)계의 관행에 따라 첨삭한 것으로, 적어도 묵시적으로 승낙하였다고 추인하는 것이 상당한 동일성유지권 침해에 해당하지 않는다고 하였고, 그 항소심인 東京高判平10·8·4 判時1667호131면은 신문, 잡지에 투고된 하이쿠를 심사원이 첨삭을 한 다음에 게재할 수 있다고 하는 사실인 관습이 있고, 또 동일성유지권의 규정은 임의규정이기 때문에 첨삭을 한 다음 채용을 거절하는 취지의 의사를 표명하였다는 사정은 엿보여지지 않기 때문에 허용된 바이다, 라고 하였다. 이에 대하여 東京地判昭61·2·7 判タ588호103면(もうひとつのヒロシマ事件)에서는 「전문을 대신하여(まえがきにかえて)」와 「후기(あとがき)」의 부분에 대하여, 삭제에 승낙을 하였다고는 도저히 인정되지 않으므로, 동일성유지권 침해를 인정하였다. 東京地判平10·10·26 判時1672호129면(恐竜イラスト事件)에서는 색조, 윤곽, 세부 등에 관한 대폭적인 변경까지 원고가 승낙한 것이라고 해석할 수 없다고 하여 동일성유지권 침해를 인정하였다(東京高判平11·9·21 判時1702호140면 항소기각).

두면 완전하지만 현실적으로는 어려움이 있다. 이 때문에 개변의 허락은 사전의 포괄적인 것이어야 하는 경우가 많다. 사전 개변의 허락이라도 일률적으로 전부 무효로 하여서는 안 될 것이다.[35)]

예를 들어 사전의 동의가 있어도, 개변된 결과가 저작자의 명예·성망을 해할 것 같은 경우에는 동일성유지권의 침해에 해당하겠지만, 명예·성망을 해치지 않는 경우에는 동일성유지권 침해는 되지 않는다고 해석해야 할 것이다. 명예·성망을 해치지 않는 범위의 동일성유지권은 단지 저작물에 관한 「애착」에 지나지 않고, 이것에 관해서는 사전에 포기를 하더라도 저작자에게 큰 손실이 된다고는 생각되지 않는다. 즉, 명예·성망을 해치지 않는 범위에 대해서는, 개변에 관한 동의가 20조에 우선하게 된다. 이 범위에서 포기할 수 있다고 해석하는 것으로 저작권의 재산으로서의 가치를 높일 수 있고, 저작자에 있어서도 이익이 있다고 하는 측면을 지나쳐서는 안 된다(「**제1절 저작자인격권 총론 2. 저작자인격권의 포기 (1) 포기의 경제적 의미**」를 참조).

동일성유지권은 복제권·번안권 침해가 동시에 문제가 된 경우가 많지만 권원이 없는 자에 의한 번안 등에 대해서는 기본적으로는 동일성유지권의 침해로 본 판례도 많다. 이에 대하여 개변을 한 자가 번안할 권원을 갖고 있는 경우, 즉, 번안권의 양수인 또는 번안에 관한 허락을 받은 자에 의한 개변의 경우에는 통상의 번안의 범위라면 이후에 저작자에게 동일성유지권의 주장을 허용할 수 없다. 만일 이것을 허용하면 저작권(또는 번안권)을 양도한 이후에도 동일성유지권을 이용하여 사실상 번안의 제한이 가능해져서 양도·허락의 의미가 없어지기 때문이다. 저작자가 번안한 권리를 타인에게 양도·이용 허락한다고 하는 것은 통상의 범위 내에서의 개변에 사전 동의를 하고 있다는 것을 의미하고 있으며, 그 범위에서 동일성유지권 행사의 권리를 포기하고 있다고 보는 것도 가능하다. 그러나 이 문제는 저작자의 「의사」의 문제라기보다는 번안권의 양도·이용 허락임을 인정한 이상, 저작권 제도 전체의 조화라고 하는 관점에서 번안에 대한 권원을 갖는 자가 개변할 수 있는 것은 법에서 당연히 예정하고 있는 점이라고도 할 수 있을 것이다. 그렇다면 저작자가 스스로의 의사로 번안권을 양도한 경우 이외, 예를 들

35) 松田政行「著作者人格権とその周辺 − 同一性保持権を中心として」コピライト429호13면(1996)에서는「구체적으로 작품을 특정하고, 또 어떤 개변을 할지 특정되어 있다면 저작자의 의사에 관계된다」고 하고,「포괄적으로 의사를 포기해버리는 것은 저작자인격권을 부정하는 것이 되기 때문에 이런 계약은 무효」라고 하고 있다.

면 강제집행에 의하여 번안권이 제3자에게 이전한 경우에도 통일적으로 해석할 수 있다. 단, 극단적인 개변을 하여 저작자의 명예를 손상시킬 것 같은 경우는 별론으로 한다.

또한, 사적영역으로 이루어지는 동일성유지권 침해에 관해서는, **「제1절 저작자인격권 총론 4. 사적영역과 저작자인격권」**에서 상술.

4. 패러디와 동일성유지권

패러디란 문예・미술작품 등의 원작(이용된 저작물 등)을 모방하거나 희화화한 작품을 가리키고, 원작을 야유(揶揄)하는 것, 사회를 풍자하는 것이기 때문에 형식적으로는 동일성유지권 침해가 되는 것이 많고, 게다가 통상은 원작자의 동의를 얻기 어려워 곤란한 문제가 생긴다. **「제3장 저작권의 내용 제4절 저작권의 제한 29. 패러디」**에서 상술하겠지만, 패러디가 저작권침해를 하지 않는다고 하는 해석을 취하는 이상, 동일성유지권 침해가 되지 않는다고 해석할 수밖에 없다.

5. 게임소프트와 동일성유지권

최근 문제가 많이 되는 것은 게임소프트의 프로그램 자체에는 개변을 가하지 않지만 게임의 전개를 바꾸거나,[36] 주인공의 의상을 바꿀 수 있는[37] 메모리 카드의 제조, 수입, 판매행위 및 그러한 카드를 이용하고 게임을 하는 행위가 동일성유지권 침해가 되는가 하는 사례이다.

이것은 전형적인 개변과는 다르고, 저작물인 프로그램 자체에 개변을 가하고 있지 않지만 그러한 메모리 카드를 사용하는 것에 의하여 영상의 스토리 전개 내지는 게임의 전개가 변화한다고 하는 점에 특색이 있다. 비극영화를 희극영화로 개변하는 경우에는 영화의 필름 자체에 개변을 가하고 있기 때문에 동일성유지권 침해는 분명하지만 게임의 경우에는 플레이어가 스스로의 기량이나 취미로 게임을 전개시켜 가는 것이고, 원래 일정한 고정적인 게임 전개가 존재하는 것이 아니다. 하급심 판결에는 이와 같은 사례에서 비침해라고 한 것이 많았지만,[38]

---

36) 最判平13・2・13 判時1740호78면(ときめきメモリアル事件), 東京高判平11・3・18 判時1684호112면(三国志Ⅲ事件 항소심).

37) 東京地判平14・8・30 判時1808호111면(DEAD OR ALIVE2事件), 그 항소심인 東京高判平16・3・31 判時1864호158면. 주인공의 의상을 변경한다는 것은 영상을 개변하는 것이 되어 영상저작물의 동일성유지권 침해 문제가 되는데, 平成13年最高裁判決(ときめきメモリアル事件)과 마찬가지로 메모리 카드를 판매한 자도 문제가 된다.

2001(平成13)년 최고재 판결(ときめきメモリアル 事件)[39]에 의하여 침해임이 확정되어, 그 이후의 하급심은 그에 따르고 있다.[40] 최고재 판결은 개변이 저작자에 의하여 당초 예정되어 있던 스토리 전개의 범위내인지 아닌지 라는 점을 지표로서 판단하고 있을 것이다. 그것은 확실하지 않지만 동일성유지권에 대해서는 구체적인 표현으로부터 일보 진행되어, 스토리까지 보호하는 것을 의미하고 있는 것처럼 보인다.[41]

그러나 컴퓨터를 이용한 게임은 단지 창작자가 제공한 작품을 수동적으로 감상하는 극장용 영화와는 다르고, 조작을 한 자가 데이터나 수치를 바꿈으로써 변경할 수 있는 성질을 갖고 있어, 원래 이와 같은 것을 저작자인격권 침해의 문제로서 취급하는 것 자체에 문제가 있는 것처럼 생각된다.[42] 게다가, 이런 종류의 사건은 법인의 저작자인격권이 사적영역에서의 개변행위에 의하여 침해받는 경우의 전형적인 예로서 최고재 판결의 결론에는 문제가 많다. 종래의 아날로그 저작물의 경우에는 법적 평가는 별도로 하고 실제 개변 행위의 유무는 비교적 용이

38) 東京地判平7・7・14 判時1538호203면(三国志Ⅲ事件)에서 피고 프로그램은 데이터 등록용 프로그램을 대신한 별개의 프로그램이고, 피고 프로그램을 사용하여 플로피디스크 상의「NBDATA」에 제한을 초과하는 능력치를 기록함으로써, 본건 저작물의 동일성을 침해한 개변 행위라고 할 수는 없다고 하였다. 그 항소심인 東京高判平11・3・18 判時1684호112면은 본건 게임의 전개에 의하여 어떻게 구체적으로 개변되는가 하는 점의 증명이 없다고 하여 동일성유지권 침해를 부정하였다. 大阪地判平9・7・17 判タ973호203면(ネオジオ事件)에서는 게임 소프트웨어의 프로그램 자체에는 아무런 개변을 가한 것이 아니고 그 영상의 변화 내지 스토리 전개는 본래 본건 게임 소프트웨어가 예정하고 있던 범위 내의 것이라고 해야 할 것이라고 하여, 동일성유지권 침해를 부정하였다. 大阪地判平9・11・27 判タ965호253면(ときめきメモリアル事件第1審)에서는, 게임 소프트의 프로그램 자체가 바뀌는 것은 아니고, 정상적으로 게임을 진행할 수 있기 때문에, 본건 메모리 카드에 넣어진 데이터는 본건 게임 소프트의 프로그램이 허용한 범위 내이라고 하여 동일성유지권 침해를 부정하였다. 또한, 이와 같은 경우에 동일성유지권 침해를 부정한 견해로는 田村 439면, 小倉秀夫「ときめきメモリアル著作権事件」CIPICジャーナル91호56면(1999).

39) 最判平13・2・13 判時1740호78면(ときめきメモリアル事件)은, 파워 업 할 수 있는 메모리 카드를 수입・판매하고 있는 업자를 제소한 사건인데,「오로지 본건 게임 소프트의 개변만을 목적으로 하는 본건 메모리 카드를 수입, 판매하여 타인의 사용을 의도하여 유통한 상고인은, 타인의 사용에 의한 본건 게임 소프트의 동일성유지권의 침해를 야기한 것으로 피상고인에 대하여 불법행위에 근거한 손해배상책임을 진다고 해석하는 것이 상당하다」고 하였다. 또한 원심인 大阪高判平11・4・27 判時1700호129면은 수입자도 침해에 주체적으로 가공하고 있는 것은 분명하다고 하여, 113조1항1호 또는 2호에 의하여 동일성유지권 침해의 책임을 면할 수 없다고 하였다.

40) 東京地判平14・8・30 判時1808호111면(DEAD OR ALIVE2事件).

41) 三山 151면은,「동일성유지권 침해의 지표(merkmal)로서, 표현의 개변은 물론이거니와, 보다 중요한 판단 기준은 저작자의 인격적 이익을 침해하는 개변(표현에 그치지 않고 나아가 좀더 넓은 의미에서의 개변)이 이루어졌는가 여부라고 생각된다」라고 하고 있다. 또한 北村行夫「機械可読的に提供・提示される著作物と改変ツールの提供者の責任」半田正夫古稀記念『著作権と民法の現代的課題』(法学書院, 2003)381면은 간접개변(間接改變)에 관한 규정을 두어야 한다고 주장하고 있다.

42) 岡邦彦「量産される複製物商品と同一性保持権」半田正夫古稀記念『著作権法と民法の現代的課題』(法学書院, 2003)141면.

하게 판단할 수 있었다. 이에 대하여 요즘 문제가 되고 있는 게임소프트 개변 사례는 최고재 판결에서 실무상으로는 일단의 결말을 보았다고는 할 수 있지만, 무엇 때문에 개변으로 해야 할 것인가 하는 점에 대하여 다시 논의를 일으키고 있다.

6. 동일성유지권의 예외규정(20조2항)

(1) 총 설

동일성유지권은 강력한 권리여서 그것을 관철시키면 저작물의 이용·유통의 저해 요인이 되는 경우도 있다. 저작권법은 저작물의 공정한 이용에 유의하면서 저작자 등의 권리의 보호를 도모함으로써, 문화의 발전을 도모하는 것을 목적으로 하고 있고(1조), 저작자인격권을 절대시하는 것은 이 저작권법의 목적에 어울리지 않는 경우도 있다. 이러한 관점에서 저작자인격권을 포함한 저작자의 권리와 이용의 촉진 사이의 조화를 도모할 필요가 있고, 20조2항에 의하여 동일성유지권에 대해서도 적용제외규정이 마련되어 있다. 그 1호 내지 3호까지는 구체적인 적용 제외규정이지만 4호는 일반조항으로 되어 있다. 이하에서 그 각호에 관하여 검토한다. 또한 이러한 적용제외 규정은 예외규정이기 때문에 엄격하게 해석해야 한다는 사고방식도 강하지만 이 규정을 조정규정으로서 적극적으로 활용하는 것이야말로 저작권법이 살아남는 길이라고 생각한다.

(2) 학교교육의 목적상 부득이한 개변(1호)

교과서나 학교교육 프로그램에 저작물을 이용하는 것은 통상적인 것이지만 그 때에는, 예를 들면 저학년용으로 간단한 표기로 고치거나, 구(舊)한자를 신(新)한자로 고치거나, 문법상의 실수를 고치거나, 부적절한 차별 용어를 고치는 등 교육상의 배려가 이루어지는 것도 있는데 이러한 행위는 동일성유지권의 규정이 적용되지 않는다.

(3) 건축물의 증축, 개축, 수선, 모양 변경(2호)

건축물은 원래 실용적인 것이며 거기에서 생활을 하거나 일을 할 때에 개변할 수 없다면 건축물 본래의 기능을 다 할 수 없다. 여기서 본 호에 따라 건축물의 소유자와 저작자 사이의 조정을 하기 위해 「건축물」의 증축, 개축, 수선, 모양변경(이하, 증·개축 등이라고 부른다)에 관해서는 동일성유지권의 규정은 적용되지 않는다고 되어 있다. 그러나 일반적으로는 2호는 실용 목적의 증·개축 등에 관한 것으로 미적 관점이나 취미에 의한 증·개축 등은 동일성유지권 침해가 된다고 해석되고 있다.[43] 통설적 견해에 의하면, 신사불각(神社佛閣)·교회 등과 같이 미술적 요소가 강한 건축물에 관해서는, 예를 들면 신체장애자용의 통로를 붙인 개축, 냉난방 설비를 위한 개축 등은 본 호의 적용을 받지만 생활이나 사무 등에 관계가 없는 취미적인 부분의 개축, 예를 들면 벽화를 다시 칠하거나, 특징 있는 지붕의 개축 등은 본 호의 문제가 아니라고 해석된다.

이와 같이 해석하더라도, 건축이 저작물로 인정되는 것은 건축물의 일부여서 폐해는 적을 지도 모른다.[44] 그렇지만 미술성이 높다고 생각되는 건축물에 있어서도 실용 목적 이외의 개변을 하고 싶은 경우도 많을 것이며, 실제로 증·개축 등은 무수하게 행해지고 있지만 그것이 동일성유지권의 문제가 된 예는 극히 드물다. 저작물이기 때문에 건축물의 증·개축을 어렵게 하는 해석은 현실적이지 않다.[45]

문리상으로도 1호 ·4호의 개변에는 「부득이하다」라고 하는 조건이 부과되어 있고 3호의 개변에 있어서는 「보다 효과적으로」라고 하는 조건이 부과되어 있는 것에 반하여, 2호에서는 무조건 증·개축 등이 인정되고 있다. 2호는 미술적 요소가 강한 건축물을 실용성 유무에 관계없이 저작물로서 보호하는데 대한 대체로서 건축물의 소유자와의 조정을 도모한 규정이라고 해석해야 할 것이다. 저작물의 원작품의 파기는 동일성유지권 침해가 되지 않는다고 해석되고 있어, 건축저작물의 동일성유지권을 강하게 인정하면 그 건축물을 해체하고 별개의 건축을 하는 방향으로 갈 것이지만,[46] 그것이 반드시 바람직하다고는 할 수 없다(「7. 원작

43) 加戸 174면, 田村 447면. 東京地決平15·6·11 判時1840호106면(ノグチ·ルーム移築事件)에서는, 게이오 대학(慶應大学)의 노구치룸을 법과 대학원 개설을 위해 해체하고 이축(移築)한 행위는 건축물의 증개축 등에 해당하여 동일성유지권을 침해한 것이 아니라고 하고 있지만, 방론(傍論)으로 「개인적인 기호에 근거한 자의적인 개변이나 필요한 범위를 초과한 개변이, 동호의 규정에 의하여 허용되는 것이 아니다」라고 하고 있다.

44) 田村 447면.

45) 金井=小倉·上 303면[藤田康幸]에서는, 3호의 개변에 모양변경이 포함되어 있고, 실용적·경제적 견지로부터 효용의 증대를 도모하기 위해서라고 하는 한정이 있는 것이라고 해석할 수 없다고 하고 있다.

46) 노구치룸 이축(移築) 사건(앞의 주43))은 노구치룸을 가능한 한 보존하고자 개축 이전하였기 때문에 생긴 사건이고, 완전하게 파괴해 거기에 새로운 건축물을 지으면 동일성유지권의 문제는 생기지 않지만, 귀중한 노구치룸은 흔적도 없이 사라지게 되는 것이다.

품・복제물의 파기」 참조). 또, 만약 기호(嗜好)에 근거한 개변은 2호의 예외에 해당하지 않는다고 해석한다면, 역으로 건축물의 저작물성을 인정하는데 대해 엄격한 해석 쪽으로 향할 것이다.

저작자가 개변을 바라지 않는다고 한다면 미리 그러한 계약을 해 두는 것은 가능하다. 다만, 그러한 계약은 건축물의 소유권의 양수인에게는 효력이 미치지 않고 원래 그러한 조건을 사전에 요구할 수 있는 강한 힘을 가진 저작자는 극히 드물다고 할 것이다.

다음으로 2호의 적용범위 문제도 있다. 2항의 각호를 보면 2호 이외는 전부 「저작물」의 개변에 관하여 진술되고 있지만 2호에 관해서는 「건축저작물」이 아니라 「건축물」의 증・개축등에 의한 개변에 관하여 규정되어 있다. 건축물에는 저작물성이 인정되지 않는 것도 많지만 본호는 저작물성에 관계없이 「건축물」 일반에 관하여, 그 증・개축 등을 할 때에는 동일성유지권의 적용이 없다고 해석하는 것도불가능하지 않다. 이와 같은 해석에 의하면 증・개축 등을 할 때에 건축물의 벽에 그려져 있는 회화의 개변도 동일성유지권 침해가 되지 않게 된다.

(4) 프로그램저작물(3호)

47조의2 제1항에 의하여, 프로그램저작물은 일정한 경우에는 허락을 받지 않고 복제・번안할 수 있지만, 이 규정은 저작자인격권에 영향을 주지 않는다고 한다(50조). 그 때문에 47조의2 제1항에 인정되고 있는 번안을 하면 형식적으로는 동일성유지권 침해가 될 우려가 있다. 그래서 특정한 컴퓨터로 이용할 수 있도록 하기 위해서 또는 컴퓨터로 보다 효과적으로 이용할 수 있도록 하기 위해 필요한 개변, 예를 들면, 리플레이스나 버전 업을 위한 개변에는 동일성유지권은 미치지 않게 된다. 버그의 수정은 3호의 문제가 될 수 있지만 4호의 문제로서 처리하는 것도 가능하다고 할 것이다.

프로그램은 기능적・실용적인 성격이 강한 특수한 저작물이고(「**제1장 저작물(저작권의 객체) 제3절 저작물의 예시 10. 프로그램저작물**」 참조), 그 개변으로 명예・성망을 해치는 것으로 거의 생각되지 않지만,[47] 동일성유지권은 명예・성망을 넘어 저작자의 「애착」을 보호하고 있는 이상, 형식적으로는 프로그램에 있어서도

47) 加戸 175면. 田村 447면에서는 동일성유지권이 적용되는 예외적인 경우로서 저작자의 신용을 해치기 위해 일부러 버그를 넣는 개변 등이 상정되는 정도일까라고 말하고 있다.

의사에 반한 개변이 있을 수 있다. 그러나 프로그램은 기능적 저작물이고, 보다 비효과적인 개변은 생각할 수 없기 때문에 3호를 신설함으로써, 사실상 프로그램에는 동일성유지권이 없는 것과 같이 되었다. 다만, 게임의 프로그램과 같이 효율성과는 관련이 적고, 기호적 요소가 강한 것에 관해서는 동일성유지권이 적용될 여지가 있을 것 같지만 그러한 경우에도 프로그램 자체라기보다는 영상 등의 저작물의 동일성유지권의 문제가 될 것이다.

3호 신설에 의하여 인격권 없는 저작물이라 해야하는 것을 조정(措定)하더라도 사리에 어긋나는 것은 아니라는 것을 말해주고 있는 것으로, 이는 저작권의 변모를 나타내는 예로써 대단히 흥미롭다.

(5) 부득이한 개변(4호)

「저작자의 의사에 반한 개변」으로 1호부터 3호까지의 예외규정에 해당하지 않는 것은 모두 동일성유지권 침해라고 한다면, 저작물이용의 실정을 무시한 부당한 결과가 되는 것도 있다. 따라서 저작물의 성질 및 그 이용의 목적 및 상태에 비추어 부득이한 개변은 동일성유지권 침해가 되지 않는다고 되어 있다. 4호는 정형적인 예외 사유에는 해당하지 않지만 동일성유지권 침해를 묻는 것이 적합하지 않은 경우를 구하기 위한 규정으로, 어떤 것을 부득이한 개변으로 볼 것인가 하는 점에 대헤서는 사례별로 판단하는 수밖에 없다. 분명한 오자의 정정,[48] 기술상의 이유에 의한 원작품과 인쇄물과의 차이,[49] 연주·가창의 기술에 의한 부정확한 연주, 시험문제 작성을 위한 개변,[50] 영화의 텔레비전 방송을 위한 개변[51] 등은 동일성유지권 침해를 묻는 것이 바람직하지 않은 예라고 할 수 있을 것이다.

---

48) 東京高判平3·12·19 判時1422호123면(法政大学懸賞論文事件 항소심)은, 동일성유지권 침해를 인정한 판결인데, 분명한 오자 부분에 대해서는 침해를 부정하고 있다.

49) 東京地判平11·3·26 判時1694호142면(Dolphin Blue 事件).

50) 渋谷 294면은「번역하여 문제를 작성할 때는, 저작자의 동의를 얻을 필요가 있다」「그러한 출제를 하고 싶은 것이라면, 자기 부담의 문제 지문을 작성하거나 허락이 있는 저작물을 사용하면 된다」고 하고 있지만, 거의 실정에 맞지 않는 해석일 것이다. 시험 문제 작성에는 저작물의 어느 정도의 변경·절제(切除)·개변이 수반되는 일은 상식이며, 부득이한 전형례라고도 할 수 있으며, 또한 36조는 시험 문제로서 이용할 때에 허락을 얻는 것은 현실적이지 않기 때문에 마련된 것으로, 허락을 받으면 좋다라는 것은 무리를 강요한 것이다. 단지 시험 문제라고 할지라도 개변의 정도에 따라서는 부득이한 개변이라고는 할 수 없는 경우도 있을 수 있다고 하는 것은 별론이다.

51) 東京地判平7·7·31 判時1543호161면(スウィートホーム事件)은, 텔레비전 방송을 위해 행한 영화의 트리밍을 부득이한 개변이라고 하였다(東京高判平10·7·13 知的裁集30권3호427면 항소기각).

조문상으로는 삭제도 동일성유지권 침해의 한 종류로서 규정되어 있지만 원작을 개변하지 않고 일부분을 이용하는 것이 분명한 경우에는 4호에 준하여 동일성유지권 침해가 되지 않는 경우도 있을 수 있다고 생각된다.[52] 예를 들면, 학교의 학예회로 각본의 일부를 상연하는 것과 같은 경우, 모두 동일성유지권 침해라고 해석하는 것에는 문제가 있을 것이다. 이와 같은 문제가 생기는 근본원인은 20조의 조문의 형식에 있다고 할 수 있을 것이지만 해석론으로서는 부득이한 개변이라고 생각해야 할 것이다.

또한, 저작권법 자체가 인정하고 있는 다른 조항과의 균형을 맞추기 위하여 일정한 경우에는 동일성유지권을 제한할 필요가 있다. 예컨대, 번안에는 개변을 수반하지만 저작권자가 번안을 허락한 것과 상관없이 저작자에게 동일성유지권의 주장을 인정한다고 하는 것은 번안 자체의 부정을 의미한다(이 점에 관해서는 「**3. 의사에 반한 개변 (2) 개변에 관한 동의**」 참조). 인용 등에 있어도 동일한 문제가 생긴다.[53] 저작물 전체를 인용하는 일은 드물고, 인용의 대부분은 저작물의 일부인용으로 그것이 20조에서 말하는 삭제에 해당하는 것이라면 인용은 불가능하게 되기 쉽다. 이 문제는 「부득이한 개변」 또는 「의사에 반한 개변」라고 하는 요건의 해석 문제로서 처리하는 것도 가능할 것이다.[54] 그러나 동일성유지권도 번안 · 인용 등도 함께 저작권법이 제도로서 규정하고 있는 이상, 두 제도가 양립할 수 있는 해석을 해야 하고, 번안 · 인용 등에 수반되는 개변은 제도에 당연히 내재하는 동일성유지권의 제한이라고 생각해야 할 것이다.[55] 단지 번안 · 인용 등이라면 반

---

52) 東京地判平13 · 12 · 25(未登載)(国語教科書準拠教材事件)에서는 동일성유지권 침해를 부정하고 있다. 作花 · 詳解 241면은, 「자기의 저작물이 재료로서 부분적으로 사용되었다고 하는 한 가지를 갖고, 동일성유지권 침해가 되는 것이 아니다」라고 하였다.

53) 東京地判平4 · 2 · 25 判時1446호81면(本多勝一反論権事件)에서는, 「저작권법에 의한 저작자인격권도 표현의 자유와의 조화의 속에 이해되어야 할 것이고, 평론자에 허용된 범위의 인용은 저작자의 동의를 얻지 않아도 할 수 있는 것이고, 그 인용이 위법이라고는 할 수 없다」고 하여 동일성유지권 침해를 부정하고 있다(東京高判平5 · 12 · 1(未登載) 항소기각), 그 상고심인 最判平10 · 7 · 17 判時1651호56면은 내용을 요약하고 소개한 것으로써 적절하지 않은 것이지만, 38행에 걸친 본건 저작 부분의 내용을 불과 3행으로 요약한 것에 지나지 않고, 표현 형식상의 본질적인 특징을 감득(感得)하게 할 성질의 것은 아니기 때문에, 동일성유지권을 침해하는 것이 아니라고 하여 상고를 기각하였다.

54) 東京地判平10 · 10 · 30 判時1674호132면(血液型と性格事件)은, 요약인용을 인정한 다음, 인용에 있어서 요약하는 것에 의한 개변은 「부득이하다고 인정되는 개변」에 해당한다고 언급하고 있다. 이에 대하여, 東京地判平16 · 5 · 31判時1936호40면(南国文学ノート事件)은, 소설 속의 타인의 시(詩)의 이용을 인용이 아니라고 한 다음, 4호는 동일성유지권에 의한 저작자의 인격적 이익의 보호를 예외적으로 제한한 규정으로, 4호에서 말하는 「부득이하다고 인정된 개변」에 해당하기 위해서는 저작물의 성질, 이용의 목적 및 태양에 비추어 당해 저작물의 개변에 관하여, 1호 내지 3호에 열거된 예외적인 경우와 동일한 정도의 필요성이 존재할 것을 요한다고 하여 부득이한 개변은 아니라고 하였다.

55) 조문만 본다면, 컴퓨터프로그램에 관해서는 47조의2에서 일정한 요건 하에 개변 가능하다고

드시 동일성유지권의 예외가 되는 것이 아니고 통상의 번안·인용 등의 범위를 초과하여 명예·성망을 해치는 것이라면 침해가 될 것이다.[56]

종래의 학설 및 판례는 4호를 엄격하게 해석하여 예외규정은 제한적으로 해석해야 한다고 하는 견해가 많았다.[57] 그렇지만 입법당시와 현재의 저작권법이 놓여져 있는 상황은 다르고, 현실문제로서 4호를 적용할지 말지 하는 법기술의 문제는 별도로 하고,[58] 예외를 인정하지 않을 수 없는 경우도 많다고 생각된다.[59] 그렇다면 괜히 4호를 엄격하게 적용하기 보다는 4호의 일반조항성에 주목하여 4호의 해석으로 정보화 시대에 있어서 정보이용으로 대응해야 할 것이며, 실제로 4호를 적용하는 판결도 계속 늘어나고 있다.[60] 그러나 4호는 일반 규정이기 때문에 그 구체적 의미 내용이 밝혀지는 데에는 앞으로 판례의 축적이 필요할 것이다.

4호의 규정만은 이른바「작은 일반 조항」이라고 칭해야 할 것으로, 1호 내지 3호에 구체적 예외 사유를 언급하고, 4호에 그것과 동일한 정도의 사유가 존재한

규정하고, 나아가 20조2항3호에 그것이 동일성유지권 침해는 되지 않는다는 취지의 처리가 되어 있는데 대하여, 50조가 존재하고 있음에도 불구하고, 그 밖의 권리제한에는 저작자인격권의 언급이 이루어지고 있지 않다. 개념적으로는, 그 밖의 권리제한에 대해서는 저작자인격권의 규정을 엄격하게 적용해야 할 것으로 해석할 수 있지만, 그러한 해석은 저작권법 자체의 파멸로 이어진다고 생각된다.

56) 반대, 長沢幸男「反論権訴訟控訴判決の著作権法解釈」L&T18호32면(2003).

57) 加戸 173면은「본항 각호의 규정은, 극히 엄격하게 해석 운용되어야 하여, 확대 해석되는 일이 없도록 주의를 요한다」고 하고 있다. 斉藤博「新著作権法と人格権の保護」著作権研究4호85면(1971), 斉藤博「著作者人格権の理論的課題」民商116권6호834면(1997)에서는 저작물의 성질, 이용의 목적, 태양이라고 하는 불확정 개념의 해석 적용은 엄격하게 이루어져야 한다고 언급하고 있다. 塩澤一洋「デジタル形式の著作物と著作者人格権の現代的解釈」法学政治学論究(慶応大学)29호415면(1996). 부득이한 개변이라고는 할 수 없다고 한 판례로는, 東京地判昭48·7·27 判タ299호390면(シーサイド·レジャーパンフレット事件), 東京地判平2·11·16 無体裁集22권3호702면(法政大学懸賞論文事件, 일부는 부득이한 개변, 일부는 부득이하다고는 할 수 없는 개변이라고 하였다), 그 항소심 東京高判平3·12·19 判時1422호123면은 원심을 뒤집고 부득이한 개변이라고는 할수 없다고 하였다. 또 東京地判平9·10·31 判時1681호107면(浅間山荘短歌事件)에서는 탄카(短歌)라고 하는 극히 글자수가 적은 표현형식으로 2개씩이나 쉼표를 가하고, 게다가, 이 쉼표를 찍는 방법도 이해를 돕는 것이 아니라고 하여 동일성유지권 침해라고 하였다(東京高判平10·5·28 判時1681호104면 항소기각), 東京地判平12·8·30 判時1727호147면(エスキース事件). 이에 대하여 부득이한 개변에 해당한다고 한 예로는, 東京地判平7·7·31 判時1543호161면(スウィートホーム事件, TV방송과 비디오화할 때에 트리밍을 하거나, 광고를 삽입하는 행위는 부득이한 개변에 해당한다고 하였다, 東京高判平10·7·13 知的裁集30권3호427면에서 항소기각). 東京地判平10·10·30 判時1674호132면(血液型と性格事件)사건, 요약 인용을 인정하여, 그 개변은 부득이한 개변에 해당한다고 하였다.

58) 예컨대, 東京地判平9·8·29 判時1616호148면(俳句添削事件)에서는, 하이쿠(俳句)를 첨삭하고 게재하는 것은 관행에 따르고 있기 때문에 묵시의 허락이 있다고 추인(推認)하고, 그 항소심인 東京高判平10·8·4 判時1667호131면은, 사실인 관습에 따른 것이라고 하여 위법한 개변이 아니라고 하였다.

59) 上野·앞의 주32).

60) 東京地判平4·2·25 判時1446호81면(本多勝一反論権事件, 東京高判平5·12·1(未登載) 항소기각), 東京地判平11·8·31 判時1702호145면(脱ゴーマニズム宣言事件).

경우의 규정으로 해석되고 있다. 원래 현행법의 입법 시에는 일반 조항을 마련하는 것 자체에 반대가 매우 강했고,[61] 국회에서의 정부 위원도 엄격 적용을 주장하였다.[62] 이와 같은 경위에서 엄격적용설(嚴格適用說)이 주류를 차지한 데는 그 나름의 이유가 있다고 생각되지만 저작권을 둘러싼 상황이 크게 변화하고 있는 현재에 그러한 엄격한 해석을 관철하는 것이 타당한가 하는 점에 대해서는 재검토할 필요가 있다. 또한, 근본적으로는 세계적으로도 강한 동일성유지권의 규정을 현대사회에 적합하도록 고치는 것도 염두에 두어야 할 것이다.

7. 원작품 · 복제물의 파기

동일성유지권이란 저작물에 개변을 더하지 않는다고 하는 권리이다. 저작권법은 저작물이라고 하는 무체의 정보를 취급하고 있는 것으로, 유체물인 원작품이나 복제물의 파기 자체는 동일성유지권 침해는 되지 않는다.[63] 원작품 특히 일품(一品)제작 예술품이 폐기된 저작자의 심정은 동정해야 할 점도 있지만, 만일 보호한다고 하더라도 그것은 저작권법과는 다른 문화재보호적 관점에서 이루어져야 한다. 실제로 중요 문화재에 관해서는 그 훼손은 처벌되지만(문화재보호법195조) 그것은 문화재로서의 가치가 있는 극히 일부의 저작물에 지나지 않는다. 단지 원작품이라고 하는 것만으로 동일성유지권이라고 하는 강력한 권리를 인정하는 것에는 문제가 많으며 더군다나 복제물의 폐기에까지 미친다고 한다면 문제는 더욱 커진다.

동일성유지권이란 개변된 작품이 자기의 것이라고 인식되는 것을 방지하기 위해 의사에 반한 개변을 금지하는 권리이며, 원작품이 세상에서 소멸되었다하여도 저작자와 저작물과의 유대에는 변화가 없다. 원작품이라고 하는 유체물의 파기는 유체물의 소유권의 문제이고, 저작자인격권의 침해와 혼동해서는 안 된다. 저작권법이 유체물에 관하여 언급한 것도 있지만(46조), 그것은 유체물의 소유자와 저작권자의 조정을 위한 규정이다.

---

61) 立法の事情については, 斉藤・앞의 주 57) 85면, 上野達弘「著作物の改造と著作者人格権をめぐる一考察 － ドイツ著作権法における「利益衡量」からの示唆－(一)」民商120권4・5호762면(1999).

62) 斉藤・앞의 주57) 86면.

63) 加戸 173면, 斉藤 149면, 田村 438면, 作花・詳解 242면. 이에 대하여 伊藤真「著作者人格権の侵害行為」斉藤＝牧野 306면은, 저작물에 추가된 개변의 가장 심한 것이 폐기인 점에서, 저작물의 폐기를 고의로 하는 것은 저작자인격권의 침해가 될 수 있다고 하는 생각도 있을 수 있는 점이다」라고 언급하고 있다.

세상에는 무수한 저작물이 존재하고 있고, 우리들은 매일 무수한 저작물의 원작품이나 복제물을 파기하고 있고, 이것을 저작자인격권 침해라고 한다면 큰 혼란 요인이 된다. 예컨대 초등학교에서는 옛날 졸업생의 그림을 파기하는 경우도 있는데, 이러한 모든 행위가 위법하게 된다고 하면 세상은 헌 작품으로 넘치고 말 것이다. 폐기로부터 보호해야 할 것은 실로 한줌의 원작품일 것이나, 저작권법상 그것들만을 선별하여 보호하기는 어렵다. 이러한 문화재를 보호할 필요가 있는 것은 확실하지만 그 보호에 관해서는 저작권법이 아니라, 다른 문화입법에 따라야만 할 것이다. 그 때 제소권자는 저작자로 한정할 필요도 없고, 저작권법으로부터 떨어져 있는 모습을 추구해야 할 것이다. 보호해야 할 것은 그저 약간의 원작품이며, 그것을 파기로부터 지키기 위한 도구로서 저작권법은 그 의의가 크다고 할 것이다.

원작품이라고 해도, 회화의 원작품도 있고, 소설의 생원고도 있으며, 그 파기에 대한 의미도 다르다. 또 저작자인격권은 영구히 존속하고, 게다가 청구권자가 한정되어 있는 민사와는 달리, 형사벌에 관해서는 고소권자가 한정되어 있지 않기 때문에 파기를 동일성유지권 침해라고 한다면, 영구히 문제가 남게 된다.

그와 관련하여 원작품이나 복제물을 파기한 경우 그 방법에 의해서는 113조5항의 명예 · 성망을 훼손하는 이용 방법에 해당한다고도 할 수 있는데,[64] 상당히 한정된 것이 될 것이다.

제 5 절　그 밖의 저작자인격권

1. 명예 · 성망을 해치는 방법으로의 이용(113조6항)

18조 내지 20조에 해당하는 침해행위 이외에도, 명예 · 성망을 해치는 방법에 의하여 타인의 저작물을 이용하면 저작자인격권의 침해로 간주된다. 저작물을 개변하고 또한 그것을 명예 · 성망을 해치는 방법으로 이용한 경우에는 동일성유지권 침해가 되지만,[1] 본항의 적용이 배제되는 것은 아니다.[2]

---

64) 小泉 · 앞의 주15) 104면에서는 법정(法定) 전시권을 갖는 원작품의 소유자가 일종의 퍼포먼스로서 원작품을 해머로 치고 깨뜨리는 것과 같은 행위는 저작자의 명예를 훼손한다고 할 수 없는 것일까, 라고 하고 있다.

1) 上野達弘「著作物の改造と著作者人格権をめぐる一考察(1) −ドイツ著作権法における『利益衡

여기에서 말하는 명예·성망이란 단순한 주관적인 명예감정이 아니라 객관적인 명예·성망, 즉 사회적인 평가를 가리키며, 6항은 그 저하를 가져올 것 같은 행위를 대상으로 하고 있다.[3] 비판·비평, 특히 학술적인 저작물의 경우에 엄격한 비판은 으레 따르기 마련이고, 그러한 엄격한 비판은 때로는 학자의 생명을 빼앗는 경우도 있을 수 있지만, 이와 같은 비판에 대해서는, 비방·중상의 부류와는 별도로 하여 6항의 적용에는 신중해야 한다.[4]

6항은 저작물을 이용하고 명예·성망을 해치는 행위에 관한 규정이고 저작물의 이용행위가 없는 경우에는, 설령 저작자를 매도하고 명예·성망을 해치는 행위가 있더라도 본항의 문제가 아니며,[5] 또한 인용이나 소개로써 이용하고 있어도 명예·성망을 해치는 것이 아니면 6항 위반도 되지 않는다.[6] 서적을 싸게 판매하였다고 해서 곧 본조 위반이 되지는 않는다.[7] 이상에서 볼 때, 현실에서는 본항의 적용이 인정된 경우는 적은 것이 실정이다.

6항은 저작물의 이용에 관하여 명예·성망이 해쳐진 경우에 대한 규정이기 때문에일반적인 인격권 침해로서 처리하면 족한 것이지만 저작권법은 인격권에 대해 특별한 배려를 하고 있으며, 본조도 기본적으로는 민법의 불법행위를 명확화한 규정이라고 이해할 수 있을 것이다.[8] 단지 6항의 침해행위는 5년 이하의 징역

量』からの示唆」民商120권4·5호769면(1999).

2) 東京地判平5·8·30 判時1571호107면(目覚め事件)은, 동일성유지권 침해와 113조 3항의 침해의 쌍방을 인정한 사건이다.

3) 田村 452면, 加戸 664면, 金井=小倉·下 237면[岡村久道], 小泉直樹「著作者人格権」民商116권4·5호602면(1997), 村越啓悦「著作者人格権の侵害に対する救済」牧野=飯村 501면, 上野達弘「著作物の評論における名誉毀損と著作者人格権」知財管理54권1호85면(2004).

4) 水戸地裁竜ケ崎支部判平11·5·17 判タ1031호235면(飛鳥昭雄の大真実事件)은, 인용에 대해서는 정당한 인용이라고 인정하고, 또한 인격이 조소(嘲笑)당했다고 받아들여진들 부득이한 부분도 있지만, 원고의 가설에 대한 비판적 의견에 대해서는 저작자인격권(113조3항)을 침해하는 것이 아니라고 언급하고 있다.

5) 田村 453면.

6) 東京地判平14·3·26(未登載)(古河市兵衛の生涯事件)에서는, 의견 내지 논평이 명예훼손으로 되지 않는 경우는 113조5항(현재의 6항)항이 규정하는 명예·성망 훼손 행위도 성립하지 않는다고 하였고, 그 항소심인 東京高判平14·11·27 判時1814호140면에서는, 타인의 언어저작물의 일부를 인용하고 이용한 경우에, 새삼스럽게 전후의 문맥을 무시하고 단편적인 인용의 짜깁기를 함으로써, 인용된 저작물의 취지를 왜곡하고, 그 내용을 오해하게 하는 태양으로 이를 이용하여, 인용된 저작물의 저작자의 명예 또는 성망이 해하여질 우려가 있다고 인정되는 한, 저작자인격권의 침해가 될 수는 있지만, 그게 아니면 해당 인용된 저작물의 내용을 비판, 비난하는 내용을 포함한 것이었다 하더라도 저작자인격권 침해에는 해당하지 않는다고 언급되어 있다.

7) 東京地判平12·11·30(未登載)(名作アニメ絵本シリーズ事件)에서는, 극단적인 염가판매에 의한 인격에 대한 평가 저하는, 저작자인격권에 관계되는 것이 아니라고 하였고, 그 항소심인 東京高判平13·8·29(未登載)에서는 113조5항(현재의 6항)의 규정은, 일반적인 개인으로서의 명예 및 성망을 보호하는 취지를 포함하는 것이지만 염가판매는 명예 및 신용을 훼손한 것이 아니라고 하였다.

또는 500만 엔 이하의 벌금 또는 이것을 병과한다고 한 점에서(119조2항1호), 민법의 인격권 침해보다는 강하게 보호받고 있다. 단순한 인격권 침해에 의한 불법행위에는 벌칙이 없고, 또한 형법230조(명예훼손)는 3년 이하의 징역, 금고 또는 50만엔 이하의 벌금이며, 형법231조(모욕)는 구류 또는 과료이다.

2. 수정 · 증감권(82조)

출판권을 설정한 후에도, 「저작자」의 신념을 보호하기 위해 저작자에게는 수정 증감권이 있다. 구체적으로는 출판권자가 다시 복제하려고 한 경우에는 정당한 범위 내에서 수정 · 증감을 가할 수 있다(1항). 저작자에게 수정 · 증감의 기회를 주기 위해 출판권자는 다시 복제를 하는 경우에는 그때마다 미리 저작자에게 통지할 의무를 진다(2항). 이 수정 · 증감권은 저작자의 인격권적인 이익을 보호하는 것이고, 저작자만이 행사할 수 있다. 출판권자가 다시 복제를 하는 경우의 규정이고, 또한 정당한 범위 내에서의 수정 증감을 인정하는 것뿐이기 때문에 출판권자에 큰 부담을 주는 것이 아니다. 82조는 저작자의 인격권을 정한 것이고, 출판권의 등록 유무와는 관계없이 적용된다.

이와 같이 인격권적인 이익은 출판권의 경우만이 아니고 통상의 출판계약에 대해서도 마찬가지일 것이나, 이에 관해서는 아무런 규정도 마련되어 있지 않다.[9]

3. 출판권 소멸청구권(절판청구권, 철회권) (84조3항)

복제권자인 저작자는 「그 저작물이 자기의 확신에 적합하지 않는 경우에는」, 출판권자에게 통지하여 그 출판권을 소멸시킬 수 있다. 예컨대, 전쟁 예찬 소설을 출판했지만, 이후 반전주의자가 된 경우와 같이 자기의 확신에 적합하지 않은 출판을 계속시키는 것은 저작자의 인격을 손상시키는 일이 되기 때문에 절판청구권이 인정되고 있다. 저작자는 출판권의 설정계약에 구속되어 있다고 할 수 있고,

---

8) 반대설로는, 斉藤 160면에, 113조5항(현재의 6항)을 「명예권의 침해로 하지 않고, 저작자인격권 쪽으로 끌어당겨, 간주침해라고 한 것은, 저작자인격권의 사정범위를 구분 지을 때에도 시사하는 바가 있다」고 언급하고 있다. 또한 長沢幸男 「反論権訴訟控訴審判決の著作権法解釈」 L&T18호34면(2003)은 113조1항6호에 해당하는가의 판단과 명예훼손에 의한 불법행위의 성립에 있어서의 판단은 완전히 경우가 다르고, 또 요건도 다르다고 하고 있다.

9) 加戸 455면에서는 장래의 과제라고 하면서도 「출판계약의 경우에도 동일한 취급이 기대된다」고 하고 있다.

한정된 범위이지만, 저작권법은 저작자의 양심을 계약보다 상위로 평가하고 있다고 할 수 있다. 자기의 확신이라는 것은 우월하고 주관적인 것이기 때문에 다른 출판사에 출판시키기 위해 출판권의 소멸을 청구하는 것과 같은 특수한 경우를 제외하고는, 출판권 소멸 청구에 대하여 이의를 제기하는 것이 어려운 경우가 많을 것이다.

이 청구권자는「복제권자인 저작자」에 한정되고 있고, 게다가 대상은 출판권으로 한정되고 있다. 예컨대, 전쟁 예찬 회화에 대해 확신에 부합하지 않아 출판권은 철회할 수 있지만 전시권은 철회할 수 없다. 이와 같은 입법은 미온적이라는 비판도 있다.[10)]

확실히 저작자인격권은「복제권자인 저작자」뿐만 아니라 모든 저작자에게 인정되어야 한다고 하는 견해도 이유는 있다. 그러나 저작권을 양도한 후에까지 출판권 소멸청구권을 인정하면 저작권은 불안정한 것이 되어, 일반론으로서 그 위험만큼 경제적 가치는 낮게 평가 된다. 즉 저작자는 자기의 저작물을 그 리스크만큼 싸게 양도하지 않을 수 없게 된다. 인격권의 보호와 경제적 가치는 트레이드 오프(trade-off) 관계에 있고 궁극적으로는 그 양자의 조화를 어디에서 찾을 것인가 하는 문제로 귀착된다. 게다가, 이 권리는 손해는 배상한다고 하더라도 어떤 잘못도 없는 출판권자의 희생 위에 성립되고 있는 것이어서 저작자인격권이라고 할지라도 제약을 받는 것은 당연할 것이다.

출판권자에게는, 저작자의 확신이라고 하는 이유만으로 절판이 되는 것은경제적인 타격이 너무 커 형평의 관점에서 저작자에게 이 손실을 보전시키는 것이 타당하므로 저작자는「미리」출판권자에「통상 발생되는 손해」를 배상하지 않으면 안된다. 이 손해의 범위는 반드시 명확하지 않지만 재고품 처리 등의 직접적인 손해 이외에 얻을 수 있는 이익도 포함된다고 해석되어, 이 청구를 하기 위해서는 상당히 거액의 손해배상이 필요하므로 현실적으로 이 청구를 한 다음에 큰 장애가 될 것이다.

그와 관련하여 이 청구는 출판권자에 대해서만 할 수 있는 것으로 규정되어 있으며, 출판계약에 관해서는 규정이 없다. 이에 대해서도 절판 청구에 유사한 청구가 가능한가 하는 것이 문제가 된다. 양자를 구별하는 이유는 없는 것처럼 생각되지만 출판계약에 대해서는 계약에 맡긴다고 하는 취지일 것이다. 그러나 절

10) 斉藤博「新著作権法と人格権の保護」著作権研究4호91면(1971).

판청구는 출판자에 부담을 지게 하는 것이기 때문에 계약에 맡기는 것만으로는 불안함이 남는다.

제 6 절 공동저작인 경우의 저작자인격권(64조, 117조)

복수의 자가 창작에 관여하고, 각자의 기여분을 분리할 수 없는 것을 공동저작물이라고 하며(2조1항12호), 저작물은 각 창작자의 공유가 되지만 저작자의 인격권 행사에 관해서는 특별한 제약이 있다. 공동저작의 경우 저작자인격권의 행사는 공동 저작자 전원의 합의에 의해야 하지만(64조1항), 각 저작자는 신의에 반하여 합의의 성립을 방해할 수 없다(64조2항). 여기에서 말하는 저작자인격권의 행사란 적극적인 행사, 구체적으로는 미공표저작물의 공표, 성명표시의 변경・삭제, 저작물의 개변(개작)등을 가리킨다. 117조1항에 의하면 각 공유자는 단독으로 112조에 규정되어 있는 정지청구가 가능하지만 손해배상청구에 관해서는「저작권의 침해에 관계된 자신의 지분에 대한 손해배상의 청구」라고만 규정되어 있고, 저작자인격권의 침해에 관계된 손해배상과 명예 회복 조치(115조)에 관해서는 해석에 맡겨져 있다.

64조의 근거로서 공동저작물에는 각 저작자의 인격이 불가분의 형태로 융합하여 있고, 공동저작물에 화체된 여러 사람의 인격은『공동인격』이라고도 할 수 있는 성격의 것이며, 각 공유자가 독자적으로 권리 행사하는 것을 인정하는 것은 부적당하기 때문이라고 설명하는 견해도 있다.[1] 이에 대하여 공동인격이라는 것을 개념화 할 필요도 실익도 없다고 하는 견해도 있다.[2] 이러한 논의는 저작자인격권의 본질에 관한 문제도 포함되어 있지만 손해배상청구에 대하여 실무적인 의미를 갖는다.

공동인격이라고 하는 실정법상 존재하지 않는 개념을 조정(措定)하면, 권리를 행사하는 주체나 요건을 쓸데없이 복잡하게 할 뿐이며, 필요성도 실익도 없다고 생각된다. 각 공유자는 자신의 인격권을 행사할 수 있는 것이지만 그것이 다른 공동저작자의 저작자인격권과 저촉될 가능성이 있기 때문에 64조에서 권리행사

1) 加戸 388면.
2) 古城春実「共同著作」斉藤＝牧野 253면, 田村 369면.

는 전원의 합의를 필요로 하고 있는데 불과하다는 설명으로 충분하다고 할 것이다. 예컨대, 어떤 공동저작자는 개변을 원하고 다른 공동저작자는 개변을 원하지 않는 경우 원하는 자가 단독으로 개변하는 것을 인정하는 것은 원하지 않는 자의 저작자인격권을 침범하는 것이 되기 때문이다.

그렇지만 어떠한 경우에 있어서도 공동저작자 1인이 반대한다면 저작자인격권의 행사가 불가하다고 한다면, 다른 공유자는 권리를 갖고 있으면서 저작물의 이용을 할 수 없게 되는 경우도 있어, 반대로 다른 이익을 해하는 것이 되고, 또한 저작물의 이용촉진이라고 하는 관점에서도 바람직하지 않다. 그래서 각 공동저작자는 「신의(信義)에 반하여」 합의의 성립을 방해할 수 없다고 규정되어 있다(64조2항). 신의에 반한다는 것은 고의로 방해를 하거나 저작자간의 약속・윤리관념에 반하는 것을 의미한다고 되어 있다.[3] 이와 같이 해석한다면 조문의 규정과는 달리 현실적으로는 많은 경우 합의의 성립을 방해할 수 없어 저작물의 이용에 큰 지장이 되지는 않는다고 생각된다.

공동 저작자의 1인이 다른 공동 저작자로부터 성명표시권을 침해받는 것과 같은 특수한 경우에 단독으로 손해배상청구를 할 수 있다는 것에는 이론(異論)이 없을 것이다.[4] 그러나 제3자가 저작자인격권을 침해하였다고 한 전형적인 사례에서의 손해배상청구는 공동으로 청구해야 한다고 하는 설[5]과 단독으로도 청구할 수 있다고 하는 설[6]로 나뉘어져 있다.

전자는 공동저작물에는 전 저작자의 인격이 혼연 융합하고 있기 때문에 인격은 하나이고, 따라서 손해배상청구는 공동으로 하여야 한다는 견해이다. 이에 대해 후자는 침해를 받는 것은 개별적인 저작자이며, 게다가 원래 위자료 산정에는 재량의 여지가 크기 때문에 각 공동저작자가 단독으로 다른 금액을 청구해도 문제는 없다고 하는 것이다. 공동인격이라고 하는 개념 자체는 애매한 것으로, 위자료청구라 하더라도 각 공동저작자가 단독으로 손해배상청구를 하는데 별도의 지장은 없다고 생각된다.[7] 오히려 공동 저작자 사이를 묶어두는 폐해 쪽이 크다고

---

3) 加戸 390면, 三村量一「共同著作物」牧野＝飯村 276면, 作花・詳解 184면.

4) 千葉地判昭54・2・19 無体裁集11권1호62면(千葉大医学部助手氏名脱落事件)과 그 항소심인 東京高判昭55・9・10 無体裁集12권2호450면은, 성명표시권을 침해받은 공동 집필자 1인으로부터 다른 공유자에 대한 위자료청구를 인정하고 있다. 같은 취지, 加戸 713면, 金井＝小倉・下[岡村久道]276면.

5) 加戸 712면.

6) 田村 369면, 三村・앞의 주3) 282면, 前田哲男「著作権侵害訴訟の提起」牧野＝飯村 5면, 古城・앞의 주2) 255면, 金井＝小倉・下 [岡村久道] 277면.

할 것이다.

단, 명예 회복 조치에 관해서는 약간의 문제가 있는데, 다른 내용의 사죄문이 청구되는 것은 바람직하지 않다는 견해도 있지만,[8] 단독으로 할 수 있다는 견해도 있다.[9] 사죄광고를 인정한다고 하면, 공동저작자 전원의 합의로 행사하고 다른 자는 신의에 반해 그 합의의 성립을 방해할 수 없다고 해석해야 할 것이다(64조2항 참조). 단, 정정광고 또는 판결광고만을 인정하여야 한다고 하면, 각자가 단독으로 행사하여도 문제는 없다고 생각된다.

공동 저작자의 일부가 사망한 경우에는 생존 저작자와 사망 저작자의 유언집행자 또는 유족의 전원의 합의로 행사해야 할 것이다.

재산권의 경우와 마찬가지로 저작자인격권을 대표하여 행사하는 자를 정할 수 있지만, 그 자에게 가하여진 제한은 선의의 제3자에 대항할 수 없다(64조3항, 4항).

제 7 절 저작자 사후(死後)의 인격적 이익의 보호

1. 총 설

저작자의 인격권은 일신전속적인 것이며, 원칙적으로 사망자에게는 인격권은 없다고 생각되고 있지만, 저작권법은 저작자의 사후에 있어서도 어떠한 종류의 보호를 인정하고 있다. 즉, 저작자 사후에 저작물을 공중에 제공·제시한 자는 저작자·실연자가 생존하였다면 그 저작자인격권 침해가 되는 행위를 하여서는 아니된다고 규정하고 있다(60조).

사자(死者)의 인격권이라는 구성은 어렵기 때문에 저작자가 존재하지 않은 이후에는 제3자에게 금지되는 행위로 규정하여, 그것에 위반하는 행위를 한 자 또는 그 우려가 있는 자에 대하여, 유족 등이 정지청구와 명예회복 조치의 청구를 할 수 있다는 구성으로 되어 있다(116조). 유족이란 배우자·자·부모·손·조부모·형제자매를 가리키고(116조1항), 유언으로 그 순위를 정하지 않는 한 그 순서로 청구할 수 있다(116조2항). 이것은 유족이 청구권을 상속하는 것은 아니고, 유

---

7) 古城·앞의 주2) 254면.

8) 加戸 712면.

9) 田村는 정정광고가 아니라 사죄광고를 인정한 것 자체가 이론적으로 이상하다는 점을 전제로 하고 있다. 「제8장 침해와 구제 제2절 민사적 구제 5. 명예 회복 조치」 참조.

족 고유의 청구권이기 때문에 청구권자와 상속인이 반드시 일치하는 것은 아니다.[1] 또, 유언으로 유족 이외의 자를 제1순위 청구가 가능한 자로 지정하는 것도 가능하고, 그 지정된 자는 저작자의 사후 50년 경과 후(그 때에 유족이 존재하는 경우에 있어서는, 그 유족이 사망한 후)는 청구할 수 없다(116조3항).[2]

그와 관련하여 60조는「저작자의 사망」이 아니라「저작자가 존재하지 않게 된」이라는 단어를 사용하고 있지만 이것은 자연인과 법인의 쌍방을 고려한 규정이고,[3] 법인의 경우에는 해산을 의미한다. 통상의 인격권이라면 법인을 고려할 필요가 없지만 저작권법은 법인에게도 저작자인격권을 인정하고 있기 때문에 이와 같은 규정으로 되어 있는데, 여기서는 편의상, 쌍방을 포함한 의미에서「사후(死後)」라는 단어를 사용하도록 한다. 또한, 실연에 대해서는 법인 실연이라고 하는 관념은 없기 때문에 실연자에 관해서는「사후」라고 하는 용어로 되어 있다(101조의3).

2. 보호 기간과 청구의 내용(60조, 116조)

사후의 저작자인격권의 보호 기간에 한정은 없으며 이론상으로는 영구히 존속하지만,[4] 저작자가 자연인인 경우 청구할 수 있는 친족의 범위가 2촌까지로 한정되어 있고(116조1항), 또한 유언에 의하여 청구할 수 있는 자가 지정되어 있는 경우에는 50년을 경과한 후(50년 경과시 유족이 존재하는 경우에는 그들이 사망한 때)에 있어서는 청구할 수 없기 때문에(116조3항) 청구권은 사실상 어느 정도의 기간 경과 후에 소멸된다. 또 저작자가 법인인 경우에는 법인 해산 후는 청구권자가 있지 않기 때문에 이 경우에도 청구권이 소멸되는 것은 동일하다. 단지 60조를 위반한 자는 500만엔 이하의 벌금형으로 처벌받지만(120조), 이것은 저작자인격권의 침해와는 다른 비친고죄로 되어 있기 때문에(123조)(「**제8장 침해와 구제 제4절 형사벌 2. 저작권 침해죄**」 참조), 이론적으로는 영원히 형벌을 받을 가능성이 있다. 법인이 저작자인 경우, 이론적으로는 해산 후에도 벌칙의 적용은 있다.

---

1) 정지청구소송 도중에 저작자가 사망한 경우의 취급에 대해서는, 一宮和夫「著作者人格権の侵害に対する救済」斉藤=牧野 310면 참조.

2) 구법에서는 저작자 사후의 개변은 금지되고(18조2항), 친족이 정정·명예회복 조치를 청구할 수 있다고 규정되고 있고(36조의2제2항), 친족이란 육친 등의 혈족·배우자·삼촌 등의 인척까지를 가리키고(민법725조), 현행법보다도 청구할 수 있는 인적 범위가 넓었다.

3) 加戸 366면.

4) 베른협약6조의2(2)에는「저작자 사후에도 적어도 재산적 권리가 소멸할 때까지 존속」한다고 규정되어 있다.

또한, 동일성유지권은 사적영역에서 행해진 개변에 대해서도 원칙적으로는 적용되는 것에 대하여(「**제1절 저작권 인격권 총론 4. 사적영역과 저작자인격권**」 참조), 60조에서는 「저작물을 공중에 제공 또는 제시한 자」의 행위만을 문제로 삼고 있고, 사후에 있어서는 사적영역에 있어서만 행해지는 동일성유지권 침해는 방임되고 있는 것이 된다. 이것은 사후의 인격권을 생전으로부터 한정하여, 저작물의 이용·유통 촉진을 도모하는 것이 목적일 것이다.[5]

청구의 내용은 저작자인격권과 마찬가지로 정지청구(116조1항 전단)와 명예회복조치이다(116조1항 후단).[6] 116조 1항은 극히 판단하기 어려운 조문이지만 저작자인격권은 생전에만 인정되어, 사후에 관해서는 60조의 문제라고 하는 정리 하에 「60조 위반의 행위」와 「저작자인격권을 침해한 행위」를 구별하여 규정하고 있다. 유족은 저작자의 사후 60조를 위반한 자에 대하여 정지청구(112조)를 할 수 있고, 고의과실에 의하여 「생전에」저작자인격권을 침해한 자 또는 「사후에」 60조를 위반한 행위를 한 자에 대하여 명예회복조치의 청구(115조)를 할 수 있다. 사후의 인격권 침해의 손해배상에 관해서는 손해액의 추정규정은 마련되어 있지 않기 때문에 손해액의 인정은 민법의 원칙에 따른다. 유족의 명예 감정이 해하여졌다고 인정된 경우에는 유족에 대한 불법행위로서 유족은 고유의 손해배상청구를 할 수 있다.[7]

3. 사후의 저작자인격권을 보호하는 근거

저작자의 사후에 까지 사망자의 인격권적인 이익을 인정한 근거는 「저작물이 저작자의 인격의 발로라고 할 만한 영원한 문화적 유산이고 일국(一國)의 귀중한 문화적 소산임을 감안한다면 국가적인 견지에서 사망한 저작자의 인격적 이익을

5) 田村善之「著作者死亡後の著作者人格権に相当する行為に対する救済」斉藤＝牧野 322면.

6) 東京地判平1·10·18 判時1697호114면(剣と寒紅事件)에서는, 미시마유키오(三島由紀夫)의 편지를 사후에 출판한 행위는 미시마유키오가 생존하고 있다면 그 공표권의 침해로 되어야 할 행위(60조)에 해당한다고 하여, 금지청구, 손해배상청구, 사죄광고청구가 인정되었다(東京高判平12·5·23 判時1725호165면 항소기각).

7) 저작자의 사후에 사망자의 저작물을 제3자가 자신의 저작인 것처럼 발표함으로써, 유족의 명예감정이 해하여졌다고 하여 손해배상이 인정된 사례로서, 東京地判昭61·4·28 判時1189호108면(豊後の石風呂事件). 유족이 단지 상속인일 뿐만 아니라, 작품에 한층 더 애착을 갖고 있는 것을 감안하여 위자료를 인정한 사례로서, 東京地判平4·11·25 判時1467호116면(合掌造り暖簾事件). 단지 유족(子)이라고 하는 입장을 넘어, 사망자의 작품의 정리, 연구를 계속하고 있는 등 사망자의 작품에 대하여 깊은 애착을 갖고 있다고 인정되는 것을 고려하여 고유한 위자료를 인정한 사례로서 東京地判平12·8·30 判時1727호147면(エスキース事件).

어떠한 형태로든 보호할 필요가 있다」고 하는 점에서 찾을 수 있을 것이다.[8] 그러나 일국의 귀중한 문화적 소산은 저작물 외에도 다수 존재하는데도 사망자의 저작물만을 이와 같이 두텁게 보호하는데 합리적 이유는 있는 것일까? 특히 법인 해산 후의 법인저작의 경우에까지 이와 같은 극진한 보호를 주는 것에는 의문이 든다. 문화유산의 보호와 사망자의 저작자인격권이란 본래 관계가 없는 것이다. 게다가 문화적 유산이라고 하는 관점에서는 개변 등의 경우보다도 파기 쪽이 중요할 것 같지만, 파기는 문화재보호법상의 문제가 될 수는 있어도 저작권법상으로는 자유로 되어 있어 공평하지 않다. 문화적 유산의 보호라고 하는 관점은 사후의 저작물의 개변을 일반적으로 금지하는 강력한 근거는 되지 않는다고 할 것이다. 또 생전의 인격권 침해가 친고죄인데 대하여(123조) 사후의 경우에는 비친고죄로 되어 있는 것도(123조에 60조가 열거되어 있지 않다) 위화감이 남는다.

사후에 영구히 저작자인격권의 침해가 될 듯한 행위가 허용되지 않는다고 하는 것은 현실적이지 않다. 이에, 그 행위의 성질 및 정도, 사회적 사정의 변동 기타에 의하여 「저작자의 의사를 해하지 않는다고 인정되는 경우」는 금지되지 않는다고 규정되어 있다(60조 단서).[9] 동일성유지권의 규정(20조)의 「그 의사에 반하여」라는 요건과 비교하면 여기에서는 그 요건을 더욱 완화한 것으로 해석할 수 있다.[10] 또, 일기와 같이 저작자에게는 공표의 의사는 없었어도, 오랜 세월 경과함에 따라 이미 의사를 해치지 않는다고 인정되는 일도 있을 수 있을 것이다. 사망자의 의사, 특히 먼 과거의 사망자의 의사는 인정이 어렵고, 사망자가 주관적으로 어떻게 생각하고 있는가 하는 판단은 극히 곤란하여, 그 행위의 성질 및 정도, 사회적 사정의 변동 등을 고려하여, 상당히 객관적으로 그 의사를 미루어 추찰할 수밖에 없다. 그렇다고 한다면, 현실에서는 시간의 경과와 함께 침해가 되어야 하는 많은 행위는 이 단서의 규정에 따라 판단될 것이다.[11] 특히 형사벌에 대해서

---

8) 加戸 366면.

9) 東京地決平15・6・11 判時1840・106(ノグチ・ルーム移築事件)은 게이오 대학에 있는 노구치룸을 법과 대학원의 새 교사(校舎) 건축을 위해 이축(移築)하여, 동일성을 해치는 경우라도 공공 목적을 위한 공사이고, 게다가 가능한 한 복원을 한 것이라고 하는 점에서 저작자의 뜻을 해치지 않는다고 판단하고 있다.

10) 渋谷 437면은 「의사를 해치지 않는다」와 「의사에 반하지 않는다」는 동일한 의미이지만, 저작자 사망 후의 일이기 때문에 용어를 구별하고 있다고 하지만, 같은 뜻이라면 사망 전후에 용어를 바꿀 필요성이 없을 뿐만 아니라 혼란을 초래할 뿐이며, 역시 요건을 완화하고 있다고 해석해야 할 것이다.

11) 田村・앞의 주5) 322면.

는 비친고죄이지만 현실에서는 처벌되는 일은 드물 것으로 생각된다. 이와 같이, 사후의 시간이 경과함에 따라 인격적 이익도 희미해져 가는 것은 부득이한 일일 것이다.[12)]

---

12) 이와 같이, 단서에서 사후의 인격적 이익에 넓은 제한을 가하는 것에 대한 반대로써, 斉藤博 「新著作権法と人格権の保護」著作権研究4호89면(1971)이 있다.

제 7 장 저작인접권

제 1 절 서 설

1. 총 설

저작권법은 저작물을 「사상 또는 감정을 표현한 것」이라 정의하고 저작물에 관한 권리의 주체·객체를 규정함으로써 권리를 체계화하고 있다. 그러나 단지 저작물이 창작된 것만으로는 그 유통·이용은 담보하기 어렵다. 저작물을 이용·유통시켜서 여러 사람에게 저작물을 향유할 수 있도록 하기 위하여는 이들을 전달·매개하는 자가 필요하다. 중개업이 중요한 것은 물류의 경우에도 마찬가지이지만, 저작물의 전달에 관하여는 물류와 다른 특성이 있어서 법으로 특별히 보호할 필요성이 높다. 예컨대 방송사업자는 법으로 보호하지 아니하면, 타인이 당해 방송을 이용하는 것을 막는 것이 물리적으로 불가능하다.[1)]

저작권법은 실연가·음반제작자·방송사업자·유선방송사업자라는 4자에 대하여 저작인접권이라는 특수한 권리를 주어 보호하고 있다(89조1항 내지 4항). 방송사업자와 유선방송사업자는 역사적인 경위로 별개의 규정으로 되어 있지만, 현재는 상당히 유사하여 실질적으로는 3자를 보호하고 있다고도 말할 수 있다. 이 4자는 상호 이용관계에 있어서 각각 독자적인 권리를 가지고 있고, 게다가 저작권자와의 관계가 얽혀져 극히 복잡한 구조로 되어 있어 상호 조정이 필요하다. 저작인접권의 규정이 복잡한 것도 바로 이 때문이다.

저작인접권과 저작권은 서로 구별되고, 양자는 독립한 권리로서 별개로 중첩적으로 존재하며, 저작인접권의 규정은 저작자의 권리에 영향을 미치지 아니한다(90조). 다만 구법에 있어서 연주가창과 음반은 저작물로 되어 있어(구법1조1항, 22조의7) 양자의 구분이 이론적으로 정치(精緻)하다고 할 수 없었으나, 현행법은 일

1) 최근에는 방송에 암호 등의 열쇠를 걸어 계약을 체결한 특정한 자에게만 시청을 허락하는 기술이 발전하고 있는데, 종래형 방송에 대해서는 일단 방송되면 그 후의 규제는 법에 의지할 수밖에 없다.

단 양자를 구별하고 있다.

이에 관한 용어로서, 저작권과 마찬가지로 금지청구권이 인정되는 것만을 저작인접권이라 하고, 실연가인격권과 2차사용료, 보수를 받을 권리는 저작인접권에 포함되지 않는다(89조6항). 이는 112조에서 저작인접권자에게 금지청구권이 인정된다는 구성을 취하고 있기 때문으로, 2차사용료・보수를 받을 권리와는 개념상 구별되는 것에 불과하다. 다만 저작권법 제4장은 실연가인격권・2차사용료・보수를 받을 권리도 포함하여, 저작인접권이라는 표제 하에 규정하고 있다.

저작인접권도 금지청구권을 가진 강력한 권리이므로, 저작권의 제한규정의 다수를 준용하여(102조) 독점에 의한 폐해를 방지하고 있다. 저작인접권의 성질상, 준용할 필요가 없는 것에 관하여는 준용을 제외하고 있다. 예를 들면, 교과용 도서 등에의 게재(33조), 확대용 도서 등의 작성을 위한 복제(33조의2), 학교교육프로그램의 방송 등(34조)은 102조에는 준용되지 않는데 대하여, 학교 등의 교육기관에 있어서 복제 등(35조)은 준용되고 있다. 이들은 교육상 필요한 정도에 의한 차이라 생각되지만, 예컨대 학교교육프로그램의 방송에 있어서 실연을 이용할 수도 있으므로, 입법론으로써 재고(再考)할 필요가 있는 것도 있을 것이다.

2. 역사적 경위[2)]

1961(昭和36)년 유네스코와 베른협약동맹, 국제노동기관(ILO)의 공동개최에 의한 인접권조약 외교회의에서 「실연가, 음반제작자 및 방송기관의 보호에 관한 국제조약」(실연가등 보호조약, 인접권조약, 로마조약으로도 호칭된다)이 체결되어 1964(昭和39)년에 발효되었지만, 일본은 1989(平成元)년에 가입서를 기탁하여 가맹하였다.[3)] 일본이 이 조약에 가맹한 시기는 상당히 늦었으나, 조약가맹에 앞서 조약의 사고방식 자체는 현행법의 초기부터 저작권법에 흡수되어 있었다.[4)] 더구나 일본이 실연가등 보호조약에 가맹하기 전인 1971(昭和46)년에는 「허락을 받지 않은 음

2) 상세에 대해서는, 加戸 473면, 吉田大輔 「著作隣接権制度の形成と発展」 横浜国際經済法学4권2호213면(1996), 作花・詳解 513면, 阿部浩二 「著作隣接権の形成」小野昌延古稀記念 『知的財産法の系譜』(青林書院, 2002) 475면 참조.

3) 실연가등보호조약에 이르는 경위에 대하여는, 阿部浩二 「いわゆる隣接権の保護-国際会議をめぐって」 法学25권2호128면(1961), 吉田大輔 「著作隣接權制度の發展とそのゆくえ」著作権研究23호111면(1997) 참조.

4) 저작권심의회각소위원회심의결과보고(1996(昭和41)년)의 제5소위원회에서는 실연가등보호조약은 당시 7개국만이 가맹하였고, 향후 세계 각국 내에서 확립될 제도의 기준을 제시하는 파일럿적인 성격을 갖고 있다는 인식을 보여주고 있다(文化庁・資料編 201면).

반의 복제로부터 음반제작자 보호에 관한 조약」(음반보호조약)이 성립하여 일본은 1978(昭和53)년에 가입하였고, 또 1996(平成8)년에는 「실연 및 음반에 관한 세계지적소유권기관 조약」(WIPO 실연가·음반조약, WPPT, 종래 신문서(新文書)라 불려왔던 것이 조약으로 된 것이다)이 성립되어, 일본은 2002(平成14)년에 발효되었다. 실연가 등보호조약은 유네스코와 ILO가 관여하고 있는 것으로도 알 수 있듯이, 저작인접권은 저작권의 범위를 벗어난 문제도 포함하고 있다.

3. 저작인접권 보호의 근거

저작인접권은 저작권법에 규정은 없지만, 그 대상이 저작물이라고는 할 수 없다. 저작인접권자는 저작물을 전달하는 경우가 압도적으로 많을 것이지만, 피전달물이 저작물이어서 보호되는 것이 아니라, 정보의 전달이기 때문에 보호된다고 할 수 있다. 예를 들어, 야구중계방송은 저작물은 아니지만 그 방송을 타인이 무단으로 수신하여 재방송하는 것을 인정한다면, 정보의 성질상 두 번째 방송사업자는 저렴한 비용으로 야구중계방송을 하게 되므로, 고액을 투자한 최초의 방송사업은 성립하지 않게 된다. 요컨대, 정보의 전달자 중에서 보호하지 않으면 업으로서의 성립이 위태로운 것에 대하여 특별한 권리를 부여하여, 인센티브를 부여하는 것으로 생각하여야 할 것이다.

저작인접권의 근거로서, 저작물의 전달행위의 준창작성을 일컫는 견해가 많다.[5] 음반제작자나 방송사업자에게 창작적 요소가 없다고 말할 수는 없지만, 이 정도의 창작적 요소라면 대개의 기업에서도 찾아볼 수 있어, 이것만으로는 보호의 이유로서 불충분하다. 저작인접권의 모두가 같은 성격은 아니어서, 실연은 비교적 번역에 근접한 창작적 행위를 이루고 있고, 거기에는 실연가의 인격이 표출되어 있으므로 준창작적 행위로서 현재는 인격권도 인정되고 있다.[6] 이에 대하여 음반제작자·방송사업자의 보호에는 오히려 투하자본의 회수라는 산업정책적인

5) 加戸 475면은, 「저작물의 창작활동에 준한 일종의 창작적 활동이 행해진다는 점에서, …… 저작권에 준한 보호를 부여한다」라고 기술하고 있다. 또 吉田 앞의 주2) 236면은, 「저작물 이외의 것의 포함은, 부수적인 성질의 것이어서 저작인접권의 본질은 아니」고, 이들은 「일종의 비어져 나오는 부분」이어서, 「저작인접권의 보호대상의 논의에서 저작물성이 없는 것의 전달부분을 과대평가하는 것은 피해야」한다고 기술하고 있다.

6) 구법에서는, 실연의 주요한 일부인 연주가창이 저작물로 되어 있었던 것도(구법1조1항), 실연에는 창작적 요소가 있다는 하나의 증거라 할 수 있을 것이다. 한편, 음반제작자·방송사업자와는 달리, 실연가에 관해서는 창작적 요소가 강하여 저작인접권 중에도 특별한 지위에 있다는 점을 역사적으로 논한 것으로서, 本山雅弘, 「実演家の保護と著作権法制」 企業法学6호195면(1997) 참조.

측면이 강하다. 저작인접권에 있어서 정보의 전달자 보호라는 측면에서 보면, 저작인접권을 현재 보호되고 있는 4자에 한정하여야 할 근거는 없다. 입법론으로서는, 예컨대 판면(版面)에 관한 출판자의 보호,[7] 창작성이 없는 데이터베이스작성자의 보호, 프로바이더의 보호 등에까지 확대하는 것도 이론적으로 불가능하지 않다. 다른 한편, 저작인접권이 난립하면 권리처리가 복잡하게 되어 정보의 이용·유통에 저해요인이 될 것이므로, 새로운 권리의 창설은 신중을 기할 필요도 있다.

저작인접권이 필요하게 된 최대 요인은 정보전달 기술의 발전이다. 정보전달 기술로서는 음반이 발명되고 방송이 개시되고, 그 후 텔레비전방송, 유선방송 특히 CATV의 확대, 그리고 현재는 인터넷이 문제가 되고 있다. 생실연(生實演)만이 저작물의 이용형태였던 시대에 실연가는 계약으로 자신의 실연을 제어하면 족하고, 생연주(生演奏)에서 정보가 외부에 유출될 염려는 없었다. 그러나 음반과 영화, 방송이 출현하자, 실연가는 계약으로 자기의 실연의 말단까지 컨트롤할 수 없게 되어 어떤방법으로든 법적 보호를 부여할 필요가 생기게 되었다. 또 실연의 다양한 이용형태가 출현되어, 그 이용으로부터 얻을 수 있는 이익의 일부를 실연가에게도 환원시켜야한다는 요구가 나오는 것은 당연하다. 실연이 음반으로 복제되고 이를 방송에 이용한다는 관계에서, 실연가·음반제작자·방송사업자 사이의 이익을 어떻게 배분할 것인가가 문제되어, 이들 간의 이익조정을 위한 복잡한 규정이 마련되어 있다.

4. 저작인접권의 발생과 보호기간

저작권과 마찬가지로 저작인접권·2차사용료청구권·보수청구권은 무방식주의가 채용되어, 실연·발행·방송과 동시에 발생한다(89조5항). 음반제작자의 보호에 관해서는 방식주의 국가도 있다. 실연가등보호조약 11조와 음반보호조약 5조에서, 음반의 복제물 등에 Ⓟ기호, 제1발행년, 권리자의 명칭을 표시하면, 방식국의 방식을 만족한 것으로 본다.

---

7) 판면권에 관해서는 文化庁 『著作権審議会第8小委員会(出版者の保護関係)報告書』(1990, 文化庁·資料編 708면), 이 보고서의 (주10)에는 출판자의 활동은 저작물의 전달에 관련하여 지적가치를 인정할 수 있다는 점에서, 일반 기업의 통상의 행위와는 성격을 달리 하므로, 저작권법상 보호받을 수 있는 행위라고 생각할 수 있다고 기술하는 한편, 출판활동의 안정과 활발화라는 산업정책적 측면도 강조되어 있다.

저작인접권의 규정은 저작자의 권리에 영향을 미치지 아니한다. 또 저작권과 관계없이 저작인접권은 실연 · 음반제작 · 방송 · 유선방송에 의해 발생한다. 따라서 타인의 저작물을 무단으로 이용하여 실연 등이 행해진 경우에도 저작인접권은 발생하지만,[8] 그것은 타인의 저작물을 무단으로 이용하여 2차적 저작물을 창작한 경우와 마찬가지의 법적관계가 된다.

저작인접권은 입법당시는 실연가등보호조약의 최저기준인 20년이었지만, 1988(昭和63)년 개정으로 30년으로 연장되었고, 1991(平成3)년 개정으로 50년으로 연장되었다. 다만 저작권의 경우와 비교하여 그 기간의 계산이 복잡한데, 저작인접권의 존속기간은 이하와 같다(101조1항, 2항).

① 실연에 관해서는, 시기(始期)는 그 「실연」을 행한 때, 종기(終期)는 「실연」의 다음 해로부터 기산하여 50년이 경과한 때.

② 음반에 관해서는, 시기는 그 음을 「최초로 고정」한 때, 종기는 그 「발행」이 행해진 다음해부터 기산하여 50년이 경과한 때(「음반의 발행」의 정의는 4조의2). CD 앨범은 최초의 고정이 다른 복수의 음원을 이용하는 경우가 많아 종기의 기산점을 발행으로 하지 아니하면, 하나의 앨범에 종기가 다른 곡이 혼재하여 혼란이 생길 위험이 있으므로, 실연 · 음반조약에 부합하여 2002(平成14)년 개정에서 종기의 기산점을 「최초의 고정」에서 「발행」으로 개정하였다. 또 최초의 고정일에 속하는 다음 해로부터 50년이 경과될 때까지 발행되지 아니한 경우, 종기는 최초의 고정으로부터 기산하여 50년이 경과한 때가 된다.

③ 방송 · 유선방송에 관하여는, 시기는 그 「방송 · 유선방송」을 행한 때, 종기는 그 「방송 · 유선방송」이 행해진 다음 해로부터 기산하여 50년이 경과한 때.

이상을 요약하면, 저작인접권의 보호기간의 시기는 실연 · 「고정」 · 방송 · 유선방송이고, 종기는 실연 · 「발행」 · 방송 · 유선방송을 기산점으로 하여 50년이 경과한 후라 할 수 있다.

결국, 2002(平成14)년 개정 전에는 모든 경우에 시기와 종기의 기산점이 동일하였으므로[9] 시기와 종기가 같은 항에 규정되어 있었지만, 2002(平成14)년 개정에 의해 음반에 관하여만 시기의 기산점(고정)과 종기의 기산점(발행)이 다르게 되었으므로, 시기와 종기는 항을 바꾸어 규정하게 되었다.

---

8) 반대, 半田 269면.

9) 엄격히 말하면 시기(始期)는 「시(時)」를 기준으로 하고, 종기(終期)는 「날이 속하는 해의 다음 해」를 기준으로 한다는 점에서 차이가 있다.

제2절 실연가의 권리(91조 이하)

1. 총 설

(1) 실연의 의미

실연이란「저작물」을 연극적으로 연기하고, 춤으로 표현하고, 연주하고, 노래하고, 구연하고, 낭영(朗詠)하고, 또는 기타의 방법으로 행하는 것을 말하고, 이와 유사한 행위로 저작물을 연기하지는 않으나 예능적인 성질을 갖는 것을 포함하며(2조1항3호), 실연가란 실연을 행하는 자 및 실연을 지휘 또는 연출하는 자를 말하는 것으로 정의하고 있다(2조1항4호). 따라서 배우·무용가·연주가·가수 등의 행위 외에, 마술사의 마술과 같이 저작물을 실연하지 않더라도 예능적인 것이면 실연이 된다. 이에 대하여 스포츠는 예능적인 것이 아니므로 실연은 아니지만, 그 경계는 미묘하다. 마라톤과 레슬링이 예능이 아님은 분명하지만, 댄스적인 요소가 강한 스포츠는 예능적 요소도 있어 논란의 여지가 있다.[1)]

최초의 저작권법은 실연을 보호하지 않아, 낭곡사(浪曲師)로 유명한 도중헌운우위문(桃中軒雲右衛門)의 낭화절(浪花節)은 음악저작물이 아니어서 저작권침해가 부정되고, 또 권리침해가 아니므로 불법행위에도 해당되지 않는다는 일본 대심원 판결이 있었다.[2)] 이 사건을 계기로 1920(大正9)년 개정으로 실연 중인 연주가창만을 저작물에 포함시켰다(구법1조1항). 그 후 소위 ≪푸라게 선풍≫[3)]에 대처하기 위하여, 1934(昭和9)년 개정에서「음을 기계적으로 복제하는데 제공되는 기구에 타인의 저작물을 적법하게 사조(寫調)하는 자는 저작자로 간주하여 그 기구에 대해서만 저작권을 갖는다」(22조의7)로 개정되어, 음반제작자도 저작자로서의 지위를 획득하였다.

(2) 실연을 보호하는 이유

실연을 보호하는 이유로, 실연에는 저작물과 유사한 창작적 요소도 있으므로 보호하여야 한다는 점 외에, 음반산업과 방송산업의 발전에 따라 실연가의 실연

---

1) 作花·詳解 444면, 田村 521면, 加戸 24면.
2) 大判大 3·7·4 刑錄20집1360면(桃中軒雲右衛門事件).
3) 大家重夫『改訂版ニッポン著作権物語-プラーゲ博士の摘発録』(青山社, 1999) 참조.

의 기회가 상실되었으므로, 소위 기계적(기술적) 실업대책으로서의 의미가 있다고 말할 수 있다. 확실히 실연가등보호조약의 창생기에는 이와 같은 논의가 있었고, 또 이는 ILO가 관여하고 있다는 점에서도 엿볼 수 있다. 특히 상업용 음반의 2차 사용료청구권의 근저에는 이러한 사고가 존재하고 있었고, 많은 교과서에 있어서도 이와 같은 취지의 언급이 있었다. 그러나 오늘날의 상황에서는 실연가의 보호의 근거가 기계적 실업대책이라고는 하지 않을 것이다. 실제로 방송으로 음악을 유포시키면 음반의 매상이 증가하여 실연가에게 이익이 된다. 일찍이, 만담(落語)의 세계에서는 라디오방송에 출연하면 객석을 찾는 손님이 줄어들기 때문에, 만담가는 라디오에 출연하지 않는다는 풍습이 있었지만, 어떤 저명한 만담가가 라디오에 출연하자 객석은 대만원이 되어 그 다음부터 만담가도 라디오출연을 하게 되었다는 일화가 있다. 저작권과는 다르지만, 스포츠 중계방송을 하면 구장에 오는 손님이 감소한다는 견해도 있었지만, 중계로 인해 오히려 인기도 올라 실제 스포츠를 관전하고자 구장에 오게 된다. 방송 등에 의해 실연을 가능한 한 다수의 일반대중에게 노출시킨 결과, 그 실연의 인기도 상승하여 실연가도 이익을 얻게 된다. 즉, 실연가의 저작인접권제도는 오늘날은 기계적 실업대책이라기 보다는 방송이나 음반에서의 실연의 이용으로부터 생긴 이익의 일부를 실연가와 방송업자·음반제작자와의 사이에 분배할 수 있다는 점에서 의미가 있다고 생각된다.

(3) One Chance주의

실연가의 구체적인 권리내용은 후술하겠지만, 실연가의 권리에 관하여는 소위 ≪One Chance주의≫라는 사고에서부터 제도가 구축되어 왔다. 즉 원칙적으로 실연의 최초 이용허락 시에 일괄하여 그 이후 이용의 대부분을 회수하고, 그 후의 이용의 이익분배에 관해서는 최초의 계약으로 처리하며, 만일 복수의 종류의 저작인접권자가 존재하는 경우에는 한 사람에게 권리의 관리를 집중하고, 기타의 사람은 그 관리자와의 계약을 통해 이익을 확보하게 하는 체제이다. 이것은 말할 필요도 없이 권리관계가 착종되어 이용, 유통의 저해요인이 되는 것을 방지하기 위함이다. 즉, 저작인접권 제도는 가능한 한 계약으로 처리하여 그 계약에서 최초에 허락한 목적 외의 이용을 방지하는 제도라고 정리할 수 있으며, 이러한 방식을 One Chance주의라 한다. 다만 One Chance주의에는 예외도 있는데, 두 번째 이후의 이용인 경우에도 그 이용으로부터 얻을 수 있는 이익의 배분이 타당하다고 생각되는 경우에는 대가징수권도 주어지므로, 전체적으로 극히 복잡하게 규정되어 있다.

저작권법은 계약으로 대처할 수 없는 이용형태를 규정하면 족하다는 취지에서, 실연가가 실제 실연에서 공중에게 실연을 전달하는 점에 관해서는 규정이 없다. 이는 실제 출연시에 실연가가 흥업가와 계약으로 그 이익을 확보하는 것이 가능하고 그러한 범위로 충분하며, 구태여 실제 연주를 저작인접권으로 규정할 필요는 없다고 생각되기 때문이다.

2. 보호받을 수 있는 실연(7조)

일본 저작권법상 보호를 받을 수 있는 실연은 이하와 같다.

① 국내에서 행하는 실연(1호). 실연가의 국적을 불문하고, 국내에서의 연주라면 모두 보호된다.

② 일본국민을 음반제작자로 한 음반, 또는 음반에 고정되어 있는 음이 최초로 국내에서 고정된 실연(2호)

③ 일본국민인 방송사업자의 방송, 또는 국내의 방송설비로부터 행해진 방송에 의해 송신된 실연(실연가의 승낙을 얻어 송신 전에 녹음되거나 또는 녹화된 것을 제외한다)(3호). 이 요건을 만족하면 실연가의 국적은 묻지 않는다. 괄호에서 실연가의 승낙을 얻은 녹음·녹화가 제외되어 있지만, 여기에 관해서는 One Chance주의에 따라 녹음·녹화시의 계약으로 처리되어야 하는 것으로서 보호받는 실연으로부터 제외되고 있다. ⑦의 5호다목과 ⑫의 7호다목도 마찬가지이다. 결국 본호에서 보호되는 실연은 방송으로 송신된 생실연(生實演)과, 실연가의 승낙을 얻지 않고 녹음·녹화되어 송신된 실연이라 말할 수 있다.

④ 유선방송에 관하여는 3호의 방송과 동일하다(4호)

⑤ 1호에서 4호까지 열거된 것 외에, 실연가등 보호조약의 체약국에서 행해진 실연(5호가목)

⑥ 1호에서 4호까지 열거된 것 외에, 실연가등보호조약의 체약국의 국민을 음반제작자로 하는 음반, 또는 음반에 고정된 음이 최초로 실연가등보호조약의 체약국에서 고정된 실연(5호나목)

⑦ 1호에서 4호까지 열거된 것 외에, 실연가등보호조약의 체약국의 국민인 방

송사업자의 방송, 또는 실연가등보호조약의 체약국에 의한 방송설비로부터 행해진 방송으로 송신된 실연(실연가의 승낙을 얻어 송신 전에 녹음 또는 녹화된 것을 제외한다)(5호다목)

⑧ 1호에서 5호까지 열거된 것 외에, 실연·음반조약(WPPT)의 체약국에서 행해진 실연(6호가목)

⑨ 1호에서 5호까지 열거된 것 외에, 실연·음반조약(WPPT)의 체약국의 국민을 음반제작자로 한 음반, 또는 음반에 고정된 음이 최초로 실연·음반조약의 체약국에서 고정된 실연(6호나목)

⑩ 1호에서 6호까지 열거된 것 외에, 세계무역기구의 가맹국에서 행해진 실연(7호가목)

⑪ 1호에서 6호까지 열거된 것 외에, 세계무역기구 가맹국의 국민을 음반제작자로 한 음반, 또는 음반에 고정된 음이 최초로 세계무역기구의 가맹국에서 고정된 실연(7호나목).

⑫ 1호에서 6호까지 열거된 것 외에, 세계무역기구의 가맹국의 국민인 방송사업자의 방송, 또는 세계무역기구의 가맹국의 방송설비로부터 행해진 방송으로 송신된 실연(실연가의 승낙을 얻어 송신 전에 녹음 또는 녹화된 것을 제외한다)(7호다목)

3. 실연가의 권리의 내용

(1) 녹음권·녹화권(91조)

가. 녹음·녹화권의 내용(91조1항)

실연가는 그 실연을 녹음 또는 녹화할 권리를 독점적으로 갖는다(91조1항). 녹음이란 음을 물(物)에 고정하거나 또는 그 고정물을 증제(增製)하는 것을 말하고(2조1항13호), 녹화란 영상을 연속하여 물에 고정하거나 또는 그 고정물을 증제하는 것을 말한다(2조1항14호). 따라서 실연을 고정하는 것뿐만 아니라, 실연을 고정한 물(필름이나 CD)이나 방송으로부터 녹음·녹화하는 행위도 녹음·녹화에 포함된다.[4] 어느 쪽이든 유형적인 복제만이 문제가 된다.

그러나 실연 또는 실연을 녹화한 영상으로부터 단순히 사진을 촬영하는 행위는 영상의 연속성이 없으므로 실연가의 녹화권에는 저촉되지 않고, 또 생실연(生

4) 실연가등보호조약7조에는 최초의 고정을 보호하고 있지만, 일본 저작권법은 이를 초월하는 보호를 부여하고 있고, 예컨대 음반의 리프레스도 녹음에 포함되어 있다.

實演)을 사진 촬영하는 것도 녹화권에 저촉되지 않는다. 이는 방송사업자의 복제권이 방송에 관련된 영상을 사진촬영하는 것에 미치는 것(98조)과 대조적이다. 또 초상권과 퍼블리시티권의 침해가 될 염려가 있다는 점은 별론으로 한다.

이 권리는 실연가의 실연 그 자체를 녹음·녹화하는 권리이므로, 예컨대 동일한 곡이어도 다른 실연가의 실연에는 미치지 아니한다. 따라서 흉내내기는 작사가·작곡가의 저작권은 침해하더라도, 다른 실연가의 실연 자체를 이용한 것이 아니므로 실연가의 녹음·녹화권 침해는 되지 않는다. 단지 흉내내기의 태양에 따라 불법행위를 구성할 수 있다는 점은 별론으로 한다.

녹음·녹화된 품질이 당해 실연보다 저급하여도, 동일한 실연을 이용하고 게다가 당해 실연가의 실연으로 인식되는 이상 녹음·녹화권의 침해가 된다.[5)]

사적사용 목적을 위한 복제에 관하여는 저작권의 경우의 규정(30조)이 준용된다(102조1항). 또 실연가에게도 디지털녹음·녹화의 보상금청구권이 인정되고 있다(104조의2제1항).

나. 영화(91조 2항)

실연가의 영화에 관한 권리에 대하여는 예외가 있는데, 녹음·녹화권자(통상은 실연가)의 허락을 얻어 영화의 저작물 중에 녹음·녹화된 실연은 녹음물(음을 오로지 영상과 함께 재생하는 것을 목적으로 하는 것을 제외한다)에 녹음하는 경우를 제외하고 권리가 미치지 아니한다(91조2항). 복잡한 규정으로 되어 있으나, 요컨대 영화에 수록된 실연가의 권리는 영화로서 복제하는 경우에는 미치지 않지만, 그 밖에 사운드트랙 음반 등에 녹음하는 경우에는 미친다고 할 것이다. One Chance주의에 따라 실연가의 권리행사 기회는 원칙적으로 영화에 수록된 때 1회뿐이지만, 사운드트랙음반에 녹음하는 것과 같이 특별한 경우에 까지 사전계약으로 처리하는 것은 어려우므로 예외로 하고 있다. 이것은 영화에는 고액의 투자가 필요하고 또 리스크도 크기 때문에 권리를 영화제작자에게 집중시킬 필요로부터 규정된 것이다.

(2) 방송권·유선방송권(92조)

실연가는 그 실연을 방송·유선방송할 권리를 독점적으로 가진다(92조1항). 그러나 방송사업자·유선방송사업자·음반제작자 간의 조정의 필요상 예외가 많이

5) 東京地判昭53·11·8 判タ371호173면(昭和の記録事件).

정해져 있어, 실제로 실연가의 방송권·유선방송권이 미치는 것은 생실연과 허락 없는 녹음·녹화물의 방송·유선방송, 및 이들을 수신하여 행하는 방송·유선방송에 한한다. 일단 권리를 행사하면 그 후의 이용에는 권리가 미치지 않는다는 One Chance주의에 의거 제한된다. 구체적으로는 이하의 경우에 실연가는 방송권·유선방송권을 갖지 못한다.

(i) 방송되는 실연을 유선방송하는 경우(92조2항1호). 「방송된 실연」이 아니라 「방송되는 실연」이라 규정한 의미는, 방송과 동시에 유선방송하는 경우(동시재방권)를 의미한다. 한번 방송되면 동시재방송에 관해서는 최초 실연가의 독점권이 미치지 아니한다는 취지이나, 실연가는 방송권을 갖고 있으므로 최초의 방송사업자와의 계약에 따라 동시재방송에 관하여 컨트롤할 수 있다. 또, 2006(平成18)년 개정에 따라 유선방송사업자가 동시재송신을 한 경우에는 실연가에게 상당한 금액의 보수를 지불하여야 한다(94조의2). 실연가의 허락 없이 방송된 실연을 유선방송한 경우 실연가의 권리가 그 유선방송에 미치지는 않지만,[6] 그러한 허락 없는 방송자체가 위법하므로, 실연가는 당해 방송사업자에 대하여 손해배상청구가 가능하다. 방송되는 실연을 재방송하는 경우에 관하여는 규정이 없으므로 이론적으로는 실연가의 방송권이 미치지만, 다만 실연가가 실연의 방송을 허락한 경우에는, 실연가는 보수를 청구할 수 있을 뿐이므로(94조) 실연가의 독점권이 행사될 여지가 적다. 또 유선방송된 실연을 방송하는 경우에 관한 예외규정이 없으므로 실연가의 방송권이 미친다. 방송을 녹음·녹화하여 유선방송하는 경우(이시(異時)재방송)에 관해서는 92조1항의 범위에서, 실연가의 복제권과 유선방송권이 미친다.

(ii) ① 녹음·녹화권을 갖는 자의 허락을 얻어 녹음·녹화된 실연을 방송·유선방송하는 경우(92조2항2호가목). 녹음·녹화권을 가진 자(실연가 또는 그 승계인)의 허락을 얻어 녹음·녹화된 실연이 방송·유선방송된 경우, 즉, 해적판이 아닌 정규 CD나 DVD등을 이용하여 방송·유선방송하는 경우에는 92조2항의 적용제외에 해당하여 실연가의 독점권이 미치지 아니한다. 일반적으로는 One Chance주의에 따라 실연가는 최초로 실연의 고정 시에 그 이후의 이용에 관한 계약으로 처리할 수 있기 때문이다. 다만, 방송사업자·유선방송사업자는 실연이 녹음된 상업용 음반을 이용하여 방송·유선방송을 행한 경우, 당해 실연가에게 2차사용

6) 92조2항1호의 「방송」에는 2호와 같은 「권리를 가진 자의 허락을 얻어」라는 수식어가 없으므로, 당초의 방송이 실연가의 허락을 얻지 않고서 이루어진 방송이라도, 이를 수신하여 유선방송으로 동시재송신하는 경우에는 실연가의 권리는 미치지 않는다.

료를 지불하여야 한다(95조). 상업용 음반의 최초 고정 시에 방송·유선방송으로의 이용까지 계약해 두는 것은 무리가 있기 때문일 것이다. 허락을 받은 녹음물·녹화물로부터 복제한 것을 이용하여 방송한 경우는 실연가의 권리가 미친다.[7] 즉 개개의 녹음·녹화물에 관하여 권리자의 승낙의 유무에 따라 결론이 달라지게 된다. 또 「허락을 얻어」 녹음·녹화된 실연의 방송·유선방송에 관하여는 실연가의 권리가 미치지 않을 뿐으로, 권리의 제한규정(102조1항)에 따라 합법적으로 녹음·녹화된 것에 대하여는, 권리자의 「허락」이 없기 때문에, 실연가의 권리가 미친다는 의미이다.

② 녹음·녹화권을 가진 자의 허락을 얻어 영화로 녹음·녹화된 실연으로, 사운드트랙 음반 등 이외의 것에 녹음·녹화된 것을 방송·유선방송하는 경우(92조2항2호나목). 극히 판단하기 어려운 조문이지만, 요지는 영화의 增製는 실연가의 허락을 받을 필요가 없으므로(91조2항), 영화의 증제에 의해 프린트나 비디오화된 것은 92조2항2호가목에서 말하는 허락을 얻은 녹음물·녹화물에 해당하지 않게 되어, 그 자체로는 92조1항의 원칙으로 돌아가 실연가의 허락권이 미치게 된다. 그러한 경우 방송·유선방송에 지장이 생기므로 92조2항2호나목을 마련하여, 허락을 얻어 영화에 녹음·녹화된 실연에 대해서는 증제프린트도 권리범위 외로 되었다. 사운드트랙음반에 관해서는 권리자의 허락을 받아 녹음된 것은 본호 가에 해당되므로 실연가의 권리가 미치지 않고, 허락을 얻지 않은 것은 권리가 미치게 된다.

(iii) 실연에 관한 권리를 가진 자가 그 방송에 관해 허락한 경우 방송사업자는 그 실연을 방송을 위하여 녹음·녹화할 수 있다(93조1항). 그 허락에 관한 방송프로그램과 다른 방송프로그램에 사용할 목적으로의 녹음·녹화에 관하여는 실연가의 녹음·녹화권이 미친다(93조1항 단서). 93조의 적용이 있는 것은 실연가가 방송을 허락한 경우이고, 권리제한규정에 따라 방송 가능한 경우에는 허락된 것이라 할 수 없으므로 실연가의 권리가 미친다. 다만, 그 경우에도 102조1항에 의해 44조1항, 2항이 준용되므로, 방송사업자·유선방송사업자는 일시적 고정이 가능하여 93조와 중첩적으로 적용된다. 다만 44조의 고정은 일정기간을 넘어 보존할 수 없지만(44조3항) 93조에는 그러한 제한이 없고, 또 93조에 의하면 방송사업자

7) 91조2항에서는 「허락을 얻어…… 녹음되거나 또는 녹화된 실연」이라는 조문임에 대하여, 92조2항2호가에서는 「허락을 얻어 녹음되거나 또는 녹화되어 있는 실연」이라는 표현으로 되어 있는 점에 주의를 요한다. 즉 92조2항2호의 경우는 구체적인 녹음물·녹화물에 관한 허락이 필요하므로, 허락을 받은 녹음물·녹화물로부터 허락 없이 녹음·녹화된 실연은 포함하지 않는다는 취지이다. 加戶 495면.

는 방송을 위하여 녹음 · 녹화할 수 있다고 규정되어 있어, 자기의 방송목적에 한하지 않아 예컨대 주방송국이 녹음 · 녹화하고 이를 다른 방송국에 제공하는 것도 가능하지만, 44조에서는 자기의 방송목적이라는 제한이 있다는 점에서 양 조문이 다르다.[8] 게다가 유선방송에 관해서는 규정이 없다. 이것은 실연가등보호조약상에도 규정이 없고, 또 현실문제로서 실연을 이용하는 경우가 낮은 것이 이유이지만,[9] 이후로는 상황이 변할 가능성이 있을 것이다.

이와 관련하여, 실연가가 방송에 출연하는 것을 허락한 것만으로도 당연히 녹음 · 녹화의 허락계약에 따르나, 다른 내용의 프로그램에 사용할 목적으로 녹음 · 녹화하는 경우에는 녹음 · 녹화할 수 없다(93조1항 단서). 예를 들면 음악프로그램에 있어서 실연을 버라이어티쇼로 사용하기 위하여 고정하는 것은 별도의 계약이 없는 한 불가능하다. 또한 목적 외에 사용이나 제공을 한 자는 녹음 · 녹화권 침해가 된다(93조2항).

(iv) 방송을 위한 고정물 등에 의한 방송(94조)

계약에 별단의 정함이 없는 한, 그 녹음 · 녹화를 당해 허락에 관한 방송 이외에 관하여 이하의 3가지의 방송의 경우에는 다시 실연의 권리자의 허락을 받을 필요가 없다. 또 93조와 마찬가지로 유선방송에 관한 규정이 없으므로, 유선방송에 관하여는 이러한 특권이 없다.

① 허락을 얻은 방송사업자가 93조에 의해 작성된 녹음물 · 녹화물을 이용하여 하는 방송(94조1항1호). 소위 리포트방송이라 불리는 것으로 동일한 방송사업자가 다시 행하는 방송이다.

② 허락을 받은 방송사업자로부터 그 자가 합법적으로 고정한 녹음물 · 녹화물의 제공을 받아서 하는 방송(94조1항2호). 소위 테이프 · 네트워크 방송이라 불리는 것으로, 녹음물 · 녹화물의 제공을 받아서 행하는 방송이다.

③ 허락을 받은 방송사업자로부터 허락에 관한 방송프로그램의 제공을 받아서 하는 방송(94조1항3호). 소위 마이크로 · 네트워크방송이라 불리는 것으로 마이크로웨이브나 유선으로 제공을 받아서 행하는 방송이다.

이상의 경우는 실연가의 허락 없이 방송할 수 있고, 실연가가 한번 방송 · 유선방송의 이용에 허락을 부여하면 그 이후의 컨트롤은 거의 없게 되지만, 그 대가

8) 효과의 차이에 대한 상세는, 加戸 502면 참조.

9) 加戸 500면.

로서 그 방송이 된 경우는 상당한 액의 보수를 지불하여야 한다(94조2항). 지불의 주체는 원방송사업자이고, 실연가는 최초 방송에의 허락시의 계약에 따라 사후의 이용에 관한 처리가 가능하다. 보수에 관하여 집중관리단체는 존재하지 않지만, 그 산정은 일본예능실연가단체협의회(예단협), NHK・일본민방연맹 사이에 협의된 요율로 지불하여야 한다. 예단협에 가맹하지 않은 실연가도 존재하는데, 이들에 관하여는 요율도 상당액이라 판단되지만 상기의 협의의 요율이 참고가 될 것이다.

(3) 송신가능화권(92조의2)

실연가는 그 실연을 송신가능화할 권리(2조1항9호의5에 정의)를 독점한다(92조의2제1항). 실연가의 송신가능화권은 WIPO실연・음반조약에 유사하게 1997(平成9)년 개정으로 저작권의 지분권으로서 송신가능화권이 신설됨과 동시에 규정되었다. 송신가능화권에 관하여는 **「제3장 저작권의 내용 제3절 지분권 4. 공중송신권・공중전달권」** 참조.

실연가의 송신가능화권은 송신행위 그 자체가 아니고, 그 전단계인 송신가능화에 관하여 부여되는 허락권이다. 다만 2006(平成18)년 개정으로 IP멀티캐스트방송[10]에 관해서는 동시재송신에 한하여 자유롭게 행할 수 있지만(102조3항), 비영리 및 요금을 징수하지 않는 경우를 제외하고 송신가능화권을 가진 실연가에게 상당한 액의 보상금을 지불하도록 하였다(102조4항). 2006(平成18)년 개정에서는 IP멀티캐스트방송에 의한 자주(自主)방송과 이시(異時)재송신에 관해서는 저촉되지 않지만, 이들에 관해서는 저작물, 실연, 상업용 음반의 모두에 관한 허락을 받을 필요가 있어, 이에 관하여 유선방송과 동등하게 취급해야 하는가라는 점이 이후의 문제가 된다.

---

10) 平成13(2001)년에 전기통신설비를 이용한 방송을 가능하게 하기 위하여 전기통신서비스이용방송법(電気通信役務利用放送法)이 제정되어, 「공중에 의해 직접 수신되는 것을 목적으로 하는 전기통신의 송신에 있어서, 그 전부 또는 일부를 전기통신사업을 영위하는 자가 제공하는 전기통신서비스를 이용하여 행하는 것」을 전기통신서비스이용방송이라 하며(동법2조1항), IP멀티캐스트방송도 그 한 형태이다. IP멀티캐스트란 IPv6망이라는 폐쇄적 네트워크를 이용하여 방송센터로부터 IP방송국내의 장치로 모든 프로그램을 송신하고, 거기서부터 유저가 설정한 프로그램을 송신하는 공중송신인데, 저작권법상은 자동공중송신으로 정립되어 있다. 2006(平成18)년 저작권법개정으로 IP멀티캐스트방송에 관한 규정이 마련되었지만, 기술에 착안하여 규정하면 신기술이 출현할 때마다 개정이 필요하므로, 입력형의 자동공중송신에 의한 방송으로 한정하고, 또 동시재송신의 범위는 원방송의 대상지역에 한정한다는 규정으로 되었다(102조3항).

송신가능화권에 관해서도 방송권·유선방송권과 마찬가지로, 이하와 같은 예외규정이 마련되어 있다(92조의2 제2항). 기본적으로는 한번 권리를 행사하면 그 후의 이용에는 권리가 미치지 않는다는 One Chance주의에 기초한 제한이 있다.

(i) 녹화권을 가진 자의 허락을 얻어 녹화된 실연(92조의2제2항1호). 92조2항2호와 같은 취지이다.

(ii) 영화의 저작물에 수록된 실연에서, 91조 2항의 녹음물(사운드트랙음반 음반 등) 이외의 物에 녹음·녹화된 것(92조의2제2항2호). 이것은 92조2항2호나목의 규정에 따라 영화의 증제물에 관해서는 실연가의 허락을 얻지 않고 행할 수 있는 것과의 형평을 위하여 특히 본호에서 규정하고, 그러한 영화에는 권리가 미치지 않음을 명백히 하였다.

(4) 양도권(95조의2)

실연가는 그 실연을 그 녹음물·녹화물의 양도의 방법으로 공중에 제공할 권리를 독점한다. 양도의 방법으로 공중에 제시할 필요가 있으므로, 단지 특정한 자에게 녹음물·녹화물을 양도한 것뿐이라면 양도권의 침해가 아니다. 이 규정은 WIPO실연·음반조약 8조1항에 맞추기 위하여 1999(平成11)년 저작권법개정에서 신설된 것이므로, 저작권의 지분권으로서의 양도권(26조의2)의 신설과 동시에 마련되었다. 기본적으로는 저작권의 지분권인 양도권과 동일하고 소진의 규정도 마련되어 있지만(95조의2 제3항), 저작인접권이므로 대상은 녹음물·녹화물이다.

양도권의 예외로서, 이하의 두 가지 경우에 양도권이 미치지 않는다.

(i) 녹화에 관한 권리를 가진 자의 허락을 얻어 녹화된 실연(95조의2제2항1호). 녹음에 관해서는 규정이 없으므로 양도권은 미치지만, 3항에서 소진이 규정되어 있으므로 결국 권리가 미치지 않는 경우가 많다.

(ii) 녹음·녹화에 관한 권리를 가진 자의 허락을 얻어 영화의 저작물에 있어서 녹음·녹화된 실연으로, 영화 이외의 녹음물(사운드트랙음반 등) 이외의 것에 녹음·녹화된 것(95조의2제2항2호). 영화의 증제프린트는 실연가의 허락 없이 행할 수 있으므로 1호의 적용은 없고, 2호의 규정에서 양도권은 미치지 않는 것으로 된다.

소진규정이 있으므로 현실적으로는 양도권의 규정이 적용될 경우는 적고, 유통의 저해요인으로 되는 경우는 없을 것이다. 양도권의 소진에 관해서는 「**제3장**

저작권의 내용 제3절 지분권 8. 양도권」 참조.

(5) 대여권 등(95조의3)

실연가는 그 실연이 녹음된 상업용 음반의 대여에 의해 공중에게 제공할 권리를 독점하지만, 영리를 목적으로 하지 아니하고 또 요금을 받지 않는 경우에는 자유롭게 대여할 수 있다(102조1항에서 38조4항이 준용된다). 이 규정은 1984(昭和59)년에 대여권이 신설됨과 동시에 마련되었다(대여권에 관해서는 「제3장 저작권의 내용 제3절 지분권 9. 대여권」 참조). 다만 저작권자의 대여권은 모든 저작물에 미치는데 대하여 실연가의 대여권의 범위는 상업용 음반(2조1항7호)만으로, 영화(비디오)나 브로마이드 등에는 미치지 않는다. 이것은 영화의 저작물에 녹음・녹화된 실연은, 원칙적으로 실연가의 권리가 미치지 아니하는(91조2항) 것과 형평을 맞추기 위함이다.

대여권의 기간은 최초에 발매된 날로부터 기산하여 1개월 이상 12개월을 초과하지 않는 범위에서 정부령으로 정하는 기간이지만(95조의3제2항), 저작권법시행령 57조의2에서 12개월로 하고 있다. 이를 초과하면 「기간경과 후 상업용 음반」가 되어, 저작인접권의 존속기간(50년) 동안 대여음반업자는 상상한 액의 보수를 지불하여야 한다(동3항). 지불의무자는 「상업용 음반의 공중에의 대여를 영업으로 하는 자(대여음반업자)」이어서(동3항), 업으로서가 아닌 유상의 대출이나 도서관에서의 무상의 대출은 적용에서 제외된다.

1년간은 금지권이고 49년간은 보수청구권이라는 95조의3은, 저작권제도의 본질을 고찰하면 이론적으로는 흥미 깊다. 이는 인접권에 관한 것이긴 하지만, 저작권법의 물권법적 구성은 물권법의 차용이고 절대적인 것이 아니라는 것을 말하고 있다. 이는 장래의 제도설계에 참고가 될 것이다.[11)]

이 보수청구권의 행사는 상업용 음반의 2차사용료의 경우의 지정관리단체(현재는 사단법인 일본예능실연가단체협의회)에 의해 행사할 수 있다(95조의3제5항에서 95조5항의 단체에 의해 행사할 수 있도록 규정되어 있다).

이 대여권 등은 당초 외국인실연가에게는 인정되지 않은 것이지만, 1991(平成3)년 개정으로 「국내에 있어서」라는 한정이 삭제되어 실연가등보호조약에서 보

---

11) 이와 같은 일본의 제도는 비교법적으로도 예외적이고, 또 TRIPS협정14조(4)1문의 취지에 반하는 것이기는 하지만, 일본을 위하여 2문이 마련되어 있고, 조약상 적법하게 되어 있다.

호받는 외국인 실연가에게도 적용되도록 하였다.

(6) 상업용 음반의 2차사용(95조)[12]

가. 제도의 내용

방송사업자·유선방송사업자는 실연이 적법하게 녹음된 상업용 음반을 이용한 방송·유선방송을 실연가의 허락 없이 행할 수 있지만, 실연가에게 2차사용료를 지불하여야 한다(95조1항). 2006(平成18)년 개정으로 영리를 목적으로 하지 아니하고 또 청중·관중으로부터 요금을 받지 않고 당해 방송을 수신하여 동시에 유선방송을 행한 경우에는 2차사용료를 지불할 필요가 없다(95조1항 괄호). 이로써 난시청지역의 유선방송에 의한 동시재송신 등의 경우에는 2차사용료를 지불할 필요가 없게 된다. 단지, 통상의 네트워크송신은 마이크로·네트워크방송 또는 테이프·네트워크방송이고, 방송·유선방송을 수신하여 행하는 것이 아니므로,[13] 이 괄호에는 해당하지 않아 네트워크국에 2차사용료의 지불의무가 있다.

상업용 음반이란 시판의 목적을 가지고 제작된 음반의 복제물을 말한다(2조1항 7호). 따라서 방송사업자가 시판의 목적 없이 자기의 방송을 위하여 제작한 것은 음반이긴 하지만 상업용 음반은 아니다. 또 녹음·녹화권자의 허락을 받지 않고 녹음된 상업용 음반에 관해서는 95조의 적용이 없고, 실연가의 권리가 미치며, 2차사용료의 문제는 없게 된다. 음원이 다양화되는 현재, 입법론으로서 상업용 음반의 개념에 관해서는 논의가 되고 있다.

이 2차사용료청구권은 조문상은 저작인접권으로 되어 있지 않아 그 존속기간에 관한 논란이 생길 염려가 있어, 2차사용료를 청구할 수 있는 기간을 저작인접권의 기간과 동일한 것으로 규정하였다[14](95조1항 괄호).

2002(平成14)년 개정으로 이 2차사용료의 규정은 상호주의를 취하도록 하였다(95조2항, 4항). 구체적으로는 실연가등보호조약의 체약국에 있어서는 동조약 12조 규정을 유보하고 있는 국가 이외의 국가의 국민에게 적용되며(2항), 또 실연음반조약의 체약국에 관해서는 보호기간에 관해서도 상호주의가 채택되어, 그 체약국

---

12) 棚野正士「商業用レコード2次使用料請求権の運用にみる実演家の著作隣接権思想の変容」半田正夫古稀記念『著作権法と民法の現代的課題』(法学書院, 2003) 195면 참조.

13) 방송·유선방송이라 함은, 공중에게 수신될 것을 목적으로 한 것으로(2조1항8호, 9조의2), 전기통신회선으로 네트국(局)에 송신되는 것은 공중상대방은 아니므로 방송·유선방송의 개념으로부터 제외된다.

14) 加戸 517면.

이 유보하고 있는 기간에 한하여 적용된다(3항).[15)]

나. 제도의 의미

이러한 2차사용의 규정은 ILO의 주장에 따라 실연가등보호조약에 삽입된 것이고, 음반을 사용함으로써 감소하는 실연가의 구제라는 기계적(기술적)실업대책이라 하기도 한다. 그러나 현실적으로는 실연의 녹음물이 방송되지 않는다 하더라도, 그 대체로서 모든 방송이 생실연(生實演)으로 행해져 실연가의 수입이 확보될 수 있다고 말할 수도 없을 것이다. 물론 방송됨으로써 실연가의 인기도 상승하고 실연의 수입도 증가하거나 실연가의 음반 판매가 촉진되는 것도 기대할 수 있어, 실연가의 손실에 관련된다고는 생각하기 어렵다. 본조의 의미는 방송·유선방송이라는 실연의 이용형태로부터 이익을 실연가와 방송사업자가 배분하는 것에 있다. 이 점에 관해서는 **「제1절 서설 3. 저작인접권의 근거」** 참조.

다. 2차사용료의 지불(95조 1항)

지불의무자는 방송사업자와 유선방송사업자이다. 백화점이나 레스토랑 등에 있어서 상업용 음반의 이용에는 95조의 적용이 없지만, 1999(平成11)년 개정에 따라 부칙14조(녹음물에 의한 연주에 관한 경과조치)가 철폐되어 연주권이 미치도록 한 점에는 주의를 요한다(연주권에 관해서는 **「제3장 저작권의 내용 제3절 지분권 2. 상연권·연주권」**참조). 따라서 대량으로 음악을 이용하고 또 청중도 많은 방송사업자·유선방송사업자에 대하여는 2차사용료청구권이 있는 것에 대하여, 양적이나 청중의 수에서 적은 백화점 등에 대하여는 금지권이 미친다는 불균형이 생기고 있다. 다만 현실적으로는 백화점 등에서의 이용도 집중처리가 되어 있으므로, 금지청구권은 사실상 대가징수권화 되고 있으므로 실제상은 큰 차이가 없다.

2차사용료청구권은 국내에 있어서 실연을 업으로 하는 상당수를 구성원으로 하는 단체로 문화청장관이 지정하는 것이 있는 경우에는 그 단체에 의해서만 행사할 수 있다(95조5항). 지정관리단체가 없거나 또는 단체의 휴·폐지(저작권시행령 51조)·지정의 취소(저작권시행령52조)가 있는 경우에는 개개의 실연가가 권리를 행사하도록 되어 있다. 지정관리단체란 일정한 요건(6항)을 만족하고, 또 그 동의를 얻어 문화청장관에 의해 지정된 것으로(5항), 현재는 사단법인 일본예능실연가단체협의회가 지정되어 있다. 외국인의 권리도 이 지정관리단체를 통하여 행사된다. 2차사용료는 이 단체와 방송사업자·유선방송사업자 간에 협의로 정해지고

15) 상세한 것은, 作花·詳解 457면 참조.

(10항), 이에 관하여는 원칙적으로 독점금지법의 적용은 없지만, 불공정한 거래방법이나 관련사업자의 이익을 부당하게 해하는 경우는 이러한 제한은 없다(13항). 지정관리단체는 권리자를 위하여 지정관리단체의 이름으로 재판상·재판외의 권리를 행사할 권원을 가진다(8항).

따라서 2차사용료를 받을 권리는 방송에 쓰여진 상업용 음반에 녹음된 실연을 행한 실연가에게 귀속된다. 본조의 취지가 기계적 실업에 대처하는 것이라 해도 2차사용료청구권이 녹음된 실연과는 관계없이 모든 실연가에게 귀속하는 것은 아니다.[16]

4. 실연가의 인격권

(1) 총 설

종래의 저작권법에는 실연가의 인격권의 규정이 없었으나, 「실연가 및 음반에 관한 세계지적소유권조약」(WIPO실연·음반조약, 2002년 발효)에 가입하기 위하여 2002(平成14)년 개정에서 성명표시권과 동일성유지권의 규정이 신설되었다. 따라서 동 조약 5조는 음에 관한 실연만을 규정하고 있으나, 일본은 동 조약이 요구하고 있는 최저기준을 넘어 실연 일반의 인격적 이익을 보호하고 있다.

음반제작자나 방송사업자와 비교하면, 실연가는 단지 저작물 등의 전달을 하고 있을 뿐만 아니라 실질적인 창작적 행위를 하고 있으므로 2002(平成14)년에 실연가에게는 저작자인격권에 유사한 인격권이 인정되도록 하였다. 디지털기술의 발전에 따라 실연에 관해서도 개변이 극히 용이하여졌다는 것도 실연가의 인격권의 규정이 필요하게 된 커다란 요인이다. 그러나 그 이전에는 실연가의 인격권이 완전히 인정되지 않았던 것은 아니고, 일반적 인격권은 인정되었다. 따라서 영화에 있어서 배우를 교체하는 등의 행위는 종래부터 일반적 인격권침해로 되었다.[17]

---

16) 긴키(近畿)지방에서 음악연주에 종사하고 있는 실연가 394명이 사단법인일본예능실연가단체협의회를 상대로 하여, 2차사용료를 받을 권리는 음반취입의 유무 등에 관계 없이 모든 음악실연가에게 주어진 것이라 주장하고, 1인당 3만여엔을 청구한데 대하여, 東京地判昭57·5·31 判時1046호121면(芸団協事件)은, 2차사용료를 받을 권리는 방송·유선방송에 이용된 상업용 음반에 수록된 실연을 행한 실연가에게 귀속되어야 하는 것이라 하고 청구를 기각하였다(東京高判昭60·2·28 無体裁集17권1호17면 항소기각). 원심의 판시에도 언급되어 있는 바와 같이, 기계적실업(機械的失業)에 대한 보상이라는 입법취지는, 지정단체가 분배를 받는 자의 범위를 녹음된 실연가 이외의 실연가에게도 미치도록 함으로써, 간접적으로 달성되는 것이 기대된다 할 것이다.

17) 일반론으로서 실연가에게 인격권이 있음을 인정한 판례로서, 東京地判昭53·11·8 判タ371호173면(昭和の記録事件)에서는 「저작권법에는 실연가로서의 인격권적 이익을 보호해야 한다는 취지의 특별규정은 없지만, 실연가이기 때문에 본래 일반인으로서 향수하여야 할 불법행위법에 의한 인

저작권법상 인정되는 실연가의 인격권은 성명표시권과 동일성유지권만이고, 공표권은 인정되지 않는다. 공표권의 규정이 없는 것은 실연가는 공표를 전제로 실연하는 경우가 많고, 또 실연은 상품으로서 판매되는 경우가 많지만, 그 판매시기 등은 실연가와 제조·판매업자 사이의 교섭에 따라 정하는 것이 바람직하기 때문이다.[18] 따라서 연습중의 실연과 NG가 난 실연의 공표는 저작권법상 인격권침해로는 되지 아니하나, 공표의 방법 등에 따라서는 일반적인격권의 침해가 될 수 있고, 경우에 따라서는 실연가의 녹음·녹화권과 방송권의 침해로 대처할 수 있다.

실연가의 인격권은 일신전속적이고 양도할 수 없다(101조의2). 명예회복조치에 관해서는 저작자의 경우와 마찬가지이다(115조). 또 저작자인격권의 경우와 마찬가지로(50조), 저작인접권의 제한에 관한 규정은 실연가인격권에 영향을 주지 아니한다(102조의2). 단지 저작자인격권과 다른 것은, 시사에 관한 논설의 전재(全載) 등(39조1항)과 정치상의 연설 등의 이용(40조1항, 2항)의 규정에 의해 방송·유선방송되는 경우는 이를 수신하여 방송·유선방송하거나 또는 영상을 확대하는 특별한 장치를 이용하여 널리 전달하는 경우에는, 102조의2의 적용이 제외되어(102조의2 괄호), 그러한 한에서는 제한규정이 실연가의 인격권에 영향을 미친다는 해석이 가능하다.

공동저작물의 인격권의 행사의 규정(64조)은 실연가의 인격권에는 준용되지 않는다. 따라서 공동으로 실연을 한 경우(교향악단의 연주, 영화에서의 실연 등에는 「공동실연」이란 관념은 없고,[19] 각 실연가는 자신의 실연에 관해서만 인격권을 가지게 된다.[20] 실연에는 창작행위적인 요소도 있고, 그 측면을 중시하면 공동저작물과 마찬가지로, 「공동실연」이란 관념도 이해되지만, 적어도 현행법에서는 저작자인격권과 비교하면 실연가의 인격권에 관해서는 이용·저촉이라는 측면을 보다 중시한 규정으로 되어, 조문상의 근거 없이 64조를 준용 또는 유추적용하는

격권의 보호도 부정되어야 하는 합리적 근거는 전혀 찾아볼 수 없다」고 설시되어 있으나, 결론은 인격권침해를 인정하지 않은 사례이다.

18) 作花·詳解 446면.

19) 作花·詳解 446면. 加戸 485면은, 공연자(共演者)의 실연의 개변에 대하여 동일성유지권이 미치지 않는다고 언급하고 있다.

20) 이에 대하여는 반대도 많은데, 斉藤 301면은 「공동실연에 대해서도 공동저작물과 마찬가지로(64조), 인격권의 일체적인 행사 제도가 필요하다」고 기술하고 있다. 또 茶園成樹 「実演家の人格権」 ジュリスト 1227호78면(2002)은 64조가 유추적용 된다고 기술하고, 渋谷 537면도 공동실연이라는 관념을 인정하고 있다.

것은 허락되지 않을 것이다. 또 실연의 경우는 영화[21]·오케스트라 등과 같이 다수의 실연가가 관여하는 경우가 많고, 공동실연이란 관념을 인정하여 64조를 유추적용하면 실연의 이용의 저해요인으로 되어, 경제적 가치를 저하시키게 될 지도 모른다.

실연에 관해서는 직무저작(15조)과 같은 규정이 없으므로, 사용자에게 실연의 인격권이 귀속된다는 것은 없다.

인격권에 관한 문제에 관해서는 **「제6장 저작자인격권 제1절 저작인격권 총론」** 참조.

(2) 실연가의 인격권의 내용

가. 성명표시권(90조의2)

실연가는 실연을 공중에게 제공·제시할 때, 별도의 의사표시가 없는 한 성명·예명·기타 성명에 갈음하여 사용할 수 있는 것을 표시하거나 또는 표시하지 아니할 권리를 가진다(90조의2제1항). 저작자의 성명표시권의 경우와 마찬가지로, 실연을 이용하는 자는 별도의 의사표시가 없는 한 실연가가 표시한 바대로 실연가명을 표시할 수 있다(동2항).

단체명은「기타 성명에 갈음하여 사용되는 것」에는 포함되지 않는다고 해석된다.[22] 실연가인격권에는 직무저작과 유사한 규정(15조)은 없고, 실연가 인격권의 주체는 자연인에 한정되어, 단체는 인격권의 주체가 아닌 이상, 할 수 없다고 해석될 것이다. 그러나 실연가로서는 개인명을 쓰지 않고 단체명으로 표시하는 쪽이 통상인 경우가 많고, 또 실연가로서도 단체명을 표시하고자하는 요구도 있을 것으로 생각된다. 저작자인격권이 사용자인 단체(기업)에도 인정되는 것과의 균형상 입법론으로서는 고려할 필요가 있다.

실연의 원활한 이용을 위하여, 저작자의 성명표시권은「창작자임을 주장할 이익을 해할 염려가」없고, 또「공정한 관행에 반하지 않는 한」이라는 엄격한 요건하에 예외적으로 성명표시의 생략이 가능한데 대하여(19조3항), 실연가의 경우에는「실연의 이용의 목적 및 태양에 비추어 실연가가 그 실연의 실연가임을 주장

21) 영화에는 저작권도 발생하지만, 그 경우의 저작자는 한정되어 있는데 대하여(16조), 저작인접권에 대해서는 한정이 없으므로 공동실연이라는 관념을 인정하면, 영화의 이용에 관하여 수습이 되지 않을 우려가 있다.

22) 加戸 482면, 作花·詳解 447면.

할 이익을 해할 염려가 없다고 인정되는 경우」(예를 들면 백그라운드 뮤직으로서의 이용), 또는 「공정한 관행에 반하지 않는다고 인정되는 경우」(예를 들면 영화의 엑스트라명의 생략)로 규정되어(90조3항), 요건이 상당히 완화되어 있다. 즉, 실연가의 이익을 해할 우려가 있는 경우에도 공정한 관행에 반하지 않으면 성명표시를 생략할 수 있다. 예컨대 전쟁영화에 다수 동원되는 엑스트라를 고려하면 명백하듯이, 저작자와 비교하면 실연가의 경우에는 현실문제로서 성명표시를 생략하지 않으면 안 되는 경우가 많기 때문일 것이다.

제공이란 유형적인 전달(예를 들면 서적・CD의 판매)을 의미하고, 제시란 저작물의 무형적인 전달(예를 들면 방송)을 의미한다.

정보공개법의 규정에 따라 실연을 공중에게 제공・제시하는 경우, 이미 그 실연가가 표시한 바와 같이 표시하는 경우는 성명표시권의 규정이 적용되지 않는다(90조4항1호). 또 행정기관정보공개법등에서 행정기관장이 실연을 공개할 때 개인식별성이 있는 것을 생략하여 개시하는 경우에도 성명표시권의 규정은 적용되지 아니한다(90조4항2호).

나. 동일성유지권(90조의3)

실연가는 자기의 명예 또는 성망을 해하는 방법으로의 변경, 삭제 기타의 개변을 받지 아니할 권리를 가진다(90조의3제1항). 저작자인격권이 「의사에 반하는 개변」을 금하고 있는데 대하여(20조1항), 실연가의 인격권은 「명예・성망을 해하는 개변」만을 금하고 있다. 즉, 실연가의 동일성유지권의 보호범위의 폭이 좁아, 사회에서 객관적 평가가 저하하도록 하는 태양으로의 개변이 침해로 되고, 개인적인 명예감정은 보호의 대상으로는 되지 아니한다. 따라서 저작물의 개변의 경우와는 달리, 가정 내에서의 실연의 개변은 실연가의 동일성유지권침해가 되지 않는 경우가 많을 것이다. 그 영화나 연극 등의 동일성이 문제가 아니라, 보호를 받는 것은 실연가의 실연 그 자체이므로, 다른 공연자나 반주자를 개변하였더라도 당해 실연가의 동일성유지권침해로는 되지 아니한다.

실연의 성질과 병행하여 이용의 목적 및 태양에 비추어 부득이한 개변 또는 공정한 관행에 반하지 않는 개변은 인정된다(90조의3제2항). 저작자인격권의 경우에는 부득이한 개변만이 예외로서 규정되어 있는데 대하여, 실연가의 인격권의 경우는 이에 더하여, 공정한 관행에 반하지 아니하는 개변이 인정되고 있다. 이 차이는, 실연은 편집 또는 부분적으로 이용할 필요로부터 개변을 하여야 할 경우가 많고, 실연이 상품으로서 원활하게 이용되기 위해서는 동일성유지권의 제한을 넓게 인정할 필요가 있다고 생각되기 때문이다.[23)]

저작자인격권의 동일성유지권과의 차이는, 학교교육의 목적상 부득이한 개변에 관한 예외규정(20조2항1호)이 없다는 점이다.[24)] 교육상, 실연의 개변에 관하여 필요성이 적다고 생각되어지기 때문이지만, 실연의 일부를 잘라내어 교육상 이용하는 것도 충분히 생각할 수 있으므로, 해석론으로서는 90조의3제2항의 부득이라는 요건을 모순으로 운용할 수밖에 없을 것이다.

동일이라 하여도 엄격한 의미에서의 동일을 의미하는 것은 아니고, 실연가의 인격권에 영향을 미치지 않는 정도의 미세하고, 또 소위 기술상 부득이한 개변은 동일성유지권의 문제로 되지 않는다. 예를 들면 인쇄의 경우 약간의 색조가 변경되었어도 저작자인격권침해가 되지 않는 것과 마찬가지로, 실연가에게도 녹음의 경우 약간의 음질에 변화가 있어도 침해로는 되지 않는다.[25)] 또 동일성유지권침해로 되는 것은 원래의 실연이 인식될 수 있는 태양으로 되는 경우이고, 디지털 샘플링에 의해 원래의 실연이 인식될 수 없는 태양으로 개변한 것은 침해로 되지 않는다.[26)]

다. 실연가의 사후의 인격권(101조의3)

실연가의 사후에 관해서는 저작자의 사후의 인격권(60조)과 동일한 보호를 인정한다. 즉, 실연가의 사후 실연을 공중에게 제공・제시하는 자는, 그 실연가가 생존하고 있었더라면 그 실연가인격권의 침해로 되는 행위를 하여서는 안 된다(101조의3). 다만, 실연에 관해서는 직무실연의 규정이 없고, 따라서 법인 등의 실연이라는 것이 없으므로, 조문의 문언은 약간 다르다.[27)] 실연가인격권의 구체적 내용에 관해서는 **「제6장 저작자인격권 제7절 저작자사후의 인격적 이익의 보호」** 참조.

---

23) 文化庁長官官房著作権課「著作権法の一部を改正する法律について」コピライト 496호31면(2002).

24) 실연가의 동일성유지권 규정에는 건축물이나 프로그램에 관한 기술(記述)도 없지만, 이들의 성질상 실연가가 문제가 되는 일은 없을 것이다.

25) 실연가의 인격권이 규정되기 이전에 불법행위에 해당하는가가 쟁점이 된 사건인데, 東京地判 昭53・11・8 判タ371호173면(昭和の記録事件)에서는, 위법증제에 관련된 녹음물의 품질이 상당히 열화(劣化)하고 있지만, 연주가로서의 명예가 불법행위책임을 묻지 않으면 안될 정도로 훼손되었다 하기에는 여전히 불충분하다고 설시하고 있다.

26) 茶園・앞의 주20) 808면.

27) 60조에서는「저작자가 존재하지 않게 된 후」라고 규정되어 있지만, 101조의3에서는「실연가의 사후」라 규정되어 있다.

제 3 절 음반제작자의 권리

1. 총 설

음반제작자에게는 저작권법적 의미에 있어서 창작행위의 요소가 적지만,[1] 음에 관한 저작물의 유통에는 결정적으로 중요한 역할을 담당하고, 음반, 특히 디지털화된 음반은 극히 용이하게 복제될 수 있어, 특별한 보호를 부여하지 아니하면 음반제작비의 회수가 불가하여, 음반산업 자체의 기반이 붕괴되므로 특별한 권리가 인정되고 있다(96조 이하). 실무상, 이 권리를 「원반권(原盤權)」이라 부르기도 한다. 이는 구법에 있어서는 녹음물(음반)은 저작물로서 보호되고 있었으나(구법 22조의7), 현행법 제정 시에 저작인접권으로 옮겨졌다.

음반이란 음을 고정한 것을 말하고(2조1항5호), 고정되어 있는 것은 음이면 족하고, 파도소리나 새소리 등 저작물이 아니어도 좋다. 다만, 음을 오로지 영상과 함께 재상한 것을 목적으로 하는 것은 제외되지만(2조1항5호 괄호), 이들의 다수는 영화의 저작물로서 보호된다. 영화의 사운드트랙에 음을 녹음한 자는 음을 오로지 영상과 함께 재생하는 것이므로 음반제작자로부터 제외되지만, 사운드트랙음반을 작성하면 그 작성자가 음반제작자로서 저작인접권자가 된다.

음반제작자란 음반에 고정된 음을 최초로 고정한 자를 말한다(2조1항6호). 최초에 고정한 자란 원반의 제작자를 말하고, 음반의 원반으로부터 프레스하는 자는 음반제작자는 아니다. 음반제작은 저작권법적 의미에 있어서 창작행위적 요소가 낮으므로,[2] 유체물의 제조의 경우와 동일하므로, 실제로 음반을 프레스하는 자연인은 문제가 되지 않으며, 사용자가 음반제작자가 되어 저작인접권은 사용자에게 원시적으로 귀속한다. 소위 음반업자뿐만 아니라, 방송사업자나 영화제작자도 최초로 음을 고정하였다면 음반제작자로 되고, 또 음반제작을 업으로 할 필요도 없어 일반 개인이라도 음반제작자로 될 수 있다.

음반제작자의 행위는 저작권법적 의미에 있어서 창작행위는 아니므로, 인격권

---

1) 加戸 544면은, 「음을 고정하는 행위에 지적창작성에 준하는 창작성을 인정」한 것이라고 하고 있다. 그러나 이 정도의 창작노력은 산업계에서 일상다반사로 일어나는 일이고, 보호할 가치가 있는 지적창작행위라고 하는데는 의문이 있다.

2) 복수의 곡을 수록한 앨범은 편집저작물의 요건을 만족하면 편집저작권이 발생하지만, 그 경우의 편집저작권자는 음반제작자라고는 한정되지 않으며, 현실적으로 편집한 자에게 원시적으로 귀속한다.

의 규정은 없다. 그러나 민법의 불법행위법이 적용될 수 있음은 별론으로 한다.

2. 보호받을 수 있는 음반(8조)

일본 저작권법에서 보호받을 수 있는 음반은 다음과 같다.

① 일본국민을 제작자로 하는 음반(1호)

② 음반으로 이를 고정한 음이 최초로 국내에서 고정된 것(2호)

③ 실연가등보호조약의 체약국의 국민을 제작자로 하는 음반(3호가목)

④ 고정된 음이 최초로 실연가등보호조약의 체약국에서 고정된 음반(3호나목)

⑤ 실연·음반조약의 체약국의 국민을 제작자로 하는 음반(4호가목)

⑥ 고정된 음이 최초로 실연·음반조약이 체약국에서 고정된 음반(4호나목)

⑦ 세계무역기관의 가맹국의 국민을 제작자로 하는 음반(5호가목)

⑧ 고정된 음이 최초로 세계무역기관의 가맹국에서 고정된 음반(5호나목)

⑨ 음반보호조약에 따라 우리나라가 보호의무를 부담하는 음반(6호).

3. 음반제작자의 권리의 내용

(1) 복제권(96조)

음반제작자는 당해 음반을 복제할 권리를 독점한다. 권리가 미치는 범위는 당해 음반의 복제이므로 예컨대, 동일한 곡을 동일한 연주가가 연주한 음반은 적어도 다른 음반이어서 음반의 복제권이 미치지 않는다. 또 대상은 「음반」이므로, 「상업용 음반」(2조1항7호)일 필요는 없다. 복제의 매체는 불문하므로 예를 들어, 음반을 영화에 이용(복제)하여도 침해가 된다.

사적사용목적의 복제에 관해서는 저작권의 경우의 규정(30조)이 준용된다(102조1항). 또 음반제작자에게도 디지털녹음·녹화의 보상금청구권이 인정된다.

(2) 송신가능화권(96조의2)

음반제작자는 그 음반을 송신가능화할 권리를 독점한다. 실연·음반조약 14조를 받아들여 1997(平成9)년에 저작권의 지분권으로서 송신가능화권이 신설된 때에 입법된 것이다. 음반제작자에게는 방송·유선방송권이 없고, 방송·유선방송에 관해서는 2차사용료를 받을 권리가 인정될 뿐인데 대하여(97조1항),[3] 인터넷에

3) 東京地判平12·5·16 判時1751호128면(スタデジオ事件)에서는, 통신위성을 이용한 음반의 공중

의한 이용에 관해서는 금지권인 송신가능화권이 인정되고 있다. 따라서 음반을 송신가능화 하는 데는 음반제작자의 허락이 필요하지만, IP 멀티캐스트방송으로 방송을 동시재송신하는 경우에 관해서는, 실연가의 경우와 같은 규정이 마련되어 있어(102조5항에서, 실연가에 관한 3호・4호가 준용된다), 음반의 이용에 관해서는 음반제작자의 허락 없이 동시재송신할 수 있으나, 보상금을 지불하여야 한다.

(3) 양도권(97조의2)

음반제작자는 그 음반의 복제물을 양도의 방법으로 공중에게 제공할 권리를 독점한다. WIPO실연・음반조약 12조에 대응하기 위하여 1999(平成11)년에 양도권이 저작권의 지분권으로서 신설됨과 동시에 규정된 것이다.

그 내용은 실연가의 양도권과 같다. 소진에 관해서도 규정되어 있으나(97조의2 제2항), 그러한 목적의 양도권의 규정이 적용되는 경우는 적다. 양도권의 소진에 관해서는, **「제3장 저작권의 내용 제3절 지분권 8. 양도권」** 참조.

(4) 대여권(97조의3)

음반제작자는 그 음반이 복제된 「상업용 음반」를 대여의 방법으로 공중에 제공할 권리를 독점한다(97조의3제1항). 본조는 1984(昭和59)년에 저작권의 지분권으로서 대여권이 신설됨과 동시에 규정된 것이다. 복제권・양도권・송신가능화권은 음반일반에 인정되지만, 대여권의 대상은 상업용 음반에만 인정된다. 음반제작자의 대여권의 내용은 실연가의 대여권과 같다.

음반제작자의 대여권의 기간은 실연가의 대여권과 같이(97조의3제2항3항), 최초로 발매된 날로부터 기산하여 1개월 이상 12개월로 되어 있다. 그 기간을 초월하면 음반대여업자는 저작인접권의 존속기간(50년) 동안 보수를 지불하여야 한다(97조의3제3항). 즉, 97조의3제2항에서 말하는 「기간 경과 상업용 음반」이란, 95조의3 제2항 괄호에서 정의된 바와 같이, 상기 시행령에서 정한 기간(12개월)을 경과한 상업용 음반을 말한다. 실연가의 대여권의 경우와 같이 지정관리단체가 있을 때에는 그 단체에 의해서만 행사할 수 있는데, 사단법인일본음반협회가 지정관리단체로 되어 있다.

송신을 「방송」으로 인정하고, 방송사업자에 의한 일시적 고정(102조1항에 의해 준용되는 44조1항)으로 복제권침해를 부정하였다.

비영리 · 무상의 대여에 관하여는 권리가 미치지 아니한다(102조1항에서 38조4항을 준용). 또 사적사용목적의 복제에 관해서는 저작권의 경우의 규정(30조)이 준용되어(102조1항), 음반제작자에게도 디지털녹음 · 녹화의 보상금청구권이 인정된다.

(5) 상업용 음반의 2차사용(97조)

방송사업자 등이 상업용 음반을 이용한 방송 · 유선방송을 행한 경우에는, 음반제작자에게 2차사용료를 지불하여야 한다(97조1항). 실연가에게 인정되는 상업용 음반의 2차사용료의 경우의 규정이 준용된다(97조2항 이하에서 기본적으로는 95조가 준용된다). 방송 · 유선방송으로 상업용 음반을 이용한 경우에는, 실연가와 음반제작자의 쌍방에게 2차사용료를 지불하게 된다(95조1항).

97조1항 괄호에서 비영리 · 무상으로 「당해 방송을 수신하여 동시에 유선방송을 행한 경우는 제외한다」고 규정되어 있으나, 이는 95조1항과 마찬가지이다.

平成14년 개정으로 실연가의 상업용 음반의 2차사용의 경우와 마찬가지로, 상호주의가 채택되었다(97조2항에서 95조2항 · 4항이 준용된다).

대상이 되는 상업용 음반은 8조1호 내지 4호에 게기한 음반으로 한정되어 있어, TRIPS협정(세계무역기관의 조약)과 음반보호조약으로만 보호되는 음반은 보호범위에 포함되지 아니한다(97조1항 괄호).

제 4 절 방송사업자 · 유선방송사업자의 권리

1. 총 설

방송사업자 · 유선방송사업자의 행위는 반드시 저작권법적인 의미에서 창작적인 것은 아니지만, 방송사업자등은 많은 자금을 필요로 하고, 어떠한 보호도 부여되지 아니하면 방송사업 등이 성립하지 못하게 된다. 방송의 내용에 따라서는 저작권이 성립하지만 방송사업자 등이 저작권자에 이르지는 못하고, 또 스포츠중계와 같이 저작권이 발생하지 아니하는 방송도 있어, 저작권과는 다른 방송사업자 등의 고유한 권리를 인정할 필요가 있다.

방송이란 공중송신의 방법으로 공중에게 동시의 내용이 동시에 수신될 것을 목적으로 행하는 무선통신의 송신을 말하고(2조1항8호), 유선방송은 그 유선전기통신의 송신을 말한다(2조1항9호의2). 방송사업자란 방송을 업으로서 행하는 자를 말하고(2조1항9호), 유선방송사업자란 유선방송을 업으로서 행하는 자를 말한다(2조1항9호의3). 상세한 것은 **「제3장 저작권의 내용 제3절 지분권 4. 공중송신권·공중전달권」**참조.

방송프로그램은 보호요건을 만족하면 저작권으로서 보호되지만, 저작인접권으로서 보호되는 것은 방송프로그램이 아니고 방송행위 그 자체이다. 따라서 동일한 내용의 프로그램을 재방송한 경우에도 새로이 방송한 방송사업자 등의 권리가 발생한다. 다만 침해자의 행위가 최초의 방송으로부터 기산하여 50년 경과 후에 또 재방송으로부터는 50년 이내의 경우, 어느 쪽의 방송을 이용하였는가에 따라 침해의 여부가 결정된다. 입증책임은 방송사업자에게 있다고 하겠다.[1)]

2. 보호받을 수 있는 방송·유선방송(9조)

(i) 일본 저작권법에서 보호받을 수 있는 방송은 다음과 같다.

① 일본국민인 방송사업자의 방송(1호)

② 국내에 있는 방송설비로부터 행한 방송(2호)

③ 실연가등보호조약의 체약국의 국민인 방송사업자의 방송(3호가목)

④ 실연가등보호조약의 체약국에 있는 방송설비로부터 행한 방송(3호나목)

⑤ 세계무역기관의 가맹국의 국민인 방송사업자의 방송(4호가목)

⑥ 세계무역기관의 가맹국에 있는 방송설비로부터 행한 방송(4호나목)

(ii) 일본 저작권법에서 보호받을 수 있는 유선방송은 다음과 같다(9조의2). 방송을 수신하여 행하는 것(동시재송신)은 방송사업자의 권리가 미치므로, 보호를 받을 수 있는 유선방송에서 제외된다(9조1호 괄호).

① 일본국민인 유선방송사업자의 유선방송(1호)

② 국내에 있는 유선방송설비로부터 행한 유선방송(2호).

3. 방송사업자 등의 권리의 내용

(1) 방송사업자의 권리

가. 복제권(98조)

방송사업자는 그 방송 또는 이를 수신하여 행하는 유선방송을 수신하여, 그 방

1) 田村 542면.

송에 관한 음 또는 영상을 녹음·녹화·사진 기타 이와 유사한 방법으로 복제할 권리를 독점한다. 방송으로부터 직접 녹음·녹화하는 경우만이 아니라, 그 녹음물·녹화물로부터 녹음·녹화하는 경우(증제)도 포함한다(2조1항13호, 14호). 방송을 수신하여 행하는 유선방송(동시재송신)에 관하여 유선방송사업자는 보호 받지 않으나(9조의2제1호 괄호), 그러한 유선방송을 수신하여 복제하는 행위는 방송사업자의 복제권의 침해가 된다. 보호의 대상은 방송프로그램이 아니고 송신된 음과 영상이므로, 그 방송의 내용의 저작물성 여부는 불문한다. 따라서 동일한 음과 영상이라 하여도, 다른 방송국으로부터 방송되면 별개의 저작인접권이 발생한다.

「방송에 관한」 음·영상의 복제만이 복제권 침해이므로, 방송전의 신호를 제3자가 수신하여 녹음·녹화하는 행위는 방송사업자의 복제권 침해는 되지 않는다. 다만 그 방송 중에 저작물이 포함되어 있으면 그 저작물의 복제가 되지만, 이는 저작인접권의 문제는 아니고 저작권의 문제가 되어 방송사업자가 저작권자라고는 할 수 없다. 실연가의 실연을 사진에 촬영하는 행위는 실연가의 녹화권에는 저촉되지 아니하나(91조1항), 텔레비전 방송된 실연을 사진 촬영하면 방송사업자의 복제권 침해가 된다(98조1항).

사적사용 목적의 복제에 관해서는 음반제작자의 경우와 동일하다(102조1항에서 30조가 준용된다).

나. 재방송권·유선방송권(99조)

방송사업자는 그 방송을 수신하여 이를 재방송하거나 유선방송할 권리를 독점한다(99조). 조문상으로는 동시재방송·유선방송뿐만 아니라 방송을 고정하여 이시(異時)재방송·유선방송을 하는 경우도 포함되는 것으로 보여지나,[2] 반대설도 있다.[3] 어느 쪽이든 이시재송신의 경우에는 중간에 고정이 삽입되어 복제권이 적용되므로 결과적으로는 큰 차이가 없다할 것이다.[4]

마이크로·네트워크방송과 테이프·네트워크방송은 key국과 네트워크국이라는 특정자간의 송신이고, 방송을 수신한 것이 아니므로 본조의 문제는 아니다. 본조는 소위 해적방송 이외에는 적용될 여지가 적다.

---

2) 加戶 564면, 作花·詳解 466면.

3) 田村 536면.

4) 저작권법과는 별개이지만, 방송법 6조에 따라 방송사업자는 다른 방송사업자의 동의를 얻지 않으면, 그 방송을 수신하여 이를 재방송해서는 안 된다고 규정되어 있다. 유선텔레비전방송법13조2항에도 같은 규정이 마련되어 있다(1항에서 난시청구역의 예외가 규정되어 있다). 방송법과 저작권법과의 관계에 관해서는 塩野宏 『放送法制の課題』(有斐閣, 1989) 187면 참조.

이 권리는 방송이라는 행위 그 자체를 대상으로 하므로, 방송의 내용에 미치는 것은 아니고, 따라서 재재방송, 재유선방송에 관해서는 원래의 방송사업자의 권리는 미치지 않는다고 해석된다.[5] 이들에 관해서는 재방송·유선방송을 행한 업자의 권리가 미친다.

한편, 난시청구역에 대하여 방송을 수신하여 유선방송을 행하는 경우와 같이(유선텔레비전방송법13조1항의 의무), 법령의 규정에 의해 행하는 유선방송에는 방송사업자의 저작인접권이 미치지 아니한다(99조2항).[6] 이에 대하여 저작권에 관하여는 이러한 예외규정은 없지만, 38조2항에서 비영리 또는 무보수의 경우에는 무상으로 유선방송할 수 있다고 규정되어 있어, 법령의 규정에 의해 행하는 유선방송은 대부분의 경우 이에 해당될 것이다. 가령 법령의 규정에 의해 행하는 유선방송에서 영리 또는 유보수의 예가 있다면, 저작권자의 허락이 필요하다고 할 것이다.

다. 송신가능화권(99조의2)

방송사업자는 그 방송 또는 이를 수신하여 행하는 유선방송을 수신하여, 그 방송을 송신가능화할 권리를 독점한다. 방송을 녹음·녹화하여 이를 송신가능화한 경우에는 복제권침해가 되어 종래부터 대응가능 하였지만, 방송과 동시에 송신가능화한 경우(동시재송신)에는 복제행위가 게재되어 있지 아니하여 침해가 되지 않았다. 여기서 2002(平成14)년 개정으로 방송을 수신하여 송신가능화 하는 행위도 방송사업자의 전권이 되었다. 이로써 IP멀티캐스트방송에서 방송의 동시재방송을 행하는 경우에도 사전에 당해 방송사업자의 허락을 얻을 필요가 있게 되었다.

송신가능화의 허락을 얻은 자는, 일정한 요건 하에서 일정 종류의 저작인접권 침해는 되지 않는다는 취지의 규정이 마련되어 있다(103조에서 63조5항이 준용된다).

라. 텔레비전 방송의 전달권(100조)

방송사업자는 그 텔레비전방송 또는 이를 수신하여 행하는 유선방송을 수신하여, 영상을 확대하는 특별한 장치(예를 들면 빌딩벽면의 거대 스크린)를 이용하여 공중에 전달할 권리를 독점한다. 저작권의 지분권인 공중전달권(23조2항)에 상당하

---

5) 加戸 566면, 斉藤 199, 200면, 田村 536면.

6) 田村 538면은, 99조2항은 확인적인 규정이라고 언급하고 있다. 유선방송을 의무화 하고 있는 법률은 저작권법의 특별법이라고 해석하여야 하고, 그렇다고 한다면, 유선텔레비전방송법13조1항이 우선하고, 99조2항은 확인규정이라 말할 수 있을 것이다. 그러나 가령 법률 이하의 정령(政令) 등의 규정에 의해 행하는 유선방송이 출현하면 저작권법이 우선하므로 99조2항이 의미를 갖게 될 것이다.

지만, 확대장치를 이용한 것에 한정된다. 이는 통상의 텔레비전방송이 상정하고 있는 이용범위를 초월한 것이고, 여기서 얻을 수 있는 이익의 일부를 방송사업자에게 환원한다는 취지에서 입법화되었다. 비영리로 전달하는 경우도 본조의 위반이 된다(102조1항은 38조3항을 준용하지 아니한다). 확대하는 특별한 장치를 이용하는 특수한 경우이므로, 예컨대 비영리 이용행위까지도 권리범위에 포함하여도 문제가 되지 않는다고 생각되기 때문이다.

(2) 유선방송사업자의 권리(100조의2, 100조의3)

유선방송은 원래 난시청지역해소를 위하여 방송을 수신하여 유선으로 보낸다는 보조적인 것이었지만, 현재는 지역사업자라는 요건이 폐지되고 또 외자규제의 철폐가 행해져, 그 결과 독자적인 프로그램도 제작하도록 되어, 특히 도시형 유선텔레비전방송(CATV)의 발전이 현저하다. CATV의 발전에 따라 유선방송사업자는 방송사업자와 유사한 기능을 하게 되어, 1986년(昭和61년) 개정법에서 방송사업자와 거의 동일한 권리가 인정되도록 하였다.

유선방송사업자에게 인정된 복제권(100조의2), 방송권・재유선방송권(100조의3), 송신가능화권(100조의4), 유선텔레비전방송의 전달권(100조의5)은 방송사업자의 것과 동일하다. 다만 유선방송에 의해 방송을 동시재송신하는 경우에는 종래 실연가의 권리가 일체 행사되지 못하였으나(92조2항1호), 2006(平成18)년 개정으로 실연가에게 상당한 금액의 보수를 지불하도록 하였다. 이는 원스톱주의의 예외가 되지만, 종래 오랫동안의 관행으로서 동시재방송의 경우는 무상으로 이루어져 왔고 원스톱주의의 기본인 최초의 계약으로 처리한다는 이념이 실현될 수 없었으므로 일부러 법으로 정한 것이었다.

유선방송사업자의 권리에서 방송사업자와 다른 것은, 방송을 수신하여 행한 유선방송은 보호를 받을 수 있는 유선방송에 포함되지 않으므로(9조의2제1호 괄호), 그러한 유선방송에 관하여는 유선방송사업자의 권리가 미치지 않는다는 점이다.

방송을 유선방송으로 동시재방송하는 경우에는 유선방송사업자는 미리 방송사업자의 허락을 받을 필요가 있고, 또 그 방송에 관한 저작권의 처리도 미리 행해야 하지만, 실무상으로는 이들의 권리자단체가 유선방송사업자에게 포괄적인 허락을 부여한 것으로 해석된다(흔히 「5단체처리」라 불려진다).

유선방송은 아직 국제조약에 따라 보호되고 있지 않으며, 따라서 보호를 받을 수 있는 유선방송은 일본국민의 것과 일본에 있는 유선방송설비로부터 행해진 것으로 한정된다(10조).

제 5 절 거래대상으로서의 저작인접권

1. 권리의 행사

저작인접권의 대상은 반드시 저작물의 전달행위에 한정되지는 아니하나 사실상 저작물의 전달행위인 경우가 많고, 따라서 권리의 제한에 관해서도 거의 저작권의 경우와 동일하다(102조에서 저작권의 제한규정이 준용된다).

저작인접권의 이용허락에 관해서는 거의 저작권과 동일한 성질을 갖는 재산권이다(103조에서 63조를 준용).

공유저작인접권의 행사에 관해서도 저작권과 마찬가지이다(103조에서 65조를 준용).

2. 양 도

저작인접권은 저작권과 마찬가지로 그 전부 또는 일부를 양도할 수 있다(103조에서 61조1항을 준용). 저작인접권의 공유에 관해서도 저작권의 공유에 관한 규정(65조)이 준용된다(103조).

3. 담 보 권

저작인접권을 목적으로 질권을 설정하는 경우는 저작권과 마찬가지로 취급된다(103조에서 66조가 준용된다).

4. 등 록

저작인접권의 등록에 관해서는 저작권과 마찬가지이다(104조에서 77조, 78조를 준용).

제 8 장 침해와 구제

제 1 절 침해의 요건

1. 총 설

저작권침해에는 각 지분권(21조 내지 27조)의 침해와 간주침해(113조)가 있지만, 후자에 대해서는 「**제3절 간주침해**」에서 상술할 것이므로, 여기서는 지분권침해만을 검토하기로 한다. 저작권자는 21조 이하의 지분권을 전유하고 있고, 이를 침해하는 행위가 저작권침해가 된다. 각 지분권의 내용은 「제3장 저작권의 내용 제3절 지분권」에서 상술하였다. 지분권은 저작물의 이용형태에 따라 규정되어 있고, 지분권마다 침해의 형태도 다르다. 지분권은, 복제권(21조)·번안권(27조)과 저작물을 공중에 전달하는 권리로 분류할 수 있다. 복제권·번안권의 침해에 관해서는, 비침해저작물을 그대로 혹은 개변하여 이용하는 행위를 대상으로 하고, 주로 「의거와 유사성」이라는 침해요건이 문제가 된다. 이에 대하여 다른 지분권(저작물을 공중에 전달하는 권리)은 타인의 저작물을 권원 없이 이용하는 행위를 대상으로 하는 것으로, 주로 이용권원의 유무가 문제가 된다(후술).

저작권침해가 되기 위해서는 「유형적인 재제(再製)」가 필요한데(2조1항14호), 재제란, 그 저작물에 의거하여 결과적으로 동일 또는 유사한 것을 작성했다고 하는 것이고, 여기에서는 「의거와 유사성」이라는 개념을 사용하여 설명한다. 나아가 「액세스(Access)와 유사성」이라고 부를 수도 있다.[1] 또, 액세스라는 말은 단순히 접촉한다고 하는 어감을 갖고 있는 데 대하여, 의거라는 용어에는 실질적 내용이 이에 근거한 것이라는 어감이 있다. 그렇지만, 결과의 유사성이라는 요건도 있기 때문에, 전체적으로 보아, 「의거와 유사성」이라는 용법과 「액세스와 유사성」이라는 용법에 큰 차이는 없을 것이다.[2] 번안권 침해의 경우에도 기본적으로는

1) 中山・ソフトウェア 100면 참조.

2) 다만 침해자가, 서로 유사한 갑과 을이라는 저작물 쌍방을 알고 있지만, 갑을 복사한 경우에 을에 대한 침해를 부정한다고 하면, 을에는 액세스하였으나 의거하지는 않았다고 할 수 있을지도 모른다. 田村 49면 참조.

같다.

복제권・번안권 이외의 권리의 침해요건에 대해서는 논의될 사항이 많지 않고, 「의거와 유사성」이라는 요건이 문제가 되는 경우는 별로 없다. 이것들은, 타인의 저작물을 권원 없이 공중에 전달하는 행위이며, 주로 전달권원의 유무가 문제된다. 각론에서는, 주로 복제권・번안권을 다룬다.

참고로, 여기서 말하는 저작권침해는, 권원 없이 타인의 저작물을 이용하는 것을 가리킨다. 저작권자에 의한 저작물의 이용을 사실상 방해하는 행위, 예를 들면 영화화하는 권리를 갖고 있는 자의 영화제작을 실력으로 방해하거나, 권리자에 의한 저작물의 이용을 방해하는 행위는 저작권침해의 문제가 되지 않는다.[3] 이러한 행위가 저작권법의 문제는 아니지만, 불법행위가 될 수 있으며 또 영업방해죄 등의 문제가 되는 것은 별론이다.

저작권을 물권과 유사한 것으로 생각한다면, 그 보호범위는 토지의 경계선과 같아, 미리 결정되어 있어 사후적인 정황의 변화나 당사자의 관계 등의 제반 사정에 의하여 바뀌는 것은 아니라는 점일 것이다. 그렇지만, 재산적 정보의 보호범위의 확정은 단순한 사실의 탐구가 아니라 규범적 요소가 개입되는 작업이라고 한다면,[4] 저작권법은 엄청난 문제를 짊어지고 있는 것이 된다. 특허법에 있어서도 유사한 문제가 존재하며, 균등론의 문제로써 논의되고 있다.[5] 앞으로는 저작권의 보호범위를 결정 시에 어떠한 요소를 고려해야 하는가 하는 점에 대한 연구가 필요할 것이다.

30조 이하에 권리의 제한에 관한 규정이 마련되어 있고, 그 제한규정에 해당하면 침해가 되지 않는다. 또한 미국의 공정 이용(fair-use)를 도입해야 한다는 주장도 있으며, 해석론 혹은 입법상 그와 같은 견해를 취한다면, 이 역시 권리의 제한으로 작용하게 된다. 이는 침해사건에 있어서 중요한 의미를 갖는데, 「제3장 저작권의 내용 제4절 저작권의 제한」에서 다룬다.

3) 横浜地決昭60・10・29 判時1176호126면(花喰鳥事件). 반대설로는, 百選 [2版] 96事件.

4) 最判平14・4・25 判時1785호3면(中古ゲームソフト事件)에서는 「저작권자의 권리 보호는, 사회공공의 이익과 조화 속에서 실현되어야 하다」고 설시하고 있다.

5) 균등론에 대해서는 다수의 문헌이 있지만, 그 체계상 위상정립에 대해서는, 中山 404면을 참조.

2. 의 거

(1) 총 설

저작권법에는, 복제권・번안권 침해의 요건으로서『의거』라고 하는 단어는 존재하지 않지만, 이 요건은 당연한 것으로 생각되고 있다. 의거란, 타인의 저작물에 접하여, 그것을 자기의 작품 속에 이용하는 것을 가리킨다고 해석할 수 있다.[6] 어떤 창작의 성과가 선인(先人)의 저작물과 결과적으로 동일 혹은 유사하더라도, 선행작품에 의거한 것이 아니라 독자적으로 창작된 것이라면, 선행업적의 존재를 알지 못한 것에 과실이 있다고 해도 의거성은 부정되어 비침해가 된다.[7] 결과적으로 동일 혹은 유사하다면 의거하고 있다고 하는 사실상의 추정을 받아, 의거가 인정될 수도 있겠지만, 이는 사실상의 추정에 불과하므로 결과가 동일 혹은 유사하더라도 의거성이 부정되는 경우도 있을 수 있다.

통설과 같이, 창작성을 개성의 발현이라는 견해에 따르면, 과실과 개성과는 관계가 없는 개념이므로, 선행작품을 알지 못한 데 대하여 과실이 있더라도 새로이 창작한 작품에는 개성이 발현되어 있는 경우가 있을 수 있는 것이다. 특허법이 경제재로서의 측면을 중시하는 데 비하여, 현행 저작권법 시스템은 개성의 발현물을 보호하는 것을 기본으로 하기 때문에, 창작자의 개성이 발현되어 있다면 그것만으로 창작성이 인정되고, 독자적으로 창작한 것이라면 별개의 저작물이 된다고 보는데 무리가 없다. 이에 대하여, 창작성을 개성이라고 하는 주관적인 것이 아니라, 표현의 선택의 폭이라고 하는 객관적인 것으로 파악한다면, 창작성 개념 그 자체로부터 선행업적의 존재를 과실에 의하여 알지 못한 경우에 대한 결론은 도출될 수 없다. 다시 말하면, 저작권법의 목적은 정보의 풍부화에 있고, 그러한 관점에서 본 창작성 개념으로부터는, 선행작품을 알지 못한 데 대하여 과실이 있는 경우에도 저작물성을 인정한다고 하는 결론은 직접적으로는 도출되지 않는

6) 西田美昭「複製権の侵害の判断の基本的考え方」斉藤＝牧野 127면은, 의거란, 기존의 저작물의 표현내용에 대한 인식과, 이를 자기의 작품에 이용한다는 의사라고 설명하고 있다. 이에 대하여, 山本隆司「複製権侵害の成否」牧野＝飯村 320면은, 타인의 저작물을 자기의 작품에 이용한다는 사실로 충분하다고 하고 있다. 西田설과 같이 이용의 의사까지 요구하면, 잘못해서 복제를 해버리는 경우에는 의거성은 없는 것이 될 것이다. 또, 인식과 이용의사를 필요로 하고, 권리자측이 그 입증책임을 부담한다고 하면, 의거의 증명은 어려운 것이 될 것이나, 작품의 유사로부터 의거가 용이하게 추측될 수 있는 것이라면, 결과에 있어서 큰 차이는 없을지도 모른다. 단지 무의식의 의거인 경우에는 실질적으로 차이가 발생할 가능성이 있다.

7) 구법 하의 사건으로, 最判昭53・9・7 判時906호38면(ワン・レーニー・ナイト・イン・トーキョー 事件).

것이다. 그것은 오히려, 이하에서 상술하는 의거의 요건으로부터 도출되어야 하는 것이다.

(2) 의거 요건의 근거

복제권・번안권 침해가 되기 위해서는, 타인의 저작물에 의거하여 동일 혹은 유사한 것을 재제(再製)할 필요가 있다. 이 요건은 조문에는 나타나있지 않지만, 「재제」라는 용어 속에 포함되어 있으며,[8] 종래 학설상 이 요건에 대해서는 이론이 없다고 할 수 있는데, 最判昭53・9・7(ワン・レーニー・ナイト・イン・トーキョー 事件)[9]에서 확인되었다.

복제권・번안권 침해로 되기 위해서는 타인의 저작물을 「모방」하는 것이 요건이다. 저작권법상으로는, 모방이라고 하는 요건은 규정되어 있지 않지만, 저작권법 전체에서 모방이 요건이 되고 있다고 생각되고 있다. 문언적으로도 저작권에 의하여 금지되는 행위의 중심은 복제이고(21조), 복제는 「유형적인 재제」라고 정의되고 있으며(2조1항15호), 독자적인 창작에 대해서는 복제라고 하지 않는다. 특허권은 특허발명을 실시(그 중심은 생산)하는 권리의 전유권이고(특허법67조, 2조3항), 타인이 독자적으로 개발한 발명의 실시라도 침해가 된다. 이에 대하여, 저작권은 그 저작물 이용(복제 등)의 전유로써 구성되어 있고(21조 이하), 타인이 당해 저작물을 이용하는 경우에만 침해가 된다. 설사, 타인의 저작물의 존재를 알고 있음이 마땅하다고 인정되고, 알지 못한 것에 과실이 있더라도, 타인의 저작물의 존재를 알지 못한 이상 이용한 것이 되지 않아 의거성이 부정된다.[10]

복제권・번안권 이외의 지분권(방송 등)에 대해서는, 이미 존재하는 저작물을 이용하는 경우가 많아, 그때에는 그 지분권을 이용하는 권원의 유무가 문제되며, 그 경우에 「의거」라는 요건은 쟁점이 되지 않을 것이다. 이에 대하여, 방송 등에

8) 西田・앞의 주6) 121면.

9) 判時906호38면에서는, 「저작물의 복제란, 기존의 저작물에 의거하여, 그 내용 및 형식을 지각(知覺)하게 함에 족한 것을 재제(再製)하는 것을 말한다」고 언급하고 있다. 이 최고재판결 후의 하급심판결은 대개 이에 따르고 있는데, 이 판결은 구술이나 반포에 이르기까지 모든 이용행위를 복제개념으로 파악하고 있었던 구법 하의 사건이다. 또, 의거성을 부정하고 비침해라고 판단한 예로, 東京高判昭62・3・19 (미등재) (三浦梅園事件), 東京地判10・5・29 (미등재) (リモコンエンジンスターター事件), 그 항소심인 東京高判平10・11・18 (미등재), 東京地判平11・3・29 判時1688호138면(舞臺裝置事件, 항소심인 東京高判平12・9・19 判時1745호128면은, 의거성을 논할 것까지도 없이, 유사성이 없다고 하여 비침해라고 하였다)이 있다.

10) 淸永利亮 「著作権侵害訴訟」 新実務民事訴訟講座5巻 (日本評論社, 1983) 452면.

서 이용하고 있는 저작물이 위법하게 만들어진 것인가 하는 점이 다투어진다면, 그것이 침해되었다고 하는 저작물에 의거하여 작성된 것인지 여부가 문제가 될 텐데, 그것은 복제권·번안권침해와 마찬가지로 의거에 대해서도 다투게 될 수 있다.[11]

나아가 구법에서는, 구술 등의 무형적 재제도 포함하여, 저작권의 전체적인 내용을 「복제」라고 하는 말로 표현하였고(구법1조1항), 전술한 最高裁判決(ワン・レ一二一・ナイト・イン・ト一キョ一 事件)에서는 복제의 요건으로서 「의거와 유사성」을 들고 있다. 그러나 현행법에 와서는, 복제는 유형적 재제로 한정되고, 그 이외의 무형적 복제는 구술 등의 지분권으로 분해되어, 그 때, 무형적 복제에 대해서는 「재제」와 같은 용어는 소멸하였다.

저작권침해에 대한 금지의 규정(112조 이하)은, 기본적으로는 특허권침해의 규정(특허법100조 이하)과 동일한 구조이나, 그 효과에 있어서는 큰 차이가 있다. 이는 형식적으로는 양법의 조문상의 차이에 의한다고 할 수도 있겠지만, 근본적으로는 양법의 법목적·법구조의 상위에서 유래하고 있다고 생각해야 할 것이다. 특허권은 경제재로서 기능하도록 제도설계 되어 있고, 차단효가 인정되는 데 대하여, 저작권은 기본적으로는 창작자의 개성의 유출물을 보호하도록 제도설계 되어, 설령 이전에 동일 혹은 유사한 선행작품이 존재한다고 하더라도 독자 창작인 이상 거기에는 창작자의 개성이 발현되어 있는 것일테고, 저작권법상 보호받아야 한다고 생각된다. 최근에는 프로그램과 같이, 이상과 같은 설명이 적용될 수 없는 저작물도 출현하고 있는데, 현행 저작권법은 기본적으로는 그와 같은 사상(思想)으로 제도가 설계되어 있다. 이미 동일한 것이 이 세상에 존재하고 있는 것이기 때문에, 새롭게 동일한 것을 창작하더라도 사회 정보의 풍부화에 기여하는 것은 아니라는 관점에서 이러한 경우에는 저작권을 인정하지 말아야 한다는 견해도 있지만,[12] 적어도 현행 저작권은 경재제로서 제도설계가 되어 있지는 않다.

저작물에는 예술적인 것으로부터 기술적인 것에 이르기까지 실로 다양한 것이 포함되어 있고, 세상에 존재하는 저작물의 수도 무한에 가깝다. 게다가, 저작권법은 무방식주의를 채용하고 있어, 저작물에 존재하는 권리 연원의 조사는 곤란하

---

11) 출판업자에 대하여 논한 것으로, 같은 취지를 언급한 것으로서 青柳昤子(「出版者の責任」 牧野利秋退官記念『知的財産法と現代社会』(信山社, 1999) 452면.

12) 椙山敬士 「マルチメディアの法的枠組」 司法研修所論集創立50周年記念特集号第一巻民事編 I (1997) 289면.

다. 또, 조사가 곤란한 이상, 독자적으로 창작한 작품에 대해서 권리 행사를 인정하는 것이 저작물의 창작·이용의 활성화에 연결되어, 이로써 문화의 발전에 기여하는 것이 될 것이다. 그리하여 기술과는 달리, 저작물의 경우는 기존의 것과 같은 것을 창작한다는 일은 거의 없다는 전제도 있을 것이다. 이러한 제도상·사실상의 제약도 있고, 독자적으로 창작한다면 저작권이 발생할 수 있고, 우연히 타인의 저작물과 유사한 것이 완성되었더라도 침해가 되지 않는다는 구성을 채택하고 있는 것이다.

(3) 의거의 입증

권리자는 침해를 주장하는 작품이 원고의 저작물에 의거하여 작성되었다는 점을 입증할 필요가 있지만, 의거의 입증은 어려운 경우가 많다. 이에, 오류를 가장한 함정(트랩),[13] 디지털저작물의 경우 전자투시(디지털워터마크) 등이 복제되면, 그것이 의거의 간접증거가 될 수 있다.[14] 그러나 많은 저작물의 경우에는, 상당 정도 유사성이 있는지 여부, 즉 의거하지 않았다면 이 정도의 유사성은 경험칙상 있을 수 없다고 함으로써 입증되는 것일 것이다.[15] 다만 주의해야 하는 것은, 여기서 말하는 유사성은 다음에 설명하는 침해의 요건으로서의 유사성이 아니라, 의거를 입증하기 위한 간접증거로서의 유사성이라는 점이다. 따라서 극단적인 경우에는, 함정 부분만 유사하더라도 그것은 의거 입증에는 도움이 될 수 있지만, 침해의 요건으로서 유사성의 입증에는 도움이 되지 않는 경우도 있을 수 있다.[16]

---

13) 데이터베이스와 같은 사실적 저작물에 있어서는 적지 않은 오류가 있는데, 그 오류까지 복제되어 있는 경우나, 프로그램이나 지도 등에서 일부러 넣어 둔 무해하고 불필요한 것까지 복제되어 있는 경우에는 의거의 유력한 증거가 된다. 예컨대, 名古屋地判昭62·3·18 判時1256호90면(用字宛事件)에서는, 사전에 「臼田」「柴田」「正利」「勝利」와 같은 편자(編者)의 이름을 숨겨 두었고, 그것이 그대로 채록되어 있는 점 등을 근거로 의거가 인정되었다.

14) 의거의 인정에 관한 간접사실의 예에 대해서는, 西田·앞의 주6) 128면 참조.

15) 東京地判昭53·6·21 判タ366호342면(日照権事件)에서는, 서술의 순서, 용어의 선택, 어투 등 문장표현상의 각 요소에 있어서 거의 일치하거나 극히 유사하고, 이 정도로 유사한 문장표현이 별개 독립적으로 만들어진다고는 도저히 생각할 수 없음은 경험칙상 명백하다고 할 수 밖에 없다고 설시하고 있다. 東京地八王子支判昭59·2·10 判時1111호134면(ゲートボール事件)에서는, 기존의 저작물과 동일 혹은 유사한 것을 작성한 경우, 그것은 의거한 것을 추인하는 자료가 될 수 있는 것으로, 그것이 너무 많이 유사하면 할 수록 그 정도는 강해진다고 판시하고 있다. 같은 취지의 판결로서는, 東京地判平4·11·25 判時1467호116면(合掌造,り暖簾事件), 東京地判平7·5·31 判時1533호110면(ぐうたら健康法事件), 東京高判平14·9·6 判時1794호3면(どこまでも行こう事件), 東京地判昭58·6·20 判時1083호143면(同期の櫻事件). 小酒禮·最判解民事篇昭和53年度 421면 참조.

16) 中山信弘·「スポーツの規則書の著作物性とその侵害」ジュリスト895호98면, 光石俊郎「著作権法における依拠のついて」本間崇還暦記念『知的財産権の現代的課題』(信山社, 1995) 302면.

공동저작의 경우, 공동저작자 전원에 의거 요건을 만족시킬 필요는 없고, 일부가 타인의 작품에 접근하여 의거한 경우에도 의거 요건은 충족될 수 있다고 해석된다.[17] 공동저작물이란, 분리불가능한 것인 이상, 일부가 의거하여 그 결과로서 유사한 부분이 작품 가운데 나타나 있다면 전체적으로 침해가 성립되지 않을 이유는 없다.

또한 원작품이 아니라 그 복제물·2차적저작물에 의거하여 작성된 경우도, 복제물·2차적저작물에 원작품의 표현이 나타나 있는 이상 원작품의 표현에 의거한 것과 같다.[18]

의거의 대상은 표현이어야 한다. 따라서 타인의 아이디어에 접하여 이를 기초로 자신이 구체적인 표현을 작성하더라도, 아이디어 수준은 저작물이라고 할 수 없기 때문에, 타인의 저작물에 의거한 것이 아니다.[19] 아이디어를 저작권법에서 보호대상으로 하지 않는 이상 당연한 결과이다. 구체적으로는 컴퓨터·프로그램의 개발에 대해서 클린룸(Clean Room)방식이라고 불리는 개발방법이 문제가 되는데, 이 점에 대해서는 「**제1장 저작물 제3절 저작물의 예시 10. 프로그램저작물(9호) (6) 프로그램저작권의 보호범위**」 참조.

3. 유 사 성

조문상으로는, 복제권·번안권 침해의 요건으로 유사성이라는 말은 규정되어 있지 않고, 복제권의 경우 유형적 재제라는 규정이 사용되고 있을 뿐이다. 그러나 저작권의 지분권에는 번안권도 포함되므로, 어찌되었든 유사한 부분도 보호범위에 들어가게 된다. 따라서 유사의 범위의 어디까지가 복제권의 범위이며, 어디서부터가 번안권의 범위인가 하는 문제는 남지만, 침해의 요건으로서는 유사성을 들 수 있다. 다만 조문상은 유사라고 하는 말이 규정되어 있지 않으므로 유사성을 동일 혹은 실질적 동일이라고 하는 말로 표현하는 경우도 적지 않은바, 그 경우에도 완전히 동일하다는 의미는 아니고, 저작권법적인 평가를 부가한 의미에서

17) 東京高判平8·4·16 判時1571호98면(悪妻もの語り事件 항소심). 한편, 光石·앞의 주16) 302면은, 각자에 대해서 의거 요건을 충족하여야 하는 것이라고 하였다.

18) 大阪地判平11·7·8 判時1731호116면(パンシロントリム 事件). 田村 57면.

19) 東京地八王子支判昭59·2·10 判時1111호134면(ゲートボール事件)에서는, 게이트볼 자체는 원고의 창작에 관련되나, 그후 전국에 보급발전시키고, 각종 단체가 난립하여 별개의 규칙이 제정되어 있었고, 그 시점에서 독립적으로 시작한 상황에 있고, 원고의 영향을 받았다고 하여 이를 두고 의거하여 작성되었다고는 할 수 없다고 설시하고 있다.

의 동일이다. 국어적인 의미에서 유사는 상당히 광범위한 개념이지만, 여기서 말하는 유사란, 원저작물의 표현상의 본질적인 특징을 직접 느끼고 인지할 수 있도록 하는 것이라는 특수한 의미이므로, 그 점을 이해한다면 어떠한 용어를 사용한다고 하더라도 이는 용어 선택의 문제에 지나지 않는다.[20]

저작권법이 표현을 보호하는 법인 이상, 유사란 타인의 저작물의 창작적 표현의 유사를 가리키는 것이다. 타인의 저작물을 이용함에 있어서, 창작적 표현을 부가하지 않으면 복제가 되고, 부가하면 번안으로 되며, 이용은 하였으나 원작품의 표현상의 본질적인 특징을 직접 느끼고 인지할 수 없을 정도로까지 개변하였다면 별개의 저작물이 된다. 침해라는 관점에서 복제와 번안을 구별할 실익은 별로 없지만, 복제권침해와 번안권침해의 소송물이 다른 것인가에 관해서는 논의가 있다. 다만 복제권과 번안권이 별개의 사람에게 귀속하는 경우(61조1항)나, 2차적저작물의 권리자가 침해자인 제3자를 상대로 소를 제기하였는데 그 제3자가 번안에는 해당하지 않고 복제이므로 2차적저작물이 아니라는 주장을 하는 경우라면, 양자를 구별할 실익이 있을 것이다.[21]

특허권의 경우에는 균등론과 같은 예외가 있지만, 원칙적으로 청구범위에 기재되어 있는 전 요소를 실시한 경우에 침해가 된다. 이에 대하여, 저작물에는 개수의 관념이 없고, 저작물(예컨대, 하나의 소설)의 일부에 대해서도 그 부분에 창작적인 표현이 있다면 침해의 대상이 되는 것이다. 이 때문에 침해의 판단에서는, 원고의 저작물과 피고의 피의침해물(被疑侵害物)의 공통된 부분에, 원고의 창작적 표현이 어느 정도 이용되고 있는가에 대한 판단이 이루어지는 것이다. 유사한 부분에 창작성이 없는 경우, 또는 유사한 부분이 단순한 사실, 아이디어와 같이 저작권법상 보호받지 못하는 것인 때에는, 복제권·번안권침해는 성립하지 않게 된다.[22] 그렇지만, 비교검토한 결과, 부분부분에 대해서는 복제권·번안권침해가 아닌 경우라도, 서술의 흐름, 내용의 선택 등의 여러 관점으로부터, 전체적으로 보면 번안에 해당하는 경우도 있을 수 있다. 결국, 저작물마다 특성을 감안하여

20) 동일성에 대해서는, 橋本英史「著作権 (複製権, 翻案権) 侵害の判断について (上)」判時1595호 26면(1997) 참조. 東京地判平15・11・12 判時1856호142면(世界名所旧跡イラスト事件)에서는, 「실질적으로 동일하고,……복제권 또는 번안권을 침해한 것이라고 할 수 있다」고 판시하고 있다.

21) 西田・앞의 주6) 125면, 森義之「著作権侵害訴訟における訴訟物について」清永＝設楽 370면, 小林一雄「著作権侵害行爲の差止請求權」牧野＝飯村 516면 참조.

22) 最判平13・6・28 判時1754호144면(江差追分事件), 東京高判平13・9・27 判時1774호123면(解剖學実習テキスト事件), 東京地判平15・11・28 判時1846호90면(幼兒用教材事件). 정형적으로 보호되지 않는 부분의 예로서는, 西田・132면 참조.

판단하게 될 것이다.

유사성에 대해서 판시한 판결로는, 最判昭53・9・7(ワン・レーニー・ナイト・イン・トーキョー 事件)[23]이 유명하고, 위 판결에서 복제는 기존의 저작물 내용 및 형식을 지각시키기에 충분한 것을 재제하는 것이라고 설시하고 있다. 이 판결은 구법 하의 사건인데, 구법에 의한 복제개념에는 저작물의 이용형태의 전부가 포함되어 있기 때문에, 이 최고재판결이 미치는 범위에는 번안까지 포함한 유형・무형의 복제 형태 전부가 들어 있다고 생각된다.[24] 그 후의 最判昭55・3・28 (몽타쥬 사진 事件)[25]도 구법에 있어서의 사건인데, 동일성유지권이 쟁점으로 되었지만, 「타인의 허락 없이 이용하는 것이 허용되는 것은, 타인의 저작물에 있어서의 표현형식상의 본질적인 특징을 그 자체로서 직접 감득(感得)시키지 않는 태양으로 이를 이용하는 경우에 한정된다」고 언급하고 있으며, 또한 最判平13・6・28 (江差追分 事件)[26]에서도, 「어문저작물의 번안(제27조)은, 기존의 저작물에 의거하여, 동시에, 그 표현상의 본질적인 특징의 동일성을 유지하면서, 구체적인 표현으로 수정, 증감, 변경 등을 가하여, 새로운 사상 또는 감정을 창작적으로 표현함으로써, 이에 접하는 자가 기존의 저작물의 표현상의 본질적인 특징을 직접 감득할 수 있도록 하는 별도의 저작물을 창작하는 행위를 말한다」고 판시하고 있다. 江差追分 事件에서 일단 어문저작물의 번안이라는 한정을 붙이기는 했지만, 다른 장르의 저작물에 대해서도 동일하게 해석되고 있다.[27]

ワン・レーニー・ナイト・イン・トーキョー 事件의 「내용 및 형식을 지각시킨다」라는 표현과, 江差追分 事件의 「본질적인 특징 자체를 직접 감득할 수 있다」라는 표현에서, 실질적인 결론에 얼마나 차이가 있을까 하는 점이 반드시 명확지는 않지만, 이러한 최고재판결에 의하여 의거성과 직접감득성(유사성)이 번안의 요건이라는 것은 명확해졌다. 저작물을, 내용과 형식으로 구분하고, 나아가 형식을 외면적 형식과 내면적 형식으로 구분하여 내용과 내면적 형식을 유지하면

23) 判時906호38면. 본 판결은 의거성을 부정한 결과, 비침해로 된 사례이지만, 방론으로 복제개념에 대한 정의가 설시되어 있어, 그 정의가 그 후에 미친 영향은 상당히 크다.

24) 橋本・앞의 주20) 28면.

25) 判時967호45면. 본건에서의 번안의 정의에 관한 부분은 방론으로, 번안의 기준으로서 원용하는 것에 대한 비판도 있지만, (岡邦俊『マルチメディア時代の著作権の法廷』(ぎょうせい、2000) 135면), 현실적으로는 그 후의 번안의 기준으로서 중요성을 갖는 판결이다.

26) 判時1754호144면.

27) ワン・レーニー・ナイト・イン・トーキョー 사건은 음악저작물, 몽타쥬사진 사건은 사진저작물, 에사시 오이와케(江差追分) 사건은 어문저작물에 관한 사건이다.

서 외면적 형식을 바꾸는 것을 번안이라고 정의하는 태도는 채용할 수 없다는 점은 전술하였다(**제1장 저작물(저작권의 객체) 제2절 저작물의 정의 1. 「사상 또는 감정」의 표현 (5) 사상(감정도 포함한다) · 표현이분법(idea–expression dichotomy)** 참조). 최근에는 「본질적인 특징 자체를 직접 감득할 수 있다」는 기준을 언급하는 판결이 많다. 다만 그러한 경우라도 무엇을 가지고 본질적인 특징이라고 할 것인가 라는 분석이 필요하게 된다. 결론적으로는 종합적 판단이 될 수밖에 없을 것이나,[28] 판결 가운데에는, 유사성의 판단에 있어서, 공익적 요소나 제3자의 이익과의 조화적인 요소를 감안한 것도 있다.[29] 침해판단이 규범적인 것인 이상, 당연한 태도라고 하겠다.

제 2 절 민사적 구제

1. 침해금지(112조)

(1) 총 설

가. 금지청구의 범위

저작자, 저작권자, 출판권자, 저작인접권자는, 저작인격권, 저작권, 출판권, 저작인접권의 침해를 한 자 또는 그럴 우려가 있는 자에 대하여, 그 침해의 정지 또는 예방을 청구할 수 있다(112조1항). 그 청구를 할 때에는, 침해행위를 구성하는 물건, 침해행위에 의하여 작성된 물건, 오로지 침해행위에 제공되는 기계 · 기구의 폐기 및 기타 침해의 정지 · 예방에 필요한 조치[1]를 청구할 수 있다(112조2항). 침해의 우려가 인정되지 않는 경우에는 예방조치 청구는 기각될 것이다.[2] 구법에서는 오로지 위작의 용도에 제공되어진 기계기구에 관하여 벌칙으로서 몰수규정

28) 의거성과 직접감득성이 복제 · 번안권 침해의 요건이 되고 있는데, 현실의 침해 판단에 있어서는, 창작성 있는 부분의 인정(아이디어 보호의 배제), 당해 저작물의 성질, 침해의 태양, 또는 침해를 인정하는 경우에 다른 사람에게 어느 정도의 잔여부분이 있는지, 즉 선택가능성이 어느 정도 있는 것인지, 경쟁상의 의미, 나아가 사회적 경향 등도 종합적으로 감안하여 판단이 이루어진다. 設楽隆一「複製ないし翻案について」著作権研究30호2면(2004) 참조.

29) 東京地判平11 · 3 · 29 判時1689호138면(舞臺裝置事件).

1) 많은 문헌에서, 기타의 조치로서 담보의 제공이 언급되고 있지만, 이를 인정한 판결은 없는 듯하다.

2) 田村 309면은, 소의 이익을 흠결하기 때문에 각하될 것이라고 설명하고 있다. 그러나 침해의 우려가 인정되는지 여부의 실체적 심리가 필요하며, 그것은 침해판단과 유사한 심리가 되기 때문에 기각하여야 할 것이다.

을 두고 있었지만(구법43조), 폐기청구에 관한 규정은 없었다. 현행법에서는 위에서 본 바와 같은 강력한 권리가 인정되기에 이른 것이다. 소유권의 대상인 유체물과는 달리, 저작물은 무체의 정보이므로, 침해를 금지하는 것에 의하여 권리가 회복되는 것이어서 회수의 소는 존재하지 않는다. 이것이 정보재인 저작권의 특색이고, 금지권이 저작권의 본질이다.

금지의 대상은 원칙적으로 지분권을 침해하는 행위이므로, 지분권에 포함되지 않는 행위, 예를 들면 단순히 읽거나 듣는 행위는 금지의 대상으로 되지 않는다. 다만 저작권법상 기타 침해의 정지 또는 예방에 필요한 조치(2항)가 인정되어 있지만,[3] 그 내용은 법률로 정해져 있지 않다. 이에 대해서는 제반사정을 고려하여 법원이 판단하는 것으로 되어 있지만, 상당히 추상적인 규정이어서 과도한 청구를 인용하지 않도록 주의할 필요가 있다. 이러한 강력한 보호규정은 다른 지적재산권법에서도 발견된다(예를 들어 특허법100조).

폐기청구는 금지청구에 부대하여 인정되는 것이므로, 독립적으로 폐기만을 구하는 것은 허용되지 않는다고 해석된다.[4] 102조2항의 조문에는 「전항의 규정에 의한 청구를 하면서」라고 규정되어 있기 때문에, 해석상 독립적인 폐기청구를 인정하는 것은 곤란하다고 하겠다.

112조2항의 조문에는 나타나 있지 않지만, 제3자가 소유하는 대상물에 대해서는 강제집행을 할 수가 없으므로, 폐기청구도 할 수 없다.[5] 저작권은 유체물까지도 지배하는 것은 아니고, 저작권자라 할지라도 제3자의 소유권을 침해할 수는 없는 것이다. 당해 제3자가 저작권을 침해한 경우에는 별도로 그를 상대로 청구하여야 한다.

또한 침해물품의 인도는 특히 침해의 정지・예방에 필요하다고 인정되는 특수

3) 青森地判平7・2・21 判タ976호224면(石垣写真事件)은 절판되어 장래에도 출판의 우려가 없다고 하여 금지를 인저하지 않은 예로, 東京地判昭55・9・17 判時975호3면(地のさざめごと事件)에서는 절판으로 하였어도 저작권의 귀속을 다투고 있는 이상 복제반포할 우려가 있다고 한 예이다.

4) 加戸 641면, 半田 292면, 金井＝小倉・下 223면 [岡村久道], 中川＝阿部 307면 [三宅正雄], 小松一雄「著作権侵害行為の差止請求権」牧野＝飯村 513면, 高部眞規子「著作権侵害訴訟の請求の趣旨及び判決主文」牧野＝飯村 50면. 특허법에도 같은 규정이 있는데(특허법100조2항), 東京地判平5・9・29 取消集平成6(1994)年635면(チーカプト事件)에서도 독립적인 폐기만을 구하는 것은 불가하다고 설시하고 있다. 반대설로는 田村 309면 注2).

5) 田村 309면 注3), 三山 356면, 加戸 644면. 東京地判平4・11・25 判時1467호116면(合掌造り暖簾事件)에서는 원화(밑그림)・염색원화(염색용형)는 피고의 소유물로 인정되지 않는다고 하여 폐기청구가 인용되지 않았다. 仙台高判平9・1・30 判タ976호215면(石垣写真事件 항소심)에서는, 불특정다수의 독자의 수중으로 넘어가 피항소인의 지배에 비치지 않는 서적에 대하여 당해 부분을 삭제하는 것은 불가능을 강제하는 것이라고 밖에 할 수 없으므로, 부당하다고 할 것이라고 판시하였다.

한 경우에만 허용되며, 원칙적으로 인정되지 않는다.[6)]

나. 물권적 구성의 의미

저작권에 대해서는 물권적 구성이 채택되어 있기 때문에, 간주침해에 대해서는 예외가 있지만, 침해의 성립은 원칙적으로 주관적 요건을 필요로 하지 않는다. 즉, 고의·과실이 없어도 침해가 있으면 위법상태는 존재하는 것이므로, 112조1항의 금지청구가 인정되는 것이 당연하다고 보는 것이다.[7)] 그러나 저작권의 물권적 구성은 물권법에서 차용한 개념이라고 해서, 입법론으로서 저작권법이 물권적 구성 이외에 다른 구성을 선택할 수 없는 것은 아니다. 다만 현실적으로 금지청구권을 인정하지 않는다면 권리자는 협상에서 약한 입장에 처하여, 침해자는 침해를 발각당한 경우에만 단지 손해배상을 하면 족하여, 침해해서 득을 보는 상황이 되기 쉽다. 결국 현실적으로는 물권적 구성을 하는 것이 가장 편의상 적합하다는데 지나지 않는 것이고, 금지청구권이 없는 저작권이 출현했다고 하더라도 이론상 배치된다고는 할 수 없다. 현재, 저작인접권의 대여권은 1월 이상 12월을 초과하지 않는 범위 내에서 정령(政令)으로 정하는 기간(12월로 정해져 있다)은 금지청구를 인정하고, 그 이상 기간에 대해서는 보수청구권으로 구성하고 있다(95조의3, 97조의3제2항, 3항). 기술의 발전 등에 의하여, 대가의 징수가 정확해지고 적정한 가격으로 되며 그 교섭비용도 적정해 진다면, 대가징수권제도가 보다 확대될 수도 있을 것이다. 저작권법의 물권적 구성에 반드시 집착할 필요는 없고, 요는 어떻게 하면 저작물 이용과 유통을 촉진하고, 적정한 대가가 저작권자에게 환원되도록 할 것인지, 이를 위한 시스템으로서는 어떤 것이 이 시대에 가장 좋을지 하는 점으로 귀착된다.

다. 장래 저작물에 근거한 금지

아직 창작되지 않은 저작물에 근거한 금지청구는 원칙적으로 인정되지 않지만, 예외적으로 장래 침해행위가 행하여질 것이 확실히 예측되는 등의 특별한 사정이 있는 경우에는, 장래의 급부청구로서, 침해예방을 청구할 수 있다고 해석된다. 일간신문을 매일 침해하고 있는 경우, 내일 이후의 피침해 저작물(신문)은 아직 존재하지 않지만, 창작되는 때로부터 금지청구를 하더라도 늦을 것임은 명백

6) 加戸 644면. 金井=小倉·下 223면 [岡村久道]은 「저작물이 화체된 유체물에 대하여 지배하는 권리를 인정한 것은 아니다」라고 설명하고 있다. 또한, 특허권침해의 경우도 같은 바, 그에 대해서는 中山 334면 주5) 참조.

7) 加戸 638면. 金井=小倉·下1 99면 [岡村久道].

하므로 미리 금지청구하는 것을 인정하지 않는 다면 금지청구제도의 의미가 없게 된다. 신문에 관하여, 매일매일 계속적으로 저작권침해를 반복하는 월스트리트저널 사건에서,[8] 상당한 한정을 부가하기는 했지만, 장래의 행위의 금지를 인용하고 있다.[9] 북방저널(北方ジャーナル) 사건에 대하여 최고재판소 대법정[10]은, 인격권(명예권)침해가 중대하여 현저하게 회복곤란한 손해를 입을 우려가 있을 때에 한하여 예외적으로 장래 발생할 것으로 예상되는 침해를 예방하기 위한 금지를 구하는 것이 가능하다고 하면서, 인쇄·제본·판매·반포 등의 사전금지를 인정하고 있다. 북방저널 사건에 대해서는 피보전권리인 인격권은 이미 존재하고, 다만 금지의 대상인 출판 자체가 장래의 행위인 데 대하여, 월스트리트저널 사건에서는 피보전권리인 저작권이 아직 발생하지 않았으며, 또 아직 침해행위가 이루어지지 않은 단계에서의 예방청구로, 북방저널 사건을 한층 발전시켰다고도 할 수 있다. 그런 의미에서 상당히 추상적인 금지청구를 인정한 것으로서, 실효성이라는 관점에서 획기적인 판결이라고 하겠다.[11]

(2) 청구권자

청구권자는 저작자, 저작권자, 출판권자, 저작인접권자이다(112조1항). 저작자인격권은 원래 저작자 본인만이 청구할 수 있는 것이지만, 저작자 사망 후에도 저

---

8) 東京地判平5·8·30 知的裁集25권2호380면에서는, 일간신문과 같이 짧은 간격으로 정기적으로 계속 반복하여 발행되는 저작물에 대해서는, 지금까지 저작권침해행위가 그 발행마다 이루어져 왔다는 등의 사정으로부터, 장래에도 발행예정인 저작물에 대한 동종 침해행위가 예상되고, 게다가 발행에 의한 저작권의 발생을 기다리고 있다가는 실질적으로 권리구제를 도모할 수 없는 경우에는, 장래의 급부청구로서, 위 저작물이 발행되는 것을 조건으로 하여, 예측되는 침해행위에 대한 예방을 청구할 수 있다고 해석함이 상당하다고 판시하였다(東京高判平6·10·27 判時1524호118면 항소기각).

9) 피보전권리가 아직 존재하지 않는 상태에서 장래 행위의 금지이기 때문에, 주문(主文)에 주의를 필요로 하며, 이 판결에서는 이하와 같은 주문을 보이고 있다.「채권자는, 별지 문서목록(二)의 문서를, 당해 특정일자의 일간신문『THE WALL STREET JOURNAL』이 발행되는 것을 조건으로 하여, 작성 또는 이를 반포하여서는 아니되다.」 별지(二)「월스트리트저널의 명칭, 특정일자 및 요일을 헤드 부분에 기재하고, 채권자에 의하여 본건 구두변론이 종결된 날의 익일인 1993(平成5)년 1월 23일부터 발행되는 일간신문『THE WALL STREET JOURNAL』(동부판 및 서부판과 각 개정판을 포함한다. 단, 광고부분, 주가, 사채가격, 금리, 환율, 상품선물(商品先物) 시세, 법인의 결산보고를 수치 또는 도표로 표시한 부분 및 사망기사를 제외한다.)의 기사의 전부 또는 그 대부분을 1행 내지 3행 정도의 일본어로 발췌 번역하고, 이를 번호를 붙인 항목 하에 위 헤드 부분의 특정일자의 위 신문의 지면구성에 대응하여,『주요경제뉴스』『주요국제뉴스(또는 주요일반뉴스)』『フィーチャー』『사설·논평』 기타 란(欄)으로 분류하여 배열한 문서」.

10) 最大判昭61·6·11 判時1194호3면.

11) 田村 317면.

작자가 살아 있었다면 저작자인격권의 침해가 될 가능성이 있는 행위는 금지될 수 있다(60조). 그 청구는 저작자가 유언으로 지정한 자가 할 수 있고, 유언으로 지정하지 않은 경우에는 자녀, 손자녀, 부모, 조부모, 또는 형제자매의 순으로 할 수 있다(116조). 이 점에 대해서는 「제6장 저작자인격권 제7절 저작자 사망 후의 인격적 이익의 보호」에서 설명하였다.

저작자 이름이 없거나, 이름을 바꾸어 표시한 저작물에 대해서는 실명을 밝히지 않는 것에 의미가 있으므로, 실명을 밝혀서 소송을 제기해야 한다면, 소송제기가 곤란한 경우도 있을 것이어서, 발행자가 저작자 또는 저작권자를 위하여 자기의 이름으로 소송을 제기할 수 있다(118조1항). 이는 일종의 법정 소송대리로도 볼 수 있다. 발행자에게 소송제기의 의무는 없지만, 저작자 또는 저작권자의 이익을 위하여 제기하는 것이므로, 그 행위는 적어도 내부적으로는 사무관리가 된다(민법 697조 이하). 규정에 따르면, 위법한 발행자에게도 원고적격이 있는 것처럼 읽혀지지만, 적법하게 발행한 자로 한정하여야 할 것이다.[12] 저작자의 이름을 바꾸어 표시한 저작물이 그 저작자의 것으로서 주지되어 있는 경우나 실명등록이 되어 있는 경우에는, 이미 특별한 조치를 구성할 필요가 없으므로 원칙으로 돌아가, 당해 저작자 또는 저작권자가 소권을 갖는다(118조1항 단서). 또한 누가 발행자인지가 다투어질 때에는, 저작자의 경우와 동일하게(14조), 발행자로서 표시되어 있는 자를 발행자로 추정한다(118조2항).

다음으로, 출판권자 이외의 이용권자에게 금지청구권이 인정되는가 하는 점이 문제된다. 우선, 이용권자 일반에 대해서 고유의 금지청구권은 인정되지 않는다. 독점적인 이용권자에 대해서는 논의가 있지만, 통설적 견해는 고유의 금지청구권을 인정하지 않는 입장이다.[13] 조문상의 근거도 없이, 물권적 권리인 출판권과 같은 권리를 인정할 수는 없는 것이다.

다음으로 채권자대위가 문제가 된다. 비독점적인 이용권자에 대위가 인정되지 않는다는 점에 대해서는 이론이 없지만, 독점적 이용권자에게는 인정되어야 할 것이다.[14] 원래 채권자대위제도는 채무자가 무자력(無資力)인 경우를 상정하고 있

12) 加戸 716면. 현실에서도, 위법한 발행자가 소송을 제기하는 것은 거의 생각하기 어렵지만, 피고로부터 원고의 위법성에 대한 주장이 제기될 것이라는 점은 없다고는 할 수 없을 것이다.

13) 足立謙三「著作権の移転と登録」斉藤＝牧野 265면. 저작권에 관한 판례는 없지만, 특허권의 독점적 통상실시권자에 관하여는 몇개의 판례가 있다.

14) 채권자대위를 인정하는 견해로는, 加戸 383면・444면, 田村 485면. 또한 특허권의 독점적 통상실시권에 대해서는, 中山 449면 참조. 東京地判平14・1・31 判時1818호165면(トントゥぬいぐるみ事

었지만, 현재에는 특정채권의 보전을 위해서도 이용되게 되어 있어, 독점적인 이용권자에게도 인정되어야 할 것이다. 통설·판례는 부동산의 채권적 이용권에 근거한 대위를 인정하고 있지만, 저작권의 독점적 이용권자의 입장이 이와 유사한 상황에 있는지가 문제된다. 학설 가운데에는 독점적 이용허락계약 안에 저작권자의 침해배제의무가 정해져 있는 경우에만 대위를 인정해야 한다고 보는 견해도 있지만,[15] 계약서에 침해배제의무의 기재가 있는지 여부가 아니라, 오히려 현실적으로 시장을 독점하고 있는지를 문제시해야 할 것이다. 부동산의 채권적 이용권의 경우와 비교하면, 독점적 이용계약에 의하여 이용권자가 시장에서 독점적 지위를 보유하고 있고, 현실적으로 독점적 상태에 있었던 경우에는 그 독점성이 침해되면 보호할만한 이익이 있다고 할 것이다. 비독점적 이용권자가 실제 시장에서 독점적인 지위에 있더라도, 저작권자는 다른 사람에게도 이용권을 허락할 권원이 있는 것이므로, 대위를 인정하면 저작권자의 권리를 침해하는 것이 되어 인정할 수 없다.

(3) 피청구권자

가. 총 설

피청구권자는, 금지청구에 대해서는 저작자인격권·저작권·출판권·저작인접권을 침해하는 자 또는 침해를 할 우려가 있는 자이다(112조1항). 113조에서 침해로 간주하는 행위가 규정되어 있으므로, 이러한 행위에 대해서도 같다.

나. 주관적 요건

금지청구권은 물권적 권리로 해석되고 있어, 침해자의 고의·과실이라는 주관적 요건은 원칙적으로 필요하지 않다. 다만 저작권침해의 전형적인 경우인 복제권·번안권 침해가 되기 위해서는 기존의 저작물에 의거하고 있을 필요가 있다. 결과적으로 기존의 저작물과 유사한 것을 창작하였더라도 기존의 저작물을 이용하지 않은 이상, 기존의 저작물의 존재를 알지 못한데 대하여 과실이 있더라도 의거성 요건이 갖추어지지 않은 것이어서 비침해가 된다.[16] 그런 의미에서는 사

件)은, 독점적 사용허락을 받은 사용권자의 채권자대위의 가능성을 시사하고는 있지만, 저작권의 독점적인 이용허락을 얻고 있는 자는 아니라고 하여 금지청구가 인정되지 않은 예이다.

15) 作花·詳解 412면은, 채권자대위에 의문을 남기면서, 가능하다고 하더라도 저작권자와 독점적 이용권자 사이에 저작권에 침해를 배제한다는 취지를 정해 두는 것이 필요하다고 하고 있다. 또한 의장법 사건이기는 하지만, 大阪地判昭59·12·20 判時1138호137면(パンチパーマブラシ事件)은, 완전독점적 통상실시권자에게 대위를 인정하지 않았다.

실상, 주관적 요건이 필요한 것처럼 보이지만, 이는 복제권·번안권 침해의 성립 요건으로써 의거가 요구되고 있는 것일 뿐이다. 따라서 일단 저작권침해물이 만들어지면, 그 이용(예컨대, 방송이나 출판)에 대해서는 그 침해가 있는 사실을 과실로 알지 못하였다고 하더라도 금지가 인정되게 되므로, 무과실로 침해작품을 출판한 자는 손해배상책임을 부담하지는 않지만 금지는 수인하게 된다. **「제1절 침해의 요건 2. 의거」**참조.

이와 관련하여, 113조의 침해로 보는 행위에 대해서는, 침해의 요건으로서 「정을 알고」라는 주관적 요건을 필요로 하는 것도 있다는 점에는 주의를 요한다.

다. 교사·방조자

(가) 저작권의 ≪소위≫ 간접침해: 11조1항에는 침해하는 자 또는 그 우려가 있는 자에 대해서 금지청구할 수 있다고 규정하고 있지만, 침해하는 자가 누구를 가리키는 것인지, 그 인적 범위에 대해서는 명확한 규정이 없다. 직접적인 침해자 이외의 자(교사·방조자)에 대한 금지청구가 가능한지 여부는, 일반적으로 『간접침해』라고 불리는 문제인데, 여러 견해가 제시되고 있고,[17] 판례도 많이 있다. 간접침해는, ㉠ 침해물품의 양도, 소지, 대여, 수입 등과 같이 침해를 확대시키는 행위, ㉡ 침해 행위에 시설, 장소나 기구 등을 제공하는 것과 같이 침해를 조장하는 행위, ㉢ 프로바이더의 경우와 같이 침해물을 확산시키는 행위로 대별될 수 있고, 그 태양도 일률적이지 않으므로, 간접침해 일반이 아니라, 개별적인 논의가 필요하게 된다.

㉠에 대해서는, 113조에 의하여 이미 일정한 행위를 침해로 보는 규정을 두었고, 금지청구가 인정되는 한편, 형벌규정도 적용된다. 이 외에도, 자동복제기구를 사용하게 하는 행위(119조2항)와 기술적 보호수단을 회피하는 데에만 사용되는 장치·프로그램을 양도·대여하는 행위 등(120조의2제1호)의 양자에 대해서는 형사벌이 규정되어 있어서, 이것도 일종의 간접침해를 방지하는 규정이라고 볼 수 있다. 이에 대하여, ㉡, ㉢에 대해서는 규정이 없고, 불법행위의 교사·방조에 의한

16) 最判昭53・9・7 判時906호38면(ワン・レーニー・ナイト・イン・トーキョー事件).

17) 이 문제에 관해서는, 著作権情報センター寄与侵害・間接侵害研究会『寄与侵害・間接侵害に関する研究』(2001, 著作権情報センター), 田中豊「著作権侵害とこれに関与する者の責任」コピライト485호2면(2001), 茶園成樹「著作権侵害の行為主体」』大阪大學法學部創立50周年記念『21世紀の法と政治』295면(有斐閣, 2002), 上野達弘「ファイルロー具事件」CIPICジャーナル134호1면(2003), 上野達弘「著作権法における『間接侵害』」ジュリスト1326호75면(2007), 潮海久雄「著作権侵害の責任主体に関するわが国判例法理の比較法上の位置づけ」知財管理57권3호357면(2007), 文化審議會著作権分科會法制問題小委員会司法救濟ワーキングチーム檢討結果報告(平成18年7月) 참조.

손해배상청구를 하는 것은 별론으로 하되, 일반론으로는 조문상의 근거 없이 금지청구나 벌칙의 적용과 같은 강력한 효과를 갖는 저작권침해를 인정하는 것은 타당하지 않다고 생각된다.[18] 유체물을 침해하는 경우와 달리 저작권을 포함한 지적재산권 일반에 대해서는, 침해의 범위가 명확하지 않기 때문에 법적 안정성의 관점에서 침해의 태양은 법에 의하여 정해져야 하는 것이다.

그러나 이와 달리 직접적인 침해행위를 한 자는 아니더라도 저작권침해의 책임을 부담하는 경우도 있을 수 있다. 예를 들면 점포 내에서 종업원이 아닌 악단원에게 연주를 하게 한 카바레 영업주와 같이 다른 사람을 자기의 수족이나 도구로서 이용한 것이라고 평가될 수 있는 경우에는 그 연주는 법인 등의 이용행위로 보게 되어 법인 등이 직접적인 침해 책임을 부담하는 경우가 많은 것이다. 현재, 영업주가 직접침해의 책임을 부담하는 것으로 결론지어진 사례는 많이 있다.[19]

이후에도 판례는 장소적으로는 격리되어 있더라도 카바레사건과 같이 기구를 관리하여 수익을 받고 있는 점을 근거로 하여 사업의 경영주체에게 저작권의 직접침해를 인정하고, 침해주체의 폭을 확대하였다.[20] 타인을 수족으로 이용하는

---

18) 大阪地判平4・8・27 判時1444호134면(静かな焔事件)에서는, 피고는 출판사에 출판을 허락한 것뿐이며, 스스로 복제 내지 반포하고 있는 것은 아니며, 그 예정이 있다고도 인정되지 않으므로, 출판등 금지청구는 이유 없다고 하였다. 이에 대하여, 田村 12면은 간접강제를 부과하는 것을 허용하기 위하여, 저작권침해행위에 가담하는 행위의 금지를 구할 수 있다고 해석해야 한다고 설명하고 있다.

19) 名古屋高決昭35・4・27 判時224호15면(中部觀光 事件), 大阪高判昭45・4・30 判時606호40면(ナニワ觀光事件), 東京地判昭54・8・31 判時956호83면(ビートル・フィーバー事件), 高松地決昭59・12・14 判タ541호286면(コム音楽テープ複製事件, 음악 테잎 더빙 점포의 복제행위 및 손님에게 복제하게 한 행위를 복제권 침해로 보아 가처분이 인용된 사례), 東京地判平10・11・20 知的裁集30권4호841면(ペジャール事件, 발레단을 초빙하여 공연을 관리하고 공연에 의한 이익을 얻은 회사를 발레공연의 상연권・저작자인격권의 침해주체로 본 사례), 東京地判平14・6・28 判時1795호151면(ダイサンプロモーション事件, 연주회에 관하여 침해주체는 주최자인 프로모터라고 한 사례). 그에 대하여 침해주체로 인정되지 않은 사례로서는, 東京地判平9・7・17 判タ973호203면(NEO・GEO事件, 가정내에서 상영하는데 불가결한 콘트롤러를 판매한 판매업자를 상영권 침해주체로 인정하지 않은 사례), 東京地判平12・5・16 判時1751호149면(スターデジオ第二事件, 스튜디오에서 방송한 레코드를 수신자가 녹음행위를 하더라도, 그것은 방송사업자의 녹음행위로 간주할 수는 없다고, 즉 방송사업자가 수신자를 자기의 수족으로 하여 녹음을 하게 하였다고 평가할 수 없다고 한 사례).

20) 東京地判平16・10・7 判時1895호120면(録画ネット事件)은, 서비스사업자가 각 이용자마다에 판매한 TV・PC를 사무소 내에 설치하고, 방송프로그램을 수신할 수 있는 상태로 하여, 각 이용자가 인터넷을 통하여 TV・PC를 조작하여, 주로 해외에서의 녹화・시청을 가능하게 하는 서비스가 방송사업자의 복제권침해가 되는지가 쟁점이 된 사건인데, 저작물 복제의 주체를 평가, 인정함에 있어서는, 본건 서비스에 의한 복제에 관한 채무자의 관리・지배의 정도와 이용자의 관리・지배의 정도 등을 비교형량한 후에, 복제행위의 주체를 인정해야 할 것이라고 하면서, 이용자에 의한 사적복제라고 평가할 수는 없고, 복제의 주체는 서비스업자라고 하였다(知財高決(未登載) 항고기각). 大阪地判平17・10・24 判時1911호65면(選撮見録事件)에서는, 1주일 분량의 TV프로그램을 녹화가능하게 하는 집합주택용 자동녹화장치의 판매업자에 대하여, 직접적으로는 복제행위 혹은 송신가능화행위를 하지 않은 자이더라도, 현실적인 복제행위 혹은 송신가능화행위의 과정을 관리・지배하고, 또 이익을 얻고

경우에, 그 법적 효과가 그 수족을 이용한 자에게 귀속하도록 하는 것은 다른 법 분야에서도 공통적으로 발견되므로, 저작권법 특유의 문제는 아니다. 문제는, 본인과 수족이 어느 정도 관계되어 있는 경우에 본인의 직접침해행위로 인정할 수 있는가 하는 점이다.

(나) 소위 가라오케 법리와 그 발전: 가라오케의 융성과 함께, 가라오케스낵(カラオケスナック) 사건을 중심으로, 물리적으로는 직접적인 침해행위를 하지 않는 경영자에 대하여, 「관리・지배」와 「이익의 귀속」[21]을 지표(Merkmal)로 하여 경영자를 저작권침해자로 인식하는 판결이 나타났다.[22] 현실적으로는 손심이 노래를 하고 있지만, 손님 자신의 노래행위는 22조의 상연에 해당하지 않는다, 또는 38조의 비영리에 해당하여 책임을 물을 수 없는 경우가 많기 때문에, 가라오케 경영자만을 방조에 의한 불법행위로 인정할 수가 없어, 결국 경영자의 책임을 묻기 위해 침해주체로 파악하고자 하는 발상이다. 이러한 경향은 최고재판소 판결(클럽 캣츠아이[クラブキャッツアイ] 事件)[23]에 의하여 정착되었고, 소위 ≪가라오케 법리≫로 불리게 되었다.[24] 현재 이 가라오케 법리를 전제로, 침해자의 범위를 확정하는 작업을 하는 것이 일반적이다.

다음으로, 판례는 이 가라오케 법리를 더욱 발전시켜, 가라오케박스 안에서의 손님의 가창도 경영자가 침해주체가 되기에 이르렀다.[25] 가라오케박스는, 박스

있는 자도 복제행위 내지 송신가능화행위를 직접 행한 자와 동시(同視)할 수 있고, 복제행위 내지 송신가능화행위의 주체가 된다고 하였다.

21) 著作権情報センター寄与侵害・間接侵害研究会・앞의 주17) 53면 [鎌田薫]은, 제38조와의 관계에서, 어떤 견해를 채택하는 경우에도 「영리를 목적으로 한다」는 요건을 필요로 하고, 이익의 귀속은 간접침해자의 사용주체성을 인정하기 위하여 불가결한 요소는 아니라고 설명하고 있다. 그렇지만, 이 문제는 가라오케와 같은 연주・상연・상영・구술(38조)에 한정되지 않으며, 송신가능화 등과 같이 38조에서 규정하고 있지 않은 다른 지분권도 문제가 되기 때문에, 판결이 말하는 「이익의 귀속」과 38조의 영리목적이 반드시 일치한다고는 할 수 없을 것이다.

22) 福岡高判昭59・7・5 判時1122호153면(クラブキャッシアイ事件 항소심), 廣島地福山支判昭61・8・27 判時1221호120면(クラブ明日香事件).

23) 最判昭63・3・15 判時1270호34면. 또 이 판결에서, 이토(伊藤正己)판사는, 손님의 가창을 스넥경영자에 의한 가창과 동일시하는 것은 지나친 의제(擬制)로서 상당하지 않다고 소수의견을 밝히고 있다. 또한 가라오케박스는, 음식을 주로 하는 영업은 아니고 음악의 이용을 중심으로 하는 영업이라고 할 수 있는데, 1999(平成11)년에 폐지된 부칙 제14조(상세는 저작권법시행령부칙3조1호)에서, 연주권의 예외로 다루어지는 것은 「다방 기타 손님에게 음식을 제공하는 영업」일 필요가 있고, 음식을 주체로 하는지 라고 하는 점에 의미가 있지만, 부칙14조가 삭제된 현재에는 의미가 없다.

24) 最高裁判決 후 유사한 판결로서는 高松地判平3・1・29 判タ753호217면(クラビクラ・まはらじゃ事件), 大阪地判平6・4・12 判時1496호38면(魅留来刑事事件).

25) 大阪地判平9・12・12 判時1625호101면(カラオケルームネットワーク事件)에서는, 손님은 점포의 관리 아래 노래하는 것이 가능하고, 또 점포는 노래부르는 장소와 장치를 제공함으로써 영업상의 이익을 얻고 있기 때문에, 저작권법상 규율의 관점에서는 채무자 자신이 가창에 의하여 음악저작물

내부의 소수의 동료끼리의 가창으로, 손님을 수족으로 사용하고 있다고 하는 경영자의 관리적 요소는 가라오케스낵보다도 낮다고 할 수 있다. 그런 의미에서, 가라오케박스 판례는 최고재판결(클럽 캣츠아이)에서 약간 발전된 것으로 평가할 수 있을 것이다. 또한, 가라오케박스에서의 연주・가창은 「공중에 직접 보여주거나 또는 들려주는 것을 목적으로」(22조)하는가가 문제로 될 수 있는데, 경영자를 침해주체로 파악하는 이상, 가라오케박스에 들어간 사람은 불특정 다수인이므로 공중이라고 생각할 수 있다.

종래는, 카바레에서의 악단의 연주, 가라오케스낵이나 가라오케박스에서의 손님의 가창, 점포에서의 손님에 의한 테이프 더빙, 손님에 의한 게임소프트의 상영 등에 있어서, 점포의 경영자가 그 점포 내에서 행해지는 손님 등의 행위에 대하여 침해주체로 인정되어 왔다. 이와 같이 점포 등을 관리・지배하고, 그로부터 이익을 얻고 있는 자라면, 비교적 침해주체로 인정되기가 용이할 것이지만, 디지털기술의 발전에 의하여, 반드시 점포 등의 장소를 관리지배하고 있지 않더라도 같은 상황이 발생할 수 있게 되었다.

그리고 최근에는, 가라오케장치 리스업자에 의한 음식점에서의 리스행위는 방조라고 인정하면서, 침해행위에 준하는 입장에 있다고 하여, 112조1항의 「저작권을 침해하는 자 또는 침해할 우려가 있는 자」에 해당한다고 한 판결이 나오기에 이르렀다.[26] 이어서, 최근에는 채무자가 만든, 텔레비전방송프로그램 녹화를 위해 공통의 소프트웨어가 인스톨되어 있는 서버 등을 맨션의 일부에 설치하고, 각 맨션에서 녹화예약을 조작함으로써, 녹화가 이루어지며, 하드디스크 내부에 파일로 보존되어, 이를 시청할 수 있도록 하는 서비스를 제공하는 업자를 채무자의 관리・지배의 정도와 이용자의 관리・지배의 정도 등을 비교형량하여, 채권자의 저작인접권침해의 주체로 인정한 사례,[27] 집합주택용으로 텔레비전방송을 대상

을 사용하는 것과 동일시해야 하는 것이라고 하였다. 東京地判平10・8・27 判時1654호34면(ビッグエコー事件), 그 항소심 東京高判平11・7・13 判時1696호137면도 같은 취지이다.

26) 大阪地判平15・2・13 判時1842호120면(ビットワン事件)에서는, 음식점에 통신가라오케를 리스한 업자의 책임에 관하여, 「침해행위의 주체는 아니고 침해의 방조행위를 실제로 한 자의 경우에도, ①방조자에 의한 방조행위의 내용・성질, ②실제로 이루어지고 있는 저작권침해행위에 대한 방조자의 관리・지배의 정도, ③방조자의 이익과 저작권침해행위와의 결부 등을 종합적으로 관찰한 때에, 방조자의 행위가 당해 저작권침해행위에 밀접한 관련을 갖고 있고, 당해 방조자가 방조행위를 중지할 조리상의 의무가 있고, 당해 방조행위를 중지하고 저작권침해 사태를 제거할 수 있는 경우에는, 당해 방조행위를 행한 자는 침해주체에 준하는 것으로 평가할 수 있으므로, 동법 112조1항의 『저작권을 침해하는 자 또는 침해할 우려가 있는 자』에 해당한다」고 하였다.

27) 東京地判平16・10・7 判時1895호120면(録画ネット事件).

으로 한 하드디스크비디오레코더시스템 판매업을 신고한 사업자에 대해서, 상품의 판매를 금지한 사례[28]가 나왔다. 그와는 달리, 이용자가 인터넷을 통하여 텔레비전방송프로그램을 시청할 수 있도록 하는「로케이션 프리 TV」를 이용하여, 텔레비전방송프로그램을 시청할 수 있게 한 서비스는 자동공중송신에는 해당하지 않는다고 한 사례[29]도 있다. 각 사건마다 상세한 점에 있어서는 사안이 다르기 때문에 일괄적으로 판단할 수는 없겠지만, 이러한 사례들도『가라오케 법리』의 연장선상에 있는 판결이라고 할 수 있을 것이다.

학설로서도, 소유권의 방해배제청구권과의 균형상, 저작권법상으로도 직접적 이용행위에 한정하지 않고, 간접적이더라도 규범적으로 보아 동일시할 수 있는 경우에는 금지를 인정할 수 있다고 하는 설도 강하다.[30] 이러한 견해를 채용한다면, 실질적으로는 교사・방조의 유형에 해당하는 행위라 하더라도, 행위지배성 등이 있다면 금지의 대상이 될 수 있게 되어, 가라오케장치 리스업자를 비롯하여, 침해주체로 인정되는 사례가 증가될 것이다.

예를 들어, P2P 방식의 파일교환에 의하여 타인의 저작물을 송신가능화(어프로치)한 개개의 유저는 송신가능화권이 포함되어 있는 공중송신권침해가 되지만, 파일교환서비스제공사업자가 저작권의 직접침해자라고 할 수 있는가 하는 점이 문제가 되었다.[31] 이 사건에서, 서비스제공사업자는 유저공유폴더 내의 파일에 관한 정보를 데이터베이스로 만들고, 유저의 이용에 제공하였을 뿐이고, 파일의 교환 자체는 유저들 사이에서 이루어지는 것이지만, 서비스제공사업자의 행위의

---

28) 大阪地判平17・10・24 判時1911호65면(選撮見錄事件).

29) 東京地判平18・8・4 判時1945호96면(まねきTV事件).

30) 後藤勝也「マルチメディア社会における著作権の『間接侵害』」コピライト438호58면・62면(1997), 牧野利秋「ファイルローグ事件假處分決定と複數関与者による著作権侵害下」NBL751호45면(2002), 牧野利秋「著作権侵害의 主体」牧野＝飯村 360면, 著作権情報센터寄与侵害・間接侵害研究会・앞의 주 17) 36면 [田中豊], 鎌田薰『寄与侵害・間接侵害に関する研究』36면(著作權情報センター寄与侵害・間接侵害研究会, 2001) 58면, 作花文雄「民法理論と著作権制度の体系及び構造-著作物利用・著作権侵害に係る行為・行為者・行為地」コピライト500호30면(2002). 또한 大阪地判平15・2・13 判時1842호120면(ヒットワン事件)에서도, 물권적 청구권의 행사가 침해행위를 주체적으로 행하는 자에 한정되지 않음을, 하나의 이유로 들고 있다.

31) 東京地決平14・4・11 判時1780호25면(파일로그 가처분사건)에서는, peer-to-peer 방식의 파일교환서비스 제공업은, 직접적으로는 공중송신이나 송신가능화 행위를 하고 있는 것은 아니지만, 서비스제공업자의 관리하에서 이루어지고, 이익을 도모하고 있었다고 하는 점이 중시되고, 직접적으로 침해하는 것으로 평가할 수 있다고 판단하였다. 그 본안사건인 東京地判平15・1・29 判時1810호29면도 기본적으로 동일한 취지이며, ① 피고행위의 내용・성질, ② 이용자가 하는 송신가능화 상태에 대한 피고의 관리・지배의 정도, ③ 피고의 행위에 의하여 얻는 이익의 상황 등을 종합적으로 참작하여 판단해야 한다고 하면서 서비스제공업자의 직접침해를 인정하였다(東京高判平17・3・31(미등재) 항소기각].

내용·성질, 관리지배성, 이익성을 근거로 하여 침해주체로 인정하였다. 이는, 전술한 最判昭63·3·15[32] (클럽 캣츠아이[クラブキャッシアイ]사건)나 最判平13·3·2[33] (비디오메이트[ビデオメイツ]사건)과 같은 이론의 연장선상에 있다고 생각되고, 소위 ≪가라오케 법리≫를 더욱 발전시킨 판결이라고 평가할 수 있다.

(다) 가라오케 법리의 문제점: 이렇듯 침해주체를 규범적으로 파악하여 주체의 범위를 일종의 교사·방조자로까지 확장하는 결론에 대해서는, 실질론으로써 동조함이 마땅한 면도 있다. 그러나 지적재산법 분야에 있어서, 과연 물권침해의 이론을 직접적으로 유추적용 할 수 있는가 하는 점은 문제시 되어야 한다. 저작물은 무체의 정보이므로, 물(物)과는 달라 침해태양을 조문을 떠나 결정하는 것은 곤란하여, 때문에 저작권법에서는 지분권을 명확히 규정하고, 거기다 113조에 침해로 보는 행위를 규정, 무엇이 침해에 해당하는가가 명확히 하여 법적 안정을 도모하고 있다.[34] 그리고 30조 이하에서 권리의 제한규정이 마련되어 과도한 권리가 되지 않도록 배려하고 있는데, 가라오케 법리를 지나치게 확대하여 적용한다면, 이는 권리제한규정을 우회하기 쉬워질 우려도 있다. 이러한 법적 구조는 특허법에서도 같다.[35] 이러한 지적재산권의 특색에 비추어 보면, 역시 침해의 주체는 원칙적으로는 조문에 규정된 범위라고 생각해야 할 것이다.[36] 결론에 문

---

32) 判時 1270호 34면. 앞의 주23).

33) 判時 1744호 108면.

34) 高部·앞의 주4) 48면, 高部眞規子「著作権侵害の主体について」ジュリスト1306호127면(2006).

35) 東京地判平16·8·17 判時1873호153면(MR2AB工法事件)에서는, 교사 또는 방조행위 태양에는 여러가지가 있을 수 있는 것이며, 특허권침해의 교사행위 또는 방조행위에 대한 금지를 인정하면 금지청구의 상대방이 무제한으로 넓어지거나, 또는 금지의 범위가 지나치게 광범위하게 될 우려가 있고, 자유로운 경제활동을 저해하는 결과가 될 수 있고, 특허법101조 소정의 간접침해 규정은 특허권침해의 방조행위의 일부 유형에 대해서 침해행위로 간주하여 금지를 인정하는 것인 바, 방조행위 일반에 대한 금지가 인정된다고 해석할 때는 동조를 창설한 취지를 몰각하는 것이 된다고 하여 금지청구를 인정하지 않았다.

36) 東京地判平16·3·11 判時1893호131면(2チャンネル事件)은 특허법·상표법 등은, 권리침해를 방조하는 행위 가운데 일정한 유형의 행위에 한정하여 권리침해로 간주하는 행위로 정하여 금지청구권의 대상으로 하고 있는데 대하여, 저작권법에서 이러한 규정을 요할 것 까지도 없이 교사·방조 등에 대해서 일반적으로 금지청구권을 행사 가능하다고 해석하는 것은, 불법행위를 이유로 하는 금지청구가 일반적으로 허용되지 않는 것과 모순될 뿐아니라, 금지청구의 상대방이 무제한으로 확대될 우려도 있으며, 나아가, 자유로운 표현활동을 위협하는 결과를 초래하기 쉬운 것으로, 도저히 채용할 수 없는 것이라고 설시하고 있다. 그 항소심인 東京高判平17·3·3 判時1893호126면에서는, 저작권침해가 있다는 것이 지극히 명백한 때에 어떠한 시정조치를 취하지 않았던 것이므로, 고의 또는 과실에 의하여 저작권침해에 가담하고 있었다고 할 수 밖에 없다, 고하여 저작권침해의 불법행위책임 뿐만아니라, 금지청구도 인정하였는데, 이는 게시판관리자가 침해행위의 방치라고 하는 불작위행위 자체를 침해행위로 하여 파악하고 있는 것으로도 읽혀지기 때문에, 반드시 방조자에 대한 금지를 인정한 것이라고는 하기 어렵다. 반대의 판결로서는, 大阪地判平15·2·13 判時1842호120면(ヒットワン事件)에서는 특허법과 저작권법은 법 영역을 달리 하므로, 저작권법에 간접침해의 규정이 존재하지

제가 있다고 한다면 입법에 의하여 간접침해의 범위를 명확하게 하여야 하며, 실제로 간접침해에 관한 입법론도 활발하여, 가까운 장래에 법개정이 이루어질 가능성도 있다.[37] 힛트원(ヒットワン)판결이나 파일로그(ファイルローグ) 판결에는 찬반양론이 있지만, 저작권침해에는 형사벌도 있다는 점을 함께 고려하면, 해석론으로써는 과도하지 않았나 생각된다.[38]

특히 디지털 기술의 발전으로 정보의 이용에 관하여 종래에는 볼 수 없었던 방조 형태의 비즈니스모델이 나타났고, 이에 수반하는 저작권의 침해주체에 대해서도 새로운 문제가 발생하고 있다. 침해주체를 방조자에까지 확장함으로써, 프로바이더[39]나 복제기구의 제조판매업자, 나아가 검색엔진의 제공업자 등에 대해서도 침해주체로 볼 가능성도 나온다. 금지청구를 당하는 인적 범위를 어느 정도 확장하여야 한다는 점에 대해서는 대체로 찬성이 얻어질 수 있겠지만, 이 문제에 관하여는 법적 안정성의 관점에서 입법에 의하여 해결하는 쪽이 바람직하다.[40] 최근의 기술발전에 따라, 침해주체 문제는 복잡한 양상을 보이고 있고, 이를 해석론만으로 해결한다면 자의적으로 될 것이며, 일관되지 못한 해석으로 법적 안정성을 침해할 우려가 있는 것이다. 최근에는 매년 저작권법 개정이 이루어지고 있고, 만일 필요성이 높다면, 스피디한 법개정에 장해는 없는 것이며, 침해주체의 범위는 기본적으로는 법에서 정해야 하는 것이다.

다만 전술한 수족론(手足論)이 부정되어서는 안 될 것이고, 수족론을 규범적으로 해석함으로써 그 범위에서 사실상 직접적인 침해자 이외의 자가 침해주체가 되는 일 도 있을 수 있다.[41] 그렇지만 수족은 비유적인 표현이고, 그 단어 자체에

않는 것은, 침해주체에 방조자를 포함한다고 하는 해석도 무방하다고 하고 있다.

37) 입법론으로는, 高部・앞의 주32) ジュリスト1306호129면. 文化審議会著作権分科会法制問題小委員会報告書에도 논의가 진행되고 있다.

38) 山本降司「プロバイダ責任制限法の機能と問題點」コピライト495호2면(2002), 高部眞規子・法曹54권10호188면(2002), 高部眞規子「カラオケリース業者に使用禁止措置を命じた裁判例をめぐって」AIPPI49권4호2면(2004). 岡邦俊「續・著作権の事件簿(79)」JCAジャーナル52권5호51면(2005)는,「서비스를 수반하는 일이 없는 권리침해의 규제나, 매스마켓에 제공되는 전용침해품의 규제는, 어디까지나 입법에 맡겨야 한다」고 설시하고 있다.

39) 프로바이더에 대해서는,「特定電気通信役務提供者の損害賠償責任の制限及び発信者情報の開示に関する法律」이 제정되어, 자기의 권리를 침해당하였다고 주장하는 사람이 관계 프로바이더 등에 대하여 보유하는 발신자의 정보를 개시할 것을 청구할 수 있음과 동시에, 타인의 권리가 침해된 경우에 관계되는 프로바이더 등이 배상책임을 지지 않는 경우의 규정을 두고 있다.

40) 上野達弘「侵害幇助者に対する差止請求権と著作権法112条の類推適用」知財管理56권8호1215면(2006) 참조.

41) 上野達弘「フアイルモーグ事件」CIPICジャーナル 134호6면(2003)은, 수족론(手足論)의 경우에는 밀접한 지배관계가 필요하지만, ≪가라오케 법리≫의 경우에는 기껏해야 관리의 정도의 관계에서

서 침해주체의 범위를 확정할 수 있는 것은 아니며, 어느 정도까지 확장이 가능한지는 별도로 검토되어야 한다.[42)]

(4) 입증의 특칙

저작권침해의 입증에 대해서는, 일반 소송과는 달리 입증에 어려움이 있기 때문에, 저작권법에 몇 가지 특별한 규정이 마련되어 있다.

가. 적극부인(구체적 태양의 명시의무) (114조의2)

저작권소송에서도 권리자에게 주장·입증책임이 있는 것이 원칙이지만, 권리자가 권리침해행위를 조성한 것 또는 침해행위에 의하여 만들어진 것이라고 주장된 물건의 구체적 태양을 부인할 때는, 상대방은 상당한 이유가 있는 경우를 제외하고, 적극적으로 자기 행위의 구체적 태양을 밝혀야 한다. 민사소송규칙79조3항에서는, 「준비서면에서 상대방이 주장하는 사실을 부인하는 경우에는 그 이유를 기재해야 한다」고 규정하고 있다. 저작권법114조의2는 이 규정에서 더 나아가, 단순히 이유를 기재한 것만으로는 부족하며, 침해를 주장하는 자가 침해조성물이나 침해에 의하여 만들어진 물건의 구체적 태양을 특정하면, 상대방은 단순히 이를 부인(단순부인)하거나 어떠한 것이든 이유를 제시하는 것(민사소송규칙79조3항)만으로는 충분치 않고, 자기의 태양을 적극적으로 나타내는 것(적극부인)이 필요하다. 다만 114조의2 단서에서, 영업비밀 등의 상당한 이유가 있으면, 구체적 태양을 나타낼 필요는 없다. 상대방이 이 규정에 반한 경우의 처벌에 대한 규정은 없지만, 법원은 이러한 대응을 포함하여 변론의 전취지로부터 결론을 도출하게 된다.

적극부인의 규정은, 저작권에 근거한 금지청구소송의 경우에만 있는 것은 아니고, 인격권침해소송이나 손해배상청구소송의 경우에도 적용된다.

나. 침해행위 입증서류 등의 제출(114조의3)

문서제출명령일반에 대해서는 민사소송법220조에서 규정하고 있고, 당사자가 문서제출명령에 따르지 않는 경우나, 방해목적으로 멸실 등의 행위를 한 경우에

인정된다는 점에서 서로 다르다고 하고 있다. 그러나 양자는 정도문제이며, 규범적 해석을 하면 동일한 법리로도 볼 수 있을 것이다.

42) 塩月秀平 「저작권침해주체의 사례분석 - 유연한 인식을 위하여」 ジュリスト1316호147면(2006)은, 침해주체의 저작권침해의 유무, 침해의 대소, 침해가 확대될 위험성, 일과성(一過性)·유행성의 저작물로 금지의 긴급성이 인정되는지 여부, 침해에 대한 내용적·기술적 컨트롤이 가능한지 여부, 삭제권한, 금지의 범위 등을 요소로 하여 유연하게 해석해야 한다고 하고 있다.

법원은 상대방의 주장을 진실한 것으로 인정할 수 있다(민사소송법224조1항, 2항). 이 경우, 상대방이 문서의 기재에 관한 구체적인 주장을 하고, 다른 증거에 의하여 증명하는 것이 현저히 곤란하다면, 법원은 그 사실에 관한 상대방의 주장을 진실한 것으로 인정할 수 있다(민사소송법224조3항).

특허법 규정을 따라, 저작권법은 1996(平成8)년의 개정으로, 추가적으로 저작권·출판권·저작인접권의 손해배상액을 계산하기 위하여 필요한 서류의 제출에 관한 규정을 마련하였고(1항), 다시 2000(平成12)년의 개정에서는 침해행위의 입증을 위한 서류의 제출에 관한 규정이 추가되었으며(2항, 4항), 나아가 2004(平成16)년의 개정으로 인카메라 절차가 완비됨과 동시에, 저작인격권, 저작권, 출판권, 실연가인격권, 저작인접권의 침해에 관계된 모든 소송에 적용되게 되었다(3항).

구체적으로, 법원은 당사자의 신청에 의하여, 당사자에 대한 침해행위의 입증을 위하여, 또는 손해를 계산하기 위하여 필요한 서류의 제출을 명령할 수 있다(114조의3제1항). 제출의무자는 침해자에 한정되지 않으므로, 침해자의 신청에 의하여 권리자에게 제출을 명하는 경우도 있을 수 있다. 다만 당해 서류의 소지자에게 정당한 이유가 있는 경우에는 제출을 거부할 수 있다(1항 단서). 정당한 이유의 주된 사항은 영업비밀이겠지만, 정당한 이유의 판단은 법원에 맡겨져 있다. 법원은 정당한 이유가 있는지 여부의 판단을 위하여, 서류의 소지자에게 제출을 거부한 서류의 제출을 하게 할 수 있지만, 여기에는 영업비밀 등이 기재될 가능성이 높으므로, 누구도 그 제시된 서류의 개시를 청구할 수 없다(2항 제2문). 이렇게 제출된 서류는 법관만이 보게 되므로, 상대방의 관여 없이 그대로 사실상 법관이 심증을 형성하게 될 가능성도 있다. 여기서 법원은, 정당한 이유 유무의 판단을 할 때, 의견청취가 필요하다고 인정되면, 당사자등(법인의 경우는 그 대표자, 대리인, 사용인), 소송대리인, 보조인에게 당해 서류를 개시할 수 있다고 되어 있다(3항). 소위 인카메라 절차이다. 개시된 상대방에 대해서는 비밀유지를 명하게 된다(114조의6). 비밀유지의무를 위반하는 경우에는 다음 항에서 설명하는 문제가 발생한다.

검증의 목적물을 제시함에 있어서도, 같은 절차가 준용되고 있다(4항). 정당한 이유가 없이 제출을 거부하거나, 이를 멸실하여 사용할 수 없도록 만든 경우에는, 상대방의 주장을 진실한 것으로 인정할 수 있다고 한 민사소송법 규정(224조1항, 2항)은 저작권법의 경우에도 적용된다.

다. 비밀유지명령(114조의6, 7)

누구라도 법원서기관에 대하여, 소송기록의 열람을 청구할 수 있고(민사소송법91조1항), 당사자・이해관계인은 그 등본 등의 교부도 청구할 수 있지만(민사소송법91조3항), 영업비밀이 기재되어 있는 경우에는, 당사자의 신청에 의하여, 결정으로 청구할 수 있는 자를 당사자로 한정할 수 있다(민사소송법92조). 저작권법은 여기서 나아가, 법원은, 당사자가 보유하는 영업비밀(정의는 부정경쟁방지법2조4항)에 대해서, 일정한 사유에 해당한다는 소명이 있은 경우에는, 당사자의 신청에 의하여, 당사자등, 소송대리인 또는 보좌인에 대해서, 결정으로 비밀유지를 명할 수 있다고 규정한다(114조의6제1항). 소명이 필요한 사항은, 영업비밀이 준비서면 또는 증거의 내용에 포함되어 있는 경우이거나 비밀이 개시됨으로써 사업활동에 지장을 받을 우려가 있어 그 방지를 위해 사용・개시의 제한이 필요한 것이다(114조의6제1항1호, 2호). 비밀유지명령은, 결정을 송달함으로써 효력이 발생한다(11조의6제4항). 명령을 위반한 자는, 5년 이하의 징역 또는 500만엔 이하의 벌금에 처해진다(122조의2). 형사재판은 공개하여야 하므로, 형사소송으로 이행되는지 여부는 비밀유지명령의 신청에 큰 영향을 미칠 수 있어서 위 형벌규정은 친고죄로 되어 있다(123조1항). 국외범도 처벌 대상이 되며(122조의2제2항), 국외범에 대해서는 친고죄 규정의 적용이 없다(123조1항).

비밀유지명령에는 유효기간이 없어, 소멸되기 위해서는 신청한 자 또는 명령을 받은 자가 상기의 일정 요건을 흠결한다는 것을 이유로 하여 비밀유지명령의 취소를 신청하여야 한다(114조의7). 입법론으로는 명령의 유효기간을 정하는 것이 바람직하다고 생각되기도 하지만, 영업비밀에 관하여 일률적으로 기한을 설정하는 것은 곤란하기 때문에 당사자에게 소멸을 신청할 수 있도록 하는 제도로 만든 것이다. 부정경쟁방지법에 의한 영업비밀은, 비밀성이 없으면 보호요건을 흠결하게 되어 제3자는 그 영업비밀을 자유롭게 사용할 수 있지만, 비밀유지명령은 취소재판이 확정되지 않는 한 효력이 있는 것이므로(제114조의7 제1호 내지 제5호), 위 명령을 받은 자는 그 명령이 취소되지 않는 한 그 영업비밀을 사용・개시할 수 없게 된다.[43]

누구든지 법원서기관에 대하여 소송기록의 열람을 청구할 수 있는 것이 원칙

43) 渋谷 203면은, 명령을 위반하는 행위는 비밀유지명령위반죄를 구성하지만, 취소 재판이 확정되면 행위의 위법성은 조각된다고 설명하고 있다. 그러나 명령위반죄는 영업비밀을 침해한 것에 의한 형벌이 아니라 법원의 명령을 위반한 것에 의한 형벌이므로, 의문이다.

이지만(민사소송법91조1항), 비밀명령이 발령된 소송에 관계된 소송기록에 대해서는, 열람을 당사자에 한한다는 결정이 있는 경우(민사소송법92조1항), 당사자로부터 비밀기재부분의 열람 등의 청구가 있고, 그 청구자가 비밀유지명령을 받지 않은 자인 때는 서기관은 당사자에 대해서 청구가 있었다는 취지를 통지하여야 한다(114조의8제1항). 서기관은 그 청구가 있은 때로부터 2주간은 비밀기재부분을 열람하게 해서는 안된다(114조의8제2항). 영업비밀의 보호를 원하는 당사자는 그 기간 내에 비밀유지명령을 신청하게 된다.

(5) 공유인 경우

금지청구에 대해서는 각 공유자가 독립적으로 할 수 있다(117조2항). 공유의 경우 방해배제는 일반적으로 공유자 1인이 단독으로 할 수 있지만, 공유저작권・저작인접권의 권리행사는 전원의 합의에 의하여 이루어져야 한다는 조문(65조, 103조)이 있으므로, 117조2항은 의문의 여지를 없애기 위하여 마련된 규정이라고 하겠다. 단독으로 행사하는 것이 가능하지만, 공유자 전원이 공동으로 청구하는 것도 가능하다는 것은 당연하다.[44] 그 외에 공유에 관하여는「제2장 저작권의 주체 제3절 저작권의 공유」에서 상술.

(6) 접경지 조치[45]

가. 총 설

저작권법은 일정한 수입(113조1항1호)을 침해로 보고, 5년 이하의 징역이나 500만엔 이하의 벌금에 처하고 있으며, 또는 이를 병과하도록 하고 있다(119조1항). 이것이 관세법에 의한 세관장의 처분의 실체적 근거법규로 되어 있으며, 저작권・저작인접권침해물품은 수입금제품으로 되고(관세법69조의11제1항9호), 세관장은 침해물품에 대하여는 몰수하여 폐기하거나 환송할 것을 명할 수 있다(관세법69조2항). 또한 침해물품을 수입한 자는 7년 이하의 징역 또는 700만원 이하의 벌금에 처하고, 또는 이를 병과하도록 하고 있어서(관세법109조2항), 저작권침해죄와는 관념적 경합이 된다. 일반적으로, 지적재산권침해물품은 일단 수입되어 국내에 광범위하게 유통되고 나면, 그 생산거점이 해외에 있기 때문에 사실상 억제하기

---

44) 加戸 710면.

45) 『知的財産侵害物品の水際取締制度の解説[2007年版]』(CIPIC知的財産情報センター), 斉藤和久「税関における知的財産侵害物品の水際取締り」CIPICジャーナル171호43면(2006) 참조.

가 곤란한 경우가 많아서 관세법에 의한 특별한 조치(접경지 조치)가 중요한 의미를 갖는다.

또한 2006(平成18)년 저작권법 개정으로 일정한 저작자인격권 · 저작권 · 출판권 · 실연가인격권 · 저작인접권침해물품의 수출이 금지되고(113조1항1호) (「**제3절 간주침해 2. 반포 목적의 해적판 반포 · 소지 · 수출행위 (3) 수출**」), 이에 수반하여 2007(平成19)년 관세법 개정에 의하여, 저작권 · 저작인접권침해물품은 수출금제품이 되었고(관세법69조의2제1항3호), 수입의 경우와 유사한 절차로 수출을 중지시킬 수 있게 되었다.

저작권법에서는 저작자인격권침해 · 실연가인격권침해 · 출판권침해가 된 물품의 수출입도 침해로 간주하고 있지만(113조1항1호), 관세법에서는 수출입금제품으로 되어 있지 않기 때문에, 세관장의 행정처분으로 수입을 금지시키는 것은 가능하지 않고, 수입자를 피고나 채무자로 삼아 통상의 민사사건으로 수출입금지를 청구하는 소를 제기하여야 한다. 이것이 수출입금제품으로 되어 있지 않은 이유는, 인격권침해물품에 대해서는 저작자 · 실연가의 개인적인 의향에 강하게 관계하는 것이기 때문이고, 출판권침해물품에 대해서는 드문 케이스이기 때문이라고 설명되고 있다.[46] 그러나 입법론으로서는, 적어도 출판권침해물품은 수입금제품에 추가되어야 할 것이다.

관세법은 지적재산침해물품을 마약 · 권총 · 위조지폐 · 포르노 등과 같은 절대적 사회악 물품과 같은 유형의 수입금제품으로 규정하고 있지만, 지적재산침해에 대해서는 권리자가 사전 혹은 사후에 승낙을 부여하면 합법적인 물품이 되므로, 이를 마약등과 동일하게 세관장의 처분으로 수입을 금지하는 것이 타당한가 하는 점에 의문이 있다. 이념형으로써는, 지적재산침해는 민사분쟁이므로, 다툼이 있으면 전적으로 법원에 맡기고, 세관은 법원의 판결 · 결정이 내려진 경우에 통관을 금지하는 제도도 생각할 수 있다. 그러나 현실적으로는 우편 등에 의한 수입도 포함하여 막대한 양의 수출입품에 대한 처리를 할 필요가 있고, 또한 대부분은 단순한 해적판 · 모방품이며, 또 거의 대부분의 사안에서는 수입자가 저작권침해 여부를 다투는 일도 없어, 이를 전부 법원에서 다루도록 하는 것은 신속한 접경지조치를 취한다는 관점에서는 현실적으로 맞지 않고, 어느 정도의 절차적인 보증 하에, 세관청의 행정처분으로 일정한 처치를 하는 것은 부득이할 것이다.

---

46) 加戶 652면.

나. 역 사

1897(明治30)년에 제정된 관세정율법(1899(明治32)년 시행)의 부속표에서, 지적재산권침해물품은 관세정율법상의 수입금제품으로 취급되었고,[47] 1954(昭和29)년의 관세정율법 개정으로 제21조에서 수입금제품으로 지적재산침해물품이 규정되었다. 1964(昭和39)년에는, 권리자로부터의 정보제공제도가 도입되었다. 그리고 1972(昭和45)년의 저작권법전면개정을 맞아 저작인접권침해물품도 수입금제품으로 추가되었다.

세관장은 직권으로 그 물품의 폐기, 환송을 명할 수 있었는데, TRIPS 협정을 받아들여 1994(平成6)년에 관세정율법이 개정되어(1995(平成7)년 시행), 상표권침해물품과 함께 저작권·저작인접권침해물품에 대해서 권리자에게 침해물품인지 여부를 심사하는 절차(인정절차)를 신청할 권리가 인정되게 되었다(관세정율법21조의2 제1항, 현행 관세법69조의13).[48] 또한 2004(平成16)년 개정에서 심사절차개시 시에, 권리자·수입자 쌍방에게 상대방의 성명·명칭 등을 통지하는 제도가 도입되었고(관세정율법21조1항6호, 현행 관세법 69조의12제2항), 2005(平成17)년 개정으로 부정경쟁방지법위반물품이 수입금제품으로 추가되었다(관세법69조의11제1항10호). 수입금제품이 관세정율법에서 규정되어 온 것은 오로지 역사적 경위에 의한 것으로, 2005(平成17)년 개정에서 수출입금제품에 관한 관세정율법의 규정은 관세법으로 이전되었다. 2007(平成19)년 개정에서, 수출이 금제품에 추가되면서 아울러 벌칙도 강화되었다.[49]

다. 절 차

세관에서의 절차의 구체적 흐름은 이하와 같다.

세관장은 수입된 화물이 저작권침해물품이라고 사료될 때에는 인정절차를 시행하여야 한다(관세법69조의12). 그러나 다수의 수입품을 세관장 직권으로만 처리하는 것은 불가능하고, 또한 사권인 저작권침해에 관한 문제를 세관장의 직권에만 맡겨두는 것은 타당하지 않으므로, 저작권자·저작인접권자는 필요한 증거를 제출하여 인정절차를 시행할 것을 신청할 수 있도록 하고 있다(관세법69조의13).[50]

---

47) 旧 関税定率法의 부속세표에서는「특허의장상표 및 판권에 관한 제국의 법률을 위반한 물품」은 수입금제품으로 되어 있다.

48) 2003(平成15)년 개정에서, 특허권·실용신안권·의장권을 신청권의 대상으로 하였고, 또한 육성자권(育成者権)침해물품과 부정경쟁방지법위반물품이 수입금제품으로 추가되었다.

49) 斉藤和久「平成19年度における知的財産侵害物品の水際取締り関連の制度改正等について」CIPIC ジャーナル177호1면(2007).

우선 수입금지신청이 제출되면, 이를 수리할지 여부를 심사하여 수리・불수리의 결정을 하게 된다(관세법69조의13제3항). 그 외에, 세관장은 전문위원의 의견을 구할 수 있다(관세법69조의14).[51] 수입금지신청의 유효기간은 2년간이고, 갱신도 가능하다.

심리를 한 후 의심되는 화물이 발견되면 인정절차가 개시되고(관세법69조의12제1항), 세관장은 당사자에게 성명・주소 등을 통지한다(관세법69조의12제2항). 저작권자・저작인접권자는 의심되는 화물에 대해서 견본 검사를 승인해 줄 것을 세관장에게 신청할 수 있다(관세법69조의16제1항). 인정절차가 시행되는 사이에, 의심되는 화물은 보세창고 내에 보류된다. 세관장은 전문위원에게 의견을 구할 수 있다(관세법69조의19). 세관장은, 인정절차가 종료될 때까지 사이에 당해 화물이 수입되지 않음으로 인하여 수입자가 받을 손해의 배상을 담보하기 위하여 세관장이 필요하다고 인정하는 경우에는, 신청인에 대하여 상당하다고 인정되는 액수를 공탁할 것을 명할 수 있다(관세법69조의15제1항). 원칙적으로 10일 이내에 인정절차가 끝나지 않을 경우에는, 수입자는 통관해방을 위한 담보를 제공하고 인정절차의 중지를 청구할 수 있다(관세법69조의20). 최종적으로 비침해가 된 경우에는 통관이 이루어지고, 침해로 인정되는 경우에는 자발적으로 처리하지 않을 경우 당해 화물을 몰수・폐기 또는 환송할 것을 명하게 된다(관세법 제69조의11제2항).

2006(平成18)년 저작권법 개정으로 수출도 금지되게 됨에 따라(113조1항2호), 2007(平成19)년 관세법 개정에 의하여, 수출이 금제품에 추가되었고, 관세법69조의2에서 수입의 경우와 유사한 규정이 마련되었다.

2. 손해배상

(1) 총 설[52]

저작권법에는 손해배상청구를 기초로 한 규정은 존재하지 않지만, 민법의 불법행위(민법709조)가 근거규정이 된다. 저작권침해란 타인의 저작물을 무단이용(모방)하는 행위이고,[53] 유체물의 침해와는 달리 침해행위가 있더라도 권리자에

50) 이 신청권에 대해서는, TRIPS협정51조의 의무이다.

51) 지적재산권에 관한 학식경험자로서 사건에 이해관계가 없는 자를, 세관장이 전문위원으로 위촉한다(관세법69조의14).

52) 심포지움「저작권침해에 의한 손해의 배상」著作権研究 31호1면(2006) 참조.

53) 横浜地決平60・10・29 判時1176호126면(花喰鳥事件).

의한 이용 자체는 방해받고 있지 않기 때문에, 통상은 적극적 손해가 별로 없고,[54] 거액의 소극침해(얻었어야 할 이익, 일실이익) 문제가 된다. 그 손해배상의 일반적 요건은 민법상 불법행위와 동일하지만, 정보재의 침해에 관한 특수성 때문에, 저작권법은 손해액의 추정 등의 특칙을 두고 있는 것이다(114조 내지 114조의 8). 다만 손해배상의 문제는 기본적으로 민법의 영역에 속하는 문제이고, 민법이론의 발전에 의하여 저작권법위반의 부분에도 그 영향을 받게 된다.[55] 또한 역으로, 저작권법 등 지적재산법에서의 손해배상법이 민법의 일반이론에 영향을 주는 경우도 있다.

금지청구권과는 달리, 113조에서 침해로 보는 행위로 되어 있지 않은 행위에 대해서도, 불법행위(침해행위)의 교사·방조로서 배상의무를 부담할 수 있다(민법 719조). 구체적으로는, 직접적인 저작권침해행위는 아니지만, 가라오케장치 리스업자에게 방조에 의한 불법행위책임을 인정한 사례를 비롯하여, 방조를 인정한 사례는 많다.[56] 가라오케 점포의 경영자를 직접침해자로 보는 가라오케 법리를 전제로, 리스업자의 방조를 인정한 것도 있다.

저작자인격권침해에 대해서는 민법710조의 비재산적 손해로 배상청구할 수 있으므로, 이하, 저작권의 경우에 한정하여 검토한다.

(2) 고의·과실

특허법에서 과실이 추정된다는 취지의 규정이 마련되어 있는데(특허법102조), 그 근거는 심사·등록·공시제도가 있기 때문이다. 그러나 저작권은 창작에 의하여 발생하고 공시가 이루어지지 않기 때문에 과실추정의 규정은 둘 수가 없다. 따라서 저작권침해에 근거한 손해배상청구 시에는 이론상으로 일반 불법행위법과 같이, 권리자가 행위자의 고의·과실을 입증해야 한다.

그렇지만 복제권·번안권 침해가 되기 위해서는「의거」라고 하는 요건이 필요하고, 의거는 타인의 저작물에 접하여 이를 자기의 작품 안에 사용하는 것이므로,

---

54) 적극손해의 예로서는, 변호사비용, 침해조사비 등의 피해확대방지를 위한 비용 등을 생각할 수 있다.

55) 손해배상·부당이득·사무관리·준사무관리의 전반에 대하여 논한 것으로, 潮見佳男「著作権侵害を理由とする損害賠償·利得返還と民法法理」法学論叢 156권5·6호216면(2006) 참조.

56) 大阪地判平6·3·17 判時1516호116면(魅留來事件) 그 항소심인 大阪高判平9·2·27 判時1624호131면, 水戸地判平11·4·14 判タ1067호252면(ビデオメイツ事件), 그 항소심인 東京高判平11·11·29 民集55권2호266면, 그 상고심인 最判平13·3·2 判時1744호108면.

독자창작이 문제가 되지 않는 사안에 있어서는, 의거성이 인정되면 침해에 관한 고의는 인정된다고 생각되고 있다.57) 판례상으로, 기존의 저작물에 접할 기회가 없어, 그 존재・내용을 알지 못한 자는 이를 알지 못한 데에 과실이 있더라도 복제를 한 것에는 해당하지 않는다고 하므로,58) 결국, 복제・번안에 관하여 고의에 의한 침해만이 손해배상의 대상이 되는 경우가 많을 것이다.

하지만 의거하고 있음이 위법함을 인식하지 못한 경우에서는 과실이 문제될 것이다. 예를 들면, 과실로 저작권이 기한만료된 것으로 잘못 생각한 경우나, 과실로 저작권이 자기에게 귀속한다고 잘못 생각한 경우에는 의거성이 인정되고 과실의 유무가 문제된다. 많은 경우에는 과실이 인정될 것이지만, 변호사 등에게 의뢰하여 침해의 유무에 대하여 조사를 한 경우라면, 과실이 부정될 수도 있을 것이다.

또한 일단 저작권침해행위가 행하여지고, 그 후에 다른 사람이 그 위법복제물을 이용한 경우에는, 이미 의거성은 문제가 되지 않고, 과실의 유무만이 문제가 된다. 예를 들면 출판업자나 방송국이 당해 위법복제물을 출판・방송한 사례도 있는데, 이러한 경우 출판업자 등의 과실 유무가 문제되는 것이다.59) 일반적으로는, 전문가인 출판업자 등의 책임을 엄격하게 해석한 판례가 많지만,60) 과실이 인정되지 않는다고 한 사례도 있다.61) 불법행위인 이상, 구체적 사례마다 제반 사정

57) 金井=小倉・下 243면 [岡本久道]은, 의거성 요건을 충족하면, 적어도 직접침해를 행한 자에 대해서는 고의가 존재하는 것이라고 설명하고 있다.

58) 最判昭53・9・7 判時906호38면(ワン・レーニー・ナイト・イン・トーキョー 事件).

59) 青柳昤子「出版者の責任」牧野利秋退官記念『知的財産法と現代社会』(信山社, 1999) 456면은, 출판사의 행위는 피해를 질적・양적으로 비약적으로 확대시킨 것이고, 또한 출판업자는 이에 의하여 이익을 얻었으므로, 상당히 강력한 조사 의무를 인정하고, 또 출판업자의 과실은 사실상 (일응) 추정을 하고, 주장입증책임을 사실상 출판사측에 전환시키는 것이 상당하다고 하고 있다.

60) 출판업자 등의 과실을 인정한 사례는 다수 있지만, 東京地判昭53・6・21 判タ366호343면(日照権事件), 東京地判昭55・9・17 判時975호3면(地のさざめごと事件), 東京地判平2・4・27 判時1364호95면(卒業レリーフ樹林事件), 東京地判平2・6・13 判時1366호115면(薬理学教科書事件), 東京地判平5・8・30 判時1571호107면(目覚め事件) 및 그 항소심인 東京高判平8・4・16 判時1571호98면, 東京地判平9・9・5 判時1621호130면(ダリ 事件), 東京地判平15・12・19 判時1847호70면(どこまでも行こう事件). 또, 출판업자 관련 사건은 아니지만, 大阪地判平11・7・8 判時1731호116면(パンシロントリム事件)은, 제약회사가 외주로 제작하게 한 포장상자 등이 타인의 저작권을 침해하고 있는 경우에, 제약회사의 과실이 인정되고 있다.

61) 출판업자 등의 과실을 인정하지 않은 사례로서, 千葉地判昭54・2・19 無体裁集11권1호62면(千葉大医学部助手氏名脱落事件)은 의학서의 출판사가, 대학 의학부교수에 의한 기획으로, 확정된 출판원고를 받기로 약속하여, 분담 집필자의 성명을 기재한 신청서를 수령한 시점에서, 기재방법 및 성명을 저작자측의 대표자 및 이행보조자의 지시에 따라 행한 것이라고 인정되는 경우, 그중의 한사람의 이름을 탈루한 채 출판하였다 하더라도, 그 누락된 사람의 저작자인격권의 침해에 관하여 무과실이라고 한 사례이다. 東京地判平7・5・31 判時1533호110면(ぐうたら健康法事件)은 지방의 소규모 출판

을 감안하여 판단하게 될 것이다.62)

또한 2001(平成13)년에 성립된 「특정전기통신역무제공자의 손해배상책임의 제한 및 발신자정보의 개시에 관한 법률」(프로바이더 책임제한법)은 프로바이더 등의 손해배상책임의 제한과 발신자정보의 개시를 청구하는 권리에 대하여 정한 것으로, 저작권침해에 대해서도 적용되며, 일정한 경우에는 프로바이더의 손해배상책임이 제한되도록 하고 있다(동법 3조).

(3) 손해액의 결정

가. 총 설

저작물은 무체의 정보이기 때문에, 정보자체가 훼손되는 경우는 거의 없고, 통상은 적극적인 손해(예컨대, 차를 훼손당한 경우의 수리대금)도 별로 없다. 저작권침해로 인한 손해는 얻었어야 할 이익(일실이익, 소극적 손해), 구체적으로는 침해품이 유통됨으로써, 시장에서 권리자의 저작물(상품)이 판매되지 않게 된데 대한 손해, 또는 침해품과의 대항을 위해 자기의 상품 가격을 인하할 수밖에 없어서 얻지 못하게 된 손해가 많다. 거기다 만일 정신적 손해가 있다면 위자료가 추가되겠지만, 그 산정에 관한 114조의 적용은 없다.

일실이익은, 단순화하면, 침해행위에 의한 권리자의 판매감소부수에 권리자의 1부당 이익액을 곱한 일실이익이 될 것이고, 그 손해액은 민법709조에 의하여 청구할 수 있다. 그러나 현실적으로는, 침해자의 영업수완, 판매력, 경쟁제품의 유

사인 점, 집필자가 이름 있는 의사라는 점에서 출판사의 책임을 부정한 사례이다. 東京地判平7・10・30 判時1560호24면(システムサイエンス事件)은 컴퓨터프로그램이 저작권법에 규정된 昭和60(1985)년 이전에, 프로그램에 저작권법의 적용이 있는지 여부에 대해 전문가 사이에서도 확실한 의견을 말하는 것이 불가능한 상황이었고, 저작권침해를 하는 데 대한 고의・과실이 있었다고 인정되지 않는다고 한 사례이다. 仙台高判平9・1・30 判タ976호215면(石垣写真事件 항소심)은 서적출판의 사업자가 출판을 담당하면서, 저자로부터 제공받은 원고 중 표현이나 게재사진의 하나하나에 대해서 저작권침해 문제가 생길 수 있는지 여부를 조사, 확인해야 할 의무가 있다고 해석하기는 어려우므로 과실이 없다고 한 사례이다. 大阪地判平17・1・17 判時1913호154면(セキスイツーユーホーム事件)은, 고객이 광고제작회사로부터 광고용사진의 파일을 차용하여, 이를 사용함에 있어, 별도로 저작권자의 허락이 필요하다는 지적을 받지 않은 한, 그 사진을 사용하는 것이 타인의 저작권을 침해하는 것으로 되지 않는다고 생각하고 그 사진을 사용하였다고 하더라도, 주의의무를 위반하는 것이라고 할 수 없다고 하여, 과실은 부정되었으나, 광고제작회사의 과실은 인정된 사례이다. 大阪地判平17・12・8(未登載)(ドトールコーヒー事件)은, 커피판매회사가 팜플렛제작회사에 의뢰하여 작성된 팜플렛을 반포함에 있어, 게재된 사진의 저작권에 대해서까지 조사 의무를 부담하는 것은 아니라고 한 사례이다.

62) 東京地判平17・5・17 判時1950호147면(図解でわかる債権回収の実際事件)은, 감수자의 책임에 대하여, 출판물의 권위를 부여하기 위하여 명의만을 빌려준 것에 불과한 경우 또는 단순히 표현상의 경미한 사항 등을 지적하는 것에 그치는 경우에는 특단의 사정이 없는 한 공동불법행위책임을부담하지 않는다고 하였다.

무, 시장상황 등의 사정에 따라 손해액이 달라질 수 있고, 구체적인 청구에 있어서, 침해행위와 권리자의 판매감소분 사이의 인과관계의 입증이나 손해액의 입증에 곤란한 점이 있다. 이 때문에 일반 불법행위법의 원칙에만 맡겨두는 것은 타당한 해결을 도모하기에는 곤란하여, 저작권법은 손해배상액의 산정에 관하여 몇 가지 특칙을 마련하고 있고, 그 구체적 내용은 아래와 같다. 이 특칙은 기본적으로는 일반 불법행위법의 틀을 벗어나는 것은 아니라고 하지만, 현실적으로는 일반 불법행위법과는 상당히 다른 측면도 있고, 일반 불법행위법에도 영향을 줄 수 있는 것이라고 생각된다.

참고로, 이하에서는 손해배상액의 산정에 관한 특칙을 중심으로 서술하겠지만, 금지청구 부분에서 설명한 적극부인(구체적 태양의 명시의무) (114조의2), 침해행위 입증서류등의 제출(114조의3), 비밀유지명령(114조의6, 7) 역시 손해배상청구에서도 적용되므로, 그 부분을 참조하기 바란다.

나. 손해액의 추정(114조)

(가) 양도수량에 의한 손해액의 추정(114조1항): 침해행위에 의하여 만들어진 물건을 양도하거나 침해행위를 조성하는 공중송신을 행하는 경우에는, 양도한 물건의 수량이나 공중에 수신된 것에 의하여 만들어진 복제물의 수량[63]에, 권리자가 「그 침해행위가 없었다면 판매할 수 있었던 물품(수신복제물을 포함한다)」의 단위수량당의 이익액을 곱한 금액을, 권리자의 능력에 상응한 액을 초과하지 않는 한도에서 권리자가 입은 손해로 삼을 수 있다. 다만, 수량 등의 전부 또는 일부를 권리자가 판매할 수 없는 사정이 있는 경우에는, 당해 사정에 상당한 수량에 대응하는 액을 공제한다. 여기서 말하는 이익이란, 한계이익이라고 생각해야 할 것이다. 권리자는 이미 고정비용 등을 투입하고 있으므로, 조이익(粗利益)에서 다시 제품 하나를 만들기 위하여 필요한 경비를 뺀 액수가 여기서 말하는 단위당 이익이라고 보아야 하는 것이다.

본항은, 침해자가 양도한 수량만큼 권리자의 진정품이 판매될 수 있었을 것이라는 점을 전제로 하고 있어서, 침해자의 이익이 적은 경우나 침해자가 무상으로 양도한 경우(예를 들면, 판촉품)에는, 2항과 비교하여 높은 손해액을 인정하게 될 가능성이 높다. 손해배상은 실손해의 전보라는 원칙이 있기 때문에,[64] 따라서 본

63) 예컨대, 인터넷상에서의 무단송신의 경우는 그 다운로드된 수량을 가리킨다.

64) 불법행위의 역할에 대해서는, 현재로서는 다양한 논의가 이루어지고 있고, 실손해의 전보라는 기능뿐만이 아니라, 제재 혹은 일반 예방적인 기능도 포함된다고 보아야 한다는 논의도 있지만, 여기

항의 추정도 권리자 스스로가 판매할 수 있었다는 점을 전제로 하는 것이라, 권리자의 능력 범위 내라는 한정이 부가되어 권리자가 판매할 수 없었던 사정을 침해자가 입증한다면, 이에 대응한 부분은 공제된다.

본항을 단순화하면, 침해수량에 권리자의 단위당 이익액을 곱한 금액을 손해로 보는 것이어서, 통상의 일실이익의 산정방법과는 상당히 다르다. 현실적으로는, 침해품의 수량만큼 권리자의 판매수량이 감소한다고 말하기는 어렵고,[65] 이러한 산정방식에 의하여 얻게 되는 액수가 일실이익에 가까운 것이라는 경험칙도 없다. 따라서 본항의 산정방식은 실손해를 초과하는 액수가 인정될 가능성도 갖고 있으므로, 권리자의 능력과 판매할 수 없었던 사정도 판단요소로 가미하여 손해배상의 일반이론과의 괴리를 줄여야 할 것이다. 그러나 위 규정을 민법709조의 예외로서 인과관계 없는 부분에까지 손해배상을 인정하는 규정으로 해석할 것인가 혹은 민법의 일반원칙에서 벗어난 것은 손해배상의 범위에 속하지 않는다고 해석할 것인가에 따라 권리자의 능력과 판매할 수 없었던 사정의 내용을 참작하는 방식도 달라질 것이다.[66]

2항(종래의 1항)에서 침해자의 이익액을 손해로 추정한다고 하지만, 침해자의 이익의 입증은 상당한 곤란이 따르고, 인정되는 손해액은 입증가능한 액수로, 실질적인 손해는 이를 초과한다는 비판이 강해, 1항은 이에 대처하기 위하여 1998(平成10)년의 특허법 개정(특허법102조1항)을 모방하여, 2003(平成15)년 개정 때 신설된 규정이다.

특허권침해와 비교하여 저작권침해의 경우 침해태양이 다양하여, 침해행위에 의하여 만들어진 물건의 판매와 공중송신 이외에도, 연주·방송·전시·구술 등등, 다양한 침해태양이 있지만, 본항은 침해물의 양도와 공중송신의 경우에 대한 특칙이므로 다른 침해형태에 대해서는 2항 이하의 규정이 적용되게 된다.

(나) 침해자의 이익액에 의한 추정(114조2항): 이론상으로는, 침해행위에 의하여 판매가 감소하고, 판매가격을 인하할 수밖에 없거나 한 경우, 그 일실이익을 손해로 청구할 수 있다. 그러나 저작권침해의 경우에는, 침해자의 자본, 광고, 유

서는 고전적인 사고를 기초로 서술하고 있고, 그 이상은 민법상의 의론에 맡긴다.

65) 극단적인 경우로는, 위법한 판매나 송신 덕분에 히트하여, 판매가 신장되는 경우도 있을 수 있다.

66) 飯村敏明「損害賠償請求訴訟における諸問題」著作権研究31호7면(2006), 潮見佳男「民法からのアプローチ」著作権研究31호30면(2006), 大渕哲也「知的財産法からのアプローチ」著作権研究31호42면(2006) 참조.

통수단, 경험, 도량, 지명도 등등의 사정에 의하여 판매량이 달라질 것이므로, 판매량 감소나 가격 인하가 침해행위와 사이에 인과관계가 있다는 입증은 불가능에 가깝다. 이에, 저작권침해에 의한 일실이익의 입증을 용이하게 하기 위하여, 침해자가 침해에 의하여 이익을 얻은 경우, 그 이익액을 손해액으로 추정하는 규정을 둔 것이다.

입법자는 2항을 일실이익의 산정방법으로 규정하고 있지만, 현실적으로는 침해자의 이익이 저작권침해행위만으로 생기는 경우는 적고, 본래적으로는 침해자의 이익으로 추정될 만한 사항이라고 할 수 없다. 이러한 의미에서, 본항을 순수하게 일실이익 계산방법에 대한 규정으로 보기는 어렵다. 2항은 추정규정이고, 반증을 들어 복멸시키는 것도 가능하며, 그런 의미에서 침해자의 이익을 환수하도록 하는 준사무관리적인 규정까지는 아니더라도, 통상의 불법행위에서의 손해배상과는 다른 성격을 갖고 있다고 해석할 수 있을 것이다.[67] 이러한 의미에서, 이 규정은, 준사무관리적인 발상(이득의 환수)과 손해배상의 절충적인 규정으로 볼 수 있다.[68]

2항에서 말하는 침해자의 이익이, 순이익을 가리키는 것인지, 조이익을 가리키는 것인지에 대하여 다툼이 있지만, 순이익으로 해석하는 판례가 다수이다. 구체적 사건에 대해서는, 권리자가 입증하는 것은 조이익까지인 경우가 많고, 순이익의 입증은 상당히 어려우므로, 순이익의 입증 없이 2항의 적용을 부정하여 3항의 사용료 상당액이 손해라고 본 예도 있다.[69] 114조2항은 침해자의 이익을 손해로 추정하고 있지만, 애당초 이러한 추정이 가능하다는 경험칙도 없이 추정규정이 입법되었다는 것을 보면, 거기에 준사무관리적인 발상도 전무한 것은 아니다. 그와 같은 관점에서 본다면, 원칙적으로 우선 침해자의 조이익을 파악하여, 그로부터 무엇을 어떠한 이유로 공제할 수 있을 것인가 하는 점을 논의해야 할 것이다. 권리자 측에서 본다면, 이미 개발에 투자하여 생산체제에 들어간 경우가 많고, 더욱이 한 개분의 증산을 하기 위해서는, 원재료 등의 변동비는 들겠지만, 매몰비용(sunk cost)으로 된 고정비는 원칙적으로 필요하지 않으므로, 개발비 등의 전체를

67) 특허법에 관하여는 中山 340면 참조.

68) 東京地判平13・5・16 判時1749호19면(東京リーガルマインド事件)은, 원고의 프로그램을 무단으로 복제하였지만, 지적을 받아 정규 프로그램을 구입한 경우의 손해액에 대하여, 침해행위에 의하여 얻은 피고의 이익액은, 무단복제한 프로그램의 수에 정규품 1개당 소매가격을 곱한 액수이고, 원고가 받은 손해액은 피고가 얻은 이익액과 동액이라고 추정된다고 설시하였다.

69) 상표법 사건으로, 東京地判昭63・4・27 無体裁集20권1호209면(ルイ・ヴィトン事件)이 있다.

감안한 평균적 이익이 문제되는 것이 아니라, 그 투자를 전제로 하여 그 이후에 얻을 이익을 문제로 삼아야 하는 것이다. 침해자의 이익을 기준으로 권리자의 손해액을 추정하는 법제도를 채용하고 있는 이상, 침해자의 조이익에서 변동비용 등을 공제한 액수가 침해자의 이익이라고 보아야 한다.[70] 결국, 침해자의 순이익이 적거나 혹은 전혀 없더라도, 그 침해행위에 의하여 권리자는 한계이익만큼의 손실이 있는 것으로 되는 것이다.

많은 판례에 의하여, 2항은 판매 감소에 의한 일실이익액의 추정규정이기 때문에 손해발생의 사실까지 추정하는 것은 아니고, 권리자가 당해 저작물을 이용하지 않은 경우에는 소극적 손해의 발생 자체를 생각할 수 없기 때문에, 제2항의 규정은 적용되지 않는다고 한다.[71] 환언하면, 권리자가 스스로 이용하고 있는 경우에는 침해에 의하여 어떠한 손해가 발생하였다고 할 것이고, 그 경우에 비로소 제2항의 추정규정이 적용될 수 있는 것이다.[72] 특허법에도 같은 규정이 있지만(특허법102조2항), 특허권과 비교하여 저작권의 경우는 권리자가 스스로 이용하는 비율은 상당히 낮아 권리자가 현실적으로 당해 저작물을 이용하고 있을 것을 요건으로 하면, 실제로는 3항의 이용료 상당액이 손해액으로 인정될 것이므로, 저액의 배상액이 되는 경우가 많게 된다. 때문에, 저작권법의 해석으로서는, 권리자 스스로가 이용하고 있을 것을 요건으로 요구하지 않아야 한다는 견해도 있고,[73] 또한 이러한 입장에 따른 판례도 있다.[74] 저작권법의 규정은 특허법을 모방한 것

---

70) 한계이익설로 불리우며, 田村 325면. 靑柳昤子「著作権侵害及び著作権者人格権の場合の損害賠償請求」西田美昭＝態倉禎男＝靑柳昤子『民事弁護と裁判実務8知的財産』687면(ぎょうせい, 1998). 東京地判平 7 · 10 · 30 判時1560호24면(システムサイエンス事件)은, 당해 저작물을 이용하여 침해자가 현실적으로 어떤 이익을 얻고 있는 이상, 본래의 저작권자가, 같은 방법으로 저작물을 이용하는 한 같은 이익을 얻을 개연성이 있다는 추정을 증명하는 사회적 사실의 인식이 있다고 하고, 이미 공장설비나 직접 당해 장치의 제조판매에 종사하는 종업원의 숙련을 위한 훈련이나 관리부문 종업원의 고용은 확정되어 있는 것이므로, 새로운 설비투자나 종업원의 고용, 훈련을 요하지 않으며, 그 상태 그대로 제조판매가 가능한 대수의 범위 내에서는, 원고의 일실이익이라 함은, 당해 장치 한대분의 잃어버린 판매액에서 당해 장치의 제조판매를 위한 변동경비만을 공제한 한계이익라고도 할 것이고, 일반관리비, 영업외손익 및 특별손익을 공제하는 것은 타당하지 않다고 판시하였다.

71) 東京地判昭53 · 6 · 21 判タ366호343면(日照権事件)에서는, 원고가 스스로 원고서적을 발행, 판매하지 않고 있으므로, 피고가 피고서적을 발행, 판매하는 것에 의하여 얻은 순이익을 자기의 손해액으로 주장할 여지는 없다고 판시하였다. 특허법에는 같은 취지의 판례가 다수 존재한다.

72) 早稲田祐美子「著作権侵害による損害」牧野＝飯村 537면.

73) 田村 324면은「판매감소에 의한 일실이익이 인정되지 않는다고 하는 것만으로는, 침해자는 1항의 추정을 면할 수 없다」고 설명하고 있다. 作花 · 詳解 480면은,「논리의 필연으로서 권리자 스스로 저작물을 이용하여 이익을 얻고 있는 상태가 전제가 된다는 해석 방식에 대해서는, 재고(再考)할 필요가 있다」고 한다.

74) 東京地判昭59 · 8 · 31 判時1127호138면(藤田嗣治事件)은, 114조1항 또는 2항(현행법 2항 또는 3

이고, 양법 사이에 해석에 큰 차이가 발생하는 것은 바람직하지 않다. 양법 모두 이용·실시의 개연성 정도에서 2항의 추정을 인정해도 되지 않을까 생각된다.

(다) 이용료 상당액의 청구(114조3항): 2항은 추정규정이지만, 3항은 권리행사에 의하여 당연히 받을 수 있는 금액을 스스로 입은 손해액으로 청구할 수 있도록 하고 있고, 이 이용료 상당액은 최저한의 손해액으로서 의미가 있다. 침해자는, 본래대로라면 이용료를 지불하고 이용해야 하므로, 그 금액에 대해서는 권리자가 현실적으로 이용하고 있는지 여부와 무관하게 당연히 지불해야 하는 것이며, 설사 3항이 없다고 하더라도 민법의 일반원칙에 따라서도 청구가 가능하다고 생각된다.

다만 종래 조문의 문언은 「통상 당연히 받을 금액」이라고 규정하였는데, 이는 과거에 행해진 계약례나 당해 업계에서 시가로 통용되고 있는 평균적인 라이선스료 라는 의미가 되기 일쑤였다. 그렇게 되면 사전에 허락을 얻어 지급하는 라이선스료와, 무허락으로 침해가 발견된 단계에서 지급하는 손해배상액이 같은 금액으로 되는 것이다. 발견되지 않을 가능성도 감안하면, ≪금전적으로는≫무허락으로 이용하고, 위법행위가 발각되면 지급하는 방법이 더 낫다고 하게 된다.[75] 이에 2000(平成12)년 개정에 의하여, 1998(平成10)년 특허법 개정을 모방하여, 「통상」이라는 문언을 삭제하고, 권리자와 침해자 사이에 구체적인 사정을 감안하여 라이선스료 상당액을 결정할 수 있게 되었고, 이 개정에 의하여 사례에 따라 손해배상액 증액이 기대되고 있다.

참고로, 1항·2항은 출판권자에게도 적용되지만, 3항은 적용되지 않는다. 출판권자는 독점적으로 출판할 수 있으므로 일실이익은 있지만, 타인에게 출판을 재허락할 권한은 없기 때문에(80조3항), 이용료 상당액을 손해로 간주한다고 할 근

항)의 어느 규정에 의한 손해액을 주장하는가는 저작권자 등이 자유롭게 결정할 수 있다고 판시하고 있다. 또한, 東京地判平12·12·26(未登載)(キャンディ·キャンディ事件)은, 저작권자가 저작물의 이용하고 있지 않다고 하더라도, 보호기간 만료시까지의 사이에 이용할 가능성이 있었다고 한다면, 침해자의 행위 의하여 저작권자에게 손해를 발생시켰다고 볼 수 있다고 판시하였다. 東京地判平12·2·29 判時1715호76면(中田英寿事件)에서도, 원고가 이용하고 있지 않았지만, 침해자의 이익을 손해로 인정하고 있다(東京高判平12·12·25 判時1743호130면 항소기각). 東京地判平17·3·15 判時1894호110면(グッバイ·キャロル事件)에서는, 2항이 적용되기 위하여는 현실에서의 이용이 아니라, 저작권자가 침해자와 같은 방법으로 저작물을 이용하여 이익을 얻을 개연성이 있으면 족하다고 판단하고 있다.

75) 현실적으로는, 침해자는 사회적 평가가 저하되고, 사회적 제재를 받게 되며, 경우에 따라서는 형사처벌을 받을 수도 있으므로, 순수하게 금전적인 계산만 생각할 수는 없는 것이지만, 이러한 제재가 의미를 갖지 못하는 사람에 있어서는 계산 감정(勘定)이 의미를 갖는다.

거가 없는 것이다.[76]

(라) 경과실의 참작(114조4항): 3항의 손해액은 최저액을 정한 것이므로, 이를 초과하는 금액을 인정할 수 있다(4항). 3항에서 인정되는 이용료 상당액 이상의 손해액을 인정하는 것은 당연하나, 4항의 취지는 이 경우에도 법원은 침해자에게 고의·중대한 과실이 없는 때에는 배상액을 정함에 있어 참작하여 3항의 금액까지 낮출 수 있다는 점에 있다. 그러나 현실적으로는 1항·2항이 존재하기 때문에, 그 외에 3항을 초과하는 금액을 인정함이 마땅한 사례는 적다고 생각된다.

(마) 계산감정인에 대한 설명의무(114조의4): 민사소송법에도 감정인에 대한 규정이 마련되어 있지만(민사소송법212조 이하), 당사자의 감정인에 대한 설명의무는 규정되어 있지 않다. 이에 2000(平成12)년 개정으로 본조가 신설되어, 저작권·출판권·저작인접권침해행위 의한 손해의 계산을 위해 필요한 사정에 대하여 법원이 감정을 명한 때에는, 당사자는 감정인에게 설명을 할 의무가 있다고 정하였다. 설명의무위반에 대한 제재(sanction)는 특별히 규정되어 있지 않지만, 감정인은 설명을 얻을 수 없었다는 보고서를 제출하고, 법관은 이러한 사정을 변론의 전취지로 참작하여 심증을 형성하게 된다.

(바) 상당한 손해액의 인정(114조의5): 2000(平成12)년 개정에서, 저작권·출판권·저작인접권침해소송에서, 손해가 발생하였다고 인정되지만, 당해 사실의 성질상, 손해액의 입증이 지극히 어려울 때에는, 법원은 변론의 전취지와 증거조사의 결과에 근거하여 상당한 액수를 인정할 수 있다는 규정을 두게 되었다(114조의5). 이는 민사소송법248조와 같은 취지의 규정이지만, 민사소송법의 규정은 「손해의 성질상」 입증이 어려운 경우에 대한 규정으로서, 유아 사망의 경우 일실이익과 같이 본래 입증이 불가능한 경우가 이에 해당하는 전형적인 예이다. 이에 대하여 저작권법에서는 필요한 사실을 입증하는 것이 지극히 어려운 경우에 상당한 손해액을 인정할 수 있는 것이므로, 예를 들어 인터넷상에서의 과거의 침해회수와 같이 이론적으로는 입증이 가능하지만, 사실상 지극히 어려운 경우에는 상당한 손해액의 인정이 가능하게 된다.[77]

---

76) 加戸 78면.

77) 東京地判平15·12·17 判時1845호36면(ファイルローグ事件)은, 과거에 다운로드된 회수를 입증하는 것은 지극히 어려운 것이라고 하면서, 114조의4(현행법 114조의5)를 적용하여 상당한 액을 인정하였다. 東京地判平17·3·15 判時1894호110면(グッバイ·キャロル事件)에서는 방송 내지 상영의 정확한 회수를 인정할만한 증거는 없지만, 114조의5에 의하여 상당한 액을 인정하였다.

(사) 정보침해의 특수성: 저작권침해에 의한 손해개념에 관하여는 불법행위법상의 손해개념을 전제로 하여 저작권의 특색을 가미한 특칙을 규정하고 있는데, 애초에 저작권침해와 같은 정보침해에 관한 손해개념을 유체물 침해와 같은 범주로 보는 것이 타당한가 하는 문제는 남는다. 우선, 저작권침해와 같은 정보의 독점적 이용권의 침해에 있어서 일실이익으로 어떠한 것을 생각할 수 있는가가 문제된다. 정보는 공공재적 성격을 갖고 있지만, 저작물에 대해서는 저작권법에 의하여 독점적 이용이 보장되고, 그 반사적 이익으로서 시장에서 독점적 이윤을 얻는 것에 지나지 않는다. 추상적으로 말하면, 침해가 없었더라면 시장으로부터 얻을 수 있었던 이익이 일실이익이라고 하겠지만, 시장으로부터 얻을 수 있는 이윤은 그 정보재에만 의거하고 있는 경우는 거의 드물고, 유체물의 침해와 비교하면 대단히 많은 요인이 관계되어 있다. 결국, 일실이익을 정확하게 산정하는 것은 사실상 불가능하고, 114조의 추정규정도 어떠한 의제를 전제로 한다고 말할 수 있다. 실손해의 전보(손해배상)와 이득의 환수(준사무관리)의 양극 사이에서 어떻게 하면 타당한 착지점을 찾을 것인가의 문제로 귀착되는 것이고, 현행법의 태도는 이미 순수한 일실이익의 범위를 넘어서 있다고 보는 것도 가능할 것이다.

저작권침해는 유체물의 침해와 비교하면, 침해를 발견하기가 어렵고, 또한 침해의 수단이 물건을 탈취하는 직접적인 가해행위가 아니어서 침해형태는 평화적이며, 그만큼 침해의 유혹은 강하다고 하겠다. 특히 인터넷 시대로 되면서, 점점 더 침해는 유혹적이기 십상이다. 불법행위법은 실손해의 전보를 목적으로 하며, 기본적으로는 제재기능은 없고, 제재는 형사법에 맡겨져 있다. 그렇지만 그와 같은 방식을 저작권법에서도 그대로 적용하는 것은 타당한 것일까? 저작권을 비롯한 지적재산권침해에 대해서는 침해의 유혹이 강하기 때문에 손해배상에 있어서도 어느 정도 제재기능을 갖도록 함으로써, 그 억지적 효과를 부여하는 것도 검토할 필요가 있을 것이다. 1항부터 3항까지의 규정도 결국은 엄격한 의미에서 일실이익의 산출이 아니라, 일종의 의제를 함으로써 손해배상의 계산에 있어서 규범적 요소를 가미하는 것인바, 이러한 태도가 반드시 법리에 어긋나는 것은 아니라고 하겠다.

(아) 징벌적 손해배상: 민사와 형사의 준별은 일본이나 대륙법의 전통이고, 현행 손해배상제도는 실손해의 전보를 목적으로 하는 제도이다.[78] 그렇지만

78) 最判平9・7・11 判時1624호90면(萬世工業事件)은, 일본의 불법행위에 기한 손해배상제도는 손

법원에서 인정되는 손해액은 신의 눈으로 본 실손해는 아니고 입증된 실손해이기 때문에 현실적으로는 상당히 소액이라는 비판이 강하여, 입증의 용이화 등의 입법적 노력이 이루어져 왔고, 법원도 법의 테두리 내에서 노력을 계속해 왔다.

이에 대하여, 미국법에 따라, 징벌배상제 또는 3배 배상제도를 도입해야 한다는 입법론도 강하다. 그러나 이는 피침해자가 경우에 따라서는 실손해를 넘어서는 이익을 얻게 될 가능성도 인정하는 것이 된다. 이는 피침해자가 검찰관 대신 위법한 행위를 한 자를 벌주고, 일반예방적 효과를 거둘 것이라는 의미도 있으며, 손해배상청구의 재판에 의하여 결과적으로는 이익을 얻게 되는 것도 괜찮다고 하는 사고를 전제로 하고 있다. 그 부분에서 법을 실현함에 있어서, 사인의 역할이, 현행 일본의 제도와는 결정적으로 이질적인 면을 갖게 된다.[79] 결국, 징벌배상제도의 도입은, 지적재산의 범위를 초월하여 손해배상법의 대전환을 일으키는 것일 뿐만 아니라, 법제도 전체 혹은 재판에 대한 국민의 의식의 대전환을 의미하는 것이다. 이것이 일본의 실정에 맞는가, 다른 문제와 모순이 일어나지는 않는가, 혹은 어떠한 사회적 영향을 초래할 것인가 하는 점에 관하여 충분한 검증이 필요하다.

또한 미국에서는 과도하게 높은 손해배상액으로 인하여 다양한 폐해가 드러나고 있어, 미국의 실정에 대한 연구도 빠뜨려서는 안 될 것이다. 극단적으로 높은 배상액은, 소송을 비즈니스화 혹은 도박화하는 요소가 될 수 있고, 나아가 보험제도에의 영향도 염려된다. 또한 높은 손해배상은 사업수행에 있어서 위험요인으로 작용할 것이므로 이를 회피하고, 안전한 길만을 선택하는 풍조가 나타나게 될 수 있으며, 이는 경제의 활력을 저해하는 결과를 초래할 수도 있다. 명백하게 침해가 되는 행위를 억지할 뿐이라면 문제가 별로 되지 않겠지만, 리스크가 있는 경제활동은 하지 않는다는 경향이 만연한다면 사회는 침체될 위험도 있다. 이 문제는 단순히 「침해할 수 있다」를 막는 것에 그치지 않고, 다방면에서의 검토하고, 항시 전체적으로 관찰하여, 국가 전체적으로 거기에 지불하게 될 비용에 대해서도 충

해의 전보를 목적으로 하고 있어 가해자에 대한 제재나 일반예방을 목적으로 하는 것이 아니며, 일본의 형벌과 거의 같은 의의를 갖는 캘리포니아주 민법전이 정하는 징벌적 손해배상은 일본의 불법행위를 원인으로 한 손해배상제도의 기본원칙 내지 기본이념과 맞지 않는 것으로, 징벌적손해배상으로서의 금원의 지급을 명한 부분은 일본의 공공질서에 반하므로 그 효력을 갖지 않는 것으로 해야 한다고 판시하고 있다. 또, 東京地判平13・5・16 判時1749호19면(東京リーガルマインド事件)은, 정규 소매품 가격의 2배에 상당하는 액수가 저작권침해에 기한 손해라고 하는 원고의 주장을 배척하였다. 大阪地判平15・10・23 判時1883호104면(パソコン教室事件)도 같은 취지이다.

79) 田中英不＝武內昭夫『法の実現における私人の役割』(東京大学出版会, 1987) 참조.

분히 감안하여, 제도설계를 하여야 할 것이다.

만일 지적재산법에 징벌적 배상제도를 도입한다면, 이는 직접적으로 다른 분야, 특히 독점금지법이나 제조물책임법 등에 영향을 미치게 될 것이 분명하다. 이러한 파급효과도 충분히 검토하지 않으면 안 된다. 이러한 점을 종합적으로 고려한다면, 현상태에서는 징벌적 배상제도를 도입해야만 하는 상황은 아니라고 생각된다. 만일 도입한다 하더라도, 지적재산법의 분야에 한정하여 도입 여부를 검토할 것이 아니라, 일본법체계 전체에 미칠 영향을 충분히 감안하여 결정하여야 하는 문제이다.

(4) 독점적 이용권자의 손해배상청구권

일반적으로, 저작권의 이용허락은 단순한 계약이고, 이용권자는 침해자에 대하여 손해배상청구권을 인정받지 못한다. 저작권자는 다른 사람에게도 이용을 허락할 수 있고, 또한 다른 침해를 용인하거나 못 본 척 할 자유도 있는 것이며, 이용권자에 있어서 다른 제3자의 이용을 막는 법적이익은 없다.

이에 대하여, 저작권자로부터 독점적 이용허락을 받은 이용권자의 경우는 어떻게 보아야 할 것인지 문제된다. 저작권법에는, 특허법에서의 전용실시권에 상당하는 독점적 이용허락에 관한 규정은 출판권을 제외하고는 마련되어 있지 않지만, 특허권의 독점적 통상실시권의 경우와 마찬가지로, 손해배상청구는 인정되어야 할 것이다.[80] 그 이론구성은, 그러한 독점적 이용권자는, 저작권자와의 계약에 의하여 인정되는 채권적 지위이지만, 현실적으로는 시장을 독점하는 입장에 있고, 현실적으로 제3자의 침해행위에 의하여 손해를 입는 입장에 있으므로, 이용권자 독자적인 손해배상청구권을 인정하여야 한다는 것이다.[81] 다만 계약상으로는 독점적 이용허락을 받았지만, 저작권자가 계약을 어기고 다른 제3자에게 이용허락을 한 경우에는, 저작권자로부터 손해배상을 받을 수 있는 것이므로, 제3자에게는 손해배상을 구할 수 없다고 해석하여야 할 것이다.

---

80) 足立・앞의 주13) 264면, 前田哲男「著作権侵害訴訟の提起」牧野＝飯村 7면, 田村 486면, 作花 192면(「라이센시의 지위에 근거하여, 채권침해로서 손해배상할 수 있는 것이 보다 탄력적으로 인정되어야 하지 않나」라고 언급하고 있다). 東京地判平3・5・22 判時1421호113면(教科書準拠テープ事件)은 채권침해의 고의가 있었다고 하여 손해배상을 인정하고 있다.

81) 田村 486면, 渋谷 386면. 또, 산업재산권 분야에서는, 이를 긍정하는 판례・학설도 많다. 大阪地判昭59・12・20 判時1138호137면(パンチパーマブラシ事件)은 의장법 사건인데, 완전독점적통상실시권자에게 채권자대위에 의하지 않은 고유의 손해배상청구를 인정하였다.

다른 방법으로써 채권자대위도 가능하다고 생각되지만, 금지청구와는 달리 손해배상에 관하여는 독자적인 손해배상청구를 인정한다면 그것으로 충분하므로 채권자대위에 대한 논의는 실익이 없게 된다.

(5) 공유의 경우

공동저작물의 저작자인격권, 공유저작권, 저작인접권은 전원의 합의에 의하지 않으면 행사할 수 없지만(64조, 65조, 103조), 자기의 지분에 대한 손해배상청구는 각 공유자가 다른 공유자의 동의를 받지 않고 할 수 있다(117조2항). 손해배상청구권의 대상은 금전채권이고, 각 공유자가 자기의 지분에 대한 손해배상을 구할 수 있는 것이 당연하지만, 의문의 여지를 없애기 위하여 위와 같은 규정을 둔 것이다.

그렇지만 구체적인 안분에 관하여는 번거로운 문제가 발생한다. 공유자 전원이 출판 등의 이용을 하고 있지 않은 경우에는, 각 공유자는 전 손해액(이용료 상당액) 가운데 자기의 지분에 대응하는 부분에 대해서 청구할 수 있게 된다. 지분은 창작에 기여한 정도 혹은 계약에 의하여 결정되지만, 공유자의 지분은 서로 같은 것으로 추정되므로(민법250조), 지분불명의 경우에는 침해자는 균등하게 안분된 금액을 지급하면 될 것이다.

공유자 전원 혹은 일부가 이용하고 있는 경우에, 전 손해액을 지분에 따라 안분하는 것이 이용하고 있는 공유자에게 가혹한 경우도 있을 수 있다. 다수설에 의하면, 1항・2항은 권리자가 이용하고 있는 경우에 한하여 적용될 것이므로, 이용하고 있는 공유자는 주로 1항・2항을 주장하여 청구하고, 이용하고 있지 않은 공유자는 3항을 이용하여 청구하게 되어, 매우 복잡하게 된다.

3. 부당이득반환청구권

타인의 저작물을 무단으로 이용하는 행위는 법률상 원인 없이 타인의 재산에 의하여 이익을 얻는 것이 되므로, 권리자는 부당이득반환청구를 할 수 있다(민법703조). 구 저작권법 33조에는 선의무과실의 무단이용자의 이득반환의무를 규정하지 않았지만, 실질적으로는 부당이득반환청구권을 정한 것으로 해석되었다. 현행 저작권법에 정면으로 부당이득반환청구권 규정은 존재하지 않지만, 민법의 부당이득 규정은 당연히 적용이 있다고 생각되고 있다. 이와 관련하여, 공동저작물의 권리침해에 대한 규정에서 부당이득에 대한 기재가 발견된다(117조).

부당이득반환청구권은, 저작권양도계약이 무효로 된 경우나, 타인의 저작권·저작인접권을 무단으로 이용한 때와 같은 경우에 발생한다. 그 요건·효과는, 민법의 원칙에 따른다.

손해배상청구권은 손해와 가해자를 안 때로부터 3년 또는 불법행위 시로부터 20년의 소멸시효가 적용됨에 대하여(민법724조), 부당이득반환청구권의 시효는 10년이다(민법167조1항). 부당이득반환청구권은 불법행위에 의한 손해배상청구권과 경합되지만, 침해행위를 안 때로부터 3년 이상 경과한 경우에는 부당이득반환청구만이 가능하게 된다. 3년 미만의 경우에는 손해액의 추정규정이 있는 불법행위에 의한 손해배상청구를 하는 것이 통상적이다.

저작권·저작인접권이 공유에 관련된 경우에는, 각 공유자는 다른 공유자의 동의를 얻지 않고 자기의 지분에 대한 부당이득의 반환을 청구할 수 있다(민법117조2항).

4. 명예회복조치(115조)

고의 또는 과실로 저작자인격권을 침해한 경우에는 손해의 배상에 대신하거나 혹은 손해의 배상과 함께 명예회복에 필요한 조치를 청구할 수 있다(115조). 이는 원상회복조치의 일종으로 볼 수 있을 것이다.

조문에 규정되어 있는 첫 번째는 저작자인 사실을 확보하는 조치이고, 두 번째는 정정하여 다른 저작자의 명예·성망을 회복하는 조치이다. 구체적으로는, 전자에 대해서는 성명표시권침해의 경우 회복조치(예를 들면 성명을 게재하게 하는 것), 후자에 대해서는 동일성유지권침해의 경우의 정정광고, 사죄광고 등이 있다. 사죄광고의 집행은 대체집행에 의하게 될 것이다(민사집행법171조, 민법414조2항). 그러나 판례는 사죄광고에 대해서는 겸양적이라, 이미 다른 방법으로 명예가 회복된 경우, 침해가 경미한 경우, 침해태양이 악질적이지 않은 경우에는 인정하지 않는 경향이 있다.[82] 그러나 학술논문이기 때문에 그 선행성이 중요시된다고 하여 사죄광고를 인정한 예도 있고, 공표를 예정하고 있지 않은 사신(私信)을 출판한 데 대하여 유족의 경고를 무시하고 대대적으로 광고를 하여 다수의 판매가 이

82) 村越啓悦「著作者人格権等の侵害に対する救済」牧野＝飯村 502면. 또한 사죄광고가 인정되지 않은 사례는 많이 있다.

루어진 경우 등의 사정에 비추어, 사죄광고를 인정한 예도 있다.[83)]

사죄광고에 대해서는 양심의 자유라는 관점에서, 헌법상 논의도 있지만, 판례는 인정하고 있다.[84)] 또한 「검(劍)과 한홍(寒紅) 사건」(주 81)의 사건)에서는, 사죄광고라는 문구를 전면에 내세우지 않고, 『후쿠시마 지로(福島次郎)著 「미시마유키오-검과 한홍(三島由紀夫-劍と寒紅)」에 대한 알림』이라는 제목으로, 「1998(平成10)년 3월 20일부로 주식회사 문예춘추가 출판한 『福島次郎著 「三島由紀夫－劍과 寒紅」에 게재된 고(故) 미시마유키오(三島由紀夫)씨의 편지 및 엽서는, 모두 고 미시마유키오씨가 공표할 의사 없이, 후쿠시마지로에게 보내고 받은 것을, 저희가 유족의 허락 없이 공표, 출판한 것입니다. 이는, 고(故) 미시마유키오씨가 살아계셨다면, 그 공표권의 침해가 될 행위이므로, 이미 출판을 중지하였습니다. 이로 인하여, 크게 폐를 끼쳤습니다. 삼가 알려드립니다」는 내용의 광고를 일간신문에 게재하도록 명하고 있다. 사죄라고 하는 침해자의 내심의 문제를 판결로 명하는 것은 조심스럽게 판단해야 하는 문제이고, 오히려 침해가 있었다는 사실을 인정함으로써, 명예를 회복시키면 충분한 경우가 많을 것이다.[85)]

여기서 말하는 명예·성망이란, 사회적 명성과 명예를 의미하는 것이고, 명예감정은 여기에 포함되지 않는 것이므로 단순히 저작자인격권이 침해되었다는 것만으로 곧바로 위 조치까지 인정되는 것은 아니라고 해석된다. 이는 몽타주사진사건에 관한 최고재판결[86)] 이래로 통설적인 견해로 되어 있다.

83) 사죄광고가 인정되지 않은 사례로, 神戸地姫路支判昭35·2·29 下民集11권2호447면(簿記仕譯盤事件), 東京地判昭47·11·20 判時689호57면(モンタージュ写真事件), 東京高判昭58·2·23 判時1069호21면(モンタージュ写真事件 환송항소심), 東京地判平5·8·30 判時1571호107면(目覚め事件), 東京高判平8·10·2 判時1590호134면(市史事件 항소심), 東京地判平11·10·18 判時1697호114면(剣と寒紅事件, 東京高判平12·5·23 判時1725호165면 항소기각).

84) 最判昭31·7·4 判時80호3면(謝罪広告事件)은, 사죄광고를 명하는 판결은 헌법 제19조에 반하지 않는다고 하고 있다. 또, 神戸地姫路支判昭35·2·29 下民11권2호447면(簿記仕譯盤事件)은, 사죄광고의 내용은 사죄적 문언으로써 상당하고, 「이후에는 절대로 같은 불법을 저지르지 않을 것을 맹세한다」는 문구는 사죄광고의 정도를 넘는 것이어서 허락되지 않는다고 하였다.

85) 판결광고, 즉 판결의 내용을 광고하게 하는 방법에 의한 명예회복조치라면, 양심의 자유라는 영역을 침범하는 일이 없기 때문에, 이러한 방법이 보다 많이 이용되어야 할 것이다.

86) 最判昭61·5·30 判時1199호26면.

제 3 절 간주 침해

1. 총 설

저작권과 저작자인격권의 내용은 18조에서 28조까지 규정되어 있고, 원칙적으로 그것에 해당하는 행위가 침해가 된다. 그러나 그것만으로는 실질적으로 저작자, 저작권자의 이익이 충분히 보호되지 않는 경우도 있기 때문에, 직접적으로 침해행위를 구성하는 것은 아니지만 일정한 행위를 침해로 본다고 규정되어 있다(113조). 간주침해 행위에는 형벌규정의 적용도 있고(119조2항3호4호, 120조의2), 실질적으로는 권리범위를 확장한 것과 같은 측면도 있지만, 이런 것들은 지분권으로서의 권리부여 구성을 취하지 않고 양도 · 상속 · 압수 · 담보의 대상이 되지 않는다. 이와 관련하여 특허법에도 유사한 규정은 존재한다(특허법101조).

2. 반포 목적의 해적판의 수입 · 반포 · 소지행위(113조1항1호)

(1) 위법한 수입

일본의 저작권법 위반이 되는 복제행위 등을 외국에서 행해도 그것 자체는 일본 저작권법 위반이 되지는 않는다. 그러나 그 복제행위 등의 결과로 생긴 것이 수입된다고 한다면 설령 복제 등이 외국에서 행해진 것이라도 방치할 수 없다. 수입권이라고 하는 지분권은 없기 때문에 수입 일반은 저작권침해는 되지 않지만, 국내에서의 반포 목적으로, 수입 시 국내에서 작성하였더라면 저작자인격권, 저작권, 출판권, 실연가인격권, 저작인접권의 침해가 될 만한 행위에 의해 작성된 것을 수입하는 행위는 침해로 간주된다(113조1항1호). 저작권침해물품이 한번 국내에 반입된다고 단속하는 것은 사실상 곤란한 경우도 많고, 수입시 세관에서 행정처분으로 몰수 · 폐기 처분할 수 있다(관세법69조의2제2항). 상세한 내용은 「**제2절 민사적 구제 1. 금지 (6) 접경지 조치**」참조.

본 규정은 외국에서의 행위를 문제삼는 것은 아니고, 일본에서 침해품이 나도는 것을 방지하기 위한 규정으로, 수입 시에 비로소 문제가 된다. 따라서 그 작성행위가 작성국의 법률상 합법인가 위법인가 하는 것은 문제가 되지 않고, 수입 시에 일본에서 작성되었더라면 침해가 되었을 행위에 의해 작성된 것인지 여부만이 문제가 된다.[1] 판단은 수입 시에 이루어지기 때문에, 만일 작성 시에 일본에서 침해가 될 법한 행위로 작성된 것이라도 수입 시에 일본의 법률이 개정되었거나, 또는 수입 시에 권리자의 허락을 득하였다면 침해가 되지 않는다.[2] 본 규정은 접경지 조치의 일환으로, 저작물 일반의 수입을 금지하는 것은 아니라고 하는 점에 주의를 요한다.[3]

이와 관련 관세법69조의11제1항9호에서는 저작권・저작인접권 침해물품이 수입금지품으로 되어 있다. 저작자인격권과 출판권에 관해서는 규정이 없기 때문에 세관에 의한 접경지조치의 대상이 되지 않는다.

침해로 간주되기 위해서는 반포(2조1항19호)의 목적이 필요하고 자기사용 목적에서의 수입은 침해가 되지 않는다. 또한 통상의 저작권침해와 마찬가지로 주관적 요건은 필요하지 않기 때문에 침해가 될 것을 몰랐던데 대해 무과실이라도 침해가 된다. 물론 손해배상과 형벌규정의 적용에 관해서는 별론이다. 관세법 69조의11제1항9호에 수입금지품에 관해서 규정되어 있고 그 조문에서는 반포목적이라는 요건은 부여되어 있지 않다. 그러나 세관은 저작권침해물품의 수입을 금지하고 있고 저작권법상 반포목적의 수입만이 저작권침해로 되고 있기 때문에 결국, 반포목적이 아닌 수입은 세관에서 막을 수 없는 것이 된다. 침해물품이지만 반포목적이 아닌 개인수입도 위법이 되고, 동시에 반포목적이 아닌 개인소지도 위법으로 하자는 입법론도 있지만, 현재로서는 설령 해적판이라도 반포목적이 아닌 개인수입은 합법이다. 다만 개인수입의 외관을 가장한 실질적 반포목적의 수입이 극히 많기 때문에 실무상으로는 세관에서 상당히 엄격하게 대처하고 있지만 현실에서는 우송 수입이 압도적으로 많아 어려운 문제이다.

(2) 수입의 개념

수입이라 함은 외국에 있는 화물을 국내에 반입하는 행위를 가리킨다. 수입개념에 관해서는 각 법에 따라 상대적으로 해석해야 한다. 관세의 과세라고 하는

---

1) 東京地決昭62・11・27 判時1269호136면(レオナール・ツグハル・フジタの生涯と作品事件)은 결정이기 때문에 상세한 이유는 불명확하지만, 프랑스의 난테르 지방법원에서 프랑스 저작권법 20조에 의거 출판권의 불행사가 권리남용에 해당한다고 하여 프랑스에서 합법적으로 출판된 화보집의 일본 수입을 금지한 사례이다.

2) 加戸 650.

3) 土井輝生 「著作権保護の属地主義と著作物の複製物および録音物の輸入による著作権侵害(上)(中)(下)」公正取引 362호16면・354호35면・363호38면(1980, 1981)은 본 규정에 의해 진정상품의 병행수입도 저지할 수 있다고 하고 있으나 잘못이다.

관점에서는 보세지역에서 국내로의 반출을 수입이라고 해석해야 하겠지만 지적재산 침해물품이라고 하는 관점에서는 일본 영역으로의 반입을 기준으로 수입이라고 해석해야 하고, 국내로의 휴대반입, 우송, 밀수 등도 수입에 해당하며, 또한 보세지역에 있는 화물도 이미 수입한 것이라고 해석해야 한다.[4] 다만 단순히 일본의 영해를 통과할 뿐인 행위는 수입이라고는 할 수 없다.

향후 큰 문제가 되는 것은, 매체를 수반하지 않는 저작물이 인터넷을 이용하여 국내에 반입된 경우의 처치이다. 「작성된 것을 수입하는 행위」라고 규정되어 있는 현행 저작권법 하에서는 죄형법정주의라고 하는 헌법상의 요청에서 볼 때, 물건이 존재하지 않는 경우도 침해가 된다고 하는 해석은 취할 수 없다.[5] 인터넷을 이용해서 국내에 침해품이 송신되어 온다고 하는 사태는 입법 시에는 상정할 수 없었던 일이고, 어떤 방식으로든 조치가 필요할 지도 모른다. 그러나 이 경우에는 통관이라는 행위를 동반하지 않기 때문에 가령 위법이라 하더라도 침해의 단속에는 상당한 곤란을 수반한다. 이것은 단지 저작권법 특유의 문제가 아니라, 예컨대 인터넷을 통해서 국내에 뿌려지는 외설 도화 등의 경우, 혹은 관세의 과세에 관해서도 같은 문제가 생기고 있다.

3. 해적판의 반포 · 소지 · 수출행위(113조1항2호, 3호)

(1) 총 설

저작자인격권, 저작권, 출판권, 실연가인격권, 저작인접권을 침해는 행위에 의해 작성된 것 및 침해로 간주되는 수입물품을, 정(情)을 알고 반포하는 행위 및 반포목적으로 소지, 업으로서의 수출 또는 수출목적으로 소지하는 행위는 침해행위로 간주된다(113조1항2호). 반포행위 등은 침해행위 그 자체는 아니지만, 그것을 방치하면 침해물품이 사회에 확산되어 버리고 사후적으로 그것을 회수하는 것은 사실상, 혹은 법률상 현저하게 곤란하기 때문에 권리의 실효성을 확보하기 위해 침해로 간주되고 있다. 반포목적으로의 소지행위에 관해서는 권리의 실효성을 확

4) 中山 314면에서는 보세지역에 있는 화물은 아직 수입되었다고는 말할 수 없다고 기술되어 있지만, 그 생각은 잘못이므로, 철회한다. 보세지역에는 지정보세지역, 보세장치장, 보세공장, 보세전시장, 종합보세지역이 있고(관세법29조), 특히 보세공장은 전국의 민간기업이 보세작업을 할 수 있는 장소로써, 정령(政令)으로 정하는 바에 따라 세관장이 허가한 것을 말한다(관세법56조). 산업재산권(공업소유권)에 관해서도, 저작권에 관해서도, 보세지역으로의 반입도 수입이라고 해석해야 한다.

5) 斉藤 355면은 「인터넷 등 디지털네트워크를 매개로 하여 국외에서 저작물 등을 한꺼번에 수신하는 행위에도 본조의 규정을 유추적용할 여지가 있을 것이다」라고 기술하고 있으나, 죄형법정주의의 관점에서 유추적용은 할 수 없을 것이다.

보하기 위해서 1988(昭和63)년에 추가된 것이고, 수출은 2006(平成18)년 개정시 추가된 것이다. 또한 현재 광고행위(혹은 양도의 신청)도 침해로 간주하는 규정을 두어야 하는지에 관해 논의가 되고 있다.

(2) 주관적 요건

통상의 저작권침해의 성립에는 주관적 요건을 필요로 하지 않지만 본호에 관해서는 「정(情)을 알고」라는 주관적 요건이 부여되어 있다. 구체적으로는 반포에 관해서는 반포시 그 대상이 권리침해물품인 것을 알고 있을 필요가 있고, 소지에 관해서는 그 물품을 취득한 때에는 선의였더라도 그 후 악의가 된 경우에도 「정(情)을 알고」에 해당된다.[6] 몰랐다는데 대해 과실이 있어도, 모른 이상 침해가 되지 않는다. 다만 어느 정도 알고 있어야 정(情)을 알고 있다고 할 수 있을까라는 점을 명확하게 하기는 어렵지만, 본조 위반에는 형사벌까지 부과되어 있다는 점을 감안한다면, 단순히 침해의 다툼이 있다거나 경고를 받았다는 것만으로는 정(情)을 알고 있다고까지는 말할 수는 없을 것이다.[7] 확정판결을 알 것까지는 요구받지 않겠지만, 가처분・1심판결・중간판결의 고지를 받은 단계에서 사정을 알았다고 하는 판결이 있다.[8]

침해물품이 작성되고 그것이 유통과정에 놓이게 되면 많은 사람이 그것을 소지하고 반포하게 된다. 그런 사람들에게 취득할 때마다 침해물품인가 아닌가를 판단하게 하는 것은 불가능에 가깝기 때문에, 거래의 안전을 확보할 필요에서 주관적 요건이 요구된다.[9] 그러나 특허권 침해에서는, 예컨대 소매상이 취급하고 있는 상품이 특허권침해물품인지 여부의 조사는 사실상 불가능에 가까운 경우가 많지만, 그래도 침해에 주관적 요건은 불필요하다. 특허권은 등록・공개되어 있기 때문에 외견상 등록을 조사하는 것을 전제로 제도 설계되고 있는데 비해, 저

6) 加戸 654면.

7) 中山・ソフトウェア 146면.

8) 東京地判 平7・10・30 判時1560호24면(システムサイエンス事件)은, 정(情)을 안다는 것은 공권적 판단으로 그 물건이 저작권을 침해하는 행위에 의해 작성된 것임에 직결하는 판단이 나타난 것을 안다면 족하다고 하여, 별도 소송의 고등재판소 결정의 고지를 받은 시점에서 정을 안 것이라고 인정할 수 있다고 하였다. 東京地判 平8・9・27 判時1645호134면(四進レクチャー事件)도 같은 취지.

9) 東京高判平12・5・23 判時1725호165면(剣と寒紅事件)에서는, 위법출판물을 출판한 본인이 반포하는 행위는 113조1항2호의 반포의 문제로서 취급되어야 하는 것이 아니라, 출판하여 반포한다고 하는 일련의 행위 전체가 복제권을 침해하는 행위에 해당한다고 판시되어 있다. 출판자와 반포자가 동일한 경우에는 거래의 안전을 고려할 필요가 없기 때문이다.

작권의 경우에는 권리의 연원 조사가 곤란하다고 하는 것을 전제로 제도 설계되고 있기 때문일 것이다.

1999(平成11)년 개정에서 양도권이 신설되었는데(26조의2, 95조의2, 97조의2), 이것과의 관계가 문제가 된다. 위법복제물에 관해서는 공중에 양도되더라도 양도권은 소진되는 일이 없지만, 위법복제물의 양도를 받은 때에 선의무과실이면 그 사람이 그 위법복제물을 공중에 양도하는 행위는 양도권침해가 아니라고 되어 있다(113조의2). 그러나 113조1항2호에서는 위법복제물의 반포 시에 사정을 알고 있으면 침해가 되기 때문에 양도권이 미치지 않는 경우에 있어서도 간주침해가 되는 경우도 있을 수 있다. 또한, 양도권은 저작물의 원작품과 복제물의 양도인 경우에만 발효하지만, 113조1항2호의 경우에는 저작자인격권, 출판권, 실연가인격권, 인접권침해물품에 관해서 발생하고, 또한 본조는 소지에 관해서도 규정되어 있기 때문에 양자의 수비범위가 달라, 그 존재이유가 있는 것이다.

(3) 수 출

26조의 영화의 반포권은 국내에 한정되어 있지 않아, 그 범위에서라면 수출은 반포권침해에 해당하지만 일반적인 수출은 침해행위로 보지 않고, 그것은 수출지에서의 수입 시에 수입국 법으로 규제되고 있었다. 그러나 2006(平成18)년 개정에서 113조1항2호에 수출이 추가되고 저작권 등의 침해행위에 의해 작성된 것을 정(情)을 알고, 업으로서 수출하고, 또는 업으로서 수출할 목적에서의 소지행위가 침해로 간주되게 되었다. 이는 저작권법의 커다란 전환인데, 이 개정은 2006(平成18)년의 특허법, 실용실안법, 의장법, 상표법 개정에 부수적인 것이다.[10)]

보세지역에 장치(藏置)되어 있는 침해물품을 국내로 반입하지 않고 외국으로 반송하는 행위(이른바, 원터치 스루)도 수출에 해당한다. 이것은 반송 시에 일본을 수출국으로 해서 외국으로 보낼 위험성도 있어, 그것을 막는다는 의미도 있다.

이 저작권법 개정으로 2007(平成19)년 관세법 개정에서 수출금지품에 저작권, 저작인접권 침해물품이 추가되었다(관세법69조의2제1항3호).

10) 참고로, 종묘법과 부정경쟁방지법은 당초부터 수출이 금지되어 있었다.

4. 컴퓨터프로그램의 사용 행위(113조2항)

(1) 총 설

저작권법은 저작물의 복제와 공중에의 제공·제시를 중심으로 구성되어 있는 것으로, 저작물의 사용 일반(읽기, 보기, 듣기 등)을 금지하는 것은 아니다. 「사용권」이라고 하는 지분권은 없고, 저작물을 사용하는 것, 다시 말해 프로그램을 컴퓨터에 이용하는 것 자체는, 원래 자유일 것이고, 다만 사용 시에 필연적으로 수반하는 복제는 별도 문제가 될 수 있었다.

그러나 해적판 프로그램이 유포되고 그것이 기업 등에서 사용되는 것을 막을 수 없다면 프로그램 저작권을 창설한 의미가 무색하게 된다. 여기서 1985(昭和60)년에 프로그램이 저작물로 규정될 즈음에 113조2항이 신설되고, 당해 프로그램이 위법복제물임을, 「사용할 권원을 취득한 때에」 알고 있었던 경우에 그 사용행위는 침해로 간주되게 되었다. 저작권법의 일반원칙으로서 사용권을 인정하는 것은 저작권법의 기본적인 체계에도 관련된 것으로, 가볍게 취급할 수는 없지만 적어도 프로그램에 관해서는, 한정된 범위에서의 사용권적인 것을 인정하지 않으면 저작권법에서 보호하는 의미가 반감되기 때문에 간주침해로 규정되었다. 간주침해로 하면, 편의상의 문제로 생각하면 족하기 때문에 체계상의 문제는 적다.

(2) 침해의 요건

본호에서 사용이 침해가 되는 복제물은 ① 저작권침해행위에 의해 작성된 복제물(소위 해적판), ② 해적판 프로그램의 복제물의 소유자가 저작권법47조의2제1항의 규정에 의해 작성한 복제물(백업, 기록매체의 변환 등에 의해 작성된 복제물), ③ 113조1항2호를 위반하여 수입된 복제물, ④ 나아가, 수입된 복제물 47조의2제1항의 규정에 의해 작성된 복제물의 4종 복제물이다.

「업무상」의 사용이라는 것이 침해요건이 된다.[11] 업무의 일환으로서 사용하면 이에 해당한다고 해석되어, 설령 1회에 한한 사용이라도 업무상이라고 할 수 있다. 회사에서의 사용만이 아니고 학교, 관청, 병원, 법률사무소, 행정기관 등에서의 사용도 업으로서의 사용에 해당한다.[12]

---

11) 이 점에 대해서는 中山・ソフトウェア 143면 참조.
12) 加戸 657면.

통상의 침해와는 달리, 사용할 권원을 취득한 때에 「정(情)을 알고」라는 주관적 요건을 필요로 하고 있다. 우선, 프로그램의 사용할 권원의 취득 시가 무엇을 의미하는 것일까? 원래 저작권에는 없는 「사용할 권원」이라는 말을 끌어낸 것은 타당하다고는 생각할 수 없지만 여기서 말하는 「사용할 권원」이라 함은 상식적인 의미로 해석해야 하고, 프로그램의 복제물 구입 시, 무상으로 양도 받은 때, 라이선스계약 체결 시가 될 것이다.[13] 사후적으로 악의가 되었어도 사용을 계속할 수 있다.

「정(情)을 알고」라는 것은 당해 프로그램이 전술한 4종류의 복제물에 해당된다고 하는 것을 알고 있다 라는 의미이다. 통상의 저작권침해를 위해서는 주관적 요건은 불필요하지만 프로그램은 모든 기기 등에 포함되어 있고 그 이용자는 정을 모르는 것이 오히려 일반적이라, 이와 같은 상황을 감안하면, 주관적 요건을 필요로 하지 않는 것은 프로그램의 유통에 결정적인 악영향을 주기 쉽기 때문에 만들어진 요건이다. 113조1항2호와 동일 취지이다.

5. 권리관리정보의 부가 · 제거 · 개변행위(113조3항)

디지털 저작물을 원활하게 유통시키기 위해서는 복제물 등에 권리관리정보를 넣어 두는 것이 유효한 수단이다. 이에 따라 침해의 발견도 용이하게 되고,[14] 또 이용자 입장에서는 이용조건 등을 알 수가 있다. 그 권리관리정보의 신뢰를 손상하려는 행위를 방치한다면, 저작물의 유통 · 활용상 중대한 지장을 초래하게 된다. 그래서 1996(平成8)년에 WIPO 저작권조약 12조1항, WIPO실연 · 레코드조약 19조1항에 의거 권리관리정보에 대한 적절하고 효과적인 법적구제가 의무화되었고, 그 영향으로 1999(平成11)년의 저작권법 개정에서 113조3항이 신설되었다.

여기서 말하는 권리관리정보라 함은 전자적 방법으로 기록매체에 기록되고, 저작물 · 저작권 등을 특정하는 사항, 이용방법과 조건 등을 특정하는 정보를 말한다(상세한 것은 2조1항21호).

권리관리정보로서 「고의로」 허위 정보를 부가하고(113조3항1호),[15] 그 권리관

13) 中山 · ソフトウェア 144면, 作花 · 詳解 292면. 또, 실무에서는 사용허락, 사용권 설정이라고 하는 말이 사용되고 있다.

14) 예컨대, 권리관리정보를 심어 둠으로써, 검색 로봇을 이용해서 인터넷 웹사이트에서의 위법복제물의 이용을 조사할 수 있다.

15) WIPO신조약에서는 부가(付加)에 관해서는 서술되어 있지 않기 때문에, 일본의 규정은 조약상의 의무를 상회하고 있다고 할 수 있다.

리정보를 제거・개변하는 행위(113조3항2호)는 당해 저작자인격권, 저작권, 저작인접권을 침해하는 것으로 간주된다. 실연가・레코드제작자의 방송에 관계된 2차사용료와 공중에의 대여에 대한 보수를 받을 권리는, 통상은 저작인접권이라고는 불려지지 않지만, 여기서는 저작인접권이라고 간주되고 있다(113조4항). 이러한 권리관리정보는 행위자가 의도하지 않더라도 제거 등 되어버리는 경우도 적지 않기 때문에, 고의에 의한 행위만이 침해로 되어 있다.

디지털 권리관리정보는 기록매체의 변환, 방송 등을 행하는 경우에, 기술적으로 제거 등이 발생하는 경우도 있어,「이용의 목적 및 태양에 비추어 부득이하다고 인정되는 경우」는 침해가 되지 않는다(113조3항2호 괄호).

권리관리정보가 부가・제거・개변된 저작물・실연 등의 복제물을「정(情)을 알고」반포, 반포목적으로 수입, 소지, 공중송신, 송신가능화하는 행위도 침해로 간주된다(113조3항3호). 제3자는, 권리관리정보의 부가・제거・개변에 관해서는 알 수 없는 경우가 많고, 거래의 안전을 위해서「정(情)을 알고」라는 것이 요건으로 되어 있다.

본항 위반의 행위는 침해죄에서 제외되어 있지만(119조1항 괄호쓰기), 권리침해의 예비적인 행위이기 때문에, 영리를 목적으로 한 경우에 한해, 3년 이하의 징역 또는 300만엔 이하의 벌금에 처하거나, 또는 이것을 병과한다(120조의2 제3호). 이 죄는 친고죄이다(123조)

6. 음악 레코드의 환류방지 조치(113조5항)

(1) 총 설

일본의 레코드회사가 해외에 진출할 때마다, 현지의 물가수준에 맞춰 낮은 가격으로 라이선스를 하면, 현지에서 싸게 생산된 상업용 레코드가 국내로 유입되어 국내시장의 혼란을 초래하게 되어 저작권자・저작인접권자의 이익을 해할 우려가 있다. 그 때문에 일본의 음악아티스트・레코드 제작자가 해외 진출을 주저하는 경향이 있다고 알려져 있고, 권리자의 경제적 이익의 손실을 방지함과 동시에 일본 음악문화의 적극적인 해외보급을 촉진하기 위해서, 2004(平成16)년 개정으로 상업용 레코드의 환류방지조치 규정이 신설되었다. 이 규정은 일정 조건 하에서의 진정상품의 환류방지조치이며, 해적판의 수입・반포・소지는 본조의 문제가 아니라 113조1항의 문제로, 양자는 형벌이 다르게 규정 되어 있다.

(2) 환류방지조치의 내용

구체적으로는 국외 반포목적 상업용 레코드를 국내에서의 반포목적으로 수입, 국내에서의 반포와 국내에서의 반포 목적으로 소지하는 행위가운데, 이하의 ①~④까지의 요건을 모두 만족하는 경우에 저작권·저작인접권의 침해행위로 간주된다(113조5항).

① 국내에서 먼저 또는 동시에 발행되고 있는 국내 반포목적 상업용 레코드와 동일한 국외 반포목적 상업용 레코드일 것

② ①의 국외 반포목적 상업용 레코드를,「사정」을 알면서 국내에서 반포할 목적의 수입, 국내에서의 반포, 반포목적 소지 행위일 것

③ 국외 반포목적 상업용 레코드가 국내에서 반포됨으로써, 그와 동일한 국내 반포목적 상업용 레코드의 발행에 의거 권리자가 얻을 것으로 예상되는 이익이 부당하게 침해당하는 경우일 것. 본 조치는 진정상품의 일반적인 수입을 막는 제도가 아니고 상술한 대로, 낮은 가격의 레코드가 환류됨에 따른 권리자의 불이익을 방지하는 것이기 때문에, 권리자의 이익이 부당하게 침해되지 않는 경우에는 수입을 막을 이유는 없다. 권리자의 이익이 부당하게 침해되고 있는지 여부에 관해서는 가이드라인이 만들어져 있고,[16] 그에 의하면 저작권자·저작인접권자가「얻을 것으로 예상되는 이익」이라는 것은 상업용 레코드의 매상액 그 자체가 아니고, 소위 라이선스(사용허락)료를 말하며, 국외 반포목적 상업용 레코드 1매당 라이선스료를 그것과 동일한 국내 반포목적 상업용 레코드 1매당 라이선스료에서 뺀 수가 0.6이하인 경우는 당해 이익이 부당하게 침해되는 것으로 취급 하도록 되어 있어, 실제로는 그것에 따라 운용되고 있다.

④ 국내 반포목적 상업용 레코드가 국내에서 최초 발행된 날로부터 기산하여 7년 이내에 政令으로 정하는 기간(저작권법시행령66조에서 4년이라고 되어 있다)을 경과하지 않은 것. 본 조치는 새로운 지분권을 인정하는 것이 아니라, 국내 반포목적 상업용 레코드업자를 부당한 환류로부터 지키기 위한 것이라, 발행 후의 일정기간만 보호하면 족하기 때문에 마련된 것이다.

본 조치는 국내에서 권리자의 손실을 방지하고, 해외진출을 촉진하기 위한 것이기 때문에, 해외에서 먼저 발행된 상업용 레코드는 대상외이고, 또 해외에서만

---

16) 문화청차장의 레코드협회에의 통지「還流防止措置を行使するに当たっての実務上の留意事項等について」(2004(平成16)년 12월 6일자 16庁房 제306호).

발행된 상업용 레코드, 또는 이미 국내에서 폐반된 상업용 레코드도 대상 밖이 된다. 또한 본 조치는 반포목적의 수입을 규제하는 제도이기 때문에, 개인적인 수입은 대상이 되지 않는다.

세관에서 수입을 막을 때에는 권리자가 상기 각 요건을 입증할 필요가 있다. 실무상은 여기에 해당하는 레코드에는 오로지 국외에서 반포할 목적의 것이라고 하는 표시를 부착하도록 되어 있고, 이에 따라 행위자의 주관적 요건의 입증은 용이하게 된다. 표시자체는 권리행사의 법적인 요건은 아니지만, 현실적인 문제로 표시가 없으면 권리행사는 상당히 어렵게 될 것이다. 관세법69조의11제1항9호에 의해, 113조5항 위반의 레코드는 수입금지품으로 되어 있지만, 이 표시를 사전에 세관에 신청함으로써 처리되고 있다.

7. 명예・성망을 해하는 행위(113조6항)

저작자의 명예・성망을 해하는 방법으로 저작물을 이용하는 행위는 저작자인격권 침해로 간주된다(113조6항). 교과서적인 사례로서는 숭고한 종교음악・회화를 천하고 외설적인 쇼에 이용하는 경우 등을 생각할 수 있다.

여기에서 말하는 명예・성망을 해하는 행위라는 것은 저작자의 개인적인 명예감정을 해하는 행위가 아니고, 사회적으로 명예・성망을 저하시키는 행위라고 생각해야 하며,[17] 그 행위에 의해 단순히 저작자의 의도와는 다른 이용방법이 이루어졌다는 것만으로는 부족하고, 객관적으로 봐서 명예・성망을 해하는 방법에서의 이용행위에 한정된다. 그렇다고 한다면, 그것은 기본적으로는 민법에서의 명예훼손행위의 경우(민법710조)와 같다고 할 수도 있지만, 저작물의 이용방법에 따라 저작자의 명예・성망을 침해하는 일도 있을 수 있다고 하는 점을 명백하게 한 의의가 있으며,[18] 또 저작자인격권 침해의 형사벌(119조2항, 5년 이하의 징역 또는 500만엔 이하의 벌금)은 명예훼손(형법230조, 3년 이하의 징역 또는 금고, 또는 50만엔 이하의 벌금)이나 모욕(형법231조, 구류 또는 과료) 보다도 무거운 법정형으로 되어 있다고 하는 점에서 저작자인격권의 경우가 보다 보호가 두텁다고도 말할 수 있다.

17) 田村 452면. 東京高判平14・11・27 判時1814호140면(古河市兵衛の生涯事件 항소심)에서는, 113조5항(현재의 6항)의 침해가 있었다고 할 수 있으려면 타인의 저작물의 이용행위가 사회적으로 보아 저작자의 명예 또는 성망을 해할 우려가 있다고 인정될 만한 행위라고 할 수 있어야 한다고 판시하고 있다.

18) 加戸 665면은 「민법상의 명예훼손에 대한 권리 중 저작물에 관한 특수영역을 들어 규정하였다」고 서술하고 있다.

본항은 이용에 관한 권원을 취득하고 있는 자의 행위에도 적용된다. 구체적으로는 이용허락이 되어 있는 경우라도, 또는 권리제한의 규정에 의해 적법하게 이용하고 있는 경우라도 이용방법에 따라서는 인격권침해가 되는 경우도 있을 수 있다. 또한 본항의 적용에 따라서는 표현의 자유 등의 헌법상의 요청과 저촉되는 일도 있을 수 있다. 특히 인용으로서의 이용과 패러디로서의 이용 등에 대해서 본호를 이용하는데 신중하지 않으면 안 된다.[19]

본항에 규정되어 있는 행위는 18조 내지 20조에 규정되어 있는 저작자인격권 침해행위와 적용범위가 중복되는 경우도 있지만,[20] 통상은 증명이 용이한 18조 내지 20조가 이용될 것이다.

본항 위반은 저작자인격권 침해로 간주되기 때문에 저작자의 사후도, 저작자인격권 침해의 경우와 같은 취급을 받는다(60조).

제 4 절 형 사 법

1. 총 설

다른 지적재산법과 마찬가지로, 저작권법에도 여러 벌칙규정이 마련되어 있다. 특허권 침해사건이 적은데 비해, 저작권 침해사건은 비교적 많다. 이것은 특허권 침해에 비해 저작권 침해가 용이하게 이루어질 수 있고, 또 데드카피가 많다는 점도 관계가 있을 것이다. 그렇다면 앞으로 디지털화가 진행되면 침해사건은 더욱 더 증가할 것이라고 예상되어, 형벌규정이 갖는 의미도 증가할 것이다.

또한 저작권에 관한 형벌은 기본적으로는 친고죄이지만, 예외적으로 공익성이 강한 것에 관해서는 비친고죄로 되어 있다.

2. 저작권 등 침해죄(119조)

저작권, 출판권, 저작인접권을 침해한 자는 10년 이하의 징역 또는 1,000만엔

19) 金井=小倉・下 238면 [岡村久道]. 東京地判平14・3・26(未登載)(古河市兵衛の生涯事件)에서는 의견 내지 논평이 명예훼손이 되지 않는 경우는 저작권법113조5항(현재의 6항)이 규정하는 명예성망 훼손행위도 성립하지 않는 것으로 해야 한다, 고 판시하고 있다.

20) 作花・詳解 251면. 또 東京地判平5・8・30 判時1571호107면(目覚め事件)에서는 동일성유지권 침해를 인정하면서, 나아가 113조5항(현재의 6항)에도 해당함을 인정하고 있다.

이하의 벌금에 처하거나, 또는그것을 병과한다(119조1항). 지적재산권 침해와 절도는 동일하게 취급해야한다는 의견이 강해, 2006(平成18)년 개정으로 벌칙을 강화, 거의 절도와 동일하게 되었다.[1] 이 개정으로 일본의 지적재산권 침해죄는 전세계적으로도 무거운 중벌 규정이 되었다.[2] 이번 개정은 유체물의 침해와 정보의 침해 구별 논의를 전혀 하지 않은 채, 정치지도로 이루어진 것이라, 법개정으로서는 지극히 유감스럽다. 저작권 침해 가운데에는 폭력단 연계의 악질적인 사례도 있어, 그러한 것을 염두에 두고 개정이 이루어졌다고 생각할 수 있지만 저작권은 권리의 발생, 귀속주체, 권리범위가 명백하지 않은 경우가 많아, 이런 종류의 권리침해에 절도와 같은 중벌을 과하는 것은 문제가 많다. 벌칙강화의 필요성이 있다고 해도 조직범죄적인 것, 또는 상습범적인 것에 한하여 강화했어야 한다고 생각한다.

저작자인격권 또는 실연가인격권을 침해한 자는 5년 이하의 징역 또는 500만엔 이하의 벌금에 처하거나, 또는 그것을 병과한다(119조2항1호). 2006(平成18)년 개정까지는 저작권 침해죄와 저작자인격권 침해죄는 같은 양형이었지만, 전자만 벌칙이 강화되었다.

영리를 목적으로 해서, 30조1항1호를 위반하여 자동복제기기를 복제에 사용하게 한 자도 5년 이하의 징역 또는 500만엔 이하의 벌금에 처하거나, 또는 그것을 병과한다(119조2항2호). 이 경우 자동복제기기를 사용하는 자는 일반 대중이 많고, 가벌적(可罰的) 위법성이 낮다고 생각되어, 처벌의 대상으로는 되어 있지 않다(119조1항괄호). 단, 민사적인 책임은 별론이다.

침해로 간주하는 행위중 해적판의 수입, 지정(知情)반포 · 소지(113조1항)를 행한 자도 5년 이하의 징역 또는 500만엔 이하의 벌금에 처하거나, 또는 그것을 병과하지만(119조2항3호), 권리관리정보의 부가 · 제거 · 개변 등을 행한 자에 관해서는 119조의 규정은 적용되지 않고(119조1항괄호쓰기), 이와 같은 행위는 기술적 보호수단의 회피장치 등의 양도 등과 같다고 평가되기 때문에 영리목적의 경우에 한해 3년 이하의 징역 또는 300만엔 이하의 벌금에 처하거나, 또는그것을 병과한다(120조의2).

---

1) 절도는 10년 이하의 징역 또는 10만엔 이하의 벌금으로, 벌금에 관해서는 저작권 침해죄가 더 무겁다.

2) 비교법적으로는 일본의 절도죄 벌칙이 무거운 편인데, 저작권 침해죄를 그에 맞추기 위해 세계적으로도 대단히 무거운 죄가 되었다.

위법 프로그램을 사용할 권원을 취득한 때에 사정을 알고 사용하는 행위를 한 자(113조2항)도 5년 이하의 징역 또는 500만엔 이하의 벌금에 처하거나, 또는 그것을 병과한다(119조2항4호).

3. 기술적 보호수단의 회피장치 등의 양도 등의 죄(120조의2)

디지털정보는 침해에 대해서 지극히 약한 존재이기 때문에 디지털정보에는 기술적 보호수단을 설치해서 유통시키는 경우도 많지만, 그 해제장치 등의 제조, 양도 등을 자유롭게 해서는, 침해를 방치하게 될 우려도 있다. 여기서 WIPO 저작권조약, 同 실연·음반조약에의 대응으로, 1999(平成11)년 개정으로 기술적 보호수단의 회피를 오로지 그 기능으로 하는 장치·프로그램의 복제물의 일반대중에의 양도, 일반대중으로의 양도·대여목적의 제조·수입·소지, 공중의 사용에 제공하는 것, 당해 프로그램의 공중송신·송신가능화하는 것을 행한 자는 3년 이하의 징역 또는 300만엔 이하의 벌금에 처하거나, 또는 그것을 병과하도록 되었다(120조의2제1호). 무반응기기는 보호수단에 반응하지 않는다는 것뿐이고, 회피행위를 행하는 기기가 아니기 때문에 이 규제의 대상 외이다. 무반응기기의 규제를 하지 않는 것은, 어떤 의미에서는 제도의 헛점이라고도 말할 수 있지만, 이 제도는 기기메이커와 보호수단을 실시하는 저작권자와의 협조를 전제로 하고 있다.

회피장치 자체를 처벌의 대상으로 하는 것이 아니고, 회피를 위한 장치와 프로그램의 복제물의 양도 등의 행위가 처벌될 뿐이며, 소위 접근 통제가 아니다. 업으로서 공중으로부터의 요구에 응해서 회피를 행한 자도 처벌의 대상으로 되어 있고(120조의2제2호), 가령「회피서비스업」이 되는 것이 있다면, 그 한계에서는 회피행위도 처벌의 대상이 된다.

권리관리정보의 부가·제거·개변·지정(知情)반포 등은 침해행위로 간주되지만(113조3항), 영리를 목적으로 행한 자는 119조로 처벌되는 것은 아니라(119조괄호), 그보다 가벼운 3년 이하의 징역 또는 300만엔 이하의 벌금에 처하거나, 또는 그것을 병과한다(120조의2제3호). 비영리의 경우, 형벌규정은 없다.

영리를 목적으로, 113조5항(음악레코드의 환류방지조치)에서 국외 반포목적 상업용레코드의 수입 등을 함으로써 저작권·저작인접권을 침해한다고 간주되는 행위를 한 자도 3년 이하의 징역 또는 300만엔 이하의 벌금에 처하거나, 또는 그것을 병과한다(120조의2제4호).

아울러, 보호수단의 회피에 관해서는 저작권법은 형사벌만을 규정하고 있지만, 부정경쟁방지법에서는 민사적 구제조치가 규정되어 있는 것에 주의를 요한다(2조 1항10호11호, 3조, 4조).

4. 저작자명 사칭죄(121조)

저작자가 아닌 자의 실명, 주지의 이명을 저작자로 표시한 저작물의 복제물을 반포한 자는 1년 이하의 징역 또는 500만엔 이하의 벌금에 처하거나, 또는 그것을 병과한다(2차적 저작물에 있어 원저작물의 저작자명을 사칭하고 있는 경우도 포함)(121조). 복제물의 반포만이 범죄를 구성하는 것이고, 원작품에 타인의 실명·이명을 기재해서 판매해도, 본조 위반이 아니라 성명표시권의 문제가 된다.

본조의 처벌대상은 표시한 자(예컨대, 작가)가 아니고, 반포한 자(예컨대, 출판자)이다. 반포에 의해 세간을 기망하는 결과가 발생하는 것이 입법이유인 듯하나,[3] 표시를 한 자도 공범이 될 수 있다. 또, 반포가 범죄행위가 되기 때문에 무형적 이용(연주나 방송 등)은 처벌의 대상이 되지 않는데, 적어도 오늘날에 있어서는 형평성이 없는 것으로 생각된다.

이 죄의 입법이유로서는 저작명의자의 인격적 이익의 보호뿐만 아니고, 공중에 대한 기망행위의 금압도 거론되고 있으며,[4] 비친고죄로 되어 있다(123조의 친고죄로서 121조가 거론되지는 않는다).

5. 외국 상업용 레코드 원반 무단복제의 죄(121조의2)

국내의 상업용 레코드제작업자가 레코드제작자로부터 레코드(8조에 해당하는 것을 제외)의 원반을 제공받아 작성한 상업용 레코드의 복제물을, 레코드 원반을 고정한 다음해부터 기산해서 50년간, 상업용 레코드로 복제하고, 반포하고 반포목적으로 소지한 자는 1년 이하의 징역 또는 100만엔 이하의 벌금에 처하거나, 또는 그것을 병과한다(121조의2제1호). 국내 상업용 레코드제작업자 보호를 위한 규정이다. 또한 8조에 해당하는 레코드에 관해서는 레코드제작자로서의 복제권이 있고(96조), 그 침해에 관해서는 보다 무거운 죄가 규정되어 있기 때문에(119조1항), 121조의2에서 제외되어 있다(동조1호괄호). 그러기 때문에 동조는 외국 상업용

---

3) 加戸 740면.

4) 加戸 741면, 金井=小倉·下 301면[小畑明彦].

레코드로서, 8조의 적용을 받지 않는 원반의 무단복제의 경우로 한정되게 된다.

국외의 상업용 레코드제작업자가 실연가 등 보호조약(로마조약) 체결국, WTO 가맹국, 레코드보호조약체결국의 국민인 레코드제작자로부터 원반의 제공을 받아 제작한 상업용 레코드의 복제물에 대해서도 마찬가지지만(121조의2제2호), 8조에 해당하는 레코드에 관해서는 제외되어 있다(동조2호괄호)

본조의 죄는 親告罪이다(123조1항)

6. 출처불명시 죄(122조)

48조에 규정되어 있는 저작물의 출처명시의무위반, 및 102조2항에 규정되어 있는 실연 등의 출처명시의무를 위반한 자는 50만엔 이하의 벌금에 처한다(122조). 본조의 죄는 공정한 관행을 확보한다고 하는 공익적 견지에 기초하기 때문에 비친고죄로 되어 있다.[5] 출처의 불명시가 성명표시권 침해가 될 것 같은 경우에는 저작자인격권 침해죄와의 관념적 경합이 되고, 무거운 양형을 정한 119조2항1호의 문제가 된다.

참고로, 출처명시의무에 반하여 그것만으로는 저작권, 저작인접권 침해는 되지 않지만, 불법행위가 될 수 있다는 것은 별론이다.

7. 저작자 사후의 인격적 이익의 침해죄(120조)

저작자 사후, 저작자가 살아있었다면 저작자인격권 침해가 될 행위(60조, 101조의3)를 한 자는 500만엔 이하의 벌금에 처한다(120조). 실연가에 관해서도 같다(120조). 저작자가 살아 있는 동안 저작자인격권 침해는 친고죄이지만(123조), 사후에 있어서는 비친고죄로 되어 있다(123조의 친고죄로서 120조는 거론되지 않는다). 이것은 사망 저작자의 인격적 이익의 보호와 함께 사망 저작자의 문화적 유산을 국가적 견지에서 보호하고 있기 때문이라고 설명되고 있다.[6] 그렇지만 저작자가 사망한 것을 경계로, 같은 행위가 친고죄와 비친고죄로 나뉘어 지는데에는 석연치 않은 점이 있다.

참고로 형법230조의 명예훼손죄의 경우, 사후는 범죄성립의 범위를 감축한 상태에서 처벌의 대상으로 하며, 생전과 사후 모두 친고죄로 되어 있다(刑232조).

---

5) 加戸 752면.
6) 加戸 732면.

8. 양벌 규정(124조)

법인 등의 업무에 관해, 대표자·종업원 등이 그 법인 등의 업무에 관해서, 119조에서 122조까지의 위반행위를 했을 때에는 행위자를 벌하는 외에 법인 등도 벌금형을 부과받는다(124조). 구체적으로는 119조1항·2항3호·4호 또는 122조의2 제1항에 관해서는 3억엔 이항의 벌금, 119조2항1호·2호 또는 120조에서 122조까지에 관해서는 각 본조의 벌금형을 과한다. 강

이것은 행위자만을 처벌해서는 실효성이 확보되지 않기 때문에 마련된 것으로, 양벌규정이라고 불리며, 최근에는 많은 법에서 양벌규정이 채용되고 있다.

9. 국 외 범

일본 국외에서 일본 국민이 침해한 죄에 관해서는, 국외범에 관한 규정이 있으면 처벌의 대상이 된다(형법3조). 형법시행법27조1호는「저작권법에 열거하는 죄」는 형법3조에 따른다고 규정되어 있고, 살인죄와 강도죄등과 나란히, 저작권법상의 죄에 관해서는 국외범도 처벌받게 된다. 지금까지 국외범으로 처벌된 예는 없지만, 디지털시대에 있어서, 저작물의 이용·유통의 실태는 국경이라는 법적·인위적인 경계를 넘어 행해지고 있어, 앞으로는 국외범에 관하여 문제가 부상하는 일도 많이 있을 것이라고 생각된다. 다만 형법시행법27조1항에서는 산업재산권(공업소유권)에 관해서 국외범에 관한 규정은 없고, 무엇 때문에 저작권에 대해서만 이와 같은 규정이 있는지 불분명하다. 이 문제에 대해서는 형법 전문가를 포함하여, 검토할 필요가 있을 것이다.

일본 저작권법

(昭和45년 5월 6일 법률 제48호 전부개정,
平成18년 12월 22일 법률 제121호 개정)

저작권법(明治32년 법률 제39호)의 전부를 개정한다.

좌측은 일본법, 우측은 한국법 조문이다.
우측 괄호( ) 속의 조문은 유사 조문을 뜻한다.

제1장 총 칙	
제1절 통칙	
제1조 (목적) 이 법은 저작물과 실연, 음반, 방송 및 유선방송에 관하여 저작자의 권리 및 이에 인접하는 권리를 정하고 이들 문화적 소산의 공정한 이용에 유의하면서, 저작자 등의 권리 보호를 도모함으로써 문화의 발전에 기여함을 목적으로 한다.	제1조
제2조 (정의) ① 이 법에서 다음 각호에 드는 용어의 의의는 당해 각호에 정하는 바에 의한다. 1. 저작물 사상 또는 감정을 창작적으로 표현한 것으로 문예, 학술, 미술 또는 음악의 범위에 속하는 것을 말한다. 2. 저작자 저작물을 창작하는 자를 말한다. 3. 실연 저작물을 연극적으로 연기, 무용, 연주, 가창, 구연, 낭독하거나 또는 기타의 방법으로 연기하는 것(이와 유사한 행위로서, 저작물을 연기하지는 아니하나 예능적인 성질을 갖는 것을 포함한다)을 말한다. 4. 실연자 배우, 무용가, 연주가, 가수 기타 실연을 행하는 자 및 실연을 지휘하거나 또는 연출하는 자를 말한다. 5. 음반 축음기용 음반, 녹음테이프, 기타 유형물에 음을 고정한 것(음을 오직 영상과 더불어 재생하는 것을 목적으로 하는 것을 제외한다)을 말한다. 6. 음반제작자 음반에 고정되어 있는 음을 최초로 고정한 자를 말한다. 7. 상업용음반 시판할 목적으로 제작되는 음반의 복제물을 말한다. 7의2. 공중송신 공중에 의해 직접 수신될 것을 목적으로 무선통신 또는 유선전기통신의 송신(유선전기통신설비로 그 한 부분의 설치장소가 타 부분의 설치장소와 동일한 구내(그 구내가 2 이상의 자의 점유에 속해 있는 경우에는 동일한 자의 점유에 속하는 구역 내)에 있는 것에 의한 송신(프로그램저작물의 송신을 제외)을 제외)을 하는 것을 말한다. 8. 방송 공중송신 중 공중에 의하여 동일한 내용의 송신이 동시에 수신될 것을 목적으로 행하는 무선통신의 송신을 말한다. 9. 방송사업자 방송을 업으로 행하는 자를 말한다. 9의2. 유선방송 공중송신 중 공중에 의하여 동일한 내용의 송신이 동시에 수신될 것을 목적으로 행하는 유선전기통신의 송신을 말한다. 9의3. 유선방송사업자 유선방송을 업으로 행하는 자를 말한다. 9의4. 자동공중송신 공중송신 중 공중으로부터의 요구에 따라 자동적으로 행하는 것(방송 또는 유선방송에 해당하는 것을 제외한다)을 말한다. 9의5. 송신가능화 다음에 드는 행위의 하나에 의하여 자동공중송신할 수 있도록 하는 것을 말한다.	제2조 1. 2. 4. 5. 6. 7. 8. 9. (10.)

가. 공중의 이용에 제공되어 있는 전기통신회선에 접속되어 있는 자동공중송신장치(공중의 이용에 제공되는 전기통신회선에 접속하는 것에 의하여, 그 기록매체 중 자동공중송신의 이용에 제공하는 부분(이하 이 호에서 '공중송신용 기록매체'라 한다)에 기록되거나 또는 당해 장치에 입력되는 정보를 자동공중송신하는 기능을 가진 장치를 말한다. 이하 같다)의 공중송신용 기록매체에 정보를 기록하고, 정보가 기록된 기록매체를 당해 자동공중송신장치의 공중송신용 기록매체로서 추가, 혹은 정보가 기록된 기록매체를 당해 자동공중송신장치의 공중송신용 기록매체로 변환하거나 또는 당해 자동공중송신장치에 정보를 입력하는 것	(14.) (16.) 19.
나. 그 공중송신용 기록매체에 정보가 기록되거나 또는 당해 자동공중송신장치에 정보가 입력되어 있는 자동공중송신장치에 대하여, 공중의 이용에 제공되어 있는 전기통신회선으로의 접속(배선, 자동공중송신장치의 시동, 송수신용 프로그램의 기동 기타 일련의 행위로 행하여지는 경우에는 당해 일련의 행위 중 맨 마지막 것을 말한다)을 행하는 것	21.
10. 영화제작자 영화저작물의 제작에 발의와 책임을 갖는 자를 말한다.	
10의2. 프로그램 전자계산기를 구동시켜 하나의 결과를 얻도록 이에 대한 지령을 조합하여 표현하는 것을 말한다.	22.
10의3. 데이터베이스 논문, 수치, 도형 기타 정보의 집합물로서, 그 정보를 전자계산기를 사용하여 검색할 수 있도록 체계적으로 구성한 것을 말한다.	
11. 2차적 저작물 저작물을 번역, 편곡 혹은 변형하거나 또는 각색, 영화화 기타 번안에 의하여 창작한 저작물을 말한다.	
12. 공동저작물 2인 이상이 공동으로 창작한 저작물로서 그 각자의 기여를 분리하여 개별적으로 이용할 수 없는 것을 말한다.	
13. 녹음 음을 유형물에 고정하거나 그 고정물을 증제하는 것을 말한다.	
14. 녹화 영상을 연속하여 유형물에 고정하거나 그 고정물을 증제하는 것을 말한다.	(23.)
15. 복제 인쇄, 사진, 복사, 녹음, 녹화 기타 방법으로 유형적으로 재제하는 것을 말하며, 다음에 드는 것에 대해서는 각기 다음에 드는 행위를 포함하는 것으로 한다.	28.
가. 각본 기타 이와 유사한 연극용 저작물은 당해 저작물의 상연, 방송, 또는 유선방송을 녹음하거나 녹화하는 것	
나. 건축저작물은 건축에 관한 도면에 따라 건축물을 완성하는 것	
16. 상연 연주(가창을 포함한다. 이하 같다) 이외의 방법에 의하여 저작물을 공연하는 것	
17. 상영 저작물(공중송신되는 것을 제외한다)을 영사막 기타 유형물에 영사하는 것을 말하며, 이에 수반하여 영화저작물에 고정되어 있는 음을 재생하는 것을 포함하는 것으로 한다.	29.
18. 구술 낭독 기타의 방법으로 저작물을 구두로 전달하는 것(실연에 해당하는 것을 제외한다)을 말한다.	
19. 반포 유상이나 무상을 불문하고 복제물을 공중에게 양도하거나 대여하는 것을 말하며, 영화저작물 또는 영화저작물에서 복제되어 있는 저작물에 있어서는 이들의 저작물을 공중에 제시하는 것을 목적으로 당해 영화저작물의 복제물을 양도 또는 대여하는 것을 포함하는 것으로 한다.	
20. 기술적 보호수단 전자적 방법, 자기적 방법 기타 사람의 지각에 의해서 인	

<table>
<tr>
<td>식할 수 없는 방법(이하 '전자적 방법'이라 한다)에 의해 제17조 제1항에 규정하는 저작인격권이나 저작권 또는 제89조 제1항에 규정하는 실연자인격권 또는 동조 제6항에 규정하는 저작인접권(이하 이 호에서 '저작권등'이라 한다)을 침해하는 행위의 방지 또는 억지(저작권등을 침해하는 행위의 결과에 현저한 장해를 발생시키는 것에 의한 당해행위의 억지를 말한다. 제35조 제1항 제2호와 같다)를 하는 수단(저작권등을 갖는 자의 의사에 기하지 않고 이용되고 있는 것을 제외한다)으로서 저작물, 실연, 음반, 방송 또는 유선방송(다음 호에서 '저작물등'이라고 한다)의 이용(저작자 또는 실연자의 동의를 얻지 않고 행한다면 저작인격권 또는 실연자인격권의 침해로 되는 행위를 포함한다)에 임하여 이에 이용되는 기기가 특정의 반응을 하는 신호를 저작물, 실연, 음반 또는 방송 혹은 유선방송에 관련된 음 또는 영상과 함께 기록매체에 기록되거나 또는 송신하는 방식에 의한 것을 말한다.
21. 권리관리정보 제17조 제1항에 규정하는 저작인격권이나 저작권 또는 제89조 제1항에서 제4항까지의 권리(이하 이 호에서 '저작권등'이라고 한다)에 관한 정보로서, 가.목 내지 다.목의 하나에 해당하는 것 중 전자적 방법에 의해 저작물, 실연, 음반 또는 방송이나 유선방송에 관련된 음 또는 영상과 함께 기록매체에 기록되거나 또는 송신되는 것(저작물등의 이용상황 파악, 저작물등의 이용허락에 관련된 사무처리 기타 저작권등의 관리(전자계산기에 의한 것에 한한다)에 이용되고 있지 않은 것을 제외한다)를 말한다.
가. 저작물등, 저작권등을 갖는 자 기타 시행령으로 정하는 사항을 특정하는 정보
나. 저작물등의 이용을 허락하는 경우의 이용방법 및 조건에 관한 정보
다. 다른 정보와 조합하는 것에 의해 가. 또는 나.에 드는 사항을 특정하는 것이 가능하게 되는 정보
22. 국내 이 법의 시행지를 말한다.
23. 국외 이 법의 시행지 외의 지역을 말한다.
② 이 법에서 말하는 '미술저작물'에는 미술공예품을 포함하는 것으로 한다.
③ 이 법에서 말하는 '영화저작물'에는 영화의 효과와 유사한 시각적 또는 시청각적 효과를 발생시키는 방법으로 표현되고 또한 유형물에 고정되어 있는 저작물을 포함하는 것으로 한다.
④ 이 법에서 말하는 '사진저작물'에는 사진의 제작방법과 유사한 방법을 이용하여 표현되는 저작물을 포함하는 것으로 한다.
⑤ 이 법에서 말하는 '공중'에는 특정 또는 다수인을 포함하는 것으로 한다.
⑥ 이 법에서 말하는 '법인'에는 법인격 없는 사단 또는 재단으로서 대표자 또는 관리인을 정한 경우를 포함하는 것으로 한다.
⑦ 이 법에서 '상연', '연주' 또는 '구술'에는 저작물의 상연, 연주 또는 구술로 녹음되거나 녹화된 것을 재생하는 것(공중송신 또는 상영에 해당하는 것을 제외한다)을 포함하며, '상연', '연주', '구술' 또는 '상영'에는 저작물의 상연, 연주, 구술, 또는 상영을 전기통신설비를 이용하여 전달하는 것(공중송신에 해당하는 것을 제외한다)을 포함하는 것으로 한다.
⑧ 이 법에서 말하는 '대여'에는 어떠한 명의 또는 방법으로 하는가를 불문하고 이와 동일한 사용의 권원을 취득시키는 행위를 포함하는 것으로 한다.
⑨ 이 법에서 제1항 제7호의2, 제8호, 제9호의2, 제9호의4, 제9호의5 혹은 제13호 내지 제19호 또는 앞의 2항에 드는 용어에 대해서는, 각각 이것들을 동사의</td>
<td>32.</td>
</tr>
</table>

어간으로 사용하는 경우를 포함하는 것으로 한다.	
제3조 (저작물의 발행) ① 저작물은 그 성질에 따라 공중의 요구를 충족시킬 수 있는 상당한 정도 부수의 복제물이 제21조에 규정하는 권리를 갖는 자 또는 그 허락(제63조 제1항의 규정에 의한 이용허락을 말한다. 제4조의2 및 제63조를 제외하고 이하 이 장 및 다음 장에서도 같다)을 얻은 자 혹은 제79조의 출판권 설정을 받은 자에 의하여 작성되어 반포된 경우(제26조, 제26조의2 제1항 또는 제26조의3에 규정하는 권리를 갖는 자의 권리를 해하지 않는 경우에 한한다)에, 발행된 것으로 한다. ② 2차적 저작물인 번역물의 전항에 규정하는 부수의 복제물이 제28조의 규정에 의해 제21조에 규정하는 권리와 동일한 권리를 갖는 자 또는 그 허락을 얻은 자에 의하여 작성되어 반포된 경우(제28조의 규정에 의해 제26조, 제26조의2 제1항 또는 제26조의3에 규정하는 권리와 동일한 권리를 갖는 자의 권리를 해하지 않는 경우에 한한다)에는 그 원저작물은 발행된 것으로 본다. ③ 저작물이 이 법에 의한 보호를 받는 경우 전 2항의 권리를 가져야 할 자 또는 그로부터 그 저작물의 이용승낙을 얻은 자는 각각 전 2항의 권리를 갖는 자 또는 그 허락을 얻은 자로 보아 전 2항의 규정을 적용한다.	제2조 24.
제4조 (저작물의 공표) ① 저작물은 발행되거나 제22조부터 제25조까지에 규정하는 권리를 갖는 자 혹은 그 허락을 얻은 자에 의하여 상연, 연주, 상영, 공중송신, 구술 혹은 전시의 방법으로 공중에게 제시된 경우(건축저작물에 있어서는 제21조에 규정하는 권리를 갖는 자 또는 그 허락을 얻은 자에 의하여 건축된 경우를 포함한다)에 공표된 것으로 한다. ② 저작물은 제23조 제1항에 규정하는 권리를 갖는 자 또는 그 허락을 얻은 자에 의하여 송신가능화된 경우에는 공표된 것으로 본다. ③ 2차적 저작물인 번역물이 제28조의 규정에 의하여 제22조부터 제24조까지에 규정하는 권리와 동일한 권리를 갖는 자 혹은 그 허락을 얻은 자에 의하여 상연, 연주, 상영, 공중송신 혹은 구술의 방법으로 공중에게 제시되거나 또는 제28조의 규정에 의하여 제23조 제1항에 규정하는 권리와 동일한 권리를 갖는 자 혹은 그 허락을 얻은 자에 의하여 송신가능화된 경우에는 그 원저작물은 공표된 것으로 본다. ④ 미술저작물 또는 사진저작물은 제45조 제1항에 규정하는 자에 의하여 동항의 전시가 행하여진 경우에는 공표된 것으로 본다. ⑤ 저작물이 이 법에 의한 보호를 받는 경우, 제1항 내지 제3항의 권리를 가져야 할 자 또는 그 자로부터 그 저작물의 이용승낙을 얻은 자는 각각 제1항, 제2항 혹은 전항의 권리를 갖는 자 또는 그 허락을 얻은 자로 간주하여 이들의 규정을 적용한다.	제2조 25.
제4조의2 (음반의 발행) 음반은 그 성질에 따라 공중의 요구를 충족시킬 수 있는 상당한 정도의 부수의 복제물이 제96조에 규정하는 권리를 갖는 자 또는 그 허락(제103조에서 준용하는 제63조 제1항의 규정에 의한 이용허락을 말한다. 제4장 제2절 및 제3절에서 같다)을 얻은 자에 의해서 작성되어 반포된 경우(제97조의2 제1항 또는 제97조의3 제1항에 규정하는 권리를 갖는 자의 권리를 해하지 않는 경우에 한한	

다)에, 발행된 것으로 한다.	
제5조 (조약의 효력) 저작자의 권리 및 이에 인접하는 권리에 관하여 조약에 다른 정함이 있는 때에는 그 규정에 의한다.	
제2절 적용범위	
제6조 (보호받는 저작물) 저작물은 다음 각호의 하나에 해당하는 것에 한하여 이 법에 의한 보호를 받는다. 1. 일본 국민(일본 법령에 따라 설립된 법인 및 국내에 주된 사무소를 갖는 법인을 포함한다. 이하 같다)의 저작물 2. 최초로 국내에서 발행된 저작물(최초로 이 법의 시행지 외에서 발행되었으나 그 발행일로부터 30일 이내에 국내에서 발행된 것을 포함한다) 3. 전 2호에 드는 것 외에, 조약에 의해 일본이 보호의무를 지는 저작물	(제3조)
제7조 (보호받는 실연) 실연은 다음 각호의 하나에 해당하는 것에 한하여 이 법에 의한 보호를 받는다. 1. 국내에서 행하여지는 실연 2. 다음 조 제1호 또는 제2호에 드는 음반에 고정되는 실연 3. 제9조 제1호 또는 제2호에 드는 방송에서 송신되는 실연(실연자의 승낙을 얻어 송신 전에 녹음되거나 녹화되어 있는 것을 제외한다) 4. 제9조의2 각호에 드는 유선방송에서 송신되는 실연(실연자의 승낙을 얻어 송신 전에 녹음되거나 녹화되어 있는 것을 제외한다) 5. 전 각호에 드는 것 외에 다음의 하나에 드는 실연 가. 실연자, 음반제작자 및 방송사업자의 보호에 관한 국제협약(이하 '실연자등보호협약'이라 한다)의 체약국에서 행하여지는 실연 나. 다음 조 제3호에 드는 음반에 고정된 실연 다. 제9조 제3호에 드는 방송에서 송신되는 실연(실연자의 승낙을 얻어 송신 전에 녹음되거나 녹화되어 있는 것을 제외한다) 6. 전 각호에 드는 것 외에 다음 중 하나에 드는 실연 가. 세계무역기구의 가맹국에서 행하여지는 실연 나. 다음 조 제4호에 드는 음반에 고정된 실연 다. 제9조 제4호에 드는 방송에서 송신되는 실연(실연자의 승낙을 얻어 송신 전에 녹음되거나 녹화되어 있는 것을 제외한다)	제64조 1.
제8조 (보호받는 음반) 음반은 다음 각호의 하나에 해당하는 것에 한하여 이 법에 의한 보호를 받는다. 1. 일본 국민을 음반제작자로 하는 음반 2. 음반으로서, 이에 고정된 음이 최초로 국내에서 고정된 것 3. 전 2호에 드는 것 외에 다음의 하나에 드는 음반 가. 실연자등보호협약 체약국의 국민(당해 체약국의 법령에 따라 설립된 법인 및 당해 체약국에 주된 사무소를 갖고 있는 법인을 포함한다. 이하 같다)을 음반제작자로 하는 음반 나. 음반으로서, 이에 고정되어 있는 음이 최초로 실연자등보호협약의 체약국	제64조 2.

에서 고정된 것 4. 전 3호에 드는 것 외에 다음의 하나에 드는 음반 가. 세계무역기구 가맹국의 국민(당해 가맹국의 법령에 따라 설립된 법인 및 당해 가맹국에 주된 사무소를 갖는 법인을 포함. 이하 같다)을 음반제작자로 하는 음반 나. 음반으로서, 이에 고정되어 있는 음이 최초로 세계무역기구 가맹국에서 고정된 것 5. 전 각호에 드는 것 외에, 허락을 얻지 아니한 음반의 무단복제로부터 음반제작자의 보호에 관한 협약(제121조의 2 제2호에서 '음반보호협약'이라 한다)에 의하여 일본이 보호 의무를 갖는 음반	
제9조 (보호받는 방송) 방송은 다음 각호의 하나에 해당하는 것에 한하여 이 법에 의한 보호를 받는다. 1. 일본 국민인 방송사업자의 방송 2. 국내에 있는 방송설비로부터 행하여지는 방송 3. 전 2호에 드는 것 외에 다음에 드는 방송 가. 실연자등보호협약 체약국 국민인 방송사업자의 방송 나. 실연자등보호협약 체약국에 있는 방송설비에서 행하여지는 방송 4. 전 3호에 드는 것 외에 다음 하나에 드는 방송 가. 세계무역기구 가맹국의 국민인 방송사업자의 방송 나. 세계무역기구 가맹국에 있는 방송설비에서 행하여지는 방송	제64조 3.
제9조의2 (보호받는 유선방송) 유선방송은 다음 각호의 하나에 해당하는 것에 한하여 이 법에 의한 보호를 받는다. 1. 일본 국민인 유선방송사업자의 유선방송(방송을 수신하여 행하는 것을 제외한다. 다음 호에서도 같다) 2. 국내에 있는 유선방송설비에서 행하여지는 방송	
제2장 저작자의 권리	
제1절 저작물	
제10조 (저작물의 예시) ① 이 법에서 말하는 저작물을 예시하면 대략 다음과 같다. 1. 소설, 각본, 논문, 강연 기타 언어저작물 2. 음악저작물 3. 무용 또는 무언극 저작물 4. 회화, 판화, 조각 기타 미술저작물 5. 건축저작물 6. 지도 또는 학술적인 성질을 갖는 도면, 도표, 모형 기타 도형저작물 7. 영화저작물 8. 사진저작물 9. 프로그램저작물 ② 사실의 전달에 불과한 잡보 및 시사보도는 전항 제1호에 드는 저작물에 해당하지 아니한다. ③ 제1항 제9호에 드는 저작물에 대한 이 법에 의한 보호는 그 저작물을 작성	제4조 ① 1. 2. (3.) (4.) (5.) 8. (7.) 6. 9. 제7조 5.

하기 위하여 사용하는 프로그램 언어, 규약 및 해법에는 미치지 아니한다. 이 경우 이들 용어의 의의는 다음 각호에 정하는 바에 의한다. 1. 프로그램 언어 프로그램을 표현하는 수단으로서의 문자 기타 기호 및 그 체제를 말한다. 2. 규약 특정 프로그램에서 전호의 프로그램 언어의 용법에 대한 특별한 약속을 말한다. 3. 해법 프로그램에서의 전자계산기에 대한 지령의 조합방법을 말한다.	
제11조 (2차적 저작물) 2차적 저작물에 대한 이 법에 의한 보호는 그 원저작물 저작자의 권리에 영향을 미치지 아니한다.	제5조 ②
제12조 (편집저작물) ① 편집물(데이터베이스에 해당하는 것을 제외한다. 이하 같다)로서 그 소재의 선택 또는 배열에 의해 창작성을 갖는 것은 저작물로 보호한다. ② 전항의 규정은 동항의 편집물 부분을 구성하는 저작물 저작자의 권리에 영향을 미치지 아니한다.	제6조 ① ②
제12조의2 (데이터베이스저작물) ① 데이터베이스로서 그 정보의 선택 또는 체계적인 구성에 의해 창작성을 갖는 것은 저작물로 보호한다. ② 전항의 규정은 동항 데이터베이스 부분을 구성하는 저작물 저작자의 권리에 영향을 미치지 아니한다.	
제13조 (권리의 목적이 되지 아니하는 저작물) 다음 각호의 하나에 해당하는 저작물은 이 장의 규정에 의한 권리의 목적으로 될 수 없다. 1. 헌법 기타 법령 2. 국가 혹은 지방공공단체의 기관, 독립행정법인(독립행정법인통칙법 제2조 제1항에 규정하는 독립행정법인을 말한다. 이하 같다) 또는 지방독립행정법인(지방독립행정법인법 제2조 제1항에 규정하는 지방독립행정법인을 말한다. 이하 같다)이 발하는 고시, 훈령, 통첩 기타 이와 유사한 것 3. 법원의 판결, 결정, 명령 및 심판과 행정부의 재결 및 결정으로서 재판에 준하는 절차에 의하여 행하여지는 것 4. 전 3호에 드는 것의 번역물 및 편집물로서 국가 또는 지방공공단체의 기관, 독립행정법인 또는 지방독립행정법인이 작성하는 것	제7조
제2절 저작자	
제14조 (저작자의 추정) 저작물의 원작품에, 또는 저작물을 공중에게 제공하거나 제시함에 있어서 그 성명이나 명칭(이하 '실명'이라 한다) 또는 그의 아호, 필명, 약칭 기타 실명을 대신하여 사용되는 것(이하 '이명'이라 한다)으로서 주지된 것이 저작자명으로 통상의 방법에 의하여 표시되어 있는 자는 그 저작물의 저작자로 추정한다.	제8조
제15조 (직무상 작성하는 저작물의 저작자) ① 법인 기타 사용자(이하 본조에서 '법인등'이라 한다)의 발의에 의하여 그 법인등의 업무에 종사하는 자가 직무상 작성하는 저작물(프로그램저작물을 제외한다)로서 그 법인등이 자기의 저작 명의로 공표하는 것의 저작자는 그 작성시	제9조

의 계약, 근무규칙 기타에 다른 정함이 없는 한 그 법인등으로 한다. ② 법인등의 발의에 따라 그 법인등의 업무에 종사하는 자가 직무상 작성하는 프로그램저작물의 저작자는 그 작성시의 계약, 근무규칙 기타에 다른 정함이 없는 한 그 법인등으로 한다.	
제16조 (영화저작물의 저작자) 영화저작물의 저작자는 그 영화저작물에서 번안되거나 복제된 소설, 각본, 음악 기타 저작물의 저작자를 제외하고 제작, 감독, 연출, 촬영, 미술 등을 담당하여 그 영화저작물의 전체적 형성에 창작적으로 기여한 자로 한다. 다만 전조의 규정의 적용이 있는 경우에는 그러하지 아니하다.	
제3절 권리의 내용	
제1관 총칙	
제17조 (저작자의 권리) ① 저작자는 다음 조 제1항, 제19조 제1항 및 제20조 제1항에 규정하는 권리(이하 '저작인격권'이라 한다)와 제21조부터 제28조까지에 규정하는 권리(이하 '저작권'이라 한다)를 향유한다. ② 저작인격권 및 저작권의 향유에는 어떠한 방식의 이행도 필요하지 아니하다.	제10조 ① ②
제2관 저작인격권	
제18조 (공표권) ① 저작자는 그의 저작물로서 아직 공표되지 아니한 것(그의 동의를 얻지 아니하고 공표된 저작물을 포함한다. 다음 항에서도 같다)을 공중에게 제공하거나 제시할 권리를 갖는다. 당해 저작물을 원저작물로 하는 2차적 저작물에 대해서도 같다. ② 저작자는 다음 각호에 드는 경우에는 당해 각호에 드는 행위에 대하여 동의한 것으로 추정한다. 1. 그의 저작물로서 아직 공표되지 아니한 것의 저작권을 양도한 경우, 당해 저작물을 그 저작권의 행사에 의하여 공중에게 제공하거나 제시하는 것 2. 그의 미술저작물 또는 사진저작물로서 아직 공표되지 아니한 것의 원작품을 양도한 경우, 이러한 저작물을 그 원작품에 의한 전시방법으로 공중에게 제시하는 것 3. 제29조의 규정에 의하여 그의 영화저작물의 저작권이 영화제작자에게 귀속된 경우, 당해 저작물을 그 저작권의 행사에 의하여 공중에게 제공하거나 제시하는 것 ③ 저작자는 다음 각호에 드는 경우에는 당해 각호에 드는 행위에 대해서 동의한 것으로 본다. 1. 그의 저작물로서 아직 공표되지 아니한 것을 행정기관(행정기관이 보유하는 정보의 공개에 관한 법률(이하 '행정기관정보공개법'이라 한다) 제2조 제1항에 규정하는 행정기관을 말한다. 이하 같다)에 제공한 경우(행정기관정보공개법 제1항의 규정에 의해 개시한다는 뜻의 결정시까지 다른 의사표시를 한 경우를 제외한다) 행정기관정보공개법의 규정에 의해 행정기관의 장이 당해 저작물을 공중에게 제공하거나 제시하는 것 2. 그의 저작물로서 아직 공표되지 아니한 것을 독립행정법인등(독립행정법인등이 보유하는 정보의 공개에 관한 법률. 이하 '독립행정법인등정보공개법'이	제11조

라 한다) 제2조 제1항에 규정하는 독립행정법인등을 말한다. 이하 같다)에 제공한 경우(독립행정법인등정보공개법 제9조의 규정에 의해 개시한다는 뜻의 결정시까지 다른 의사표시를 한 경우를 제외한다) 독립행정법인등정보공개법의 규정에 의해 당해 독립행정법인등이 당해 저작물을 공중에게 제공하거나 공표하는 것 3. 그의 저작물로서 아직 공표되지 아니한 것을 지방공공단체 또는 지방독립행정법인에 제공한 경우(개시한다는 뜻의 결정시까지 다른 의사표시를 한 경우를 제외한다) 정보공개조례(지방공공단체 또는 지방독립행정법인이 보유하는 정보의 공개를 청구하는 주민등의 권리에 대해서 정하는 당해 지방공공단체의 조례를 말한다. 이하 같다)의 규정에 의해 당해 지방공공단체의 기관 또는 지방독립행정법인이 당해 저작물을 공중에게 제공하거나 공표하는 것 ④ 제1항의 규정은 다음 각호의 하나에 해당하는 때에는 적용하지 아니한다. 1. 행정기관정보공개법 제5조의 규정에 의해 행정기관의 장이 동조 제1호 나. 또는 다. 또는 동조 제2호 단서에 규정하는 정보가 기록되어 있는 저작물로서 아직 공표되지 아니한 것을 공중에게 제공하거나 제시할 때, 또는 행정기관정보공개법 제7조의 규정에 의해 행정기관의 장이 저작물로서 아직 공표되지 아니한 것을 공중에게 제공하거나 제시할 때 2. 독립행정법인등정보공개법 제5조의 규정에 의해 독립행정법인등이 동조 제1호 나. 또는 다. 또는 동조 제2호 단서에 규정하는 정보가 기록되어 있는 저작물로서 아직 공표되지 아니한 것을 공중에게 제공하거나 제시할 때, 또는 독립행정법인등정보공개법 제7조의 규정에 의해 독립행정법인등이 저작물로서 아직 공표되지 아니한 것을 공중에게 제공하거나 제시할 때 3. 정보공개조례(행정기관정보공개법 제13조 제2항 및 제3항에 상당하는 규정을 두고 있는 것에 한한다. 제5호에서 같다)의 규정에 의해 지방공공단체의 기관 또는 지방독립행정법인이 저작물로서 아직 공표되지 아니한 것(행정기관정보공개법 제5조 제1호 나. 또는 동조 제2호 단서에 규정하는 정보에 상당하는 정보가 기록되어 있는 것에 한한다)을 공중에게 제공하거나 제시할 때 4. 정보공개조례의 규정에 의해 지방공공단체의 기관 또는 지방독립행정법인이 저작물로서 아직 공표되지 아니한 것(행정기관정보공개법 제5조 제1호 다.에 규정하는 정보에 상당하는 정보가 기록되어 있는 것에 한한다)을 공중에게 제공하거나 제시할 때 5. 정보공개조례의 규정에서 행정기관정보공개법 제7조의 규정에 상당하는 것에 의해 지방공공단체의 기관 또는 지방독립행정법인이 저작물로서 아직 공표되지 아니한 것을 공중에게 제공하거나 제시할 때	
제19조 (성명표시권) ① 저작자는 그의 저작물의 원작품에, 또는 그의 저작물을 공중에게 제공하거나 제시함에 있어서 그의 실명 혹은 이명을 저작자명으로 표시하거나 저작자명을 표시하지 않을 권리를 갖는다. 그의 저작물을 원저작물로 하는 2차적 저작물을 공중에게 제공하거나 제시함에 있어서 원저작물의 저작자명 표시에 대해서도 같다. ② 저작물을 이용하는 자는 그 저작자의 다른 의사표시가 없는 한 그 저작물에 대하여 이미 저작자가 표시하고 있는 바에 따라 저작자명을 표시할 수 있다. ③ 저작자명의 표시는 저작물의 이용목적 및 태양에 비추어 저작자가 창작자임을 주장하는 이익을 해할 염려가 없다고 인정될 때에는 공정한 관행에 반하	제12조

지 아니하는 한 생략할 수 있다. ④ 제1항의 규정은 다음 각호의 하나에 해당하는 때에는 적용하지 아니한다. 1. 행정기관정보공개법, 독립행정법인등정보공개법 또는 정보공개조례의 규정에 의해 행정기관의 장, 독립행정법인등 또는 지방공공단체의 기관 혹은 지방독립행정법인이 저작물을 공중에 제공하거나 제시하는 경우에 당해 저작물에 대해 이미 그 저작자가 표시하고 있는 바에 따라서 저작자명을 표시할 때 2. 행정기관정보공개법 제6조 제2항의 규정, 독립행정법인등정보공개법 제6조 제2항의 규정 또는 정보공개조례의 규정으로서 행정기관정보공개법 제6조의 규정에 상당하는 것에 의해 행정기관의 장, 독립행정법인등 또는 지방공공단체의 기관 혹은 지방독립행정법인이 저작물을 공중에 제공하거나 제시하는 경우에 당해 저작물의 저작자명 표시를 생략하게 될 때	
제20조 (동일성유지권) ① 저작자는 그의 저작물 및 그 제호의 동일성을 유지할 권리를 가지며, 그 의사에 반하여 이들의 변경, 삭제 기타 개변을 당하지 아니하는 것으로 한다. ② 전항의 규정은 다음 각호의 하나에 해당하는 개변에 대해서는 적용하지 아니한다. 1. 제33조 제1항(동조 제4항에서 준용하는 경우를 포함한다), 제33조의2 제1항 또는 제34조 제1항의 규정에 의해 저작물을 이용하는 경우에 있어서 용자(用字) 또는 용어의 변경 기타 개변으로 학교교육 목적상 부득이하다고 인정되는 것 2. 건축물의 증축, 개축, 수선 또는 모양 변경에 의한 개변 3. 특정한 전자계산기에서 이용할 수 없는 프로그램저작물을 당해 전자계산기에서 이용할 수 있도록 하기 위해서나 또는 프로그램저작물을 전자계산기에서 보다 효과적으로 이용가능하게 하기 위하여 필요한 개변 4. 전 3호에 드는 것 외에 저작물의 성질과 그 이용목적 및 태양에 비추어 부득이하다고 인정되는 개변	제13조
제3관 저작권에 포함되는 권리의 종류	
제21조 (복제권) 저작자는 그의 저작물을 복제할 권리를 독점한다.	제16조
제22조 (상연권 및 연주권) 저작자는 그의 저작물을 공중에게 직접 보이거나 들려주는 것을 목적으로(이하 '공연히'라고 한다) 상연하거나 연주할 권리를 독점한다.	(제17조)
제22조의2 (상영권) 저작자는 그의 저작물을 공연히 상영할 권리를 독점한다.	(제17조)
제23조 (공중송신권등) ① 저작자는 그의 저작물에 대하여 공중송신(자동공중송신의 경우에는 송신가능화를 포함한다)을 행할 권리를 독점한다. ② 저작자는 공중송신되는 그의 저작물을 수신장치를 이용하여 공연히 전달할 권리를 독점한다.	제18조
제24조 (구술권) 저작자는 그의 언어저작물을 공연히 구술할 권리를 독점한다.	
제25조 (전시권) 저작자는 그의 미술저작물 또는 아직 발행되지 아니한 사진저작물을 그 원작	제19조

품에 의하여 공연히 전시할 권리를 독점한다.	
제26조 (반포권) ① 저작자는 그의 영화저작물을 그 복제물에 의하여 반포할 권리를 독점한다. ② 저작자는 영화저작물에서 복제되어 있는 그의 저작물을 공연히 상영하거나 당해 영화저작물의 복제물에 의해 반포할 권리를 독점한다.	(제20조)
제26조의2 (양도권) ① 저작자는 그의 저작물(영화저작물을 제외한다. 이하 이 조에서 같다)을 그 원작품 또는 복제물(영화저작물에서 복제되어 있는 저작물에 있어서는 당해 영화저작물의 복제물을 제외한다. 이하 이 조에서 같다)의 양도에 의해 공중에게 제공할 권리를 독점한다. ② 전항의 규정은 저작물의 원작품 또는 복제물로서 다음 각호의 하나에 해당하는 것의 양도에 의한 경우에는 적용하지 아니한다. 1. 전항에 규정하는 권리를 갖는 자 또는 그 허락을 얻은 자에 의해 공중에게 양도된 저작물의 원작품 또는 복제물 2. 제67조 제1항 또는 제69조의 규정에 의한 재정 또는 세계저작권협약의 실시에 따른 저작권법의 특례에 관한 법률 제5조 제1항의 규정에 의한 허가를 얻어 공중에게 양도된 저작물의 복제물 3. 전항에 규정하는 권리를 갖는 자 또는 그 승낙을 얻은 자에 의해 특정 소수의 자에게 양도된 저작물의 원작품 또는 복제물 4. 국외에서 전항에 규정하는 권리에 상당하는 권리를 해하지 않고, 또는 동항에 규정하는 권리에 상당하는 권리를 갖는 자 혹은 그 승낙을 얻은 자에 의해 양도된 저작물의 원작품 또는 복제물	(제20조)
제26조의3 (대여권) 저작자는 그의 저작물(영화저작물을 제외한다)을 그 복제물(영화저작물에서 복제되어 있는 저작물에 있어서 당해 영화저작물의 복제물을 제외한다)의 대여에 의하여 공중에게 제공할 권리를 독점한다.	(제21조)
제27조 (번역권, 번안권등) 저작자는 그의 저작물을 번역, 편곡 혹은 변형하거나 각색, 영화화 기타 번안할 권리를 독점한다.	(제22조)
제28조 (2차적 저작물의 이용에 관한 원저작자의 권리) 2차적 저작물의 원저작물의 저작자는 당해 2차적 저작물의 이용에 관하여, 이 관에 규정하는 권리로서 당해 2차적 저작물의 저작자가 갖는 것과 동일한 종류의 권리를 독점한다.	
제4관 영화저작물의 저작권 귀속	
제29조 (영화저작물의 저작권 귀속) ① 영화저작물(제15조 제1항, 다음 항 또는 제3항의 규정의 적용을 받는 것을 제외한다)의 저작권은, 그 저작자가 영화제작자에 대하여 당해 영화저작물의 제작에 참가할 것을 약속하는 때에는, 당해 영화제작자에게 귀속한다. ② 오로지 방송사업자가 방송을 위한 기술적 수단으로서 제작하는 영화저작물(제15조 제1항의 규정의 적용을 받는 것을 제외한다)의 저작권 중 다음에 드는 권리는 영화제작자로서의 당해 방송사업자에게 귀속한다. 1. 그 저작물을 방송하는 권리 및 방송되는 그 저작물에 대해서 유선방송하거	(제100조)

나, 자동공중송신(송신가능화 중 공중의 이용에 제공되어 있는 전기통신회선에 접속되어 있는 자동공중송신장치에 정보를 입력하는 것에 의한 것을 포함한다)을 하거나 또는 수신장치를 이용하여 공연히 전달할 권리 2. 그 저작물을 복제하거나 또는 그 복제물에 의하여 방송사업자에게 반포할 권리 ③ 오로지 유선방송사업자가 유선방송을 위한 기술적 수단으로서 제작하는 영화저작물(제15조 제1항의 규정의 적용을 받는 것을 제외한다)의 저작권 중 다음에 드는 권리는 영화제작자로서의 당해 유선방송사업자에게 귀속한다. 1. 그 저작물을 유선방송하는 권리 및 유선방송되는 그 저작물을 수신장치를 이용하여 공연히 전달할 권리 2. 그 저작물을 복제하거나 그 복제물에 의해 유선방송사업자에게 반포할 권리	
제5관 저작권의 제한	
제30조 (사적 사용을 위한 복제) ① 저작권의 목적으로 되어 있는 저작물(이하 본관에서 단순히 '저작물'이라 한다)은 개인적으로 또는 가정 내 기타 이에 준하는 한정된 범위 내에서 사용하는 것(이하 '사적 사용'이라 한다)을 목적으로 하는 때는 다음에 드는 경우를 제외하고 그 사용하는 자가 복제할 수 있다. 1. 공중의 사용에 제공하는 것을 목적으로 하여 설치되어 있는 자동복제기기(복제의 기능을 가지며, 이에 관한 장치의 전부 또는 주요한 부분이 자동화되어 있는 기기를 말한다)를 사용하여 복제하는 경우 2. 기술적 보호수단의 회피(기술적 보호수단으로 사용되어 있는 신호의 제거 또는 개변(기록 또는 송신방식의 변환에 따르는 기술적인 제약에 의한 제거 또는 개변을 제외한다)을 행하는 것에 의해 당해 기술적 보호수단에 의해서 방지되는 행위를 가능하게 하거나 또는 당해 기술적 보호수단에 의해서 억지되는 행위의 결과에 장해를 생기지 않도록 하는 것을 말한다. 제120조의2 제1호 및 제2호에서 같다)에 의해 가능하게 되거나 또는 그 결과에 장해가 생기지 않도록 된 복제를 그 사실을 알면서 행하는 경우 ② 사적 사용을 목적으로 하여, 디지털 방식의 녹음 또는 녹화 기능을 갖는 기기(방송 업무를 위한 특별한 성능 기타 사적 사용에 통상 제공되지 않는 특별한 성능을 갖는 것 및 녹음기능 부착 전화기 기타 본래의 기능에 부속하는 기능으로서 녹음 또는 녹화기능을 갖는 것을 제외한다)로서 시행령으로 정하는 것에 의하여 당해 기기에 의한 디지털 방식의 녹음 또는 녹화용으로 제공되는 기록매체로서 시행령으로 정하는 것에 녹음 또는 녹화를 행하는 자는 상당한 액의 보상금을 저작권자에게 지불하여야 한다.	第30조
제31조 (도서관 등에서의 복제) 도서, 기록 기타 자료를 공중의 이용에 제공하는 것을 목적으로 하는 도서관 기타 시설에서 시행령으로 정하는 것(이하 이 조에서 '도서관등'이라 한다)에 있어서 다음에 드는 경우에는 그 영리를 목적으로 하지 아니하는 사업으로서 도서관등의 도서, 기록 기타 자료(이하 이 조에서 '도서관 자료'라 한다)를 이용하여 저작물을 복제할 수 있다. 1. 도서관등의 이용자의 요구에 따라 그 조사연구의 이용에 제공하기 위하여, 공표된 저작물의 일부분(발행 후 상당 기간을 경과한 정기간행물에 게재된 개개의 저작물에 있어서는 그 전부)의 복제물을 1명에 대하여 1부 제공하는 경우	第31조

2. 도서관등의 자료 보존을 위하여 필요한 경우 3. 다른 도서관등의 요구에 따라 절판 기타 이에 준하는 이유로 일반적으로 입수하기가 곤란한 도서관 자료의 복제물을 제공하는 경우	
第32조 (인용) ① 공표된 저작물은 인용하여 이용할 수 있다. 이 경우에 그 인용은 공정한 관행에 합치된 것으로서 보도, 비평, 연구 기타 인용목적상 정당한 범위 내에서 이루어지는 것이라야 한다. ② 국가 혹은 지방공공단체의 기관, 독립행정법인 또는 지방독립행정법인이 일반에게 주지시킬 것을 목적으로 작성하고, 그 저작명의 하에 공표하는 홍보자료, 조사통계자료, 보고서 기타 그와 유사한 저작물은 설명의 자료로서 신문, 잡지 기타 간행물에 전재할 수 있다. 다만 이를 금지하는 취지의 표시가 있는 경우에는 그러하지 아니하다.	第28조
第33조 (교과용도서등에의 게재) ① 공표된 저작물은 학교교육의 목적상 필요하다고 인정되는 한도에서 교과용도서(초등학교, 중학교, 고등학교 또는 중등교육학교 기타 이에 준하는 학교에서의 교육의 용도에 제공되는 아동용 또는 학생용 도서로서 문부과학대신의 검정을 거친 것 또는 문부과학성이 저작명의를 갖는 것을 말한다. 다음 조에서 같다)에 게재할 수 있다. ② 전항의 규정에 의하여 저작물을 교과용도서에 게재하는 자는 그 뜻을 저작자에게 통지함과 동시에, 동항의 규정취지, 저작물의 종류 및 용도, 통상의 사용료 액수 기타 사정을 고려하여 문화청장관이 매년 정하는 액수의 보상금을 저작권자에게 지급하여야 한다. ③ 문화청장관은 전항의 보상금을 정하였을 때에는 이를 관보에 고시한다. ④ 전 3항의 규정은 고등학교(중등교육학교의 후기과정을 포함한다)의 통신교육용 학습도서 및 제1항의 교과용도서에 관련된 교사용지도서(당해 교과용도서를 발행하는 자의 발행에 관련된 것에 한한다)에의 저작물의 게재에 대하여 준용한다.	第25조 ①
第33조의2 (교과용 확대도서 등의 작성을 위한 복제) ① 교과용도서에 게재된 저작물은 약시의 아동 또는 학생의 학습에 제공하기 위해 당해 교과용도서에 사용되어 있는 문자, 도형 등을 확대하여 복제할 수 있다. ② 전항의 규정에 의해 문자, 도형 등을 확대하여 복제하는 교과용의 도서(당해 교과용도서에 게재된 저작물의 전부 또는 상당 부분을 복제하는 것에 한한다. 이하 이 항에서 '교과용 확대도서'라고 한다)를 작성하려고 하는 자는 미리 당해 교과용도서를 발행하는 자에게 그 뜻을 통지함과 동시에 영리를 목적으로 당해 교과용 확대도서를 반포하는 경우에 있어서는 전조 제2항에 규정하는 보상금의 액수에 준하여 문화청장관이 매년 정하는 액수의 보상금을 당해 저작물의 저작권자에게 지불해야 한다. ③ 문화청장관은 전항의 보상금을 정하였을 때에는 이를 관보에 고시한다.	
第34조 (학교교육 프로그램의 방송 등) ① 공표된 저작물은 학교교육 목적상 필요가 인정되는 한도에서 학교교육에 관한 법령이 정하는 교육과정의 기준에 준거한 학교용 방송 프로그램 또는 유선방송 프로그램으로 방송 또는 유선방송하거나, 또는 당해 방송을 수신하여	

동시에 오로지 당해 방송에 관계된 방송대상지역(방송법 제2조의2 제2항 제2호에 규정하는 방송대상지역을 말하며, 여기에 정해져 있지 않은 방송에 있어서는 전파법 제14조 제3항 제3호에 규정하는 방송구역을 말한다. 이하 같다)에서 수신되는 것을 목적으로 하여 자동공중송신(송신가능화 중 공중의 이용에 제공되어 있는 전기통신회선에 접속하고 있는 자동공중송신장치에 정보를 입력하는 것에 의한 것을 포함한다)을 하고, 나아가 당해 방송 프로그램용 또는 유선방송 프로그램용 교재에 게재할 수 있다. ② 전항의 규정에 의하여 저작물을 이용하는 자는 그 뜻을 저작자에게 통지함과 동시에 상당한 액수의 보상금을 저작권자에게 지급하여야 한다.	
제35조 (학교 기타 교육기관에서의 복제) ① 학교 기타 교육기관(영리를 목적으로 설치되어 있는 것을 제외한다)에서 교육을 담당하는 자 및 수업을 받는 자는 그 수업과정에서 사용에 제공할 것을 목적으로 하는 경우에는 필요하다고 인정되는 한도에서 공표된 저작물을 복제할 수 있다. 다만 당해 저작물의 종류 및 용도와 그 복제부수 및 태양에 비추어 저작권자의 이익을 부당하게 해하는 것으로 되는 경우는 그러하지 아니하다. ② 공표된 저작물에 대해서는 전항의 교육기관에서의 수업과정에서 당해 수업을 직접 받는 자에 대해서 당해 저작물을 그 원작품 혹은 복제물을 제공하거나 제시하여 이용하는 경우 또는 당해 저작물을 제38조 제1항의 규정에 의해 상연, 연주, 상영 혹은 구술하여 이용하는 경우에는 당해 수업이 이루어지는 장소 이외의 장소에서 당해 수업을 받는 자에 대해서 공중송신(자동공중송신의 경우에는 송신가능화를 포함한다)를 할 수 있다. 다만 당해 저작물의 종류와 용도 및 당해 공중송신의 태양에 비추어 저작권자의 이익을 부당하게 해하게 되는 경우에는 그러하지 아니하다.	제25조 ②
제36조 (시험문제로서의 복제등) ① 공표된 저작물에 대해서는 입학시험 기타 사람의 학식 기능에 관한 시험 또는 검정 목적상 필요하다고 인정되는 한도에서 당해 시험 또는 검정의 문제로서 복제하거나, 또는 공중송신(방송 또는 유선방송을 제외하고, 자동공중송신의 경우에는 송신가능화를 포함한다. 다음 항에서 같다)을 할 수 있다. 다만 당해 저작물의 종류와 용도 및 당해 공중송신의 태양에 비추어 저작권자의 이익을 부당하게 해하게 되는 경우에는 그러하지 아니하다. ② 영리를 목적으로 하여 전항의 복제 또는 공중송신을 하는 자는 통상의 사용료 액수에 상당하는 액수의 보상금을 저작권자에게 지급하여야 한다.	제32조
제37조 (점자에 의한 복제 등) ① 공표된 저작물은 점자에 의하여 복제할 수가 있다. ② 공표된 저작물에 대해서는 전자계산기를 이용하여 점자를 처리하는 방식에 의해 기록매체에 기록하거나 공중송신(방송 또는 유선방송을 제외하고, 자동공중송신의 경우에는 송신가능화를 포함한다)를 할 수 있다. ③ 점자도서관 기타 시각장애인의 복지증진을 목적으로 하는 시설로서 시행령으로 정하는 것에서는 공표된 저작물에 대해서 오로지 시각장애인에게 대출 혹은 자동공중송신(송신가능화를 포함한다. 이하 이 항에서 같다)의 이용에 제공하기 위하여 공표된 저작물을 녹음하거나, 또는 오로지 시각장애인의 이용에 제공하기 위해 그 녹음물을 이용하여 자동공중송신을 할 수 있다.	제33조

第37조의2 (청각장애인을 위한 자동공중송신) 청각장애인의 복지증진을 목적으로 하는 사업을 하는 자로서 시행령으로 정하는 자는 방송되거나 유선방송되는 저작물(방송되는 저작물이 자동공중송신되는 경우의 당해 저작물을 포함한다. 이하 이 조에서 같다)에 대해서 오로지 청각장애인의 이용에 제공하기 위해 당해 방송되거나 유선방송되는 저작물에 관련된 음성을 문자로 하는 자동공중송신(송신가능화 중 공중의 이용에 제공되어 있는 전기통신회선에 접속되어 있는 자동공중송신장치에 정보를 입력하는 것에 의한 것을 포함한다)을 할 수 있다.	
第38조 (영리를 목적으로 하지 아니하는 상연 등) ① 공표된 저작물은 영리를 목적으로 하지 아니하고 또 청중 또는 관중으로부터 요금(어떠한 이름을 갖고 있는가를 불문하고 저작물의 제공 또는 제시에 대하여 받는 대가를 말한다. 이하 이 조에서 같다)을 받지 아니하는 경우에 공연히 상연, 연주, 상영 또는 구술할 수 있다. 다만 당해 상연, 연주, 상영 또는 구술에 대하여 실연자 또는 구술하는 자에 대하여 보수가 지급되는 경우에는 그러하지 아니하다. ② 방송되는 저작물은 영리를 목적으로 하지 아니하고 또 청중 또는 관중으로부터 요금을 받지 아니하는 경우에는 유선방송하거나, 또는 오로지 당해 방송에 관련된 방송대상지역에서 수신되는 것을 목적으로 하여 자동공중송신(송신가능화 중 공중의 이용에 제공되어 있는 전기통신회선에 접속되어 있는 자동공중송신장치에 정보를 입력하는 것에 의한 것을 포함한다)을 할 수 있다. ③ 방송되거나 유선방송되는 저작물(방송되는 저작물이 자동공중송신되는 경우의 당해 저작물을 포함한다)은 영리를 목적으로 하지 아니하고 또 청중 또는 관중으로부터 요금을 받지 아니하는 경우에는 수신장치를 사용하여 공연히 전달할 수 있다. 통상의 가정용 수신장치를 사용하는 경우에도 같다. ④ 공표된 저작물(영화저작물을 제외한다)은 영리를 목적으로 하지 아니하고 또 그 복제물의 대여를 받는 자로부터 요금을 받지 아니하는 경우에 그 복제물(영화저작물에서 복제되어 있는 저작물에 있어서는 당해 영화저작물의 복제물을 제외한다)의 대여에 의하여 공중에게 제공할 수 있다. ⑤ 영화필름 기타 시청각 자료를 공중의 이용에 제공하는 것을 목적으로 하는 시청각 교육시설 기타 시설(영리를 목적으로 하여 설치되어 있는 것을 제외한다)로서 시행령으로 정하는 것은 공표된 영화저작물을 그 복제물의 대여를 받는 자로부터 요금을 받지 아니하는 경우에는 그 복제물의 대여에 의하여 반포할 수 있다. 이 경우에 당해 반포를 하는 자는 당해 영화저작물 또는 당해 영화저작물에서 복제되어 있는 저작물에 대하여 제26조에 규정하는 권리를 갖는 자(제28조의 규정에 의하여 제26조에 규정하는 권리와 동일한 권리를 갖는 자를 포함한다)에게 상당한 액수의 보상금을 지급하여야 한다.	제29조
第39조 (시사문제에 관한 논설의 전재 등) ① 신문 또는 잡지에 게재하여 발행된 정치적, 경제적 또는 사회적인 시사문제에 관한 논설(학술적인 성질을 갖는 것을 제외한다)은 다른 신문 혹은 잡지에 전재하거나, 방송 또는 유선방송하거나, 또는 당해 방송을 수신하여 동시에 오로지 당해 방송에 관련된 방송대상지역에서 수신되는 것을 목적으로 하여 자동공중송신(송신가능화 중 공중의 이용에 제공되어 있는 전기통신회선에 접속되어 있는 자동공중송신장치에 정보를 입력하는 것에 의한 것을 포함한다)을	제27조

할 수 있다. 다만 이들의 이용을 금지하는 뜻의 표시가 있는 경우에는 그러하지 아니하다. ② 전항의 규정에 의하여 방송되거나 유선방송되거나 또는 자동공중송신되는 논설은 수신장치를 사용하여 공연히 전달할 수 있다.	
제40조 (정치상의 연설 등의 이용) ① 공개로 행하여진 정치상의 연설 또는 진술 및 재판절차(행정청이 행하는 심판 기타 재판에 준하는 절차를 포함한다. 제42조 제1항에서 같다)에서의 공개 진술은 동일한 저작자의 것을 편집하여 이용하는 경우를 제외하고 어떠한 방법에 의하는가를 불문하고 이용할 수 있다. ② 국가 또는 지방공공단체의 기관, 독립행정법인 또는 지방독립행정법인에서 행하여진 공개 연설 또는 진술은 전항의 규정에 의한 것을 제외하고 보도의 목적상 정당하다고 인정되는 경우에는 신문 또는 잡지에 게재하거나 방송 또는 유선방송하거나, 또는 당해 방송을 수신하여 동시에 오로지 당해 방송에 관련된 방송대상지역에서 수신되는 것을 목적으로 하여 자동공중송신(송신가능화 중 공중의 이용에 제공되어 있는 전기통신회선에 접속되어 있는 자동공중송신장치에 정보를 입력하는 것에 의한 것을 포함한다)을 할 수 있다. ③ 전항의 규정에 의하여 방송 또는 유선방송되거나 또는 자동공중송신되는 연설 또는 진술은 수신장치를 이용하여 공연히 전달할 수 있다.	제24조
제41조 (시사 사건의 보도를 위한 이용) 사진, 영화, 방송 기타의 방법으로 시사 사건을 보도하는 경우에는 당해 사건을 구성하거나 당해 사건의 과정에서 보이거나 들리는 저작물은 보도의 목적상 정당한 범위 내에서 복제하거나 또는 당해 사건의 보도에 수반하여 이용할 수 있다.	제26조
제42조 (재판절차 등에서의 복제) ① 저작물은 재판절차를 위하여 필요하다고 인정되는 경우 및 입법 또는 행정의 목적을 위하여 내부자료로서 필요하다고 인정되는 경우에는, 그 필요하다고 인정되는 한도에서 복제할 수 있다. 다만 당해 저작물의 종류 및 용도 그리고 그 복제의 부수 및 태양에 비추어 저작권자의 이익을 부당하게 해하게 되는 경우에는 그러하지 아니하다. ② 다음에 드는 절차를 위해 필요하다고 인정되는 경우에 대해서도 전항과 같다. 1. 행정청이 행하는 특허, 디자인 또는 상표에 관한 심사, 실용신안에 관한 기술적인 평가 또는 국제출원(특허협력조약에 기한 국제출원등에 관한 법률 제2조에 규정하는 국제출원을 말한다)에 관한 국제조사 혹은 국제예비심사에 관한 절차 2. 행정청 혹은 독립행정법인이 행하는 약사(의료기기(약사법 제2조 제4항에 규정하는 의료기기를 말한다)에 관한 사항을 포함한다. 이하 이 호에서 같다)에 관한 심사 혹은 조사 또는 행정청 혹은 독립행정법인에 대한 약사에 관한 보고에 관한 절차	제23조
제42조의2 (행정기관정보공개법등에 의한 개시를 위한 이용) 행정기관의 장, 독립행정법인등 또는 지방공공단체의 기관 혹은 지방독립행정법인은 행정기관정보공개법, 독립행정법인등정보공개법 또는 정보공개조례의 규정에 의해 저작물을 공중에게 제공하거나 제시하는 것을 목적으로 하는 경	

우에는 각각 행정기관정보공개법 제14조 제1항(동항의 규정에 기한 시행령의 규정을 포함한다)에 규정하는 방법, 독립행정법인등정보공개법 제15조 제1항에 규정하는 방법(동항의 규정에 기한 당해 독립행정법인등이 정하는 방법(행정기관정보공개법 제14조 제1항의 규정에 기한 시행령으로 정하는 방법 이외의 것을 제외한다)을 포함한다) 또는 정보공개조례에서 정하는 방법(행정기관정보공개법 제14조 제1항(동항의 규정에 기한 시행령의 규정을 포함한다)에 규정하는 방법 이외의 것을 제외한다)에 의해 개시하기 위해 필요하다고 인정되는 한도에서 당해 저작물을 이용할 수 있다.	
第43조 (번역, 번안 등에 의한 이용) 다음 각호에 드는 규정에 의하여 저작물을 이용할 수 있는 경우에는 당해 각호에 드는 방법으로 당해 저작물을 당해 각호에 드는 규정에 따라 이용할 수 있다. 1. 第30조 第1항 또는 第33조 第1항(동조 第4항에서 준용되는 경우를 포함한다), 第34조 第1항 또는 第35조 번역, 편곡, 변형 또는 번안 2. 第31조 第1호, 第32조, 第36조, 第37조, 第39조 第1항, 第40조 第2항, 第41조 또는 第42조 번역 3. 第37조의2 번안(요약에 한한다)	第36조
第44조 (방송사업자 등에 의한 일시적 고정) ① 방송사업자는 第23조 第1항에 규정하는 권리를 해하지 아니하고 방송할 수 있는 저작물을 자기의 방송을 위하여 자기의 수단 또는 당해 저작물을 동일하게 방송할 수 있는 다른 방송사업자의 수단에 의하여 일시적으로 녹음하거나 녹화할 수 있다. ② 유선방송사업자는 第23조 第1항에 규정하는 권리를 해치지 아니하고 유선방송할 수 있는 저작물을 자기의 유선방송(방송을 수신하여 행하는 것을 제외한다)을 위하여 자기의 수단으로 일시적으로 녹음하거나 녹화할 수 있다. ③ 전 2항의 규정에 의하여 작성된 녹음물 또는 녹화물은 녹음 또는 녹화 후 6월(그 기간 내에 당해 녹음물 또는 녹화물을 사용하여 행하는 방송 또는 유선방송이 있었던 때에는 그 방송 또는 유선방송 후 6월)을 초과하여 보존할 수 없다. 다만 시행령으로 정하는 바에 따라 공적인 기록보존소에서 보존하는 경우에는 그러하지 아니하다.	第34조
第45조 (미술저작물 등의 원작품 소유자에 의한 전시) ① 미술저작물 또는 사진저작물의 원작품의 소유자 또는 그의 동의를 얻은 자는 이 저작물들을 그 원작품에 의하여 공연히 전시할 수 있다. ② 전항의 규정은 미술저작물의 원작품을 가로, 공원 기타 일반공중에게 개방되어 있는 옥외의 장소 또는 건조물의 외벽 기타 일반공중이 보기 쉬운 옥외의 장소에 항시적으로 설치하는 경우에는 적용하지 아니한다.	第35조 ①
第46조 (공개한 미술저작물 등의 이용) ① 미술저작물로서 그 원작품이 전조 第2항에 규정하는 옥외의 장소에 항시적으로 설치되는 것 또는 건축저작물은 다음에 드는 경우를 제외하고 어떠한 방법에 의하는가를 불문하고 이용할 수 있다. 1. 조각을 증제하거나 그 증제물의 양도에 의해 공중에게 제공하는 경우 2. 건축저작물을 건축에 의하여 복제하거나 그 복제물의 양도에 의해 공중에게 제공하는 경우	第35조 ②

3. 전조 제2항에 규정하는 옥외의 장소에 항시적으로 설치하기 위하여 복제하는 경우 4. 오로지 미술저작물의 복제물의 판매를 목적으로 복제하거나 그 복제물을 판매하는 경우	
제47조 (미술저작물 등의 전시에 따른 복제) 미술저작물 또는 사진저작물의 원작품에 의하여 제25조에 규정하는 권리를 해하지 아니하고 이 저작물들을 공연히 전시하는 자는 관람자를 위하여 이 저작물들을 해설하거나 또는 소개하는 것을 목적으로 하는 소책자에 이 저작물들을 게재할 수 있다.	제35조 ③
제47조의2 (프로그램저작물의 복제물의 소유자에 의한 복제 등) ① 프로그램저작물의 복제물의 소유자는 스스로 당해 저작물을 전자계산기에서 이용하기 위하여 필요하다고 인정되는 한도에서 당해 저작물의 복제 또는 번안(이에 의하여 창작한 2차적 저작물의 복제를 포함한다)을 할 수 있다. 다만 당해 이용에 관련된 복제물의 사용에 대하여 제113조 제2항의 규정이 적용되는 경우에는 그러하지 아니하다. ② 전항의 복제물 소유자가 당해 복제물(동항의 규정에 의하여 작성된 복제물을 포함한다)의 어느 것에 대하여 소멸 이외의 사유로 소유권을 가지지 못하게 된 후에는 그 자는 당해 저작권자의 별도의 의사표시가 없는 한 그 다른 복제물을 보존해서는 안된다.	
제47조의3 (보수, 수리 등을 위한 일시적 복제) ① 기록매체내장복제기기(복제의 기능을 갖는 기기로서 그 복제를 기기에 내장하는 기록매체(이하 이 조에서 '내장기록매체'라 한다)에 기록해서 행하는 것을 말한다. 다음 항에서 같다)의 보수 또는 수리를 행하는 경우에는 그 내장기록매체에 기록되어 있는 저작물은 필요하다고 인정되는 한도에서 당해 내장기록매체 이외의 기록매체에 일시적으로 기록하고, 당해 보수 또는 수리 후에 당해 내장기록매체에 기록할 수 있다. ② 기록매체내장복제기기에 제조상 결함 또는 판매에 이르기까지의 과정에서 생긴 고장이 있기 때문에 이를 동종의 기기로 교환하는 경우에는 그 내장기록매체에 기록되어 있는 저작물은 필요하다고 인정되는 한도에서 당해 내장기록매체 이외의 기록매체에 일시적으로 기록하고, 당해 동종 기기의 내장개록매체에 기록할 수 있다. ③ 전 2항의 규정에 의해 내장기록매체 이외의 기록매체에 저작물을 기록한 자는 그 규정에 의한 보수나 수리 또는 교환 후에는 당해 기록매체에 기록된 당해 저작물의 복제물을 보존해서는 안된다. 제47조의4 (복제권의 제한에 의해 작성된 복제물의 양도) 제31조 제1호, 제32조, 제33조 제1항(동조 제4항에서 준용하는 경우를 포함한다), 제33조의2 제1항, 제34조 제1항, 제35조 제1항, 제36조 제1항, 제37조 제1항 혹은 제2항, 제39조 제1항, 제40조 제1항 혹은 제2항, 제42조, 제42조의2, 제46조 또는 제47조의 규정에 의해 복제할 수 있는 저작물은 이 규정들의 적용을 받아서 작성된 복제물(제31조 제1호, 제35조 제1항, 제36조 제1항 또는 제42조의 규정에 관련된 경우에는 영화저작물의 복제물(영화저작물에서 복제되어 있는 저작물에 있어서는 당해 영화저작물의 복제물을 포함한다. 이하 이 조에서 같다)을 제외한다)의 양도에 의해 공중에게 제공할 수 있다. 다만 제31조 제1	

호, 제33조의2 제1항, 제35조 제1항, 제41조, 제42조 또는 제42조의2의 규정의 적용을 받아서 작성된 저작물의 복제물(제31조 제1호, 제35조 제1항 또는 제42조의 규정에 관련된 경우에는 영화저작물의 복제물을 제외한다)을 제31조 제1호, 제33조의2 제1항, 제35조 제1항, 제41조, 제42조 또는 제42조의2에 정하는 목적 이외의 목적을 위해 공중에게 양도하는 경우에는 그러하지 아니하다.	
제48조 (출처의 명시) ① 다음 각호에 드는 경우에는 당해 각호에 규정하는 저작물의 출처를 그 복제 또는 이용의 태양에 따라 합리적이라고 인정되는 방법 및 정도에 의하여 명시하여야 한다. 1. 제32조, 제33조 제1항(동조 제4항에서 준용하는 경우를 포함한다), 제33조의2 제1항, 제37조 제1항, 제42조 또는 제47조의 규정에 의하여 저작물을 복제하는 경우 2. 제34조 제1항, 제37조 제3항, 제37조의2, 제39조 제1항 또는 제40조 제1항 혹은 제2항의 규정에 의하여 저작물을 이용하는 경우 3. 제32조의 규정에 의하여 저작물을 복제 이외의 방법으로 이용하는 경우 또는 제35조, 제36조 제1항, 제38조 제1항, 제41조 혹은 제46조의 규정에 의하여 저작물을 이용하는 경우에 그 출처를 명시하는 관행이 있는 경우 ② 전항의 출처명시에 있어서는 그에 수반하여 저작자명이 명백하게 되는 경우 및 당해 저작물이 무명인 경우를 제외하고는 당해 저작물에 대하여 표시되어 있는 저작자명을 표시하여야 한다. ③ 제43조의 규정에 의하여 저작물을 번역, 편곡, 변형 혹은 번안하여 이용하는 경우에는 전 2항의 규정의 예에 따라 그 저작물의 출처를 명시하여야 한다.	제37조
제49조 (복제물의 목적외 사용 등) ① 다음에 드는 자는 제21조의 복제를 한 것으로 본다. 1. 제30조 제1항, 제31조 제1호, 제33조의2 제1항, 제35조 제1항, 제37조 제3항 제2항, 제41조 내지 제42조의2 또는 제44조 제1항 혹은 제2항에 정하는 목적 이외의 목적을 위하여, 이 규정들의 적용을 받아서 작성된 저작물의 복제물을 반포하거나 당해 복제물에 의하여 당해 저작물을 공중에 제시한 자 2. 제44조 제3항의 규정에 위반하여 동항의 녹음물 또는 녹화물을 보존한 방송사업자 또는 유선방송사업자 3. 제47조의2 제1항의 규정의 적용을 받아 작성된 저작물의 복제물(다음 항 제2호의 복제물에 해당하는 것을 제외한다) 또는 제47조의3 제1항 혹은 제2항의 규정의 적용을 받아 동조 제1항 혹은 제2항에 규정하는 내장기록매체 이외의 기록매체에 일시적으로 기록된 저작물의 복제물을 반포하거나 그 복제물에 의하여 당해 저작물을 공중에게 제시한 자 4. 제47조의2 제2항 또는 제47조의3 제3항의 규정에 위반하여 그 복제물(다음 항 제2호의 복제물에 해당하는 것을 제외한다)을 보존한 자 ② 다음에 드는 자는 당해 2차적 저작물의 원저작물에 대하여 제27조의 번역, 편곡, 변형 또는 번안을 행한 것으로 본다. 1. 제30조 제1항, 제31조 제1호, 제35조, 제37조 제3항, 제41조 또는 제42조에 정한 목적 이외의 목적을 위하여, 제43조의 규정의 적용을 받아 동조 제1호 혹은 제2호에 드는 규정에 따라 작성된 2차적 저작물의 복제물을 반포하거나 당해 복제물에 의하여 당해 2차적 저작물을 공중에게 제시한 자	

2. 第47조의2 제1항의 규정의 적용을 받아서 작성된 2차적 저작물의 복제물을 반포하거나 당해 복제물에 의하여 당해 2차적 저작물을 공중에게 제시한 자 3. 第47조의2 제2항의 규정에 위반하여 전호의 복제물을 보존한 자	
제50조 (저작인격권과의 관계) 이 관의 규정은 저작인격권에 영향을 미치는 것으로 해석해서는 아니된다.	제38조
제4절 보호기간	
제51조 (보호기간의 원칙) ① 저작권의 존속기간은 저작물을 창작한 때에 시작된다. ② 저작권은 이 절에 별도로 정하는 경우를 제외하고 저작자의 사후(공동저작물에 있어서는 최후로 사망한 저작자의 사후. 다음 조 제1항에서도 같다) 50년을 경과하기까지의 기간 동안 존속한다.	제39조
제52조 (무명 또는 이명 저작물의 보호기간) ① 무명 또는 이명 저작물의 저작권은 그 저작물의 공표 후 50년을 경과하기까지의 기간 동안 존속한다. 다만 그 존속기간의 만료 전에 그 저작자 사후 50년을 경과하였다고 인정되는 무명 또는 이명 저작물의 저작권은 그 저작자 사후 50년을 경과한 것으로 인정되는 때에 소멸한 것으로 한다. ② 전항의 규정은 다음 각호의 하나에 해당할 때에는 적용하지 아니한다. 1. 이명저작물에 있어서 저작자의 이명이 그 당사자의 것으로 주지되는 것일 때 2. 전항의 기간 내에 第75조 제1항의 실명등록이 있을 때 3. 저작자가 전항의 기간 내에 그 실명 또는 주지의 이명을 저작자명으로 표시하여 그 저작물을 공표한 때	제40조
제53조 (단체명의저작물의 보호기간) ① 법인 기타 단체가 저작명의를 갖는 저작물의 저작권은 그 저작물의 공표 후 50년(그 저작물이 창작 후 50년 이내에 공표되지 아니한 때에는 그 창작 후 50년)을 경과하기까지의 기간 동안 존속한다. ② 전항의 규정은 법인 기타 단체가 저작명의를 갖는 저작물의 저작자인 개인이 동항의 기간 내에 그 실명 또는 주지의 이명을 저작자명으로 표시하여 그 저작물을 공표한 때에는 적용하지 아니한다. ③ 第15조 제2항의 규정에 의하여 법인 기타 단체가 저작자인 저작물의 저작권 존속기간에 관해서는 제1항의 저작물에 해당하는 저작물 이외의 저작물에 대해서도 당해 단체가 저작명의를 갖는 것으로 보아 동항의 규정을 적용한다.	(제41조)
제54조 (영화저작물의 보호기간) ① 영화저작물의 저작권은 그 저작물의 공표 후 50년(그 저작물이 창작 후 50년 이내에 공표되지 아니한 때에는 그 창작 후 50년)을 경과하기까지의 기간 동안 존속한다. ② 영화저작물의 저작권이 그 존속기간의 만료에 의하여 소멸한 때에는 당해 영화저작물의 이용에 관한 그 원저작물의 저작권은 당해 영화저작물의 저작권과 함께 소멸한 것으로 한다. ③ 전 2조의 규정은 영화저작물의 저작권에 대해서는 적용하지 아니한다.	(제42조)
제55조 (삭제)	
제56조 (계속적 간행물 등의 공표시점) ① 第52조 제1항, 第53조 제1항 및 第54조 제1항의 공표시점은 책, 호 또는 회	제43조

에 따라 공표하는 저작물에 대해서는 매책, 매호 또는 매회의 공표시점에 의하는 것으로 하고, 일부분씩 차례로 공표하여 완성하는 저작물에 대해서는 최종 부분의 공표시점에 의하는 것으로 한다. ② 일부분씩을 차례로 공표하여 완성하는 저작물에 대해서는 계속되어야 할 부분이 가장 가까운 공표시점으로부터 3년을 경과하여도 공표되지 아니할 때에는 이미 공표된 것 중의 최종 부분을 전항의 최종 부분으로 본다.	
第57조 (보호기간의 계산방법) 第51조 第2항, 第52조 第1항, 第53조 第1항 또는 第54조 第1항의 경우에 저작자의 사후 50년 또는 저작물의 공표 후 50년 혹은 창작 후 50년 기간의 만기를 계산하는 경우에는 저작자가 사망한 날 또는 저작물이 공표되거나 창작된 날이 각각 속하는 해의 다음해부터 기산한다.	第44조
第58조 (보호기간의 특례) 문학적 및 미술적 저작물의 보호에 관한 베른협약에 의해 창설된 국제동맹의 가맹국, 저작권에 관한 세계지적소유권기구조약의 체약국 또는 세계무역기구의 가맹국인 외국을 각각 문학적 및 미술적 저작물의 보호에 관한 베른협약, 저작권에 관한 세계지적소유권기구조약 또는 세계무역기구를 설립하는 마라케시협정의 규정에 기하여 본국으로 하는 저작물(第6조 第1호에 해당하는 것을 제외한다)로서 그 본국에서 정하여지는 저작권의 존속기간이 第51조 내지 第54조에 정하는 저작권의 존속기간보다 짧은 것에 대해서는 그 본국에서 정하여지는 저작권의 존속기간에 의한다.	
第5절 저작인격권의 일신전속성 등	
第59조 (저작인격권의 일신전속성) 저작인격권은 저작자의 일신에 전속하며 양도할 수 없다.	第14조 ①
第60조 (저작자가 사망한 후의 인격적 이익의 보호) 저작물을 공중에 제공하거나 제시하는 자는 그 저작물의 저작자가 사망한 후에도 저작자가 생존하였더라면 그 저작인격권의 침해가 될 수 있는 행위를 하여서는 아니된다. 다만 그 행위의 성질 및 정도, 사회적 사정의 변동 기타에 의하여 그 행위가 당해 저작자의 뜻을 해하지 아니하는 것으로 인정되는 경우에는 그러하지 아니하다.	第14조 ②
第6절 저작권의 양도 및 소멸	
第61조 (저작권의 양도) ① 저작권은 그 전부 또는 일부를 양도할 수 있다. ② 저작권을 양도하는 계약에서 第27조 또는 第28조에 규정하는 권리가 양도의 목적으로 특정되어 있지 아니할 때에는 이 권리들은 양도한 자에게 유보된 것으로 추정한다.	第45조
第62조 (상속인 부존재의 경우 등에 있어서 저작권 소멸) ① 저작권은 다음에 드는 경우에 소멸한다. 1. 저작권자가 사망한 경우에 그 저작권이 민법 第959조(상속재산의 국고귀속)의 규정에 따라 국고에 귀속되어야 하는 때 2. 저작권자인 법인이 해산한 경우에 그 저작권이 민법 第72조 第3항(잔여 재산의 국고귀속) 기타 이에 준하는 법률의 규정으로 국고에 귀속되어야 하는 때 ② 第54조 第2항의 규정은 영화저작물의 저작권이 전항의 규정으로 소멸한 경	第49조

우에 대하여 준용한다.	
제7절 권리의 행사	
제63조 (저작물의 이용허락) ① 저작권자는 타인에 대하여 그 저작물의 이용을 허락할 수 있다. ② 전항의 허락을 얻은 자는 그 허락에 관계된 이용방법 및 조건의 범위 내에서 그 허락에 관계된 저작물을 이용할 수 있다. ③ 제1항의 허락에 관련된 저작물을 이용하는 권리는 저작권자의 승낙을 얻지 아니하는 한 양도할 수 없다. ④ 저작물의 방송 또는 유선방송에 대한 제1항의 허락은 계약에 별도의 정함이 없는 한 당해 저작물의 녹음 또는 녹화의 허락을 포함하지 않은 것으로 한다. ⑤ 저작물의 송신가능화에 대하여 제1항의 허락을 얻은 자가 그 허락에 관계된 이용방법 및 조건(송신가능화의 횟수 또는 송신가능화에 사용되는 자동공중송신장치에 관계된 것을 제외한다)의 범위 내에서 반복하여 또는 다른 자동공중송신장치를 사용하여 행하는 당해 저작물의 송신가능화에 대해서는 제23조 제1항의 규정은 적용하지 않는다.	제46조
제64조 (공동저작물의 저작인격권의 행사) ① 공동저작물의 저작인격권은 저작자 전원의 합의에 의하지 아니하고는 행사할 수 없다. ② 공동저작물의 각 저작자는 신의에 반하여 전항의 합의 성립을 방해할 수 없다. ③ 공동저작물의 저작자는 그 중에서 그들의 저작인격권을 대표하여 행사하는 자를 정할 수 있다. ④ 전항의 권리를 대표하여 행사하는 자의 대표권에 가해지는 제한은 선의의 제3자에 대항할 수 없다.	제15조
제65조 (공유저작권의 행사) ① 공동저작물의 저작권 기타 공유에 관련된 저작권(이하 본조에서 '공유저작권'이라 한다)에 대하여 각 공유자는 다른 공유자의 동의를 얻지 아니하면 그 지분을 양도하거나 질권의 목적으로 할 수 없다. ② 공유저작권은 그 공유자 전원의 합의에 의하지 아니하고는 행사할 수 없다. ③ 전 2항의 경우에 각 공유자는 정당한 이유가 없는 한 제1항의 동의를 거부하거나 전항의 합의 성립을 방해할 수 없다. ④ 전조 제3항 및 제4항의 규정은 공유저작권의 행사에 대하여 준용한다.	제48조
제66조 (질권의 목적으로 된 저작권) ① 저작권은 이를 목적으로 질권을 설정한 경우에도 설정행위에 별도의 정함이 없는 한 저작권자가 행사하는 것으로 한다. ② 저작권을 목적으로 하는 질권은 당해 저작권의 양도 또는 당해 저작권에 관련된 저작물의 이용에 대해 저작권자가 받아야 할 금전 기타 물건(출판권의 설정대가를 포함한다)에 대해서도 행사할 수 있다. 다만 이러한 지급 또는 인도 전에 이들을 받을 권리를 압류할 것을 필요로 한다.	제47조
제8절 재정에 의한 저작물의 이용	
제67조 (저작권자 불명 등의 경우 저작물의 이용) ① 공표된 저작물 또는 상당 기간에 걸쳐 공중에게 제공되거나 제시되고 있는	제50조

사실이 명백한 저작물은 저작권자의 불명 기타 이유로 상당한 노력을 하고도 그 저작권자와 연락할 수 없는 때에는 문화청장관의 재정을 받고 또 통상의 사용료 액수에 상당한 것으로 문화청장관이 정하는 액수의 보상금을 저작권자를 위하여 공탁하고 그 재정에 따른 이용방법에 의하여 이용할 수 있다. ② 전항의 규정에 의하여 작성한 저작물의 복제물에는 동항의 재정에 따른 복제물이라는 뜻과 그 재정이 있은 연월일을 표시하여야 한다.	
제68조 (저작물의 방송) ① 공표된 저작물을 방송하고자 하는 방송사업자는 그 저작권자에 대하여 방송의 허락에 대해 협의를 구하였으나 그 협의가 성립되지 아니하거나 그 협의를 할 수 없는 때에는 문화청장관의 재정을 받고 또 통상의 사용료 액수에 상당한 것으로 문화청장관이 정하는 액수의 보상금을 저작권자에게 지급하고 그 저작물을 방송할 수 있다. ② 전항의 규정에 의하여 방송되는 저작물은 유선방송하거나, 오로지 당해 방송에 관련된 방송대상지역에서 수신되는 것을 목적으로 하여 자동공중송신(송신가능화 중 공중의 이용에 제공되어 있는 전기통신회선에 접속되어 있는 자동공중송신장치에 정보를 입력하는 것에 의한 것을 포함한다)을 하건, 또는 수신장치를 사용하여 공연히 전달할 수 있다. 이 경우에 당해 유선방송, 자동공중송신 또는 전달을 하는 자는 제38조 제2항 및 제3항의 규정이 적용되는 경우를 제외하고 통상의 사용료 액수에 상당하는 액수의 보상금을 저작권자에게 지급하여야 한다.	제51조
제69조 (상업용음반에의 녹음) 상업용음반이 최초로 국내에서 판매되고 또 그 최초 판매일로부터 3년이 경과한 경우에, 당해 상업용음반에 저작권자의 허락을 얻어 녹음되어 있는 음악저작물을 녹음하여 다른 상업용음반을 제작하고자 하는 자는 그 저작권자에 대해 녹음 또는 양도에 의한 공중에의 제공의 허락에 대하여 협의를 구하였으나 그 협의가 성립되지 아니하거나 그 협의를 할 수 없는 때에는 문화청장관의 재정을 받고 또 통상의 사용료 액수에 상당한 것으로 문화청장관이 정하는 액수의 보상금을 저작권자에게 지급하고 당해 녹음 또는 양도에 의한 공중에의 제공을 할 수 있다.	제52조
제70조 (재정에 관한 절차 및 기준) ① 제67조 제1항, 제68조 제1항 또는 전조의 재정신청을 하는 자는 실비를 감안하여 시행령으로 정하는 액수의 수수료를 납부하여야 한다. ② 전항의 규정은 동항의 규정에 의해 수수료를 납부해야 하는 자가 국가 또는 독립행정법인 중 업무의 내용 기타 사정을 감안하여 시행령으로 정하는 것(제78조 제5항 및 제107조 제2항에서 '국가등'이라 한다)인 때에는 적용하지 아니한다. ③ 문화청장관은 제68조 제1항 또는 전조의 재정신청이 있을 때에는 그 뜻을 당해 신청과 관련된 저작권자에게 통지하고 상당한 기간을 지정하여 의견을 진술할 기회를 주어야 한다. ④ 문화청장관은 제67조 제1항, 제68조 제1항 또는 전조의 재정신청이 있을 경우에, 다음 각호의 하나에 해당한다고 인정할 때에는 재정을 해서는 아니된다. 1. 저작자가 그 저작물의 출판 기타의 이용을 폐절하고자 하는 것이 분명할 때 2. 제68조 제1항의 재정신청과 관련되는 저작권자가 그의 저작물의 방송 허락	

을 부여하지 아니하는 것에 대하여 불가피한 사정이 있을 때 ⑤ 문화청장관은 전항의 재정을 하지 아니하는 처분을 하고자 할 때에는 미리 신청자에게 그 이유를 통지하고 변명 및 유리한 증거제출의 기회를 주어야만 하고, 당해 재정을 하지 아니하는 처분을 한 때에는 이유를 붙인 서면으로 신청자에게 그 뜻을 통지하여야 한다. ⑥ 문화청장관은 제67조 제1항의 재정을 한 때에는 그 뜻을 관보에 고시함과 동시에 신청자에게 통지하고, 제68조 제1항 또는 전조의 재정을 한 때에는 그 사실을 당사자에게 통지하여야 한다. ⑦ 전 각항에 규정하는 것 외에 이 절에서 정하는 재정에 관하여 필요한 사항은 시행령으로 정한다.	
제9절 보상금	
제71조 (문화심의회의 자문) 문화청장관은 제33조 제2항(동조 제4항에서 준용하는 경우를 포함한다), 제33조의2 제2항, 제67조 제1항, 제68조 제1항 또는 제69조의 보상금의 액수를 정하는 경우에는 문화심의회에 자문하여야 한다.	
제72조 (보상금의 액수에 대한 소송) ① 제67조 제1항, 제68조 제1항 또는 제69조의 규정에 기하여 정해진 보상금의 액수에 대하여 불복이 있는 당사자는 그 규정에 의한 재정이 있었다는 사실을 안 날부터 6개월 내에 소송을 제기하여 그 액수의 증감을 구할 수 있다. ② 전항의 소송에서는 소송을 제기하는 자가 저작물을 이용하는 자일 때에는 저작권자를, 저작권자일 때에는 저작물을 이용하는 자를 각각 피고로 하여야 한다.	
제73조 (보상금의 액수에 대한 이의신청의 제한) 제67조 제1항, 제68조 제1항 또는 제69조의 규정에 의한 재정에 대한 행정불복심사법에 의한 이의신청에 있어서는 그 재정에 관련되는 보상금의 액수에 대한 불복을 그 재정에 대한 불복의 이유로 할 수 없다. 다만 제67조 제1항의 재정을 받은 자가 저작권자 불명 기타 이에 준하는 이유에 의하여 전조 제1항의 소송을 제기할 수 없는 경우에는 그러하지 아니하다.	
제74조 (보상금의 공탁) ① 제33조 제2항(동조 제4항에서 준용하는 경우를 포함한다), 제33조의2 제2항, 제68조 제1항 또는 제69조의 보상금을 지급하여야 하는 자는 다음에 드는 경우에 그 보상금의 지급에 대신하여 그 보상금을 공탁하여야 한다. 1. 저작권자가 보상금의 수령을 거절하거나 보상금을 수령할 수 없는 경우 2. 그 자가 과실 없이 저작권자를 확실하게 알 수 없는 경우 3. 그 자가 보상금의 액수에 대하여 제72조 제1항의 소송을 제기한 경우 4. 당해 저작권을 목적으로 하는 질권이 설정되어 있는 경우(당해 질권을 갖는 자의 승낙을 얻은 경우을 제외한다) ② 전항 제3호의 경우에 저작권자의 청구가 있을 때에는 당해 보상금을 지급하여야 하는 자가 자기의 견적금액을 지급하고, 재정에 관련되는 보상금의 액과의 차액을 공탁하여야 한다. ③ 제67조 제1항 또는 제2항의 규정에 의한 보상금의 공탁은 저작권자가 국내에 주소 또는 거소가 알려진 것이 있는 경우에는 당해 주소 또는 거소의 가장 가까운 공탁소에, 기타의 경우에는 공탁하는 자의 주소 또는 거소에 가장 가까	

운 공탁소에 각각 하는 것으로 한다. ④ 전항의 공탁을 한 자는 조속히 그 사실을 저작권자에게 통지하여야 한다. 다만 저작권자 불명 기타 이유에 의하여 저작권자에게 통지할 수 없는 경우에는 그러하지 아니하다.	
제10절 등록	
제75조 (실명의 등록) ① 무명 또는 이명으로 공표된 저작물의 저작자는 현재 그 저작권을 가지고 있는지의 여부에 관계없이 그 저작물에 대하여 그 실명의 등록을 받을 수 있다. ② 저작자는 그의 유언으로 지정하는 자에 의하여 사후에 전항의 등록을 받을 수 있다. ③ 실명의 등록이 되어 있는 자는 당해 등록에 관련된 저작물의 저작자로 추정한다.	제53조
제76조 (최초발행연월일 등의 등록) ① 저작권자 또는 무명 혹은 이명 저작물의 발행자는 그 저작물에 대하여 최초발행연월일의 등록 또는 최초공표연월일의 등록을 받을 수 있다. ② 최초발행연월일의 등록 또는 최초공표연월일의 등록이 되어 있는 저작물에 대해서는 그 등록에 관계된 연월일에 최초의 발행 또는 최초의 공표가 있었던 것으로 추정한다.	제53조
제76조의2 (창작연월일의 등록) ① 프로그램저작물의 저작자는 그 저작물에 대하여 창작연월일의 등록을 받을 수 있다. 다만 그 저작물의 창작 후 6월을 경과한 경우에는 그러하지 아니하다. ② 전항의 등록이 되어 있는 저작물에 대해서는 그 등록에 관계된 연월일에 창작이 있었던 것으로 추정한다.	제53조
제77조 (저작권의 등록) 다음에 드는 사항은 등록하지 아니하면 제3자에게 대항할 수 없다. 1. 저작권의 이전(상속 기타 일반 승계에 의하는 것을 제외한다. 다음 호에서도 같다) 또는 처분의 제한 2. 저작권을 목적으로 하는 질권의 설정, 이전, 변경 혹은 소멸(혼동 또는 저작권 혹은 담보하는 채권의 소멸에 의한 것을 제외한다) 또는 처분의 제한	제54조
제78조 (등록절차 등) ① 제75조 제1항, 제76조 제1항, 제76조의2 제1항 또는 전조의 등록은 문화청장관이 저작권등록원부에 기재하여 행한다. ② 문화청장관은 제75조 제1항의 등록을 행한 때에는 그 뜻을 관보에 고시한다. ③ 누구라도 문화청장관에 대해 저작권등록부의 등본, 초본 혹은 그 부속서류의 사본의 교부 또는 저작권등록원부 혹은 그 부속서류의 열람을 청구할 수 있다. ④ 전항의 청구를 하는 자는 실비를 감안하여 시행령으로 정하는 액수의 수수료를 납부하여야 한다. ⑤ 전항의 규정은 동항의 규정에 의해 수수료를 납부해야 하는 자가 국가등인 때에는 적용하지 아니한다. ⑥ 제1항에 규정하는 등록에 관한 처분에 대해서는 행정절차법 제2장 및 제3	제55조

장의 규정은 적용하지 아니한다. ⑦ 저작권등록원부 및 그 부속서류에 대해서는 행정기관정보공개법의 규정은 적용하지 아니한다. ⑧ 저작권등록원부 및 그 부속서류에 기록되어 있는 보유개인정보(행정기관이 보유하는 개인정보의 보호에 관한 법률 제2조 제3항에 규정하는 보유개인정보를 말한다)에 대해서는 동법 제4장의 규정은 적용하지 아니한다. ⑨ 이 절에 규정하는 것 외에 제1항에 규정하는 등록에 관해 필요한 사항은 시행령으로 정한다.	
第78조의2 (프로그램저작물의 등록에 관한 특례) 프로그램저작물에 관계된 등록에 대해서는 이 절의 규정에 의하는 외에 달리 법률로 정하는 바에 의한다.	
제3장 출판권	
第79조 (출판권의 설정) ① 제21조에 규정하는 권리를 갖는 자(이하 이 장에서 '복제권자'라 한다)는 그 저작물을 문서 또는 도화로 출판하는 것을 인수하는 자에 대하여 출판권의 설정을 할 수 있다. ② 복제권자는 그 복제권을 목적으로 하는 질권이 설정되어 있는 때에는 당해 질권을 갖는 자의 승낙을 얻은 경우에 한하여 출판권을 설정할 수 있는 것으로 한다.	第57조 ① ③
第80조 (출판권의 내용) ① 출판권자는 설정행위로 정하는 바에 의하여 반포의 목적으로 그 출판권의 목적인 저작물을 원작 그대로 인쇄 기타 기계적 또는 화학적 방법에 의하여 문서 또는 도화로 복제할 권리를 독점한다. ② 출판권의 존속기간 중에 당해 저작물의 저작자가 사망한 때 또는 설정행위를 다른 정함이 있는 경우를 제외하고 출판권의 설정 후 최초의 출판이 있었던 날로부터 3년을 경과한 때에는 복제권자는 전항의 규정에도 불구하고 당해 저작물을 전집 기타 편집물(그 저작자의 저작물만을 편집한 것에 한한다)에 수록하여 복제할 수 있다. ③ 출판권자는 타인에 대하여 그 출판권의 목적인 저작물의 복제를 허락할 수 없다.	第57조 ② 第60조 ②
第81조 (출판의 의무) 출판권자는 그 출판권의 목적인 저작물에 대하여 다음에 드는 의무를 진다. 다만 설정행위에 별도의 정함이 있는 경우에는 그러하지 아니하다. 1. 복제권자로부터 그 저작물을 복제하기 위하여 필요한 원고 기타 원품 또는 이에 상당한 물건의 인도를 받은 날부터 6월 이내에 당해 저작물을 출판할 의무 2. 당해 저작물을 관행에 따라 계속하여 출판할 의무	第58조
第82조 (저작물의 수정증감) ① 저작자는 그의 저작물을 출판권자가 다시 복제하는 경우에는 정당한 범위 안에서 그 저작물에 수정 또는 증감을 할 수 있다. ② 출판권자는 그 출판권의 목적인 저작물을 다시 복제하고자 할 때에는 그 때마다 미리 저작자에게 그 뜻을 통지하여야 한다.	第59조

제83조 (출판권의 존속기간) ① 출판권의 존속기간은 설정행위로 정하는 바에 의한다. ② 출판권은 그 존속기간에 대하여 설정행위에 정함이 없는 때에는 그 설정 후 최초의 출판이 있었던 날부터 3년을 경과한 날에 소멸한다.	第60조
제84조 (출판권의 소멸청구) ① 출판권자가 제81조 제1호의 의무에 위반한 때에는 복제권자는 출판권자에게 통지하여 그 출판권을 소멸시킬 수 있다. ② 출판권자가 제81조 제2호의 의무에 위반한 경우에 복제권자가 3월 이상의 기간을 정하여 그 이행을 최고하였음에도 불구하고 그 기간 내에 이행이 이루어지지 아니할 때에는 복제권자는 출판권자에게 통지하여 그 출판권을 소멸시킬 수 있다. ③ 복제권자인 저작자는 그 저작물의 내용이 자기의 확신에 적합하지 아니하게 된 때에는 그 저작물의 출판을 폐절하기 위하여 출판권자에게 통지하여 그 출판권을 소멸시킬 수 있다. 다만 당해 폐절로 인하여 출판권자에게 통상 생길 수 있는 손해를 미리 배상하지 아니하는 경우에는 그러하지 아니하다.	第61조
제85조 (출판권 소멸 후의 출판물의 배포) (삭제)	第62조
제86조 (출판권의 제한) ① 제30조 제1항, 제31조, 제32조, 제33조 제1항(동조 제4항에 있어서 준용하는 경우를 포함한다), 제33조의2 제1항, 제34조 제1항, 제35조 제1항, 제36조 제1항, 제37조 제1항, 제39조 제1항, 제40조 제1항 및 제2항, 제41조 내지 제42조의2, 제46조 및 제47조의 규정은 출판권의 목적이 되어 있는 저작물의 복제에 대하여 준용한다. 이 경우에 제35조 제1항 및 제42조 제1항 중 '저작권자'는 '출판권자'로 한다. ② 전항에서 준용하는 제30조 제1항, 제31조 제1호, 제33조의2 제1항, 제35조 제1항, 제41조, 제42조 또는 제42조의2에 정하는 목적 이외의 목적을 위하여, 이 규정들의 적용을 받아 작성된 저작물의 복제물을 반포하거나 당해 복제물에 의하여 당해 저작물을 공중에 제시한 자는 제80조 제1항의 복제를 행한 것으로 본다.	第63조 ②
제87조 (출판권의 양도 등) 출판권은 복제권자의 승낙을 얻은 경우에 한하여 양도하거나 질권의 목적으로 할 수 있다.	第63조 ①
제88조 (출판권의 등록) ① 다음에 드는 사항은 등록하지 아니하면 제3자에게 대항할 수 없다. 1. 출판권의 설정, 이전(상속 기타 일반 승계에 의한 것을 제외한다. 다음 호에서도 같다), 변경 혹은 소멸(혼동 또는 복제권의 소멸에 의한 것을 제외한다) 또는 처분의 제한 2. 출판권을 목적으로 하는 질권의 설정, 이전, 변경 혹은 소멸(혼동 또는 출판권 혹은 담보하는 채권의 소멸에 의하는 것을 제외한다) 또는 처분의 제한 ② 제78조(제2항을 제외한다)의 규정은 전항의 등록에 대하여 준용한다. 이 경우에 동조 제1항 및 제3항, 제7항 및 제8항 중 '저작권등록원부'는 '출판권등록원부'로 한다.	第63조 ③

제4장 저작인접권	
제1절 총칙	
제89조 (저작인접권) ① 실연자는 제90조의2 제1항 및 제90조의3 제1항에 규정하는 권리(이하 '실연자인격권'이라 한다) 및 제91조 제1항, 제92조 제1항, 제92조의2 제1항, 제95조의2 제1항 및 제95조의3 제1항에 규정하는 권리와 제94조의2 및 제95조의3 제3항에 규정하는 보수, 그리고 제95조 제1항에 규정하는 2차사용료를 받을 권리를 향유한다. ② 음반제작자는 제96조, 제96조의2, 제95조의2 제1항 및 제97조의3 제1항에 규정하는 권리 및 제99조 제1항에 규정하는 2차사용료, 그리고 제97조의3 제3항에 규정하는 보수를 받을 권리를 향유한다. ③ 방송사업자는 제98조 내지 제100조에 규정하는 권리를 향유한다. ④ 유선방송사업자는 제100조의2 내지 제100조의 5에 규정하는 권리를 향유한다. ⑤ 전 각항의 권리의 향유에는 어떠한 방식의 이행도 필요하지 아니하다. ⑥ 제1항부터 제4항까지의 권리(실연자인격권과 제1항 및 제2항의 보수 및 2차사용료를 받을 권리를 제외한다)는 저작인접권이라 한다.	
제90조 (저작자의 권리와 저작인접권과의 관계) 이 장의 규정은 저작자의 권리에 영향을 미치는 것으로 해석되어서는 아니된다.	제65조
제2절 실연자의 권리	
제90조의2 (성명표시권) ① 실연자는 그 실연을 공중에게 제공 또는 제시함에 있어서 그 성명 혹은 이명 기타 성명 대신 사용되는 것을 실연자명으로 표시하거나 또는 실연자명을 표시하지 않을 권리를 갖는다. ② 실연을 이용하는 자는 그 실연자의 다른 의사표시가 없는 한 그 실연에 대해 이미 실연자가 표시하고 있는 바에 따라 실연자명을 표시할 수 있다. ③ 실연자명의 표시는 실연의 이용목적 및 태양에 비추어 실연자가 그 실연의 실연자임을 주장하는 이익을 해할 우려가 없다고 인정되는 때 또는 공정한 관행에 반하지 않는다고 인정되는 때에는 생략할 수 있다. ④ 제1항의 규정은 다음 각호의 하나에 해당하는 때에는 적용하지 아니한다. 1. 행정기관정보공개법, 독립행정법인등정보공개법 또는 정보공개조례의 규정에 의해 행정기관의 장, 독립행정법인등 또는 지방공공단체의 기관 혹은 지방독립행정법인이 실연을 공중에게 제공하거나 제시하는 경우에 당해 실연에 대해 이미 그 실연자가 표시하고 있는 바에 따라서 실연자명을 표시할 때 2. 행정기관정보공개법 제6조 제2항의 규정, 독립행정법인정보공개법 제6조 제2항의 규정 또는 정보공개조례의 규정에서 행정기관정보공개법 제6조 제2항의 규정에 상당한 것에 의해 행정기관의 장, 독립행정법인등 또는 지방공공단체의 기관 혹은 지방독립행정법인이 실연을 공중에게 제공하거나 제시하는 경우에 당해 실연의 실연자명의 표시를 생략하게 될 때	제66조
제90조의2 (동일성유지권) ① 실연자는 그 실연의 동일성을 유지할 권리를 갖고, 자기의 명예 또는 성망	제67조

을 해하는 그 실연의 변경, 삭제 기타의 개변을 당하지 않는 것으로 한다. ② 전항의 규정은 실연의 성질이나 그 이용목적 및 태양에 비추어 부득이하다고 인정되는 개변 또는 공정한 관행에 반하지 않는다고 인정되는 개변에 대해서는 적용되지 아니한다.	
제91조 (녹음권 및 녹화권) ① 실연자는 그의 실연을 녹음하거나 녹화할 권리를 독점한다. ② 전항의 규정은 동항에 규정하는 권리를 갖는 자의 허락을 얻어 영화저작물에서 녹음되거나 녹화된 실연에 대해서는 이를 녹음물(음을 오로지 영상과 함께 재생하는 것을 목적으로 하는 것을 제외한다)에 녹음하는 경우를 제외하고 적용하지 아니한다.	(제69조)
제92조 (방송권 및 유선방송권) ① 실연자는 그의 실연을 방송하거나 유선방송할 권리를 독점한다. ② 전항의 규정은 다음에 드는 경우에는 적용하지 아니한다. 1. 방송되는 실연을 유선방송하는 경우 2. 다음에 드는 실연을 방송하거나 유선방송하는 경우 가. 전조 제1항에 규정하는 권리를 갖는 자의 허락을 얻어 녹음되거나 녹화되어 있는 실연 나. 전조 제2항의 실연으로서 동항의 녹음물 이외의 유형물에 녹음되거나 녹화되어 있는 것	(제73조)
제92조의2 (송신가능화권) ① 실연자는 그의 실연을 송신가능화할 권리를 독점한다. ② 전항의 규정은 다음에 드는 실연에 대해서는 적용하지 아니한다. 1. 제91조 제1항에 규정하는 권리를 갖는 자의 허락을 얻어 녹화되어 있는 실연 2. 제91조 제2항의 실연으로서 동항의 녹음물 이외의 유형물에 녹음되거나 녹화되어 있는 것	(제74조)
제93조 (방송을 위한 고정) ① 실연의 방송에 대하여 제92조 제1항에 규정하는 권리를 갖는 자의 허락을 얻은 방송사업자는 그 실연을 방송을 위하여 녹음하거나 녹화할 수 있다. 다만 계약에 다른 정함이 있는 경우 및 당해 허락에 관련된 방송 프로그램과 상이한 내용의 방송 프로그램에 사용할 목적으로 녹음하거나 녹화하는 경우에는 그러하지 아니하다. ② 다음에 드는 자는 제91조 제1항의 녹음 또는 녹화를 한 것으로 본다. 1. 전항의 규정에 의하여 작성된 녹음물 또는 녹화물을 방송의 목적 이외의 목적 또는 동항 단서에 규정하는 목적을 위하여 사용하거나 제공한 자 2. 전항의 규정에 의하여 작성된 녹음물 또는 녹화물의 제공을 받은 방송사업자로서, 이들을 또다시 다른 방송사업자의 방송을 위하여 제공한 자	
제94조 (방송을 위한 고정물 등에 의한 방송) ① 제92조 제1항에 규정하는 권리를 갖는 자가 그의 실연의 방송을 허락한 때에는 계약에 다른 정함이 없는 한 당해 실연은 당해 허락에 관한 방송 이외에 다음에 드는 방송에서 방송할 수 있다. 1. 당해 허락을 얻은 방송사업자가 전조 제1항의 규정에 의하여 작성한 녹음물 또는 녹화물을 사용하여 하는 방송 2. 당해 허락을 얻은 방송사업자로부터 그 자가 전조 제1항의 규정에 의하여	

작성한 녹음물 또는 녹화물의 제공을 받아서 하는 방송 3. 당해 허락을 얻은 방송사업자로부터 당해 허락에 관련된 방송 프로그램의 공급을 받아서 하는 방송(전호의 방송을 제외한다) ② 전항의 경우에 동항 각호에 드는 방송에서 실연이 방송된 때에는 당해 각호에 규정하는 방송사업자는 상당한 액수의 보수를 당해 실연에 관련된 제92조 제1항에 규정하는 권리를 갖는 자에게 지급하여야 한다.	
제94조의2 (방송된 실연의 유선방송) 유선방송사업자는 방송되는 실연을 유선방송한 경우(영리를 목적으로 하지 않고 또 청중 또는 관중으로부터 요금(어떤 명목을 불문하고 실연의 제시에 대해 받는 대가를 말한다. 다음 조 제1항에서도 같다)을 받지 않는 경우를 제외한다)에는 당해 실연(저작인접권의 존속기간 내의 것에 한하며, 제92조 제2항 제2호에 드는 것을 제외한다)에 관련된 실연자에게 상당한 액수의 보수를 지급하여야 한다.	
제95조 (상업용음반의 2차사용) ① 방송사업자 및 유선방송사업자(이하 본조 및 제97조 제1항에서 '방송사업자등'이라 한다)는 제91조 제1항에 규정하는 권리를 갖는 자의 허락을 얻어 실연이 녹음되어 있는 상업용음반을 사용한 방송 또는 유선방송을 행한 경우(영리를 목적으로 하지 않고 또 청중 또는 관중으로부터 요금을 받지 않고 당해 방송을 수신하여 동시에 유선방송을 한 경우를 제외한다)에는 당해 실연(제7조 제1호 내지 제6호에 드는 실연으로서 저작인접권의 존속기간 내의 것에 한한다. 다음 항 및 제3항에서도 같다)에 관련된 실연자에게 2차사용료를 지급하여야 한다. ② 전항의 규정은 실연자등보호협약의 체약국에 대해서는 당해 체약국으로서 실연자등보호협약 제16조1(a)(i)의 규정에 기하여 실연자등보호협약 제12조의 규정을 적용하지 않는 것으로 되어 있는 국가 이외의 국가의 국민을 음반제작자로 하는 음반에 고정되어 있는 실연에 관련된 실연자에 대해서 적용한다. ③ 제8조 제1호에 드는 음반에 대하여 실연자등보호협약의 체약국에 의하여 부여되는 실연자등보호협약 제12조의 규정에 의한 보호기간이 제1항의 규정에 의하여 실연자가 보호를 받는 기간보다 짧은 때에는 당해 체약국의 국민을 음반제작자로 하는 음반에 고정되어 있는 실연에 관련된 실연자가 동항의 규정으로 보호를 받는 기간은 제8조 제1호에 드는 음반에 대하여 당해 체약국에 의하여 부여되는 실연자등보호협약 제12조의 규정에 의한 보호기간에 따른다. ④ 제1항의 규정은 실연음반조약의 체약국(실연자등보호협약의 체약국을 제외한다)으로서 실연음반조약 제15조(3)의 규정에 의해 유보되어 있는 국가의 국민을 음반제작자로 하는 음반에 고정되어 있는 실연에 관련된 실연자에 대해서는 당해 유보범위로 제한하여 적용한다. ⑤ 제1항의 2차사용료를 받을 권리는 국내에서 실연을 업으로 하는 자의 상당수를 구성원으로 하는 단체(그 연합체를 포함한다)로서 그 동의를 얻어 문화청장관이 지정하는 것이 있을 때에는 당해 단체에 의하여서만 행사할 수 있다. ⑥ 문화청장관은 다음에 드는 요건을 구비하는 단체가 아닌 경우에 전항의 지정을 해서는 아니된다. 1. 영리를 목적으로 하지 않을 것 2. 그 구성원이 임의로 가입하거나 탈퇴할 수 있을 것	(제75조)

3. 그 구성원의 의결권 및 선거권이 평등할 것 4. 제1항의 2차사용료를 받을 권리를 갖는 자(이하 본조에서 '권리자'라 한다)를 위하여 그 권리를 행사하는 업무를 스스로 적확하게 수행하기에 충분한 능력을 가질 것 ⑦ 제5항의 단체는 권리자로부터 신청이 있을 때에는 그를 위하여 그 권리를 행사하는 것을 거부해서는 안된다. ⑧ 제5항의 단체는 전항의 신청이 있을 때에는 권리자를 위하여 자기 명의로 그 권리에 관한 재판상 또는 재판외의 행위를 하는 권한을 갖는다. ⑧ 문화청장관은 제5항의 단체에 대해 시행령으로 정하는 바에 의하여 제1항의 2차사용료에 관련된 업무에 관하여 보고를 하게 하거나, 장부, 서류 기타 자료 제출을 요구하거나, 또는 그 업무의 집행방법의 개선을 위하여 필요한 권고를 할 수 있다. ⑩ 제5항의 단체가 동항의 규정에 의하여 권리자를 위하여 청구할 수 있는 2차사용료의 액수는 매년 당해 단체와 방송사업자등 또는 그 단체와의 사이에서 협의하여 정하는 것으로 한다. ⑪ 전항의 협의가 성립하지 아니하는 때에는 그 당사자는 시행령으로 정하는 바에 의하여 동항의 2차사용료의 액수에 대하여 문화청장관의 재정을 구할 수 있다. ⑫ 제70조 제3항, 제6항 및 제7항과 제71조 내지 제74조의 규정은 전항의 재정 및 2차사용료에 대하여 준용한다. 이 경우에 제70조 제3항 중 '저작권자'는 '당사자'로, 제72조 제2항 중 '저작물을 이용하는 자'는 '제95조 제1항의 방송사업자등'으로, '저작권자'는 '동조 제5항의 단체'로, 제74조 중 '저작권자'는 '제95조 제5항의 단체'로 한다. ⑬ 사적 독점의 금지 및 공정거래의 확보에 관한 법률의 규정은 제9항의 협의에 의한 결정 및 그에 기하여 하는 행위에 대하여 적용하지 아니한다. 다만 불공정한 거래방법을 이용하는 경우 및 관련 사업자의 이익을 부당하게 해하는 경우에는 그러하지 아니하다. ⑭ 제5항 내지 전항에 정하는 것 외에 제1항의 2차사용료의 지급 및 제4항의 단체에 관하여 필요한 사항은 시행령으로 정한다.	
제95조의2 (양도권) ① 실연자는 그 실연을 그 녹음물 또는 녹화물의 양도에 의해 공중에게 제공할 권리를 독점한다. ② 전항의 규정은 다음에 드는 실연에 대해서는 적용하지 아니한다. 1. 제91조 제1항에 규정하는 권리를 갖는 자의 허락을 얻어 녹화되어 있는 실연 2. 제91조 제2항의 실연으로서 동항 녹음물 이외의 유형물에 녹음되거나 녹화되어 있는 것 ③ 제1항의 규정은 실연(전항 각호에 드는 것을 제외한다. 이하 본조에서 같다)의 녹음물 또는 녹화물로서 다음 각호의 하나에 해당하는 것의 양도에 의한 경우에는 적용하지 아니한다. 1. 제1항에 규정하는 권리를 갖는 자 또는 그 허락을 얻은 자에 의해 공중에게 양도된 실연의 녹음물 또는 녹화물 2. 제1항에 규정하는 권리를 갖는 자 또는 그 승낙을 얻은 자에 의해 특정 소수자에게 양도된 실연의 녹음물 또는 녹화물 3. 국외에서 제1항에 규정하는 권리에 상당한 권리를 해하지 않고 또는 동항에	(제70조)

규정하는 권리에 상당한 권리를 갖는 자 혹은 그 승낙을 얻은 자에 의해 양도된 실연의 녹음물 또는 녹화물	
제95조의3 (대여권 등) ① 실연자는 그의 실연을 그것이 녹음되어 있는 상업용음반의 대여에 의하여 공중에게 제공할 권리를 독점한다. ② 전항의 규정은 최초로 판매된 날부터 기산하여 1월 이상 12월을 초과하지 아니하는 범위 내에서 시행령으로 정하는 기간을 경과한 상업용음반(복제되어 있는 음반의 전부가 당해 상업용음반과 동일한 것을 포함한다. 이하 '기간 경과 상업용음반'이라 한다)의 대여에 의한 경우에는 적용하지 아니한다. ③ 상업용음반을 공중에게 대여하는 것을 영업으로 하는 자(이하 '음반대여업자'라 한다)는 기간 경과 상업용음반의 대여에 의하여 실연을 공중에게 제공한 경우에 당해 실연(저작인접권의 존속기간 내의 것에 한한다)에 관련된 실연자에게 상당한 액수의 보수를 지급하여야 한다. ④ 제95조 제5항 내지 제14항의 규정은 전항의 보수를 받을 권리에 대하여 준용한다. 이 경우에 동조 제10항 중 '방송사업자 등' 및 동조 제12항 중 '제95조 제1항의 방송사업자등'은 '제95조의3 제3항의 음반대여업자'로 한다. ⑤ 제1항에 규정하는 권리를 갖는 자의 허락에 관련된 사용료를 받을 권리는 전항에서 준용하는 제95조 제5항의 단체에 의하여 행사할 수 있다. ⑥ 제95조 제7항 내지 제14항의 규정은 전항의 경우에 대하여 준용한다. 이 경우에 있어서는 제4항 후단의 규정을 준용한다.	제71조
제3절 음반제작자의 권리	
제96조 (복제권) 음반제작자는 그 음반을 복제할 권리를 독점한다.	제78조
제96조의2 (송신가능화권) 음반제작자는 그 음반을 송신가능화할 권리를 독점한다.	(제81조)
제97조 (상업용음반의 2차사용) ① 방송사업자등은 상업용음반을 사용한 방송 또는 유선방송을 한 경우(영리를 목적으로 하지 않고 또 청중 또는 관중으로부터 요금(어떤 명목을 불문하고 음반에 관련된 음의 제시에 대해 받는 대가를 말한다)을 받지 않고 당해 방송을 수신하여 동시에 유선방송을 한 경우를 제외한다)에는 그 음반(제8조 제1호 내지 제4호에 드는 음반으로서, 저작인접권의 존속기간 내의 것에 한한다)에 관련된 음반제작자에게 2차사용료를 지급하여야 한다. ② 제95조 제2항 및 제4항의 규정은 전항에 규정하는 음반제작자에 대하여 준용하고, 동조 제3항의 규정은 전항의 규정에 의하여 보호를 받는 기간에 대하여 준용한다. 이 경우에 동조 제2항 내지 제4항의 규정 중 '국민을 음반제작자로 하는 음반에 고정되어 있는 실연에 관련된 실연자'는 '국민인 음반제작자'로, 동조 제3항 중 '실연자가 보호를 받는 기간'은 '음반제작자가 보호를 받는 기간'으로 한다. ③ 제1항의 2차사용료를 받을 권리는 국내에서 상업용음반의 제작을 업으로 하는 자의 상당수를 구성원으로 하는 단체(그 연합체를 포함한다)로서 그 동의를 얻어 문화청장관이 지정하는 것일 때에는 당해 단체에 의해서만 행사할 수 있다.	제82조

④ 제95조 제6항 내지 제14항의 규정은 제1항의 2차사용료 및 전항의 단체에 대하여 준용한다.	
제97조의2 (양도권) ① 음반제작자는 그 음반을 그 복제물의 양도에 의해 공중에게 제공할 권리를 독점한다. ② 전항의 규정은 음반의 복제물이 다음 각호의 하나에 해당하는 것의 양도에 의한 경우에는 적용하지 아니한다. 1. 전항에 규정하는 권리를 갖는 자 또는 그 허락을 얻은 자에 의해 공중에게 양도된 음반의 복제물 2. 전항에 규정하는 권리를 갖는 자 또는 그 승낙을 얻은 자에 의해 특정 소수자에게 양도된 음반의 복제물 3. 국외에서 전항에 규정하는 권리에 상당한 권리를 해하지 않고 또는 동항에 규정하는 권리에 상당한 권리를 갖는 자 혹은 그 승낙을 얻은 자에 의해 양도된 음반의 복제물	(제79조)
제97조의3 (대여권 등) ① 음반제작자는 그 음반을 그것이 복제되어 있는 상업용음반의 대여에 의하여 공중에 제공할 권리를 독점한다. ② 전항의 규정은 기간 경과 상업용음반의 대여에 의한 경우에는 적용하지 아니한다. ③ 음반대여업자는 기간 경과 상업용음반의 대여에 의하여 음반을 공중에게 제공한 경우에 당해 음반(저작인접권의 존속기간 내의 것에 한한다)에 관련된 음반제작자에게 상당한 액수의 보수를 지급하여야 한다. ④ 제97조 제3항의 규정은 전항의 보수를 받을 권리의 행사에 대하여 준용한다. ⑤ 제95조 제6항 내지 제14항의 규정은 제3항의 보수 및 전항에서 준용하는 제97조 제3항에 규정하는 단체에 대하여 준용한다. 이 경우에 제95조의3 제4항 후단의 규정을 준용한다. ⑥ 제1항에 규정하는 권리를 갖는 자의 허락에 관련된 사용료를 받을 권리는 제4항에서 준용하는 제97조 제3항의 단체에 의하여 행사할 수 있다. ⑦ 제5항의 규정은 전항의 경우에 대하여 준용한다. 이 경우에 제5항 중 '제95조 제6항'은 '제95조 제7항'으로 한다.	第80조
제4절 방송사업자의 권리	
제98조 (복제권) 방송사업자는 그 방송 또는 이를 수신하여 행하는 유선방송을 수신하여 그 방송에 관련된 음 또는 영상을 녹음, 녹화하거나 사진 기타 그와 유사한 방법에 의하여 복제할 권리를 독점한다.	第84조
제99조 (재방송권 및 유선방송권) ① 방송사업자는 그 방송을 수신하여 이를 재방송하거나 유선방송할 권리를 독점한다. ② 전항의 규정은 방송을 수신하여 유선방송을 행하는 자가 법령의 규정에 의하여 행하지 아니하면 아니되는 유선방송에 대해서는 적용하지 아니한다.	
제99조의2 (송신가능화권) 방송사업자는 그 방송 또는 이를 수신하여 행하는 유선방송을 수신하여 그 방	

송을 송신가능화할 권리를 독점한다.	
第100조 (텔레비전방송의 전달권) 방송사업자는 그 텔레비전방송 또는 이를 수신하여 행하는 유선방송을 수신하여 영상을 확대하는 특별한 장치를 사용하여 그 방송을 공연히 전달할 권리를 독점한다.	
第5절 유선방송사업자의 권리	
第100조의2 (복제권) 유선방송사업자는 그 유선방송을 수신하여 그 유선방송에 관련된 음 또는 영상을 녹음, 녹화하거나 또는 사진 기타 그와 유사한 방법에 의해 복제할 권리를 독점한다.	
第100조의3 (방송권 및 재유선방송권) 유선방송사업자는 그 유선방송을 수신하여 이를 방송하거나 재유선방송할 권리를 독점한다.	
第100조의4 (유선텔레비전방송의 전달권) 유선방송사업자는 그 유선텔레비전방송을 수신하여 영상을 확대하는 특별한 장치를 사용하여 그 유선방송을 공연히 전달할 권리를 독점한다.	
第6절 보호기간	
第101조 (실연, 음반, 방송 또는 유선방송의 보호기간) ① 저작인접권의 보호기간은 다음 각호에 드는 때에 시작된다. 1. 실연에 관해서는 그 실연을 행한 때 2. 음반에 관해서는 그 음을 최초로 고정한 때 3. 방송에 관해서는 그 방송을 행한 때 4. 유선방송에 관해서는 그 유선방송을 행한 때 ② 저작인접권의 존속기간은 다음에 드는 때에 만료된다. 1. 실연에 관해서는, 그 실연이 행해진 날이 속하는 해의 다음해부터 기산하여 50년을 경과한 때 2. 름반에 관해서는, 그 발행이 행해진 날이 속하는 해의 다음해부터 기산하여 50년(그 음이 최초로 고정된 날이 속하는 해의 다음해부터 기산하여 50년을 경과한 때까지 사이에 발행이 되지 않은 때는 그 음이 최초로 고정된 날이 속하는 해의 다음해부터 기산하여 50년)을 경과한 때 3. 방송에 관해서는, 그 방송이 행해진 날이 속하는 해의 다음해부터 기산하여 50년을 경과한 때 4. 유선방송에 관해서는, 그 유선방송이 행해진 날이 속하는 해의 다음해부터 기산하여 50년을 경과한 때	제86조
第7절 실연자인격권의 일신전속성 등	
第101조의2 (실연자인격권의 일신전속성) 실연자인격권은 실연자의 일신에 전속하고 양도할 수 없다.	제68조
第101조의3 (실연자 사후의 인격적 이익의 보호) 실연을 공중에게 제공하거나 제시하는 자는 그 실연의 실연자의 사후에도 실연자가 생존하고 있다면 그 실연자인격권의 침해로 될 행위를 해서는 안된다. 다만 그 행위의 성질 및 정도, 사회적 사정의 변동 기타에 의해 그 행위가 당해	

실연자의 뜻을 해하지 않는다고 인정되는 경우에는 그러하지 아니하다.	
제8절 권리의 제한, 양도 및 행사 등과 등록	
제102조 (저작인접권의 제한) ① 제30조 제1항, 제31조, 제32조, 제35조, 제36조, 제37조 제3항, 제38조 제2항 및 제4항, 제41조 내지 제42조의2, 제44조(제2항을 제외한다) 및 제47조의4의 규정은 저작인접권의 목적이 되어 있는 실연, 음반, 방송 또는 유선방송의 이용에 대해서 준용하며, 제30조 제2항 및 제47조의3의 규정은 저작인접권의 목적이 되는 실연 또는 음반의 이용에 대해서 준용하고, 제44조 제2항의 규정은 저작인접권의 목적이 되어 있는 실연, 음반 또는 유선방송의 이용에 대해서 준용한다. 이 경우에 있어서, 동조 제1항 중 '제23조 제1항'은 '제92조 제1항, 제99조 제1항 또는 제100조의3'으로, 제44조 제2항 중 '제23조 제1항'은 '제92조 제1항 또는 제100조의3'으로 한다. ② 전항에서 준용하는 제32조, 제37조 제3항 또는 제42조의 규정에 의해 실연 혹은 음반 또는 방송 혹은 유선방송에 관련된 음 혹은 영상(이하 '실연 등'이라 총칭한다)을 복제하는 경우에 그 출처를 명시하는 관행이 있을 때에는 이들 복제의 태양에 따라 합리적이라고 인정되는 방법 및 정도에 의하여 그 출처를 명시하여야 한다. ③ 저작인접권의 목적이 되어 있는 실연으로서 방송되는 것은 오로지 당해 방송에 관련된 방송대상지역에서 수신되는 것을 목적으로 하여 송신가능화(공중의 이용에 제공되어 있는 전기통신회선에 접속되어 있는 자동공중송신장치에 정보를 입력하는 것에 의한 것에 한한다)를 할 수 있다. 다만 당해 방송에 관련된 제99조의2에 규정하는 권리를 갖는 자의 권리를 해하게 되는 경우에는 그러하지 아니하다. ④ 전항의 규정에 의해 실연의 송신가능화를 행하는 자는 제1항에서 준용하는 제38조 제2항의 규정의 적용이 있는 경우를 제외하고 당해 실연에 관련된 제92조의2 제1항에 규정하는 권리를 갖는 자에게 상당한 액수의 보상금을 지급해야 한다. ⑤ 전 2항의 규정은 저작인접권의 목적이 되어 있는 음반의 이용에 대해서 준용한다. 이 경우 전항 중 '제92조의2 제1항'은 '제96조의2'로 한다. ⑥ 제39조 제1항 또는 제40조 제1항 혹은 제2항의 규정에 의하여 저작물을 방송하거나 유선방송할 수 있는 경우에는 그 저작물의 방송 혹은 유선방송에 대해서 이를 수신하여 유선방송하거나 혹은 영상을 확대하는 특별한 장치를 사용하여 공연히 전달하거나, 또는 그 저작물의 방송에 대해서 이를 수신하여 동시에 오로지 당해 방송에 관련된 방송대상지역에서 수신되는 것을 목적으로 하여 송신가능화(공중의 이용에 제공되어 있는 전기통신회선에 접속되어 있는 자동공중송신장치에 정보를 입력하는 것에 의한 것에 한한다)을 할 수 있다. ⑦ 다음에 드는 자는 제91조 제1항, 제96조, 제98조 또는 제100조의2의 녹음, 녹화 또는 복제를 한 것으로 본다. 1. 제1항에서 준용하는 제30조 제1항, 제31조 제1호, 제35조 제1항, 제37조 제3항, 제41조 내지 제42조의2 또는 제44조 제1항 혹은 제2항에 정하는 목적 이외의 목적을 위하여 이 규정들의 적용을 받아 작성된 실연 등의 복제물을 반포하거나, 또는 당해 복제물에 의하여 당해 실연, 당해 음반에 관련된 음 혹은 당해 방송 또는 유선방송에 관련된 음 또는 영상을 공중에게 제시한 자	제87조

2. 제1항에서 준용하는 제44조 제3항의 규정에 위반하여 동항의 녹음물 또는 녹화물을 보존한 방송사업자 또는 유선방송사업자 3. 제1항에서 준용하는 제47조의3 제1항 혹은 제2항의 규정의 적용을 받아 동조 제1항 혹은 제2항에 규정하는 내장기록매체 이외의 기록매체에 일시적으로 기록된 실연 등의 복제물을 반포하거나, 당해 복제물에 의해서 당해 실연, 당해 음반에 관련된 음 혹은 당해 방송 또는 유선방송에 관련된 음 혹은 영상을 공중에게 제시한 자 4. 제1항에서 준용하는 제47조의3 제3항의 규정에 위반하여 동항의 복제물을 보존한 자	
제102조의2 (실연자인격권과의 관계) 전조의 저작인접권의 제한에 관한 규정(동조 제5항 및 제6항의 규정을 제외한다)은 실연자인격권에 영향을 미치는 것으로 해석되어서는 아니된다.	
제103조 (저작인접권의 양도, 행사 등) 제61조 제1항의 규정은 저작인접권의 양도에 대하여, 제62조 제1항의 규정은 저작인접권의 소멸에 대하여, 제63조의 규정은 실연, 음반, 방송 또는 유선방송의 이용허락에 대하여, 제65조의 규정은 저작인접권의 공유에 관련된 경우에 대하여, 제66조의 규정은 저작인접권을 목적으로 하여 질권이 설정되어 있는 경우에 대하여 각각 준용한다. 이 경우 제63조 제5항 중 '제23조 제1항'은 '제92조의2 제1항, 제96조의2, 제99조의2 또는 제100조의4'로 한다.	제88조
제104조 (저작인접권의 등록) 제77조 및 제78조(제2항을 제외한다)의 규정은 저작인접권에 관한 등록에 대하여 준용한다. 이 경우 동조 제1항, 제3항, 제7항 및 제8항 중 '저작권등록원부'는 '저작인접권등록원부'로 한다.	제90조
제5장 사적녹음녹화보상금	
제104조의2 (사적녹음녹화보상금을 받을 권리의 행사) ① 제30조 제2항(제102조 제1항에서 준용하는 경우를 포함한다. 이하 이 장에서 같다)의 보상금(이하 이 장에서 '사적녹음녹화보상금'이라 한다)을 받을 권리는, 사적녹음녹화보상금을 받을 권리를 가진 자(이하 이 장에서 '권리자'라 한다)를 위하여 그 권리를 행사하는 것을 목적으로 하는 단체로서 다음에 드는 사적녹음녹화보상금의 구분별로 전국을 통해 하나에 한하여 그 동의를 얻어 문화청장관이 지정하는 것(이하 이 장에서 '지정관리단체'라 한다)이 있는 때에는 각각 당해 지정관리단체에 의하여만 행사할 수 있다. 1. 사적 사용을 목적으로 행해지는 녹음(오로지 녹화와 함께 행해지는 것을 제외한다. 이하 이 장에서 '사적 녹음'이라 한다)에 관련된 사적녹음녹화보상금 2. 사적 사용을 목적으로 행해지는 녹화(오로지 녹음과 함께 행해지는 것을 포함한다. 이하 이 장에서 '사적 녹화'라 한다)에 관련된 사적녹음녹화보상금 ② 전항의 규정에 의한 지정이 된 경우에는, 지정관리단체는 권리자를 위하여 자신의 이름으로 사적녹음녹화보상금을 받을 권리에 관한 재판상 또는 재판외의 행위를 행할 권한을 갖는다.	
제104조의3 (지정기준) 문화청장관은 다음에 드는 요건을 구비하는 단체가 아니면 전조 제1항의 규정에 의한 지정을 하여서는 아니 된다.	

1. 민법 제34조(공익법인의 설립)의 규정에 의하여 설립된 법인일 것 2. 전조 제1항 제1호에 드는 사적녹음녹화보상금에 관련된 경우에 대해서는 가.목, 다.목 및 라.목에 드는 단체를, 동항 제2호에 드는 사적녹음녹화보상금에 관련된 경우에 대해서는 나.목 내지 라.목에 드는 단체를 구성원으로 할 것 가. 사적 녹음에 관련된 저작물에 관하여 제21조에 규정하는 권리를 갖는 자를 구성원으로 하는 단체(그 연합체를 포함한다)로서, 국내에서 사적 녹음에 관련된 저작물에 관하여 동조에 규정하는 권리를 갖는 자의 이익을 대표한다고 인정되는 자 나. 사적 녹화에 관련된 저작물에 관하여 제21조에 규정하는 권리를 갖는 자를 구성원으로 하는 단체(그 연합체를 포함한다)로서, 국내에서 사적 녹화에 관련된 저작물에 관하여 동조에 규정하는 권리를 갖는 자의 이익을 대표한다고 인정되는 자 다. 국내에서 실연을 업으로 하는 자의 상당수를 구성원으로 하는 단체(그 연합체를 포함한다) 라. 국내에서 상업용음반의 제작을 업으로 하는 자의 상당수를 구성원으로 하는 단체(그 연합체를 포함한다) 3. 전호 가.목 내지 라.목에 드는 단체가 각각 다음에 드는 요건을 구비하는 자일 것 가. 영리를 목적으로 하지 않을 것 나. 그 구성원이 임의로 가입하거나 탈퇴할 수 있을 것 다. 그 구성원의 의결권 및 선거권이 평등할 것 4. 권리자를 위하여 사적녹음녹화보상금을 받을 권리를 행사하는 업무(제104조의8 제1항의 사업에 관련된 업무를 포함한다. 이하 이 장에서는 '보상금관계업무'라 한다)를 적확하게 수행하기에 충분한 능력을 갖추고 있을 것	
제104조의4 (사적녹음녹화보상금 지급의 특례) ① 제30조 제2항의 시행령에서 정하는 기기(이하 이 장에서 '특정 기기'라 한다) 또는 기록매체(이하 이 장에서 '특정 기록매체'라 한다)를 구입하는 자(당해 특정 기기 또는 특정 기록매체가 소매에 제공된 후 최초로 구입하는 것에 한한다)는 그 구입에 임하여 지정관리단체로부터 당해 특정 기기 또는 특정 기록매체를 사용하여 행하는 사적 녹음 또는 사적 녹화에 관련된 사적녹음녹화보상금의 일괄지급으로서, 제104조의6 제1항의 규정에 의하여 당해 특정 기기 또는 특정 기록매체에 대해 정해진 액수의 사적녹음녹화보상금의 지급청구가 있는 경우에는 당해 사적녹음녹화보상금을 지급하여야 한다. ② 전항의 규정에 의하여 사적녹음녹화보상금을 지급한 자는 지정관리단체에 대하여 그 지급에 관련된 특정 기기 또는 특정 기록매체를 오로지 사적 녹음 및 사적 녹화 이외의 사용에 제공하는 것을 증명하여 당해 사적녹음녹화보상금의 반환을 청구할 수 있다. ③ 제1항의 규정에 의한 지급청구를 받아 사적녹음녹화보상금이 지급된 특정 기기에 의하여 동항의 규정에 의한 지급청구를 받아 사적녹음녹화보상금이 지급된 특정 기록매체에 사적 녹음 또는 사적 녹화를 행하는 자는, 제30조 제2항의 규정에도 불구하고 당해 사적 녹음 또는 사적 녹화를 행함에 임하여 사적녹음녹화보상금을 지급할 것을 필요로 하지 아니한다. 다만 당해 특정 기기 또는 특정 기록매체가 전항의 규정에 의하여 사적녹음녹화보상금의 반환을 받은 것인 때에는 그러하지 아니하다.	

제104조의5 (제조업자등의 협력의무) 전조 제1항의 규정에 의하여 지정관리단체가 사적녹음녹화보상금의 지급을 청구하는 경우에는 특정 기기 또는 특정 기록매체의 제조 또는 수입을 업으로 하는 자(다음 조 제3항에서 '제조업자등'이라 한다)는 당해 사적녹음녹화보상금의 지급청구 및 그 수령에 관하여 협력하여야 한다.	
제104조의6 (사적녹음녹화보상금의 액수) ① 제104조의2 제1항의 규정에 의하여 지정관리단체가 사적녹음녹화보상금을 받을 권리를 행사하는 경우에는, 지정관리단체는 사적녹음녹화보상금의 액수를 정하여 문화청장관의 인가를 받아야 한다. 이를 변경하고자 할 때에도 같다. ② 전항의 인가가 있었던 때에는 사적녹음녹화보상금의 액수는 제30조 제2항의 규정에도 불구하고 그 인가를 받은 액수로 한다. ③ 지정관리단체는 제104조의4 제1항의 규정에 의하여 지급청구를 하는 사적녹음녹화보상금에 관련된 제1항의 인가신청시에 미리 제조업자등의 단체로서 제조업자등의 의견을 대표한다고 인정되는 자의 의견을 청취하여야 한다. ④ 문화청장관은 제1항의 인가신청에 관련된 사적녹음녹화보상금액이 제30조 제1항(제102조 제1항에서 준용하는 경우를 포함한다) 및 제104조 제1항의 규정의 취지, 녹음 또는 녹화에 관련된 통상의 사용료 액수 기타 사정을 고려한 적정한 액수라고 인정되는 때가 아니면 그 인가를 하여서는 아니된다. ⑤ 문화청장관은, 제1항의 인가를 하고자 할 때에는 문화심의회에 자문하여야 한다.	
제104조의7 (보상금 관계 업무의 집행에 관한 규정) ① 지정관리단체는 보상금 관계 업무를 개시하고자 하는 때에는 보상금 관계 업무의 집행에 관한 규정을 정하여 문화청장관에게 제출하여야 한다. 이를 변경하고자 할 때에도 같다. ② 전항의 규정에는 사적녹음녹화보상금(제104조의4 제1항의 규정에 기하여 지급받는 것에 한한다)의 분배에 관한 사항을 포함하는 것으로 하고, 지정관리단체는 제30조 제2항의 규정 취지를 고려하여 당해 분배에 관한 사항을 정하여야 한다.	
제104조의8 (저작권등의 보호에 관한 사업등을 위한 지출) ① 지정관리단체는, 사적녹음녹화보상금(제104조의4 제1항의 규정에 기하여 지급받는 자에 한한다) 액수의 20% 이내에서 시행령으로 정하는 비율에 상당하는 금액을 저작권 및 저작인접권의 보호에 관한 사업 및 저작물의 창작 진흥과 보급에 투자하는 사업을 위하여 지출하여야 한다. ② 문화청장관은 전항의 시행령 제정 또는 개정의 입안을 하고자 할 때에는 문화심의회에 자문하여야 한다. ③ 문화청장관은 제1항의 사업에 관련된 업무의 적정한 운영을 확보하기 위하여 필요가 있다고 인정하는 때에는 지정관리단체에 대하여 당해 업무에 관하여 감독상 필요한 명령을 할 수 있다.	
제104조의9 (보고의 징수 등) 문화청장관은 지정관리단체의 보상금 관계 업무의 적정한 운영을 확보하기 위하여 필요가 있다고 인정되는 때에는 지정관리단체에 대하여 보상금 관계 업무에 관하여 보고하게 하거나, 장부, 서류 기타 자료 제출을 요구하거나 또는 보상금 관계 업무의 집행방법 개선을 위해 필요한 권고를 할 수 있다.	

제104조의10 (시행령에의 위임) 이 장에 규정하는 것 외에 지정관리단체 및 보상금 관계 업무에 관하여 필요한 사항은 시행령으로 정한다.	
제6장 분쟁처리	(제8장)
제105조 (저작권분쟁해결알선위원) ① 이 법에 규정하는 권리에 관한 분쟁에 대해 알선에 의하여 그 해결을 도모하기 위해 문화청에 저작권분쟁해결알선위원(이하 이 장에서 '위원'이라 한다)을 둔다. ② 위원은 문화청장관이 저작권 또는 저작인접권에 관련된 사항에 관하여 학식경험을 가진 자 중에서 사건마다 3인 이내를 위촉한다.	
제106조 (알선의 신청) 이 법에 규정하는 권리에 관하여 분쟁이 생긴 때에는 당사자는 문화청장관에게 알선의 신청을 할 수 있다.	
제107조 (수수료) ① 알선의 신청을 하는 자는 실비를 감안하여 시행령으로 정하는 금액의 수수료를 납부하여야 한다. ② 전항의 규정은 동항의 규정에 의해 수수료를 납부해야 할 자가 국가등인 때에는 적용하지 아니한다.	
제108조 (알선의 위탁) ① 문화청장관은 제106조의 규정에 기하여 당사자 쌍방으로부터 알선의 신청이 있을 때 또는 당사자 일방으로부터 알선의 신청이 있을 때 다른 당사자가 이에 동의한 때에는 위원에 의한 알선에 회부하는 것으로 한다. ② 문화청장관은 전항의 신청이 있을 경우에 사건이 그 성질상 알선하기에 부적당하다고 인정할 때 또는 당사자가 부당한 목적으로 함부로 알선을 신청했다고 인정할 때에는 알선에 회부하지 아니할 수 있다.	
제109조 (알선) ① 위원은 당사자간을 알선하고, 쌍방이 주장하는 요점을 확인하여, 실정에 맞게 사건이 해결되도록 노력하여야 한다. ② 위원은 사건이 해결될 가망이 없다고 인정하는 때에는 알선을 중지할 수 있다. 제110조 (보고등) ① 위원은 알선이 종료된 때에는 그 뜻를 문화청장관에게 보고하여야 한다. ② 위원은 전조의 규정에 의하여 알선을 중지한 때에는 그 취지 및 알선을 중지하기로 한 이유를 당사자에게 통지함과 아울러 문화청장관에게 보고하여야 한다.	
제111조 (시행령에의 위임) 이 장에 규정하는 것 이외에 알선의 절차 및 위원에 관하여 필요한 사항은 시행령으로 정한다.	
제7장 권리침해	
제112조 (금지청구권) ① 저작자, 저작권자, 출판권자, 실연자 또는 저작인접권자는 그 저작인격권, 저작권, 출판권, 실연자인격권 또는 저작인접권을 침해하는 자 또는 침해할 우	제123조

려가 있는 자에 대해 그 침해의 정지 또는 예방을 청구할 수 있다. ② 저작자, 저작권자, 출판권자, 실연자 또는 저작인접권자는 전항의 규정에 의한 청구를 함에 있어서 침해의 행위를 조성한 물건, 침해의 행위로 작성된 물건 또는 오로지 침해행위에 제공된 기계 혹은 기구의 폐기 기타 침해의 정지 또는 예방에 필요한 조치를 청구할 수 있다.	
제113조 (침해로 보는 행위) ① 다음에 드는 행위는 당해 저작인격권, 저작권, 출판권, 실연자인격권 또는 저작인접권을 침해하는 행위로 본다. 1. 국내에서 반포할 목적으로, 수입시에 국내에서 작성하였다면 저작인격권, 저작권, 출판권, 실연자인격권 또는 저작인접권의 침해가 되는 행위에 의하여 작성된 물건을 수입하는 행위 2. 저작인격권, 저작권, 출판권, 실연자인격권 또는 저작인접권을 침해하는 행위에 의하여 작성된 물건(전호의 수입에 관련된 물건을 포함한다)을 그 정을 알고 반포하거나 반포할 목적으로 소지하거나, 또는 업으로서 수출하거나 혹은 업으로서의 수출 목적으로 소지하는 행위 ② 프로그램저작물의 저작권을 침해하는 행위에 의하여 작성된 복제물(당해 복제물의 소유자에 의하여 제47조의2 제1항의 규정에 의해 작성된 복제물 및 전항 제1호의 수입에 관련된 프로그램저작물의 복제물과 당해 복제물의 소유자에 의하여 동조 제1항의 규정에 의해 작성된 복제물을 포함한다)을 업무상 전자계산기에서 사용하는 행위는, 그 복제물들을 사용하는 권원을 취득한 때에 정을 알고 있던 경우에 한하여 당해 저작권을 침해하는 행위로 본다. ③ 다음에 드는 행위는 당해 권리관리정보에 관련된 저작인격권, 저작권, 실연자인격권 또는 저작인접권을 침해하는 행위로 본다. 1. 권리관리정보로서 허위의 정보를 고의로 부가하는 행위 2. 권리관리정보를 고의로 제거하거나 개변하는 행위(기록 또는 송신방식의 변환에 수반되는 기술적인 제약에 의한 경우 기타 저작물 또는 실연 등의 이용목적 및 태양에 비추어 부득이하다고 인정되는 경우를 제외한다) 3. 전 2호의 행위가 행해진 저작물 혹은 실연 등의 복제물을 정을 알고 반포하거나 반포 목적으로 수입 또는 소지하거나, 또는 당해 저작물 혹은 실연 등을 정을 알고 공중송신하거나 송신가능화하는 행위 ④ 제94조의2, 제95조의3 제3항 혹은 제97조의3 제3항에 규정하는 보수 또는 제95조 제1항 혹은 제97조 제항에 규정하는 2차사용료를 받을 권리는 전항의 규정의 적용에 대해서는 저작인접권으로 본다. 이 경우에 전조 중 '저작인접권자'는 '저작인접권자(다음 조 제4항의 규정에 의해 저작인접권으로 간주되는 권리를 갖는 자를 포함한다)'로, 동조 제1항 중 '저작인접권'은 '저작인접권(동항의 규정에 의해 저작인접권으로 간주되는 권리를 포함한다)'로 한다. ⑤ 국내에서 반포하는 것을 목적으로 하는 상업용음반(이하 이 항에서 '국내반포목적 상업용음반'이라 한다)을 스스로 발행하거나 다른 사람에게 발행하게 하고 있는 저작권자 또는 저작인접권자가 당해 국내반포목적 상업용음반과 동일한 상업용음반으로서 오로지 국외에서 반포하는 것을 목적으로 하는 것(이하 이 항에서 '국외반포목적 상업용음반'이라 한다)을 국외에서 스스로 발행하거나 다른 사람에게 발행하게 하고 있는 경우에, 정을 알고 당해 국외반포목적 상업용음반을 국내에서 반포할 목적으로 수입하는 행위 또는 당해 국외반포목적 상업용음반을 국내에서 반포하거나 국내에서 반포할 목적으로 소지하는 행	第124条

위는 당해 국외반포목적 상업용음반을 국내에서 반포하는 것에 의해 당해 국내반포목적 상업용음반의 발행에 의해 당해 저작권자 또는 저작인접권자가 얻을 것이 예상되는 이익이 부당하게 침해되는 경우에 한하여, 그 저작권 또는 저작인접권을 침해하는 행위로 본다. 다만 국내에서 최초로 발행된 날부터 기산하여 7년을 넘지 않는 범위 내에서 시행령으로 정하는 기간을 경과한 국내반포목적 상업용음반과 동일한 국외반포목적 상업용음반을 수입하는 행위 또는 당해 국외반포목적 상업용음반을 국내에서 반포하거나 국내에서 반포할 목적으로 소지하는 행위에 대해서는 그러하지 아니하다. ⑥ 저작자의 명예 또는 성망을 해하는 방법으로 그 저작물을 이용하는 행위는 그 저작인격권을 침해하는 행위로 본다.	
제113조의2 (선의자에 관련된 양도권의 특례) 저작물의 원작품 혹은 복제물(영화저작물의 복제물(영화저작물에서 복제되어 있는 저작물에 있어서는 당해 영화저작물의 복제물을 포함한다)을 제외한다. 이하 이 조에서 같다), 실연의 녹음물 혹은 녹화물 또는 음반의 복제물의 양도를 받은 때에, 당해 저작물의 원작품 혹은 복제물, 실연의 녹음물 혹은 녹화물 또는 음반의 복제물이 각각 제26조의2 제2항 각호, 제95조의2 제3항 각호 또는 제97조의2 제2항 각호의 하나에 해당하지 않는 것임을 알지 못하고, 또 알지 못함에 있어 과실이 없는 자가 당해 저작물의 원작품 혹은 복제물, 실연의 녹음물 혹은 녹화물 또는 음반의 복제물을 공중에게 양도하는 행위는 제26조의2 제1항, 제95조의2 제1항 또는 제97조의2 제1항에 규정하는 권리를 침해하는 행위가 아닌 것으로 본다.	
제114조 (손해액의 추정 등) ① 저작권자, 출판권자 또는 저작인접권자(이하 이 항에서 '저작권자등'이라 한다)가 고의 또는 과실로 인하여 그 저작권, 출판권 또는 저작인접권을 침해한 자에 대하여 그 침해로 인해 자기가 받은 손해의 배상을 청구하는 경우에, 그 자가 그 침해행위에 의하여 작성된 물건을 양도하거나 또는 그 침해행위를 조성하는 공중송신(자동공중송신의 경우에는 송신가능화를 포함한다)을 했을 때는, 그 양도한 물건의 수량 또는 그 공중송신이 공중에 의해서 수신되는 것에 의해 작성된 저작물 혹은 실연 등의 복제물(이하 이 항에서 '수신복제물'이라 한다)의 수량(이하 이 항에서 '양도등 수량'이라 한다)에, 저작권자등이 그 침해행위가 없었다면 판매할 수 있었던 물건(수신복제물을 포함한다)의 단위수량당 이익액을 곱해서 얻은 금액을 저작권자등의 당해 물건과 관련된 판매 기타의 행위를 할 능력에 따른 금액을 넘지 않는 한도에서 저작권자등이 받은 손해의 액으로 할 수 있다. 다만 양도등 수량의 전부 또는 일부에 상당한 수량을 저작권자등이 판매할 수 없는 사정이 있을 때는 당해 사정에 상당한 수량에 따른 금액을 공제하는 것으로 한다. ② 저작권자, 출판권자 또는 저작인접권자가 고의 또는 과실에 의해 그 저작권, 출판권 또는 저작인접권을 침해한 자에 대해서 그 침해에 의해 자기가 받은 손해의 배상을 청구하는 경우, 그 자가 그 침해행위에 의해 이익을 받는 때에는, 그 이익의 액은 당해 저작권자, 출판권자 또는 저작인접권자가 입은 손해액으로 추정한다. ③ 저작권자 또는 저작인접권자는 고의 또는 과실로 그 저작권 또는 저작인접권을 침해한 자에 대하여 그 저작인접권의 행사에 대하여 통상 받아야 할 금전	제125조

의 액에 상당하는 액을 자기가 입은 손해액으로 하여 그 배상을 청구할 수 있다. ④ 전항의 규정은 동항에 규정하는 금액을 초과하는 손해배상의 청구를 방해하지 아니한다. 이 경우에 저작권 또는 저작인접권을 침해한 자에게 고의 또는 중대한 과실에 없었을 때에는 법원은 손해배상의 액을 정함에 있어서 이를 참작할 수 있다.	
제114조의2 (구체적 태양의 명시의무) 저작인격권, 저작권, 출판권, 실연자인격권 또는 저작인접권의 침해에 관련된 소송에서 저작자, 저작권자, 출판권자, 실연자 또는 저작인접권자가 침해행위를 조성한 것 또는 침해행위에 의해 작성된 것으로서 주장하는 물건의 구체적 태양을 부인할 때에는 상대방은 자기행위의 구체적 태양을 밝혀야만 한다. 다만 상대방이 그것을 밝힐 수 없는 상당한 이유가 있는 때에는 그러하지 아니하다.	
제114조의3 (서류의 제출) ① 법원은 저작인격권, 저작권, 출판권, 실연자인격권 또는 저작인접권의 침해에 관련된 소송에서 당사자의 신청에 의하여 당사자에 대해서 당해 침해행위에 대해 입증하기 위해, 또는 당해 침해행위에 의한 손해의 계산을 하기 위해 필요한 서류의 제출을 명령할 수 있다. 다만 그 서류의 소지자에게 그 제출을 거부함에 정당한 이유가 있는 때에는 그러하지 아니하다. ② 법원은 전항 단서에 규정하는 정당한 이유가 있는지 여부에 대한 판단을 하기 위해 필요가 있다고 인정하는 때에는 서류의 소지자에게 그 제시를 하게 할 수 있다. 이 경우에는 누구라도 그 제시된 서류의 개시를 청구할 수 없다. ③ 법원은 전항의 경우에 제1항 단서에 규정하는 정당한 이유가 있는지 여부에 대해서 전항 후단의 서류를 개시하여 그 의견을 듣는 것이 필요하다고 인정하는 때에는 당사자 등(당사자(법인인 경우에는 그 대표자) 또는 당사자의 대리인(소송대리인 및 보조인을 제외한다), 사용인 기타의 종업원을 말한다. 제104조의6 제1항에서도 같다), 소송대리인 또는 보조인에 대해서 당해 서류를 개시할 수 있다. ④ 전 3항의 규정은 저작인격권, 저작권, 출판권, 실연자인격권 또는 저작인접권의 침해에 관련된 소송에서 당해 침해해위에 대해서 입증하기 위해 필요한 검증 목적의 제시에 대해서 준용한다.	
제114조의4 (감정인에 대한 당사자의 설명의무) 저작권, 출판권 또는 저작인접권의 침해에 관련된 소송에서 당사자의 신청에 의해 법원이 당해 침해행위에 의한 손해의 계산을 하기 위해 필요한 사항에 대해서 감정을 명한 때는 당사자는 감정인에 대해서 당해 감정을 하기 위해 필요한 사항에 대해서 설명해야 한다.	
제114조의5 (상당한 손해액의 인정) 저작권, 출판권 또는 저작인접권의 침해에 관련된 소송에서 손해가 발생한 것이 인정되는 경우에 손해액을 입증하기 위해 필요한 사실을 입증하는 것이 당해 사실의 성질상 극히 곤란할 때는 법원은 구두변론의 전취지 및 증거조사의 결과에 기초하여 상당한 손해액을 인정할 수 있다.	제126조
제114조의6 (비밀유지명령) ① 법원은 저작인격권, 저작권, 출판권, 실연자인격권 또는 저작인접권의 침해에 관련된 소송에서 그 당사자가 보유하는 영업비밀(부정경쟁방지법 제2조 제	

6항에 규정하는 영업비밀을 말한다. 이하 같다)에 대해서 다음에 드는 사유의 하나에 해당하는 것에 대해 소명이 있는 경우에는 당사자의 신청에 의해 결정으로 당사자등, 소송대리인 또는 보조인에 대해서 당해 영업비밀을 당해 소송진행의 목적 이외의 목적으로 사용하거나 또는 당해 영업비밀에 관련된 이 항의 규정에 의한 명령을 받은 자 이외의 자에게 개시해서는 안된다는 뜻을 명할 수 있다. 다만 그 신청시까지 당사자등, 소송대리인 또는 보조인이 제1호에 규정하는 준비서면의 열람 또는 동호에 규정하는 증거조사 혹은 개시 이외의 방법에 의해 당해 영업비밀을 취득하거나 보유하고 있었던 경우에는 그러하지 아니하다. 1. 이미 제출되거나 제출될 준비서면에 당사자가 보유하는 영업비밀이 기재되거나, 또는 이미 조사되거나 조사될 증거(제114조의3 제3항의 규정에 의해 개시된 서류를 포함한다)의 내용에 당사자가 보유하는 영업비밀이 포함될 것 2. 전호의 영업비밀이 당해 소송수행의 목적 이외의 목적으로 사용되거나, 또는 당해 영업비밀이 개시되는 것에 의해 당해 영업비밀에 기초한 당사자의 사업활동에 지장을 생기게 할 우려가 있고 이를 방지하기 위해 당해 영업비밀의 사용 또는 개시를 제한할 필요가 있을 것 ② 전항의 규정에 의한 명령(이하 '비밀유지명령'이라 한다)의 신청은 다음에 드는 사항을 기재한 서면으로 해야 한다. 1. 비밀유지명령을 받아야 하는 자 2. 비밀유지명령의 대상으로 될 영업비밀을 특정하는 데 드는 사실 3. 전항 각호에 드는 사유에 해당하는 사실 ③ 비밀유지명령이 발하여진 경우에는 그 결정서를 비밀유지명령을 받은 자에게 송달하여야 한다. ④ 비밀유지명령은 비밀유지명령을 받은 자에 대한 결정서의 송달이 되었을 때부터 효력을 발생한다. ⑤ 비밀유지명령의 신청을 각하한 재판에 대해서는 즉시항고를 할 수 있다.	
제114조의7 (비밀유지명령의 취소) ① 비밀유지명령의 신청을 한 자 또는 비밀유지명령을 받은 자는 소송기록이 있는 법원(소송기록이 있는 법원이 없는 경우에는 비밀유지명령을 발한 법원)에 대해서 전조 제1항에 규정하는 요건을 결한 사실 또는 이를 결하기에 이른 사실을 이유로 하여 비밀유지명령의 취소신청을 할 수 있다. ② 비밀유지명령의 취소신청에 대한 재판이 있는 경우에는 그 결정서를 그 신청을 한 자 및 상대방에게 송달해야 한다. ③ 비밀유지명령의 취소신청에 대한 재판에 대해서는 즉시항고를 할 수 있다. ④ 비밀유지명령을 취소하는 재판은 확정되지 않으면 그 효력을 발생하지 않는다. ⑤ 법원은 비밀유지명령을 취소하는 재판을 한 경우에 비밀유지명령의 취소신청을 한 자 또는 상대방 이외에 당해 비밀유지명령이 발하여진 소송에서 당해 영업비밀에 관련된 비밀유지명령을 받고 있는 자가 있을 때는 그 자에 대해서 즉시 비밀유지명령을 취소하는 재판을 했다는 뜻을 통지해야 한다.	
제114조의8 (소송기록의 열람 등의 청구의 통지 등) ① 비밀유지명령이 발하여진 소송(모든 비밀유지명령이 취소된 소송을 제외한	

다)에 관련된 소송기록에 대해 민사소송법 제92조 제1항의 결정이 있는 경우에 당사자로부터 동항에 규정하는 비밀기재부분의 열람 등의 청구가 있고 또 그 청구절차를 진행한 자가 당해 소송에서 비밀유지명령을 받고 있지 않은 자일 때는, 법원서기관은 동항의 신청을 한 당사자(그 청구를 한 자를 제외한다. 제3항에서도 같다)에 대해서 그 청구 후 즉시 그 청구가 있었다는 뜻을 통지해야 한다. ② 전항의 경우에 법원서기관은 동항의 청구가 있었던 날부터 2주간을 경과하는 날까지의 기간(그 청구절차를 진행한 자에 대한 비밀유지명령의 신청이 그 날까지 있은 경우에는 그 신청에 대한 재판이 확정되기까지의 기간) 그 청구절차를 진행한 자에게 동항의 비밀기재부분의 열람 등을 하게 해서는 아니된다. ③ 전 2항의 규정은 제1항의 청구를 한 자에게 동항의 비밀기재부분의 열람 등을 하게 하는 것에 대해서 민사소송법 제92조 제1항의 신청을 한 당사자 모두의 동의가 있을 때는 적용하지 않는다.	
제115조 (명예회복 등의 조치) 저작자 또는 실연자는 고의 또는 과실로 인하여 그 저작인격권 또는 실연자인격권을 침해한 자에 대하여 손해배상에 갈음하여 또는 손해배상과 함께 저작자 또는 실연자임을 확보하거나 또는 정정 기타 저작자 혹은 실연자의 명예 혹은 성망을 회복하기 위하여 적당한 조치를 청구할 수 있다.	제127조
제116조 (저작자 또는 실연자의 사후의 인격적 이익의 보호를 위한 조치) ① 저작자 또는 실연자의 사후에 그 유족(사망한 저작자 또는 실연자의 배우자, 자, 부모, 손, 조부모 또는 형제자매를 말한다. 이하 이 조에서 같다)은 당해 저작자 또는 실연자에 대하여 제60조 또는 제101조의3의 규정에 위반하는 행위를 하는 자 또는 할 우려가 있는 자에 대하여 제112조의 청구를, 고의 또는 과실로 인하여 저작인격권 또는 실연자인격권을 침해하는 행위 또는 제60조 혹은 제101조의3의 규정에 위반하는 행위를 하는 자에 대하여 전조의 청구를 할 수 있다. ② 전항의 청구를 할 수 있는 유족의 순위는 동항에 규정하는 순서로 한다. 다만 저작자 또는 실연자가 유언으로 그 순위를 달리 정한 경우에는 그 순서로 한다. ③ 저작자 또는 실연자는 유언에 의하여 유족을 대신하여 제1항의 청구를 할 수 있는 자를 지정할 수 있다. 이 경우에 그 지정을 받은 자는 당해 저작자 또는 실연자의 사망일이 속하는 해의 다음해부터 기산하여 50년을 경과한 후(그 경과하는 때에 유족이 존재하는 경우에는 그가 존재하지 아니하게 된 후)에는 그 청구를 할 수 없다.	제128조
제117조 (공동저작물의 권리침해) ① 공동저작물의 각 저작자 또는 각 저작권자는 다른 저작자 또는 다른 저작권자의 동의를 얻지 않고 제112조의 규정에 의한 청구 또는 그 저작권의 침해에 관련된 자기의 지분에 대한 손해배상의 청구 혹은 자기의 지분에 따른 부당이득의 반환청구를 할 수 있다. ② 전항의 규정은 공유에 관련된 저작권 또는 저작인접권의 침해에 대하여 준용한다.	제129조
제118조 (무명 또는 이명 저작물에 관련된 권리의 보전) ① 무명 또는 이명 저작물의 발행자는 그 저작물의 저작자 또는 저작권자를 위	

하여 자기의 이름으로 제112조, 제115조 혹은 제116조 제1항의 청구 또는 그 저작물의 저작인격권 혹은 저작권의 침해에 관련된 손해배상의 청구 혹은 부당이득의 반환청구를 할 수 있다. 다만 저작자의 이명이 그 자의 것으로 주지되어 있는 경우 및 제75조 제1항의 실명등록이 있는 경우에는 그러하지 아니하다. ② 무명 또는 이명 저작물의 복제물에 그 실명 또는 주지의 이명이 발행자명으로 통상의 방법에 의하여 표시되어 있는 자는 그 저작물의 발행자로 추정한다.	
제8장 벌 칙	
제119조 ① 저작권, 출판권 또는 저작인접권을 침해한 자(제30조 제1항(제102조 제1항에서 준용하는 경우를 포함한다)에 정하는 사적 사용의 목적으로 스스로 저작물 혹은 실연 등의 복제를 행한 자, 제113조 제1항의 규정에 의해 저작권 혹은 저작인접권(동조 제4항의 규정에 의해 저작인접권으로 간주되는 권리를 포함한다. 제120조의2 제3항에서도 같다)을 침해하는 행위로 간주되는 행위를 한 자, 제113조 제5항의 규정에 의해 저작권 혹은 저작인접권을 침해하는 행위로 간주되는 행위를 한 자 또는 다음 항 제3호 혹은·제4호에 드는 자를 제외한다)는 10년 이하의 징역 혹은 1천만엔 이하의 벌금에 처하거나 또는 이를 병과한다. ② 다음 각호의 하나에 해당하는 자는 5년 이하의 징역 혹은 5백만엔 이하의 벌금에 처하거나 또는 이를 병과한다. 1. 저작인격권 또는 실연자인격권을 침해한 자(제103조 제3항의 규정에 의해 저작인격권 또는 실연자인격권을 침해하는 행위로 간주되는 행위를 한 자를 제외한다) 2. 영리를 목적으로 제30조 제1항 제1호에 규정하는 자동복제기기를 저작권, 출판권 또는 저작인접권의 침해로 되는 저작물 또는 실연 등의 복제에 사용하게 한 자 3. 제113조 제1항의 규정에 의해 저작권, 출판권 또는 저작인접권을 침해하는 행위로 간주되는 행위를 한 자 4. 제113조 제2항의 규정에 의해 저작권을 침해하는 행위로 간주되는 행위를 한 자	제136조
제120조 제60조 또는 제101조의3의 규정에 위반한 자는 5백만엔 이하의 벌금에 처한다.	
제120조의2 다음 각호의 하나에 해당하는 자는 3년 이하의 징역 혹은 3백만엔 이하의 벌금에 처하거나 또는 이를 병과한다. 1. 기술적 보호수단의 회피를 하는 것을 오로지 그 기능으로 하는 장치(당해 장치의 부품 일체로서 용이하게 조립할 수 있는 것을 포함한다) 혹은 기술적 보호수단의 회피를 하는 것을 오로지 그 기능으로 하는 프로그램의 복제물을 공중에게 양도 혹은 대여하거나, 공중에게 양도 혹은 대여 목적으로 제조, 수입 혹은 소지하거나, 혹은 공중의 사용에 제공하거나, 또는 당해 프로그램을 공중송신하거나 송신가능화한 자 2. 업으로서 공중으로부터의 요구에 따라 기술적 보호수단의 회피를 한 자 3. 영리를 목적으로 제113조 제3항의 규정에 의해 저작인격권, 저작권, 실연자	

인격권 또는 저작인접권을 침해하는 행위로 간주되는 행위를 한 자 4. 영리를 목적으로 제113조 제5항의 규정에 의해 저작권 또는 저작인접권을 침해하는 행위로 간주되는 행위를 한 자	
제121조 저작자가 아닌 자의 실명 또는 주지의 이명을 저작자명으로 표시한 저작물의 복제물(원저작물의 저작자가 아닌 자의 실명 또는 주지의 이명을 원저작물의 저작자명으로 표시한 2차적 저작물의 복제물을 포함한다)을 반포한 자는 1년 이하의 징역 혹은 1백만엔 이하의 벌금에 처하거나 또는 이를 병과한다.	
제121조의2 다음 각호에 해당하는 상업용음반(당해 상업용음반의 복제물(2 이상의 단계에 걸친 복제에 관련된 복제물을 포함한다)을 상업용음반으로 복제하거나, 그 복제물을 반포하거나, 또는 그 복제물을 반포의 목적으로 소지한 자(당해 각호의 원반에 음을 최초로 고정한 날이 속하는 해의 다음해로부터 기산하여 50년을 경과한 후에 당해 복제, 반포 또는 소지를 한 자를 제외한다)는 1년 이하의 징역 혹은 1백만엔 이하의 벌금에 처하거나 또는 이를 병과한다. 1. 국내에서 상업용음반의 제작을 업으로 하는 자가 음반제작자로부터 그 음반(제8조 각호의 하나에 해당하는 것을 제외한다)의 원반을 제공받아 제작한 상업용음반 2. 국외에서 상업용음반의 제작을 업으로 하는 자가 실연자등보호협약 체약국의 국민, 세계무역기구 가맹국의 국민 또는 음반보호협약 체약국의 국민(당해 체약국의 법령에 따라 설립된 법인 및 당해 체약국에 주된 사무소를 갖는 법인을 포함한다)인 음반제작자로부터 그 음반(제8조 각호의 하나에 해당하는 것을 제외한다)의 원반을 제공받아 제작한 상업용음반	
제122조 제48조 또는 제102조 제2항의 규정을 위반한 자는 5십만엔 이하의 벌금에 처한다.	
제122조의2 ① 비밀유지명령에 위반한 자는 5년 이하의 징역 혹은 5백만엔 이하의 벌금에 처하거나 또는 이를 병과한다. ② 전항의 죄는 국외에서 동항의 죄를 범한 자에게도 적용한다.	
제123조 ① 제119조 및 제120조의2 제3호 및 제4호, 제121조의2 및 전조 제1항의 죄는 고소가 없으면 공소를 제기할 수 없다. ② 무명 또는 이명 저작물의 발행자는 그 저작물에 관련된 전항의 죄에 대하여 고소할 수 있다. 다만 제118조 제1항 단서에 규정하는 경우 및 당해 고소가 저작자가 명시한 의사에 반하는 경우에는 그러하지 아니하다.	제140조
제124조 ① 법인의 대표자(법인격 없는 사단 또는 재단의 관리인을 포함한다) 또는 법인 혹은 개인의 대리인, 사용인 기타 종업원이 그 법인 또는 개인의 업무에 관하여 다음 각호에 드는 규정의 위반행위를 한 때에는 행위자를 벌하는 외에 그 법인에 대하여 당해 각호에 정하는 벌금형을, 그 개인에 대하여 각 본조의 벌금형을 과한다.	제141조

1. 제119조 제1항 혹은 제2항 제3호 혹은 제4호 또는 제122조의2 제1항 3억엔 이하의 벌금형 1. 제119조 제2항 제1호 혹은 제2호 또는 제120조 내지 제122조 각 본조의 벌금형 ② 법인격 없는 사단 또는 재단에 대하여 전항 규정이 적용되는 경우에는 그 대표자 또는 관리인이 그 소송행위에 대하여 그 사단 또는 재단을 대표하는 외에, 법인을 피고인 또는 피의자로 하는 경우의 형사소송에 관한 법률의 규정을 준용한다. ③ 제1항의 경우에 당해 행위자에 대하여 한 고소 또는 고소취소는 그 법인 또는 개인에 대해서도 효력을 발생하며, 그 법인 또는 개인에 대하여 한 고소 또는 고소취소는 당해 행위자에 대해서도 효력을 발생하는 것으로 한다. ④ 제1항의 규정에 의해 제119조 제1항 혹은 제2항 또는 제122조의2 제1항의 위반행위에 대해 법인 또는 개인에게 벌금형을 과하는 경우에 있어서의 시효기간은 그 각 규정의 죄에 대한 시효기간으로 한다.	
부칙 (생략)	

찾아보기

ㄹ

ㅁ

ㅂ

ㅅ

ㅇ

ㅊ

ㅋ

ㅍ

ㅎ

기타

저자 소개

1945년 하마마쓰(浜松)에서 출생

1969년 동경대학 법학부 졸업

현재 동경대학 대학원 법학정치학연구과 교수, 지적재산전략본부 본부원, 산업구조심의회 위원, 공업소유권심의회 위원, 문화심의회 위원, 관세・외국환심의회 위원, (재)지적재산연구소 회장

주요저서 『工業所有権法(上)特許法[第2版増補版]』(弘文堂, 2000)
『注解特許法 上下[第3版]』(編著, 青林書院)
『ソフトウェアの法的保護[新版]』(有斐閣, 1988)
『マルチメディアと著作権』(岩波書店, 1996)
『発明者権の研究』(東京大学出版会, 1987)

역자 약력

윤 선 희

한양대학교 법과대학 교수
전 동경대학 대학원 객원교수
문화콘텐츠와 법연구회 회장
한국저작권법학회 부회장
한국디지털재산법학회 부회장
한국산업재산권법학회 부회장
한국중재학회 부회장
지재포럼 사무총장

조 용 식

법무법인 다래 대표변호사
특허법원 판사
미국 노스웨스턴 대학 로스쿨(LLM)
한양대학교 법과대학

정 지 석

법무법인 남강 변호사
한양대학교 대학원 박사과정 수료
미국 노스웨스턴 대학 로스쿨(LLM)
서울대학교 인문대학

차 상 육

법무법인 상록 변호사
한양대학교 대학원 박사과정 수료
한양대학교 대학원 법학석사
한양대학교 법과대학

김 철 환

법무법인 율촌 변호사
서울중앙지방법원 판사
특허법원 판사
한양대학교 법과대학

신 재 호

경상대학교 법과대학 조교수
일본지적재산연구소 초빙연구원
한양대학교 법학박사
연세대학교 공학사

박 태 일

창원지방법원 판사
수원지방법원, 서울중앙지방법원 판사(지적재산권전담)
한양대학교 대학원 박사과정 수료
한양대학교 법과대학

정 봉 현

법무법인 대종 변호사
한양대학교 대학원 박사과정 수료
한양대학교 대학원 법학석사
한양대학교 법과대학

권 경 희

새길특허법률사무소 대표변리사
한양대학교 대학원 박사과정 수료
미국 Franklin Pierce Law Center MIP
서울대학교 문학사

박 복 환
법무법인 샘 대표변호사
한양대학교 대학원 법학석사
한양대학교 법과대학

백 영 준
한양대학교 대학원 박사과정 수료
일본지적재산연구소 객원연구원

이 헌 희
한양대학교 대학원 박사과정
한양대학교 대학원 법학석사
한양대학교 법과대학

이 수 진
삼성전자 IP전략실 책임연구원
한양대학교 대학원 박사과정 수료
와세다대학 대학원 석사

조 용 순
조선대학교 법과대학 겸임교수
한국문화콘텐츠진흥원 정책개발팀 연구원
한양대학교 강사
한양대학교 대학원 박사과정 수료

김 훈 건
한국문화콘텐츠진흥원 수출지원팀 연구원
한양대학교 대학원 법학석사
한양대학교 공학사

저작권법

2008년 3월 28일 초판 인쇄
2008년 4월 5일 초판 1쇄발행

著 者 中 山 信 弘
編譯者 尹 宣 熙
發行人 裵 孝 善

발행처 도서출판 法 文 社

413-756 경기도 파주시 교하읍 문발리 526-3
등 록 1957년 12월 12일 제2-76호(윤)
전 화 031-955-6500~6, 팩 스 031-955-6525
e-mail(영업) : bms@bobmunsa.co.kr
(편집) : edit66@bobmunsa.co.kr
홈페이지 http://www.bobmunsa.co.kr
조 판 광 암 문 화 사

정가 30,000원 ISBN 978-89-18-01584-2